WILLIAM S. BURROUGHS

I

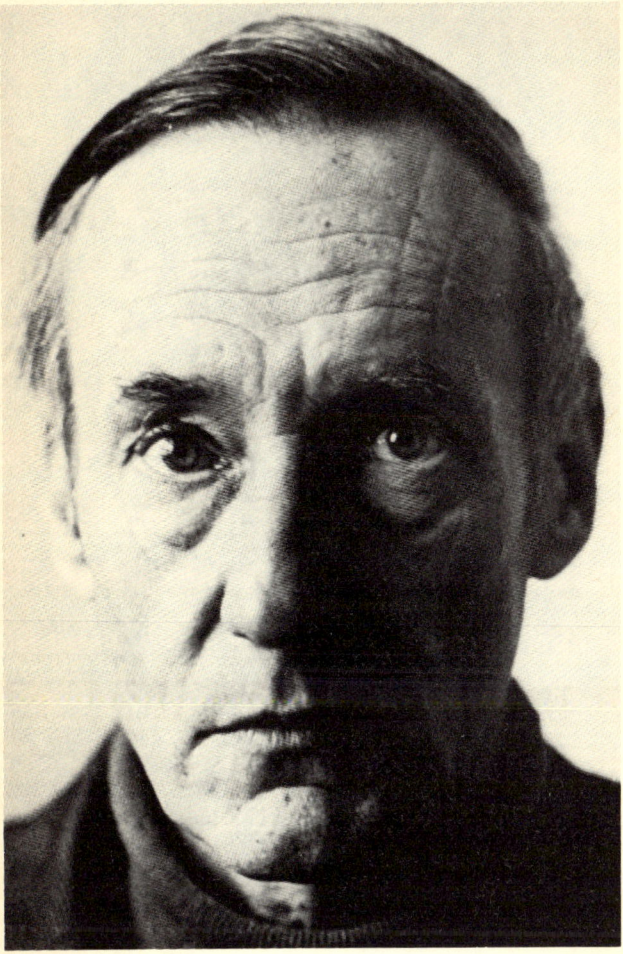

WILLIAM S. BURROUGHS

I

Junkie

Auf der Suche nach Yage

Naked Lunch

Nova Express

Herausgegeben und übersetzt
von Carl Weissner

Zweitausendeins

JUNKIE

Titel der amerikanischen Originalausgabe ›Junkie‹ / Copyright © 1953, 1977 by William S. Burroughs / 1953 unter dem Pseudonym ›William Lee‹ erstmals erschienen bei Ace Books, New York. / Die deutsche Erstausgabe kam 1963 heraus, im Limes Verlag, Wiesbaden.
Copyright © 1978 by Zweitausendeins, Postfach, D-60381 Frankfurt am Main, für die deutsche Übersetzung von Carl Weissner. Sie folgt der ersten ungekürzten und unzensierten amerikanischen Ausgabe, erschienen bei Penguin Books, New York 1977.

AUF DER SUCHE NACH YAGE

Titel der amerikanischen Originalausgabe ›The Yage Letters‹ / Copyright © 1963, 1975 by William S. Burroughs and Allen Ginsberg / 1963 erstmals erschienen bei City Lights Books, San Francisco / Die deutsche Erstausgabe kam 1964 heraus, im Limes Verlag, Wiesbaden.
Copyright © 1978 by Zweitausendeins, Postfach, D-60381 Frankfurt am Main, für die deutsche Übersetzung von Carl Weissner. Sie folgt der erweiterten amerikanischen Neuausgabe von 1975, erschienen bei City Lights Books, San Francisco.

NAKED LUNCH

Titel der amerikanischen Originalausgabe ›Naked Lunch‹ / Copyright © 1959, 1962 by William S. Burroughs / 1953 erstmals erschienen bei Olympia Press, Paris und 1962 bei Grove Press in New York, erweitert um Vorwort und Anhang / Die deutsche Erstausgabe kam 1962 heraus, im Limes Verlag, Wiesbaden.
Copyright © 1978 by Zweitausendeins, Postfach, D-60381 Frankfurt am Main, für die deutsche Übersetzung von Carl Weissner. Zum ersten Mal ungekürzt in deutscher Sprache.

NOVA EXPRESS

Titel der amerikanischen Originalausgabe ›Nova Express‹ / Copyright © 1964 by William S. Burroughs / 1964 erstmals erschienen bei Grove Press, New York / Die deutsche Erstausgabe kam 1970 heraus, im Limes Verlag, Wiesbaden.
Copyright © 1978 by Zweitausendeins, Postfach, D-60381 Frankfurt am Main, für die deutsche Übersetzung von Carl Weissner. Sie folgt der bis heute unveränderten amerikanischen Erstausgabe und wurde von Herausgeber durch erklärende Hinweise und eine Vorbemerkung ergänzt.

Zweitausendeins dankt dem Limes Verlag, München, für die freundliche Genehmigung zur Verbreitung dieses Bandes.

Frontispiz: Copyright © 1972 by Charles Gatewood.

Druck und Bindung C.H.Beck, Nördlingen.
Printed in Germany.

Dieses Buch gibt es nur bei Zweitausendeins im Versand,
Postfach, D-60381 Frankfurt am Main, Telefon 01805-232001 oder
069-4208000, Fax 01805-242001 oder 069-417089.
Internet www.zweitausendeins.de, E-Mail info@zweitausendeins.de.
Oder in den Zweitausendeins-Läden in Berlin, Düsseldorf, Essen,
Frankfurt, Freiburg, 2x in Hamburg, in Köln, Mannheim, München,
Nürnberg, Saarbrücken, Stuttgart.

In der Schweiz über buch 2000, Postfach 89, CH-8910 Affoltern a. A.

ISBN 3-86150-021-3

Junkie

Titel der amerikanischen Originalausgabe:
JUNKIE
1953 unter dem Pseudonym ›William Lee‹ erstmals erschienen
bei Ace Books, New York.
Die deutsche Erstausgabe erschien 1963
im Limes Verlag, Wiesbaden.
Die vorliegende deutsche Neuausgabe
folgt der ersten ungekürzten und unzensierten amerikanischen Ausgabe,
erschienen bei Penguin Books, New York 1977.

Einleitung von Allen Ginsberg

Bill Burroughs und ich kannten einander seit Weihnachten 1944, und bis zum Beginn der fünfziger Jahre hatte sich zwischen uns ein reger Briefwechsel entwickelt. Ich hatte ihn von Anfang an geachtet als einen, der älter und gescheiter war als ich, und in den ersten Jahren unserer Bekanntschaft fand ich es immer erstaunlich, daß er mich überhaupt mit Respekt behandelte. Mit der Zeit und nach manchen Wechselfällen des Lebens – mich verschlug es für eine Weile in die Isolation einer Klapsmühle, ihn zu seinen eigenen Tragödien und Irrfahrten – wurde ich in meinen Briefen mutiger, und ich ermunterte ihn, die Scheu, die ich bei ihm spürte, zu überwinden und nun auch literarische Prosa zu schreiben. Mittlerweile hatten sich Kerouac und ich zusammengetan, wir sahen uns als Dichter und Schriftsteller mit einer gemeinsamen schicksalhaften Bestimmung, während Bill zu gleichgültig war, um für sich einen so übertrieben theatralischen Anspruch zu erheben. Jedenfalls, er antwortete auf meine Briefe mit Kapiteln von JUNKIE, die er zuerst, glaube ich, nur so zum Zeitvertreib notierte, bald aber schon – zu meiner Freude und Überraschung – als kontinuierliche und bewußt gestaltete Teile eines Buches ansah, einer Erzählung mit einem festen Thema. So erhielt ich also nun den größten Teil des Manuskripts nach und nach mit der Post, einiges davon zuhause bei meinen Eltern in Paterson, New Jersey. Ich dachte damals, ich würde ihm Mut machen. Heute scheint es mir eher so, daß er mich dazu ermutigte, wieder aktiven Kontakt zur Außenwelt zu suchen, denn ich hatte mich in die ländliche Abgeschiedenheit meines Elternhauses zurückgezogen nach acht Monaten in einer Heilanstalt, in die man mich eingewiesen hatte, nachdem ich als früher Hippie mit dem Gesetz in Konflikt geraten war.

All das liegt jetzt mehr als ein Vierteljahrhundert zurück, und ich kann mich nicht mehr erinnern, welche Form unsere Korrespondenz im einzelnen annahm; jedenfalls hielt sie über Jahre hinweg an, von Kontinent zu Kontinent und Küste zu Küste, und auf diese Weise trugen wir gemeinsam das Material für seine Bücher zusammen – nicht nur JUNKIE, auch AUF DER SUCHE NACH YAGE, QUEER (bis heute unveröffentlicht) und einen großen Teil von NAKED LUNCH. Seine rein persönlichen Briefe, die er mir bis Mitte der fünfziger Jahre schrieb und die ich ihm zur Aufbewahrung anvertraute – Briefe, in denen er sich herzlicher und aufgeschlossener gibt als man ihn sonst kennt –, hat Burroughs bedauerlicherweise vernichtet, so daß diese gewinnende Seite des ansonsten ›unsichtbaren‹ Inspektor Lee nun für immer hinter dem belletristischen Vorhang verschwunden ist.

Sobald das Manuskript abgeschlossen war, begann ich es verschiedenen Leuten vorzulegen, die ich vom College oder aus der Heilanstalt kannte und die sich inzwischen im Verlagswesen etabliert hatten (– was auch ich immer angestrebt hatte, aber leider ohne Erfolg). So sah ich mich nun insgeheim als literarischen Agenten, obwohl ich in diesen weltlichen Dingen gänzlich unerfahren war. Jason Epstein las das Manuskript von Burroughs' JUNKIE (er kannte Burroughs vom Hörensagen aus seiner Studienzeit an der Columbia Universität) und kam zu dem Schluß: wenn das von Winston Churchill wäre, dann wäre es interessant, doch da sich Burroughs' Prosa »durch nichts auszeichne« (eine Ansicht, in der ich ihm in seinem Büro bei Doubleday & Co. nach Kräften widersprach, wenn ich mir auch hilflos vorkam angesichts von soviel REALITÄT – umwabert vom Senfgas diabolisch intelligenter Lektoren ... oder von meiner eigenen Paranoia mangels Erfahrung mit dem gigantischen Stumpfsinn der New Yorker Geschäftswelt) – jedenfalls, eine Veröffentlichung des Buches sei deshalb uninteressant. Gleichzeitig ging ich damals auch hausieren mit den Proustschen Kapiteln von Kerouac's VISIONS OF CODY, aus denen dann die Vision von ON THE ROAD hervorging; und auch ON THE ROAD schleppte ich dann von einem Verlag zum anderen. Louis Simpson, der Lektor bei Bobbs-Merrill war und genau wie ich gerade eine Nervenkrise hinter sich hatte, konnte in den Manuskripten ebenfalls keinen künstlerischen Wert erkennen.

Ein unwahrscheinlicher Zufall brachte schließlich die Wende: Carl Solomon, mein Leidensgefährte aus dem New York State Psychiatric Institute, bekam von seinem Onkel, Mr. A.A.Wyn, einen Job in dessen Verlag Ace Books. Solomon hatte das richtige Gespür für den literarischen Wert dieser Dokumente – obwohl er sich von literarischen Extravaganzen wie Dada, Lettrismus und Paranoia-Kritik noch nicht vollständig gelöst hatte und genau wie Simpson dem kriminellen oder vagabundenhaften Romantizismus von Burroughs und Kerouac mißtraute. (Ich selbst war damals ein netter jüdischer Boy, mit einem Bein noch fest auf dem Boden des Bürgertums, und schrieb zaghafte, immer wieder überarbeitete gereimte metaphysische Verse – oder nicht einmal das.) Immerhin, der Inhalt dieser Bücher war ein Indiz dafür, daß wir mitten in einer Identitätskrise steckten; es waren erste Anzeichen jener inneren Erschütterung, die bald die ganzen Vereinigten Staaten erfassen sollte. Andererseits bestand das Taschenbuch-Angebot von Ace Books vorwiegend aus kommerziellem Schund, nur gelegentlich aufgelockert durch einen realistischen Roman oder eine französische Romanze, die Carl mit flatternden Nerven im Programm unterbrachte, sofern ihn sein Onkel augenzwinkernd gewähren ließ.

Als Lektor fand Solomon, daß wir (Bill, Jack und ich) uns im Gegensatz zu ihm keinerlei Gedanken machten über die wirklich paranoiden Bedingungen einer solchen verlegerischen Tätigkeit; es war ja auch nicht unser tägliches Brot so wie bei ihm – Carl hatte Verantwortung in einem Verlag, der einem Mitglied der Familie gehörte; er war in psychiatrischer Behandlung gewesen und lebte in der ständigen Angst, von seinem Onkel nach wie vor als geisteskrank angesehen zu werden. Es gehörte bei ihm also schon einiger Mut dazu, »so etwas Ausgefallenes« wie ein Buch über Junk herauszubringen und auch Kerouac noch 250 Dollar Vorschuß für einen Roman zu geben. »Die verdammte Angelegenheit brachte mich an den Rand eines Nervenzusammenbruchs – das Gefühl von Angst und Einschüchterung wurde immer größer, je länger ich mit diesem Material zu tun hatte.«

Damals lebte man – für uns heute leicht nachzuempfinden angesichts der Nachwirkungen einer Polizeistaat-Paranoia, die von den Rauschgiftdezernaten planmäßig kultiviert wurde – in einem Klima ständiger Angst: wer sich im Bus oder in der U-Bahn über Marihuana unterhielt (von Junk ganz zu schweigen), der konnte jederzeit verhaftet werden – auch wenn nur davon die Rede war, daß die entsprechenden Gesetze geändert werden müßten. Wer von Dope auch nur sprach, bewegte sich praktisch schon in der Illegalität. Ein Jahrzehnt danach konnte man im Fernsehen immer noch nicht über die Rauschgiftgesetze diskutieren, ohne daß das Bundesdezernat und die Federal Communications Commission noch Wochen später die Ausstrahlung von vorproduzierten Beiträgen erzwangen, in denen sie die ganze Debatte verunglimpften. Das ist inzwischen Geschichte. Doch die Angst und die Einschüchterung, von denen Solomon spricht, waren so real, daß man sie in den Schundroman-Verlagen längst verinnerlicht hatte; und so konnte das Buch von Burroughs erst gedruckt werden, nachdem man allerlei Dementis in den Text eingebaut hatte – der Verleger mußte sich von der kriminellen Vergangenheit des Autors distanzieren, und die Leser durften nicht irregeführt werden durch subjektive Äußerungen des Autors, die sich nicht vertrugen mit den Ansichten der »anerkannten medizinischen Autoritäten« – und diese Mediziner standen unter der Fuchtel der Rauschgiftdezernate (in den Jahren 1935 bis 1953 wurde Anklage erhoben gegen 20000 Ärzte, die Junkies behandelt hatten; tausende wurden zu Geldstrafen oder Gefängnis verurteilt; die New York County Medical Association sprach von einem »Krieg gegen die Ärzteschaft«).

Die nackte und simple Tatsache ist, daß die Rauschgiftdezernate mit dem organisierten Verbrechen Hand in Hand arbeiteten: sie waren am illegalen Drogengeschäft beteiligt; an einer ärztlichen Behandlung von Süchtigen konnte ihnen also nicht gelegen sein; deshalb bauten sie den Süchtigen als Buhmann auf und betrieben seine Kriminalisierung. Das Motiv dahinter war schlicht und einfach: Geldgier. Gehaltsaufbesserung durch Fangprämien und illegale Bereicherung durch Erpressung – auf Kosten einer Minderheit von Bürgern, die von Presse und Polizei als »süchtiges Gesindel« abgestempelt wurden. Die historische Zusammenarbeit von Polizei und Syndikat ist bis zum Beginn der 70er Jahre in mehreren Büchern und offiziellen Untersuchungsberichten belegt worden, besonders im Bericht der New Yorker Knapp Commission von 1972 und in dem Buch THE POLITICS OF HEROIN IN SOUTHEAST ASIA von Alfred McCoy.

Weil das Thema – um jetzt ›in medias res‹ zu kommen – als so gewagt galt, wurde Burroughs gebeten, ein Vorwort zu schreiben und darin zu erklären, daß er aus einer angesehenen Familie stamme (er schrieb ja unter Pseudonym, als »William Lee«); außerdem sollte er wenigstens andeuten, wie er als normaler Bürger dazu kommen konnte, ein süchtiges verworfenes Subjekt zu werden. Das sollte den Tiefschlag etwas mildern für Leser, Zensoren, Rezensenten, Polizei, wachsame Augen von geheimen Aufpassern im Verlagswesen, und Gott weiß wen sonst noch. Carl schrieb im Namen des Verlags einen gequälten Vorspann, in dem er sich als Stimme der Vernunft ausgab – was er vielleicht auch war. Eine »zu literarische« Schilderung der bäuerlichen Gesellschaft im Rio Grande Valley wurde herausgenommen, weil sie zu dem ausgefallenen Thema und ungeschminkten Stil des Buches nicht zu passen schien. Und, um es noch einmal zu sagen: entscheidende

Feststellungen oder Ansichten von William Lee zu medizinischen und gesundheitspolitischen Fragen wurden vom Verleger auf der Stelle (nämlich im Text selber, und nicht etwa in Fußnoten) zurückgewiesen.

Der Vertrag, den ich als Agent zustande brachte und der all diese Eingriffe abdeckte, brachte Burroughs ganze 800 Dollar Vorschuß ein – bei einer Startauflage von 100000 Exemplaren; und das Buch wurde auch noch zusammengebunden – sozusagen eine 69er-Packung – mit einem anderen Buch über Drogen, verfaßt von einem ehemaligen Rauschgiftfahnder. Das war gewiß eine schäbige Vermarktung, doch wenn man bedenkt, wie naiv wir alle waren, so ist es nachgerade ein Wunder, daß der Text tatsächlich gedruckt wurde und in den folgenden zehn Jahren von einer Million *cognoscenti* gelesen werden konnte, die diese kenntnisreiche Tatsachenschilderung zu schätzen wußten, den unbestechlichen Blick, die präzise nüchterne Sprache mit ihren zwingenden Bildern und ihrer klaren Syntax; ebenso wie das enorme soziologische Verständnis, die kulturrevolutionäre Haltung gegenüber Bürokratie und Gesetz, den stoischen trockenen Humor, mit dem hier die Unterwelt beschrieben wurde.

Ich interessiere mich für das weitere kulturelle Schicksal dieses Buches, und ich bin neugierig, wie eine spätere Generation – wenn auch vielleicht nicht mehr so berührt von dem Schock, den das Buch seinerzeit ausgelöst hat – reagieren wird auf die bleibenden Qualitäten dieser Prosa, die Kerouac, mich und andere schon in Burroughs' frühem Werk so in Erstaunen versetzte. Ich habe deshalb einen jungen Dichter, den 19jährigen Jonathan Robbins, um eine kurze Anmerkung zu dieser Neuausgabe gebeten – aus der Sicht eines jungen Menschen, der zum Zeitpunkt der Erstveröffentlichung des Buches noch gar nicht geboren war:

»Burroughs' distanzierte Beschreibung auch noch so grotesker Vorgänge läßt exemplarisch werden, was bei einem geringeren Autor zu bloßer Effekthascherei verkommen würde. Sein Kommentar zum Text ist enthalten in der Auswahl und Abfolge der geschilderten Ereignisse; er verzichtet auf programmatische Erklärungen und Werturteile. Die Ereignisse werden mit dem gleichen kühlen Blick beobachtet wie die äußere Erscheinung der handelnden Personen.

»Der Erzähler, Lee, ist ein Mann von Gewissen ... seine Ernüchterung äußert sich in der unnachsichtig genauen Beschreibung seiner Vergehen, ohne daß er diese zu rechtfertigen sucht. Er ist ein ehrlicher Mann. Mr. Burroughs hat eine zu hohe Auffassung von Kunst, als daß er sich Sentimentalität erlauben würde. Lee erhält durch seinen völligen Verzicht auf Selbstbeweihräucherung die Würde und Gelassenheit eines Heiligen, auch wenn er ein rauschgiftsüchtiger und lasterhafter Mensch ist. Seine Selbstdisziplin läßt die Freiheiten, die er sich nimmt, geringfügig erscheinen.

»In seiner Beschreibung von Charakteren liefert er fast schon deren Situation mit. Seinen Stil kalt oder gefühllos zu nennen, wäre ein naiver Irrtum. Nur ein außerordentlich sensibler Mensch konnte so empfänglich sein für den Horror, daß er ihn durch bloßes Beschreiben fast schon definierte. Redewendungen, Metaphern usw. scheinen sich in JUNKIE oft von der Story zu lösen und ein Eigenleben zn führen ... man spürt bereits, daß sie in seinen späteren Romanen ihren eigenen Willen haben werden.«

Burroughs hat nicht nur Metaphern geschaffen sondern lebendige Generationen mit einem eigenen Willen.

New York, 19. September 1976

Vorwort

Ich wurde 1914 in einem massiven dreistöckigen Backsteinhaus in einer Großstadt im Mittelwesten geboren. Meine Eltern lebten in gesicherten Verhältnissen. Meinem Vater gehörte eine Holzhandlung, die er auch selbst leitete. Vor dem Haus gab es einen Rasen, nach hinten heraus einen Hof, an den sich ein Garten mit Fischteich anschloß, und das ganze war umgeben von einem hohen Holzzaun. Ich erinnere mich noch an den Laternenmann, der auf der Straße die Gaslaternen anzündete, und an den riesigen schwarzen chromglitzernden Lincoln, in dem wir sonntags durch den Park fuhren – die ganze Kulisse eines gesicherten, sorgenfreien Lebens, mit dem es nun für immer vorbei ist. Ich könnte hier die nostalgische Tour bringen und von dem alten deutschen Arzt aus dem Nachbarhaus erzählen, von den Ratten, die über den Hof rannten, von dem batteriegetriebenen Wagen meiner Tante und von der zutraulichen Kröte, mit der ich am Fischteich spielte.

In Wirklichkeit sind meine frühesten Erinnerungen überschattet von einer Angst vor Alpträumen. Ich hatte Angst vor dem Alleinsein, Angst vor der Dunkelheit, Angst vor dem Einschlafen, denn ich träumte immer wieder von einem übernatürlichen Horror, der jedesmal gerade im Begriff schien, eine konkrete Gestalt anzunehmen. Ich hatte Angst, ich würde eines Tages aufwachen und der Traum würde immer noch da sein. Ich erinnere mich, daß ich einmal ein Dienstmädchen von Opium reden hörte, und daß man angenehme Träume habe, wenn man Opium rauche, und ich weiß noch, daß ich sagte: »Wenn ich mal groß bin, rauche ich Opium.«

Ich hatte als Kind oft Halluzinationen. Einmal wachte ich am frühen Morgen auf und sah kleine Männer in einem Blockhaus spielen, das ich mir gezimmert hatte. Ich sah ihnen zu, ohne Angst, nur mit einem Gefühl stiller Verwunderung. Eine andere alptraumhafte Halluzination, die immer wiederkehrte, hatte mit »Tieren in der Wand« zu tun und trat zum erstenmal in einem seltsamen Fieberdelirium auf, das ich mit vier oder fünf Jahren hatte und für das die Ärzte keine Erklärung fanden.

Ich besuchte eine progressive Schule, zusammen mit den zukünftigen ehrenwerten Bürgern, den Rechtsanwälten, Ärzten und Geschäftsleuten jener Großstadt im Mittelwesten. Ich war schüchtern im Umgang mit den anderen Kindern und fürchtete mich vor handgreiflichen Auseinandersetzungen. Eine aggressive kleine Lesbe zog mich immer an den Haaren, wenn ich ihr über den Weg lief. Ich würde ihr heute noch gern die Visage einschlagen, aber sie ist schon vor Jahren vom Pferd gefallen und hat sich das Genick gebrochen.

Als ich etwa sieben Jahre alt war, beschlossen meine Eltern, in einen Vorort zu ziehen, »um von den ganzen Leuten wegzukommen«. Sie kauften ein großes Haus auf einem Grundstück mit Fischteich und Bäumen, wo sich nun auch keine Ratten mehr tummelten sondern Eichhörnchen. Dort führten sie ein behagliches, abgekapseltes Leben, fern vom Trubel der Stadt, und legten sich einen wunderschönen Garten an.

Da draußen ging ich dann auf eine private Highschool. Ich tat mich weder auf dem Sportplatz noch im Unterricht hervor, ich war überall Durchschnitt. Nur mit Mathematik und allem Mechanischen konnte ich absolut nichts anfangen. Auch für Mannschaftswettbewerbe konnte ich mich nie begeistern, und ich drückte mich, so oft es ging. Tatsache ist, das Schwänzen wurde mir mit der Zeit zu einer lieben Gewohnheit. Meine Interessen lagen woanders: Fischen, Jagen und Wandern. Ich las mehr als amerikanische Jungen damals in so einer Gegend zu lesen pflegten – Oscar Wilde, Anatole France, Baudelaire, sogar Gide. Ich tat mich mit einem Jungen zusammen, für den ich insgeheim schwärmte, und wir fuhren an Samstagen mit dem Fahrrad durch die Gegend, erforschten alte Steinbrüche und fischten an Teichen und Flüssen.

Ich hatte damals gerade ein Buch gelesen, das mich tief beeindruckte: YOU CAN'T WIN*, die Autobiographie eines Einbrechers. Der Autor gab an, einen beträchtlichen Teil seines Lebens hinter Gittern verbracht zu haben. Das klang alles sehr gut, verglichen mit dem eintönigen Leben in dieser Vorstadt, wo man von jeder wirklichen Erfahrung ausgeschlossen war. Ich sah in meinem Freund von jetzt an einen Verbündeten, einen Partner für gemeinsame Raubzüge. Wir entdeckten eine stillgelegte Fabrik, schlugen sämtliche Fenster ein und stahlen ein Stemmeisen. Wir wurden erwischt, und unsere Väter mußten für den Schaden aufkommen. Mein Freund setzte sich sofort von mir ab, um nicht bei ›den anderen‹ in Verruf zu geraten. Ich sah, daß es mit ›den anderen‹ keine Kompromisse geben konnte, und fand mich nun immer mehr isoliert.

Die Umgebung bot keine Angriffsflächen, ein Widersacher war nicht in Sicht, und ich geriet aus reiner Langeweile auf die schiefe Bahn. Meine kriminellen Handlungen waren bloße Gesten, sie brachten nichts ein und blieben auch meistens ungeahndet. Ich stieg in Häuser ein, lief darin herum, nahm aber nichts mit. Ich brauchte nichts zu stehlen, denn Geld hatte ich ja. Manchmal fuhr ich mit einem Kleinkalibergewehr über Land und knallte Hühner ab. Ich machte die Landstraßen unsicher durch rücksichtsloses Fahren, bis mich ein Unfall, den ich lächerlicherweise wie durch ein Wunder ohne einen Kratzer überstand, wieder zur Vernunft brachte.

Die Universität, an der ich dann mein Studium aufnahm, war eine von den Großen Drei. Ich belegte englische Literatur, aber nur deshalb, weil mich die anderen Fächer noch weniger interessierten. Ich haßte die Universität, und ich haßte die Stadt, in der sie sich befand. Alles an diesem Kaff war tot. Die Universität war eine schlechte Imitation von Oxford und Cambridge und war überlaufen von Leuten, die schlechte Imitationen von britischen

* Jack Black, YOU CAN'T WIN, New York 1926 (C.W.)

Internaten absolviert hatten. Ich fand auch hier keinen Anschluß. Ich kannte niemanden, und die geschlossene Gesellschaft der Auserwählten strafte jeden fremden Eindringling mit Verachtung.

Durch Zufall geriet ich an einige reiche Homosexuelle aus der internationalen Schwulenclique, die ständig um die Welt reist und sich in Schwulenbars von New York bis Kairo gegenseitig die Barhocker anwärmt. Ich entdeckte eine Lebensweise, die mir neu war, ein Vokabular, Anspielungen, ein ganzes Symbolsystem, wie die Soziologen sagen. Doch die meisten dieser Leute waren Armleuchter, und meine anfängliche Faszination flaute sehr schnell wieder ab.

Mein Examen bestand ich ohne Auszeichnung. Ich erhielt jetzt monatlich 150 Dollar aus einem Fonds, den meine Familie für mich eingerichtet hatte. Es war die Zeit der Wirtschaftskrise, Arbeit war nicht zu finden, aber ich konnte mir ohnehin keinen Job vorstellen, den ich gerne gewollt hätte. Ich trieb mich ungefähr ein Jahr lang in Europa herum, das noch an den Folgen des 1. Weltkriegs litt und ziemlich auf den Hund gekommen war. In Österreich erwies sich, wenn man mit U.S.Dollars winkte, ein ansehnlicher Teil der Bevölkerung als käuflich, egal ob Mann oder Frau. Das war 1936, und die Nazis waren schon im Anmarsch.

Ich ging zurück in die Staaten. Mit dem Geld aus dem Fonds kam ich über die Runden, ohne arbeiten oder krumme Dinger drehen zu müssen. Doch vom Leben war ich auch jetzt noch so isoliert wie da draußen im Mittelwesten. Ich suchte ein bißchen herum, belegte Abendkurse in Psychologie und nahm Unterricht in Jiu-Jitsu. Ich entschloß mich zu einer Psychoanalyse und begab mich für drei Jahre in Behandlung. Die Analyse beseitigte Hemmungen und Ängste, und ich konnte jetzt zum erstenmal so leben, wie ich wollte. Meine Fortschritte machte ich größtenteils gegen meinen Psychoanalytiker, dem meine ganze »Orientierung«, wie er es nannte, nicht gefiel.

Am Ende gab er die neutrale Haltung, die sein Beruf von ihm verlangte, einfach auf und nannte mich ein »durch und durch verkommenes Subjekt«. Das Ergebnis der Behandlung war für ihn lange nicht so befriedigend wie für mich.

Während meiner Schulzeit war ich wegen gesundheitlicher Mängel fünfmal von Kadettenlehrgängen ausgeschlossen worden. Jetzt wurde ich gemustert, für voll tauglich befunden und zur Armee eingezogen. Ich entschied, daß die Armee nicht das Richtige für mich war, und kramte meinen Persilschein aus dem Irrenhaus hervor. Ich war früher einmal auf die Van-Gogh-Masche abgefahren und hatte mir ein Stück Finger abgehackt, weil ich jemand imponieren wollte, hinter dem ich damals her war. Die Irrenhausärzte hatten noch nie etwas von Van Gogh gehört. Sie erklärten mich für schizophren und ergänzten das durch die Bemerkung »vom paranoiden Typus«, um die störende Tatsache zu erklären, daß ich wußte, wer ich war und wie der Präsident der Vereinigten Staaten hieß. Die von der Armee sahen sich diese Diagnose an und entließen mich auf der Stelle. In meinen Papieren stand jetzt, daß ich untauglich und für alle Zeiten vom Wehrdienst befreit war.

Nach meinem Abschied von der Armee nahm ich die unterschiedlichsten Jobs an. Man konnte inzwischen jeden Job haben, den man wollte. Ich betätigte mich als Privatdetektiv, Kammerjäger und Barmixer. Ich arbeitete in Fabriken und Büros. Ich spielte auch ein bißchen am Rande der Kriminalität herum. Ich hatte es zwar nicht nötig, mir auf diese Weise zusätzliches Geld zu beschaffen, denn meine 150 Dollar flatterten mir jeden Monat auf den Tisch. Doch es hatte einen gewissen romantischen Reiz, so nebenbei etwas zu drehen und dadurch meine Freiheit aufs Spiel zu setzen. Das war die Situation, in der ich zum erstenmal mit Junk in Berührung kam und süchtig wurde. Und damit war ich nun auch zum erstenmal gezwungen, mir Geld zu beschaffen.

Es wird oft gefragt, wie es dazu komme, daß jemand rauschgiftsüchtig wird. Ein Süchtiger wird darauf in der Regel antworten, daß es nicht so geplant war. Man wacht nicht eines schönen Morgens auf und beschließt, von nun an ein Leben als Rauschgiftsüchtiger zu führen. Man muß sich erst einmal mindestens drei Monate lang zweimal am Tag einen Schuß setzen, um überhaupt so etwas wie eine Sucht zu entwickeln. Und was Entzugserscheinungen sind, das weiß man erst wirklich, wenn man die Droge vorher schon ein paarmal abgesetzt hat. Bei mir dauerte es sechs Monate, bis ich meine erste Sucht hatte; und als ich nichts mehr nahm, waren die Entzugserscheinungen harmlos. Ich glaube, es ist keine Übertreibung, wenn man sagt, daß einer erst nach einem Jahr, d.h. nach mehreren hundert Injektionen, eine echte Sucht am Hals hat.

Nun ließe sich natürlich weiterfragen: »Warum haben Sie überhaupt zu Rauschgift gegriffen? Warum haben Sie es so lange genommen, daß sie davon süchtig wurden?« Man greift zur Droge und wird süchtig, weil man nichts hat, was einen dazu motiviert, etwas anderes zu tun. Junk geht immer den Weg des geringsten Widerstands. Ich versuchte es aus reiner Neugier. Ich ließ mich treiben und setzte mir einen Schuß, wenn ich gerade an das Zeug herankommen konnte. Am Ende war ich süchtig. Bei den meisten Süchtigen, mit denen ich mich unterhalten habe, sah es ähnlich aus. Sie können sich nicht erinnern, aus einem bestimmten Grund mit Junk angefangen zu haben. Sie ließen sich einfach darauf ein, bis sie schließlich süchtig waren. Wer nie süchtig gewesen ist, macht sich keine Vorstellung davon, was es für einen Süchtigen bedeutet, Junk zu *brauchen*, das Zeug haben zu müssen, um jeden Preis. Nein, man nimmt sich nicht vor, süchtig zu werden. Man wacht eines Morgens mit Entzugserscheinungen auf und weiß, daß man eine Sucht hat.

Ich habe es nie bereut, daß ich Drogen genommen habe. Ich glaube, daß ich nach all den Jahren, in denen ich –

mit gelegentlichen Unterbrechungen – auf Junk war, heute bei besserer Gesundheit bin, als ich es wäre, wenn ich nie süchtig geworden wäre. Wer nicht mehr wächst, der hat schon angefangen zu sterben. Ein Süchtiger hört nie auf, zu wachsen. Die meisten machen von Zeit zu Zeit einen Entzug, was zur Folge hat, daß der Organismus zunächst schrumpft und dann die junk-abhängigen Zellen nach und nach ersetzt. Der Körper eines Süchtigen befindet sich in einem ständigen Prozeß von Zellschrumpfung und Erneuerung, von einem Schuß zum nächsten.

Die meisten Süchtigen sehen jünger aus, als sie in Wirklichkeit sind. Wissenschaftler haben kürzlich den Schrumpfungsprozeß an einer Spezies von Würmern durchgeführt – durch Nahrungsentzug. Durch periodisches Schrumpfen wurde der Wurm in einem permanenten Zustand der Zellerneuerung gehalten; sein Leben ließ sich dadurch beliebig verlängern. Wenn sich ein Junkie in einem permanenten Zustand des Entzugs halten könnte, würde er vielleicht ein phänomenales Alter erreichen.

Junk ist eine zellulare Gleichung und macht den Süchtigen mit Tatsachen vertraut, die sich auch auf andere Bereiche übertragen lassen. Mich hat der Umgang mit Junk so manches gelehrt. Ich habe gesehen, wie sich das Leben reduzierte auf Portionen von Morphiumlösung, die mit Augentropfern verabreicht wurden. Ich habe die Qualen des Entzugs durchgemacht und die grenzenlose Erleichterung verspürt, wenn sich die halbverdursteten Zellen an der Spritze auftankten. Vielleicht läuft darauf das ganze Lustprinzip hinaus: die Linderung irgendeines Durstes. Ich habe mir unter der Einwirkung von Junk den stoischen Gleichmut eines Einzellers zugelegt. Ich habe eine ganze Gefängniszelle voll Junkies im Entzug gesehen, schweigend und regungslos, jeder allein mit seinem Elend. Sie wußten, daß jede Klage und jede Bewegung sinnlos war. Sie wußten, daß letzten Endes keiner dem anderen helfen kann. Keiner hat den Schlüssel, keiner weiß ein Geheimnis, das er dir verraten kann.

Ich habe die Junk-Gleichung begriffen. Junk ist nicht wie Alkohol oder Marihuana ein Mittel zu erhöhtem Lebensgenuß. Junk ist kein Rausch. Es ist eine Lebensweise.

I

Meine erste Erfahrung mit Junk machte ich während des Krieges, 1944 oder 1945. Ich hatte damals gerade einen Mann namens Norton kennengelernt, der auf einer Werft arbeitete. Norton, der mit richtigem Namen Morelli oder so ähnlich hieß, war noch zu Friedenszeiten aus der Armee entlassen worden, weil er sich seinen Sold durch einen gefälschten Scheck aufbessern wollte, und man hatte ihn wegen seines schlechten Charakters als untauglich eingestuft. Er sah aus wie George Raft, nur daß er größer war. Norton versuchte sein Englisch aufzupolieren und sich eine glatte gefällige Art zuzulegen, womit er sich allerdings sehr schwer tat, weil es seiner ganzen Natur widersprach. Wenn er sich unbeobachtet glaubte, hatte er einen mürrischen und hinterhältigen Gesichtsausdruck, und man wußte: sobald man ihm den Rücken zudrehte, kam die alte Visage wieder zum Vorschein.

Norton war ein ehrgeiziger Dieb, und er fühlte sich erst so richtig wohl, wenn er auf der Werft jeden Tag etwas geklaut hatte. Ein Werkzeug, Konserven, einen Overall, egal was. Eines Tages rief er mich an und sagte, er habe eine Maschinenpistole gestohlen. Ob ich einen Käufer finden könne? »Kann sein«, sagte ich. »Bring mir das Ding mal her.«

Die Wohnungsknappheit nahm langsam bedenkliche Züge an. Ich zahlte fünfzehn Dollar die Woche für ein verdrecktes Apartment, in das nie ein Sonnenstrahl fiel, da die Fenster auf einen schmalen Durchlaß hinausgingen. Der Heizkörper war undicht, und wenn gerade mal geheizt wurde, strömte Dampf aus. Die durchweichte Tapete hing in Streifen von der Wand. Die Fenster hatte ich mit Zeitungspapier gegen die Kälte abgedichtet. Die Bude wimmelte von Kakerlaken, und gelegentlich killte ich auch eine Bettwanze.

Ich saß gerade am Heizkörper, ein bißchen feucht vom

ausströmenden Dampf, als ich Norton's Klopfzeichen hörte. Ich machte ihm auf, und da stand er mit einem großen, in Packpapier eingewickelten Gegenstand unter dem Arm. Er lächelte und sagte: »Hallo.«

»Komm rein, Norton«, sagte ich, »und zieh deinen Mantel aus.« Er packte die Maschinenpistole aus, und wir setzten sie zusammen und ließen den Hahn schnappen.

Ich sagte, ich würde mich nach einem Käufer umsehen.

Norton sagte: »Ach so ja, hier ist noch was anderes, was ich mir geklemmt habe.«

Es war ein flache gelbe Schachtel mit fünf ½-Gran-Syretten Morphiumtartrat.

»Das ist nur ein Muster«, sagte er und deutete auf das Morphium. »Ich hab noch fünfzehn Schachteln zuhause und kann jederzeit mehr besorgen, wenn du die hier loswirst.«

»Ich werde sehn, was ich tun kann«, sagte ich.

2

Junk hatte ich bis dahin noch nie angerührt, und es fiel mir auch jetzt nicht ein, damit anzufangen. Ich begann mich nach einem Käufer für die beiden Artikel umzusehen, und dabei stieß ich auf Roy und Herman.

Ich kannte einen jungen Ganoven aus dem Norden des Staates New York, der bei Riker's als Schnellkoch arbeitete – »auf Tauchstation«, wie er mir erklärte. Ich rief ihn an und sagte ihm, daß ich was zu verkaufen hätte. Wir verabredeten uns für ein Treffen in der Angle Bar an der Eighth Avenue in Höhe der 42. Straße.

Die Bar war das Stammlokal der kleinkarierten Anschaffer von der 42. Straße, einer eigenartigen Sorte von großmäuligen Amateuren und Versagern. Sie sind ständig auf der Suche nach einem »setup man«, der ein Ding für sie ausbaldowert und ihnen genau sagt, was sie tun müssen. Da aber kein »setup man« etwas zu tun haben will mit Typen, denen man schon von weitem ansieht, daß sie traurige Nieten sind, erfinden sie haarsträubende Lügengeschichten, von wegen sie hätten schon die größten Dinger gedreht und seien im Augenblick gerade als Tellerwäscher, Limonadenfritzen oder Kellner auf Tauchstation; dabei reicht es bei ihnen höchstens mal dazu, einen Besoffenen oder einen verängstigten Schwulen hopps zu nehmen. Und die ganze Zeit halten sie sehnsüchtig Ausschau nach dem »setup man«, der ein großes Ding in petto hat und sagt: »Ich beobachte dich schon ne ganze Weile. Ich hab da ein Ding, dafür bist du genau der richtige Mann. Also paß mal auf...«

Jack, durch den ich Roy und Herman kennenlernte, gehörte nicht zu diesen verlorenen Schafen auf der Suche nach dem Hirten mit dem Brillantring am Finger, der Kanone im Schulterhalfter und der harten selbstbewußten Stimme, die suggerierte, daß der Mann über Beziehungen verfügte, die richtigen Leute schmierte und einen sauber ausgetüftelten Plan für einen kinderleichten und todsicheren Raubüberfall im Kopf hatte. Jack war von Zeit zu Zeit sehr erfolgreich und kam dann immer in neuen Klamotten an, und oft fuhr er auch einen neuen Wagen. Abgesehen davon war er ein notorischer Lügner, der allerdings mehr zum eigenen Vergnügen als zur Unterhaltung der gerade Anwesenden zu lügen schien. Er hatte das frische, gesunde Gesicht eines Jungen vom Lande, doch sein Körper war der eines Schwerkranken. Er litt an plötzlichen Gewichtsschwankungen, wie ein Diabetiker oder Leberkranker. Diese Gewichtsschwankungen lösten bei ihm oft eine unkontrollierbare Rastlosigkeit aus, und er blieb manchmal tagelang verschwunden.

Der Effekt, der sich dabei einstellte, war gespenstisch. Eben hatte er noch ausgesehen wie das blühende Leben – eine Woche danach kam er an und sah so abgezehrt, bleich und gealtert aus, daß man zweimal hinsehen mußte, ehe man ihn wiedererkannte. Sein Gesicht war von einem Leiden gezeichnet, an dem seine Augen völlig unbeteiligt blieben. Es war ein Leiden, das sich nur in den Zellen abspielte. Er selbst – das bewußte Ich, das einen aus den glasigen aber wachsamen Ganovenaugen ansah – wollte nichts zu schaffen haben mit diesem Leiden seines anderen Ich, das er ablehnte; einem Leiden des Nervensystems, des Fleisches, der Eingeweide und der Zellen.

Er glitt in die Nische, in der ich saß, und bestellte sich einen Whisky. Er kippte ihn runter, stellte das Glas hin und sah mich schräg von der Seite an.

»Was hat der Typ auf Lager?«

»Eine MP und ungefähr 35 Gran Morphium.«

»Das Morphium werd ich sofort los. Bei der MP kanns ein bißchen dauern.«

Zwei von der Kripo kamen herein, lehnten sich an den Tresen und sprachen mit dem Barkeeper Jack machte eine Kopfbewegung in ihre Richtung. »Polente. Gehn wir lieber ein Stück.«

Ich ging hinter ihm auf den Ausgang zu. Er glitt seitwärts aus der Tür. »Ich bring dich zu einem, der sich für das Morphium interessieren wird«, sagte er. »Die Adresse vergißt du am besten gleich wieder.«

Wir gingen zur nächsten U-Bahn Station und stiegen abwärts, bis zum untersten Bahnsteig der Independent-Linie. Jack redete in einer Tour, als habe er ein unsichtbares Publikum vor sich. Er hatte eine Stimme, die einem direkt in die grauen Zellen drang. Sie setzte sich gegen jeden Lärmpegel der Umgebung durch. »Gibt nix besseres als ne Kaliber-38. Du haust einfach den Hammer nach hinten und ballerst los. Auf hundertfünfzig Meter leg ich dir damit jeden um, da kannst du sagen, was du willst. Mein Bruder hat in Iowa zwei Maschinengewehre unter Verputz. 30er Kaliber.«

Wir verließen die U-Bahn, und dann gingen wir auf verschneiten Gehsteigen an den langen Häuserfronten von Mietskasernen entlang.

»Der Kerl stand schon lange bei mir in der Kreide, verstehst du. Ich wußte, daß er das Geld hatte, aber er wollte einfach nicht zahlen. Also hab ich ihn abgepaßt, als er von der Arbeit kam. Hatte ne Rolle Fünfer bei mir. Keiner kann dir was anhängen, bloß weil du amerikanisches Kleingeld bei dir hast. Er sagte, er wäre pleite. Ich schlug ihm die Fresse ein und nahm mir mein Geld. Zwei Freunde von ihm standen dabei, aber die hielten sich raus. Denen hätt ich ne Klinge unter die Nase gehalten.«

Wir betraten eine Mietskaserne und gingen die Treppe hinauf. Es war eine schwarze Eisentreppe, in der Mitte blankgelatscht. Wir blieben vor einer schmalen, mit Eisenblech verstärkten Tür stehen, und Jack gab ein kompliziertes Klopfzeichen, dem er mit geneigtem Kopf wie ein Safeknacker nachlauschte. Die Tür wurde geöffnet von einem korpulenten, schwammigen Schwulen in mittleren Jahren. Er hatte Tätowierungen auf den Unterarmen und sogar auf den Handrücken.

»Das hier ist Joey«, sagte Jack, und Joey sagte: »Hallo, ihr beiden.«

Jack zog einen 5-$-Schein aus der Tasche und gab ihn Joey. »Sei so gut und hol uns ne Flasche Schenley's, ja?«

Joey zog sich einen Mantel an und ging.

In vielen Mietskasernen kommt man durch die Wohnungstür direkt in die Küche. So war es auch hier. Wir standen in der Küche.

Als Joey draußen war, fiel mir auf, daß noch einer in der Wohnung war. Er stand da und sah mich an..Wellen von Feindseligkeit und Mißtrauen schlugen einem aus seinen großen braunen Augen entgegen. Unter ihrem Anprall kam man sich vor, als würde man mit einer Strahlenkanone unter Beschuß genommen. Der Mann war klein und sehr mager, sein Hemdkragen hing ihm lose um den Hals. Seine Gesichtsfarbe ging von Braun in ein fleckiges Gelb über – es war der angetrocknete Brei einer Gesichtsmaske, die einen Hautausschlag verdecken sollte. Seine Mundwinkel zogen sich zu einer griesgrämigen beleidigten Grimasse nach unten. Das war Herman, wie ich später erfuhr.

»Wer ist das?«, wollte er von Jack wissen.

»Freund vor mir. Hat Morphium, das er loswerden will.«

Herman hob kurz die Schultern und kehrte die Handflächen nach außen. »Ich glaub, das lohnt sich nicht für mich. Wirklich nicht.«

»Okay«, sagte Jack, »dann kriegts eben ein anderer. Komm mit, Bill.«

Wir gingen ins Wohnzimmer. Da gab es ein kleines Radio, einen Buddha aus Porzellan mit einer Kerze davor und ähnliches Zeug. Auf einer Bettcouch lag ein Mann. Er setzte sich auf, als wir hereinkamen, sagte »Hallo« und bleckte seine bräunlichen angefaulten Zähne zu einem freundlichen Lächeln. Seine Stimme klang nach Südstaaten, dem Akzent nach kam er aus East Texas.

Jack sagte: »Roy, das hier ist ein Freund von mir. Er hat ein bißchen Morphium, das er loswerden will.«

Der Mann setzte sich jetzt gerade hin und schwang seine Beine von der Couch herunter. Seine Kinnlade fiel schlaff nach unten, was seinem Gesicht einen weggetretenen Ausdruck verlieh. Er hatte eine glatte braune Haut und hoch hervorstehende Backenknochen. Das Gesicht wirkte orientalisch. Die Ohren standen im rechten Winkel von seinem asymmetrischen Schädel ab, die Augen waren braun und hatten einen eigenartigen Glanz, als würden kleine Lichtpunkte dahinter glühen. Im Schein der Kerze schimmerten sie wie Opale.

»Wieviel hast du?«, fragte er mich.

»Fünfundsiebzig ½-Gran-Syretten.«

»Normalerweise gibts zwei Dollar pro Gran«, sagte er, »aber für Syretten wird ein bißchen weniger gezahlt. Die Leute wollen Tabletten. In diesen Syretten ist zuviel Wasser. Man muß sie ausdrücken und das Wasser verdampfen.« Er machte eine Pause. Schließlich sah er mich mit ausdruckslosem Gesicht an und sagte: »Ich könnte dir ungefähr einsfünfzig pro Gran geben.«

»Schätze, das geht in Ordnung«, sagte ich.

Er fragte, wie er mich erreichen könne, und ich gab ihm meine Telefonnummer.

Joey kam mit dem Whisky zurück und wir tranken jeder ein Glas. Herman steckte von der Küche aus den Kopf zur Tür herein und sagte zu Jack: »Kann ich dich mal kurz sprechen?«

Ich hörte, wie sie sich über irgendwas stritten. Dann kam Jack wieder herein. Herman blieb in der Küche. Wir genehmigten uns alle noch ein paar Gläser, und Jack begann eine von seinen Geschichten zu erzählen.

»Mein Partner stellte die Bude auf den Kopf. Der Typ war am Pennen, und ich stand neben ihm mit einem 3 Fuß langen Rohr, das ich im Bad abmontiert hatte. An dem einen Ende war ein Wasserhahn dran, ja? Plötzlich wacht der Kerl auf, springt mit nem Satz ausm Bett und wetzt los. Ich schlag ihm den Wasserhahn übern Schädel, und er rennt weiter, ins andere Zimmer rein, und bei jedem Herzschlag spritzt ihm das Blut aus dem Kopf, drei Meter hoch.« Er ahmte das Pumpen mit der Hand nach. »Man konnte sein Gehirn sehen, und das Blut spritzte raus.« Jack begann unbändig zu lachen. »Meine Ische wartete unten im Wagen. Sie nannte mich – ha-ha-ha! – sie nannte mich – ha-ha-ha! – einen kaltblütigen Killer!«

Er lachte, bis sein Gesicht violett anlief.

3

Einige Tage nach dem Besuch bei Roy und Herman spritzte ich mir eine der Syretten und machte meine erste Erfahrung mit Junk. Eine Syrette sieht aus wie eine Tube Zahnpasta mit einer Kanüle unten dran. Man steckt eine Nadel durch die Kanüle, perforiert die Membran, und die Syrette ist spritzfertig.

Einen Schuß Morphium spürt man zuerst hinten in den Beinen, dann im Nacken, eine Welle der Entspannung geht durch den Körper, die Muskeln lockern sich von den Knochen, es ist ein Gefühl, als würde man in warmem

Salzwasser treiben und sich langsam darin auflösen. Das Gefühl drang mir bis in die letzten Fasern, und jetzt packte mich die Angst. Ich hatte den Eindruck, als sei am Rand meines Gesichtsfeldes eine entsetzliche Erscheinung aufgetaucht, die sich seitlich wegbewegte, sobald ich den Kopf drehte, so daß ich sie nie richtig zu sehen bekam. Mir wurde übel, ich legte mich lang und machte die Augen zu. Eine Folge von Bildern zog vorbei, als würde ich einen Film sehen: eine riesige neonbeleuchtete Bar, die sich immer weiter ausdehnte und schließlich ganze Straßenzüge enthielt, Verkehrsstockungen, Straßenbauarbeiten; eine Kellnerin mit einem Totenschädel auf einem Tablett; Sterne an einem klaren Himmel. Todesangst wie ein Schlag in die Magengrube; Atemstillstand; das Blut gerinnt in den Adern.

Ich döste ein, schreckte plötzlich hoch, und die Angst war wieder da. Am nächsten Morgen mußte ich mich übergeben. Das Gefühl der Übelkeit hielt bis Mittag an.

Am Abend rief Roy bei mir an.

»Die Sache, von der wir da neulich abends gesprochen haben«, sagte er. »Ich könnte so bis vier Dollar pro Schachtel gehen und dir fünf Stück gleich abnehmen. Hast du Zeit? Ich komm bei dir vorbei. Wir werden uns schon irgendwie einigen.«

Ein paar Minuten später klopfte er an die Tür. Er trug einen karierten Kammgarnanzug und ein dunkles, kaffeebraunes Hemd. Wir begrüßten uns, dann sah er sich mit ausdruckslosem Gesicht um und sagte: »Wenns dir nichts ausmacht, hau ich mir gleich mal eins von den Dingern rein.«

Ich öffnete die Schachtel. Er nahm eine Syrette heraus und spritzte sie sich ins Bein. Dann zog er sich mit raschen Bewegungen seine Hosen wieder hoch und holte zwanzig Dollar aus der Tasche. Ich stellte fünf Schachteln auf den Küchentisch.

»Ich glaub, ich nehm die Dinger lieber raus«, sagte er. »Die Schachteln sind mir zu sperrig.«

Er machte sich daran, die Syretten in seinen Jackentaschen zu verstauen. »Die Membranen werden das schon aushalten, denk ich mir. Paß auf, ich ruf dich morgen oder übermorgen wieder an, wenn ich die hier an den Mann gebracht habe und wieder flüssig bin.« Er rückte sich seinen Hut auf dem asymmetrischen Schädel zurecht. »Wiedersehn.«

Er tauchte schon am nächsten Tag wieder auf. Er spritzte sich eine weitere Syrette und zog vierzig Dollar aus der Tasche. Ich legte ihm zehn Schachteln hin, dann nahm ich zwei davon wieder an mich.

»Die sind für mich«, sagte ich.

Er sah mich überrascht an.

»Du nimmst das Zeug auch?«

»Ab und zu.«

»Fürchterliches Zeug«, sagte er und schüttelte den Kopf. »Das schlimmste, was einem überhaupt passieren kann. Am Anfang denken wir alle, wir könnten uns beherrschen. Aber manchmal wollen wir uns garnicht beherrschen.« Er lachte. »Zu dem Preis nehm ich dir alles ab, was du ranschaffen kannst.«

Am nächsten Tag war er wieder da. Er fragte, ob ich es mir inzwischen anders überlegt hätte und die zwei Schachteln vielleicht doch verkaufen wollte. Ich sagte nein. Er kaufte zwei Syretten für einen Dollar pro Stück, spritzte sich beide und ging. Vorher sagte er noch, er habe für zwei Monate angeheuert.

4

Die acht Syretten, die ich zurückbehalten hatte, brauchte ich während des nächsten Monats auf. Nach der dritten tauchten die Angstzustände, die ich beim erstenmal durchgemacht hatte, nicht mehr auf; trotzdem, von Zeit zu Zeit schreckte ich immer noch hoch, wenn ich nach einem Schuß im Tran war.

Nach ungefähr sechs Wochen rief ich bei Roy an. Ich rechnete nicht damit, daß er von seinem Trip schon zurück war, doch der Hörer wurde abgenommen, und dann hörte ich seine Stimme.

»Sag mal, hast du was zu verkaufen?«, fragte ich ihn. »Sowas wie das, was ich dir neulich verkauft habe?«

Es entstand eine Pause.

»J-aa«, sagte er schließlich, »sechs Gran kann ich dir geben, aber ich muß drei Dollar fürs Gran verlangen. Ich hab nicht viel da, verstehst du.«

»Okay«, sagte ich. »Du kennst ja den Weg. Bring sie mir vorbei.«

Es waren zwölf ½-Gran-Tabletten in einem dünnwandigen Glasröhrchen. Ich gab ihm die achtzehn Dollar, und er entschuldigte sich noch einmal wegen des hohen Preises.

Am nächsten Tag kaufte er zwei Gran von mir zurück.

»Das Zeug ist im Augenblick verflucht schwer zu kriegen, egal zu welchem Preis«, sagte er und suchte bereits nach einer Vene in seinem Bein. Schließlich traf er eine und schoß sich die Flüssigkeit mit einer Luftblase rein. »Wenn Luftblasen tödlich wären, dann wär heute kein Junkie mehr am Leben.«

Noch am gleichen Tag zeigte mir Roy einen Drugstore, wo sie einem Kanülen verkauften, ohne Fragen zu stellen – die meisten Drugstores wollen ein Rezept sehen. Er brachte mir bei, wie man aus Papier eine Manschette macht, mit der man die Kanüle an einem Augentropfer befestigt. Damit ist leichter umzugehen als mit einer richtigen Spritze, besonders wenn man sich in die Venen schießt.

Einige Tage danach schickte mich Roy zu einem Arzt, dem ich was von Nierensteinen vorlügen sollte, damit er ein Morphiumrezept lockermachte. Die Frau des Arztes knallte mir die Tür vor der Nase zu, aber Roy kam schließlich an ihr vorbei und sahnte bei dem Doktor ein Rezept für zehn Gran ab.

Die Praxis dieses Arztes lag in einem Junk-Territorium, Ecke 102. Straße und Broadway. Er war ein tatteriger alter Mann und brachte es nicht fertig, die Junkies fortzujagen, die sein Wartezimmer bevölkerten. Zumal sie seine einzigen Patienten waren. Es schien ihm ein Gefühl von Wichtigkeit zu geben, wenn er die Tür aufmachte und ein volles Wartezimmer vorfand. Vermutlich war er an einem Punkt angelangt, wo er sich die Dinge in seiner Umgebung nach Wunsch zurechtbiegen konnte, so daß er im Wartezimmer eine vornehme Kundschaft erblickte, Leute mit den verschiedensten Leiden, alle gut gekleidet (wahrscheinlich nach der Mode von 1910) – und nicht einen Haufen verwahrloster Junkies, die ihn nur um ein Morphiumrezept anhauen wollten.

Roy heuerte in Abständen von zwei oder drei Wochen an. Es waren immer Truppentransporte, d.h. in der Regel kurze Törns. Wenn er in der Stadt war, teilten wir uns gewöhnlich ein paar Rezepte. Der alte Medizinmann von der 102. Straße verlor schließlich vollends den Verstand und seine Rezepte wurden von keinem Drugstore mehr angenommen, aber Roy tat in der Bronx einen italienischen Arzt auf, der sich breitschlagen ließ.

Ich setzte mir ab und zu einen Schuß, war aber noch weit davon entfernt, süchtig zu sein. In dieser Zeit zog ich auch um und nahm mir ein Apartment auf der Lower East Side. Es war eines von der Sorte, wo man durch die Wohnungstür direkt in die Küche kommt.

In der Angle Bar, wo ich mich jetzt jeden Abend blicken ließ, traf ich häufig mit Herman zusammen. Nach einer Weile war von seiner anfänglichen Abneigung gegen mich nichts mehr zu spüren, und bald war es soweit, daß ich seine Mahlzeiten und Drinks bezahlte und er mich in regelmäßigen Abständen um »ein paar Kröten« anpumpte Herman war zu diesem Zeitpunkt nicht süchtig. Überhaupt eine Sucht hatte er eigentlich immer nur dann, wenn sie ihm ein anderer finanzierte. Aber er war ständig high von Marihuana oder Benzedrin, oder voll im Tran nach einer

Ladung »goof balls« (Nembutal). In die Angle Bar kam er jeden Abend in Begleitung eines total verschlampten Polacken, den sie Whitey nannten. Insgesamt gab es vier Whiteys unter den Stammgästen, was einigermaßen verwirrend war. In diesem Whitey hier verband sich die Empfindlichkeit des Neurotikers mit der unberechenbaren Brutalität des Psychopathen. Er war fest davon überzeugt, daß ihn niemand leiden konnte; ein Umstand, der ihm einigen Kummer zu bereiten schien.

An einem Dienstagabend stand ich mit Roy hinten am Tresen. Subway Mike war da, und Frankie Dolan. Dolan war Ire und schielte auf einem Auge. Er war ein mieser kleiner Abstauber, der wehrlose Besoffene zusammenschlug und seine Kumpane um ihren Anteil betrog. »Ich hab kein Ehrgefühl«, pflegte er zu sagen. »Ich bin ne Ratte.« Und dann kicherte er immer.

Subway Mike hatte ein großes blasses Gesicht und lange Zähne. Er wirkte wie ein Tier, das sich darauf spezialisiert hat, unter der Erde zu leben und denen da oben aufzulauern und sie auszusaugen. Er war ein geschickter Leichenfledderer*, aber er hatte keinerlei Fassade. Jeder Bulle konnte es ihm an der Nasenspitze ansehen, und er war bei der U-Bahn Polente bekannt wie ein bunter Hund. Die Folge war, daß Mike die halbe Zeit im Knast vonRiker's Island saß und 5 Monate und 29 Tage für »Rempeln«** abzubrummen hatte.

An diesem Abend hatte Herman so viele »nembies« eingeworfen, daß ihm der Kopf immer wieder nach vorn auf den Tresen fiel. Whitey marschierte ungeduldig vor der Theke auf und ab und versuchte, sich den einen oder anderen Drink zu klemmen. Die Jungs an der Bar hockten steif und nervös da, hielten ihre Gläser fest und steckten das Wechselgeld immer schnell weg. Ich hörte, wie

* Ein Dieb, dessen Spezialität es ist, besoffene oder eingeschlafene Passagiere in der U-Bahn zu filzen. (W. S. B.)

** »Rempeln«: sich an einem Opfer in eindeutiger Absicht zu schaffen machen. (W. S. B.)

Whitey zum Barkeeper sagte: »Heb das mal für mich auf, ja?« Er schob ihm sein großes Klappmesser über den Tresen. Die Jungs hockten schweigend und mit düsteren Mienen unter den Neonröhren. Vor Whitey hatten alle Schiß – bis auf Roy. Roy schlürfte grimmig sein Bier. In seinen Augen lag wieder dieser eigentümliche phosphoreszierende Schimmer. Sein langer Körper hing schief an der Theke. Er sah nicht zu Whitey hin, sondern hatte den hinteren Teil der Bar im Auge, wo die Nischen waren. Einmal sagte er zu mir: »Der ist bestimmt kein größerer Säufer als ich. Er hat einfach Durst.«

Whitey stand jetzt mit geballten Fäusten mitten in der Pinte und die Tränen liefen ihm übers Gesicht. »Ich bin zu nix gut«, sagte er. »Ich bin zu nix gut. Ich weiß nicht mehr, was ich mach. Versteht'n das keiner?«

Die Jungs versuchten sich so weit wie möglich von ihm abzusetzen, ohne seine Aufmerksamkeit zu erregen.

Subway Slim, der gelegentlich mit Mike zusammenarbeitete, kam herein und bestellte sich ein Bier. Er war groß und hager, und sein häßliches Gesicht wirkte merkwürdig leblos und maskenhaft, als sei es aus Holz. Whitey schlug ihm zur Begrüßung auf die Schulter, und ich hörte, wie Slim sagte: »Menschenskind Whitey, hör mir bloß auf.« Es gab einen Wortwechsel, den ich im einzelnen nicht mitbekam. Irgendwann ließ sich Whitey wohl sein Messer vom Barkeeper zurückgeben. Jedenfalls stand er plötzlich hinter Slim und gab ihm einen Stoß in die Rippen. Slim stöhnte auf und sackte nach vorn gegen die Theke. Ich sah, wie Whitey zum Ausgang ging und verstohlene Blicke um sich warf. Er klappte sein Messer zu und ließ es in der Hosentasche verschwinden.

»Gehn wir«, sagte Roy.

Whitey war weg und die Bar hatte sich geleert bis auf Mike und Frankie Dolan, die Slim von beiden Seiten stützten.

Am nächsten Tag hörte ich von Frankie, daß Slim noch einmal davongekommen war. »Der Mediziner im Krankenhaus hat gesagt, das Messer wär knapp an ner Niere vorbeigegangen.«

»Dieser verlotterte Affenarsch«, sagte Roy. »Nix gegen einen richtigen Schläger, aber so einer? Ein Typ, der rumlatscht und sich das Kleingeld von der Bar klemmt? Ich hab bloß darauf gewartet, daß er sich mit mir anlegt. Dem hätt ich erst mal das Knie in den Bauch gerammt, und dann hätt ich mir so ne Flasche Bier aus dem Kasten da am Boden gegriffen und sie ihm über die Rübe gehauen. Bei so einem tierischen Macker muß man mit Methode vorgehen.«

Die Angle Bar belegte uns mit Lokalverbot. Kurz danach erwischte es sie selber: aus dem Laden wurde ein Roxy-Grill.

5

Eines Abends ging ich in die Henry Street, um mal bei Jack vorbeizuschauen. Eine große Rothaarige empfing mich an der Tür.

»Ich bin Mary«, sagte sie. »Komm rein.«

Wie es schien, hatte Jack gerade was in Washington zu erledigen.

»Komm, wir gehn nach vorne ins Wohnzimmer«, sagte sie und schob einen roten Vorhang aus Kordsamt zur Seite. »In der Küche unterhalt ich mich bloß mit Hauswirten und Leuten, die Rechnungen abkassieren wollen. *Wohnen* tun wir hier drin.«

Ich sah mich um. Der Nippeskram war verschwunden. Im Zimmer sah es jetzt aus wie in einer Chop Suey Kneipe. Schwarz und rot lackierte Tischchen standen herum, und das Fenster hatte schwarze Vorhänge bekommen. Die Decke war bemalt mit einem Rad, das aus kleinen bunten Dreiecken und Vierecken bestand. Es wirkte wie ein Mosaik.

»Das hat Jack gemacht«, sagte Mary und zeigte nach

oben. »Hättest ihn mal dabei sehen sollen. Er steckte ein Brett zwischen zwei Leitern durch und legte sich drauf, und die Farbe tropfte ihm dauernd ins Gesicht. So Sachen macht er unheimlich gern. Wir kriegen ziemlich irre Kicks mit diesem Rad, wenn wir high sind. Wir legen uns auf den Rücken und lassen das Ding auf uns wirken, und nach ner Weile fängt es an sich zu drehen. Je länger mans ansieht, desto schneller dreht es sich.«

In dem Rad vereinigte sich die alptraumhafte Vulgarität von aztekischen Mosaiken, das blutrünstige vulgäre Alpdrücken, das rohe zuckende Herz in den Strahlen der Morgensonne, mit dem schreienden Rosa und Violett von Souvenir-Aschenbechern, Ansichtskarten und Kalendern. Die Wände waren schwarz gestrichen, und an einer Seite war mit roter Lackfarbe ein chinesisches Schriftzeichen aufgemalt.

»Wir wissen nicht, was es bedeutet«, sagte sie.

»Hemden, 31 Cents«, schlug ich vor.

Sie fixierte mich mit ihrem kalten, starren Lächeln. Dann fing sie an, von Jack zu sprechen. »Ich steh auf Jack«, sagte sie. »Er macht seine Arbeit als Dieb genau wie 'n ganz normalen Job. Oft kam er mitten in der Nacht an und drückte mir seine Knarre in die Hand. ›Tu das Ding unter Verputz!‹ Er bosselt gern in der Wohnung rum, so tischlern und Sachen anstreichen.«

Während sie redete, schusserte sie im ganzen Zimmer herum, ließ sich von einem Stuhl auf den anderen fallen, schlug mal das rechte Bein über das linke, mal das linke über das rechte, zupfte sich ihren Slip zurecht, führte mir ihre Anatomie sozusagen auf Raten vor.

Dann erzählte sie mir, sie leide an einer seltenen Krankheit und habe nicht mehr lange zu leben. »Sind nur ganze sechsundzwanzig Fälle bekannt. In ein paar Jahren werd ich mich überhaupt nicht mehr bewegen können. Weißt du, mein Organismus kann kein Kalzium absorbieren, und da lösen sich die Knochen langsam auf. Am Ende werden sie mir die Beine amputieren müssen, und dann die Arme.«

Sie wirkte tatsächlich knochenlos, wie ein Wesen aus der Tiefsee. Sie hatte so ein klebriges Fluidum um sich, aus dem einen kalte Fischaugen ansahen. Ich konnte mir diese Augen richtig vorstellen in einer formlosen qualligen Masse, die sich langsam über den dunklen Meeresboden schlängelt.

»Benzedrin ist ein guter Kick«, sagte sie jetzt. »Drei Streifen, oder ungefähr zehn Tabletten. Oder du wirfst gleichzeitig zwei Streifen Benny und zwei Goof Balls ein. Die flutschen runter und machens dann unter sich aus. Das haut ganz schön rein.«

Drei junge Ganoven aus Brooklyn drifteten jetzt zur Tür herein – starre Gesichter, Hände in den Hosentaschen, eckige stilisierte Bewegungen, wie ein mechanisches Ballett. Sie waren hinter Jack her. Anscheinend hatte er sie bei irgendeiner Sache gelinkt. Zu entnehmen war das allerdings weniger ihren Worten als ihren Gesten – sie stelzten im ganzen Zimmer herum, lehnten sich an die Wände und stießen immer mal wieder ruckartig das Kinn nach vorn. Nach geraumer Zeit stakte dann einer von ihnen zur Tür, machte eine knappe Kopfbewegung, und sie gingen hintereinander raus.

»Willst'n Joint durchziehen?«, fragte mich Mary. »Irgendwo muß ich hier noch ne Kippe rumliegen haben.« Sie begann in Aschenbechern herumzustochern und Schubladen durchzuwühlen. »Nee, anscheinend doch nicht. Aber wir könnten nach uptown, wie wärs? Ich kenn da ein paar gute Pusher. Die müßten wir jetzt eigentlich erwischen können.«

Ein junger Mann kam hereingeschlurft. Er hatte einen Gegenstand unter dem Arm, der in braunes Packpapier eingeschlagen war. Er stellte ihn auf den Tisch und sagte: »Laß das unterwegs irgendwo verschwinden, wenn du rausgehst.« Dann stolperte er durch die Küche und ins angrenzende Schlafzimmer. Als wir draußen waren, machte ich ein Stück von der Verpackung ab und sah, daß es der Geldkasten einer Münztoilette war. Der Bursche hatte das Ding mühsam mit einem Stemmeisen aufgebrochen.

Am Times Square nahmen wir uns ein Taxi und begannen die Seitenstraßen abzufahren. Mary dirigierte den Fahrer. Da und dort schrie sie »Stop!«, sprang heraus, rannte mit wehenden Haaren los, hielt irgendeinen Typ an und redete auf ihn ein. »Der Pusher war vor ungefähr zehn Minuten hier. Der Typ hier hat bei ihm gekauft, aber er will nichts rausrücken.« Später: »Der reguläre Pusher hat für heute Feierabend gemacht. Er wohnt in der Bronx. Aber laß uns da vorne mal kurz halten. Vielleicht find ich noch einen im Kellog's.« Schließlich: »Sieht so aus, als ob keiner was hat. Ist inzwischen auch 'n bißchen spät, um noch 'n Deal zu kriegen. Komm, wir kaufen uns ein paar Tuben Benny und gehn rüber zu Ronnie's. Die haben ein paar abgefahrene Nummern auf der Jukebox. Wir kippen das Benny mit ner Tasse Kaffee und machen einen drauf.«

Ronnie's war ein Lokal in der Nähe der Kreuzung von 52. Straße und Sixth Avenue, wo nach ein Uhr nachts die Jazzmusiker aus der Umgebung anrückten, um sich an Kaffee und Brathähnchen zu stärken. Wir setzten uns in eine Nische und bestellten Kaffee. Mary knackte mit routinierten Bewegungen eine Tube Benzedrin, zog die zusammengefalteten Streifen heraus und drückte mir drei davon in die Hand. »Roll sie zu ner Pille zusammen und spül sie mit'm Schluck Kaffee runter.«

Die Streifen stanken entsetztlich nach Menthol. Mehrere Leute in unserer Nähe schnupperten und setzten ein Lächeln auf. Das Papier blieb mir im Hals stecken, und ich mußte würgen, um es runter zu kriegen. Mary drückte ein paar ›abgefahrene Nummern‹ und begann mit dem Gesichtsausdruck eines masturbierenden Idioten auf die Tischplatte zu trommeln.

Ich wurde plötzlich sehr redselig. Mein Mund war trokken, und die Spucke flog mir in kleinen weißen Bällchen heraus – Baumwolle spucken, wie man dazu in der Branche sagt. Wir verließen das Lokal und gingen um den Times Square herum. Mary wollte einen auftreiben, der einen »piccolo« (Plattenspieler) hatte. Ich war plötzlich in einer so aufgeräumten und geselligen Stimmung, daß ich den Wunsch hatte, Leute zu besuchen, die ich seit Monaten oder Jahren nicht mehr gesehen hatte; Leute, die ich sonst überhaupt nicht ausstehen konnte, und die auch für mich nichts übrig hatten. Wir unternahmen ein paar vergebliche Anstrengungen, den idealen Gastgeber mit Plattenspieler aufzutun. Irgendwann lasen wir dann Peter auf, und am Ende entschieden wir uns dafür, zurück in die Wohnung in der Henry Street zu gehen, wo es wenigstens ein Radio gab.

Die nächsten dreißig Stunden verbrachte ich mit Peter und Mary in der Wohnung. Von Zeit zu Zeit machten wir Kaffee und warfen Benzedrin nach. Mary schilderte uns in allen Einzelheiten, wie sie den Freiern, die ihre hauptsächliche Einnahmequelle waren, das Geld aus der Nase zog.

»Einem Freier mußt du immer um den Bart gehen. Wenn er auch nur halbwegs gut beieinander ist, dann sagst du: ›Oh, aber bitte sei nicht so grob mit mir.‹ Ein Freier ist schließlich kein ordinärer Rammler. Wenn du einen Rammler auf der Bude hast, da siehst du dich immer vor. Du gibst ihm nichts. Ein Rammler ist bloß dazu da, daß man ihn ausnimmt. Aber ein Freier, das ist was anderes. Was er bezahlt, das soll er auch kriegen. Wenn du's mit ihm machst, dann machst du's mit Lust und Laune, und du sorgst dafür, daß auch er auf seine Kosten kommt.

»Wenn du 'n Mann echt entnerven willst, brauchst du dir bloß mittendrin ne Zigarette anzustecken. Ich steh natürlich sexuell überhaupt nicht auf Männern. Ich machs lieber mit ner Ische. Gibt mir 'n richtigen Kick, wenn ich so ne stolze Ische auf der Matratze hab und ihren Willen breche und ihr beweise, daß sie bloß 'n Tier ist. Wenn du ne Ische übers Knie gebrochen hast, isse nich mehr schön. Sag mal, da kommt man sich vor wie annem offenen Kamin«, sagte sie und deutete auf das Radio, von dem das einzige Licht im Raum kam.

Dann sprach sie von den Männern, die sie auf der Straße

anmachten, und dabei verzerrte sich ihr Gesicht und bekam Ähnlichkeit mit der Fratze eines Affen, der einen Tobsuchtsanfall hat. »Diese Wichser!«, geiferte sie. »Die sehn doch ganz genau, daß man garnicht auf Anschaffe ist! Ich bin immer mit nem Schlagring unterm Handschuh losgezogen. Ich hab bloß drauf gewartet, daß sich so'n Bauer an mich ransägt.«

6

Eines Tages sagte Herman, er wisse zufällig, wo ich für siebzig Dollar ein Kilo erstklassiges New Orleans Gras kriegen könne. Gras pushen sieht auf dem Papier recht vielversprechend aus, wie das Züchten von Bisamratten oder Fröschen. Ein Joint bringt 75 Cents, und siebzig lassen sich aus einer Unze herausholen. Das klang nach Geld. Die Sache überzeugte mich, und ich kaufte das Gras.

Herman wurde mein Partner. Er machte eine Lesbierin namens Marian ausfindig, die im Village wohnte und sich als Dichterin ausgab. Wir verstauten das Gras in Marian's Apartment, ließen sie davon rauchen, soviel sie wollte, und beteiligten sie mit fünfzig Prozent am Gewinn. Sie kannte eine Menge Kiffer. Doch dann zog eine lesbische Freundin bei ihr ein, und so oft ich zu Marian in die Wohnung kam, stand diese enorme rothaarige Lizzie herum und starrte mich dumpf und haßerfüllt mit ihren kalten Fischaugen an.

Eines Tages machte uns die rothaarige Lizzie auf und stand da, das Gesicht totenblaß und aufgeschwemmt vom Nembutal-Tran. Sie drückte mir das Paket Gras in die Hand. »Nehmt das Zeug und verschwindet«, sagte sie tonlos. Sie war halb weggetreten. »Ihr seid alle beide Motherfucker.« Es klang wie eine ganz sachliche Feststellung, als rede sie von einem tatsächlichen Inzest.

»Sag Marian, wir bedanken uns für alles«, sagte ich.

Sie knallte die Tür zu. Der Krach weckte sie anscheinend auf. Sie riß die Tür wieder auf und begann hysterisch zu schreien. Wir konnten sie noch unten auf der Straße hören.

Herman nahm jetzt Kontakt mit anderen Kiffern auf. Sie machten uns nichts als Schwierigkeiten. In der Praxis erweist sich das Pushen von Gras als eine entnervende Angelegenheit. Gras ist sperrig, damit fängt es schon einmal an. Man braucht einen ganzen Koffer voll, damit es sich überhaupt lohnt. Und wenn einem die Bullen die Tür eintreten, sitzt man da wie mit einem Ballen Heu.

Kiffer sind nicht wie Junkies. Ein Junkie gibt einem das Geld, nimmt seinen Stoff und verschwindet. Bei Kiffern dagegen läuft so etwas nicht. Sie erwarten, daß man ihnen Feuer gibt und rumsitzt und eine halbe Stunde mit ihnen quatscht, nur um für kümmerliche zwei Dollar Gras an den Mann zu bringen. Wenn man sofort zur Sache kommt, werfen sie einem vor, man ruiniere ihnen die Stimmung. Der Pusher soll überhaupt nicht zu erkennen geben, daß er einer ist. Nein, er machts nur für ein paar nette »Typen« und »Ischen«, weil er selber ein angetörnter Typ ist. Alle wissen, daß er die »Connection« ist, aber es ist schlechter Stil, wenn man es sagt. Warum, weiß der liebe Gott. Für mich sind Kiffer ein Buch mit sieben Siegeln.

In der Marihuana-Branche stößt man auf eine Menge Geheimniskrämerei, und die Kiffer hüten diese angeblichen Geheimnisse mit idiotischer Bauernschläue. Zum Beispiel muß das Gras richtig präpariert sein, sonst ist das Zeug grün und kratzt im Hals. Fragt man aber einen Kiffer, wie man beim Präparieren vorgehen soll, dann sieht er einen mit einem stupiden verschlagenen Lächeln an und läßt irgendwelchen Tinnef vom Stapel. Es kann sein, daß regelmäßiger Genuß von Gras den Geist angreift; es kann aber auch sein, daß Kiffer von Natur aus blöde sind.

Das Zeug, das ich gekauft hatte, war grün. Ich stellte es also in einem Dampfkochtopf in den Backofen und ließ es solange drin, bis es die gewünschte grünlich-braune

Farbe annahm. Das ist das ganze Geheimnis; oder jedenfalls eine von mehreren Möglichkeiten.

Kiffer sind gesellig, sie sind mimosenhaft empfindlich, und sie sind krankhaft mißtrauisch. Wenn man als »Muffel« oder »Spielverderber« verschrien ist, kann man mit ihnen kein Geschäft machen. Ich mußte schon bald feststellen, daß ich mit diesem Volk nicht auskommen konnte, und deshalb war ich froh, daß ich einen fand, der das Gras zum Selbstkostenpreis von mir übernahm. Ich entschied mich auf der Stelle, nie mehr Gras zu pushen.

1937 wurde das Harrison-Rauschgiftgesetz auf Marihuana ausgedehnt. Drogensachverständige behaupten, Marihuana führe zur Sucht, sei schädlich für Geist und Körper und verleite zur Kriminalität. Hier sind die Fakten: Marihuana führt eindeutig nicht zu körperlicher Abhängigkeit. Man kann es jahrelang rauchen, ohne die geringsten Beschwerden zu verspüren, wenn man plötzlich damit aufhören muß, weil der Nachschub nicht mehr klappt. Ich habe Kiffer im Gefängnis erlebt, und keiner zeigte Entzugserscheinungen. Ich selbst habe mit Unterbrechungen fünfzehn Jahre lang Gras geraucht, und wenn ich einmal keines bekommen konnte, machte mir das nie etwas aus. Die Gewöhnung ist bei Marihuana geringer als bei Tabak. Gras greift nicht die Gesundheit an. Im Gegenteil: die meisten, die es nehmen, geben an, es sei appetitanregend und wirke belebend auf den ganzen Organismus. Ich selbst kenne kein Mittel, das so eindeutig appetitanregend wirkt wie Gras. Nach einem Joint kann ich ein Glas kalifornischen Sherry und ein gutes Essen erst so richtig genießen.

Einmal machte ich einen Heroin-Entzug und rauchte dabei Gras. Schon am zweiten Tag setzte ich mich hin und aß eine volle Mahlzeit, während ich sonst bei einem Entzug acht Tage lang nichts essen kann.

Gras macht keinen zum Verbrecher. Ich habe nie erlebt, daß einer unter dem Einfluß von Gras gewalttätig wurde. Kiffer sind umgängliche Leute. Für meinen Geschmack sogar viel zu umgänglich. Ich kann nicht verstehen, weshalb die Leute, die Gras als Auslöser von Verbrechen bezeichnen, nicht so konsequent sind, dann auch ein Verbot von Alkohol zu fordern. Jeden Tag werden Verbrechen begangen von Betrunkenen, die so etwas in nüchternem Zustand nie getan hätten.

Es ist vielfach darauf hingewiesen worden, daß Marihuana als Aphrodisiakum wirkt. Doch aus irgendeinem Grund möchte man in medizinischen Kreisen nicht zugeben, daß es so etwas wie ein Aphrodisiakum überhaupt gibt. Deshalb ist von Pharmakologen in der Regel zu hören, es gebe »keinerlei Bestätigung für die landläufige Ansicht, daß Marihuana eine aphrodisierende Wirkung besitzt.« Ich kann aus eigener Erfahrung sagen, daß es sehr wohl ein Aphrodisiakum ist und daß Sex mit Marihuana eindeutig besser ist als ohne. Jeder, der einmal gutes Gras geraucht hat, wird das bestätigen.

Man bekommt immer wieder zu hören, Marihuanagenuß führe zu Wahnsinn. Tatsache ist, daß nur übermäßiger Genuß von Gras zu einer geistigen Beeinträchtigung führt. Charakteristisch für diesen Zustand ist ein gestörtes Wahrnehmungsvermögen. Das Gras, das man in den USA bekommt, ist eindeutig nicht stark genug, um einem den Verstand zu rauben; Psychosen als Folge von Marihuanagenuß sind daher in den Staaten selten zu beobachten. Im Nahen Osten sollen sie dagegen an der Tagesordnung sein. Eine ›Gras-Psychose‹ entspricht mehr oder weniger einem Delirium Tremens und klingt nach dem Absetzen der Droge rasch wieder ab. Wahnsinn als Folge davon, daß man täglich ein paar Joints raucht, ist genauso unwahrscheinlich wie Delirium Tremens als Folge von einigen Cocktails vor dem Essen.

Eines ist bei Gras allerdings zu beachten: wer unter seinem Einfluß steht, sollte sich nicht ans Steuer setzen. Gras beeinträchtigt das Zeitgefühl und damit auch den Sinn für räumliche Entfernungen. In New Orleans mußte ich einmal am Straßenrand anhalten und warten, bis die Wirkung abklang. Ich konnte keine Entfernungen mehr abschätzen und kam mit den Kurven nicht zurecht, weil ich nicht rechtzeitig abbremste.

7

Inzwischen spritzte ich jeden Tag. Herman war zu mir in mein Apartment in der Henry Street gezogen, nachdem keiner mehr da war, der für die Miete der Wohnung aufkam, die er sich mit Jack und Mary geteilt hatte. Jack war beim Versuch, einen Safe zu knacken, erwischt worden; er saß im Knast von Bronx County in U-Haft und wartete auf seinen Prozeß. Mary war mit einem ihrer Freier nach Florida verschwunden. Die Miete nun selbst zu bezahlen, wäre Herman nie in den Sinn gekommen. Schließlich hatte er immer nur bei anderen in der Wohnung gehaust.

Roy genehmigte sich gerade einen ausgedehnten Landurlaub. In Brooklyn tat er einen Doktor auf, der Rezepte am laufenden Band ausstellte. Wenn es sein mußte, machte dieser Medizinmann drei Rezepte pro Tag locker und verordnete manchmal bis zu dreißig Tabletten auf einen Schlag. Pro Rezept. Ab und zu kamen ihm zwar Bedenken, doch der Anblick von Geld brachte ihn immer wieder auf Vordermann.

Es gibt verschiedene Sorten von Rezeptschreibern. Manche machen es nur, wenn sie überzeugt sind, daß man süchtig ist; andere nur dann, wenn sie davon überzeugt sind, man sei es *nicht*. Die meisten Süchtigen rücken mit einer Story an, die sie schon seit Jahren benutzen und die ihnen entsprechend glatt von der Zunge geht. Manche täuschen Gallen- oder Nierensteine vor. Das ist die gängigste Story überhaupt, und bei manchem Arzt braucht man das Wort Gallensteine nur in den Mund zu nehmen, da weist er einem schon die Tür. Ich machte es mit Gesichtsneuralgie und fuhr damit ganz gut. Die Symptome hatte ich nachgelesen und auswendig gelernt. Roy hatte eine Bauchnarbe von irgendeiner Operation und untermauerte damit seine Gallenstein-Geschichte.

Es gab einen Doktor, der noch die alte Lebensart hochhielt und in einem viktorianischen Haus in den West Seventies praktizierte. Bei ihm genügte es, wenn man gute Manieren zeigte. Wenn es einem gelang, bis in sein Sprechzimmer vorzudringen, hatte man es schon geschafft. Mehr als drei Rezepte waren allerdings nicht aus ihm herauszuholen.

Ein anderer Arzt war ständig betrunken. Da kam es also darauf an, daß man ihn in einer halbwegs brauchbaren Verfassung erwischte. Oft stellte er ein Rezept falsch aus, und man mußte noch einmal zurück, damit er es verbesserte. Und dabei konnte es passieren, daß er das Rezept für eine Fälschung erklärte und kurzerhand zerriß.

Ein weiterer Arzt war senil, und man mußte ihm praktisch die Hand führen. Oft vergaß er sich mitten drin, legte den Federhalter weg und erging sich in langen Reminiszenzen über die hochklassigen Patienten, die ihn früher aufzusuchen pflegten. Besonders gern erzählte er von einem Mann, den er General Core nannte. Der habe einmal zu ihm gesagt: »Doktor, ich bin schon in der Mayo-Klinik gewesen, aber Sie wissen mehr als die ganze Klinik zusammen.« Er war durch nichts aufzuhalten, und der süchtige Kunde mußte den Sermon zähneknirschend über sich ergehen lassen. Oft kam auch noch im letzten Augenblick seine Frau hereingestürzt und zerriß das Rezept; oder sie weigerte sich, es zu bestätigen, wenn eine telefonische Rückfrage vom Drugstore kam.

Im allgemeinen hat man bei alten Ärzten mehr Erfolg als bei den jungen. Ärzte aus dem Ausland, die als politische Flüchtlinge ins Land gekommen waren, erwiesen sich eine Zeitlang als sehr ergiebig, wurden dann aber prompt von einem Heer von Süchtigen verschlissen. Oft platzt einem Arzt schon bei der bloßen Erwähnung von Drogen der Kragen und er droht einem mit der Polizei.

Ärzte leiden an einem so hartnäckigen und überzogenen Standesbewußtsein, daß es die denkbar schlechteste Methode wäre, einfach mit der Wahrheit herauszurücken. Sie wollen unbedingt irgendeine Story hören, auch wenn sie einem kein Wort davon glauben. Die Folge ist ein verlogenes Ritual, wie es die Orientalen praktizieren: um jeden Preis das Gesicht wahren. Der eine spielt den prinzipientreuen Arzt, der nicht einmal für tausend Dollar gegen das Ethos seines Standes verstoßen würde; der andere tut sein Bestes, um den vertrauenswürdigen Patienten zu mimen. Wenn man einfach sagt: »Schauen Sie her, Doc, ich möchte ein M. S.-Rezept *, und ich bin bereit, Ihnen den doppelten Preis zu zahlen«, dann verliert der Typ die Beherrschung und schmeißt einen raus. Einem Arzt muß man das Händchen halten, sonst erreicht man garnichts.

Roy hatte einen derart schweinischen Konsum, daß Herman und ich mehr als unsere normale Dosis spritzen mußten, um bei ihm mitzuhalten und unseren Anteil zu verbrauchen. Ich ging dazu über, in die Venen zu spritzen, weil ich dabei mit weniger Stoff auskam und mir eine Reserve anlegen konnte – von einem Direktschuß hat man einen stärkeren Kick.

Es wurde immer schwieriger, die Rezepte einzulösen. Die meisten Drugstores nehmen nur ein oder zwei Morphium-Rezepte an; viele überhaupt keines. Es gab einen einzigen Drugstore, der unsere Rezepte jederzeit annahm, deshalb gingen wir jetzt mit allen Rezepten dort hin, obwohl Roy immer sagte, wir sollten sie mehr verteilen, um dem Inspektor vom Gesundheitsamt die Sache nicht so leicht zu machen. Doch es wurde einfach zu mühselig, einen Drugstore nach dem anderen abzuklappern, und so landeten wir eben immer wieder bei diesem einen.

Ich lernte allmählich, meinen Stoff sorgfältig zu verstecken – »unter Verputz« zu tun, wie man es in der Branche nennt –, damit mich Roy und Herman nicht so leicht bestehlen konnten.

* Morphium-Sulfat. (C.W.)

Wer einem anderen Junkie den Stoff aus dem Versteck klaut, der »geht ihm an den Verputz«. Gegen diese Art des Diebstahls kann man sich nur schwer schützen, denn jeder Junkie weiß genau, wo er überall suchen muß. Manche tragen deshalb ihren Stoff immer bei sich, riskieren damit allerdings, daß sie von der Polizei angehalten und gefilzt werden, und dann ist unweigerlich eine Anklage wegen Besitzes von Rauschgift fällig.

Seit ich mir jeden Tag einen Schuß setzte, oft auch mehrere am Tag, trank ich nicht mehr und ging auch abends nicht mehr aus. Wer auf Junk ist, der trinkt nicht. Anscheinend absorbiert der Körper keinen Alkohol mehr, sobald er eine gewisse Menge Junk in den Zellen hat. Der Alkohol liegt einem im Magen, man fühlt sich unwohl, dann wird einem schlecht, dann schwindelig, und der Kick bleibt aus. Junk wäre wohl eine sichere Kur für Alkoholiker. Ich nahm jetzt auch kein Bad mehr. Wer auf Junk ist, kann aus irgend einem Grund kein Wasser auf der Haut vertragen, und Junkies machen deshalb um die Badewanne einen Bogen.

Über die Veränderungen, die in einem Menschen vorgehen, während er langsam süchtig wird, ist eine Menge Unfug geschrieben worden. Der Süchtige sieht eines Tages in den Spiegel und erkennt sich nicht wieder. Doch was da nun alles in ihm vorgegangen ist, läßt sich schwer sagen. Im Spiegel zeigt es sich jedenfalls nicht. D. h. der Süchtige ist für die Symptome seiner fortschreitenden Sucht auf beiden Augen blind. In der Regel merkt er gar nicht, daß er eine Sucht entwickelt. Er sagt, eine Sucht lasse sich vermeiden, wenn man sich in acht nimmt und ein paar Regeln beachtet – zum Beispiel: sich nur jeden zweiten Tag einen Schuß zu setzen. In Wirklichkeit hält er sich selbst nicht an die Regeln und betrachtet jeden Schuß außer der Reihe als eine Ausnahme. Ich habe mit vielen Süchtigen gesprochen, und sie sagen alle, sie seien von ihrer ersten Sucht völlig überrascht worden. Viele führten die Symptome auf andere Ursachen zurück.

Sobald man körperlich abhängig wird, verlieren alle anderen Interessen an Bedeutung. Das Leben verengt sich auf einen Punkt: Junk. Ein Fix, und dann das Verlangen nach dem nächsten. Sichere Verstecke, Rezepte, Nadel und Tropfer. Der Süchtige bildet sich dabei ein, er führe ein ganz normales Leben und Junk spiele nur eine Nebenrolle. Er merkt nicht, daß er alles, was nicht unmittelbar mit Junk zu tun hat, nur noch rein mechanisch macht. Erst wenn der Nachschub plötzlich abreißt, wird ihm bewußt, was Junk für ihn bedeutet.

»Weshalb *brauchen* Sie eigentlich Narkotika, Mr. Lee?« ist eine Frage, wie sie nur stupide Psychiater stellen können. Die Antwort ist: »Ich brauche Junk, um morgens aus dem Bett zu kommen, mich rasieren zu können und ein Frühstück runter zu kriegen. Ich brauche es, um am Leben zu bleiben.«

Natürlich, im allgemeinen stirbt ein Junkie nicht, wenn er plötzlich keinen Stoff mehr bekommt. Doch ein Entzug bedeutet im wahrsten Sinne des Wortes, daß die junkabhängigen Zellen sterben und ersetzt werden durch solche, die keinen Junk brauchen.

Roy und seine Alte zogen jetzt in das Mietshaus, in dem ich wohnte. Jeden Morgen nach dem Frühstück trafen wir uns in meinem Apartment, um das Junkprogramm für den Tag aufzustellen. Einer von uns mußte den Weißkittel anhauen. Roy versuchte sich ständig zu drücken. »Ich kann diesmal nicht hin, ich hab Stunk mit ihm gehabt. Aber paß auf, ich sag dir genau, was du ihm erzählen mußt.« Oder er versuchte, Herman oder mich dazu zu bringen, einen neuen auszuprobieren. »Bei dem kann nichts schiefgehn. Darfst ihm bloß keine Chance lassen, daß er nein sagt. Schreiben tut er auf jeden Fall. Ich kann leider nicht selber hin.«

Bei einem von seinen angeblich so narrensicheren Weißkitteln passierte es mir prompt, daß der Mann zum Telefon griff. Ich erzählte es Roy, und er sagte: »Naja, ich schätze, den können wir abschreiben. Dem wird jemand vor ’n paar Tagen die Arzttasche geklaut haben.« Nach diesem Zwischenfall blieb ich von fremden Ärzten weg. Aber unser Mann in Brooklyn wurde langsam muffig.

8

Bei jedem Arzt fällt früher oder später die Klappe. Als Roy eines Tages sein Rezept abholen wollte, eröffnete ihm der Doktor: »Das ist jetzt endgültig das letzte. Es wäre besser, ihr laßt euch hier nicht mehr blicken. Der Inspektor war gestern hier. Er hat sämtliche Rezepte, die ich euch Jungs ausgestellt habe. Er sagt, ich verliere meine Lizenz, wenn ich noch eins ausstelle. Deshalb werde ich das hier zurückdatieren. Sagen Sie dem Apotheker, Sie hätten es gestern nicht einlösen können, weil Sie zu krank waren. Auf manchen Rezepten habt ihr falsche Adressen angegeben. Das ist ein Verstoß gegen das Public Health Law 334. Ihr könnt also nicht sagen, ich hätte euch nicht gewarnt. Und haltet mich um himmelswillen raus, wenn man euch verhört. Die Sache kann mich meine ganze Existenz kosten. Ihr wißt, ich war immer anständig zu euch. Eigentlich wollte ich schon vor Monaten Schluß machen, aber ich konnte euch einfach nicht hängen lassen. Also laßt mich jetzt in Frieden. Da haben Sie Ihr Rezept. Und kommen Sie mir ja nicht wieder.«

Roy ging am nächsten Tag wieder hin. Der Schwager des Arztes war zur Stelle, um die Familienehre zu schützen. Er packte Roy am Mantelkragen und hinten am Gürtel und warf ihn raus.

»Wenn ich dich nochmal dabei erwische, daß du den Doktor belästigst«, sagte er, »dann mach ich dich so fertig, daß du nicht mehr gehen kannst.«

Zehn Minuten später kam Herman an. Der Schwager wollte ihm gerade die gleiche Abfuhr erteilen, als Herman seinen Mantel aufknöpfte und ein Seidenkleid zum Vorschein brachte – wenn ich mich recht entsinne, hatte jemand eine Ladung ›heiße‹ Klamotten für drei Gran Morphium an uns verscheuert –, und damit wandte er sich an die Frau des Arztes, die gerade die Treppe herunterkam, um nachzusehen, was da unten los war. »Ich dachte mir, das Kleid hier würde Ihnen vielleicht gefallen.« So bekam er Gelegenheit, mit dem Doktor zu reden, der ihm ein allerletztes Rezept ausstellte. Herman brauchte drei Stunden, um es einzulösen. Unser regulärer Drugstore war vom Inspektor gewarnt worden und nahm keine Rezepte mehr an.

»Ihr laßt euch besser nicht mehr sehen«, sagte der Inhaber. »Ich glaube, der Inspektor hat euch alle schon angezeigt.«

Unser Weißkittel hatte den Schirm zugemacht. Wir teilten uns und kämmten die ganze Stadt durch – Brooklyn, die Bronx, Queens –, dann sogar Jersey City und Newark. Wir konnten nicht einmal Pantopon * kriegen. Jeder Arzt schien nur darauf zu warten, daß einer von uns zur Tür hereinkam, damit er sagen konnte: »Nein, ausgeschlossen.« Es war, als hätte sich jeder Arzt in New York und Umgebung plötzlich dazu verpflichtet, nie wieder ein Drogenrezept auszustellen. Wir waren am Abschnappen. Es war klar, daß wir innerhalb von ein paar Stunden die ersten Krämpfe bekommen würden. Roy beschloß, das Handtuch zu werfen und nach Riker's Island zu gehen, um die »30-Tage-Kur« zu machen. Dabei handelt es sich nicht etwa um eine Reduktionskur. Sie geben einem keinen Junk, nicht einmal eine Schlaftablette. Alles, was sie einem Süchtigen bieten, sind dreißig Tage hinter Schloß und Riegel. Der Laden ist immer voll.

Herman wurde in der Bronx geschnappt. Er war gerade auf dem Weg zu einem Doktor. Zwei von der Kripo, denen einfach seine Nase nicht gefiel. Sie hatten nichts gegen ihn in der Hand. Sie schafften ihn ins Polizeipräsidium, und dort stellte sich heraus, daß die vom Rauschgiftdezernat

* Ein Opiumderivat. (C.W.)

bereits mit einem Haftbefehl auf ihn warteten, den der Mann vom Staatl. Gesundheitsamt beantragt hatte – wegen ›Angabe einer falschen Addresse auf einem Drogenrezept‹. Irgend ein windiger Anwalt, der dringend Klienten brauchte, rief mich an und fragte, ob ich für Herman die Kaution stellen würde. Ich schickte ihm stattdessen zwei Dollar für Zigaretten. Wenn einer sowieso brummen muß, fängt er am besten gleich damit an.

Ich saß jetzt völlig auf dem Trockenen und hatte sogar meine letzten Baumwollfetzen schon zweimal ausgekocht. Junk wird über einer offenen Flamme in einem Löffel aufgelöst und durch einen kleinen Baumwollfetzen in den Augentropfer gesogen, damit im Löffel nichts zurückbleibt. Ein Teil der Lösung bleibt in der Baumwolle, und Junkies heben sich diese Fetzen für Notfälle auf.

Ich machte einem Doktor eine Migräne vor und kriegte ein Rezept für Codein. Codein ist besser als garnichts, und mit fünf Gran, subkutan gespritzt, hält man sich wenigstens die Entzugserscheinungen vom Leib. Codein in die Venen zu spritzen ist dagegen aus irgendeinem Grund gefährlich.

Ich erinnere mich an eine Nacht, als Herman und ich in der Klemme saßen und nur noch ein bißchen Codeinsulfat hatten. Herman kochte seine Portion als erster auf und schoß sich ein Gran in die Vene. Seine Haut wurde sofort violett, dann kreideweiß. Er bekam weiche Knie und setzte sich aufs Bett. »Meine Güte«, sagte er.

»Was hast du denn?«, fragte ich. »Das Zeug ist doch vollkommen in Ordnung.«

Er warf mir einen säuerlichen Blick zu. »So, meinst du? Dann probier's doch mal.«

Ich kochte ein Gran auf und holte mein Spritzbesteck heraus. Herman sah mir gespannt zu. Er saß immer noch auf dem Bett. Ich hatte die Nadel kaum aus dem Arm, da verspürte ich ein intensives und äußerst unangenehmes Prickeln, ganz anders als das Prickeln, das man nach einem guten Schuß Morphium hat. Ich spürte, wie mein Gesicht anschwoll. Ich setzte mich neben Herman aufs Bett. Meine Finger waren doppelt so dick als sonst.

»Na«, sagte Hermann, »isses immer noch in Ordnung?«

»Nein«, sagte ich.

Meine Lippen waren taub, als hätte ich einen Schlag auf den Mund erhalten. Ich hatte entsetzliche Kopfschmerzen. Ich begann im Zimmer auf und ab zu gehen, weil ich so eine vage Theorie hatte, daß man in Bewegung bleiben mußte, damit sich das Codein im Blutkreislauf verteilte.

Nach einer Stunde fühlte ich mich ein bißchen besser und legte mich schlafen. Herman erzählte mir, ein Partner von ihm sei einmal nach einem Schuß Codein blau geworden und habe das Bewußtsein verloren. »Ich hab ihn unter die kalte Dusche gestellt, und da kam er wieder zu sich.«

»Warum hast du mir das nicht gleich gesagt?«, wollte ich wissen.

Herman war plötzlich eingeschnappt. Ich verstand nicht, wieso. Aber bei ihm wußte man das ja nie.

»Naja«, fing er an, »auf ein *bißchen* was muß sich einer schon gefaßt machen, wenn er Junk spritzt. Außerdem, bloß weil der eine ne bestimmte Reaktion zeigt, muß das noch lang nicht heißen, daß ein anderer genauso drauf reagiert. Du warst dir so sicher, daß alles glatt geht, da hab ich nicht davon anfangen wollen, sonst wär ich dir bloß auf die Nerven gegangen.«

9

Als ich eines Tages erfuhr, daß man Herman verhaftet hatte, sagte ich mir, daß ich der nächste sein würde. Aber ich litt bereits an Entzugserscheinungen und hatte nicht mehr die Kraft, aus der Stadt zu verschwinden.

Sie verhafteten mich in meinem Apartment – zwei von der Kripo und ein Mann vom FBI. Der Inspektor hatte wegen Vergehens gegen Public Health Law 334 (falsche Namensangabe auf einem Rezept) einen Haftbefehl gegen mich erwirkt. Die zwei von der Kripo waren ein Team: der Scheißfreundliche und der Ruppige. Der Scheißfreundliche fing an. »Wie lang nimmst du das Zeug schon, Bill? Du weißt doch, daß du auf einem Rezept keinen falschen Namen angeben darfst.« Jetzt war der Ruppige an der Reihe: »Komm schon, komm schon! Wir sind keine Pfadfinder!«

Aber sie waren nicht besonders interessiert an meinem Fall, und ich mußte keine Aussage machen. Auf der Fahrt zum Polizeipräsidium stellte mir der vom FBI ein paar Fragen und füllte ein Formular für seine Akten aus. Schließlich ging es dann ins Tombs *, wo man mich für die Verbrecherkartei fotografierte und mir die Fingerabdrücke abnahm. Während ich darauf wartete, dem Richter vorgeführt zu werden, bot mir der Scheißfreundliche eine Zigarette an und versuchte mir klarzumachen, was Junk für ein schlechter Deal sei.

»Du kannst es dreißig Jahre lang durchhalten, aber du machst dir nur selber was vor. Aber jetzt nimm dagegen mal so einen abartig veranlagten Sextäter« – seine Augen glitzerten –, »da sagen die Ärzte, der kann nichts dafür.«

Der Richter setzte die Kaution auf tausend Dollar fest. Man brachte mich zurück ins Tombs, ich mußte mich ausziehen und unter die Dusche. Ein apathischer Kalfaktor stülpte meine Taschen um. Ich zog mich wieder an, wurde im Fahrstuhl nach oben gebracht und bekam eine Zelle zugewiesen. Um 4 Uhr nachmittags wurden wir in unsere Zellen eingeschlossen. Dazu wurde ein Hauptschalter betätigt, und die Gittertüren schlossen sich automatisch mit einem ohrenbetäubenden scheppernden Krach, der durch den ganzen Zellenblock hallte.

Die letzten Nachwirkungen des Codeins verebbten. Meine Augen begannen zu tränen, der Rotz lief mir aus der Nase, meine durchgeschwitzten Kleider klebten mir auf der Haut. Mir wurde abwechselnd heiß und kalt, als würde die Tür eines Schmelzofens auf- und zugeschlagen. Ich

* Untersuchungsgefängnis von Manhattan. (C.W.)

legte mich auf die Pritsche, zu keiner Bewegung mehr fähig. Meine Beine schmerzten und juckten, so daß ich es in keiner Lage aushielt und mich in meinen schweißnassen Sachen ständig von einer Seite auf die andere wälzte.

Einige Zellen weiter sang ein Schwarzer: »Get up, get up, woman, off your big fat rusty-dusty.« Stimmen hallten durch den Gang. »Vierzig Jahre! Mann, ich kann doch keine vierzig Jahre abreißen!«

Um Mitternacht holte mich meine Alte gegen Kaution raus. Sie erwartete mich unten am Tor mit einigen Goof Balls. Goof Balls helfen ein bißchen.

Am nächsten Tag verschlimmerte sich mein Zustand und ich kam vom Bett nicht mehr hoch. Ich blieb liegen und schluckte ab und zu einige »nembies«.

An den Abenden nahm ich immer zwei Streifen Benzedrin, ging in eine Kneipe und setzte mich neben die Jukebox. Wenn man einen Entzug durchmacht, ist Musik eine große Hilfe. In Texas ›kickte‹ ich einmal eine Sucht mit Hilfe von Marihuana, einem halben Liter Paregoric * und ein paar Louis Armstrong Platten.

Fast noch schlimmer als die körperlichen Qualen sind die depressiven Zustände, die sie begleiten. An einem Nachmittag schloß ich die Augen und sah New York in Trümmern. Riesige Tausendfüßler und Skorpione krochen durch die menschenleeren Bars und Cafeterias und Drugstores der 42. Straße. Unkraut wucherte aus Rissen und Löchern im Asphalt. Weit und breit war kein Mensch zu sehen.

Nach fünf Tagen begann ich mich ein bißchen besser zu fühlen. Nach acht Tagen kriegte ich die »chucks« und entwickelte einen unbändigen Appetit auf Cremeschnittchen und Makronen. Nach zehn Tagen waren die Entzugserscheinungen verschwunden. Der Termin für meine Gerichtsverhandlung war verschoben worden.

* Eine schwache, mit Kampfer versetzte Opiumtinktur; damals in manchen US-Bundesstaaten rezeptfrei. Nach Verdampfen des Alkohols und Ausfiltern des Kampfers kann Paregoric intravenös gespritzt werden. (W. S. B.)

10

Roy kam von seiner 30-Tage-Kur auf Riker's Island zurück und machte mich mit einem Pusher bekannt, der Ecke Broadway und 103. Straße mit mexikanischem Heroin handelte. Während der ersten Kriegsjahre kam aus dem Ausland praktisch kein Heroin mehr durch, und der einzig verfügbare Junk war Morphium auf Rezept. Doch allmählich wurden neue Schmuggelrouten in Betrieb genommen, und Heroin kam jetzt aus Mexiko herein, wo die Mohnfelder von Chinesen bewirtschaftet wurden. Das mexikanische H enthielt ziemlich viel Rohopium und hatte deshalb eine braune Farbe.

Die Ecke Broadway und 103. Straße sieht genau wie jeder andere Broadway-Block aus. Eine Cafeteria, ein Kino, Läden. In der Mitte des Broadway gibt es eine Verkehrsinsel mit spärlichem Graswuchs und einigen Bänken. Die 103. Straße ist U-Bahn-Station, und die Ecke ist entsprechend belebt. Der ganze Block ist Junk-Territorium. Junk geistert durch die Cafeteria, draußen den Block entlang und wieder zurück und überquert gelegentlich den halben Broadway, um sich auf einer der Bänke auszuruhen. Eine geisterhafte Erscheinung am hellen Tag, mitten in der Menschenmenge.

Man konnte ständig ein paar Junkies antreffen, die entweder in der Cafeteria saßen oder draußen mit hochgeschlagenen Mantelkragen herumstanden, auf den Gehsteig spuckten und die Straße nach der »Connection« absuchten. Im Sommer findet man sie auf der Verkehrsinsel, wo sie in ihren dunklen Anzügen auf den Bänken hocken, dicht zusammengedrängt wie ein Schwarm Geier.

Der Pusher hatte das Gesicht eines frühzeitig gealterten und ausgemergelten jungen Mannes. Er war 55, sah aber nicht älter als dreißig aus. Er war ein kleiner Mensch mit einem dunklen Teint und dem hageren Gesicht eines Iren. Wenn er endlich auftauchte - wie viele Junk-Veteranen war er hoffnungslos unpünktlich –, dann setzte er sich immer an einen Tisch in der Cafeteria. Man gab ihm das Geld am Tisch, ging nach drei Minuten um die nächste Ecke, und dort lieferte er einem den Junk. Er trug den Stoff nie bei sich sondern hielt ihn in der Nähe unter Verputz.

Der Mann war unter dem Namen ›Irish‹ bekannt. Er hatte früher einmal für Dutch Schultz gearbeitet, aber bei hochkarätigen Gangstern halten sich Junkies nie lange auf der Lohnliste, weil sie allgemein als unzuverlässig gelten. Irish war also draußen. Jetzt arbeitete er als Pusher oder »schaffte im Loch« (d.h. filzte Besoffene in der U-Bahn), wenn er an Junk gerade nicht herankommen konnte. Eines Nachts wurde Irish in der U-Bahn beim Rempeln erwischt. Er erhängte sich im Tombs.

Das Pushen war gewissermaßen ein Dienst an der Allgemeinheit, der von den Mitgliedern der Gruppe abwechselnd versehen wurde. Die durchschnittliche Dienstzeit betrug etwa drei Monate. Alle waren sich einig, daß es ein undankbarer Job war. George der Grieche sagte immer: »Am Ende bis du pleite und hockst im Knast. Wenn du den Typen nichts auf Kredit gibst, schimpfen sie dich einen Geizkragen, und wenn du dich breitschlagen läßt, nützen sie dich aus.«

George konnte keinen hängen lassen, der suchtkrank zu ihm kam. Sie nützten seine Schwäche aus, kauften bei ihm auf Kredit und trugen ihr Geld zu irgend einem anderen Pusher. George brummte schließlich drei Jahre ab, und als er wieder rauskam, wollte er mit Pushen nichts mehr zu tun haben.

Die Junkies unter den jungen Hipstern und Bebop-Musikern ließen sich in der 103. Straße nie sehen. Die Boys von der 103. waren alle Oldtimer – hohlwangig und blaß, einen verkniffenen bitteren Zug um den Mund, stilisierte Gesten mit gespreizten Fingern. (Wie die Schwulen mit ihrem schlaffen Händchen, so haben auch Junkies ihr eigenes Erkennungszeichen: mit gespreizten Fingern, die Handfläche senkrecht nach oben, schwingt die Hand aus dem Ellbogen heraus hoch.) Sie gehörten den verschiedensten Nationalitäten an und besaßen die unterschiedlichsten körperlichen Eigenschaften, doch irgendwie sahen sie alle gleich aus – jedem von ihnen sah man den Junkie an. Da waren Irish, George der Grieche, Pantopon Rose, Louie der Hoteldiener, Eric der Schwule, Der Zinker, Der Seemann und Joe der Mexikaner. Ein paar von ihnen sind inzwischen tot, andere sitzen im Knast.

An der Ecke Broadway und 103. stehen heute keine Junkies mehr herum und warten auf die Connection. Die Connection hat sich eine andere Gegend gesucht. Doch Junk liegt immer noch irgendwie in der Luft. Man spürt es, sobald man um die Ecke biegt, es hängt sich an einen dran, folgt einem den ganzen Block entlang und bleibt dann wie ein abgewiesener Bettler zurück, wenn man weitergeht.

Joe der Mexikaner hatte ein schmales Gesicht mit einer langen spitzen Nase, die ständig zuckte, und einem verkniffenen zahnlosen Mund. Joe's Gesicht war zerfurcht und verwüstet, aber nicht alt. Das Gesicht hatte allerhand mitgemacht, doch Joe war davon unberührt geblieben. Seine Augen hatten sich einen jugendlichen Glanz bewahrt. Er hatte diese sanfte Art an sich, wie man sie bei vielen alten Junkies findet. Man konnte Joe schon auf eine Entfernung von mehreren Blocks erkennen. Klar und deutlich hob er sich von der anonymen Masse der Passanten ab, als sehe man ihn durch ein Fernglas. Er war durch und durch verlogen, und wie die meisten Lügner änderte er seine Stories ständig ab, wechselte Zeit und Personen von einer Schilderung zur nächsten. Einmal handelte die Story von einem Freund, beim nächsten Mal drehte er sie um und gab sich selbst die Hauptrolle. In der Cafeteria, bei Kaffee und Sandkuchen, konnte er stundenlang von seinen Erlebnissen erzählen.

»Wir wissen, daß dieser Chinese irgendwo Stoff unter Verputz hat, und wir versuchen mit allen Mitteln, ihn zum Reden zu bringen. Wir haben ihn auf einem Stuhl sitzen, von oben bis unten gefesselt. Ich reiße Streichhölzer an«

– er mimt das Anreißen von Streichhölzern – »und halt sie ihm unter die Fußsohlen. Aber er sagt keinen Ton. Der Mann tut mir ja so leid. Dann haut ihm mein Partner sein Schießeisen in die Fresse und das Blut läuft dem Kerl nur so runter.« Er gibt uns eine plastische Vorstellung davon, indem er sich beide Hände von oben nach unten übers Gesicht zieht. »Ich seh mir das an, und mir wird richtig schlecht. ›Komm‹, sag ich, ›wir hauen ab und lassen den Mann in Ruh. Aus dem kriegen wir nix raus.‹«

Louie war ein Ladendieb, mit dem nichts mehr los war. Seine Nerven waren im Eimer. Er trug immer lange schwarze abgetragene Mäntel und sah darin aus wie ein flügellahmer Bussard auf der Flucht. Der Dieb und der Junkie sahen ihm aus sämtlichen Knopflöchern. Louie hatte es schwer. Ich hörte, daß er früher einmal als Polizeispitzel gearbeitet hatte, doch in der Zeit, als ich ihn kannte, galt er allgemein als sauber. George der Grieche konnte Louie nicht leiden. Für ihn war er nichts als ein abgerissener Penner. »Lad ihn bloß nie zu dir nach Hause ein. Der bringt dich nur in Verlegenheit. Der ist imstande und zieht vor den Augen deiner Familie einen Tran ab. Der Kerl ist restlos verlottert.«

George der Grieche war der unangefochtene Schlichter in diesem Verein. Er entschied, wer im Recht war und wer nicht. George hielt sich auf seine Unbestechlichkeit viel zugute. »Ich hab noch nie einen angeschmiert.«

George hatte schon dreimal gesessen. Beim nächsten Mal hatte er als Gewohnheitsverbrecher mit lebenslänglich zu rechnen. Sein ganzes Leben bestand jetzt nur noch darin, allem aus dem Weg zu gehen, was ihn in ernsthafte Schwierigkeiten bringen konnte. Pushen und Stehlen war nicht mehr drin. Von Zeit zu Zeit arbeitete er im Hafen. Sein Spielraum war von allen Seiten eingeengt, er hatte keine Chance mehr, und es konnte mit ihm nur noch abwärts gehen. Wenn er an Junk nicht herankommen konnte – und das war die halbe Zeit der Fall –, dann trank er und warf Goof Balls ein.

Er hatte zwei heranwachsende Söhne, die ihm eine Menge Ärger machten. Wenn George keinen Stoff hatte, war er fast immer halb am Abschnappen und wurde mit diesen jungen Halbstarken nicht fertig. Sein Gesicht war von diesen ständigen Niederlagen schwer gezeichnet. Als ich das letzte Mal in New York war, konnte ich George nirgends finden. Die Clique aus der 103. Straße hatte sich aufgelöst, und keiner, den ich fragte, konnte mir sagen, was aus George dem Griechen geworden war.

Fritz der Hauswart war ein kleiner leichenblasser dürrer Mensch, der immer irgendwie verkrüppelt wirkte. Er war auf einen Polizeispitzel hereingefallen, hatte ihm Stoff besorgt, fünf Jahre gebrummt, und war jetzt auf Bewährung draußen. Der Spitzel stand unter Druck und mußte unbedingt einen Täter liefern, und der Mann vom Rauschgiftdezernat hatte ebenfalls einen Erfolg dringend nötig. Gemeinsam bauten sie Fritz zu einem großen Dealer auf, und nach seiner Verhaftung taten sie so, als hätten sie gleichzeitig einen ganzen Schmugglerring zerschlagen. Fritz war erfreut, daß man ihn so wichtig nahm, und es tat ihm sichtlich gut, jetzt von seinem »Fünfer« in Lexington erzählen zu können.

Der Schwule war ein unerhört erfolgreicher Fledderer. Seine Ausbeute war geradezu sagenhaft. Er gehörte nie zu denen, die erst dann bei einem Opfer auftauchen, wenn es schon mit umgestülpten Taschen daliegt. Er war immer als erster zur Stelle. Eine Schnapsleiche – ein »flop«, wie man in der Branche sagt – zieht eine ganze Hierarchie von Fledderern an. Zuerst die Elite, einsame Könner wie der Schwule, geleitet von einem speziellen Radar. Ihnen geht es nur um Bargeld, wertvolle Ringe und Uhren. Dann kommen die gewöhnlichen Filzer, denen alles recht ist. Sie nehmen sich die Schuhe, den Hut, den Gürtel. Zuletzt rücken die plumpen und ordinären Diebe an und versuchen dem Besoffenen das Jackett oder den Mantel zu klauen.

Der Schwule war bei einem guten »flop« regelmäßig der erste. Einmal sahnte er in der U-Bahn-Station der 103.

Straße auf einen Schlag tausend Dollar ab. Aber auch sonst war eine Ausbeute von mehreren hundert Dollars bei ihm keine Seltenheit. Wenn der Besoffene wach wurde, setzte er ein verschämtes Lächeln auf und langte dem Mann an den Schenkel, als habe er sexuelle Absichten. Von dieser Masche hatte er seinen Spitznamen.

Er war immer gut gekleidet und trug gewöhnlich graue Flanellhosen und einen sportlich geschnittenen Tweedmantel. Ein gewisser europäischer Charme und ein leichter skandinavischer Akzent machten seine Tarnung vollends perfekt. Keinem sah man den Fledderer so wenig an wie ihm. Er arbeitete grundsätzlich allein. Er hatte Glück, und er war entschlossen, jeden ansteckenden Kontakt zu vermeiden. Manchmal kommt einer von seiner Pechsträhne herunter, indem er sich an einen anhängt, der Glück hat. In der Regel läuft es allerdings genau umgekehrt.

Junkies sind ein neidischer Verein, und die von der 103. Straße konnten es nie verwinden, daß der Schwule soviel Erfolg hatte. Doch jeder mußte zugeben, daß der Kerl in Ordnung war und nie einen abblitzen ließ, der ihn um ein paar Dollar anpumpen wollte.

11

Die Heroinkapseln kosteten drei Dollar pro Stück, und man braucht mindestens drei am Tag, um über die Runden zu kommen. Ich war knapp bei Kasse, deshalb tat ich mich mit Roy zusammen und »schaffte im Loch«. Wir fuhren die U-Bahn-Strecken ab, jeder sah auf seiner Seite aus dem Fenster, und wenn wir auf einem Bahnsteig einen »flop« entdeckten, der eingeschlafen war, stiegen wir aus. Ich stelle mich vor ihn hin, faltete eine Zeitung auseinander und gab Roy Deckung, während er dem Besoffenen die Taschen filzte. Roy dirigierte mich mit geflüsterten Anweisungen – »bißchen mehr nach links, zu weit, ein bißchen zurück, ja, bleib so« – und ich hielt die Zeitung entsprechend, damit er immer voll abgeschirmt war. Oft kamen wir zu spät, und der Besoffene war schon ausgemistet.

Wir arbeiteten auch in den U-Bahn-Zügen selbst. Ich setzte mich neben das Opfer und faltete die Zeitung auseinander, Roy langte hinter meinem Rücken durch und nahm sich die Taschen vor. Wenn der Besoffene wach wurde, konnte er sehen, daß ich mit beiden Händen die Zeitung hielt. Im Durchschnitt brachten wir es pro Nacht auf ungefähr zehn Dollar.

Eine normale Nachtschicht sah etwa so aus: Wir begannen so gegen 11 mit der Arbeit und stiegen am Times Square in einen uptown-Zug der IRT. An der 149. Straße entdeckte ich einen »flop«, und wir stiegen aus. Die Station an der 149. hat mehrere Stockwerke, was für Fledderer gefährlich ist, denn die Bullen können sich leicht verstekken, und man kann sich nicht nach allen Richtungen abschirmen. Vom untersten Bahnsteig kommt man nur noch per Fahrstuhl heraus.

Wir näherten uns dem Flop ganz leger, als würden wir ihn gar nicht sehen. Es war ein Mann in mittleren Jahren, er hing schief auf einer Bank an der Wand und schnarchte mit offenem Mund. Roy setzte sich neben ihn, und ich postierte mich zeitungslesend davor. Roy sagte: »Mehr nach rechts, zu weit, bißchen zurück, ja, gut so.«

Plötzlich hörte das Schnarchen auf. Ich dachte an diese Szene in Arztfilmen, wenn mitten in einer Operation plötzlich der Atem aussetzt. Ich spürte, wie Roy hinter mir regungslos verharrte. Der Besoffene lallte irgendwas vor sich hin und machte herum, bis er wieder eine bequeme Position gefunden hatte. Langsam setzte das schnarchende Geräusch wieder ein. Roy stand auf. »Okay«, sagte er und ging rasch ans andere Ende des Bahnsteigs. Er holte eine Handvoll zerknüllte Scheine aus der Tasche und zählte sie. Es waren acht Dollar. Er gab mir vier. »Hatte sie hinten in der Hose. Konnte keine Brieftasche an ihm finden. Einen Augenblick lang hab ich gedacht, er wacht uns auf.«

Wir fuhren wieder downtown. An der 116. sahen wir einen und stiegen aus, aber der Flop stand auf und ging weg, ehe wir an ihn rankommen konnten. Ein verschlampter Mensch mit einem breiten Maul, das den Schwätzer verriet, ging auf Roy zu und fing an zu schwafeln. Er war ein Kollege.

»Der Schwule hat wieder zugeschlagen«, sagte er. »Zwei Scheine und ne Armbanduhr, unten an der 96.« Roy murmelte etwas und sah in seine Zeitung. Der Kerl ließ sich nicht beirren und redete weiter. Er sprach ziemlich laut. »Mir ist einer aufgewacht. ›Was machen Sie mit Ihrer Hand in meiner Tasche?‹, hat er zu mir gesagt.«

»Menschenskind, halt endlich dein Maul!«, sagte Roy und ging von ihm weg. »So ein blödes Arschloch«, sagte er gereizt. »Im Moment sind nicht viele unterwegs. Bloß der Schwule, der Zinker und dieser Strolch hier. Auf den Schwulen sind sie alle neidisch, weil er soviel anschafft. Wenn ihm einer aufwacht, langt er ihm ans Bein, als wär er schwul. Diese Penner von der 103. latschen rum und fluchen auf den Schwulen, weil er ihnen nichts übrig läßt. Er ist natürlich kein bißchen schwuler als ich.« Roy machte eine nachdenkliche Pause. »Eher weniger, würde ich sagen.«

Wir fuhren bis zur Endstation in Brooklyn, ohne einen einzigen Flop zu entdecken. Auf der Rückfahrt hatten wir einen schnarchenden Besoffenen im Waggon. Ich setzte mich neben ihn und faltete die Zeitung auseinander. Ich spürte Roy's Arm hinter meinem Rücken. Einmal wachte der Mann kurz auf und sah mich mißtrauisch von der Seite an. Aber ich hatte deutlich sichtbar beide Hände an der Zeitung, und Roy tat so, als schaue er in meine Zeitung mit rein. Der Besoffene schlief weiter.

»Hier steigen wir aus«, sagte Roy. »Besser, wir gehn ein bißchen auf die Straße. Nicht gut, wenn man zu lange rumfährt.«

Im Automatenrestaurant an der 34. Straße tranken wir einen Kaffee und teilten uns die letzte Beute. Es waren drei Dollar.

»Wenn du dir einen Flop in der Bahn vornimmst«, erklärte mir Roy, »dann mußt du dich dem Schlingern des Waggons anpassen. Wenn du den richtigen Rhythmus erwischst, kannst du den Macker sogar ausmisten, wenn er wach ist. Bei dem von vorhin hab ich ein bißchen zu schnell gemacht, deshalb ist er aufgewacht. Er hat gemerkt, daß was nicht stimmt, aber draufgekommen ist er nicht.«

Am Times Square trafen wir Subway Mike. Er nickte uns zu, blieb aber nicht stehen. Mike arbeitete immer allein.

»Komm, wir machen einen Abstecher zur Queens Plaza raus«, sagte Roy. »Das ist an der Independent-Linie. Die Independent hält sich ihre eigene U-Bahn-Polente, aber die haben keine Knarren bei sich, bloß Totschläger. Wenn dich also einer am Kragen packt, dann versuch dich loszureißen und zieh Leine.«

Auch Queens Plaza gehört zu den gefährlichen Untergrundbahnhöfen, in denen man sich nicht nach allen Seiten absichern kann. Man muß sich einfach auf sein Glück verlassen. Auf einer Bank lag ein Betrunkener und pennte, aber wir konnten es nicht mit ihm riskieren, weil zu viele Leute herumstanden.

»Warten wir eben ein bißchen«, sagte Roy. »Aber denk dran: laß nie mehr als drei Züge durch. Wenn sich bis dahin keine saubere Gelegenheit ergeben hat, dann vergiß es, egal wie lohnend die Sache aussieht.«

Zwei Halbstarke, die sich links und rechts bei einem Besoffenen untergehakt hatten, stiegen aus einem Zug. Sie schleppten den Mann zu einer Bank und ließen ihn fallen. Dann sahen sie Roy und mich an.

»Komm, wir schleifen ihn auf den andern Bahnsteig rüber«, sagte der eine.

»Warum nehmt ihr ihn nicht gleich hier aus?«, fragte Roy.

Die beiden Halbstarken stellten sich dumm. »Ausnehmen?«, sagte der eine. »Versteh ich nicht. Von was redet denn der komische Sportsfreund da?« Sie zerrten ihren Besoffenen hoch und schleppten ihn zum anderen Bahnsteig.

Roy ging zu unserem Opfer hin und zog ihm die Brieftasche heraus. »Keine Zeit für große Finessen«, sagte er trocken. Die Brieftasche war leer. Roy warf sie auf die Bank.

Einer der Halbstarken schrie von der anderen Seite herüber: »Nimm deine Pfoten aus seinen Taschen!« Beide brachen in Gelächter aus.

»Blöde Wichser«, sagte Roy. »Wenn ich einen von denen auf der West Side Strecke erwische, stell ich dem Bastard ein Bein, daß er auf die Schienen fliegt.«

Der eine Knilch kam zu uns herüber und verlangte von Roy einen Anteil.

»Der Typ hatte nichts bei sich«, sagte Roy.

»Wir ham gesehn, wie du ihm die Brieftasche rausgezogen hast.«

»Da war aber nix drin.«

Ein Zug hielt, und wir stiegen ein. Der Halbstarke stand draußen und überlegte, ob er ruppig werden sollte oder nicht.

»Die blöden Wichser denken, das ganze ist ein Witz«, sagte Roy. »Die werden nicht alt in dem Job. Laß sie erst mal draußen auf Riker's Island ihre 5 & 29 brummen, dann vergeht ihnen das Lachen.« Wir hatten eindeutig eine Pechsträhne. Roy sagte: »Naja, so gehts halt. In manchen Nächten macht man hundert Dollar, und in manchen macht man garnichts.«

12

Eines Nachts stiegen wir wieder einmal am Times Square in die U-Bahn. Ein elegant gekleideter Mann ging leicht schwankend vor uns her. Roy musterte ihn und sagte: »Das ist ein verdammt lohnender Macker. Mal sehn, wo er hingeht.«

Der Macker stieg in einen IRT-Zug, der nach Brooklyn fuhr. Wir stellten uns auf die Plattform zwischen den Wagen und warteten, bis wir den Eindruck hatten, daß er eingeschlafen war. Dann gingen wir zu ihm rein. Ich setzte mich neben ihn und schlug die NEW YORK TIMES auf. Das mit der TIMES war eine Idee von Roy. Er meinte, ich sehe damit wie ein Geschäftsmann aus. Der Waggon war fast leer, und da saßen wir nun mit dem Macker auf Tuchfühlung und ringsherum nichts als freie Sitzplätze. Roy machte sich hinter meinem Rücken an die Arbeit. Der Macker machte mehrmals unruhige Bewegungen, und einmal wurde er wach und sah mich mit seinen umnebelten Augen mißbilligend an. Ein Schwarzer, der uns gegenüber saß, grinste.

»Der Nigger hats gemerkt«, flüsterte mir Roy ins Ohr. »Aber der is OK.«

Roy konnte die Brieftasche nicht finden. Die Situation wurde langsam brenzlig. Ich spürte, wie mir der Schweiß aus den Achselhöhlen lief.

»Komm, wir steigen aus«, sagte ich.

»Nee, dazu ist mir der Macker zu gut. Er sitzt auf seinem Mantel, ich komm an seine Tasche nicht ran. Wenn ich dirs sage, läßt du dich gegen ihn fallen, und ich zieh gleichzeitig den Mantel unter ihm weg... *Jetzt!*... Herrgottnochmal, du mußt ihn viel stärker rempeln!«

»Komm, wir steigen aus«, sagte ich noch einmal. Ich hatte ein flaues Gefühl im Magen. »Der wacht uns bestimmt auf.«

»Nein, wir machen noch'n Versuch... *Jetzt!*... Verdammt nochmal, was hast du denn? Gib ihm doch endlich mal einen richtigen Rempler!«

»Roy«, sagte ich, »laß uns um himmelswillen aussteigen! Der wird doch wach!«

Ich versuchte aufzustehen, aber Roy hielt mich fest.

Plötzlich gab er mir einen heftigen Stoß und ich fiel hart gegen den Macker.

»Diesmal hats geklappt«, sagte Roy.

»Hast du die Brieftasche?«

»Nee, aber der Mantel ist jetzt frei.«

Der Zug hatte inzwischen den Tunnel verlassen und fuhr als Hochbahn weiter. Mir war schlecht vor Angst. Ich mußte mich so sehr beherrschen, daß sich meine Muskeln verkrampften. Der Macker war nur halb eingeschlafen. Ich erwartete jeden Augenblick, daß er aufsprang und um Hilfe schrie.

Endlich hörte ich Roy sagen: »Ich habs.«

»Dann nichts wir raus hier.«

»Nee, ich hab nur lose Piepen. Irgendwo hat er noch ne Brieftasche, und die find ich auch. Er *muß* eine haben.«

»Ich steig aus.«

»Nee, jetzt warte doch!« Er fummelte so auffällig hinter meinem Rücken herum, daß es mir unbegreiflich schien, wie der Mann da weiterschlafen konnte.

Wir hatten jetzt die Endstation erreicht. Roy stand auf. »Gib mir Deckung«, sagte er. Ich stellte mich mit der Zeitung vor ihn hin und schirmte ihn vor den übrigen Passagieren ab, so gut ich konnte. Es waren nur noch drei, aber sie waren auf den ganzen Waggon verteilt. Roy griff dem Mann ganz plump und offen in die Taschen. »Gehn wir«, sagte er. Wir gingen auf den Bahnsteig hinaus.

Der Macker wachte auf und steckte die Hand in die Tasche. Dann kam er auf den Bahnsteig heraus und ging zu Roy hin.

»All right, Jack«, sagte er. »Her mit meinem Geld.«

Roy zog die Schultern hoch und streckte ihm seine leeren Hände hin. »Was für Geld? Von was reden Sie denn da?«

»Sie wissen ganz genau, von was ich rede! Sie haben mir in die Tasche gegriffen!«

Roy sah ihn völlig entgeistert an und machte noch einmal dieselbe Geste mit den Händen. »Ich versteh nicht, was Sie wollen. Was geht mich Ihr Geld an?«

»Ich beobachte Sie jede Nacht auf dieser Strecke. Sie fahren sie regelmäßig ab.« Er drehte sich um und zeigte auf mich. »Und das da ist Ihr Partner. So, krieg ich jetzt meine Moneten oder nicht?«

»Was denn für Moneten?«

»Okay, dann bleiben Sie mal schön hier stehen. Wir fahren mit dem nächsten Zug in die Stadt zurück, und dann werden wir ja sehn.« Plötzlich griff er Roy mit beiden Händen in die Manteltaschen. »Du Drecksack!«, schrie er. »Gib meine Moneten her!«

Roy schlug ihm die Faust ins Gesicht, und der Mann ging zu Boden. »Na, leck mich doch...!«, sagte Roy. Seine Unschuldsmiene war schlagartig verschwunden. »Laß bloß deine Pfoten von mir weg!«

Der Zugführer sah, daß eine Schlägerei im Gang war, und ließ den Zug stehen, damit niemand unter die Räder kam.

»Los, wir hauen ab«, sagte ich. Wir liefen in Richtung Ausgang. Der Mann stand auf und rannte uns nach. Er nahm Roy von hinten in den Schwitzkasten und hielt ihn eisern fest. Roy kam nicht mehr los. Er war ziemlich außer sich.

»Schaff mir diesen Macker vom Hals!«, schrie er mich an.

Ich schlug den Mann zweimal ins Gesicht. Er ließ los und fiel auf die Knie.

»Kick ihm die Rübe runter«, sagte Roy.

Ich trat den Mann in die Rippen und spürte, wie eine brach. Er hielt sich mit einer Hand die Seite. »Hilfe!«, schrie er. Er versuchte nicht mehr, vom Boden hochzukommen.

»Nichts wie weg«, sagte ich. Hinter uns, am anderen Ende des Bahnsteigs, hörte ich eine Trillerpfeife. Der Mann lag da, hielt sich die Seite und schrie in regelmäßigen Abständen um Hilfe.

Draußen fiel ein leichter Nieselregen. Als ich herausgerannt kam, schlitterte ich über den glitschigen Gehsteig und verlor fast das Gleichgewicht. Wir standen jetzt an einer geschlossenen Tankstelle und sahen nach hinten zur Hochbahn.

»Komm, weg hier«, sagte ich.

»Aber dann sehen sie uns.«

»Hier können wir nicht bleiben.«

Wir gingen los. Erst jetzt merkte ich, daß mein Mund knochentrocken war. Roy fischte zwei Goof Balls aus seiner Hemdentasche.

»Ich krieg sie nicht runter«, sagte er kurz danach. »Mein Mund ist richtig ausgetrocknet.«

Wir gingen weiter.

»Die suchen bestimmt schon nach uns«, sagte Roy. »Halt die Augen offen. Wenn ein Streifenwagen kommt, hauen wir uns seitwärts in die Büsche. Aber wahrscheinlich denken sie, wir wollen mit der U-Bahn zurück. Da sind wir zu Fuß noch am besten dran.«

Es nieselte immer noch. Da und dort bellte uns ein Hund an, während wir durch die Gegend tappten.

»Denk an unsere Story, wenn wir angehalten werden«, sagte Roy. »Wir sind eingeschlafen und erst an der Endstation wieder aufgewacht. Da hat der Kerl behauptet, wir hätten ihm sein Geld weggenommen. Wir kriegten es mit der Angst, deshalb haben wir ihm eine reingehauen und sind weggerannt. Die werden uns schwer in die Mangel nehmen, darauf kannst du dich verlassen.«

»Da kommt ein Wagen«, sagte ich. »Und gelbe Scheinwerfer hat er auch noch.«

Wir krochen in die Büsche am Straßenrand und gingen hinter einem Reklameschild in Deckung. Der Streifenwagen fuhr langsam vorbei. Wir machten uns wieder auf den Weg. Ich bekam allmählich Entzugserscheinungen und fragte mich, ob ich es bis nach Hause schaffen würde, wo ich mir wieder einen Schuß M.S. setzen konnte.

»Wenn wir weiter reinkommen, trennen wir uns besser. Hier draußen haben wir mehr davon, wenn wir zusammenbleiben. Falls uns ein Bulle anhält, der grade seinen Streifendienst macht, dann sagen wir einfach, wir waren bei ein paar Girls und suchen jetzt die nächste U-Bahn-Station. Bloß gut, das es regnet. Da sitzen die Bullen wahrscheinlich irgendwo in ner Pinte und trinken Kaffee. Menschenskind!«, sagte er gereizt, »dreh dich doch nicht so auffällig um!«

Ich hatte gerade einen Blick nach hinten geworfen. »Wieso?«, sagte ich. »Ist doch normal, daß man sich umdreht.«

»Ja sicher – wenn man was geklaut hat!«

Schließlich kamen wir zur BMT-Linie und fuhren zurück nach Manhattan.

»Ich spreche vermutlich nicht nur für mich, wenn ich sage, daß mir vorhin die Muffe ging«, sagte Roy. »Ach so ja: hier ist dein Anteil.«

Er gab mir drei Dollar.

Am nächsten Tag sagte ich ihm, daß ich vom Fleddern genug hatte.

»Kann ich verstehn«, sagte er. »Aber du hast 'n ganz falschen Eindruck gekriegt. Irgendwann machst du bestimmt den einen oder andern guten Fang. Mußt nur lang genug dranbleiben.«

13

Mein Fall kam außerhalb der regulären Sitzungsperiode vor einen Einzelrichter. Ich bekam vier Monate auf Bewährung. Als Ersatz für das Fleddern beschloß ich jetzt, Junk zu pushen. Viel Geld ist damit nicht zu verdienen. Ein Süchtiger, der als Straßenhändler arbeitet, kann bestenfalls damit rechnen, daß es zur Finanzierung seiner Sucht reicht. Immerhin, als Pusher hat man wenigstens einen ausreichenden Vorrat an Junk zur Hand, und das gibt einem ein Gefühl von Sicherheit. Natürlich gibt es auch welche, die es damit zu Geld bringen. Ich kannte einen irischen Pusher, der mit zwei Gramm H anfing, die er in

Kapseln abfüllte. Als er zwei Jahre später geschnappt und zu 3 Jahren verurteilt wurde, hatte er dreißigtausend Dollar auf der hohen Kante und ein Apartmenthaus in Brooklyn.

Wer als Pusher arbeiten will, muß zunächst einmal an einen Großhändler herankommen. Ich kannte keinen, deshalb tat ich mich mit Bill Gains zusammen, der eine ziemlich gute Connection hatte – einen Italiener auf der Lower East Side. Wir kauften jeweils acht Gramm für 90 Dollar ein, verschnitten den Stoff zu einem Drittel mit Milchzucker und füllten das ganze in 1-Gran-Kapseln ab. Der Straßenpreis für eine Kapsel war zwei Dollar. Unsere Kapseln enthielten zwischen 10 und 16 % reines Heroin, was für den Straßenhandel sehr hoch ist. Acht Gramm H sollten für mindestens hundert Kapseln gut sein, doch wenn man als Großhändler einen Italiener hat, muß man fast immer damit rechnen, daß die Lieferung Untergewicht hat. Der Stoff von diesem Italiener reichte gewöhnlich nur für achtzig Kapseln.

Bill Gains kam aus einer »guten Familie« – soweit ich mich entsinne, war sein Vater irgendwo in Maryland Bankdirektor gewesen –, und er hatte eine gute Tarnung. Gains stahl Mäntel aus Restaurants, und für diese Arbeit war er wirklich vorzüglich geeignet. Der amerikanische Bürger aus den besseren Kreisen setzt sich aus Negativen zusammen. Er ist im wesentlichen ein Mann ohne Eigenschaften. Gains ging noch einen Schritt weiter. Er war nicht nur ein Mann ohne Eigenschaften, er war buchstäblich unsichtbar – eine gestaltlose ehrbare Erscheinung. Es gibt eine gewisse Sorte von Gespenstern, die sich nur mit Hilfe eines Lakens oder sonstiger Textilien materialisieren kann. So war es auch bei Gains. Er materialisierte sich im Mantel eines anderen.

Gains hatte ein boshaftes, kindliches Lächeln an sich, das in krassem Gegensatz stand zu seinen blaßblauen, leblosen alten Augen. Lächelnd horchte er in sich hinein, als spiele sich dort etwas besonders Wohltuendes ab. Wenn er sich einen Schuß gesetzt und ihm eine Weile nachgelauscht hatte, sagte er manchmal mit diesem verschlagenen Lächeln im Gesicht: »Das Zeug hats in sich.« Mit dem gleichen Lächeln pflegte er auch den Verfall und das Unglück von Bekannten zu kommentieren: »Herman war so ein hübscher Junge, als er nach New York kam. Zu dumm, daß jetzt seine ganze Schönheit im Eimer ist.«

Gains gehörte zu den wenigen Junkies, die ein ausgesprochenes Vergnügen dabei empfinden, andere süchtig zu machen. Viele süchtige Pusher sind aus ökonomischen Gründen froh über jeden neuen Junkie. Wer etwas zu verkaufen hat, wünscht sich natürlich Kunden, die seine Ware zu schätzen wissen. Gains dagegen machte es Spaß, junge Burschen mit auf sein Zimmer zu nehmen und zu einem Schuß einzuladen – gewöhnlich kochte er in diesen Fällen seine alten Baumwollfetzen aus –, und dann saß er mit seinem listigen kleinen Lächeln da und beobachtete, wie das Zeug wirkte.

Meistens sagten die Jungs nichts weiter, als daß es eben ein guter Kick sei; nicht viel anders als »nembies« oder Bennies, Alkohol oder Gras. Doch manche kamen wieder und ließen sich süchtig machen, und auf diese bekehrten Schäfchen sah Gains dann mit Wohlgefallen herab – ein Prälat des Junk. Kurze Zeit danach konnte man ihn sagen hören: »Also wirklich, der Soundso muß endlich einsehen, daß ich ihn nicht länger durchschleppen kann.« Jetzt war Schluß mit den Werbegeschenken, jetzt mußte das Opfer zahlen; zahlen für den Rest seines Lebens, und an Straßenecken und in Cafetarias auf die Connection warten, auf den Mittler zwischen Mensch und Junk. In der Hierarchie des Junk war Gains lediglich ein Dorfpfarrer, und wenn er von ›denen da oben‹ sprach, dann stets mit ehrfurchtsvoll gesenkter Stimme: »Die Connections meinen...«

Seine Venen hatten sich größtenteils rar gemacht und waren bis auf die Knochen zurückgewichen, um der stochernden Nadel zu entgehen. Eine Zeitlang verlegte er sich auf die Arterien, die tiefer liegen als die Venen und schwerer zu treffen sind, und für diese Prozedur besorgte er sich extra lange Injektionsnadeln. Venen tauchen wieder auf, wenn man sie lange genug in Ruhe läßt, deshalb wechselte er immer zwischen Armen, Händen und Füßen ab. Trotzdem war er die halbe Zeit gezwungen, subkutan zu spritzen. Das tat er aber erst, nachdem er eine qualvolle halbe Stunde lang herumgestochert und nach einer Vene gesucht hatte, wobei er immer wieder die Kanüle reinigen mußte, weil sich Blutklumpen darin festsetzten.

14

Einer meiner ersten Kunden war ein gewisser Nick aus dem Greenwich Village. Nick malte, falls er überhaupt mal etwas tat. Seine Bilder waren sehr klein und wirkten, als seien sie von einem ungeheuren Druck zusammengepreßt und deformiert worden. »Das Produkt eines kranken Hirns«, verkündete wichtigtuerisch ein Mann vom Rauschgiftdezernat, nachdem er sich eines von Nick's Bildern angesehen hatte.

Nick war immer halb suchtkrank, seine großen wehleidigen braunen Augen tränten, und seine schmale Nase lief unaufhörlich. Er übernachtete in den Apartments von Freunden auf der Couch, abhängig von der schwankenden Gunst neurotischer, labiler und mißtrauischer Schwachköpfe, die ihn immer wieder ganz unverhofft und ohne besonderen Anlaß hinauswarfen. Für diese Leute besorgte er auch Stoff – in der Hoffnung, sie würden ihm einen kleinen Schuß abgeben, damit er seinem ständigen Junk-Hunger wenigstens die Spitze nehmen konnte. Doch oft hatten sie nichts als ein beiläufiges Dankeschön für ihn übrig, da sie überzeugt waren, er habe beim Einkauf bereits etwas für sich abgezweigt. Die Folge war, daß Nick dazu überging, tatsächlich aus jeder Kapsel eine kleine Menge zu stehlen und die Kapseln anschließend aufzuschütteln, so daß sie wieder wie voll wirkten.

Nick war ziemlich am Ende. Der ständig nagende und nie gestillte Hunger nach Junk hatte bei ihm alle anderen Interessen ausgelöscht. Vage sprach er davon, er werde in Lexington die Kur machen, oder bei der Handelsmarine anheuern, oder in Connecticut Paregoric kaufen und damit einen langsamen Entzug machen.

Nick machte mich mit Tony bekannt, der in einer Village-Kneipe als Barkeeper arbeitete. Tony hatte selbst schon mit Junk gehandelt und war nur knapp einer Verhaftung entgangen. Als die Rauschgiftfahnder sein Apartment stürmten, hatte er gerade noch Zeit gehabt, eine 2-Gramm-Packung H unters Klavier zu werfen. Die Bullen fanden nur sein Spritzbesteck und ließen ihn laufen. Tony kriegte kalte Füße und ließ das Pushen sein. Er war ein junger Italiener und kannte sich offensichtlich aus. Man hatte den Eindruck, daß er den Mund halten konnte. Ein guter Kunde.

Ich ging jeden Tag zu Tony in die Kneipe und bestellte mir ein Coca-Cola. Tony sagte mir, wieviele Kapseln er haben wollte, und ich ging in die Telefonzelle oder ins Klo und wickelte seine Kapseln in Silberpapier. Wenn ich zu meinem Coke zurückkam, lag das Geld für die Kapseln wie Wechselgeld auf der Bar. Ich warf das zusammengeknüllte Silberpapier in einen Aschenbecher, der auf der Bar stand; Tony leerte den Aschenbecher unter der Theke aus und nahm seine Kapseln heraus. Diese Prozedur mußte sein, weil der Besitzer des Lokals von Tony's Junkie-Vergangenheit wußte und ihn vor die Alternative gestellt hatte, entweder die Finger von dem Zeug zu lassen oder sich einen anderen Job zu suchen. Der Besitzer hatte auch allen Grund dazu: sein Sohn war ebenfalls süchtig – im Augenblick war er gerade im Sanatorium und machte eine Entziehungskur. Nach seiner Entlassung kam der Sohn sofort zu mir und wollte Stoff kaufen. Er sagte, er komme von dem Zeug nicht los.

Zu den Stammgästen der Kneipe gehörte ein junger italienischer Hipster namens Ray. Er schien in Ordnung zu sein, deshalb versorgte ich jetzt auch ihn und deponierte seine Kapseln zusammen mit denen von Tony im Aschenbecher. Das Lokal war ziemlich klein und lag in einem Souterrain; von der Straße aus mußte man einige Stufen hinuntersteigen. Es gab nur eine einzige Tür. Ich kam mir da drin immer wie in einer Falle vor. Der Laden gab mir ein derart mulmiges Gefühl, daß es mich große Überwindung kostete, ihn zu betreten.

Wenn ich Tony und Ray versorgt hatte, traf ich mich gewöhnlich mit Nick in einer Cafeteria an der Sixth Avenue. Er hatte immer Geld für einige Kapseln bei sich. Ich wußte natürlich, daß er für andere einkaufte, aber ich hatte keine Ahnung, wer die Leute waren. Eigentlich hätte ich mich nicht einlassen sollen mit einem wie Nick, der ständig suchtkrank und pleite war und deshalb für jeden einkaufte, der ihm Geld in die Hand drückte. Manche Leute brauchen einen Mittelsmann, der für sie einkauft, weil sie entweder neu in der Stadt sind oder noch nicht lange genug mit Junk zu tun haben, um sich auszukennen. Doch als Pusher muß man sich immer in acht nehmen vor Leuten, die einen anderen vorschicken. In der Regel benutzt jemand nur deshalb einen Mittelsmann, weil er Dreck am Stecken hat, d.h. als Spitzel verschrieen ist. Er schickt also einen los, der deshalb nicht unbedingt selbst ein Spitzel sein muß, sondern einfach verzweifelt hinter Junk her ist. Wer jedoch für einen Polizeispitzel einkauft, der verstößt gegen sämtliche Regeln. Oft endet es damit, daß er selber zum Spitzel wird.

Ich konnte es mir nicht leisten, einen Kunden abzuweisen. Ich hatte keinen finanziellen Spielraum. Jeden Tag mußte ich soviele Kapseln an den Mann bringen, daß ich mir die nächste 8-Gramm-Packung kaufen konnte, und da blieben nie mehr als ein paar Dollar übrig. Deshalb nahm ich auch das Geld von Nick und fragte nicht, woher es kam.

15

Bill Gains, mein Partner, kümmerte sich uptown um die Geschäfte. Sobald ich im Village fertig war, traf ich mich mit Bill in einer Cafeteria an der Eighth Avenue. Er hatte ein paar gute Kunden. Izzy, vielleicht sein bester, arbeitete als Koch auf einem Schlepper im New Yorker Hafen. Er gehörte zu den Jungs von der 103. Straße. Izzy hatte wegen Drogenhandels gesessen, galt als durch und durch zuverlässig und hatte ein geregeltes Einkommen. Der ideale Kunde.

Manchmal erschien Izzy mit seinem Kumpel Goldie, der auf dem selben Schiff arbeitete. Goldie war ein hagerer Mensch mit Hakennase, straffer Gesichtshaut und einem rötlichen Fleck auf jeder Backe. Ein weiterer Freund von Izzy war der ehemalige Fallschirmjäger Matty, ein kräftiger, gutaussehender junger Mann mit harten Gesichtszügen, dem man den Junkie nicht im geringsten ansah. Ferner gab es auch noch zwei Nutten, die Bill belieferte. Mit Nutten hat man im allgemeinen nichts als Ärger. Sie ziehen die Bullen an, und die meisten von ihnen packen aus, wenn sie verhört werden. Doch Bill bestand darauf, diese beiden seien in Ordnung.

Ein weiterer Kunde von uns war Old Bart. Er nahm uns jeden Tag einige Kapseln ab und verkaufte sie weiter. Ich wußte nicht, wer seine Abnehmer waren, aber das machte mir keine Sorgen. Bart war in Ordnung. Wenn es Stunk gab, dann ließ er sich einbuchten und hielt dicht. Er hatte dreißig Jahre Erfahrung mit Junk, und er wußte genau, was er tat.

Wenn ich in unsere Cafeteria kam, saß Bill immer schon am Tisch, und seine magere gebeugte Gestalt steckte wieder einmal in einem fremden Mantel. Old Bart, ärmlich und unauffällig, stippte eine Doughnut in seinen Kaffee. Bill erzählte mir dann, daß er Izzy bereits versorgt hatte; ich gab also Bart zehn Kapseln zum Weiterverkaufen, und Bill und ich nahmen uns ein Taxi und fuhren zu mir nach Hause. Dort setzte sich jeder einen Schuß, dann checkten wir unsere Bestände und legten die neunzig Dollar für die nächste 8-Gramm-Packung auf die Seite.

Nach einer Spritze kehrte in Bills Gesicht zögernd ein bißchen Farbe zurück, und dann wirkte er beinahe verschämt. Es war ein grausiger Anblick. Ich erinnere mich, wie er mir einmal erzählte, ein Schwuler habe sich an ihn herangemacht und ihm zwanzig Dollar geboten. Bill hatte dankend abgelehnt und gesagt: »Ich fürchte, bei mir würdest du nicht auf deine Kosten kommen.« Und dann kniff er sich in seine knochigen Hüften und sagte zu mir: »Solltest mich mal sehn, wenn ich nackt bin. Ich bin wirklich zum Anbeißen.«

Vollends widerwärtig wurde es, wenn Bill sich in detaillierten Schilderungen seiner Verdauungsbeschwerden erging. »Manchmal wird es so schlimm, daß ich mit den Fingern reinlangen und mir die Kacke rauspuhlen muß. Hart wie Porzellan, verstehst du. Die Schmerzen sind kaum zum Aushalten.«

»Hör zu«, sagte ich, »der Stoff von unserer Connection hat jedesmal Untergewicht. Aus der letzten Lieferung hab ich nach dem Verschnitt bloß ganze achtzig Kapseln rausgeholt.«

»Naja, allzuviel kann man nicht erwarten. Wenn ich doch bloß in ein Krankenhaus könnte, wo man mir 'n guten Einlauf macht! Aber die machen keinen Finger krumm, wenn man nicht zur Beobachtung dableibt, und das kann ich natürlich nicht. Die behalten einen mindestens 24 Stunden da. Ich habs mal versucht und hab zu denen gesagt: ›Ihr wollt doch hier ein Krankenhaus sein, oder? Ich hab Schmerzen, und ich brauch Hilfe. Warum könnt ihr nicht einfach einen Krankenwärter holen, der mir...«

Er war nicht zu bremsen. Wenn einer von seiner Darmtätigkeit anfängt, ist man gegen ihn genauso machtlos wie gegen die Vorgänge, von denen er spricht.

16

In den folgenden Wochen machten mich Nick's Auftraggeber nacheinander ausfindig. Sie hatten keine Lust mehr, über Nick zu kaufen und sich damit abzufinden, daß er sich aus jeder Kapsel etwas unter den Nagel riß. Ein übles Pack – Schnorrer, Schwuchteln, Betrüger, Polizeispitzel, Gammler. Keiner wollte was arbeiten, zum Stehlen reichte es nicht, ständig waren sie knapp bei Kasse und winselten um Kredit. In dem ganze Verein gab es keinen einzigen, der nicht sofort schlappgemacht und ausgepackt hätte, wenn er eins in die Fresse kriegte und gefragt wurde: »Von wem hast du das Zeug?«

Der schlimmste von allen war Gene Doolie, ein knochiger kleiner Ire, der wie eine Kreuzung aus Tunte und Zuhälter wirkte. Gene war ein Verräter bis in die letzte Faser. Wahrscheinlich zog er schmuddelige Namenslisten aus der Tasche – er hatte ständig dreckige Pfoten – und las sie den Bullen vor. Man konnte sich so richtig vorstellen, wie er während des irischen Aufstandes ins Hauptquartier der Briten gewuselt kam, in einer schmutzstarrenden grauen Toga den Aufenthaltsort von Christen verriet, Gestapo und GPU mit Informationen belieferte oder in einer Cafeteria saß und sich mit einem Rauschgiftfahnder unterhielt. Jedesmal das gleiche spitze Rattengesicht, die altmodischen abgewetzten Klamotten, die penetrante winselnde Stimme.

Das war das Unausstehlichste an ihm, diese Stimme. Sie ging einem durch Mark und Bein. Und mit dieser Stimme kündigte er mir auch zum ersten Mal seine Existenz an. Nick war gerade mit Geld für Stoff bei mir zuhause eingetroffen, als draußen im Flur das Telefon klingelte.

»Ich bin Gene Doolie«, sagte die Stimme. »Ich warte auf Nick, und ich warte schon *sehr lange*.« Bei ›sehr lange‹ stieg seine Stimme zu einem schrillen durchdringenden Jammern an.

»Im Moment hat er gerade bei mir zu tun. Ich nehme an, er wird sich gleich anschließend bei Ihnen blicken lassen«, sagte ich und legte auf.

Am nächsten Tag rief mich Doolie wieder an. »Ich bin ganz in der Nähe von Ihrer Wohnung. Hätten Sie was dagegen, wenn ich vorbeikomme? Mir ist es lieber, wenn ich Sie allein treffen kann.«

Er legte auf, ehe ich etwas sagen konnte, und zehn Minuten später stand er vor der Tür.

Wenn sich zwei Menschen zum ersten Mal begegnen, tasten sie einander erst einmal ab und versuchen auf der intuitiven Ebene irgendeine Beziehung herzustellen. Doch bei Doolie war das unmöglich. Er war schlicht und einfach der Stoßkeil einer feindlichen Besatzungsmacht. Man spürte förmlich, wie er einem direkt in die Psyche einmarschierte und sich nach etwas Brauchbarem umsah. Ich trat einen Schritt von der Tür zurück, um jede Berührung mit ihm zu vermeiden. Er zwängte sich an mir vorbei, ging ins Zimmer, nahm gleich auf der Couch Platz und steckte sich eine Zigarette an.

»Es ist besser, man trifft sich allein.« Er lächelte zweideutig. »Diesem Nick trau ich keinen Schritt übern Weg.« Er stand auf und gab mir vier Dollar. »Was dagegen, wenn ich gleich mal einen schnalzen lasse?«, fragte er und zog seinen Mantel aus.

Ich hatte den Ausdruck noch nie gehört. Einen verrückten Augenblick lang dachte ich, er mache einen Annäherungsversuch. Er warf seinen Mantel auf die Couch und krempelte sich den einen Hemdärmel hoch. Ich brachte ihm zwei Kapseln und ein Glas Wasser. Mit einiger Erleichterung sah ich, daß er wenigstens sein eigenes Spritzbesteck mitgebracht hatte. Ich sah ihm zu, wie er eine Vene anstach, das Gummibällchen des Tropfers zusammendrückte und sich den Ärmel wieder herunterrollte.

Wenn einer süchtig ist, hat eine Spritze keine dramatische Wirkung. Doch wenn man weiß, worauf man zu achten hat, sieht man sofort, wie der Stoff im Blutkreislauf und in den Zellen des anderen zu arbeiten beginnt. Bei Doolie dagegen konnte ich nicht die geringste Veränderung feststellen. Er zog seinen Mantel an und fischte seine halb heruntergebrannte Zigarette aus dem Aschenbecher. Er sah mich an mit seinen blaßblauen Augen, die keinerlei Tiefe zu haben schienen. Sie wirkten wie aus Glas.

»Ich will dir mal was sagen«, fing er an. »Du machst einen großen Fehler, wenn du dich auf Nick verläßt. Neulich abends war ich in Thompson's Cafeteria, und da hab ich Rogers vom RD getroffen. Er hat zu mir gesagt: ›Ich weiß, daß ihr ganzen gottverdammten Junkies hier im Village über Nick einkauft. Und guten Stoff kriegt ihr auch – zwischen 16 und 20 Prozent. Na schön, du kannst Nick ausrichten, wir können ihn jederzeit hochgehen lassen, und wenn wir ihn erst am Wickel haben, dann arbeitet er auch mit uns zusammen. Bei mir hat er schon mal ausgepackt. Er wirds auch jetzt wieder tun. Wir kriegen schon raus, woher der Stoff kommt.‹«

Doolie sah mich an und zog an seiner Zigarette. »Wenn sie Nick drankriegen, dann bist du fällig. Vielleicht wärs besser, wenn du Nick sagst, daß du ihn mit den Füßen in nem Faß Zement unten im East River versenken läßt, wenn er das Maul aufmacht. Mehr brauch ich dir gar nicht zu sagen. Du kannst dir jetzt selber ein Bild von der Situation machen.«

Er sah mich an und versuchte die Wirkung seiner Worte abzuschätzen. Ich konnte beim besten Willen nicht sagen, was ich ihm von dieser Story glauben sollte und was nicht. Vielleicht wollte er mir damit nur durch die Blume sagen: ›Wenn dich einer verpfeift, kannst du dir nie sicher sein, daß du den Richtigen im Verdacht hast. Du kannst mich verdächtigen, aber genauso gut könnte es Nick gewesen sein, wo er doch so eindeutig Dreck am Stecken hat.‹

»Kannst du mir ne Kapsel auf Kredit geben?«, fragte er. »Was ich dir eben erzählt habe, sollte eigentlich was wert sein.«

Ich gab ihm eine Kapsel, und er steckte sie wortlos ein.

Er stand auf. »Also dann, bis nächstes Mal. Ich ruf dich morgen um die gleiche Zeit wieder an.«

Ich mußte herauskriegen, ob an seiner Story etwas dran war, also hörte ich mich einmal um. Niemand konnte mir etwas Bestimmtes sagen. Tony der Barkeeper meinte: »Wenn sie Doolie drankriegen, singt er garantiert.« Aber einen bestimmten Fall konnte er mir nicht nennen. Ja, es sei bekannt, daß Nick schon einmal ausgepackt habe. Aber in diesen Fall war damals auch Doolie verwickelt, und so wie die Sache lief, konnte der Tip auch von Doolie gekommen sein.

Als ich einige Tage nach der Gene Doolie Episode am Washington Square aus der U-Bahn kam, wurde ich von einem mageren blonden Jungen angesprochen. »Bill«, sagte er, »ich nehme an, du kennst mich noch nicht. Ich habe die ganze Zeit über Nick bei dir gekauft, und ich habs satt, daß er sich dauernd was von meinen Kapseln klemmt. Kannst du mich nicht direkt beliefern?«

›Naja, was solls‹, dachte ich. ›Warum nach Gene Doolie noch groß wählerisch werden?‹

»Okay, Kid«, sagte ich. »Wieviel willst du?«

Er gab mir vier Dollar.

»Gehn wir ein Stück«, sagte ich und ging in Richtung Sixth Avenue. Ich hatte zwei Kapseln in der Hand und wartete auf eine dieser plötzlich menschenleeren Stellen, wie man sie in Großstädten findet. »Paß auf«, sagte ich und ließ ihm die Kapseln in die Hand fallen. Ich verabredete mich mit ihm für den nächsten Tag im Bickford's am Washington Square.

Der blonde Junge hieß Chris. Von Nick erfuhr ich, daß seine Familie Geld hatte und ihm regelmäßig was schickte. Als ich mich am nächsten Tag im Bickford's mit ihm traf, kam auch er mir sofort damit an, ich solle mich vor Nick in acht nehmen. »Nick wird jetzt ständig beschattet. Und du weißt ja selber, wenn einem die Zunge nach dem Stoff raushängt, dann dreht er sich nicht um sondern rennt halt drauflos. Da siehst du also, wem du deine Adresse und Telefonnummer gegeben hast.«

»Das weiß ich alles schon selber«, sagte ich.

Chris tat beleidigt, »Naja, ich hoffe, du weißt was du tust. Jedenfalls, paß auf, ich kriege heute nachmittag ganz bestimmt einen Scheck von meiner Tante. Ehrlich, ich mach dir nichts vor. Da, lies mal.«

Er zog ein Telegramm aus der Tasche, und ich überflog es. Von einem Scheck war darin zwar die Rede, aber nur sehr vage. Er ließ nicht locker mit seinem Scheck. Während er auf mich einredete, legte er immer wieder seine Hand auf meinen Arm und starrte mir tiefernst ins Gesicht. Schließlich konnte ich sein verlogenes Geschwätz einfach nicht mehr ertragen. Um ihn loszuwerden, drückte ich ihm eine Kapsel in die Hand, ehe er mich um zwei oder drei anhauen konnte.

Am nächsten Tag kam er mit einem Dollar und achtzig Cents an. Von dem Scheck war nicht mehr die Rede. Und so ging es weiter. Er hatte entweder zu wenig, oder er kam gleich mit leeren Händen. Ständig erwartete er Geld von seiner Tante oder seiner Schwiegermutter oder sonstwem, und als Beweis hielt er mir irgendwelche Briefe und Telegramme unter die Nase. Allmählich ging er mir fast so sehr auf die Nerven wie Gene Doolie.

Ein weiteres Prachtexemplar von einem Kunden war Marvin, der in einem Nachtklub im Village als Aushilfskellner arbeitete. Er war immer unrasiert und schmuddelig, und er besaß nur ein einziges Hemd, das er ungefähr einmal in der Woche auswusch und auf der Heizung trocknete. Der letzte Schrei an ihm war, daß er keine Socken trug. Ich brachte ihm den Stoff immer in die Bude, ein verdrecktes möbliertes Zimmer in einem Backsteinhaus an der Jane Street. Ich hielt es für besser, ihm das Zeug ins Haus zu bringen, statt mich woanders mit ihm zu treffen.

Es gibt Menschen, die gegen Junk allergisch sind. Einmal brachte ich Marvin eine Kapsel, und er setzte sich einen Schuß. Ich sah aus dem Fenster – es ist nervenzermürbend, einem zuzusehen, der nach einer Vene stochert –, und als ich mich umdrehte, sah ich, daß sein Tropfer voll Blut war. Er war ohnmächtig geworden, und das Blut war zurück in den Tropfer gelaufen. Ich rief Nick von der Straße hoch, und er zog die Nadel heraus und schlug Marvin ein nasses Handtuch ins Gesicht. Marvin kam wieder ein bißchen zu sich und lallte etwas vor sich hin.

»Ich schätze, der packts wieder«, sagte ich. »Komm, wir gehn.«

Auf der Treppe erzählte mir Nick, daß Marvin ständig wegen meiner Adresse hinter ihm her sei.

»Hör mal«, sagte ich, »wenn du die rausrückst, kannst du dir ne neue Connection suchen. Das fehlt mir grade noch, daß einer in meinem Apartment abkratzt.«

Nick setzte eine gekränkte Miene auf. »Dem würd ich doch deine Adresse niemals verraten.«

»Und was ist mit Doolie?«

»Keine Ahnung, woher er deine Adresse hat. Ehrlich, ich schwör dirs.«

17

Außer diesen Strolchen las ich im Laufe der Zeit auch einige gute Kunden auf. Eines Tages traf ich einen Typ namens Bert, den ich aus der Angle Bar kannte. Bert war als Schläger bekannt. Er war ein bulliger junger Kerl mit einem runden Gesicht, das täuschend gutmütig wirkte. Er verdingte sich als Gorilla, brachte säumige Zahler auf Vordermann und war Spezialist für Erpressungen. Ich hatte ihn immer nur Gras rauchen sehen und war deshalb überrascht, als er mich fragte, ob ich Junk hätte. Ich sagte, ich würde das Zeug pushen, und er kaufte zehn Kapseln von mir. Wie sich herausstellte, war er schon seit sechs Monaten süchtig.

Durch Bert kam ich zu einem weiteren Kunden. Er hieß Louis und war ein bemerkenswert gutaussehender

Mann mit blassem Teint, zarten Gesichtszügen und einem seidigen schwarzen Schnurrbart. Er wirkte wie ein Porträt aus dem Jahr 1890. Louis war ein ziemlich talentierter Dieb und hatte fast immer Geld. Wenn er mich einmal um Kredit bat, was selten vorkam, beglich er seine Schulden regelmäßig am Tag darauf. Statt Bargeld brachte er mir manchmal eine Uhr oder einen Anzug, was mir auch ganz recht war. Einmal bezahlte er fünf Kapseln mit einer Armbanduhr im Wert von fünfzig Dollar.

Pushen ist eine ständige Nervenbelastung. Früher oder später kriegt man den »Bullen-Koller« und sieht überall nur noch Polente. Fahrgäste in der U-Bahn scheinen sich an einen heranzuarbeiten, als wollten sie einen festnageln, ehe man eine Gelegenheit hat, den Stoff wegzuwerfen.

Doolie rückte mir jeden Tag auf die Bude, aufdringlich, unverschämt und unausstehlich. Gewöhnlich hatte er etwas Neues in Sachen Nick und Rogers zu berichten. Er ließ ungeniert durchblicken, daß er mit Rogers ständig Kontakt hielt.

»Rogers ist gerissen, aber furchtbar schmalspurig«, eröffnete mir Doolie. »Er sagt immer: ›Ihr verdammten Junkies interessiert mich überhaupt nicht. Ich bin hinter den Typen her, die das große Geld damit machen. Wenn wir Nick erwischen, singt er uns was vor. Er hat schon mal bei mir ausgepackt. Er wirds auch jetzt wieder tun.‹«

Chris bekniete mich ständig wegen Kredit, hielt mich am Arm fest, jammerte mir die Ohren voll und faselte von dem Geld, das er garantiert in ein paar Stunden oder Tagen bekommen würde.

Nick wirkte gehetzt und verzweifelt. Ich nehme an, daß er auf Essen keinen roten Heller verschwendete. Er sah aus, als befinde er sich im Endstadium einer auszehrenden Krankheit.

Wenn ich Marvin belieferte, ging ich jetzt immer weg, ehe er sich die Spritze reinjagte. Ich wußte, daß er früher oder später an Junk sterben würde, und ich wollte nicht dabeisein, wenn es passierte.

Und zu allem Überdruß kam ich auch nur knapp über die Runden. Der Großhändler lieferte den Stoff immer mit Untergewicht; die Kunden wollten dauernd Kredit, oder wenn sie bezahlten, dann waren es 25 oder 50 Cents zu wenig, oft fehlte auch ein ganzer Dollar; dazu dann noch meine eigene Sucht – da reichten die Einnahmen gerade noch für das Notwendigste.

Als ich mich über den Großhändler beklagte, reagierte Bill Gains gereizt und meinte, ich solle den Stoff eben mehr strecken. »Deine Kapseln sind die besten in ganz New York City. Kein Mensch verkauft 16prozentigen Stoff auf der Straße. Wenns deinen Kunden nicht paßt, dann sollen sie doch ins Walgreen's und sich 'n Schnuller kaufen.«

Wir verlegten unsere Uptown-Treffen von einer Cafeteria in die andere. Die Geschäftsführer brauchen nie lange, um einem Buchmacher oder Pusher auf die Schliche zu kommen, und da wir uptown inzwischen ein halbes Dutzend Stammkunden hatten, bedeutete das eine ganze Menge Transaktionen. Wir mußten also ständig in Bewegung bleiben.

Die Kneipe, in der Tony arbeitete, war mir nach wie vor unheimlich. Eines Tages war ich unterwegs zu Tony, es regnete in Strömen und ich war ungefähr eine halbe Stunde zu spät dran. Ray, der junge italienische Hipster, steckte seinen Kopf zur Tür eines Restaurants heraus und rief mich zu sich. Es war ein Schnellimbiß mit abgetrennten Sitzecken an der einen Wand entlang. Wir setzten uns in eine Nische, und ich bestellte mir einen Tee.

»Da draußen ist ein Bulle in nem weißen Trenchcoat«, sagte Ray. »Er ist mir von Tony's Kneipe aus nachgegangen, und ich trau mich nicht raus.«

Die Tischplatte war auf einem Rohrgestänge festgeschraubt. Ray führte mir unter dem Tisch die Hand und zeigte mir ein offenes Rohrende. Ich verkaufte ihm zwei Kapseln. Er wickelte sie in eine Papierserviette und steckte sie in das Rohr.

»Ich geh erst mal sauber raus«, sagte er, »für den Fall, daß ich gefilzt werde.«

Ich trank meinen Tee aus, bedankte mich bei ihm für den Tip und verließ als erster das Lokal. Den Stoff hatte ich in einer Zigarettenschachtel, die ich jederzeit in einen Gully werfen konnte. Tatsächlich, da stand ein stämmiger junger Kerl in weißem Trenchcoat in einem Hauseingang. Als er mich sah, setzte er sich lässig in Bewegung und ging vor mir die Straße hoch. Dann bog er um eine Ecke, um abzuwarten, bis ich vorbei war, so daß er sich hinter mich hängen konnte. Ich drehte mich um und rannte in die entgegengesetzte Richtung. Als ich die Sixth Avenue erreichte, war er ungefähr fünfzehn Meter hinter mir. Ich rannte in die U-Bahn runter, sprang über das Drehkreuz und schob die Zigarettenschachtel in den Spalt hinter einem Kaugummi-Automaten. Auf dem tiefergelegenen Bahnsteig erwischte ich eine Bahn zum Times Square.

Bill Gains saß an einem Tisch in der Cafeteria. Er trug einen gestohlenen Mantel, und einen weiteren hatte er auf seinem Schoß liegen. Er sah verschlagen und zufrieden drein. Bei ihm saßen Old Bart und ein arbeitsloser Taxifahrer namens Kelly, der sich auf der 42. Straße herumtrieb. Kelly verdiente sich ein bißchen Taschengeld, indem er Pariser verhökerte; gelegentlich linkte er auch Pendler aus den Vororten mit einer speziellen Variante des »short con« (Wechselgeldbetrug), bei der man 50 Cents gutmacht. Ich erzählte ihnen von dem Bullen, und Old Bart ging los, um den Stoff aus dem Versteck zu holen.

Gains war verärgert. »Paß doch um gotteswillen auf, mit wem du Geschäfte machst«, sagte er mißmutig.

»Wenn ich mich mit Ray nicht getroffen hätte, wär ich jetzt schon auf dem Weg zum Verhör.«

»Na jedenfalls, sieh dich vor.«

Während wir auf Bart warteten, erzählte Kelly eine lange Geschichte, die davon handelte, wie er einmal im Tombs einem Schließer die Meinung gesagt hatte.

Bald danach kam Bart mit dem Stoff zurück. Er berichtete, der Kerl im weißen Trenchcoat treibe sich immer noch auf dem Bahnsteig herum. Ich gab Bart zwei Kapseln unter dem Tisch.

Gains und ich machten uns auf den Weg zu seiner Bude, um uns einen Schuß zu setzen. »Also wirklich«, sagte er, »ich werde Bart sagen müssen, daß ich ihn nicht länger durchschleppen kann.« Gains wohnte in einer schäbigen Absteige in den West Forties. Er schloß die Tür zu seinem Zimmer auf. »Du wartest hier«, sagte er. »Ich geh mein Besteck holen.« Wie die meisten Junkies hielt er sein »Besteck« und die Kapseln irgendwo außerhalb seines Zimmers versteckt. Er kam mit dem Zeug zurück und wir machten uns unsere Spritzen.

Gains wußte, daß er die Fähigkeit hatte, unsichtbar zu wirken, und gelegentlich mußte er sich buchstäblich am Riemen reißen, damit wenigstens genug Fleisch da war, um eine Spritze reinstecken zu können. In solchen Augenblicken war er voll damit beschäftigt, sich auf diesen Realitätsnachweis zu konzentrieren.

Jetzt wühlte er die Schubladen seiner Kommode durch und brachte einen abgegriffenen braunen Umschlag zum Vorschein. Er zeigte mir einen Schrieb, aus dem hervorging, daß er die Marine-Akademie in Annapolis »in beiderseitigem Einvernehmen« vorzeitig verlassen hatte; ferner einen alten verschmierten Brief »von meinem Freund, dem Captain«, und dann noch zwei Karten, die ihn als Mitglied in einer Freimaurer-Loge und bei den ›Knights of Columbus‹ auswiesen.

»Jedes bißchen hilft«, sagte er und tippte auf seine Persilscheine. Er schwieg und saß einige Minuten nachdenklich da. Dann lächelte er. »Bloß ein Opfer der Umstände«, sagte er. Er stand auf und verstaute den Umschlag wieder sorgfältig in der Kommode. »Ich habs bei so ziemlich allen Pfandhäusern in New York verschissen. Es macht dir doch hoffentlich nichts aus, diese Mäntel hier für mich zu versetzen, oder?«

18

Die Lage wurde jetzt immer kritischer. Eines Tages hielt mich der Mann von der Rezeption unten in der Halle an (ich hatte mir inzwischen ein Hotelzimmer genommen). »Ich weiß nicht recht, wie ich es Ihnen sagen soll«, begann er, »aber mit Ihren Besuchern stimmt irgendwas nicht. Ich hab vor Jahren selber mal krumme Dinger gemacht. Also ich wollte Sie bloß warnen. Seien Sie vorsichtig. Sie wissen ja, daß wir hier alle Anrufe von außen durchstellen. Und heute morgen hab ich einen mitgehört, der war ziemlich eindeutig. Wenn da jemand anderes reingehört hätte... Also seien Sie vorsichtig, und sagen Sie diesen Leuten, sie sollen aufpassen, was sie am Telefon sagen.«

Der Anruf, den er meinte, war von Doolie gekommen. Er hatte an diesem Morgen bei mir angerufen. »Ich muß dich unbedingt sehn!« hatte er gezetert. »Ich bin am Abschnappen! Ich komm gleich bei dir vorbei!«

Ich konnte förmlich spüren, wie mich die Bullen immer mehr einkreisten. Es war nur noch eine Frage der Zeit. Von den Kunden aus dem Village konnte ich keinem einzigen trauen, und ich war überzeugt, daß mindestens einer von ihnen ein ausgewachsener Spitzel war. Doolie stand auf meiner Liste der Verdächtigen ganz oben, dicht gefolgt von Nick und Chris. Natürlich gab es auch noch die Möglichkeit, daß Marvin versuchen würde, sich auf die leichte Tour das Geld für ein Paar Socken zu beschaffen.

Nick kaufte bei mir auch noch für einige normale berufstätige Bürger im Village ein, die sich gelegentlich einen Schuß »nur so zum Genießen« verabreichten. Solche Leute sind ein großes Sicherheitsrisiko, weil sie ängstliche Typen sind. Sie haben Angst vor der Polizei, und sie haben Angst, ihre verantwortungsvolle Position zu verlieren. Daß es nicht koscher ist, bei der Polizei eine Aussage zu machen, würde ihnen nie in den Sinn kommen. Man muß zwar nicht damit rechnen, daß sie von sich aus zur Polizei gehen, denn schließlich wollen sie ja nicht in etwas »reingezogen« werden. Aber wenn sie vorgeladen und verhört werden, packen sie fast alle aus.

Rauschgiftfahnder arbeiten größtenteils mit Hilfe von Informanten. Gewöhnlich schnappen sie sich einen, der Junk bei sich hat, und lassen ihn solange in einer Zelle schmoren, bis er Krämpfe hat. Dann kommen sie ihm mit der alten Leier:

»Für Besitz von Rauschgift können wir dir fünf Jahre besorgen. Du kannst aber auch sofort als freier Mann hier rausmarschieren. Die Entscheidung liegt ganz bei dir. Wenn du für uns arbeitest, kannst du von uns einen guten Deal kriegen. Um Junk und ausreichendes Taschengeld brauchst du dir schon mal keine Sorgen zu machen. Natürlich nur unter der Voraussetzung, daß du richtig spurst. Laß dir ein paar Minuten Zeit und überleg dirs.«

Dann holt der Bulle ein paar Kapseln aus der Tasche und legt sie auf den Tisch. Der Effekt ist ungefähr der gleiche, als würde man einem Verdurstenden ein Glas eisgekühltes Wasser hinstellen. »Na komm, greif schon zu. So, siehst du? Jetzt bist du vernünftig. Also der erste, den wir von dir haben wollen, ist ...«

Manche von ihnen braucht man gar nicht erst unter Druck zu setzen. Junk und Taschengeld ist alles, was sie wollen. Wie sie dazu kommen, ist ihnen egal. Der frisch angeworbene Spitzel erhält jetzt markiertes Geld und wird losgeschickt, um einen Kauf zu machen. Sobald er das markierte Geld übergeben hat, schnappen die Fahnder zu und verhaften den Verkäufer. Die Verhaftung muß so schnell erfolgen, daß der Verkäufer keine Gelegenheit hat, das markierte Geld loszuwerden. Die Fahnder haben jetzt den Junk, und sie haben das markierte Geld, mit dem er gekauft wurde. Wenn es sich um einen wichtigen Fall handelt, muß der Spitzel unter Umständen vor Gericht aussagen. Nach einem solchen Auftritt vor Gericht ist er natürlich in der Branche unten durch und wird von keinem mehr beliefert. Falls ihm die Fahnder nicht eine neue Stadt zuweisen (besonders fähige Spitzel werden auf Tournee geschickt), ist seine Karriere als Informant beendet.

Früher oder später kommen die Pusher einem Spitzel auf die Schliche, und der Mann kann nirgends mehr kaufen. Damit ist er für die Fahnder nicht mehr zu gebrauchen, und in der Regel liefern sie ihn einfach beim nächsten Richter ab. Oft kriegt er dann auch noch mehr aufgebrummt als die Leute, die er ans Messer geliefert hat.

Bei jungen Burschen, die sich nicht zum full-time Spitzel eignen, sieht die Prozedur anders aus. Der Fahnder wird etwa mit dem alten Bullen-Schwindel ankommen und sagen: »Einen jungen Kerl wie dich hinter Gitter zu bringen, das geht mir einfach gegen den Strich. Sicher, du hast einen Fehler gemacht. Aber das kann jedem mal passieren. Also paß auf: ich geb dir einen Break. Aber du mußt für uns arbeiten. Sonst kann ich nichts für dich tun.« Oder aber er drischt ihm einfach eine aufs Maul und sagt: »Von wem hast du den Stoff?« Bei vielen genügt das bereits.

Unter meinen Kunden hätte man für jeden Typ von Spitzel, ob offen oder potentiell, ein Beispiel finden können. Nach der Sache mit dem Mann von der Rezeption zog ich deshalb in ein anderes Hotel und trug mich unter falschem Namen ein. Ich ging nicht mehr ins Village und verlegte alle Verabredungen mit diesen Kunden nach uptown.

Als ich Gains das mit dem Mann im Hotel erzählte und meinte, wir könnten von Glück sagen, daß der Kerl zufällig in Ordnung war, sagte er: »Wir müssen dichtmachen. Mit Kunden, wie wir sie haben, sind wir geliefert.«

»Sie stehn jetzt da oben vor dem Automatenrestaurant und warten auf uns«, sagte ich. »Die ganze Bagage. Sollen wir heute nochmal hin?«

»Ja. Ich will nach Lexington und die Kur machen, und da brauch ich erstmal das Geld für den Bus. Ich fahr heute abend.«

Sobald wir uns dem Treffpunkt näherten, löste sich Doolie von den anderen, rannte uns entgegen und zog sich im Laufen einen zweifarbigen Sportsakko aus. An den Füßen hatte er so etwas wie Sandalen oder Slipper.

»Gebt mir vier Kapseln für die Jacke da«, sagte er. »Ich war vierundzwanzig Stunden im Bau.«

Der suchtkranke Doolie bot einen erschreckenden Anblick. Der letzte Rest von Persönlichkeit war verschwunden, absorbiert von seinen junk-hungrigen Zellen. Eingeweide und Zellen, zu widerwärtiger insektenhafter Aktivität getrieben, schienen jeden Augenblick aus ihm herausbrechen zu wollen. Sein Gesicht war bis zur Unkenntlichkeit entstellt, gleichzeitig geschrumpft und geschwollen.

Gains gab ihm zwei Kapseln und nahm die Jacke an sich.

»Die andern zwei geb ich dir heute abend«, sagte er. »Hier. Um neun.«

Izzy hatte wortlos dabeigestanden und Doolie angewidert betrachtet. »Heiliger Strohsack!«, sagte er jetzt. »Sandalen!«

Die anderen umringten uns und streckten uns wie eine Bande orientalischer Bettler die Hände entgegen. Keiner von ihnen hatte Geld dabei.

»Nichts auf Kredit«, sagte ich. Gains und ich drehten uns um und gingen die Straße hinunter. Sie folgten uns, jammerten uns die Ohren voll und hielten uns am Ärmel fest. »Wenigstens *eine* Kapsel!«

Ich sagte nein und ging weiter. Einer nach dem anderen blieben sie zurück. Wir stiegen zur U-Bahn hinunter und sagten Izzy, daß wir die Nase voll hatten.

»Tja«, sagte er, »ich kann euch verstehen. Sandalen!«

Izzy kaufte sechs Kapseln, und zwei gaben wir dann noch Old Bart, der nach Riker's Island wollte, um die 30-Tage-Kur zu machen.

Bill Gains taxierte den Sportsakko mit geübtem Blick. »Der dürfte spielend zehn Dollar bringen«, meinte er. »Ich kenne einen Schneider, der mir den Riß da flickt.« Eine Seitentasche war leicht eingerissen. »Wo hat er den her?«

»Von Brooks Brothers, behauptet er. Aber ein Typ wie der würde bei jedem geklauten Frack sagen, daß er ihn von Brooks Brothers oder Abercrombie & Fitch hat.«

»Zu dumm«, sagte Gains und grinste. »Mein Bus fährt um sechs. Da werd ich ihm die zwei Kapseln leider nicht mehr geben können.«

»Laß dir mal keine grauen Haare wachsen. Der steht bei uns sowieso noch mit zwanzig Dollar in der Kreide.«

»Ach so, na dann macht es ja nichts.«

19

Bill Gains setzte sich nach Lexington ab, und ich machte mich mit meinem Wagen und zwei Gramm Junk auf den Weg nach Texas. Ich sagte mir, der Stoff würde wohl für einen langsamen Entzug reichen, und ich hatte mir einen genauen Reduktionsplan ausgearbeitet, der auf zwölf Tage angelegt war. Ich hatte zwei Flaschen dabei, eine mit Junklösung und eine mit destilliertem Wasser. Jedesmal, wenn ich mir einen Schuß setzte, wollte ich die entnommene Junklösung durch die gleiche Menge destilliertes Wasser ersetzen. Am Ende würde ich dann reines Wasser spritzen. Jeder Junkie kennt diese Methode. Eine Variante davon ist die chinesische Kur, die mit Opiumtinktur und Wampole's Tonic durchgeführt wird – nach ein paar Wochen trinkt man nur noch reines Tonic.

Vier Tage später, in Cincinnati, war der Junk alle und ich konnte nicht mehr weiter. Ich habe nie einen erlebt, der mit so einer selbstverordneten Kur Erfolg hatte. Man findet immer einen Grund, um sich ausnahmsweise ein bißchen mehr Junk zu genehmigen. Schließlich ist dann der Junk aufgebraucht und man ist noch genauso süchtig wie zuvor.

Ich ließ den Wagen in einer Garage und fuhr mit dem nächsten Zug nach Lexington. Ich hatte keine Einweisungspapiere, aber ich verließ mich darauf, daß ich mit meinem Entlassungsschein von der Armee schon reinkommen würde. In Lexington nahm ich mir ein Taxi zum Hospital, das einige Meilen außerhalb der Stadt liegt. Das Taxi hielt vor dem Schlagbaum. Im Pförtnerhäuschen saß ein alter Ire. Er sah sich meinen Entlassungsschein von der Armee an.

»Sind Sie körperlich abhängig von harten Drogen?«

Ich sagte ja.

»Na, dann setzen Sie sich mal da hin.« Er deutete auf eine Bank.

Dann rief er im Hauptgebäude an. »Nein, keine Papiere ... aber einen Entlassungsschein von der Armee hat er.« Er sah zu mir herüber. »Schon mal hier gewesen?«, fragte er.

»Nein«, sagte ich.

»Sagt, er war noch nicht hier.« Der alte Wachposten legte auf. »In ein paar Minuten holt Sie ein Wagen ab«, sagte er zu mir. »Haben Sie irgendwelche Drogen oder Nadel und Tropfer bei sich? Die können Sie hier abgeben. Wenn Sie das Zeug ins Hauptgebäude mitnehmen, machen Sie sich strafbar. Einschmuggeln verbotener Artikel in eine staatliche Institution.«

»Ich habe nichts bei mir.«

Nach kurzer Wartezeit fuhr ein Wagen vor und brachte mich rauf zum Hauptgebäude. Ein Tor aus massiven Eisenstäben ging automatisch auf, ließ den Wagen durch und schloß sich wieder. Ein Schließer erkundigte sich in höflichem Tonfall nach meiner Suchtgeschichte.

»Sehr vernünftig von Ihnen, daß Sie zu uns kommen«, meinte er. »Wir haben gerade einen hier, der hat die letzten 25 Jahre jedes Weihnachtsfest irgendwo hinter Schloß und Riegel verbracht.«

Jetzt hieß es ausziehen und duschen. Anschließend ging es zur ärztlichen Untersuchung. Ich mußte etwa eine Viertelstunde auf den Arzt warten. Als er schließlich kam, entschuldigte er sich ausdrücklich für die Verspätung. Er untersuchte mich und nahm meine Suchtgeschichte auf. Er gab sich zuvorkommend und sachlich, hörte sich meinen Bericht an, unterbrach mich da und dort mit einer knappen Bemerkung oder Frage. Als ich erwähnte, daß ich den Stoff immer in 8-Gramm-Packungen gekauft hatte, lächelte er und sagte: »Einen Teil davon verkauft, um Ihre Sucht über die Runden zu bringen, wie?«

Schließlich lehnte er sich zurück. »Wie Sie wissen«, sagte er, »können Sie hier jederzeit wieder gehen, wenn Sie einen Tag vorher Bescheid geben. Manche gehen nach zehn Tagen und werden nie mehr rückfällig. Manche gehen nach sechs Monaten und fangen schon zwei Tage später wieder an zu drücken. Totzdem, nach der Statistik steigen Ihre Chancen, je länger Sie hierbleiben. Die Behandlungsmethode hier ist mehr oder weniger unpersönlich. Die Entziehungskur dauert acht bis zehn Tage, je nach der Stärke der Sucht. Sie können sich jetzt diesen Morgenmantel da anziehen.»

Er deutete auf Schlafanzug, Morgenmantel und Pantoffeln, die man für mich bereitgelegt hatte. Dann sprach er rasch einen Bericht in sein Diktiergerät. Er schilderte kurz meine körperliche Verfassung und den bisherigen Verlauf meiner Sucht. »Patient wirkt gefestigt und begründet Entschluß zur Kur mit der Notwendigkeit, für seine Familie sorgen zu müssen.«

Ein Wärter brachte mich auf meine Station.

»Wenn Sie von dem Zeug runterkommen wollen«, sagte er, »dann sind Sie hier richtig.«

Der Oberpfleger wollte von mir wissen, ob es mir wirklich ernst sei mit der Kur. Ich sagte ja. Er wies mir ein Einzelzimmer zu.

Etwa fünfzehn Minuten später rief er draußen auf dem Flur: »Raustreten zur Spritze!« Wir stellten uns in einer langen Reihe an. Wer aufgerufen wurde, steckte seinen Arm durch ein Fenster in der Tür des Stationskrankenzimmers und ließ sich von dem Pfleger eine Spritze verpassen. Die Dosis, die sie einem gaben, brachte mich trotz meiner Entzugserscheinungen voll auf Touren. Ich bekam augenblicklich Hunger.

Ich ging zur Mitte der Station, wo es Bänke, Stühle und ein Radio gab, und kam mit einem jungen italienischen Schlägertyp ins Gespräch. Er fragte, ob ich eine dicke Akte hätte. Ich sagte nein.

»Dann müßtest du eigentlich da oben bei den leichten Fällen sein«, meinte er. »Dort kriegst du eine längere Kur, und die Unterbringung ist auch besser.«

Die leichten Fälle waren Leute, die zum ersten Mal in Lexington waren. Ihnen traute man am ehesten zu, daß sie nach der Kur sauber bleiben würden. Offenbar hielt der Arzt, der mich untersucht hatte, nicht besonders viel von meinen Aussichten.

Andere kamen jetzt heran und beteiligten sich an der Unterhaltung. Die Spritze hatte sie gesellig gemacht. Als erster erschien ein Neger aus Ohio.

»Wieviel hast du abzureißen?«, fragte ihn der Italiener.

»Drei Jahre«, sagte der Neger. Er hatte Rezepte gefälscht und unter der Hand verscheuert. Er erzählte uns von einer Strafe, die er im Staatsgefängnis von Ohio abgesessen hatte. »Das ist vielleicht ein Scheißknast, kann ich euch sagen. Die Jungs da drin sind wirklich ne ruppige Bande. Du kaufst dir was in der Kantine, und so ein Strolch kommt ran und sagt: ›Her damit!‹ Und wenn du's nicht rausrückst, haut er dir eine in die Fresse, und dann fallen sie alle über dich her. Alle gleichzeitig schaffst du natürlich nie.«

Ein Kartengeber aus einer Spielhölle in East St. Louis wußte von einer Methode zu berichten, wie man aus einer Rezept-Mischung von Opiumtinktur, Speiseöl und Phenol die Karbolsäure herauskriegt.

»Ich sag dem Weißkittel, ich hab ne alte Mutter, und die braucht die Mixtur für ihre Hämorrhoiden. Wenn du das Öl abgeschöpft hast, tust du das Zeug in einen Eßlöffel und hältst das ganze über ne Gasflamme. Damit brennst du das Phenol glatt raus. So'n Fix bringt dich vierundzwanzig Stunden über die Runden.«

Ein gutaussehender, kräftig gebauter Mann um die

Vierzig mit braungebranntem Gesicht und eisengrauem Haar erzählte davon, wie ihm seine Freundin einmal Stoff in den Knast geschmuggelt hatte – in einer Orange. »Da hocken wir also im Landesgefängnis, zwei Mann auf der Zelle, und scheißen uns in die Hosen vor lauter Krämpfen. Na, ich beiß also in die Orange... Teufel nochmal, war die bitter! Müssen fünfzehn oder zwanzig Gran dringewesen sein. Mit ner Injektionsnadel reingespritzt. Gar nicht gewußt, daß die Ische soviel Verstand hat.«

»Da sagt der Schließer zu mir: ›Drogenabhängig? Von wegen! Ne süchtige Sau bist du, und sonst garnichts! Na, hier drin kriegst du jedenfalls keine Medizin!‹«

»Öl und Tinktur. Das Öl schwimmt oben drauf, das kannst du mit nem Tropfer abnehmen. Wenn du das Zeug aufkochst, wird es schwarz wie Teer.«

»Bis ich nach Philly kam, bin ich praktisch aufm Zahnfleisch gekrochen, so fertig war ich.«

»Da sagt dieser Weißkittel doch tatsächlich: ›Okay, was brauchen Sie denn so am Tag?‹«

»Schon mal ne Lösung aus zermahlenen Dilaudid-Tabletten probiert? Damit ham sich schon viele um die Ecke gebracht. Ungefähr so viel, wie auf das Ende von nem Zahnstocher geht. Das breite Ende, mein' ich. Aber nicht mehr.«

»Aufkochen und reinjagen.«

»Im Tran.«

»Voll bis obenhin.«

»Das war '33. Damals hat die Unze noch 28 Dollar gekostet.«

»Wir ham uns immer ne Flasche und 'n Stück Gummischlauch genommen und ne Wasserpfeife draus gemacht. Wenn wir vollgeraucht waren, ham wir die Flasche einfach kaputtgehauen.«

»Aufkochen und reinjagen.«

»Voll im Tran.«

»Klar kannst du Kokain unter die Haut spritzen. Haut rein wie 'n Schlag in die Magengrube.«

»H und Coke. Kannst richtig *riechen*, wie's reinläuft.«

Sie waren wie ausgehungerte Menschen, die von nichts als Essen reden können. Nach einer Weile begann die Wirkung der Spritze abzuklingen. Die Unterhaltung flaute ab, und die Männer gingen auseinander, um sich hinzulegen oder zu lesen oder Karten zu spielen. Im Aufenthaltsraum wurde ein hervorragender Lunch serviert.

Es gab drei Spritzen pro Tag. Eine morgens um 7 nach dem Aufstehen, eine um 1 Uhr nachmittags, und eine um 9 Uhr abends. Im Laufe des Nachmittags waren zwei alte Bekannte von mir hereingekommen – Matty und Louis. Louis lief mir über den Weg, als wir uns am Abend für die Spritze anstellten.

»Haben sie dich geschnappt?«, fragte er.

»Nein, ich mach hier bloß die Kur. Und du?«

»Ich auch«, sagte er.

Zusammen mit der Abendspritze gaben sie mir ein bißchen Chlorhydrat in einem Glas. Während der Nacht kamen fünf Neue auf die Station. Der Oberpfleger schlug die Hände über dem Kopf zusammen. »Ich weiß nicht mehr, wo ich die alle hinstecken soll! Jetzt hab ich schon einunddreißig Fixer hier drin!«

Einer der Neuen war ein würdevoller weißhaariger Siebziger namens Bob Riordan, ein altgedienter Zinker, Junk-Pusher und Taschendieb. Er sah aus wie ein Bankier aus dem Jahr 1910. Er war zusammen mit zwei Freunden im Auto nach Lexington gekommen. Von unterwegs hatten sie den Gesundheitsminister in Washington angerufen und ihn gebeten, der Pforte telegraphisch Anweisung zu geben, daß sie ohne Formalitäten einzulassen seien. Sie schienen den Minister von früher zu kennen, und wenn sie von ihm sprachen, nannten sie ihn immer nur Felix. In dieser Nacht hatte man allerdings nur Riordan hereingelassen. Die beiden anderen waren in eine Kleinstadt in der Nähe von Lexington gefahren, wo sie einen Arzt kannten. Von dem wollten sie sich eine Spritze geben lassen, um nicht schlappzumachen.

Die beiden kamen dann um die Mittagszeit des nächsten Tages herein. Der eine, Sol Bloom, war ein korpulenter Mann mit einem fleischigen jüdischen Gesicht. Man sah ihm den Gauner schon von weitem an. Sein Begleiter war ein kleiner magerer Mensch namens Bunky. Bunky hätte ein alter Farmer oder sonst ein vertrockneter spindeldürrer alter Herr sein können, wenn nicht seine grauen Augen gewesen wären, die einen kalt und unbeirrt durch stahlgefaßte Brillengläser anblickten. Das waren also nun Riordans Freunde. Alle drei hatten schon eine Menge Strafen wegen Rauschgifthandels abgesessen, größtenteils in Bundesgefängnissen. Sie waren umgänglich, hielten aber immer ein bißchen auf Distanz. Ihre Story war, daß sie ernsthaft von Junk loskommen wollten, weil ihnen die Fahnder vom Bundesdezernat ständig Schwierigkeiten machten.

»Verdammt nochmal«, sagte Sol, »ich bin jederzeit für Junk zu haben, und ich nehme soviel wie ich kriegen kann. Aber wenn mir die Bullen ständig auf die Zehen treten, dann laß ichs doch lieber sein und gewöhn mirs ab.« Er berichtete von einigen alten Bekannten, die mit Junk angefangen hatten und später ehrbare Bürger geworden waren. »Die sagen jetzt: ›Mit Sol darf man sich nicht abgeben. Der ist ein *Schmecker**.‹«

Ich glaube nicht, daß sie erwarteten, mit ihrer Geschichte ernstgenommen zu werden. Wahrscheinlich wollten sie einem damit nur durch die Blume sagen: ›Warum wir hier reingekommen sind, das geht nur uns was an.‹

Ein weiterer Neuankömmling war Abe Green, ein einbeiniger Jude mit einer langen Nase und blaßblauen flinken Augen. Er hatte eine täuschende Ähnlichkeit mit Jimmy Durante**. Selbst in suchtkrankem Zustand hatte er noch eine unbändig vitale Ausstrahlung. In seiner ersten Nacht auf der Station ging es ihm derart dreckig, daß sie einen Arzt holen mußten, der ihn untersuchte und ihm

* Jiddischer Ausdruck für Junkie. (C.W.)

** Bekannter amerikanischer Film- und Fernsehkomiker. (C.W.)

ein zusätzliches halbes Gran Morphium verpaßte. Innerhalb von ein paar Tagen stumpte er durch die Gänge, unterhielt sich angeregt mit den anderen und stieg bei Kartenspielen ein.

Green war ein bekannter Pusher aus Brooklyn, einer der wenigen Selbständigen in der Branche. Die meisten Pusher müssen entweder für das Syndikat arbeiten oder aufstekken, doch Green hatte soviele Connections, daß er seinen eigenen Handel aufziehen konnte. Im Augenblick war er gerade gegen Kaution auf freiem Fuß. Er rechnete allerdings damit, daß er diesmal ungeschoren davonkommen würde, da es bei seiner Verhaftung nicht ganz gesetzmäßig zugegangen war: »Der Bulle holt mich mitten in der Nacht aus dem Bett und fängt an, mir seine Knarre übern Schädel zu hauen. Will von mir wissen, wer meine Connection ist. Ich sag zu ihm: ›Ich bin jetzt 54, und ich hab euch Typen noch nie was verraten. Eher laß ich mich totschlagen.‹«

Oder er erzählte etwa von einer Knaststrafe in Atlanta, wo er seine Sucht auf die kalte Tour ›kicken‹ mußte: »Zwei Wochen lang bin ich mit dem Kopf gegen die Wand gerannt, und das Blut lief mir aus Augen und Nasenlöchern. Aber wenn der Schließer ankam, hab ich ihm jedesmal ins Gesicht gespuckt.« Sein Alter und seine Erscheinung gaben diesen Berichten einen durchaus heroischen Anstrich.

Ein weiterer altgedienter jüdischer Schmecker aus New York war Benny. Er war schon elfmal in Lexington gewesen. Diesmal hatten sie ihn mit dem Blue Grass drangekriegt. Nach dem sogenannten Blue-Grass-Gesetz von Kentucky hat »eine als drogenabhängig bekannte Person die Wahl zwischen einer einjährigen Haftstrafe im Landesgefängnis und einer freiwilligen Entziehungskur in Lexington.« Er war ein kleiner dicker Jude mit einem rundlichen Gesicht. Auf der Straße hätte ich Benny nie für einen Junkie gehalten. Er sang ganz passabel, wenn auch reichlich laut. Seine Glanznummer war »April Showers«.

Eines Tages kam er ganz aufgeregt in den Tagesraum.

»Eben ist Moishe unten reingekommen«, sagte er. »Er ist nicht nur 'n Schnorrer, er ist auch noch ne Schwuchtel dazu. Eine Schande für die ganze jüdische Rasse.«

»Aber Benny«, sagte jemand, »der hat doch Frau und Kinder.«

»Von mir aus kann er zehn Kinder haben«, meinte Benny. »Ne Schwuchtel ist er trotzdem.«

Etwa eine Stunde später rückte Moishe an. In der Tat, er war eindeutig schwul, und den Schnorrer sah man ihm ebenfalls an. Er war um die sechzig, hatte ein glattes rosiges Gesicht und weißes Haar.

Matty lief auf der ganzen Station herum, quatschte jeden an, stellte aufdringliche Fragen und schilderte in allen Einzelheiten seine Entzugserscheinungen. Er beklagte sich allerdings nie. Ich glaube, er war zu so etwas wie Selbstmitleid überhaupt nicht fähig. Bob Riordan fragte ihn, wie er denn draußen so über die Runden komme, und Matty sagte: »Mit Klauen. Aber ich bin bloß 'n dämlicher kleiner Amateur.« Dann erzählte er, wie er sich einmal in der U-Bahn an einen Betrunkenen herangemacht hatte, der auf einer Bank eingeschlafen war. »Ich wußte, daß er 'n Bündel Scheine in der Jackentasche hatte, aber sobald ich auf drei Schritte an ihn rankam, wachte er jedesmal auf und sagte: ›Wollen Sie was von mir?‹« Man konnte sich gut vorstellen, daß Matty's fickrige plumpe Art einen Betrunkenen einfach aufwecken mußte. »Na, da hab ich eben diesen alten Goofball-Kumpel von mir geholt. Der hockte sich direkt neben den Besoffenen hin, und in zwanzig Sekunden hatte er die Piepen. Hat ihm einfach die Tasche aufgeschlitzt.«

»Warum hast du ihn nicht einfach an die Wand gedrückt und bei ihm abkassiert?«, sagte Riordan in seiner gutmütigen herablassenden Art.

Matty's Dreistigkeit kannte keine Grenzen, und er brachte sie an den Mann, ohne mit der Wimper zu zucken. Er hatte allerdings auch kein bißchen was von einem Süchtigen an sich. Wenn man sich in einem Drugstore weigerte, ihm eine Kanüle zu verkaufen, sagte er jedesmal: »Warum wollen Sie mir keine verkaufen? Seh ich vielleicht wie ein Fixer aus?«

Ein Arzt hatte Matty süchtig gemacht. »Diese dreckige Judensau hat immer zu mir gesagt: ›Matty, du brauchst einen kleinen Schuß. Du hast überhaupt keine Farbe im Gesicht.‹ Aber ich hab dafür gesorgt, daß es ihm noch leid getan hat.« Ich konnte mir lebhaft einen dicken alten jüdischen Doktor vorstellen, wie er sich krampfhaft dagegen sträubte, Matty eine Spritze auf Kredit zu geben.

Typen wie Matty machen einem Pusher das Leben schwer. Zwar haben sie gewöhnlich Geld, doch wenn sie keines haben, erwarten sie, daß man ihnen etwas auf Kredit gibt. Lehnt man ab, gehen sie einem sofort an die Gurgel. Wenn sie Junk wollen, schrecken sie vor nichts zurück.

Die Kur in Lexington ist nicht darauf angelegt, dem Süchtigen die Sache so angenehm wie möglich zu machen. Sie beginnt mit ¼ Gran M (danach nehmen sie ein synthetisches Morphium, das sich Dolophin nennt), dreimal am Tag, und dauert acht Tage. Nach diesen acht Tagen bekommt man noch eine letzte Spritze mit auf den Weg und wird in die Außenstation verlegt. Dort bekommt man für die ersten drei Nächte noch ein Schlafmittel, und damit ist die medizinische Versorgung beendet.

Für jemand mit einer schweren Sucht ist das eine sehr harte Sache. Ich konnte von Glück sagen, daß ich bereits mit Entzugserscheinungen ankam: die verabreichten Mengen reichten mir aus, um über die Runden zu kommen. Je länger man ohne Stoff gewesen ist, d.h. je schwerer die Entzugserscheinungen sind, desto geringer die Dosis, mit der man auskommt.

Nach meiner letzten Spritze wurde ich in die Abteilung B verlegt – die »Pennerstation«, wie sie allgemein genannt wurde. An der Unterbringung gab es dort zwar nichts auszusetzen, aber die Patienten waren ein erbärmlicher Verein. Meine Abteilung bestand aus einem Haufen alter Penner, denen der Sabber aus dem Mund lief.

In der Außenstation kann man sich nach Beendigung der medizinischen Versorgung noch für sieben Tage auf die faule Haut legen. Danach muß man etwas arbeiten. Dem Hospital von Lexington ist ein kompletter Farm- und Milchwirtschaftsbetrieb angegliedert. Außerdem gibt es eine Konservenfabrik für das auf der Farm gezogene Obst und Gemüse. In einem zahntechnischen Labor arbeiten Patienten, die Gebisse herstellen, andere reparieren Radios, wieder andere werden in der Bibliothek beschäftigt oder arbeiten in der Putzkolonne, kochen und servieren die Mahlzeiten oder verrichten Hilfsdienste für die Pfleger. Es gibt also eine reichhaltige Auswahl an Jobs, für die man sich entscheiden kann.

Ich hatte nicht vor, so lange dazubleiben, bis ich arbeiten mußte. Als die Wirkung der letzten Spritze nachließ, wurde ich augenblicklich wieder suchtkrank. Es war nur eine Andeutung der Entzugserscheinungen, mit denen ich hereingekommen war, aber es war schlimm genug. Trotz des Beruhigungsmittels, das sie mir gaben, konnte ich in der ersten Nacht nicht schlafen. Am nächsten Tag ging es mir noch schlechter. Ich konnte nichts essen, und jede Bewegung bedeutete eine Anstrengung. Das Dolophin hilft nur vorübergehend. Sobald es abgesetzt wird, sind die Entzugserscheinungen wieder da. »Da drüben in der Schießbude wirst du deine Sucht nicht los«, sagte einer der Patienten zu mir. »Den Entzug machst du erst hier in der Außenstation.« Als sie mir für die Nacht auch kein Schlafmittel mehr gaben, verließ ich – suchtkrank wie ich war – das Hospital. An einem kalten stürmischen Nachmittag nahm ich mir zusammen mit vier anderen ein Taxi in die Stadt.

»Das einzig Wahre ist, sofort aus Lexington zu verschwinden«, sagte einer meiner Begleiter zu mir. »Geh direkt zur Bushaltestelle und bleib dort, bis dein Bus abfährt. Andernfalls riskierst du, daß sie dich mit dem Blue Grass drankriegen.« Das Gesetz wurde unter anderem erlassen, um die Ärzte und Apotheker von Kentucky vor zudringlichen Süchtigen zu schützen, die unterwegs zur Lexington Narcotics Farm waren oder von dort zurückkamen. Außerdem soll es die Süchtigen davon abhalten, sich länger als nötig in der Stadt aufzuhalten.

In Cincinnati klapperte ich mehrere Drugstores ab und kaufte in jedem ein 3cl-Fläschchen Paregoric. Zwei solche Fläschchen reichen aus, wenn die Abhängigkeit von Junk bereits reduziert ist, wie es bei mir damals der Fall war. Ich trank vorsichtshalber gleich drei, mit etwas warmem Wasser hinterher. Nach ungefähr zehn Minuten spürte ich, wie der Junk zu wirken begann und die Entzugserscheinungen verschwanden. Ich bekam Hunger und verließ das Hotel, um mir ein Restaurant zu suchen.

20

Schließlich gelangte ich dann nach Texas und rührte etwa vier Monate lang keinen Junk mehr an. Anschließend ging ich nach New Orleans.

New Orleans präsentiert sich in verschiedenen Stadien des Zerfalls. An der Bourbon Street findet man die Ruinen der zwanziger Jahre. Weiter unten, wo das French Quarter in die Slums übergeht, ist es eine frühere Schicht: Chili-Kneipen, baufällige Hotels, altertümliche Saloons mit Theken aus Mahagoni, Spucknäpfen und Kronleuchtern aus geschliffenem Glas – die Ruinen von 1900.

Es gibt Leute in New Orleans, die noch nie über die Stadtgrenze hinausgekommen sind. Der Dialekt von New Orleans entspricht ziemlich genau dem von Brooklyn. Das French Quarter ist ständig überlaufen von Touristen, Soldaten auf Urlaub, Matrosen der Handelsmarine, Spielern, abartig veranlagten Typen, Tramps und Leuten auf der Flucht aus allen Teilen des Landes. Die Menschen laufen ziellos und beziehungslos durch die Gegend, und die meisten sehen irgendwie mürrisch und feindselig drein.

New Orleans ist ein Ort, wo man sich amüsiert. Selbst

die Kriminellen kommen eigens hierher, um auf Tauchstation zu gehen und ein bißchen auszuspannen. Zu ihrem Unglück jedoch finden sich die Amüsierwilligen in ein komplexes Reizklima versetzt, das für permanente, nervenzehrende Anspannung sorgt – ähnlich wie die von Psychologen entworfenen elektrischen Labyrinthe, mit denen das Nervensystem von weißen Ratten und sonstigen Versuchstieren aus der Fasson gebracht wird. In New Orleans geht es zunächst einmal ungewöhnlich laut zu. Die Autofahrer orientieren sich wie Fledermäuse durch ständiges Betätigen ihrer Hupen. Die Einwohner sind muffig und abweisend. Die Leute von außerhalb sind ein zusammengewürfelter Haufen und finden während der kurzen Zeit ihres Aufenthalts kein Verhältnis zur Umgebung oder zueinander, so daß man bei keinem vorhersagen kann, wie er sich verhalten wird.

Ich war fremd in New Orleans und hatte keine Möglichkeit, an eine Connection für Junk heranzukommen. Bei einem Rundgang durch die Stadt entdeckte ich mehrere Gegenden, die Junk vermuten ließen: St. Charles und Poydras, die Gegend am Lee Circle und oberhalb davon, Canal und Exchange Place. Ich erkenne ein Junk-Territorium nicht an seinem Aussehen sondern an dem Gefühl, das es mir gibt – ähnlich wie ein Rutengänger Wasser im Boden aufspürt. Ich komme irgendwo vorbei, und plötzlich regt sich der Junk in meinen Zellen und ich spüre einen Ausschlag wie bei einer Wünschelrute: »Hier ist Junk!«

Ich sah allerdings keinen, der sich entsprechend benahm, und außerdem wollte ich ohnehin sauber bleiben. Oder jedenfalls bildete ich mirs ein.

21

Eines Abends stand ich in Frank's Bar, in einer Seitenstraße des Exchange Place, und trank ein Cola mit Rum. In der Kneipe gab es das übliche Publikum: Seeleute und

Hafenarbeiter, Schwule, Kartengeber aus der Spielhölle nebenan, und dazu einige Gestalten, die sich nicht näher einordnen ließen. Neben mir stand ein Mann in mittleren Jahren mit einem langen hageren Gesicht und weißen Haaren. Ich fragte ihn, ob ich ihn zu einem Bier einladen könne.

»Gern«, sagte er, »aber leider ... leider bin ich nicht in der Lage, mich zu revanchieren.« Er war eindeutig ein Mann, der seinen Lebensunterhalt mit körperlicher Arbeit verdiente, sich selbst ein bißchen was beigebracht hatte und zu einer fürchterlichen Nervensäge werden konnte, sobald er einen als »gebildeten Menschen« ausmachte.

Ich bestellte zwei Glas Bier, und er erklärte mir noch einmal, daß er es eigentlich gewöhnt sei, sich zu revanchieren. Als wir unser Bier hatten, sagte er: »Sollen wir uns einen Tisch suchen, wo wir uns ungestört über die Weltlage und den Sinn des Lebens unterhalten können?« Wir nahmen unsere Gläser und setzten uns an einen Tisch. Ich überlegte mir gerade eine Ausrede, um wieder von ihm wegzukommen, als er plötzlich sagte: »Also ich bin mir zum Beispiel sicher, daß Sie sich für Drogen interessieren.«

»Woher wollen Sie das wissen?«, fragte ich.

»Ich weiß es eben«, sagte er mit einem Lächeln. »Ich weiß, daß Sie hier sind, weil Sie sich in der Drogenszene umsehen wollen. Ich habe mich auf dem Gebiet selber schon umgetan. Ich bin hier schon gut fünfzigmal bei denen vom FBI gewesen und habe ihnen erzählt, was ich weiß. Natürlich wissen Sie so gut wie ich, daß es einen engen Zusammenhang gibt zwischen Drogen und Kommunismus, nicht? Ich bin letztes Jahr auf der C-und-A-Linie gefahren. Die wird von Kommunisten kontrolliert. Der erste Maschinist war einer von ihnen. Dem bin ich sofort auf die Schliche gekommen. Er hat sich seine Pfeife immer mit einem Feuerzeug angezündet. Und mit dem Feuerzeug hat er Signale gegeben.« Er zeigte mir, wie der Maschinist beim Anzüngen der Pfeife abwechselnd die Flamme mit der Hand abschirmte und dann die Hand wegnahm und so seine Signale absetzte. »Oh ja, der war ganz schön raffiniert.«

»Wem hat er denn Signale gegeben?«, fragte ich.

»Ich weiß es nicht genau. Aber eine Zeitlang ist uns ein Flugzeug gefolgt. Das hab ich jedesmal gehört, wenn er rausging und sich seine Pfeife anmachte. Und jetzt sag ich Ihnen mal was, das wird Ihnen wahrscheinlich viel Zeit sparen: Die Informationen, hinter denen Sie her sind, die kriegen Sie am schnellsten im Frontier Hotel. Hinter dem Frontier Hotel stecken die gleichen Leute, die auch das Standish Hotel in Philadelphia kontrollieren. Die sind im Drogengeschäft und stecken mit den Kommunisten unter einer Decke.«

»Ist es für Sie nicht gefährlich, so zu reden? Sie wissen doch gar nicht, wer ich bin. Angenommen, ich wäre einer von der anderen Seite?«

»Ich weiß schon, mit wem ich rede«, sagte er. »Wenn ichs nicht wüßte, dann wär ich schon längst tot. Ich habe mir die ganzen Leute hier in der Bar angesehen, und Sie hab ich mir rausgesucht, oder nicht?«

»Ja sicher. Aber warum?«

»Ich hab etwas, das sagt mir, was ich tun muß.« Er zeigte mir ein geweihtes Medaillon, das er um den Hals hängen hatte. »Wenn ich das nicht bei mir hätte, dann hätte ich schon längst ein Messer zwischen die Rippen gekriegt oder ne Kugel eingefangen.«

»Und warum engagieren Sie sich so in Sachen Drogen?«

»Weil ich nicht mit ansehen kann, was sie aus den Menschen machen. Ich hatte auf dem Schiff einen Kumpel, der süchtig war.«

»Jetzt sagen Sie mir doch mal ganz genau: was haben Drogen und Kommunismus miteinander zu tun?«

»Das wissen Sie doch viel besser als ich«, meinte er. »Na, ich versteh schon. Sie wollen rauskriegen, wieviel ich weiß. Also schön: Drogengeschäft und Kommunismus, das sind jedesmal dieselben Leute. Und im Moment kontrollieren sie den größten Teil von Amerika. Ich bin Seemann. Fahre schon seit zwanzig Jahren zur See. Wer kriegt da drüben bei der Seemannsgewerkschaft die Jobs? Weiße Amerikaner wie Sie und ich? Nee. Itaker und Tortilla-Fresser und Nigger. Und warum? Weil die Schiffahrtslinien von der Gewerkschaft kontrolliert werden, und die Gewerkschaft wird von Kommunisten kontrolliert.«

Als ich aufstand und mich zum Gehen anschickte, sagte er: »Na, Sie wissen ja, wo Sie mich finden können, wenn Sie mich mal brauchen.«

22

Im French Quarter gibt es einige Schwulenbars, die jede Nacht derart überfüllt sind, daß die Schwuchteln auf den Bürgersteig herausquellen. In einer Bude voll Schwuchteln kriege ich immer das kalte Grausen. Sie zappeln sich einen ab wie Marionetten an unsichtbaren Fäden, eine schauderhafte spastische Aktivität, die das Gegenteil alles Lebendigen und Spontanen ist. Der lebendige Mensch ist aus diesen Körpern längst verschwunden. Doch etwas anderes zog ein, als der ursprüngliche Mieter auszog: Schwuchteln sind Bauchrednerpuppen, die den Körper des Bauchredners besetzt und als Attrappe requiriert haben. Die Attrappe hockt in der Schwulenbar, nippt an ihrem Bier, und aus ihrem starren Puppengesicht labert und schnattert es einem unaufhörlich entgegen.

Gelegentlich findet man auch intakte Persönlichkeiten in einer Schwulenbar, doch die Schwuchteln bestimmen die Atmosphäre, und ein Aufenthalt in so einer Pinte strapaziert regelmäßig meine Nerven. Es wird von Mal zu Mal schlimmer, und nach meiner ersten Woche in einer Stadt habe ich von diesen Läden so ziemlich die Nase voll und suche mir ein anderes Lokal, gewöhnlich eine Bar in den Slums oder nicht weit davon entfernt.

Doch von Zeit zu Zeit werde ich dann doch wieder schwach. Eines Abends besoff ich mich sinnlos in Frank's

Bar und ging anschließend in eine Schwulenpinte. Dort muß ich mir wohl noch mehr Drinks hinter die Binde gegossen haben, jedenfalls setzt meine Erinnerung erst wieder damit ein, daß es draußen hell wurde und in der Bar eine ganz plötzliche Stille eintrat. Stille ist in einer Schwulenpinte etwas durchaus Ungewöhnliches. Vermutlich waren die meisten Schwuchteln gegangen. Ich lehnte an der Theke und hatte ein Bier vor mir, das ich gar nicht wollte. Der Lärm verzog sich wie eine Rauchschwade, und einen knappen Meter von mir entfernt sah ich einen rothaarigen Jungen stehen, der mich unverwandt anstarrte.

Da er mir keine schwulen Avancen machte, sagte ich: »Wie läufts denn so?«, oder so etwas in der Art.

Darauf er: »Willst du mit mir ins Bett?«

»Okay«, sagte ich. »Gehn wir.«

Im Hinausgehen schnappte er sich meine Flasche Bier von der Theke und verstaute sie in seinem Mantel. Draußen ging gerade die Sonne auf. Wir stolperten durch das French Quarter und tranken abwechselnd einen Schluck aus der Flasche. Er wollte mit mir in sein Hotel. Jedenfalls behauptete er das. Ich spürte ein Kribbeln im Magen, als würde ich mir nach langer Enthaltsamkeit zum erstenmal wieder eine Spritze machen. Natürlich hätte ich mehr auf der Hut sein sollen; aber wenn es um Sex ging, war es bei mir mit der Wachsamkeit nie weit her. Die ganze Zeit redete er mit seinem einschmeichelnden Südstaatler-Akzent auf mich ein, die Stimme klang sehr sexy – er war mit Sicherheit kein Einheimischer –, und sogar bei Tageslicht sah er noch gut aus.

Schließlich standen wir vor einem Hotel, und er erzählte mir irgendwas, von wegen es sei besser, wenn er erst einmal allein reingehe. Ich holte einige Geldscheine aus der Tasche. Er sah sie an und sagte: »Gib mir lieber gleich mal den Zehner da.«

Ich gab ihm den Zehner. Er ging ins Hotel und kam kurz danach wieder heraus.

»Kein Zimmer frei«, sagte er. »Versuchen wirs mal im Savoy.«

Das Savoy lag gleich gegenüber auf der anderen Straßenseite.

»Warte hier«, sagte er.

Ich wartete ungefähr eine Stunde, bis es mir endlich dämmerte, was ihm am ersten Hotel nicht behagt hatte: es hatte keinen Hinterausgang, durch den er verschwinden konnte. Ich ging nach Hause und holte meine Knarre. Ich wartete eine Weile in der näheren Umgebung des Savoy und suchte anschließend das ganze French Quarter ab, aber der Kerl war nirgends zu finden. Um die Mittagszeit bekam ich Hunger, ich aß einen Teller Austern und trank ein Bier dazu. Als ich das Restaurant verließ, fühlte ich mich plötzlich so schlapp, daß meine Beine unter mir einknickten, als würde mir jemand mit der Handkante in die Kniekehlen schlagen.

Ich nahm mir ein Taxi nach Hause und ließ mich mit Schuhen und allem aufs Bett fallen. Gegen sechs Uhr abends wachte ich auf und ging in Frank's Bar. Nach drei schnellen Bieren ging es mir wieder besser.

Neben der Musikbox stand ein Mann, den ich mehrmals dabei ertappte, wie er mich unverhohlen ansah. In seinem Blick lag so etwas Wissendes, wie wenn ein Schwuler einen anderen ansieht. Er wirkte wie einer dieser Terrakotta-Köpfe, in denen man Ziergras zieht. Ein grobes Gesicht, mit der dumpfen Intuition, Beschränktheit, Schläue und Boshaftigkeit eines Bauern.

Die Musikbox funktionierte nicht. Ich ging zu ihm hin und fragte ihn, was damit los sei. Er sagte, er wisse es nicht. Ich lud ihn ein, etwas mit mir zu trinken, und er bestellte sich ein Coke. Er sagte, er heiße Pat. Ich erzählte ihm, ich sei gerade von der mexikanischen Grenze heraufgekommen.

»Da würde ich auch gerne mal runter«, meinte er, »und 'n bißchen mexikanischen Stoff reinschaffen.«

»Die Grenze ist ziemlich heiß«, sagte ich.

»Ich hoffe, Sie nehmen mirs nicht krumm«, setzte er an,

»aber Sie sehn mir so aus, als ob Sie sich ab und zu ne Prise genehmigen.«

»Stimmt zufällig. Und?«

»Wollen Sie was kaufen?«, fragte er. »Ich soll in ein paar Minuten was kriegen. Müßte mir aber erst noch die nötige Münze beschaffen. Wenn Sie mir ne Kapsel abgeben, mach ich 'n Deal für Sie.«

»In Ordnung«, sagte ich.

Wir gingen um die Ecke, am Haus der Seemannsgewerkschaft vorbei.

»Augenblick«, sagte er und verschwand in einer Kneipe. Ich rechnete schon halb damit, daß er mir mit meinen vier Dollar durchbrennen würde, doch er kam nach ein paar Minuten zurück. »Okay«, sagte er. »Hat geklappt«.

Ich sagte, er könne sich seine Spritze bei mir zuhause machen. Als wir in meinem Apartment waren, holte ich mein Spritzbesteck heraus, das ich seit fünf Monaten nicht mehr benutzt hatte.

»Wenn du im Augenblick keine Sucht hast, solltest du lieber vorsichtig sein mit diesem Stoff«, riet er mir. »Er ist ziemlich stark.«

Ich schüttete mir ungefähr eine ¾ Kapsel in den Löffel.

»Ich würde nicht mehr als ne halbe nehmen«, sagte er. »Ich sag dir, das Zeug ist stark.«

»Is schon gut so«, sagte ich. Doch sobald ich die Nadel aus der Vene zog, wußte ich, daß es eben nicht gut war. Ich verspürte einen schwachen Stoß im Herzen. Die Umrisse von Pat's Gesicht wurden schwarz, und dann breitete sich die Schwärze über sein ganzes Gesicht aus. Ich spürte noch, wie sich meine Augen verdrehten, dann war ich weg.

Ich kam erst nach mehreren Stunden wieder zu mir. Pat war verschwunden. Ich lag mit gelockertem Hemdkragen auf dem Bett. Ich stand auf und fiel auf die Knie. Mir war schwindelig, und mein Schädel brummte. Aus der Uhrtasche meiner Weste fehlten zehn Dollar. Vermutlich hatte er sich gesagt, daß ich sie nicht mehr brauchen würde

Einige Tage später traf ich Pat in meiner Stammkneipe wieder.

»Heiliger Strohsack!« sagte er. »Ich habe gedacht, du stirbst! Ich hab deinen Hemdkragen aufgemacht, und dann hab ich dir das Genick mit Eis eingerieben. Du warst ganz blau im Gesicht. Da hab ich mir gesagt: ›Heiliger Strohsack, der Mann liegt im Sterben! Ich mach, daß ich hier rauskomm!‹«

Eine Woche danach war ich wieder süchtig. Ich fragte Pat, ob man in New Orleans pushen könne.

»Sehr schwierig«, meinte er. »Die Stadt ist voller Spitzel.«

23

Ich kaufte also weiter über Pat und geriet immer tiefer rein. Ich trank keinen Alkohol mehr, ging abends nicht mehr aus und verfiel wieder in meine alte Routine: dreimal am Tag eine Kapsel Junk drücken und die Zeit dazwischen irgendwie totschlagen. Meistens bosselte ich in der Wohnung herum oder strich etwas an. Bei körperlicher Arbeit vergeht die Zeit schneller. Natürlich war ich oft auch stundenlang unterwegs, bis es mir gelang, Stoff aufzutreiben.

Bei meiner Ankunft in New Orleans war der erste Dealer am Platz – ›Der Mann‹, wie sie dort sagen – ein Typ, den sie den Gelben nannten, weil er eine gelbe Gesichtsfarbe hatte und leberkrank aussah. Er war ein dürrer kleiner Mensch mit einem verkürzten Bein. Seine Operationsbasis war eine Kneipe in der Nähe des Gewerkschaftshauses, und dort würgte er ab und zu ein Glas Bier herunter, um sein stundenlanges Herumsitzen zu rechtfertigen. Er war damals gegen Kaution auf freiem Fuß, und als sein Fall vor Gericht kam, gaben sie ihm zwei Jahre.

Das brachte uns ziemlich in Verlegenheit. Es wurde jetzt sehr schwierig, an Stoff heranzukommen. Manchmal fuhr ich mit Pat sechs oder acht Stunden im Wagen durch die Gegend, und wir klapperten eine ganze Reihe von Leuten ab, von denen wir annahmen, daß sie etwas hatten. Schließlich geriet Pat durch Zufall an eine Connection. Der Mann verkaufte en gros, einen Dollar fünfzig pro Kapsel, bei einer Mindestabnahme von zwanzig Stück. Der Mann hieß Joe Brandon und war von allen Dealern, die ich je kennenlernte, einer der ganz wenigen, die das Zeug nicht selber nahmen.

Pat und ich begannen einen kleinen Handel aufzuziehen, gerade genug, um mit unserer Sucht über die Runden zu kommen. Wir versorgten nur Leute, die Pat gut genug kannte, um ihnen über den Weg trauen zu können. Unser bester Kunde war Dupré. Er arbeitete als Kartengeber in einer Spielerkneipe und hatte immer Geld. Allerdings spritzte er sich so viel, daß er immer wieder in die Kasse greifen mußte. Schließlich wurde er dann gefeuert.

Don, ein langjähriger Freund von Pat, hatte einen Job bei der Stadt. Er war Inspizient für irgendetwas, allerdings die halbe Zeit krankgeschrieben. Sein Geld reichte nie für mehr als eine Kapsel, und selbst davon stammte der größte Teil von seiner Schwester. Pat erzählte mir, Don habe Krebs.

»Tja«, sagte ich, »da wird er uns wohl bald wegsterben.«

Das tat er dann auch. Er wurde bettlägerig, kotzte eine Woche lang und starb.

›Seltzer Willy‹ hatte einen Lastwagen, mit dem er Selterswasser ausfuhr. Das brachte ihm genug für zwei Kapseln pro Tag ein, aber darüberhinaus entwickelte er keinen besonderen geschäftlichen Ehrgeiz. Er war ein magerer, rothaariger Mann mit schüchternen Umgangsformen. Ein harmloser Typ.

»Er ist schüchtern«, sagte Pat. »Schüchtern und beschränkt.«

Dazu kamen noch ein paar andere. Sie waren nicht süchtig, sondern kamen nur gelegentlich mal vorbei, um sich einen Schuß zu kaufen. Einer von ihnen wurde Whitey genannt – ich kam nie dahinter, wieso, denn er hatte schwarzes Haar –, ein fettleibiger stupider Mensch, der in einem der großen Hotels als Kellner arbeitete. Er bildete sich ein, wenn er eine Kapsel bar bezahlte, hätte er einen Anspruch darauf, die nächste auf Kredit zu bekommen. Als ihn Pat einmal abblitzen ließ, stand er wütend auf und rannte zur Tür. Dort drehte er sich um und hielt einen Fünfer hoch. »Siehst du den Fünfer da?«, schrie er. »Das wird dir nochmal leid tun, daß du mir nichts gegeben hast! Dir hetz ich die Greifer auf'n Hals!«

Ich sagte zu Pat, wir sollten Whitey lieber abhängen.

»Sicher«, meinte er, »aber er kennt meine Adresse. Wir müßten uns auf ne andere Bude verlegen.«

Ein weiterer Gelegenheitskunde war Lonny der Zuhälter, der im Bordell seiner Mutter aufgewachsen war. Lonny versuchte, nur in größeren Abständen zu fixen, um nicht süchtig zu werden. Er jammerte uns ständig die Ohren voll, er könne im Moment nicht mit den Piepen rumkommen, denn er müsse ständig von einem Hotel ins andere ziehen, weil ihn die Bullen nicht in Ruhe ließen. »Versteht ihr, was ich meine?«, sagte er. »Da kommt man einfach auf keinen grünen Zweig.«

Lonny war Zuhälter durch und durch. Er war dürr und nervös, konnte nicht stillsitzen und kriegte nie die Klappe zu. Beim Reden gestikulierte er mit seinen knochigen Händen, deren Rücken mit langen fettigen schwarzen Härchen bedeckt waren. Wenn man ihn so ansah, konnte man auf Anhieb sagen, daß sein Penis Übergröße hatte. Wie bei allen Zuhältern. Lonny steckte immer in eleganten Klamotten und fuhr einen offenen Buick. Aber wenn er sich bei uns eine 2-Dollar-Kapsel auf Kredit gekauft hatte, ließ er uns hängen, ohne mit der Wimper zu zucken.

Wenn er sich nach einem Schuß den Ärmel von seinem gestreiften Seidenhemd herunterkrempelte und den Manschettenknopf dranmachte, sagte er unweigerlich: »Hört, mal, Jungs, ich bin ein bißchen knapp dran. Es macht euch doch hoffentlich nichts aus, wenn ihrs diesmal anschreibt, oder? Ihr wißt ja, daß ihrs wieder von mir kriegt.«

Pat saß dann immer mit einem verdrießlichen Ausdruck in seinem Bauerngesicht da und starrte ihn mit seinen blutunterlaufenen kleinen Augen an. »Menschenskind, Lonny, wir kriegen den Stoff doch auch nur auf Barzahlung. Stell dir mal vor, die Freier kommen plötzlich alle an, pimpern deine Girls und wollen anschreiben lassen – wär dir das vielleicht recht?« Pat schüttelte den Kopf. »Du bist genau wie alle anderen. Sobald sie das Zeug in der Vene haben, ist ihnen alles scheißegal. Da hab ich nun eine coole Bude, wo sie herkommen und fixen können, aber kommt mir auch nur ein einziger entgegen? Nee. Kaum haben sie sich das Zeug gepumpt, ist ihnen alles scheißegal.«

»Naja, schau her, Pat, ich will dich nicht hängen lassen. Also da hast'n Dollar, und den Rest bring ich dir heut mittag, okay?«

Pat nahm den Dollar, steckte ihn wortlos ein und kniff mißbilligend seinen Mund zusammen.

Seltzer Willy kam auf seiner Runde so gegen 10 vorbei, setzte sich einen Schuß und kaufte eine Kapsel für die Nacht. Dupré kam gegen 12, wenn er Feierabend machte. Er arbeitete in der Nachtschicht. Die anderen kamen so wie sie gerade Lust hatten.

Bob Brandon, unsere Connection, war gegen Kaution auf freiem Fuß. Als vor dem Landgericht Anklage gegen ihn erhoben wurde, lautete sie auf Besitz von Rauschgift, was in Louisiana als Kapitalverbrechen zählt. Die Anklage beruhte allerdings nur auf Indizien – er hatte sich den Junk vom Hals geschafft, ehe die Bullen seine Wohnung auf den Kopf stellten. Nur die Gläser, in denen er den Junk aufbewahrte, hatte er nicht mehr ausspülen können. Die Bundesgerichte wollen mit Indizienprozessen nichts zu tun haben, deshalb mußte das Landgericht ran. In Louisiana ist das an der Tagesordnung. Sobald ein Fall für die vom Bundesgericht zu unsicher ist, geht er ans Landgericht. Die nehmen alles, was kommt. Brandon rechnete mit einem Freispruch mangels Beweisen. Er hatte gute Beziehungen zu Leuten, die in der Regierungspartei das Sagen hatten, und der Staat Louisiana hatte auf jeden Fall nicht viel gegen ihn in der Hand. Doch der Staatsanwalt brachte Brandons Vorstrafenregister aufs Tapet, darunter eine Mordsache, und Brandon wurde zu zwei bis fünf Jahren verknackt.

Pat fand sofort eine neue Connection, und wir blieben weiter im Geschäft. Ein Straßenhändler namens Jonkers etablierte sich an der Ecke Exchange und Canal. Pat verlor ein paar Kunden an ihn. Der Stoff von Jonkers war besser als unserer, und ich selbst kaufte gelegentlich bei ihm oder bei seinem Partner, einem alten einäugigen Mann namens Richter. Irgendwie kam Pat jedesmal dahinter – er besaß den Instinkt einer eifersüchtigen Glucke –, und dann war er regelmäßig zwei oder drei Tage lang sauer auf mich.

Jonkers und Richter machten es nicht lange. Was Junk angeht, ist Exchange und Canal eine der heißesten Ecken in ganz New Orleans. Eines Tages waren sie verschwunden, und Pat sagte: »So, jetzt wirst du erleben, wie ein paar von den Typen wieder bei mir unterkriechen wollen. Aber ich hab Lonny gleich gesagt: ›Wenn du bei Jonkers kaufen willst, nur zu. Aber komm mir bloß nicht mehr an und erwarte, daß du von mir noch was kriegst.‹ Wirst schon sehn, was ich dem huste, wenn er hier anrückt. Und Whitey genauso. Der hat auch bei Jonkers gekauft.« Und dann sah er mich an – sehr lange, und sehr finster.

Eines Tages hielt mich die Geschäftsführerin von Pat's Hotel unten in der Halle an. »Ich rate Ihnen, nehmen Sie sich in acht«, sagte sie. »Gestern war die Kripo hier bei Pat und hat sein ganzes Zimmer umgekrempelt. Und den Kerl, der das Selterswasser ausfährt, haben sie verhaftet. Der sitzt jetzt im Gefängnis.«

Ich dankte ihr für den Tip. Kurz danach kam Pat herein. Er berichtete, die Bullen hätten sich Seltzer Willy geschnappt, als er gerade unten aus dem Hotel kam. Als sie keinen Junk an ihm fanden, nahmen sie ihn mit aufs 3. Revier und sperrten ihn ein. Sie ließen ihn die vollen 72 Stunden schmoren – die längste Zeit, die sie einen festhalten können, ohne Anklage zu erheben.

Bei der Durchsuchung des Zimmers hatten sie nichts gefunden, denn Pat hielt seinen Stoff draußen im Flur unter Verputz. »Sie sagten zu mir: ›Nach unseren Informationen haben Sie hier oben eine regelrechte Schießbude. Machen Sie den Laden bloß dicht. Wenn wir das nächste Mal kommen, sind Sie nämlich dran.‹«

»Naja«, sagte ich, »dann laß uns mal dichtmachen. Bis auf Dupré. Bei dem brauchst du dir keine Sorgen zu machen.«

»Dupré hat seinen Job verloren«, sagte Pat. »Und er steht bei mir schon mit zwanzig Dollar in der Kreide.«

Wir mußten wieder jeden Tag losziehen und nach Stoff suchen. Wie sich herausstellte, war Lonny jetzt ›Der Mann‹. So ging das in New Orleans. Man wußte nie, wer als nächster ›Der Mann‹ sein würde.

Etwa um diese Zeit begann in der Stadt eine Anti-Drogen-Kampagne. Der Polizeichef verkündete: »Diese Kampagne wird nicht eher abgeblasen, als bis die Stadt vom letzten Rauschgiftkriminellen gesäubert ist.« Das Parlament von Louisiana verabschiedete ein Gesetz, das jeden ›Drogenabhängigen‹ zum Verbrecher stempelte. Wann und unter welchen Umständen, oder wer für sie ein Drogenabhängiger war, wurde nicht näher präzisiert.

Die Bullen gingen jetzt dazu über, Süchtige auf der Straße abzufangen und ihre Arme nach Nadeleinstichen abzusuchen. Wenn sie welche fanden, setzten sie den Junkie unter Druck, damit er eine Erklärung unterschrieb, in der er seine Sucht zugab, so daß er nach dem »Gesetz gegen Drogenabhängige« angeklagt werden konnte. Den Süchtigen wurde eine Strafe mit Bewährung versprochen, wenn sie sich schuldig bekannten und so dem neuen Gesetz zu einem guten Start verhalfen. Die Junkies sparten jetzt die Arme aus und malträtierten ihren Körper auf der Suche nach Venen an weniger auffälligen Stellen. Wenn die Bullen bei einem Mann keine Einstiche fanden, ließen sie ihn gewöhnlich wieder laufen. Fanden sie welche, hielten sie ihn 72 Stunden fest und versuchten seine Unterschrift unter eine Erklärung zu kriegen.

Lonny wurde von seinem Lieferanten abgehängt, und ein Typ, den sie Old Sam nannten, war jetzt ›Der Mann‹. Old Sam hatte gerade zwölf Jahre im Zuchthaus von Angola abgerissen. Er operierte in der Gegend oberhalb vom Lee Circle – auch dies eine der riskanten Gegenden in New Orleans für Junk und sonstige heiße Ware.

24

Eines Tages, als ich gerade kein Bargeld hatte, wickelte ich eine Pistole in Packpapier und fuhr damit in die Stadt, um sie zu einem Pfandleiher zu bringen. Als ich zu Pat ins Hotel kam, saßen zwei Besucher in seinem Zimmer. Der eine war Red McKinney, ein ausgemergelter Junkie mit einem lahmen Bein; der andere hieß Cole und war ein junger Matrose, der bei der Handelsmarine fuhr. Cole war damals nicht süchtig; er wollte nur ein bißchen Gras kaufen. Er war ein echter Kiffer. Ohne Gras, erzählte er mir, mache ihm nichts Spaß. Ich habe öfter solche Leute erlebt. Gras ist für sie das, was für andere der Alkohol ist. Ihr Körper braucht es zwar nicht unbedingt, aber ohne Gras kommen sie einfach nicht voll auf ihre Kosten.

Zufällig hatte ich einige Unzen Gras zuhause. Cole sagte, für zwei Unzen sei er bereit, vier Kapseln Junk für uns einzukaufen. Wir fuhren zu mir hinaus, Cole probierte das Gras und befand es für gut. Also zogen wir los, um den Junk zu beschaffen.

Red sagte, er kenne eine Connection in der Julia Street. »Der müßte so um die Zeit jetzt dort sein.«

Pat saß zusammengesunken und voll im Tran am Steuer meines Wagens. Wir befanden uns auf der Fähre, die zwischen dem Vorort Algiers, wo ich wohnte, und New Orleans verkehrte. Plötzlich hob Pat den Kopf und klappte seine rotgeäderten Augen auf.

»Das is ne viel zu heiße Gegend«, sagte er laut.

»Wo sollen wir denn sonst hin?«, fragte McKinney. »Außerdem hat auch Old Sam dort sein Revier.«

»Ich sag euch, die Gegend ist zu heiß«, sagte Pat noch einmal. Er sah sich mißmutig und angewidert um, als sei ihm alles nicht recht geheuer.

Doch es half nichts – es gab keine andere Möglichkeit, um an Junk heranzukommen. Als wir anlegten, drehte er wortlos den Zündschlüssel herum und fuhr in Richtung Lee Circle. Wir kamen in die Julia Street, und McKinney sagte zu Cole: »Gib mir das Geld. Er muß jetzt jeden Augenblick auftauchen. Geht immer um den Block hier rum, 'ne Spaziergänger-Connection.«

Cole gab ihm fünfzehn Dollar. Wir fuhren dreimal langsam um den Block, doch McKinney konnte ›Den Mann‹ nirgend ausmachen.

»Tja, ich schätze, wir müssens mit Old Sam versuchen«, meinte McKinney.

Wir begannen oberhalb vom Lee Circle nach Old Sam zu suchen. In der alten Absteige, wo er ein Zimmer hatte, war er nicht. Wir fuhren langsam die Straßen ab. Da und dort sah Pat einen, den er kannte, und hielt an. Niemand hatte Old Sam gesehen. Manche von den Typen, die Pat ansprach, blieben erst gar nicht stehen und ließen ihn mit einem mürrischen Achselzucken abblitzen.

»Von den Mackern kriegst du nie ne Auskunft«, sagte Pat. »Tut denen richtig weh, jemand 'n Gefallen zu tun.«

Wir parkten in der Nähe von Old Sam's Absteige. McKinney ging runter zur Ecke, um sich eine Schachtel Zigaretten zu kaufen. Er kam im Eiltempo wieder angehumpelt und stieg in den Wagen.

»Polente«, sagte er. »Nichts wie weg hier.«

Wir fuhren gerade vom Bordstein los, als uns ein Streifenwagen überholte. Ich sah, wie sich der Bulle am Steuer zu uns umdrehte und beim Anblick von Pat hellwach wurde.

»Sie haben uns spitz gekriegt, Pat«, sagte ich. »Drück drauf!«

Pat hatte die Aufforderung nicht nötig. Er trat das Gaspedal durch, bog an der nächsten Ecke ab und fuhr in Richtung Corondolet. Ich drehte mich zu Cole um, der hinter mir saß. »Schmeiß das Gras raus!«

»Immer mit der Ruhe«, sagte Cole. »Vielleicht hängen wir sie ab.«

»Bist du wahnsinnig?«, schrie ich, und dann brüllten Pat, McKinney und ich im Chor: »Schmeiß es raus!«

Wir fuhren jetzt auf der Corondolet in Richtung Innenstadt. Cole warf das Gras raus. Es schlitterte unter einen geparkten Wagen. Pat benutzte die nächste Gelegenheit, um rechts in eine Einbahnstraße einzubiegen. Vom anderen Ende, in der verbotenen Richtung, kam uns der Streifenwagen entgegen. Ein altbewährter Bullentrick. Wir saßen in der Klemme. Hinter mir hörte ich Cole schreien: »Ach du lieber Gott, ich hab ja noch 'n Joint einstecken!«

Die Bullen sprangen aus dem Streifenwagen. Sie hatten beide die rechte Hand an der Knarre, ließen die Waffe aber stecken. Sie rannten auf uns zu. Der eine von ihnen – der Fahrer, der Pat erkannt hatte – sagte mit einem breiten Grinsen im Gesicht: »Wo hast du denn das Auto her, Pat?«

Der andere Bulle riß hinten den Schlag auf. »Raus mit euch!«, kommandierte er.

McKinney und Cole stiegen aus und wurden von den beiden Bullen gefilzt. Der eine, der Pat spitzgekriegt hatte, zog Cole prompt den Joint aus der Hemdtasche.

»Das reicht, um den ganze Verein einzubuchten«, sagte er. Er hatte ein glattes rotes Gesicht und grinste in einer Tour. Im Handschuhfach fand er meine Kanone. »Das ist ein ausländisches Fabrikat«, sagte er. »Haben Sie die registrieren lassen?«

»Ich dachte, das gilt nur für vollautomatische Waffen«, sagte ich. »Bei denen mehr als ein Schuß rauskommt, wenn man abdrückt.«

»Nee«, sagte er und grinste mich an, »das gilt für alle ausländischen Selbstlader.« Ich wußte, daß er nicht recht hatte, aber es war sinnlos, ihn darauf hinzuweisen. Er sah sich meine Arme an. »Das sieht schon richtig entzündet aus, soviel haben Sie da drin rumgestochert«, sagte er und deutete auf eine zerstochene Stelle, die leicht angeschwollen war.

Die Grüne Minna fuhr vor, wir stiegen ein und wurden aufs 2. Revier verfrachtet. Dort sahen sich die Bullen meine Wagenpapiere an. Sie konnten es einfach nicht glauben, daß der Wagen mir gehörte. Mindestens sechs von ihnen unterzogen mich nacheinander einer Leibesvisitation. Schließlich sperrten sie uns alle zusammen in eine Zelle, die ungefähr einsachtzig breit und zwei Meter fünfzig lang war. Pat lächelte und rieb sich die Hände.

»Die werden hier drin bald ein paar verflucht kranke Fixer erleben können«, sagte er.

Nach einer Weile kam der Schließer an und rief meinen Namen. Ich wurde in einen kleinen Raum neben der Wachstube geführt. Zwei Bamte saßen an einem Tisch. Der eine war groß und korpulent und hatte ein Froschgesicht, wie man es nur im finstersten Süden antrifft. Der andere war ein untersetzter Ire in mittleren Jahren. Er hatte einige Schneidezähne verloren, was auf den ersten Blick den Eindruck erweckte, als habe er eine Hasenscharte. Er hatte nicht das geringste von einem Schreibtischbullen an sich. In den alten Tagen hätte er als Leibwächter auf dem Trittbrett eines Gangsterautos ohne weiteres eine überzeugende Figur abgegeben.

Der mit dem Froschgesicht war hier offensichtlich für das Verhör zuständig. Er deutete auf einen Stuhl, und ich setzte mich ihm gegenüber an den Tisch. Er schob mir eine Packung Zigaretten und eine Schachtel Streichhölzer herüber. »Bedienen Sie sich«, sagte er. Der irische Bulle hatte sich links von mir auf die äußerste Tischkante gesetzt – immer noch nahe genug, um mir eine reinhauen zu können, ohne dazu aufstehen zu müssen. Der andere studierte jetzt meine Wagenpapiere. Vor ihm auf dem Tisch lag der gesamte Inhalt meiner Taschen ausgebreitet: eine durchsichtige Schutzhülle, Ausweise, Brieftasche, Schlüssel, ein Brief von einem Freund aus New York. Nur mein Taschenmesser fehlte. Das hatte der rotgesichtige Bulle aus dem Streifenwagen bereits eingesackt.

Plötzlich fiel mir siedendheiß ein, was in dem Brief stand. Der Freund in New York war ein Kiffer und handelte auch von Zeit zu Zeit mit Marihuana. In einem früheren Brief hatte er mich gefragt, wie hoch in New Orleans der Preis für gutes Gras sei. Ich hatte mich bei Pat erkundigt, und der hatte mir einen Preis von vierzig Dollar pro Pfund genannt. In dem Brief, der auf dem Tisch lag, bezog sich mein Freund auf das mit den vierzig Dollar, und er schrieb mir, daß er zu diesem Preis etwas kaufen wolle.

Zuerst dachte ich, sie würden den Brief übergehen. Die beiden waren mit der Aufklärung von Autodiebstählen befaßt und wollten mir nachweisen, daß ich einen gestohlenen Wagen fuhr. Immer wieder nahmen sie meine Wagenpapiere zur Hand und stellten mir gezielte Fragen. Einige Angaben zu dem Wagen hatte ich nicht parat, und das bestärkte sie in ihrem Verdacht. Ich hatte den Eindruck, daß sie gleich unangenehm werden würden.

Schließlich sagte ich: »Naja, Sie brauchen es ja bloß nachzuprüfen, dann werden Sie feststellen, daß ich die Wahrheit gesagt habe und das Auto mir gehört. Es hat keinen Sinn, daß ich Ihnen hier noch groß was erzähle. Sie glauben mirs ja doch nicht. Wenn Sie unbedingt wollen, dann sage ich auch, ich hätte das Auto gestohlen. Aber wenn Sie es nachprüfen, werden Sie sehen, daß der Wagen mir gehört.«

»Keine Sorge, wir werden es nachprüfen.«

Der mit dem Froschgesicht faltete die Papiere sorgfältig zusammen und legte sie auf die Seite. Er nahm den

Briefumschlag in die Hand und sah sich die Adresse des Absenders und den Poststempel an. Dann zog der den Brief heraus und las ihn durch. Anschließend las er laut die Passagen vor, in denen von Gras die Rede war. Er legte den Brief hin und sah mich an.

»Sie rauchen das Kraut nicht nur«, sagte er, »sie handeln auch noch damit. Und irgendwo haben Sie einen ganzen Packen davon unter Verputz.« Er sah auf den Brief herunter. »So an die vierzig Pfund.« Er sah mich wieder an. »Es wäre besser für Sie, wenn Sie damit rüberkommen.«

Ich schwieg.

Der Ire sagte: »Der ist genau wie alle anderen. Die kriegen das Maul nicht auf. Die Wichser muß man erst ein paarmal in die Rippen treten, bis es kracht. Dann werden sie plötzlich gesprächig. Und wie.«

»Wir fahren jetzt zu Ihnen raus und durchsuchen Ihre Wohnung«, sagte der mit dem Froschgesicht. »Wenn wir was finden, ist Ihre Frau mit dran. Was mit Ihren Kindern wird, weiß ich nicht. Die werden wohl irgendwo in ein Heim müssen.«

»Warum schlagen Sie dem Kollegen nicht ’n Handel vor?« fragte mich der Ire.

Ich wußte, daß sie bei einer Haussuchung das Zeug finden würden. »Holen Sie jemand vom FBI, dann zeige ich Ihnen, wo das Zeug ist«, sagte ich. »Aber ich will von Ihnen die Garantie, daß mein Fall vor ein Bundesgericht kommt und meine Frau aus dem Spiel bleibt.«

Der mit dem Froschgesicht nickte. »Na schön«, sagte er. »Einverstanden.« Er wandte sich an seinen Partner. »Ruf mal Rogers an.«

Nach ein paar Minuten war der Ire wieder da. »Rogers ist auswärts. Kommt vor morgen früh nicht zurück. Und Williams ist krankgeschrieben.«

«Na, dann ruf halt Hauser an.«

Wir gingen hinaus und stiegen ins Auto. Der Captain setzte sich mit mir hinten rein, der irische Bulle übernahm das Steuer.

»Hier ist es«, sagte der Captain nach einer Weile.

Der Ire hielt an und drückte auf die Hupe. Ein Mann mit einer Pfeife im Mund kam aus dem Haus und stieg hinten bei uns ein. Er warf mir einen kurzen Blick zu, dann sah er aus dem Fenster und schmauchte seine Pfeife. In der Dunkelheit hatte es den Anschein, als sei er noch verhältnismäßig jung, doch an der nächsten Straßenlaterne stellte sich heraus, daß er ein faltiges Gesicht und dunkle Ringe unter den Augen hatte. Es war ein verbrauchtes Jungengesicht, Marke American Boy, das mit den Jahren nur gealtert aber nicht reifer geworden war. Ich nahm an, daß er FBI-Agent war.

Nachdem er einige Blocks lang schweigend vor sich hin geraucht hatte, drehte er sich zu mir um und nahm die Pfeife aus dem Mund. »Bei wem kaufen Sie zur Zeit?«, fragte er.

»Im Moment ist es schwer, einen aufzutreiben«, sagte ich. »Die meisten sind aus der Stadt verschwunden.«

Er wollte wissen, wen ich alles kenne, und ich nannte ihm einige, die schon weg waren. Die Information war für ihn wertlos, aber er schien trotzdem damit zufrieden zu sein. Wenn man diesen Bullen auf die verstockte Tour kommt, handelt man sich nur zwei geschwollene Backen ein. Sie wollen einfach irgend etwas hören, auch wenn sie nichts damit anfangen können.

Er fragte nach meinen Vorstrafen, und ich erzählte ihm das mit dem gefälschten Rezept in New York.

»Wieviel haben Sie dafür gebrummt?«, fragte er.

»Gar nichts. In New York gilt das nur als Vergehen. Public Health Law 334, soviel ich mich entsinne.«

»Der kennt sich ja ziemlich gut aus«, sagte der Ire.

Der Captain erklärte jetzt dem Agenten, daß mir die Gerichte des Staates Louisiana anscheinend nicht recht geheuer seien und er deshalb mit mir vereinbart habe, den Fall an die Bundesbehörden abzugeben.

»Tja«, sagte der Agent zu mir, »so ist er nun mal, der Captain. Wenn man ihm nicht krumm kommt, dann behandelt er einen auch anständig.« Er paffte wieder eine Weile vor sich hin. Wir setzten inzwischen mit der Fähre nach Algiers über. Schließlich sagte er: »Warum sich's unnötig schwer machen, wenn mans auch einfach haben kann...«

Als wir vor dem Haus standen, packte mich der Captain hinten am Gürtel und fragte: »Wer ist außer Ihrer Frau noch da drin?«

»Niemand«, sagte ich.

Wir gingen zur Haustür, der Mann mit der Pfeife zeigte meiner Frau seine Hundemarke und drückte die Tür nach innen auf. Ich zeigte den Bullen das Pfund Gras, das ich im Haus hatte, und ein paar Kapseln Junk. Der Captain war damit nicht zufrieden. Er wollte vierzig Pfund Gras sehen.

»Bill«, sagte er immer wieder zu mir, »Sie kommen nicht mit der ganzen Ladung rüber. Also los jetzt. Wir sind Ihnen in jeder Beziehung entgegengekommen.«

Ich sagte, mehr sei nicht da.

Der Mann mit der Pfeife sah mich an. »Wir wollen alles«, sagte er. Seine Augen verrieten allerdings, daß es mit seiner Entschlossenheit nicht mehr weit her war. Er stand direkt unter der Deckenlampe. Sein Gesicht war nicht nur gealtert, es war zerfallen. Er wirkte wie ein Mann, der an einer unheilbaren Krankheit leidet.

Ich sagte: »Sie haben schon alles.«

Er sah sich zerstreut um und begann Schubladen und Wandschränke zu durchsuchen. Er fand einige alte Briefe, die er auf den Fersen am Boden hockend las. Ich fragte mich, warum er sich nicht auf einen Stuhl setzte. Offensichtlich wollte er es sich beim Schnüffeln in Briefen, die ihn nichts angingen, nicht auch noch bequem machen. Die beiden Bullen von der Abteilung Autodiebstahl sahen zunehmend gelangweilt drein. Schließlich griffen sie sich das Gras, die Kapseln und einen 38er Revolver, den ich im Haus hatte, und strebten dem Ausgang zu.

»Von jetzt an gehört er Onkel Sam«, sagte der Captain im Hinausgehen zu meiner Frau.

Sie fuhren mit mir zurück zum 2. Revier. Diesmal wurde ich in eine andere Zelle gesperrt. Pat und McKinney waren nebenan. Pat rief zu mir herüber und fragte, was passiert sei.

Ich erzählte es ihm, und er meinte: »Das ist hart.«

Pat hatte zehn Dollar in einen flinken Rechtsanwalt investiert, der ihn am Morgen rausholen sollte.

25

Ich war mit vier Fremden in einer Zelle, drei von ihnen Junkies. Es gab nur eine einzige Pritsche, und die war bereits belegt, so daß wir anderen entweder stehen oder uns auf den Fußboden legen mußten. Ich legte mich neben einem Mann namens McCarthy auf den Boden. Ich kannte ihn vom Sehen. Er war schon fast 72 Stunden drin. Dann und wann stöhnte er leise vor sich hin. Einmal sagte er: »Ist das nicht die Hölle?«

Ein Junkie lebt nach der Uhr des Junk. Wenn der Nachschub abreißt, läuft die Uhr ab und bleibt stehen. Jetzt hängt er da und muß warten, bis die Zeit ohne Junk einsetzt. Ein suchtkranker Junkie kann der externen Zeit nicht entgehen, er kann sich nirgends vor ihr drücken. Er kann nur auf sie warten.

Cole in der Zelle gegenüber erzählte von Yokohama. »All das gute Henry und Charly*. Wenn du dir Henry und Charly schießt, kannst du richtig riechen, wie's reinhaut.«

McCarthy stöhnte und krümmte sich auf dem Fußboden. »Mann«, sagte er, »red bloß nicht von dem Zeug.«

Am nächsten Morgen wurden wir auf die Bretter gestellt und vorgeführt. Vor uns war ein junger Epileptiker auf der Bühne. Die Bullen machten sich ausgiebig ihren Spaß mit dem armen Krüppel.

* Heroin und Kokain. (C.W.)

»Wie lang bist du denn schon in New Orleans?«

»35 Tage.«

»Und was hast du die ganze Zeit gemacht?«

»Bin 33 Tage im Knast gehockt.«

Das fanden sie ungeheuer witzig, und es dauert gut fünf Minuten, bis sie sich wieder beruhigt hatten.

Als wir an der Reihe waren, verlas der vorführende Bulle die näheren Angaben zu unserem Fall.

»Und wie oft warst du schon hier?«, wollten sie von Pat wissen.

Einer von den Bullen lachte und sagte: »So an die vierzig Mal!«

Sie fragten jeden von uns, wie oft er schon verhaftet worden sei und welche Strafzeiten er verbüßt habe. Als sie zu mir kamen, wollten sie wissen, was es für die Rezeptgeschichte in New York gegeben habe. »Nichts«, sagte ich. »Ich kriegte Bewährung.«

»Na«, sagte der Vorführer, »hier kannst du dich gleich nochmal bewähren.«

Plötzlich setzte neben der Bühne ein enormes Schreien und Geifern ein, und für einen Augenblick dachte ich, die Bullen hätten den Epileptiker in die Mangel genommen. Doch als ich von der Bühne herunterkam, sah ich, daß er einen Anfall bekommen hatte. Er wälzte sich zuckend auf dem Boden herum, und zwei Beamte beugten sich aufgeregt zu ihm herunter und versuchten auf ihn einzureden. Jemand ging einen Arzt holen.

Wir wurden wieder in eine Zelle gesperrt. Ein feister Bulle, der Pat zu kennen schien, kam an und stellte sich vor unsere Tür. »Der Kerl hat 'n Dachschaden«, sagte er. »Jetzt faselt er davon rum, wir sollen ihn zu seinem Captain bringen. Klinischer Fall. Ich habe den Doktor holen lassen.«

Nach etwa zwei Stunden brachten sie uns zurück ins Revier und ließen uns nochmal einige Stunden warten. Gegen Mittag kam der Mann mit der Pfeife in Begleitung eines weiteren Menschen an, und sie fuhren eine ganze

Wagenladung von uns hinüber zum Federal Building. Der neue Mann war jung und neigte zu Fettansatz. Er kaute auf einer Zigarre herum. Cole, McCarthy, ich und zwei Neger zwängten uns auf den Rücksitz. Der Kerl mit der Zigarre setzte sich ans Steuer. Er nahm die Zigarre aus dem Mund und drehte sich zu mir um.

»Was machen Sie denn so, Mr. Lee?«, fragte er betont höflich. Er sprach akzentfrei und schien einige Bildung genossen zu haben.

»Landwirtschaft«, antwortete ich.

Der Mann mit der Pfeife lachte.

»Roggen mit *Gras* zwischen den Reihen, wie?«, sagte er.

Der mit der Zigarre schüttelte den Kopf. »Nein«, sagte er. »Zwischen Getreide wächst es nicht richtig. Es wächst nur freistehend.« Er wandte sich an McCarthy. »Bei Ihnen werde ich dafür sorgen, daß Sie in der Strafanstalt von Angola landen.«

»Warum denn, Mr. Morton?« fragte McCarthy.

»Weil Sie ein süchtiges Subjekt sind.«

»Ich? Nie im Leben, Mr. Morton!«

»Und was ist mit diesen ganzen Nadeleinstichen?«

»Ich hab Syphilis, Mr. Morton.«

»Alle Junkies haben Syphilis«, sagte Morton. Sein Tonfall war kühl, herablassend und leicht geringschätzig.

Der Mann mit der Pfeife unternahm jetzt einen erfolglosen Versuch, einen der beiden Neger aus der Fassung zu bringen. Der Neger hatte eine verkrüppelte Hand und wurde deshalb ›Clutch‹* genannt.

»Na, reitet dir der alte Affe auf'm Buckel rum?«**, fragte er ihn.

»Ich hab keine Ahnung, von was Sie da reden«, sagte Clutch. Es war eine sachliche Feststellung, ohne jede Spur von Aufsässigkeit. Clutch war nicht süchtig, und er sagte es, wie es war.

Sie parkten vor dem Federal Building und schafften uns

* ›Klaue‹. (C.W.)

** ›Affe auf dem Buckel‹: Slang-Ausdruck für »süchtig«. (C.W.)

rauf in die vierte Etage. Dort mußten wir in einem Vorzimmer warten, bis wir nacheinander zum Verhör in das angrenzende Büro gerufen wurden. Als ich an der Reihe war, ging ich hinein, und der Mann mit der Zigarre erwartete mich hinter einem Schreibtisch. Er deutete auf einen Stuhl, und ich setzte mich.

»Ich bin Mr. Morton vom Bundesdezernat«, sagte er. »Wollen Sie eine Aussage machen? Sie wissen, daß Sie nach der Verfassung das Recht haben, die Aussage zu verweigern. Wenn Sie nicht aussagen, dauert es natürlich länger, bis wir unsere Ermittlungen abgeschlossen haben.«

Ich sagte, ich würde aussagen.

Der mit der Pfeife war ebenfalls da.

»Bill fühlt sich heute nicht besonders wohl«, sagte er. »Nach so'm kleinen Schuß Heroin würde es ihm vielleicht besser gehn.«

»Kann sein«, sagte ich.

Er begann mir Fragen zu stellen. Manche dieser Fragen waren so abwegig, daß ich kaum meinen Ohren traute. Es mangelte ihm eindeutig an der nötigen Intuition für diesen Beruf. Er hatte keine Ahnung, worauf es ankam.

»Wer sind Ihre Connections in Texas?«

»Ich habe keine.« Was auch stimmte.

»Wollen Sie zusehen, wie auch Ihre Frau im Gefängnis landet?«

Ich wischte mir mit einem Taschentuch den Schweiß vom Gesicht. »Nein«, sagte ich.

»Na, sie wird aber im Gefängnis landen. Sie nimmt dieses Zeug da, dieses Benzedrin. Das ist noch schlimmer als Junk. Sind Sie und Ihre Frau verheiratet?«

»Wir leben zusammen.«

»Ich habe gefragt, ob Sie verheiratet sind.«

»Nein.«

»Haben Sie Psychiatrie studiert?«

»Was?«

»Ob Sie Psychiatrie studiert haben.«

Einer der Briefe, die er gelesen hatte, war von einem Freund von mir, der Psychiater ist. Er hatte übrigens alle meine alten Briefe mitgenommen, nachdem er die Wohnung durchsucht hatte.

»Nein, ich habe nicht Psychiatrie studiert. Nur ein Hobby von mir, wenn Sie so wollen.«

»Sie haben aber sehr eigenartige Hobbies.«

Morton lehnte sich in seinem Stuhl zurück und gähnte.

Der Mann mit der Pfeife ballte plötzlich die Faust und schlug sich damit an die Brust. »Ich bin ein Bulle, ja? Und ich verkehre mit Bullen, im Dienst und außer Dienst. Sie sind in der Drogenbranche. Man darf also davon ausgehen, daß Sie Leute in ihrer Branche kennen. Wir befassen uns mit Leuten wie Ihnen nicht nur einmal im Monat. Wir haben tagtäglich mit ihnen zu tun. Sie haben diese Sache nicht allein gemacht. Sie haben Connections in New York, in Texas, und hier in New Orleans. So. Und Sie hatten einen Deal arrangiert, und der sollte hier über die Bühne gehen.«

»Ich glaube, dieser Farmer wird seine Radieschen im Gefängnishof von Angola anpflanzen müssen, wenn er uns keine Informationen geben kann«, sagte Morton.

»Was können Sie mir von dieser Bande erzählen, die mit gestohlenen Autos handelt?«, fragte der Mann mit der Pfeife. Er ging jetzt hinter mir im Zimmer auf und ab.

»Was für eine Bande?«, fragte ich völlig entgeistert. Erst eine ganze Weile später fiel es mir wieder ein: in einem fünf Jahre alten Brief hatte jemand gestohlene Autos erwähnt. Der Mann fragte unbeirrt weiter. Er wischte sich den Schweiß von der Stirn und stelzte im Zimmer herum. Schließlich schnitt ihm Morton das Wort ab.

»Wenn ich es recht sehe, Mr. Lee«, sagte er, »dann sind Sie bereit, Ihre eigene Schuld zuzugeben, aber Sie wollen keine anderen mit reinziehen. Ist das richtig?«

»Das ist richtig«, sagte ich.

Er transferierte seine Zigarre in den anderen Mundwinkel. »Na schön«, sagte er. »Das wäre im Augenblick alles. Wieviele sind noch da draußen?«, rief er.

Ein Bulle steckte seinen Kopf zur Tür herein. »Ungefähr fünf.«

Morton machte eine Geste, als wolle er sich die Haare raufen. »Dazu reicht die Zeit nicht mehr. Ich muß um ein Uhr im Gericht sein. Also schicken Sie alle auf einmal rein.«

Die anderen kamen herein und stellten sich vor dem Schreibtisch auf. Morton sah einen Stapel Papiere durch. Er warf einen kurzen Blick auf McCarthy, dann wandte er sich an einen jungen Agenten mit Bürstenhaarschnitt. »Haben Sie gegen den etwas in der Hand?«, fragte er.

Der Agent schüttelte den Kopf und lächelte. Er hob den einen Fuß. »Siehst du den Fuß?«, sagte er zu McCarthy. »Den tret ich dir ins Maul rein, und zwar bis in den Hals runter.«

»Ich mach nicht mit Junk rum, Mr. Morton«, sagte McCarthy. »Ich will nicht ins Straflager kommen.«

»Was hatten Sie dann an der Ecke bei diesen Junkies zu suchen?«

»Ich bin da bloß vorbeigekommen. Ich war auf ner Regal-Tour, Mr. Morton.« (Gemeint ist das Bier der Regal-Brauerei in New Orleans.) »Ich mach ne Regal-Tour, so oft ich kann. Sehn Sie mal...« Er nahm einige Ausweise aus seiner Brieftasche und zeigte sie herum wie ein Zauberkünstler, der einen Kartentrick vorführt. Niemand interessierte sich für seine Karten. »Ich arbeite als Kellner. Das hier ist mein Ausweis von der Gewerkschaft. Ich kann übers Wochenende im Roosevelt aushelfen. Da ist ne Tagung. Wär 'n guter Deal für mich, wenn Sie mich hier gehn lassen würden.«

Er ging zu Morton hin und hielt die Hand auf. »Geben Sie mir 10 Cents für den Bus, Mr. Morton.«

Morton patschte ihm eine Münze in die Hand.

»Schaff deinen verstunkenen Arsch hier raus«, sagte er.

»Das nächste Mal bist du dran!«, schrien ihm die Agenten im Chor nach, doch McCarthy war schon nicht mehr zu sehen.

Der junge Agent mit dem Bürstenhaarschnitt lachte. »Ich wette, der hat gleich die Hintertreppe genommen.«

Morton raffte seine Papiere zusammen und stopfte sie in eine Aktentasche. »Tut mir leid«, sagte er, »aber den Rest von euch kann ich erst heute nachmittag dran nehmen.«

»Ich hab schon den Wagen kommen lassen«, sagte der Kerl mit der Pfeife. »Wir schaffen sie rüber ins 3. Revier und legen sie auf Eis.«

Im 3. Revier steckten sie mich mit Cole in eine Zelle. Ich legte mich auf die Pritsche. Ich spürte einen stechenden Schmerz in der Lunge. Die Suchtkrankheit wirkt sich bei jedem verschieden aus. Manche haben hauptsächlich an Durchfall und Erbrechen zu leiden. Schmalbrüstige Asthmatiker werden von einem heftigen Niesreiz geplagt, ihre Augen tränen, die Nase läuft, und bei manchen kommt es zu Erstickungsanfällen, weil sich die Luftröhre verkrampft. Das Schlimmste bei mir ist das Sinken des Blutdrucks, Verlust an Körperflüssigkeit und ein verheerender Schwächezustand wie unter Schockeinwirkung. Es ist ein Gefühl, als sei die ganze Lebensenergie abgedrosselt, so daß die Körperzellen langsam absterben. Als ich da auf dieser Pritsche lag, hatte ich den Eindruck, als würde ich zu einem Haufen Knochen zusammenfallen.

Wir waren etwa drei Stunden im 3. Revier, dann verfrachteten uns die Ordnungshüter mit der Grünen Minna in die nächstgelegene Vollzugsanstalt. Warum ausgerechnet dorthin, blieb mir unerfindlich. Der Mann mit der Pfeife nahm uns dort in Empfang und fuhr mit uns zum Federal Building.

Ein gesichtsloser Bürokrat in mittleren Jahren eröffnete mir, daß er der Chef der örtlichen FBI-Dienststelle sei. Ob ich eine Aussage machen wolle?

»Ja«, sagte ich. »Setzen Sie was auf, und ich unterschreibe es.«

Er hatte nicht etwa ein ausdrucksloses oder nichtssagendes Gesicht – nein: wo andere ein Gesicht hatten, da hatte er garnichts. Ich kann mich nur noch an die Brille erinnern, die er trug. Er rief einen Stenographen herein und begann eine Aussage zu diktieren. Er wandte sich an den Mann mit der Pfeife, der auf einer Schreibtischkante saß, und fragte ihn, ob er in der Aussage noch etwas Bestimmtes unterbringen wolle.

Der mit der Pfeife sagte: »Tja, eigentlich nicht. Das wär dann schon die ganze Geschichte.«

Der Chefbürokrat schien jetzt einen Einfall zu haben. »Augenblick«, sagte er. Er ging mit dem Pfeifenraucher in ein angrenzendes Büro. Nach ein paar Minuten kamen die beiden zurück, und der Bürokrat diktierte weiter. Die Aussage enthielt das Eingeständnis, daß ich das in meiner Wohnung gefundene Gras und Heroin illegal erworben hatte.

Er fragte mich, wie ich an das Heroin herangekommen sei.

Ich sagte, ich hätte es Ecke Exchange und Canal bei einem Straßenhändler gekauft.

»Und dann?«

»Dann bin ich nach Hause gefahren.«

»In Ihrem eigenen Wagen?«

Ich merkte, worauf er hinauswollte, aber ich hatte nicht mehr die Kraft, zu sagen: »Ich hab mirs anders überlegt. Ich will lieber doch keine Aussage machen.« Außerdem grauste mir davor, noch einen weiteren Tag suchtkrank in der Revierzelle verbringen zu müssen. Also sagte ich eben ja.

Schließlich unterschrieb ich noch eine separate Erklärung, in der es hieß, ich würde mich vor einem Bundesgericht in diesen Punkten schuldig bekennen. Jetzt ging es wieder zurück zum 2. Revier. Die Agenten versicherten mir, ich würde sofort am nächsten Morgen vor den Richter kommen.

Cole sagte: »In fünf Tagen fühlst du dich wieder besser.

Wenn man sich keinen Schuß mehr setzen kann, hilft nur eins: Warten.«

Das wußte ich natürlich selber. Niemand quält sich durch eine Suchtkrankheit, es sei denn, er sitzt im Knast oder ist sonstwie vom Nachschub abgeschnitten. Eine Suchtkrankheit dauert fünf bis acht Tage, deshalb ist es praktisch unmöglich, mit dem Spritzen aufzuhören und sich selbst zu kurieren. Zwölf Stunden wären auszuhalten, vierundzwanzig noch möglich, aber fünf bis acht Tage sind zuviel.

Ich lag auf der schmalen Holzpritsche und wälzte mich von einer Seite auf die andere. Mein Körper wurde zu einer zuckenden, aufgedunsenen, wunden Masse, während das junk-gefrorene Fleisch quälend langsam auftaute. Ich drehte mich auf den Bauch, und das eine Bein rutschte mir von der Pritsche herunter. Ich zog mich nach vorn, und die runde glattpolierte Kante rieb mir zwischen den Schenkeln entlang. Die Reibung ließ das Blut in meine Genitalien schießen. Ich sah Sternchen, und meine Beine zuckten – der Orgasmus des Gehenkten, wenn das Genick bricht.

Der Schließer kam an und öffnete meine Zellentür. »Lee«, sagte er, »Sie haben Besuch von Ihrem Rechtsanwalt.«

Der Anwalt sah mich eine ganze Weile schweigend an, ehe er sich vorstellte. Ich hatte ihn noch nie gesehen. Er war meiner Frau empfohlen worden. Der Schließer führte uns in einen Besuchsraum, der über dem Zellentrakt lag.

»Ich sehe, daß Ihnen im Augenblick nicht besonders nach Reden zumute ist«, begann der Anwalt. »Wir heben uns die Einzelheiten für später auf. Haben Sie etwas unterschrieben?«

Ich erzählte ihm von der diktierten Aussage.

»Damit wollen sie sich Ihren Wagen klemmen«, sagte er. »Ihr Fall kommt vors Landgericht. Ich habe vor einer Stunde mit dem Bundesanwalt telefoniert und ihn gefragt, ob er den Fall übernimmt. ›Ausgeschlossen‹, hat er gesagt.

›Hier ist eine illegale Beschlagnahme im Spiel, und so ein Fall kommt für uns überhaupt nicht in Frage.‹ ... Ich denke, ich kann Sie rüber ins Hospital bringen, damit man Ihnen eine Spritze gibt«, sagte er nach einer Pause. »Der Mann, der im Augenblick hier unten die Aufsicht hat, ist ein guter Bekannter von mir. Ich werde mal runtergehen und mit ihm reden.«

Der Schließer brachte mich zurück in meine Zelle. Ein paar Minuten später schloß er wieder auf und sagte: »Lee, wollen Sie ins Hospital?«

Zwei Bullen brachten mich im Knastwagen rüber ins Charity Hospital. Die Schwester von der Aufnahme wollte wissen, was mit mir sei.

»Dringender Fall«, sagte einer der Bullen. »Er ist vom Dach gefallen.«

Der Bulle zog los und kam mit einem vierschrötigen rothaarigen jungen Arzt wieder, der ein goldglänzendes Brillengestell auf der Nase hatte. Der Arzt stellte mir einige Fragen und sah sich meine Arme an. Ein zweiter Arzt kam an und gab seinen Senf dazu. Er hatte eine lange Nase und stark behaarte Arme.

»Immerhin, Herr Kollege«, sagte er, »sollte man hier den moralischen Aspekt nicht ganz außer acht lassen. Der Mann hätte sich das überlegen sollen, ehe er mit Drogen anfing.«

»Sicher, da haben Sie recht«, sagte der andere. »Aber der Fall hat auch seine medizinische Seite. Dieser Mann hier ist krank.« Er wandte sich an eine Krankenschwester und ließ sich ein halbes Gran Morphium bringen.

Während der Knastwagen zurück zum Revier rumpelte, spürte ich, wie mir das Morphium bis in die letzten Fasern drang. Mein Magen begann sich zu regen. Wenn man schwere Entzugserscheinungen hat und eine Spritze bekommt, fängt der Magen sofort an zu rumoren. In meine Muskeln kehrte wieder die gewohnte Spannkraft zurück. Ich fühlte mich hungrig und müde.

26

Am nächsten Morgen gegen elf kam einer von der Kautionsvermittlung, und ich unterschrieb den Schuldschein für meine Kaution. Er hatte, wie alle Typen in diesem Gewerbe, etwas Leichenhaftes an sich, als hätte man ihm Paraffin unter die Haut gespritzt. Tige, mein Anwalt, kreuzte um die Mittagszeit mit meinen Entlassungspapieren auf. Ich sollte direkt in ein Sanatorium und eine Entziehungskur machen. Er hatte bereits alles arrangiert. Die Kur, sagte er, sei wichtig für meine Verteidigung vor Gericht. Wir fuhren in einem Streifenwagen mit zwei Polizisten zum Sanatorium. Auch das hatte seinen guten Grund: der Anwalt wollte die beiden Polizisten falls nötig als Zeugen vorladen lassen.

Als wir vor dem Sanatorium hielten, zog der Anwalt einige Geldscheine aus der Tasche und sagte zu dem einen Bullen: »Sei so gut und setz das für mich auf dieses Pferd da ... na, du weißt schon.«

Dem Bullen quollen vor lauter Entrüstung seine Froschaugen heraus. »Ich denk ja nicht dran, irgendwelche Piepen auf ein Pferd zu setzen«, sagte er.

Der Anwalt lachte und warf das Geld auf den Wagensitz. »Dann wirds eben Mack für mich tun.«

Der scheinbar taktlose Versuch, die Bullen vor meinen Augen zu schmieren, war wohlüberlegt. Als sie ihn hinterher fragten, was er sich dabei gedacht habe, sagte er: »Ach, der Kerl war doch so kaputt, daß er das gar nicht mitgekriegt hat« – so daß die beiden Bullen notfalls vor Gericht bezeugen würden, ich sei in sehr schlechter Verfassung gewesen. Der Sinn des ganzen war, mit einer solchen Zeugenaussage nachzuweisen, daß ich nicht im vollen Besitz meiner geistigen Kräfte war, als ich meine Aussage unterschrieb.

Ein Krankenwärter ließ sich meine Klamotten geben, und ich legte mich ins Bett und wartete auf eine Spritze.

Meine Frau kam herein und berichtete, die im Sanatorium hätten von Junk und der Behandlung von Junkies nicht die geringste Ahnung.

»Als ich ihnen gesagt habe, daß du krank bist, da haben sie gesagt: ›So? Was fehlt ihm denn?‹ Ich hab ihnen klar gemacht, daß du mitten im Entzug bist und 'n Schuß Morphium brauchst, und da sagen die doch tatsächlich: ›Ach so. Wir haben gedacht, es handelt sich nur um eine Marihuanasucht.‹«

»Eine Marihuanasucht?«, sagte ich. »Ja verdammt nochmal, was soll denn *das* sein? Versuch rauszukriegen, was die mir geben wollen. Ich brauch eine Reduktionskur. Wenn ich von denen keine kriegen kann, dann hol mich hier sofort wieder raus.«

Kurz danach kam sie wieder und sagte, sie hätte endlich einen Arzt an die Strippe gekriegt, der Bescheid zu wissen schien. Dieser Arzt hatte mit dem Sanatorium nichts zu tun – es war der Hausarzt meines Anwalts.

»Ich hab ihm erzählt, daß sie dir hier noch nichts gegeben haben, und da hat er sofort geschaltet. Er hat gesagt, er würde gleich mal hier anrufen und dafür sorgen, daß sie sich richtig um dich kümmern.«

Nach ein paar Minuten kam eine Krankenschwester mit einer Spritze Demerol. Demerol hilft gegen Entzugserscheinungen, allerdings lange nicht so gut wie Codein. Am Abend kam ein Arzt zu mir herein und untersuchte mich auf meinen Gesundheitszustand. Mein Blut war durch den Verlust an Körperflüssigkeit eingedickt. Ich hatte in den 48 Stunden, die ich jetzt schon ohne Junk war, zehn Pfund abgenommen. Der Arzt brauchte zwanzig Minuten, um mir eine Blutprobe zu entnehmen. Das Blut war so dick, daß es kaum durch die Kanüle ging.

Um 21 Uhr bekam ich eine weitere Spritze Demerol. Dieser Schuß hatte keine Wirkung. Der dritte Tag der Suchtkrankheit und die folgende Nacht sind in der Regel am schlimmsten. Danach lassen die Schmerzen langsam nach. Ich spürte am ganzen Körper ein widerliches kaltes

Prickeln, als würden dicht unter meiner Haut lauter Ameisen herumkriechen.

Gegen die meisten Schmerzen kann man sich wehren, d.h. man kann das Schmerzgefühl neutralisieren (– bei Zahnschmerzen und Verletzungen von Augen und Genitalien gelingt es allerdings nur unter großen Schwierigkeiten). Gegen die Suchtkrankheit dagegen ist man machtlos. Die Qualen des Entzugs sind das genaue Gegenstück zu dem ›Kick‹, den einem die Spritze verschafft. Der ganze ›Kick‹ bei Junk ist, daß man ohne ihn nicht mehr auskommen kann. Junkies leben nach der Uhr des Junk. Der Junk übernimmt die Aufsicht über ihren Stoffwechsel, und er übernimmt sogar die Aufgabe einer Klimaanlage – er gibt ihnen Wärme, und er verschafft ihnen Kühlung. Solange Junk da ist, braucht man sich um nichts zu kümmern. Das ist das Schöne daran. Doch gegen die Qualen des Entzugs kann man sich genauso wenig wehren wie gegen das wohlige Gefühl nach einem Schuß.

Ich konnte nicht liegen, aber ich war auch zu geschwächt, um aufstehen zu können. Wenn man einen Entzug durchmacht, erscheint einem jede Form von Tätigkeit oder Untätigkeit gleichermaßen unerträglich. Man könnte allein daran sterben, daß man es in seinem Körper nicht mehr aushält.

Am nächsten Morgen um sechs bekam ich wieder eine Spritze. Die schien ein bißchen zu helfen. Wie sich herausstellen sollte, war es diesmal kein Demerol. Ich konnte sogar ein bißchen Kaffee trinken und ein Stück Toast essen.

Einige Stunden später kam meine Frau und erzählte mir, daß sie mich jetzt nach einer neuen Methode behandelten, die mit der Morgenspritze begonnen hatte.

»Ja«, sagte ich, »der Unterschied fiel mir gleich auf. Bei dem Schuß heute morgen hab ich gedacht, es ist M.«

»Ich hab mit Dr. Moore telefoniert. Er sagt, das wär jetzt die Wunderdroge für die Behandlung von Süchtigen, nach der sie immer gesucht hätten. Sie hilft gegen Entzugssymptome, aber ohne daß man von ihr abhängig wird. Es ist eigentlich gar keine Droge. Es ist irgend so ein Antihistamin. Theophorin, hat er meines Wissens gesagt.«

»Das würde also heißen, Entzugssymptome sind eine allergische Reaktion.«

»Ja. So sieht es jedenfalls Dr. Moore.«

Der Arzt, der diese Behandlung vorgeschlagen hatte, war der Hausarzt meines Anwalts. Er hatte mit dem Sanatorium nichts zu tun, und er war auch kein Psychiater. Nach zwei Tagen konnte ich eine volle Mahlzeit zu mir nehmen. Die Wirkung der Antihistamin-Spritzen hielt drei bis fünf Stunden an; dann setzten die Entzugserscheinungen wieder ein. Die Wirkung der Spritzen erinnerte an die von Junk.

Als ich wieder aufstehen und mich bewegen konnte, rückte ein Psychiater an und fühlte mir auf den Zahn. Er war ziemlich groß, hatte lange Beine und einen massigen birnenförmigen Körper – oben schmal, und nach unten immer breiter werdend. Seine Stimme hatte einen weinerlichen Klang, und während er redete, lächelte er in einer Tour. Er wirkte nicht gerade weibisch, aber er hatte ganz einfach nichts von dem, was einen Mann zu einem Mann macht. Er hieß Dr. Fredericks und war der leitende Psychiater der Anstalt.

Er stellte mir die Frage, die sie einem alle stellen: »Warum glauben Sie, daß Sie Narkotika unbedingt brauchen, Mr. Lee?«

Wenn einer mit so einer Frage ankommt, kann man sicher sein, daß er von Junk keinen blassen Schimmer hat.

»Ich brauch das Zeug, um morgens aus dem Bett zu kommen, um mich rasieren zu können und ein Frühstück runterzukriegen.«

»Ich meine psychisch.«

Ich zuckte die Achseln. ›Besser, ich sag ihm gleich, was er hören will, damit ich ihn schnell wieder los bin‹, dachte ich.

»Es ist ein guter Kick«, sagte ich.

Junk ist kein »guter Kick«. Seine wesentliche Eigenschaft ist, daß es zur Sucht führt. Was Junk wirklich ist, weiß man erst, wenn man einen Entzug durchmacht.

Der Doktor nickte. *Psychopathische Persönlichkeit*. Er stand auf.

Plötzlich verzog er sein Gesicht zu einem Lächeln, das anscheinend Verständnis suggerieren und meine inneren Widerstände abbauen sollte. Das Lächeln entgleiste und verwandelte sein Gesicht in eine wahnwitzige lüsterne Fratze. Er beugte sich vor, bis seine Fratze dicht vor meinem Gesicht hing.

»Ist Ihr Geschlechtsleben zufriedenstellend?«, fragte er. »Haben Sie und Ihre Frau befriedigende sexuelle Beziehungen?«

»Ja sicher«, sagte ich. »Wenn ich nicht auf Junk bin.«

Er richtete sich wieder auf. Meine Antwort ging ihm völlig gegen den Strich.

»Na schön, wir sehen uns ja noch.« Er errötete und drückte sich linkisch aus der Tür.

Ich hatte ihm gleich auf den ersten Blick angesehen, daß er nicht ganz echt war. Es war offensichtlich, daß er sich und den anderen den selbstbewußten Typ nur vorspielte. Allerdings hatte ich nicht damit gerechnet, daß seine Fassade so schnell abbröckeln würde.

Er eröffnete meiner Frau, daß meine Prognose denkbar schlecht sei. Meine Einstellung zu Junk lasse sich in zwei Worten zusammenfassen: »Na und?«. Es sei jederzeit mit einem Rückfall zu rechnen, denn die psychischen Determinanten für meinen Zustand blieben unverändert aktiv. Er könne mir nur helfen, wenn ich zur Mitarbeit bereit sei.

Wenn ich ihm entsprechend zur Hand ging, traute er sich offenbar zu, meine Psyche innerhalb von acht Tagen auseinander zu nehmen und wieder neu zusammen zu setzen.

27

Die Patienten in diesem Privatsanatorium machten einen ziemlich öden und jämmerlichen Eindruck. Ich war der einzige Junkie in dem Laden. Von den Patienten auf meiner Station wußte nur einer, was für ein Schwindel hier über die Bühne ging. Er war Alkoholiker, wollte sich hier aber nur einen gebrochenen Unterkiefer und andere Gesichtsverletzungen behandeln lassen. Er erzählte mir, daß er bei sämtlichen öffentlichen Krankenhäusern abgeblitzt sei. Im Charity hätten sie zu ihm gesagt: »Hauen Sie bloß ab. Sie verkleckern uns mit Ihrem Blut den ganzen Boden.« Da sei er eben in dieses Sanatorium gegangen. Er sei hier schon von früher bekannt, und die Leute wüßten, daß er seine Rechnungen immer pünktlich bezahle.

Die übrigen dagegen waren ein trauriger Verein. Genau die Sorte, nach der sich Psychiater sehnen. Leute, bei denen eine Type wir Dr. Fredericks Eindruck schinden konnte. Da gab es zum Beispiel einen leichenblassen und abgemagerten kleinen Mann, der offensichtlich an schlechter Durchblutung litt. Sein Fleisch war beinahe transparent. Er jammerte ständig was von einem Nervenleiden, irrte den ganzen Tag durch die Korridore und sagte: »Mein Gott, mein Gott, ich fühl mich nichtmal wie'n Mensch.« Er brachte nicht mehr die nötige Energie auf, um seine sieben Sachen beisammenzuhalten, und sein Organismus schien sich jeden Augenblick in seine Bestandteile auflösen zu wollen.

Die meisten Patienten waren alte Leute. Sie sahen einen an mit den verwirrten, vorwurfsvollen, stupiden Augen von todkranken Kühen. Einige von ihnen verließen nie ihr Zimmer. Einem jungen Schizophrenen hatte man die Hände gefesselt und vorne am Gürtel festgebunden, damit er die anderen Patienten nicht belästigen konnte. Ein deprimierender Laden, bevölkert von deprimierenden Menschen.

Die Wirkung der Spritzen ließ jetzt immer mehr nach, und nach acht Tagen konnte ich ganz darauf verzichten. Als ich 24 Stunden ohne Spritze hinter mir hatte, sagte ich mir, daß die Sache jetzt gelaufen war.

Ich schickte meine Frau zu Dr. Fredericks. Sie erwischte ihn im Flur vor seinem Büro. Er meinte, ich solle noch vier oder fünf Tage länger bleiben. »Er weiß es noch nicht«, sagte er, »aber von jetzt an bekommt er keine Spritzen mehr.«

»Er hat schon 24 Stunden lang von sich aus darauf verzichtet«, eröffnete ihm meine Frau.

Der Doktor wurde sehr rot im Gesicht. Als er seine Sprache wiederfand, sagte er: »Na gut, aber es können immer noch Abstinenzerscheinungen auftreten.«

»Nach zehn Tagen ist das aber ziemlich unwahrscheinlich, finden Sie nicht?«

»Trotzdem, es könnte sein«, sagte er und ließ sie stehen, ehe sie noch etwas sagen konnte.

»Soll er sich doch zum Teufel scheren«, sagte ich zu ihr. »Wir brauchen seine Aussage nicht. Tige will sowieso seinen Hausarzt als Zeugen aufmarschieren lassen. Wer weiß, was für einen Mist dieser Armleuchter hier im Zeugenstand von sich geben würde.«

Dr. Fredericks blieb nichts anderes übrig, als mich gehen zu lassen. Er verschanzte sich in seinem Büro, und eine Schwester mußte ihm den Wisch reinbringen, damit er ihn unterschreiben konnte. Natürlich brachte er darauf den Vermerk an: »Gegen ärztlichen Rat«.

28

Es war fünf Uhr nachmittags, als wir das Sanatorium verließen und mit einem Taxi in die Canal Street fuhren. Ich ging in eine Bar und trank vier Whisky Soda. Der Alkohol hatte eine angenehme Wirkung. Ich war geheilt.

Als ich zuhause über die Veranda ging und die Tür aufschloß, kam es mir wie eine Rückkehr nach langer Abwesenheit vor. Ich kehrte zurück zu dem Punkt in meinem Leben, an dem ich mir vor einem Jahr – ›nur so zum Spaß‹ – bei Pat diesen ersten Schuß gesetzt hatte.

Nach einer erfolgreich absolvierten Entziehungskur fühlt man sich in der Regel einige Tage lang ganz wohl in seiner Haut. Man kann wieder trinken, man entwickelt einen gesunden Appetit, das Essen schmeckt einem, und man hat auch wieder Lust auf Sex. Alles wirkt verändert und hat wieder schärfere Konturen. Doch dann hängt man plötzlich durch. Sich etwas anziehen, von einem Stuhl aufstehen, eine Gabel in die Hand nehmen – man muß sich jedesmal von neuem dazu zwingen. Man will nirgends mehr hingehen, man will überhaupt nichts mehr tun. Nicht einmal Junk will man haben. Das gierige Verlangen nach Junk ist weg, aber es ist nichts an seine Stelle getreten. Diese Übergangszeit muß man irgendwie absitzen. Oder mit Arbeit überbrücken. Körperliche Arbeit auf einer Farm hilft am besten darüber hinweg.

Pat kam vorbei, sobald er davon erfuhr, daß ich wieder draußen war. Ob ich Lust auf einen »kurzen Schuß« hätte, wollte er wissen. Einer könne ja nicht groß schaden. Er könne günstig für mich einkaufen. Zehn Kapseln oder mehr. Ich sagte nein. Wenn man von dem Zeug runter ist, kostet es keine Überwindung, nein zu sagen. Man will keinen Junk mehr.

Außerdem hatte ich diese Anklage vor dem Landgericht, und solche Anklagen können bei Junk genauso zusammengefaßt werden wie bei jedem anderen Verbrechen. Wenn zwei zusammenkommen, kann es bereits sieben Jahre bedeuten. Oder es kann passieren, daß die eine vors Landgericht kommt und die andere vor ein Bundesgericht. Wenn man also seine Strafe im Landesgefängnis abgesessen hat, wartet draußen bereits der Wagen vom Bundesknast. Oder umgekehrt.

Ich wußte, daß sie scharf darauf waren, mir eine neue Sache anzuhängen. Den ersten Deal hatten sie dadurch vermasselt, daß sie sich wie Bundespolente aufführten und meine Wohnung ohne richterlichen Durchsuchungsbefehl auf den Kopf stellten. Die Aussage mit meiner Unterschrift war damit ungültig, und ich konnte mir jederzeit eine andere zurechtlegen. Da ich meine Aussage vor denen vom FBI gemacht hatte, konnten sie vor dem Landgericht nichts damit anfangen, denn dann wäre unweigerlich auch der Kuhhandel zur Sprache gekommen, den ich mit dem dicken Captain, diesem Fair Play Artisten, abgeschlossen hatte. Wenn sie mir allerdings eine zweite Anklage aufhalsen konnten, dann war mir eine Verurteilung sicher.

Gewöhnlich steuert ein Junkie, sobald er wieder draußen ist, sofort die nächste Connection an. Damit würden die Bullen auch bei mir rechnen. Sie würden also Pat beschatten. Deshalb sagte ich Pat, daß ich sauber bleiben wollte, bis mein Fall ausgestanden war. Er lieh sich zwei Dollar von mir und ging weg.

Einige Tage später zog ich in der Canal Street durch die Kneipen und trank mir einen an. Wenn ein Junkie nach einem Entzug zu trinken beginnt, kommt irgendwann der Punkt, wo der Alkoholrausch wieder das Verlangen nach Junk in ihm weckt. In einer der Kneipen ging ich auf die Toilette. Auf dem Kasten mit dem Klopapier lag eine Brieftasche. Wenn man Geld findet, hat man jedesmal das Gefühl, als würde man träumen. Ich klappte die Brieftasche auf und nahm einen Zwanziger, einen Zehner und einen Fünfer heraus. Ich beschloß, in einer anderen Kneipe die Toilette zu benutzen. Ich verließ das Lokal und ließ ein volles Glas Martini stehen.

Ich ging zu Pat ins Hotel.

Pat machte die Tür auf und sagte: »Hallo, Sportsfreund. Freut mich, dich zu sehn.«

Auf seinem Bett saß ein Mann, der sich zu mir umdrehte, als ich zur Tür hereinkam. »Hallo, Bill«, sagte er.

Ich starrte ihn gut drei Sekunden lang an, ehe ich ihn wiedererkannte. Es war Dupré. Er sah aus, als sei er gealtert und gleichzeitig jünger geworden. Der stumpfe Blick war aus seinen Augen verschwunden, und er hatte zwanzig Pfund abgenommen. Sein Gesicht zuckte in unregelmäßigen Abständen wie ein Stück totes Gewebe, das ruckartig und mechanisch wieder zum Leben erwacht. Solange er genug Junk hatte, wirkte Dupré immer anonym und abgestorben, so daß er in einer Menschenmenge völlig unterging und aus der Entfernung nicht auszumachen war. Jetzt dagegen hatte er scharf umrissene Konturen. Wenn man jetzt durch eine belebte Straße ging und an Dupré vorbeikam, mußte man sich sein Gesicht unwillkürlich einprägen – ein Effekt wie bei dem alten Spielertrick, bei dem der Kartengeber die Karten blitzschnell auffächert und sagt: »Ziehen Sie eine Karte ... irgendeine ...«, während er einem unauffällig eine ganz bestimmte Karte aufnötigt.

Wenn Dupré genug Junk bekam, sagte er selten etwas. Jetzt kriegte er den Mund überhaupt nicht mehr zu. Er erzählte mir, er habe schließlich so tief in die Kasse gegriffen, daß sie ihn feuerten. Er habe kein Geld mehr für Junk, und er könne nicht einmal die nötige Münze für Paregoric und Goofballs zusammenkratzen, um einen langsamen Entzug zu machen.

Er redete und redete.

»Früher, vor dem Krieg, da gabs hier keinen Bullen, der mich nicht kannte. Wie oft hab ich da meine 72 Stunden abgerissen, da drüben im 3. Revier. Damals war das noch das 1. Revier. Du weißt ja, wie es ist, wenn der Stoff in dir langsam alle wird.« Er zeigte mit gespreizten Fingern auf seine Genitalien und drehte dann die Handfläche nach oben. Eine plastische Geste. Es sah aus, als habe er das, wovon er reden wollte, in die Hand genommen und halte es mir nun hin. »Du kriegst einen Steifen, und schon geht dir in der Hose einer ab. Oder du brauchst nichtmal einen Steifen zu kriegen. Ich weiß noch, wie ich mal mit Larry im Bau war. Du kennst ja den Jungen, nicht? Hat mal als Pusher gearbeitet. Also ich sag zu ihm: ›Larry, du mußt es für mich tun.‹ Und er ließ die Hose runter. Verstehst du, er mußte das einfach für mich tun.«

Pat suchte gerade nach einer Vene. »Ihr zwei redet, als wärt ihr restlos degeneriert«, sagte er und verzog angewidert den Mund.

»Was ist, Pat?«, fragte ich. »Triffst du keine?«

»Nee«, sagte er. Er lockerte den Schlips, mit dem er sich den Arm abgebunden hatte, schob ihn bis zum Handgelenk herunter, zurrte ihn fest und spritzte sich in eine Vene in der Hand.

Später schaute ich bei meinem Anwalt im Büro vorbei, um mit ihm über meinen Fall zu sprechen. Ich fragte ihn, ob ich den Staat verlassen und nach Texas gehen könne. Ich hatte eine Farm im Rio Grande Valley.

»Ja«, sagte Tige, »das Pflaster hier ist viel zu heiß für Sie. Ich habe beim Richter die Genehmigung erwirkt, daß Sie den Staat verlassen dürfen. Wenn Sie wollen, können Sie also jederzeit nach Texas gehen.«

»Es könnte sein, daß ich von dort aus einen Abstecher nach Mexiko machen will«, sagte ich. »Wäre dagegen etwas einzuwenden?«

»Nein. Sie können sich frei bewegen. Hauptsache, Sie sind zu Ihrer Verhandlung wieder hier. Ich hatte mal einen Klienten, der ging nach Venezuela. Soviel ich weiß, ist er immer noch dort. Zurück kam er jedenfalls nicht mehr.«

Aus Tige wurde man nicht so leicht schlau. Wollte er damit sagen, ich solle nicht zurückkommen? Wenn er sich plump gab oder irrelevantes Zeug zu reden schien, verfolgte er oft einen Plan. Manche seiner Pläne reichten weit in die Zukunft. Oft spielte er einen Plan auch probeweise durch, stellte fest, daß er nichts taugte, und ließ ihn wieder fallen. Für einen Mann von seiner Intelligenz konnte er gelegentlich mit bemerkenswert dummen Einfällen aufwarten. Als ich ihm zum Beispiel erzählte, daß ich in Wien ein Semester Medizin studiert hatte, sagte er:

»Ausgezeichnet. Da könnten wir doch so argumentieren: Sie als studierter Mediziner trauten sich zu, eine Entziehungskur in eigener Regie zu machen, und zu diesem

Zweck besorgten sie sich die Drogen, die man dann bei Ihnen gefunden hat.«

Ich hielt das für ein bißchen arg unverfroren. Niemand würde uns so etwas abnehmen. »Es bringt nichts, wenn man den Akademiker rauskehrt. Noch dazu, wenn man in Europa studiert hat. Das kommt bei den Geschworenen nicht an.«

»Ach, wieso? Sie könnten sich doch den Schlips ein bißchen schlampig binden und einen waschechten Südstaaten-Dialekt imitieren.«

Ich konnte mir so richtig vorstellen, wie ich mit meinem nachgemachten Südstaaten-Dialekt versuchte, den Leuten weiszumachen, ich sei einer der ihren. Ich hatte es schon vor zwanzig Jahren aufgegeben, einer von den Boys sein zu wollen. Ich sagte ihm, so etwas liege mir nicht, und er kam dann auch nie mehr darauf zu sprechen.

Als erfolgreicher Strafverteidiger übt man einen der ganz wenigen Berufe aus, in denen es möglich ist, den Erfolg an einen Klienten zu verkaufen. Erfolg ist bei den meisten Menschen nicht übertragbar. Ein guter Strafverteidiger jedoch kann dem Klienten eine Erfolgsgarantie bieten, und je mehr Erfolge er aufzuweisen hat, desto mehr hat er zu bieten.

29

Ich verließ New Orleans einige Tage danach und fuhr ins Rio Grande Valley. Der Rio Grande mündet bei Brownsville in den Golf von Mexiko. Sechzig Meilen flußaufwärts von Brownsville liegt die Kleinstadt Mission. Der Streifen Land zwischen Brownsville und Mission, 60 Meilen lang und 20 Meilen breit, ist das Rio Grande Vally. Die ganze Fläche wird aus dem Rio Grande künstlich bewässert. Vor der künstlichen Bewässerung wuchsen hier nur Kakteen und Mesquite-Gestrüpp. Heute ist es eines der ertragreichsten Anbaugebiete in den Vereinigten Staaten.

Brownsville und Mission sind durch einen dreispurigen Highway verbunden, und zu beiden Seiten des Highway liegen kleine Ortschaften. Es gibt keine größere Stadt im Tal, und es gibt auch nichts, was man Landschaft nennen könnte. Das ganze Tal ist eine einzige riesige Laubenkolonie aus hastig zusammengezimmerten Holzhäusern. Das Tal ist flach wie ein Brett. Außer Häusern und Garagen sieht man nichts als Gemüsefelder, Obstplantagen und Dattelpalmen aus Kalifornien. Jeden Nachmittag setzt ein heißer trockener Wind ein, der bis Sonnenuntergang anhält. Das Tal ist ideal für den Anbau von Citrusfrüchten. Hellrote und rubinrote Pampelmusen, wie sie hier wachsen, findet man nirgendwo sonst. Das ›Tal der Zitronen- und Orangenhaine‹ wird von Grundstücksmaklern in leuchtenden Farben angepriesen, ist überlaufen von Touristen und beherbergt auch eine ansehnliche Menge alter Leute, die hier in Frieden sterben wollen. Es hat von hinten bis vorne den provisorischen Charakter eines Zeltlagers oder Jahrmarkts. Sobald sich der Nepp ausgezahlt hat, werden die Anreißer dichtmachen und sich eine andere Gegend vornehmen.

In den zwanziger Jahren verfrachteten die Grundstücksmakler ganze Hundertschaften von Interessenten mit Sonderzügen ins Tal, ließen sie Pampelmusen von den Bäumen pflücken und kosten. Von einem dieser Pioniere erzählt man sich, daß er einen großen künstlichen Teich anlegte und dann die Parzellen ringsum verkaufte. Sobald er die letzte Parzelle losgeschlagen hatte, drehte er das Wasser ab und verschwand mitsamt seinem Teich und ließ die geneppten Käufer in der Wüste sitzen.

Die Makler sind besonders hinter Pensionären her, die im Tal ihren Lebensabend verbringen und dabei ihre Pension ein bißchen aufbessern wollen. Sie reden ihnen ein, der Anbau von Citrusfrüchten sei eine todsichere Sache. Der Plantagenbesitzer braucht keinen Finger zu rühren. Eine Genossenschaft kümmert sich um die Bäume, erntet und vermarktet das Obst und überreicht dem Besitzer seinen Scheck. In Wirklichkeit sind solche Plantagen für Leute, die nicht viel investieren können, eine riskante Angelegenheit. Eine Zeitlang kann man recht ansehnliche Gewinne erwirtschaften, vor allem mit hellroten und rubinroten Früchten (»Ruby Reds«). Doch Jahre, in denen die Preise oder der Ertrag niedrig sind, kann ein kleiner Plantagenbesitzer nicht überstehen.

Eine düstere Untergangsstimmung hängt über dem Tal. Jeder muß so schnell wie möglich seinen Reibach machen, ehe etwas passiert. Ehe die schwarze Blattlaus die Obstbäume ruiniert oder der Staat seine Subventionen für die Baumwolle einstellt; ehe die große Überschwemmung kommt, der Hurrikan, der Bodenfrost; die lange Dürreperiode, wenn der Fluß nicht mehr genug Wasser führt und die Bewässerung ausfällt; ehe die Grenzpatrouillen verstärkt werden und der Nachschub an billigen, illegal aus Mexiko herangeschafften Landarbeitern abreißt. Das drohende Desaster ist allgegenwärtig, anhaltend und beunruhigend wie der Wind am Nachmittag. Das Tal war eine Wüste und wird wieder zur Wüste werden. Bis dahin versucht man herauszuholen, was herauszuholen ist.

Von den alten Hasen in den Maklerbüros kann man hören: »Naja, das ist nichts Neues. Das haben wir alles schon mal erlebt. Ich weiß noch, wie's 1928 war…«

Doch die vertrauten Erscheinungsformen des Unglücks werden mehr und mehr verdrängt von einem neuen Faktor, den man bisher noch nie beobachtet hat. Es ist wie der schleichende Beginn einer Krankheit, bei der hinterher niemand mehr sagen kann, wann sie eigentlich angefangen hat.

Wo sich das Leben zurückzieht, drängen Tod und Zerfall nach. Was immer die lebenserhaltende Kraft sein mag, ohne die wir nicht auskommen können, ob Orgon-Energie oder sonstwas – in diesem Tal ist davon nicht viel zu finden. Die Nahrungsmittel werden schon auf dem Rückweg vom Supermarkt schlecht; die Milch wird sauer, ehe man das Glas ganz austrinken kann. Das Tal ist ein Ort, wo die neue lebensfeindliche Macht ihren ersten Brückenkopf gebildet hat.

Die Todesahnung hängt über dem Tal wie unsichtbarer Smog. Die Gegend hat eine eigenartige Anziehungskraft für alles, was am Absterben ist. Die sterbenden Organismen – das Tal zieht sie an wie ein Magnet.

Gary West, zum Beispiel. Er kam aus Minneapolis. Während des Krieges hatte er eine Milchfarm bewirtschaftet und 20000 Dollar gespart. Damit kaufte er sich im Tal ein Haus und eine Obstplantage. Sein Grundstück lag am äußersten Rand von Mission, wo die Bewässerung aufhört und die Wüste beginnt. Zwei Hektar ›Ruby Reds‹ und ein Haus im spanischen Stil von 1920. Da saß er nun mit seiner Mutter, seiner Frau und zwei Kindern. Er sah einen an mit dem ratlosen, verängstigten, griesgrämigen Blick eines Menschen, der spürt, daß sich in seinen Körperzellen eine tödliche Krankheit zu regen beginnt. Er war damals noch nicht krank, aber seine Zellen warteten bereits auf den Tod, und West wußte es. Er wollte verkaufen und aus dem Tal verschwinden.

»Ich krieg hier Platzangst«, pflegte er zu sagen. »Wenn du aus diesem Tal wirklich raus willst, dann mußt du schon sehr weit fort.«

Er verlegte sich von einem Projekt auf das andere. Eine Plantage in Mississippi. Wintergemüse in Mexiko. Er ging zurück nach Minnesota und kaufte sich bei einem Futtermittelhersteller ein. Mit der ersten Rate aus dem Verkauf seines Grundstücks im Tal. Doch er kam von diesem Tal nicht mehr weg. Er hing an der Angel, brach nach dieser und jener Seite aus, doch am Ende trieben ihn seine sterbenden Zellen immer wieder zurück ins Tal. Er probierte verschiedene Krankheiten durch. Eine Halsentzündung schlug ihm aufs Herz, er legte sich ins McAllen Hospital und spielte sich den rastlosen Geschäftsmann vor, der ungeduldig auf seine Entlassung wartet, damit er sich wieder in die Arbeit stürzen kann. Seine Projekte wurden von Mal zu Mal lächerlicher.

»Der Mann ist verrückt«, sagte Roy, der Grundstücksmakler. »Er weiß nicht, was er will.«

Das Tal war für West zur einzigen Realität geworden. Es gab keine Alternative. Alles andere war nur noch Einbildung und Schein. Wenn man ihn reden hörte, bekam man den gespenstischen Eindruck, als habe ein Ort wie Milwaukee nie existiert. West rappelte sich wieder hoch und ging nach Arkansas, um sich ein Stück Weideland anzusehen, das für Schafzucht geeignet war und für 37 Dollar pro Hektar angeboten wurde. Er kam zurück ins Tal, nahm einen Kredit auf und begann ein Haus zu bauen. Seine Nieren versagten, die Harnsäure wurde nicht mehr ausgeschieden und sein Körper quoll auf. Zuerst begann sein Atem nach Urin zu riechen, dann drang der Uringestank aus sämtlichen Poren. Der Arzt war kaum zur Tür herein, als er auch schon roch, was es geschlagen hatte: »Das ist eine Harnvergiftung!« West verfiel in krampfartige Zuckungen und starb. Seiner Frau hinterließ er einen chaotischen Wust von Schuldscheinen und geschäftlichen Verpflichtungen zwischen Milwaukee und dem Tal, mit dem sie für die nächsten zehn Jahre voll ausgelastet war.

Die übelsten Eigenschaften, die Amerika vorzuweisen hat, findet man im Tal in geballter Form. In der ganzen Gegend gibt es zum Beispiel nicht ein einziges anständiges Restaurant. Das Essen ist nur von Leuten zu verkraften, deren Geschmackssinn restlos verkümmert ist. Die Restaurants im Tal werden nicht von Leuten betrieben, denen es ein Anliegen ist, ihren Gästen eine gute Küche zu bieten. Sie werden eröffnet von Leuten, die sich sagen: ›Jeder Mensch muß essen, folglich ist ein Restaurant ein guter Deal‹. Das Lokal wird an der Vorderfront durchgehend verglast, damit man reinsehen kann, und überall blitzt einem Chrom entgegen. Was auf den Tisch kommt, ist übelster amerikanischer Schnellküchenfraß. Der Besitzer hockt in seinem Restaurant und sieht sich betreten und griesgrämig seine Gäste an. Er ist von vornherein ziemlich lustlos an die Sache herangegangen, und inzwischen ist er sie völlig leid, denn er verdient nicht einmal Geld damit.

Während des Kriegs und noch einige Jahre danach kamen viele im Tal rasch zu Geld, ohne sich groß anstrengen zu müssen. Jedes Geschäft war eine sichere Sache, genau wie jede Aktie eine sichere Sache ist, wenn es mit der Wirtschaft aufwärts geht. Die Leute bildeten sich ein, sie seien clevere Geschäftemacher, doch in Wirklichkeit lief alles von selbst und sie hatten nichts weiter als Glück. Inzwischen steckt das Tal in der Krise, und nur noch die ganz großen Unternehmer können die Durststrecke verkraften. Die freie Marktwirtschaft funktioniert im Tal mit der eisernen Präzision einer mathematischen Formel, denn es gibt weit und breit keinen Menschen, der ihr dazwischenfunkt. Die Reichen werden immer reicher, und alle anderen gehen pleite. Die großen Unternehmer sind nicht raffiniert oder rücksichtslos oder besonders risikofreudig. Sie brauchen nichts zu sagen und nichts zu tun. Sie brauchen nur dazusitzen, und das Geld rollt von alleine an. Wer es nicht schafft, einer von ihnen zu werden, der muß das Handtuch werfen und froh sein für jeden Job, den sie ihm geben. Der Mittelstand verarmt zusehends, und nur einer von tausend schafft den Durchbruch nach oben. Die großen Unternehmer sind das Kasino, und die kleinen Farmer sind die Spieler. Der Spieler geht unweigerlich pleite, wenn er weitere Einsätze riskiert, aber er muß es riskieren und auf einen Gewinn hoffen, um der Zwangsversteigerung zu entgehen. Den großen Unternehmern gehören sämtliche Banken im Tal, und wenn der Farmer pleite ist, greift die Bank zu. Innerhalb kürzester Zeit wird den großen Unternehmern das ganze Tal gehören.

Im Tal geht es zu wie bei einem ehrlichen Würfelspiel, bei dem die Spieler nicht mehr genug Saft in den Knochen haben, um das Fallen der Würfel zu beeinflussen, so daß es allein dem Zufall überlassen bleibt, ob sie gewinnen oder verlieren. Doch nie hört man einen sagen: »Es mußte so kommen.« Oder wenn er es sagt, dann spricht er von einem Todesfall. Ein Ereignis mag gut oder schlecht sein – es ist einfach passiert, man kann es nicht ändern, und man kann sich nicht einmal selbst bedauern. Außer dem Tod ist für die Bewohner des Tals alles unvorhersehbar, deshalb machen sie sich ständig Vorwürfe, daß sie in der Vergangenheit nicht anders gehandelt haben. Sie sind wie die zaghaften Pferdewetter, die ihre 2-Dollar-Einsätze verloren haben und sich auf der Rückfahrt im Zug gegenseitig die Ohren volljammern. »Wenn ich doch bloß die vierzig Hektar da unten am Fluß nicht verkauft hätte; wenn ich doch bloß mit dieser Ölgesellschaft abgeschlossen hätte; wenn ich doch bloß Baumwolle angepflanzt hätte anstatt Tomaten.« Ein vielstimmiges nasales Gewimmer steigt aus dem Tal hoch, ein Schwall von Selbstvorwürfen und banaler Verzweiflung.

Als ich ins Tal kam, war ich immer noch in dem flauen Zustand, der nach jeder Entziehungskur auftritt. Ich hatte keinen Appetit und keine Energie. Ich wollte nur noch schlafen, und ich schlief jeden Tag zwölf bis vierzehn Stunden. Ab und zu kaufte ich mir zwei 3 cl-Fläschchen Paregoric, trank das Zeug runter, schluckte zwei Goofballs dazu und fühlte mich wieder für ein paar Stunden halbwegs gut. Mehr war nicht drin, denn für Paregoric mußte man jedesmal unterschreiben, und ich wollte es mir bei den Drugstores nicht verderben. Wenn man zu oft ankommt, geht dem Mann hinterm Ladentisch ein Licht auf. Er läßt einen entweder abblitzen oder er erhöht den Preis.

Ich hatte mir einen Freund namens Evans als Geschäftspartner genommen, wir hatten Maschinen und Gerät gekauft, einen Farmer angeheuert und 60 Hektar Baumwolle angepflanzt. Bei entsprechend geeignetem Boden kommt man auf zweieinhalb Ballen pro Hektar, und der staatlich subventionierte Garantiepreis für einen Ballen lag bei 150 Dollar. Wir konnten also mit einem Brutto-Erlös von insgesamt $ 22000 rechnen.

Der Farmer machte die ganze Arbeit. Evans und ich fuhren alle paar Tage raus, um nachzusehen, wie es mit unserer Baumwolle voranging. Es war jedesmal eine Tour von etwa einer Stunde, denn unsere Felder lagen weit verstreut, von Edingburg bis fast hinunter zum Fluß. Diese Inspektionen waren eigentlich ziemlich überflüssig, denn wir hatten beide nicht die geringste Ahnung von Baumwolle. Wir machten die Fahrten nur, um uns die Zeit bis fünf Uhr nachmittags zu vertreiben, wenn unser tägliches Trinkgelage begann.

Dazu fanden sich im Haus von Evans regelmäßig fünf oder sechs Stammgäste ein. Schlag fünf schlug einer mit dem Kochlöffel auf eine Bratpfanne und brüllte: »Alle Mann an die Gläser!«, und das brachte sie alle auf die Beine. Wie Boxer, die beim Gongschlag aus der Ecke kommen. Aus Ersparnisgründen rührten wir uns mit Hilfe von Fusel, der aus Mexiko eingeschmuggelt wurde, unseren eigenen Gin zusammen. Der Martini-Ersatz, den wir uns daraus zurechtmixten, schmeckte so schauderhaft, daß wir die Gläser randvoll mit Eiswürfeln füllen mußten, damit das Zeug nicht warm wurde, ehe wir den letzten Schluck runterwürgen konnten. Bei hochsommerlichen Temperaturen kann ich nicht einmal gute Martinis trinken; ich mixte mir deshalb mit Zucker und Limonensaft, Selterswasser und einer Prise Chinin so etwas wie Gin Tonic zusammen. Tonic-Wasser gab es im Tal nicht zu kaufen. Davon hatten sie noch nie etwas gehört.

Den ganzen Sommer über hatten wir ideales Wetter für Baumwolle. Heiß und trocken, Tag für Tag. Wir begannen gleich nach dem 4. Juli * mit dem Pflücken, und bis zum 1. September war die ganze Baumwolle geerntet. Wir machten allerdings nur einen bescheidenen Gewinn. Der Betrieb verschlang zuviel Geld, und unsere Lebenshaltungskosten waren hoch – ich hatte weder eine Putzfrau noch einen Wagen, und trotzdem brauchte ich jeden Monat etwa 700 Dollar zum Leben. Ich entschied, daß es an der Zeit war, diesem Tal den Rücken zu kehren.

* amerikanischer Nationalfeiertag. (C.W.)

Anfang Oktober erhielt ich ein Schreiben von der Kreditgesellschaft, die meine Kaution gestellt hatte. Sie teilten mir mit, meine Verhandlung sei in vier Tagen. Ich rief Tige an, und er sagte: »Kümmern Sie sich nicht darum. Ich werde einen Aufschub beantragen.« Einige Tage später kam ein Brief von Tige. Er habe einen dreiwöchigen Aufschub erwirkt, schrieb er, aber ein zweites Mal werde sich die Verhandlung wahrscheinlich nicht verschieben lassen.

Ich rief ihn an und sagte, ich hätte eine kleine Reise nach Mexiko vor. »Na wunderbar«, meinte er. »Sehen Sie zu, daß Sie sich in den drei Wochen gut amüsieren, und kommen sie rechtzeitig zur Verhandlung zurück.«

Ich fragte ihn, wie es mit den Aussichten für einen weiteren Aufschub stehe.

»Ehrlich gesagt, nicht gut. Mit diesem Richter läßt sich nicht reden. Seine Magengeschwüre setzen ihm zu.«

Ich beschloß auf der Stelle, daß Mexiko ein Land war, in dem man es auch länger aushalten konnte.

30

Nach meiner Ankunft in Mexico City sah ich mich sofort nach Junk um. Zwar nicht zielstrebig, aber ein Auge hatte ich dafür immer offen. An meinem ersten Abend in der Stadt ging ich die Dolores Street entlang und sah vor einem Exquisito Chop Suey Restaurant eine Gruppe chinesischer Junkies stehen. Von Chinesen ist allerdings kaum etwas zu bekommen. Sie machen ihre Geschäfte nur mit Chinesen. Ich wußte, daß es Zeitverschwendung wäre, diese Typen wegen Junk anzuhauen.

Eines Tages kam ich auf der San Juan Létran an einer Cafeteria vorbei. Der Eingang war mit verschiedenfarbigen Fliesen verkleidet, und auch der Fußboden bestand aus solchen Fliesen. Die Cafeteria hatte eindeutig etwas Orientalisches. Als ich vorbeiging, kam gerade jemand heraus – eine Gestalt, wie man sie nur am Rand eines Junk-Gebiets antrifft.

Wie die Gesteinsformationen, die dem Geologen ein Ölvorkommen anzeigen, so gibt es auch untrügliche Anzeichen für die Nähe von Junk. Junk findet sich oft in der Nachbarschaft von dubiosen Geschäftsbezirken und Übergangszonen: die Ecke 14. Straße und Third Avenue in New York; Poydras und St. Charles in New Orleans; San Juan Létran in Mexico City – Läden, die künstliche Gliedmaßen verkaufen; Perückenmacher; Zahntechniker; kleine Familienbetriebe, die unterm Dach Parfüm und Pomaden herstellen, Essenzen und Neuheiten von zweifelhaftem Gebrauchswert. Gegenden mit Kramläden, deren Kundschaft aus den angrenzenden Elendsvierteln kommt.

In solchen Gegenden trifft man gelegentlich auf Gestalten, die mit Junk zu tun haben, wenn sie auch selbst den Stoff nicht nehmen oder damit handeln. Sobald einem so einer über den Weg läuft, schlägt die Wünschelrute aus. Junk ist in der Nähe. Die Vorfahren des Mannes stammen aus dem Nahen Osten, wahrscheinlich aus Ägypten. Er hat eine lange gerade Nase, seine Lippen sind schmal und violett wie die gespannte Vorhaut eines erigierten Penis, das Gesicht ist straff und glatt. Er ist eine durch und durch obszöne Erscheinung und muß einmal einer unvorstellbar widerlichen Tätigkeit nachgegangen sein. Der Beruf existiert nicht mehr, doch er hat sein Brandzeichen auf ihm hinterlassen. Junk könnte von der Erde verschwinden, und es würden in solchen Gegenden wahrscheinlich immer noch Junkies herumstehen und dem Verlust nachtrauern, der ihnen vage aber hartnäckig zu schaffen macht – das bleiche Gespenst der Suchtkrankheit.

Und so treibt sich nun dieser Mann in den Gegenden herum, in denen er einmal seinem unausdenklichen Gewerbe nachging. Daß dieses Gewerbe nicht mehr gefragt ist, erträgt er mit Gelassenheit. Man sieht es in seinen schwarzen Augen: die Gelassenheit eines blinden Insekts. Es hat den Anschein, als ernähre er sich von Honig und orientalischen Sirupschleimen, die er mit einer Art Rüssel aufsaugt.

Welchem Gewerbe mag er einmal nachgegangen sein? Bestimmt war es eine niedere Tätigkeit und hatte mit Leichen zu tun, wenn auch nicht mit Einbalsamieren. Möglich, daß er in seinem Körper etwas produziert – eine lebensverlängernde Substanz, die ihm seine Gebieter von Zeit zu Zeit abmelken. Wie ein Insekt hat er sich in eine bestimmte Richtung entwickelt, um eine unvorstellbar ekelhafte Funktion zu erfüllen.

31

Die Chimu Bar wirkt von außen wie eine normale Cantina, doch sobald man hineinkommt, weiß man, daß man sich in einer Schwulenbar befindet.

Ich bestellte mir an der Bar etwas zu trinken und sah mich um. Drei mexikanische Schwuchteln posierten vor der Musikbox. Einer von ihnen schlängelte sich mit den stilisierten Bewegungen eines Tempeltänzers zu mir herüber und fragte, ob ich eine Zigarette für ihn hätte. Es lag etwas Archaisches in diesen stilisierten Bewegungen, eine entartete animalische Geschmeidigkeit, zugleich schön und abstoßend. Ich konnte mir vorstellen, wie er im flakkernden Lichtschein von Lagerfeuern herumtänzelte und seine zweideutigen Gesten sich langsam in der Dunkelheit verloren. Die Sodomie ist so alt wie die menschliche Rasse. Ein Schwuler saß neben der Musikbox in einer Nische, vollkommen regungslos und mit der stumpfsinnigen Ergebenheit eines verblödeten Tieres.

Ich drehte mich zu dem Jungen um, der zu mir her gekommen war, um ihn mir mal anzusehen. Nicht übel. *»Por que triste?«* (›Warum so traurig?‹), fragte ich ihn. Keine besonders einfallsreiche Eröffnung, aber schließlich wollte ich ja hier keine Konversation machen.

Der Junge lächelte. Ich sah, daß er einen sehr roten Gaumen hatte und spitze Zähne, die weit auseinander standen. Er zuckte die Schultern und sagte, er sei nicht traurig. Oder jedenfalls nicht besonders. Ich sah mich in der Kneipe um.

»Vámonos a otro lugar« (›Gehn wir lieber woanders hin‹), sagte ich.

Der Junge nickte. Wir gingen weiter unten an der Straße in ein durchgehend geöffnetes Restaurant und setzten uns in eine Nische. Der Junge legte mir unter dem Tisch seine Hand auf den Schenkel. Ich spürte, wie sich mein Magen vor Erregung zusammenzog. Ich trank hastig meinen Kaffee aus und saß wie auf glühenden Kohlen, während der Junge in aller Ruhe sein Bier trank und eine Zigarette rauchte.

Wir gingen in ein Hotel, das der Junge kannte. Ich schob fünf Pesos durch das kleine vergitterte Fenster. Ein alter Mann schloß uns ein Zimmer auf und ließ ein zerschlissenes Handtuch auf einen Stuhl fallen. *»Llevas pistola?«* (›Du hast eine Pistole bei dir?‹), fragte der Junge. Er hatte meine Knarre gesehen. »Ja«, sagte ich.

Ich faltete meine Hose, hängte sie über einen Stuhl und legte die Pistole darauf. Darüber drapierte ich mein Hemd und meine Unterhose. Ich setzte mich nackt auf die Bettkante und sah dem Jungen zu, wie er sich auszog. Er legte seinen abgetragenen blauen Anzug sorgfältig zusammen. Die Jacke hängte er über eine Stuhllehne, und darüber sein Hemd. Er hatte eine glatte kupferfarbene Haut. Er stieg aus den Unterhosen, drehte sich um und lächelte mich an. Dann kam er zu mir her und setzte sich neben mich aufs Bett. Ich strich ihm mit der einen Hand langsam über den Rücken, die andere ließ ich von seiner Brust heruntergleiten auf seinen flachen braunen Bauch. Der Junge lächelte und legte sich lang.

Hinterher lagen wir Schulter an Schulter unter der Bettdecke und rauchten eine Zigarette. Der Junge sagte, er müsse jetzt gehen. Wir zogen uns wieder an. Ich fragte mich, ob er erwartete, daß ich ihm Geld gab. Ich entschied, daß er keines erwartete. Draußen gaben wir uns an einer Straßenecke die Hand und trennten uns.

32

Einige Zeit danach lernte ich in der gleichen Bar einen Jungen namens Angelo kennen. Mit Angelo traf ich mich dann häufig während der nächsten zwei Jahre. Wenn ich auf Junk war, ließ er sich oft monatelang nicht blicken, doch wenn ich von dem Zeug runter war, lief er mir immer irgendwo über den Weg. In Mexiko gehen Wünsche in Erfüllung wie in einem Traum. Wenn man jemanden treffen will, taucht er auf.

Einmal hatte ich lange nach einem Jungen gesucht, war müde geworden und hatte mich in der Alameda auf eine Steinbank gesetzt. Ich spürte den glatten Stein durch den Stoff meiner Hose und dieses Ziehen in der Leistengegend – ein ganz eigenartiger Schmerz, der mit keinem anderen Ähnlichkeit hat. Während ich da saß und auf den Park hinaus schaute, wurde ich mir plötzlich ganz sicher, daß ich ihn finden würde. Eine freudige Gewißheit, als befinde ich mich in einem traumhaften Einklang mit dieser Stadt. Ich wußte, daß ich den Jungen noch am selben Abend finden würde. Ich fand ihn dann auch tatsächlich.

Angelo hatte das Gesicht eines Orientalen. Man hätte ihn für einen Japaner halten können, wäre nicht seine kupferbraune Haut gewesen. Er war nicht schwul. Ich gab ihm jedesmal Geld; immer die gleiche Summe – zwanzig Pesos. Wenn ich einmal nicht soviel bei mir hatte, sagte er immer: »*No importa*« (›Macht nichts‹). Er bestand jedesmal darauf, die Wohnung auszufegen, wenn er eine Nacht bei mir verbracht hatte.

Nachdem ich Angelo in der Chimu-Bar aufgegabelt hatte, ging ich dort nie mehr hin. Schwulenbars, ob in Mexiko oder in den Staaten, gingen mir auf die Nerven.

33

Die Bedeutung von »mañana« ist: »Warte, bis die Zeichen günstig stehen«. Wenn man auf der Suche nach Junk ungeduldig wird und Fremde anhaut, klemmen sie sich das Geld und lassen einen hängen, oder man wird von der Polizei geschnappt. Doch wenn man warten kann, wird sich der Junk gerade rechtzeitig einstellen.

Ich war jetzt schon einige Monate in Mexico City. Ich hatte mir einen Anwalt genommen, der mir eine unbegrenzte Aufenthaltsgenehmigung beschaffen sollte. Eines Tages ging ich mal wieder hin, um mich nach seinen Fortschritten zu erkundigen. Ein schäbig gekleideter Mann in mittleren Jahren stand vor der verschlossenen Tür des Büros.

»Er ist noch nicht da«, sagte der Mann. Ich sah ihn mir an. Ein alter Junkie, da gab es keinen Zweifel. Und ich wußte, daß er sich über mich auch nicht im unklaren war.

Wir standen herum und unterhielten uns, bis der Anwalt kam. Der Junkie hatte geweihte Medaillons zu verkaufen. Der Anwalt hatte ihm gesagt, er solle ihm ein Dutzend ins Büro bringen.

Als ich mit dem Anwalt gesprochen hatte, fragte ich den Junkie, ob er mit mir etwas essen gehen wolle. Wir gingen in ein Restaurant an der San Juan Létran.

Der Junkie fragte mich, was ich so alles erlebt hätte, und ich erzählte es ihm. Er klappte das Revers seiner Jacke um und zeigte mir eine Injektionsnadel, die er dahinter stecken hatte.

»Ich bin schon seit 28 Jahren auf Junk«, sagte er. »Wollen Sie was kaufen?«

34

In Mexico City gibt es nur einen einzigen Dealer: Lupita. Sie ist seit zwanzig Jahren im Geschäft. Sie fing an mit einem Gramm Junk, und am Ende hatte sie das Junk-Monopol für ganz Mexico City. Sie wog dreihundert Pfund und griff zu Junk, weil sie abnehmen wollte, doch nur ihr Gesicht magerte ab, und der Rest blieb wie er war. So ungefähr jeden Monat schafft sie sich einen neuen Liebhaber an, schenkt ihm Hemden und Anzüge und Armbanduhren, und wenn sie ihn satt hat, jagt sie ihn wieder fort.

Lupita zahlt Schmiergelder und kann daher ihr Junk-Business so offen betreiben, als habe sie ein Lebensmittelgeschäft. Vor Polizeispitzeln braucht sie keine Angst zu haben, denn jeder Greifer im Bundesdistrikt weiß, daß sie mit Junk handelt. Sie hält Spritzbestecke in Einmachgläsern voll Alkohol bereit, damit die Junkies gleich bei ihr in der Kaschemme fixen und sauber wieder rausmarschieren können. Wenn ein Bulle gerade mal Geld für ein schnelles Bier braucht, stellt er sich bei ihr vor die Tür und wartet, bis einer herauskommt, der eine Dosis Junk bei sich hat. Für zehn Pesos ($ 1.25) läßt er ihn wieder laufen. Für zwanzig Pesos gibt er ihm seinen Junk zurück.

Hin und wieder kommt es vor, daß ein schlecht beratener Zeitgenosse anfängt, besseren Junk zu einem günstigeren Preis anzubieten. Doch damit kommt er nicht weit. Lupita hat ein sicheres Mittel dagegen: zehn Papierchen Junk für jeden, der ihr einen Pusher im Bundesdistrikt verrät. Dann ruft Lupita einen ihrer Freunde vom Rauschgiftdezernat an, und der Pusher wird aus dem Verkehr gezogen.

Nebenbei handelt Lupita auch mit heißer Ware. Wenn irgendwo ein lukrativer Einbruch stattgefunden hat, läßt sie auskundschaften, wer das Ding gedreht hat. Der Einbrecher muß ihren Preis akzeptieren, andernfalls verrät sie ihn an die Bullen, Lupita ist über alles informiert, was sich in den niederen Rängen der Unterwelt von Mexico City abspielt. Sie sitzt da wie eine aztekische Gottheit und verhökert ihre Papierchen.

Lupita verkauft ihren Junk in gefalzten Papierchen. Angeblich soll es Heroin sein. In Wirklichkeit ist es Pantopon, verschnitten mit Milchzucker und einem üblen Scheißdreck, der wie Sand aussieht und nach dem Aufkochen vollständig im Löffel zurückbleibt.

Ike – der alte Junkie, den ich bei meinem Anwalt kennengelernt hatte – begann mir Lupitas Papierchen zu besorgen. Ich war zu diesem Zeitpunkt gerade drei Monate sauber gewesen. Ich brauchte nur drei Tage, um wieder süchtig zu werden.

Ein Junkie kann seit zehn Jahren keinen Stoff mehr genommen haben und in weniger als einer Woche wieder süchtig sein; während ein Neuling sich zwei Monate lang Tag für Tag zwei Spritzen reinhauen müßte, um überhaupt so etwas wie eine Sucht zu entwickeln. Als ich anfing, setzte ich mir vier Monate lang täglich einen Schuß, ehe ich nach einem Tag ohne Junk die ersten Abstinenzerscheinungen verspürte. Man kann die äußeren Symptome der Suchtkrankheit einzeln aufzählen; doch für das, was man dabei empfindet, gibt es keine Vergleiche – es läßt sich mit Worten nicht beschreiben. Was es heißt, suchtkrank zu sein, wurde mir erst klar, als ich schon meine zweite Sucht hatte.

Die Frage ist: woran liegt es, daß ein Junkie – auch wenn er jahrelang sauber gewesen ist – so schnell wieder süchtig wird, während ein Neuling viel länger dazu braucht. Ich halte nichts von der Theorie, daß der Junk die ganze Zeit im Körper auf der Lauer liegt (angeblich soll er sich im Rückenmark verschanzen), und ich lehne auch sämtliche psychologischen Erklärungsversuche ab. Ich glaube vielmehr, daß der anhaltende Gebrauch von Junk eine bleibende Veränderung der Zellen bewirkt. Einmal Junkie, immer Junkie. Man kann mit Junk aufhören, aber nach der ersten Sucht kommt man nie mehr ganz davon los.

Als meine Frau merkte, daß ich wieder süchtig wurde, tat sie etwas, was sie noch nie getan hatte. Ich kochte mir gerade einen Schuß auf – zwei Tage, nachdem ich über Old Ike meinen ersten Kauf getätigt hatte. Meine Frau riß mir den Löffel aus der Hand und kippte die Lösung auf den Boden. Ich schlug ihr links und rechts eine rein, sie warf sich schluchzend aufs Bett, dann drehte sie sich zu mir um und sagte: »Willst du überhaupt nichts anderes mehr machen? Du weißt doch, wie dich alles langweilt, wenn du ne Sucht hast. Es ist, als würden alle Lichter ausgehen. Ach, mach doch was du willst. Wahrscheinlich hast du sowieso noch was unter Verputz.«

Ich hatte noch etwas unter Verputz.

Lupitas Papierchen kosten fünfzehn Pesos pro Stück – etwa zwei Dollar. Doch sie sind nur halb so stark wie eine Zwei-Dollar-Kapsel in den Staaten. Wenn man auch nur einigermaßen süchtig ist, braucht man zwei Papierchen, um sich notdürftig zu fixen. Um sich richtig vollzupumpen, würde man vier brauchen. Das fand ich nun doch unverschämt teuer. Da in Mexiko alles billiger war, erwartete ich auch für Junk einen günstigeren Preis. Doch da saß ich nun und bezahlte mehr als in den USA, und das für einen Junk, der erheblich schlechter war. Ike meinte: »Sie muß den Preis so hoch ansetzen, damit das Schmiergeld für die Bullen dabei rausspringt.«

»Und was ist mit Rezepten?«, fragte ich ihn.

Er sagte, die Ärzte dürften nur Morphiumlösung verschreiben. Die Höchstmenge sei fünfzehn Centogramos (etwa zweieinhalb Gran) pro Rezept. Ich rechnete mir aus, daß uns das wesentlich billiger kommen würde als bei Lupita. Wir begannen also, die Medizinmänner abzuklappern. Wir machten mehrere ausfindig, die uns das Rezept für fünf Pesos ausstellten.

Ein Rezept reicht für einen Tag, falls man seine Sucht in Grenzen hält. Das Problem ist nur: Rezepte sind leichter zu bekommen als einzulösen. Wenn man endlich einen Drugstore gefunden hat, der das Rezept annimmt, kann es passieren, daß der Apotheker den Junk für sich behält und einem destilliertes Wasser andreht. Oder er hat überhaupt kein M da und füllt einem einfach sonstwas in die Flasche. Ich habe mehr als einmal erlebt, daß man mir für ein Rezept irgendein undefinierbares Zeug in Pulverform gab. Hätte ich mir diesen Scheißdreck gespritzt, wäre ich wohl nicht mehr am Leben.

Die Weißkittel in Mexiko sind anders als die in den Staaten. Sie kommen einem nie mit ihrem Standesethos an. Wenn einer bereit ist, ein Rezept auszustellen, dann tut er es, ohne sich erst eine lange Geschichte erzählen zu lassen. Mexico City hat einen derart hohen Prozentsatz an Ärzten, daß viele von ihnen nur mit Mühe über die Runden kommen. Ich kenne welche, die buchstäblich verhungern würden, wenn sie keine Morphiumrezepte ausstellen könnten. Sie haben keine Patienten außer Junkies – falls man Junkies als Patienten bezeichnen kann.

Ich finanzierte außer meiner eigenen Sucht auch noch die von Ike, und das ging ins Geld. Ich fragte ihn deshalb, ob man in Mexico City nicht pushen könne. Er sagte, es sei unmöglich.

»Du würdest keine Woche durchhalten. Sicher, du kannst jede Menge Kunden auftreiben, die dir fünfzehn Pesos zahlen für einen Schuß von diesem guten M, wie wirs auf Rezept kriegen. Aber sobald sie mal suchtkrank und pleite aufwachen, gehn sie sofort zu Lupita und stecken es ihr für ein paar Papierchen. Oder sie werden von den Bullen hopps genommen und machen sofort das Maul auf. Manche von ihnen brauchen erst gar keine Aufforderung. Die sagen sofort: ›Laßt mich laufen und ich verrat' euch einen Pusher.‹ Dann schickt man sie mit markiertem Geld los, und schon hockst du in der Scheiße. Für Pushen gibts hier acht Jahre. Und Kaution ist nicht drin. Zu mir kommen sie ständig gelaufen und sagen: ›Ike, wir wissen, daß du Stoff auf Rezept kriegst. Da hast du fünfzig Pesos. Besorg mir 'n Rezept.‹ Manchmal bringen sie ne Uhr oder 'n Anzug angeschleppt. Ich sag jedesmal, ich wär runter von dem

Zeug. Klar, ich könnte zweihundert Pesos pro Tag machen, aber ich würde nichtmal ne Woche durchhalten.«

»Kannst du nicht wenigstens fünf oder sechs zuverlässige Kunden auftreiben?«, fragte ich.

»Ich kenn hier in Mexico City jeden, der hip ist. Und ich würde keinem über den Weg trauen. Keinem einzigen.«

35

Anfangs konnten wir die Rezepte noch ohne große Schwierigkeiten einlösen. Doch nach ein paar Wochen stapelten sich die Rezepte in unseren Drugstores, und man ließ uns dort immer häufiger abblitzen. Es sah danach aus, als würden wir wieder bei Lupita landen. Ein- oder zweimal ging uns der Stoff aus, und wir mußten bei Lupita kaufen. Das gute M auf Rezept hatte unseren Konsum in die Höhe getrieben, und wir brauchten zwei von Lupitas Fünfzehn-Peso-Dingern, um uns notdürftig zu fixen. Dreißig Pesos für einen Schuß, das war mehr als ich mir leisten konnte. Ich mußte meine Sucht entweder soweit drücken, daß ich mit zwei von Lupitas Papierchen am Tag auskam – oder ich mußte mir eine andere Quelle suchen.

Einer von unseren Weißkitteln machte Ike den Vorschlag, er solle sich von der Regierung eine Genehmigung besorgen. Ike erklärte mir, die mexikanische Regierung gebe Bezugsscheine aus, mit denen man jeden Monat eine bestimmte Menge Morphium zu Großhandelspreisen kaufen könne. Für hundert Pesos sei der Weißkittel bereit, den Antrag zu befürworten. »Na, dann stell mal deinen Antrag«, sagte ich und gab ihm das Geld. Ich versprach mir nichts davon, doch der Deal ging tatsächlich über die Bühne. Zehn Tage später hatte er seinen amtlichen Bezugsschein für fünfzehn Gramm Morphium pro Monat. Der Wisch war unterschrieben von unserem Weißkittel und vom Direktor des Gesundheitsamts. Er konnte damit in jeden Drugstore und sich das ganze Zeug auf einen Schlag abholen.

Der Preis war etwa zwei Dollar pro Gramm. Ich erinnere mich noch genau, wie er das erste Mal mit seinem Bezugsschein einkaufen ging. Eine ganze Schachtel voll Morphium-Ampullen. Der Traum jedes Junkies. Ich hatte noch nie so viel Morphium auf einem Haufen gesehen. Ich gab ihm das Geld, und wir teilten uns den Stoff. Sieben Gramm im Monat, das hieß etwa drei Gran pro Tag – mehr als ich je in den Staaten gehabt hatte. Für dreißig Dollar im Monat hatte ich jetzt mehr Junk, als ich mir in den Staaten für dreihundert Dollar im Monat besorgt hatte.

36

Während dieser ganzen Zeit vermied ich jeden Kontakt mit den anderen Junkies in Mexico City. Die meisten beschaffen sich das Geld für ihren Stoff durch Diebstahl. Sie sind ständig heiß und können daher von der Polizei leicht zu Spitzeldiensten gezwungen werden. Keinem einzigen von ihnen ist zu trauen. Wer sich mit diesen Figuren einläßt, hat nichts Gutes zu erwarten.

Ike klaute nicht. Er hielt sich über Wasser, indem er Armreifen und Medaillons verkaufte, die wie Silber aussahen. Vor den Käufern mußte er sich hinterher in acht nehmen, denn sein angebliches Silber wurde innerhalb weniger Stunden schwarz. Ein- oder zweimal wurde er gefaßt und bekam eine Anklage wegen Betrugs, aber ich holte ihn jedesmal wieder heraus, indem ich seine Geldstrafe bezahlte. Ich sagte ihm, er solle sich etwas Legales einfallen lassen, und er verlegte sich auf den Handel mit Kruzifixen.

In den Staaten hatte sich Ike als Warenhausdieb betätigt. In Chicago, behauptete er, habe er jeden Tag hundert Dollar angeschafft. Er machte es mit einem Koffer, in den er seitlich Anzüge hineinstopfte. Die Seitenwand war so konstruiert, daß sie nach innen klappte und anschließend von selbst wieder zuschnappte. Er gab das ganze Geld für Kokain und Morphium aus.

In Mexiko dagegen verkniff er sich das Stehlen. Sogar die raffiniertesten Diebe, sagte er, säßen hier die meiste Zeit hinter Gittern. Gewohnheitsdiebe können in Mexiko ohne Prozeß in die ›Tres Marias‹ Strafkolonie gesteckt werden. Es gibt hier in diesem Gewerbe keinen Mittelstand, keine ›white-collar‹ Diebe, die es zu einem guten Einkommen bringen, so wie in den Staaten. Es gibt nur die großen Absahner mit politischen Beziehungen, und es gibt die kleinen Strauchdiebe, die ihre halbe Zeit im Knast verbringen. Die Großen sind in der Regel Polizeichefs oder andere hohe Beamte. So liegen die Dinge in Mexiko, und Ike hatte nicht die nötigen Beziehungen, um groß einsteigen zu können.

Ein Junkie, den ich von Zeit zu Zeit sah, war ein dunkelhäutiger Typ aus Yucatan, der von Ike immer nur als »Der schwarze Bastard« bezeichnet wurde. Der schwarze Bastard handelte ebenfalls mit Kruzifixen, allerdings aus innerer Überzeugung: er war sehr religiös und machte jedes Jahr eine Pilgerfahrt nach Chalma, wo er die letzten vierhundert Meter auf Knien über den steinigen Boden rutschte und sich dabei von zwei Leuten stützen ließ. Der Fix reichte dann jeweils für ein Jahr.

Die Madonna von Chalma scheint die Schutzheilige der Junkies und kleinen Diebe zu sein, denn Lupitas Kunden machen alle einmal im Jahr ihre Wallfahrt. Der schwarze Bastard mietet sich in der Kirche einen Verkaufsstand und verscherbelt Junk von unverschämt mieser Qualität. Das Zeug besteht fast nur noch aus Milchzucker.

Der schwarze Bastard lief mir hin und wieder über den Weg, und von Ike bekam ich regelmäßig etwas über ihn zu hören. Ike haßte den schwarzen Bastard, wie nur ein Junkie den anderen hassen kann. »Jetzt hat mir der schwarze Bastard diesen Drugstore versaut. Latscht da rein und behauptet, ich hätt' ihn geschickt. Der Apotheker nimmt natürlich ab sofort kein Rezept mehr an.«

Ich ritt mich von Monat zu Monat tiefer rein. Am Monatsende wurde uns immer der Stoff knapp, und wir mußten einige Rezepte einlösen. Sobald mir der Stoff ausging, bekam ich es mit der Angst. So richtig wohl fühlte ich mich erst, wenn ich diese sieben *gramos* sicher unter Verputz hatte.

Einmal steckten sie Ike wegen Landstreicherei für fünfzehn Tage ins Stadtgefängnis – das »Carmen«, wie es im Volksmund heißt. Ich war knapp bei Kasse und konnte seine Geldstrafe nicht bezahlen. Erst nach drei Tagen konnte ich zu ihm rein. Sein Körper war zusammengeschrumpft, seine Backenknochen standen heraus, seine braunen Augen hatten vor Schmerz einen fiebrigen Glanz. Ich hatte zuhause ein Stückchen Opium in Zellophan gewickelt und mir in den Mund gesteckt. Das spuckte ich jetzt auf eine halbierte Orange, die ich Ike gab. In zwanzig Minuten war er voll im Tran.

Ich sah mich auf dem Gefängnishof um. Es war auffallend, wie sehr sich die Junkies von den anderen abhoben. Genau wie die Schwuchteln, die in einer Ecke des Hofes posierten und keiften. Die Junkies standen in einer Gruppe beisammen, unterhielten sich und gaben sich gegenseitig das Junkie-Erkennungszeichen.

Junkies sieht man immer nur mit Hut – vorausgesetzt, sie haben einen. Sie sehen alle gleich aus, als seien sie auf eine merkwürdige nicht näher definierbare Weise uniformiert: Der Junk hat ihnen allen sein Brandzeichen aufgedrückt.

Ike erzählte mir, daß die Häftlinge oft einem Neuankömmling die Hose stahlen. »Da kannst du mal sehen, was für ein lausiges Volk hier drin sitzt.« Tatsächlich sah ich mehrere Männer, die in Unterhosen herumliefen. Der Commandante pflegte sich Frauen und Verwandte zu greifen, die einem Häftling ein Papierchen Junk bringen wollten, und sie bis aufs Hemd auszuplündern. Er erwischte eine Frau, die ein Papierchen für ihren Mann dabei hatte. In ihrem Geldbeutel fand er leider nur fünf Pesos. Also zog er ihr einfach das Kleid über den Kopf, verscheuerte es für fünfzehn Pesos, und die Frau mußte sich in einem alten verlausten Bettlaken auf den Heimweg machen.

In dem Laden wimmelte es von Spitzeln. Ike traute sich nicht, einen Teil des Opiums für später aufzuheben; er hatte Angst, die anderen Häftlinge würden es ihm abnehmen oder ihn beim Commandante anschwärzen.

37

Mein Leben reduzierte sich mehr und mehr darauf, zuhause herumzusitzen und mir drei- oder viermal am Tag eine Spritze zu verpassen. Um mich mit irgend etwas zu beschäftigen, schrieb ich mich am Mexico City College ein. Die Studenten waren ein ziemlich trauriger Verein, aber das machte mir nichts aus. Ich suchte hier schließlich keine Bettgenossen.

Wenn man auf ein Jahr Junk zurückblickt, hat man den Eindruck, als sei die Zeit stehengeblieben. Nur die Perioden der Suchtkrankheit haben sich eingeprägt. Man erinnert sich an die ersten Spritzen, mit denen man sich eine Sucht aufhalste, und man erinnert sich wieder an die ersten Spritzen nach einem schweren Entzug.

(Selbst in Mexiko gibt es immer wieder Tage, an denen alles schiefgeht. Der Drugstore ist geschlossen; oder der Junge, der einen immer bediente, hat gerade frei; der Weißkittel ist irgendwo auf dem Land bei einer Fiesta; man hat keine Möglichkeit, an Junk heranzukommen.)

Monatsende. Der Junk war wieder einmal alle, und ich war suchtkrank. Ich wartete darauf, daß Old Ike mit einem Morphium-Rezept aufkreuzte. Ein Junkie verbringt die halbe Zeit mit Warten.

Wir hatten eine streunende Katze im Haus, die wir durchfütterten; ein häßliches graues Vieh. Ich hob sie hoch, setzte sie bei mir auf den Schoß und streichelte sie. Sie wollte wieder runter, aber ich ließ sie nicht los. Sie maunzte und versuchte sich freizumachen.

Ich beugte mich zu ihr herunter, bis sich unsere Nasen fast berührten. Sie stemmte sich mit der einen Tatze gegen mein Gesicht und brachte mir einen leichten Kratzer bei. Der Kratzer war nicht ernst gemeint, aber er genügte, um bei mir die Sicherung durchbrennen zu lassen. Ich hielt die Katze auf Armeslänge von mir ab und begann mit meiner freien Hand auf sie einzuschlagen. Das Tier kreischte und fauchte und zerkratzte mir den linken Unterarm und beide Hände. Gleichzeitig pißte es mir die ganze Hose voll. Ich schlug weiter mit meinen blutig gekratzten Händen auf die Katze ein. Sie wand sich aus meinem Griff und flüchtete in die Besenkammer. Ich hörte, wie sie da drin vor Angst heulte und jammerte.

»Das Scheißvieh mach ich fertig«, sagte ich laut und griff mir einen dicken Stock. Der Schweiß lief mir übers ganze Gesicht. Ich zitterte vor Erregung. Ich leckte mir über die Lippen und ging langsam auf die Besenkammer zu; bereit, jeden Fluchtversuch zu verhindern.

An dieser Stelle ging meine Frau dazwischen, und ich legte den Stock weg. Die Katze kam aus der Besenkammer herausgerannt und flitzte die Treppe hinunter.

38

Ike brachte mir gelegentlich Kokain, wenn er welches auftreiben konnte. An Coke ist in Mexiko schwer heranzukommen. Wirklich astreines Coke hatte ich mir bis dahin noch nie gespritzt. Coke ist der reine Kick. Es bringt einen auf Anhieb hoch; ein automatisches High, das allerdings so schnell wieder verschwindet, wie es gekommen ist. Ich kenne nichts, was einen so schnell high macht wie C; doch nach zehn Minuten ist schon wieder alles vorbei und man lechzt nach dem nächsten Schuß.

Solange man C spritzt, nimmt man gleichzeitig auch mehr M, um dem C-Kick die Spitze zu nehmen und den Genuß zu verlängern. Ohne M wird man von Coke leicht kirre, und man riskiert außerdem ständig eine Überdosis. Bei C gibt es keine Toleranzgrenze. Man kann im voraus nie abschätzen, ob eine Dosis noch im Sicherheitsbereich liegt oder nicht. Mehrere Male erwischte ich zuviel, es wurde mir schwarz vor den Augen, und mein Puls drehte durch. Glücklicherweise hatte ich immer genügend M zur Hand, und nach einem Schuß M war ich sofort wieder in Ordnung.

Wenn man eine Sucht hat, ist Junk eine biologische Notwendigkeit; es ist wie ein unsichtbarer gefräßiger Mund. Nach einem Schuß Junk ist man gesättigt wie nach einer opulenten Mahlzeit. Bei C dagegen möchte man sich sofort wieder eine Dosis reinhauen. Wenn man C im Haus hat, setzt man keinen Fuß vor die Tür, bis der Vorrat restlos aufgebraucht ist. Man setzt sich einen Schuß nach dem anderen, um sich das High zu erhalten. Doch sobald der Stoffwechsel die letzten Spuren von C verarbeitet hat, vergißt man das ganze wieder. Coke führt zu keinerlei körperlicher Abhängigkeit.

39

Junk schließt den Sexualtrieb kurz. Da das Bedürfnis nach nichtsexuellen Kontakten offenbar aus der gleichen Ecke kommt wie der Sexualtrieb, habe ich während einer Heroin- oder Morphiumsucht nicht das geringste Verlangen nach gesellschaftlichem Umgang. Wenn jemand mit mir reden will – na gut, soll er. Aber ich verspüre keine Lust, mich näher mit ihm einzulassen. Wenn ich dagegen von Junk herunterkomme, werde ich oft derart kontaktfreudig und hemmungslos, daß ich auf jeden einrede, der stillhält.

Junk nimmt einem alles und gibt einem dafür nichts weiter als die vorläufige Garantie, daß man von den Qualen des Entzugs verschont bleibt. Immer wieder sah ich mir den Deal, auf den ich mich da eingelassen hatte, sehr nüchtern an und beschloß, die Kur zu machen. Wenn man regelmäßig seinen Junk hat, kommt einem das Aufhören ganz leicht vor. Man sagt sich: »Diese Spritzen bringen mir überhaupt keinen Kick mehr. Könnte genauso gut damit aufhören.« Doch sobald man die Sucht soweit reduziert, daß man Entzugserscheinungen bekommt, sieht die Sache plötzlich ganz anders aus.

Während der zwölf Monate, die ich in Mexiko auf Junk war, fing ich fünfmal mit einer Kur an. Ich versuchte es mit der Reduktionskur, ich versuchte es mit der chinesischen Kur, doch es klappte nie.

Als ich mit der chinesischen Kur eingebrochen war, machte ich mir eine Anzahl Papierchen zurecht, die meine Frau verstecken und mir nach einem festen Plan verabreichen sollte. Ike half mir beim Abfüllen, doch er verschätzte sich immer wieder und setzte die Dosis der ersten Papierchen so hoch an, daß überhaupt kein Reduktionsschema dabei zustandekam. Ich fing noch einmal von vorne an und machte mir meinen Reduktionsplan selbst. Eine Zeitlang hielt ich mich daran, aber zum Durchhalten fehlte mir einfach der nötige Antrieb. Ich besorgte mir nebenbei noch Stoff von Ike und erfand für jeden Schuß außer der Reihe eine Ausrede.

Ich wußte, daß ich mit Junk nicht weitermachen wollte. Wäre ich auch nur zu einem einzigen Entschluß fähig gewesen, so hätte er für mich geheißen: Nie mehr Junk! Doch als es dann ans Aufhören ging, fehlte mir der Drive dazu. Ich kam mir erschreckend hilflos vor, während ich mit ansah, wie ich einen Reduktionsplan nach dem anderen über den Haufen warf, als hätte ich restlos die Kontrolle über mich verloren.

40

Im April wachte ich eines Morgens mit leichten Entzugserscheinungen auf. Ich lag da und sah mir das Spiel der Schatten an der weiß gekalkten Zimmerdecke an. Ich erinnerte mich daran, wie ich als Kind oft neben meiner Mutter im Bett gelegen und den Lichtkegeln der Autoscheinwerfer zugesehen hatte, die an der Decke entlang und über die Wände des Schlafzimmers glitten. Ich empfand, fast wie einen körperlichen Schmerz, ein nostalgisches Heimweh nach dem Pfiff der Lokomotiven, den Klängen eines Klaviers aus dem Haus unten an der Straße, den qualmenden Blätterhaufen im Spätherbst.

Schwache Anzeichen von Suchtkrankheit brachten mir regelmäßig diese magischen Kindheitserinnerungen zurück »Es kommt wie das Amen in der Kirche«, dachte ich. »Genau wie die Wirkung nach einem Schuß. Ob das bei allen Junkies so ist, daß sie diesen märchenhaften Fix als kostenlose Dreingabe kriegen?«

Ich ging ins Badezimmer, um mir den nächsten Schuß zu setzen. Es dauerte lange, bis ich eine Vene traf. Zweimal verstopfte das Blut die Kanüle. Blut lief mir am Arm herunter. Der Junk sickerte durch meinen Körper. Wieder hatte ich mir eine Prise Tod injiziert. Der Traum war verflogen. Ich sah dem Blut zu, das mir vom Ellbogen bis ans Handgelenk herunterlief und empfand plötzlich Mitleid mit den gequälten Venen, dem zerstochenen Gewebe. Behutsam wischte ich mir das Blut ab.

»Ich höre auf«, sagte ich laut.

Ich rührte mir eine Opiumtinktur zusammen und sagte zu Ike, er solle mir für ein paar Tage vom Hals bleiben. »Ich wünsch dir, daß du's schaffst, Kid«, sagte er. »Ich hoffe, du kommst von dem Zeug runter. Der Schlag soll mich treffen, wenn ichs nicht ehrlich meine.«

Nach 48 Stunden war der letzte Rest Morphium in meinem Körper verbraucht. Die Tinktur half mir nur knapp über die ärgsten Schmerzen des Entzugs hinweg. Ich trank fast die ganze Flasche aus, schluckte zwei Nembutals hinterher und schlief einige Stunden. Als ich aufwachte, waren meine Kleider durchnäßt von Schweiß. Meine Augen tränten und schmerzten. Es juckte mich am ganzen Körper, als sei ich überall entzündet. Ich wälzte mich auf dem Bett herum, bog den Rücken durch, streckte meine Arme und Beine. Ich zog mir die Beine unters Kinn und preßte die Hände zwischen die Schenkel. Der Druck meiner Hände löste prompt den unfreiwilligen Orgasmus aus, wie er im überreizten Zustand der Suchtkrankheit regelmäßig auftritt. Ich stand auf und wechselte die Unterwäsche.

In der Flasche war noch ein Rest Tinktur. Ich trank die Brühe aus, ging in den nächsten Drugstore und kaufte mir vier Röhrchen Codein-Tabletten. Ich nahm die Tabletten mit heißem Tee ein und fühlte mich wieder besser.

Ike fand das nicht richtig. »Du gehst da viel zu schnell ran. Komm, ich mix dir mal ne richtige Tinktur.« Ich hörte, wie er in der Küche etwas zusammenbraute und dazu seinen Singsang abzog: »Eine Prise Zimt, damit ihm das Zeug nicht gleich hochkommt ... ein bißchen Salbei gegen den Dünnschiß ... ein paar Nelken für die Blutreinigung ...«

Es war eine schauderhafte Mixtur, aber sie drückte meine Entzugserscheinungen soweit herunter, daß ich mich immer ein bißchen high fühlte. Ich war nicht high von dem Opium – ich war high von der Reizüberflutung des Entzugs. Mit Junk spritzt man sich Tod auf Raten, und der Körper befindet sich ständig im Alarmzustand. Wenn der Junk ausbleibt, antwortet der Körper mit Kurzschlußreaktionen. Der Süchtige wird hochgradig empfindlich; er wird sich schmerzlich bewußt, wie sehr er seinen vegetativen Funktionen ausgeliefert ist; Darmtätigkeit und Schließmuskel geraten außer Kontrolle. Gleichgültig, wie alt der Süchtige sein mag – während des Entzugs können seine Emotionen über die Stränge schlagen wie bei einem Kind oder einem Halbwüchsigen.

Als ich Ike's Mixtur etwa drei Tage lang genommen hatte, begann ich zu trinken. Bis dahin hatte ich während einer Sucht oder im Entzug nie Alkohol trinken können. Doch es ist ein Unterschied, ob man Rohopium zu sich nimmt oder sich das weiße Zeug spritzt. Opium verträgt sich mit Alkohol.

Anfangs begann ich erst nachmittags um 5 mit dem Trinken; nach einer Woche fing ich schon morgens um 8 damit an, war den ganzen Tag und bis in die Nacht hinein im Suff und wachte am nächsten Morgen immer noch betrunken auf.

Jeden Morgen nach dem Aufwachen nahm ich Benzedrin, Sanicin und ein Stück Opium mit schwarzem Kaffee und einem Glas Tequila ein. Dann legte ich mich wieder lang, machte die Augen zu und versuchte mich an die Ereignisse des vergangenen Tages und Abends zu erinnern. Oft setzte die Erinnerung schon mit dem frühen Nachmittag des letzten Tages aus. Manchmal erwacht man aus einem Traum und denkt: ›Gott sei Dank, daß ich das nicht wirklich getan habe!‹ Wenn man dagegen Mattscheibe hatte und sich plötzlich wieder an Einzelheiten erinnert, sagt man sich: ›Mein Gott, habe ich das etwa wirklich getan?‹ Die Grenze zwischen Denken und Aussprechen verwischt sich. Hat man es nur gedacht, oder hat man es tatsächlich ausgesprochen?

Nach zehn Tagen dieser Roßkur war ich erschreckend heruntergekommen. Meine Kleider waren fleckig und steif von den vielen Drinks, die ich verschüttet hatte. Ich nahm nie ein Bad. Ich hatte abgenommen, meine Hände zitterten, ständig verschüttete ich etwas, warf Stühle um und fiel hin. Doch meine Energie schien unerschöpflich zu sein, und ich vertrug mehr Alkohol als je zuvor. Meine Emotionen waren nicht zu bändigen. Ich entwickelte ein geradezu zwanghaftes Mitteilungsbedürfnis und redete auf jeden ein, den ich festnageln konnte. Wildfremden Leuten rückte ich mit widerwärtig intimen Bekenntnissen auf den Leib, und mehrmals ließ ich mich zu plumpen Annäherungsversuchen hinreißen, obwohl der Betreffende nicht das geringste Interesse zeigte.

Ike schaute alle paar Tage bei mir vorbei. »Freut mich zu sehen, daß du von dem Zeug runterkommst, Bill. Der Schlag soll mich treffen, wenn ichs nicht ehrlich meine. Aber ich laß dir für alle Fälle mal fünf Centogramos M da – falls es zu schlimm wird und du anfängst zu kotzen.«

Meine Trinkerei machte ihm große Sorgen. »Du säufst, Bill. Du säufst und drehst langsam durch. Du siehst schauderhaft aus. Dein Gesicht ist zum Fürchten. Es wär besser, du fängst wieder mit dem Stoff an, als daß du so weitersäufst.«

41

Eine schmierige Cantina in einer Seitenstraße der Dolores Street, Mexico City. Meine Trinkerei dauerte jetzt schon annähernd zwei Wochen. Ich saß mit drei Mexikanern in einer Nische und trank Tequila. Die Mexikaner waren ziemlich gut gekleidet. Einer von ihnen sprach Englisch. Ein untersetzter Mexikaner in mittleren Jahren mit einem traurigen Kindergesicht sang irgendwelche Lieder und begleitete sich auf der Gitarre. Ich war ihm dankbar dafür, denn so brauchte ich mich wenigstens nicht zu unterhalten.

Fünf Bullen kamen herein. Ich rechnete damit, gefilzt zu werden, deshalb machte ich mein Pistolenhalfter ab und ließ es unter den Tisch fallen. Eine Schachtel Zigaretten, in der ich ein Stück Opium verstaut hatte, warf ich hinterher. Die Bullen kippten ein Bier und gingen wieder.

Als ich unter den Tisch langte, war die Kanone weg. Nur noch das leere Halfter lag da.

Dann saß ich in einer anderen Pinte. Bei mir war der Mexikaner, der Englisch sprach. Der Sänger und die beiden anderen waren verschwunden. Ein trübes gelbliches Licht waberte durch den Raum. Über der Mahagoni-Theke hing ein leicht angeschimmelter Stierkopf. Die

Wände waren dekoriert mit Fotos von Stierkämpfern, einige davon mit handschriftlichen Widmungen. In das Milchglas der Schwingtür war das Wort »Saloon« eingeätzt. Ich ertappte mich dabei, wie ich immer wieder das Wort »Saloon« las. Ich hatte das Gefühl, als sei ich mitten in eine Unterhaltung hineingeplatzt.

Aus dem Gesichtsausdruck des Mannes schloß ich, daß ich gerade einen Satz angefangen hatte. Doch ich wußte nicht mehr, was ich sagen wollte oder wovon wir überhaupt sprachen. ›Wahrscheinlich geht es darum, daß ich die Knarre wieder von ihm zurückkaufen will‹, dachte ich. Jetzt fiel mir auf, daß der Mann das Stück Opium in der Hand hielt und zwischen den Fingern hin und her drehte.

»Du meinst also, ich sehe aus wie ein Junkie, hm?«, sagte er.

Ich sah ihn an. Er hatte ein hageres Gesicht mit hoch hervorstehenden Backenknochen. Seine Augen hatten die graubraune Farbe, wie man sie oft bei Mestizen antrifft. Er trug einen hellgrauen Anzug mit Krawatte. Seine schmalen Lippen und nach unten gezogenen Mundwinkel ließen einen Junkie vermuten. Es gibt Menschen, die wie Junkies aussehen, aber keine sind; genau wie manche schwul wirken, ohne es zu sein. Mit solchen Leuten gibt es immer Ärger.

»Ich werde mal die Bullen anrufen«, sagte er und griff nach einem Telefon auf einem Schwenkarm.

Ich schlug ihm den Hörer aus der Hand und stieß ihn so heftig gegen die Theke, daß er davon zurückprallte. Der Mann lächelte mich an. Seine Zähne hatten einen braunen Belag. Er drehte sich um, rief den Barkeeper zu sich her und zeigte ihm das Opium. Ich ging hinaus und nahm mir ein Taxi nach Hause.

Ich erinnere mich, daß ich zurück in meine Wohnung ging, um mir eine andere Kanone zu holen, einen schwerkalibrigen Revolver. Ich war hysterisch vor Wut, kann mir heute allerdings nicht mehr erklären, warum.

Ich stieg aus einem Taxi, ging die Straße hinunter und

betrat die Bar. Der Mann lehnte an der Theke, seine graue Jacke fest um seine mageren Schultern gezogen. Er sah mir entgegen. Sein Gesicht war völlig ausdruckslos.

»So«, sagte ich, »du gehst jetzt vor mir raus.«

»Warum denn, Bill?«, fragte er.

»Los, beweg dich!«

Mit einer raschen Bewegung zog ich den Revolver aus dem Hosenbund, spannte noch im Ziehen den Hahn und drückte ihm die Mündung in den Bauch. Mit der linken Hand packte ich ihn am Jackenaufschlag und stieß ihn gegen die Theke. Erst später fiel mir auf, daß mich der Mann mit meinem Vornamen angeredet hatte. Der Barkeeper kannte meinen Namen wahrscheinlich auch.

Der Mann war vollkommen ruhig, sein Gesicht blieb so ausdruckslos wie es war und verriet keinerlei Angst. Ich merkte, wie sich jemand von rechts hinten näherte. Ich drehte den Kopf halb zur Seite. Der Barkeeper kam mit einem Bullen angerückt. Ärgerlich über diese Einmischung drehte ich mich um und schob dem Bullen meine Knarre vor den Bauch.

»Wer hat dir gesagt, daß du hier mitmischen sollst?«, fragte ich auf Englisch. Ich sprach nicht mit einem konkreten dreidimensionalen Bullen. Ich sprach mit dem Bullen aus meinen Träumen – einem unangenehmen düsteren Menschen von undefinierbarem Äußeren, der immer dann hereingeplatzt kam, wenn ich mir gerade einen Schuß setzen oder mit einem Jungen ins Bett steigen wollte.

Der Barkeeper packte meinen Arm und bog ihn seitwärts vom Bauch des Bullen weg. Der Bulle zog in aller Gemütsruhe seinen zerschrammten 45er Colt und drückte mir den Lauf zwischen die Rippen. Ich spürte das kalte Metall durch mein dünnes Baumwollhemd hindurch. Der Bulle war so gelassen, daß er nicht einmal seinen Bierbauch einzog. Ich lockerte den Griff meiner rechten Hand, in der ich die Knarre hielt. Ich spürte, wie mir die Waffe aus den Fingern glitt und zu Boden fiel. Ich hob beide Hände bis in Schulterhöhe und ergab mich.

»Schon gut, schon gut«, sagte ich, und dann fügte ich noch hinzu: *»bueno«*.

Der Bulle steckte seinen Colt weg. Der Barkeeper lehnte sich an die Theke und besah sich meine Kanone. Der Mann im grauen Anzug stand mit seinem gleichgültigen Gesichtsausdruck daneben.

»Esta cargado« (›Der ist geladen‹), sagte der Barkeeper. Er sah immer noch meinen Revolver an.

Am liebsten hätte ich gesagt »Ja natürlich – was nützt mir denn eine ungeladene Knarre?«, doch ich ließ es sein. Die Szene war so unwirklich und platt und nichtssagend, als hätte ich mich in den Traum eines anderen hineingedrängt. Ich kam mir vor wie ein Besoffener, der sich auf der Bühne verirrt hat.

Und für die anderen war auch ich eine unwirkliche Erscheinung, der Fremde aus einem anderen Land. Der Barkeeper sah mich halb neugierig, halb verständnislos an. Er zog leicht angewidert die Schultern hoch und steckte sich den Revolver in den Hosenbund. Es lag kein Haß auf ihren Gesichtern. Vielleicht hätten sie mich gehaßt, wenn ich ihnen näher gestanden hätte.

Der Bulle packte mich am Arm. *»Vámonos, gringo«*, sagte er.

Ich ging mit dem Bullen hinaus. Ich fühlte mich schlapp und konnte mich kaum auf den Beinen halten. Einmal geriet ich ins Stolpern, und der Bulle richtete mich wieder auf. Ich versuchte ihm klarzumachen, daß ich zwar kein Geld bei mir hätte, mir aber jederzeit etwas leihen könnte – *»de amigos«*. Mein Hirn machte nicht mehr richtig mit. Ich brachte Spanisch und Englisch durcheinander, und das Wort für »leihen« war in irgendwelchen Hirnwindungen verborgen, die der Alkohol restlos betäubt hatte. Der Bulle schüttelte den Kopf. Ich versuchte noch einmal, ihm die Sache plausibel zu machen. Plötzlich blieb er stehen.

»Andale, gringo«, sagte er und schubste mich leicht an. Er blieb eine Minute lang stehen und sah mir nach. Als ich

ein Stück die Straße hinunter war, drehte ich mich halb um und hob zum Abschied die Hand.Der Bulle reagierte nicht. Er machte kehrt und ging den Weg zurück, den er gekommen war.

Ich hatte noch einen Peso. Ich ging in eine Cantina und bestellte mir ein Bier. Es gab nur Flaschenbier, und der Peso reichte gerade für eine Flasche. Weiter hinten an der Theke standen einige junge Mexikaner, mit denen ich nach einer Weile ins Gespräch kam. Einer zeigte mir eine Secret-Service-Dienstmarke. ›Wahrscheinlich nachgemacht‹, sagte ich mir. Jede mexikanische Pinte hat ihren Angeber, der den Bullen mimt. Als nächstes hatte ich ein Glas Tequila vor mir stehen. Dann erinnerte ich mich nur noch an den sauren Geschmack der Zitrone, die ich ausgelutscht hatte, während ich den Tequila trank.

Am nächsten Morgen erwachte ich in einem fremden Zimmer. Ich sah mich um. Ein billiges Loch. Fünf Pesos. Ein Kleiderschrank, ein Stuhl, ein Tisch. Durch die zugezogenen Vorhänge hindurch sah ich draußen Passanten vorbeigehen. Also Erdgeschoß. Ein Teil meiner Klamotten lag auf dem Stuhl. Jacke und Hemd lagen auf dem Tisch.

Ich schwang die Beine aus dem Bett, saß eine Weile da und versuchte mich zu erinnern, was nach dem letzten Glas Tequila passiert war. Nichts. Mattscheibe. Ich stand auf und sah meine Taschen durch. ›Füllhalter weg ... naja, der lief sowieso immer aus... nie einen gehabt, der dicht hielt... Taschenmesser weg... auch nicht weiter schlimm...‹ Ich begann mich anzuziehen. Meine Hände zitterten. ›Muß unbedingt sehen, wie ich zu ein paar Glas Bier komme... vielleicht kann ich Rollins jetzt bei sich zuhause erwischen.‹

Es war ein langer Weg. Ich traf Rollins vor dem Haus. Er führte gerade seinen norwegischen Jagdhund aus. Er war ein kräftig gebauter Mann, in meinem Alter, mit einem kantigen fotogenen Gesicht und drahtigen schwarzen Haaren, die an den Schläfen schon ein bißchen grau wurden. Er trug einen teuren, sportlich geschnittenen Mantel, ein

Paar Hosen aus schräg geripptem Kammgarn und eine Wildlederjacke. Wir kannten uns schon seit dreißig Jahren.

Rollins hörte sich an, was ich am Abend zuvor alles erlebt hatte. »Du riskierst Kopf und Kragen, wenn du noch länger mit diesem Schießeisen rumläufst«, sagte er. »Warum schleppst du das Ding in deinem Zustand mit dir rum? Du bist imstande und ballerst einfach wild drauflos. Auf der Insurgentes bist du zweimal gegen einen Baum gerannt. Und dann bist du direkt vor ein Auto gelaufen. Ich hab dich zurückgerissen, und du hast mir mit der Knarre gedroht. Da hab ich dich eben stehen lassen. ›Soll er doch sehen, wie er nach Hause kommt‹, hab ich mir gesagt. Es ist mir ein Rätsel, wie du das überhaupt geschafft hast. Jeder hat dich satt bis hier obenhin. Du führst dich auf wie der letzte Mensch. Ein Besoffener mit einem Schießeisen, das ist so ziemlich das letzte, was ich brauchen kann. Und den anderen geht es vermutlich genauso.«

»Ja, da hast du natürlich vollkommen recht«, sagte ich.

»Also ich helf dir gern, so gut ich kann. Aber erst mußt du mal was für deine Gesundheit tun und weniger saufen. Du siehst entsetzlich aus. Und dann solltest du dir überlegen, wie du zu Geld kommst. Und wo wir grade von Geld reden ... ich nehme an, du bist mal wieder pleite, wie üblich.« Rollings zückte seine Brieftasche. »Da hast du fünfzig Pesos. Mehr kann ich im Augenblick nicht für dich tun.«

Ich versoff die fünfzig Pesos. Gegen neun Uhr abends war das Geld alle, und ich ging zurück in mein Apartment. Ich legte mich hin und versuchte zu schlafen. Als ich die Augen zumachte, sah ich ein orientalisches Gesicht, bei dem eine Krankheit Lippen und Nase zerfressen hatte. Die Krankheit breitete sich aus, das Gesicht zerlief zu einer qualligen Masse, in der die Augen schwammen. Es waren die toten Augen einer Kellerassel. Langsam bildete sich um die Augen herum ein neues Gesicht, dann eine Reihe von Gesichtern, immer gräßlicher entstellt, unentzifferbar wie Hieroglyphen, und alles steuerte unaufhaltsam auf ein menschliches Endstadium zu – die menschliche Gestalt gab nach, und das widerliche tierische Monstrum, das in ihr herangewachsen war, brach hervor.

Ich beobachtete den Vorgang mit Interesse. ›Ich spinne‹, sagte ich. Es war eine ganz sachliche Feststellung.

Plötzlich schreckte ich hoch. Mein Herz schlug rasend schnell. Ich lag da und versuchte dahinter zu kommen, was mich so erschreckt hatte. Es war mir, als hätte ich unten im Haus ein leichtes Geräusch gehört. »Da ist jemand in der Wohnung«, sagte ich laut. Ich *wußte* es. Ich war mir ganz sicher.

Ich holte meinen Karabiner, Kaliber 30-30, aus dem Wandschrank. Meine Hände zitterten so sehr, daß ich Mühe hatte, das Gewehr zu laden. Mehrere Patronen fielen mir herunter, ehe ich schließlich zwei reinkriegte. Meine Beine knickten immer wieder unter mir ein. Ich ging die Treppe hinunter und knipste überall das Licht an. Nichts. Niemand.

Ich hatte die Motten, und außerdem war ich auch noch suchtkrank! ›Wie lang ist es her, seit ich mir den letzten Schuß gesetzt hab?‹, fragte ich mich. Ich wußte es nicht mehr. Ich begann die ganze Wohnung nach Junk abzusuchen. In einer Zimmerecke hatte ich vor einiger Zeit in einem Loch in den Dielen ein Stück Opium versteckt. Das Opium war mir unter die Dielen gerutscht und außer Reichweite geraten. Ich hatte schon einige Male vergeblich danach gestochert.

»Diesmal krieg ichs«, sagte ich grimmig entschlossen. Mit zitternden Händen griff ich mir einen Kleiderbügel aus Draht, bog ihn zurecht und begann nach dem Opium zu angeln. Der Schweiß tropfte mir von der Nase. Ich scheuerte mir an den rissigen Bretterkanten die Haut von den Händen. »Wenn es so nicht geht, dann eben anders«, sagte ich, völlig verbiestert, und begann nach der Säge zu suchen.

Ich konnte sie nicht finden. Ich hetzte von einem Zimmer ins andere, geriet immer mehr in Rage, warf Sachen durch die Gegend und kippte Schubladen auf den Boden aus. Schluchzend vor Zorn versuchte ich die Dielen mit bloßen Händen aufzureißen. Schließlich gab ich es auf und blieb keuchend und wimmernd am Boden liegen.

Dann fiel mir ein, daß in der Hausapotheke noch ein bißchen Dionin war. Ich stand auf, um nachzusehen. Es war nur noch eine Tabelette da. Sie wurde beim Aufkochen molkig, und als ich mir das Zeug in die Vene spritzen wollte, bekam ich es mit der Angst. Meine Hand zuckte unwillkürlich zurück, die Kanüle rutschte aus dem Arm und die Flüssigkeit lief mir über die Haut. Ich saß da und sah auf meinen Arm herunter.

Endlich gelang es mir, ein bißchen zu schlafen. Am Morgen erwachte ich mit einem entsetzlichen Kater und fühlte mich wie gerädert. Die Suchtkrankheit, vorübergehend eingedämmt durch Codein und Opium und wochenlanges Trinken, kehrte mit voller Wucht zurück. ›Ich brauche unbedingt Codein‹, dachte ich.

Ich durchsuchte meine Kleider. Nichts. Keine Zigarette. Nicht ein einziger Centavo. Ich ging ins Wohnzimmer, griff am Sofa in den Schlitz zwischen Sitz und Rückenlehne und tastete mit den Fingern den Schlitz entlang. Ein Kamm, ein Stück Kreide, ein abgebrochener Bleistift, ein 10-Centavo- und ein 5-Centavo-Stück. Beim Weitersuchen spürte ich plötzlich einen heftigen Schmerz, und als ich die Hand herauszog, hatte ich einen tiefen Schnitt im Finger. Offensichtlich von einer Rasierklinge. Ich riß von einem Handtuch einen Streifen ab und wickelte ihn mir um den Finger. Das Blut kam durch und tropfte auf den Boden. Ich legte mich wieder ins Bett. Ich konnte nicht schlafen. Ich versuchte es mit Lesen. Ging auch nicht. Ich lag da und starrte gottergeben an die Decke.

Eine Streichholzschachtel segelte an der Tür vorbei und landete im Badezimmer. Mit einem Ruck setzte ich mich auf. Mein Puls ging schneller. Old Ike, der Pusher! Ike schlich sich oft ins Haus und kündigte sich wie ein Poltergeist an, indem er mit etwas warf oder an die Wände klopfte.

Old Ike erschien in der Tür.

»Wie läufts denn so?«, fragte er.

»Nicht besonders. Ich hab die Motten. Ich brauch einen Schuß.«

Ike nickte. »Yeah«, sagte er, »da ist M genau das Richtige. Ich erinnere mich, damals in Minneapolis ...«

»Verschon mich mit Minneapolis. Hast du Stoff?«

»Ja, aber nicht bei mir. Brauch ungefähr zwanzig Minuten, um ihn zu holen.« Old Ike hatte sich inzwischen hingesetzt und blätterte in einer Illustrierten. Er sah auf. »Wieso? Willst du was haben?«

»Ja.«

»Ich hol dirs sofort.«

Ike blieb zwei Stunden weg.

»Mußte warten, bis der Typ von seiner Mittagspause zurückkam und mir den Hotelsafe aufmachte. Ich deponier meinen Stoff im Safe, damit mir keiner drangeht. Denen im Hotel hab ich gesagt, es ist Goldstaub, mit dem ich ...«

»Also hast du jetzt das Zeug, oder nicht?«

»Ja, ich habs. Wo ist dein Besteck?«

»Im Bad.«

Ike ging ins Badezimmer, kam mit dem Besteck zurück und begann einen Schuß aufzukochen. Dabei redete er in einer Tour weiter. »Du säufst, und du wirst langsam unzurechnungsfähig. Es stinkt mir, wenn ich sehe, wie du dich von dem Stoff absetzt und gleichzeitig auf was viel Schlimmeres umsteigst. Ich kenn so viele, die mit Junk aufgehört haben, weil sie's mit Lupita nicht mehr bringen. Fünfzehn Pesos für ein Papierchen. Und man braucht drei Stück, um sich einigermaßen zu fixen. Prompt fangen sie an zu saufen, und nach zwei oder drei Jahren sind sie im Eimer.«

»Komm jetzt endlich mit diesem Schuß rüber«, sagte ich.

»Ja doch. Augenblick noch. Die Nadel ist verstopft.« Ike begann die Kante seines Mantelaufschlags nach einem

Roßhaar abzutasten, mit dem er die Nadel reinigen konnte. Er redete immer weiter. »Ich weiß noch, wie wir mal da draußen vor Mary Island rumgeschippert sind. Wir hockten auf dem Kahn, und der Colonel soff sich einen an und fiel ins Wasser und wär beinah abgesoffen mit seinen zwei Pistolas. War ne Scheißarbeit, bis wir den wieder an Bord hatten.« Ike blies durch die Kanüle, »So, die ist sauber. Ich seh da ab und zu einen Kerl, der bis vor kurzem regelmäßig bei Lupita gekauft hat. Sie nennen ihn *El Sombrero*, weil er sich seinen Kies damit anschafft, daß er den Leuten den Hut vom Kopf reißt und die Fliege macht. Sägt sich an ne Straßenbahn ran, die grade abfährt, langt rein, schnappt sich 'n Hut, und *pfft* – weg isser. Na, den solltest du jetzt mal sehn. Seine Beine sind dick geschwollen und voller Geschwüre. Und verdreckt ist der! Meine Güte! Jeder macht 'n Bogen um ihn rum.« Ike stand da, in der einen Hand den Tropfer, in der anderen die Nadel.

»Wie wärs jetzt mit diesem Schuß?«, sagte ich.

»Okay. Wieviel willst du? Fünf Centogramos? Ja, besser gleich fünf.«

Es dauerte lange, bis die Spritze wirkte; zuerst nur ganz schwach, dann aber immer stärker. Ich sank zurück aufs Bett. Es war, als würde ich in warmes Wasser eintauchen.

42

Ich trank weiter. Im ›Ship Ahoy‹ kippte ich einige Tage später um, nachdem ich acht Stunden lang Tequila getrunken hatte. Ein paar Freunde schleppten mich nach Hause. Am folgenden Morgen war mir so schlecht wie noch nie in meinem Leben. Ich kotzte in Abständen von zehn Minuten, und am Ende würgte ich grüne Gallenflüssigkeit aus.

Dann tauchte Old Ike auf. »Bill, du mußt mit dem Saufen aufhören. Du drehst langsam durch.«

Ich hatte mich noch nie so elend gefühlt. Die Übelkeit beutelte mich wie ein epileptischer Anfall. Old Ike stützte mich, während ich ein paar Löffel voll grünen Schleim in die Kloschüssel würgte. Er legte mir seinen Arm um die Schulter, drückte mich an sich und half mir wieder ins Bett. Gegen fünf Uhr nachmittags hörte der Brechreiz auf, und ich konnte eine Flasche Grapefruitsaft und ein Glas Milch trinken, ohne daß es mir wieder hochkam.

»Hier drin stinkt es nach Pisse«, sagte ich. »Da muß eine von den Katzen unters Bett gepißt haben.«

Ike schnupperte unten am Bett herum. «Nee, da is nix.« Dann kam er mit der Nase nach oben, zum Kopfende hin. »Bill, das bist du! Du riechst nach Pisse!«

»Was??« Ich roch an meinen Händen, von Entsetzen gepackt, als würde ich Anzeichen von Lepra entdecken. »Großer Gott!«, sagte ich. Mir war kalt vor Angst. »Ich hab eine Harnvergiftung! Ike, geh los und hol einen Arzt!«

»Okay, Bill. Ich besorg dir einen, so schnell wie's geht.«

»Aber komm mir bloß nicht mit einem von den Pennern, die deine Rezepte schreiben.«

»Is gut, Bill.«

Ich lag da und versuchte, die Angst zu unterdrücken. Ich kannte mich mit Harnvergiftungen nicht besonders gut aus. Eine entfernte Bekannte in Texas war daran gestorben, nachdem sie zwei Wochen lang rund um die Uhr jede Stunde eine Flasche Bier getrunken hatte. Rollins hatte mir davon erzählt. »Am Ende war sie total aufgedunsen und wurde am ganzen Körper schwarz und kriegte Krämpfe und starb. Das ganze Haus stank nach Pisse.«

Ich zwang mich zur Ruhe und versuchte in meine Innereien hineinzuhorchen und dahinter zu kommen, was los war. Ich spürte keine Anzeichen von Todesgefahr oder einer ernsten Krankheit. Ich fühlte mich nur müde, gerädert, schlapp. Ich lag mit geschlossenen Augen da und wartete. Draußen wurde es dunkel.

Old Ike kam mit einem Arzt zurück und knipste das Licht an. Es war ein chinesischer Arzt – einer von Ike's

Rezeptschmierern. Da ich pissen konnte und keine Kopfschmerzen hatte, war er der Ansicht, es handle sich nicht um eine Harnvergiftung.

»Und warum stinke ich dann so?«, fragte ich.

Der Arzt zuckte die Schultern. Ike sagte: »Er meint, es ist nichts Ernstes. Aber du darfst nichts mehr trinken. Er sagt, es wäre besser, wenn du dich wieder an die Spritze hängst, statt so weiter zu saufen.« Der Arzt nickte dazu.

Ike begleitete den Arzt hinaus. Ich hörte, wie er ihn draußen im Flur um ein Morphiumrezept anhaute.

»Ike«, sagte ich, »dieser Weißkittel hat von nix ne Ahnung. Tu mir einen Gefallen: geh zu meinem Freund Rollins – ich schreib dir die Adresse auf – und sag ihm, er soll mir einen guten Arzt schicken. Er kennt bestimmt einen, der was taugt. Seine Frau hat gerade ne Krankheit hinter sich.«

»Na meinetwegen«, sagte Ike. »Aber ich finde, du verschwendest bloß dein Geld. Der Arzt hier ist ganz gut.«

»Yeah, aber nur wenns um Rezepte geht.«

Ike lachte und hob beschwichtigend die Hände. »Schon gut.«

Nach einer Stunde kam er mit Rollins und einem Arzt zurück. Als sie hereinkamen, schnupperte der Arzt kurz in meine Richtung, wandte sich lächelnd zu Rollins um und nickte ihm zu. Er hatte das runde lächelnde Gesicht eines Orientalen. Er untersuchte mich flüchtig und fragte, ob ich urinieren könne. Dann wandte er sich an Ike und fragte ihn, ob ich ab und zu Anfälle hätte.

»Er will wissen, ob du manchmal verrückt spielst«, sagte Ike zu mir. »Ich hab ihm gesagt, du spielst bloß ab und zu mit deiner Katze.«

Jetzt wandte sich Rollins an den Arzt. Er sprach nur gebrochen Spanisch und mußte nach jedem Wort suchen. *»Esto señor huele muy malo and quiere saber por que.«* (›Dieser Mann riecht sehr schlecht und möchte wissen, warum.‹)

Der Arzt erklärte uns, daß es sich nur um eine beginnende Harnvergiftung handle und das Schlimmste bereits ausgestanden sei. Ich dürfe allerdings einen Monat lang keinen Alkohol mehr trinken. Er hob eine leere Tequilaflasche vom Boden auf. »Noch so eine hätten Sie nicht überlebt.« Er packte seine Instrumente zusammen. Dann verschrieb er mir ein Mittel gegen überschüssige Magensäure, das ich alle paar Stunden einnehmen sollte, schüttelte Ike und mir die Hand und ging.

Am nächsten Tag kriegte ich die »chucks« und aß alles, was mir unter die Finger kam. Mein Stoffwechsel hatte die Abhängigkeit vom Alkohol überwunden. Als ich wieder etwas trank, tat ich es mit Maßen und nie vor dem späten Nachmittag. Junk rührte ich nicht an.

43

In Mexico City trieben sich damals Kriegsveteranen herum, die aufgrund der ›G.I.Bill‹ auf Staatskosten studieren durften. Tagsüber saßen sie in Lola's Kneipe und abends im ›Ship Ahoy‹. Lola's Kneipe war keine richtige Bar; es gab nur Bier und Limonade. Links vom Eingang stand ein Kasten voll Bier und Limonade und Stangeneis. Vor der Theke, die bis nach hinten zur Musikbox reichte, standen Barhocker aus Stahlrohr mit Sitzen aus gelbem Kunstleder, und an der rechten Wand entlang gab es Tische. Die Gummikappen unten an den Barhockern waren schon lange abgegangen, und die Dinger machten einen schauderhaften Lärm, wenn sie die Putzfrau beim Aufwischen hin und her schob. Nach hinten hinaus gab es eine Küche, in der ein verschlampter Koch sämtliche Speisen im selben alten ranzigen Fett briet. Lola's Kneipe hatte weder Tradition noch Zukunft. Sie war nichts als ein Wartesaal.

Ich saß an einem der Tische und las die Zeitung. Nach einer Weile ließ ich das Blatt sinken und sah mich um. Am Nebentisch redete einer was von Lobotomie. »Da trennen sie die Nervenstränge durch.« An einem anderen Tisch versuchten zwei junge Männer mit ein paar Mexikanerinnen anzubändeln. »*Mi amigo es muy, muy…*« Der Kerl suchte krampfhaft nach einem passenden Wort. Die Mädchen kicherten. Die nichtssagenden Unterhaltungen hatten etwas Alptraumhaftes. Blechernes Gefasel von Marionetten, die sich in den Stahlrohrstühlen räkelten; menschliche Aggregate, die in kosmischem Irrsinn zu Schrott zerfielen; beziehungslose Ereignisse in einem sterbenden Universum.

Ich nahm jetzt schon seit zwei Monaten keinen Junk mehr. Wenn man mit Junk aufhört, ödet einen alles an; man lebt immer noch in der Erinnerung an den Tagesablauf von Spritze zu Spritze, man denkt zurück an den lähmenden Horror des Junk, das Leben auf Raten, dreimal am Tag durch ein Loch im Unterarm aufgesogen.

Ich nahm mir den Unterhaltungsteil mit den Comics vom Nebentisch. Die Ausgabe war schon zwei Tage alt. Ich legte sie wieder zurück. Ich wußte nichts mit mir anzufangen. Ich hatte kein Ziel. Meine Frau war in Acapulco. Ich machte mich wieder auf den Weg nach Hause. Einen Häuserblock entfernt sah ich Old Ike.

Manche Leute erkennt man schon von weitem, bei anderen kann man sich erst sicher sein, wenn man schon fast auf Tuchfühlung mit ihnen ist. Junkies sind meistens so klar zu erkennen, als sehe man sie durch ein Fernglas. Hinter mir lag eine Zeit, in der mich schon der bloße Anblick von Old Ike jedesmal in eine derart freudige Erregung versetzte, daß mein Blutdruck sprunghaft anstieg. Wenn man auf Junk ist, sehnt man sich nach dem Pusher wie nach einem Geliebten. Man wartet auf seinen typischen Schritt im Flur, sein Klopfzeichen, man sucht zwischen den Passanten auf der Straße nach seinem Gesicht. Man halluziniert seine Erscheinung bis ins letzte Detail, als würde er tatsächlich da in der Tür stehen und wieder einmal die alte Pusher-Klamotte anbringen: »Muß dich leider enttäuschen. Ich konnte nirgends was kriegen.« Und dann sieht er eine Weile zu, wie man zwischen Hoffnung und

Enttäuschung schwankt, und kostet genießerisch und gönnerhaft seine Macht aus – die Macht, zu geben und zu verweigern. Pat in New Orleans kam mir regelmäßig auf diese Tour. Bill Gains in New York. Old Ike pflegte mir hoch und heilig zu versichern, er habe nichts kriegen können; dann praktizierte er mir das Papierchen in die Tasche, zog es heraus und sagte: »Na sieh mal an – da hast du ja noch was einstecken.«

Doch jetzt war ich von Junk herunter. Allerdings, ein Schuß Morphium zum Einschlafen ... das wäre nicht schlecht. Oder noch besser: ein Speedball – halb Kokain, halb Morphium. Vor dem Haus, in dem ich wohnte, holte ich Ike ein. Ich legte ihm die Hand auf die Schulter, er drehte sich um, und sein zahnloses Altweibergesicht verzog sich zu einem Lächeln, als er mich erkannte.

»Hallo«, sagte er.

»Hab dich ne Ewigkeit nicht mehr gesehn«, sagte ich. »Wo hast du denn gesteckt?«

Er lachte. »Im Knast. Aber ich hätt' mich auch so nicht bei dir blicken lassen. Wußte ja, daß du das Zeug nicht mehr nimmst. Bist du endgültig davon runter?«

»Ja, ich bin runter.«

»Hättest also nicht zufällig Lust auf 'n Schuß, hm?«, sagte er und sah mich lächelnd an.

»Naja ...« Ich verspürte einen Hauch der alten Erregung, wie wenn man jemanden trifft, mit dem man einmal ins Bett gegangen ist. Plötzlich ist die Erregung wieder da, und man weiß sofort, daß man es wieder tun wird.

»Ich hab ungefähr zehn Centogramos bei mir«, sagte Ike und machte eine wegwerfende Handbewegung. »Nicht genug für mich. Ein bißchen Coke hab ich auch noch.«

»Komm rein«, sagte ich.

Ich schloß auf. Das Apartment war düster und muffig. Auf Tischen und Stühlen und auf dem dreckigen Fußboden lagen Kleider, Bücher, Zeitungen, vergammelte Teller und Gläser herum. Ich schob einen Stapel Zeitschriften von einer zerfledderten Couch herunter.

»Hock dich hin«, sagte ich. »Hast du das Zeug auch wirklich bei dir?«

»Yeah. Unter Verputz.« Er machte seinen Hosenlatz auf und zog ein rechteckiges Papier heraus, das er nach der Junkie-Methode gefalzt hatte, so daß die beiden Enden ineinander gingen. Es enthielt zwei kleine Papierchen, die ebenso gefalzt waren. Er legte die beiden Papierchen auf den Tisch und sah mich mit seinen glitzernden braunen Augen an. Sein zahnloser Mund war nur noch ein Strich; es sah aus, als seien seine Lippen zusammengenäht.

Ich ging ins Badezimmer, um mein Besteck zu holen. Nadel, Tropfer, ein Fetzen Baumwolle. In der Küche fischte ich mir aus dem dreckigen Geschirr im Spülbecken einen Teelöffel heraus. Old Ike riß sich einen langen Streifen Zeitungspapier ab, feuchtete ihn mit der Zunge an, wickelte ihn unten um den Tropfer und paßte die Nadel ein. Er faltete eines der Papierchen auseinander und gab acht, daß ihm das Pulver nicht durch eine elastische Bewegung des Pergamentpapiers herausschnalzte.

»Das ist das Coke«, sagte er. »Paß auf, das Zeug ist stark.«

Ich machte das Papierchen mit dem Morphium auf, schüttete den Inhalt in den Löffel und gab ein bißchen Wasser dazu. Ungefähr ein halbes Gran, schätzte ich. Von wegen zehn Centogramos. Eher vier. Ich hielt ein Streichholz unter den Löffel, bis sich das Morphium auflöste. Coke braucht man nicht zu erhitzen. Ich nahm auf einer Messerspitze ein bißchen Coke auf, gab es dazu, und es löste sich augenblicklich auf, wie Schneeflocken auf Wasser.

Ich zurrte mir einen ausgefransten Schlips um den Arm. Ich konnte vor Erregung kaum atmen. Meine Hände zitterten.

»Sei so gut und hau mirs rein, Ike.«

Old Ike hielt den Tropfer zwischen Daumen, Zeigefinger und Mittelfinger. Mit dem kleinen Finger fuhr er mir sachte an der Vene entlang. Ike hatte den Bogen raus. Ich spürte kaum etwas, als die Nadel in meine Vene glitt. Dunkelrotes Blut schoß in den Tropfer.

»Okay«, sagte er. »Mach auf.«

Ich lockerte den Schlips, und der Inhalt des Tropfers floß in die Vene. Das Coke schoß mir in den Kopf, und sofort stellte sich ein angenehmes Gefühl der Benommenheit ein. Dann die wohltuende entspannende Wirkung des Morphiums, das in Wellen durch meinen Körper ging.

Ike sah mich lächelnd an. »Na? Zufrieden?«

»Wenn der liebe Gott noch was Besseres erfunden hat, dann hat ers für sich behalten«, sagte ich.

Ike zog die Spritze mit Wasser auf und spülte sie durch. »Jaja«, sagte er mit einem blöden Grinsen, »wenn sie im Jenseits unsere Nummern aufrufen, werden wir antanzen und den Arm hinhalten, was?«

Ich setzte mich auf die Couch und steckte mir eine Zigarette an. Old Ike ging in die Küche, um einen Tee zu machen, und dabei gab er wieder einmal eine neue Folge der endlosen Sage vom schwarzen Bastard zum besten: »Der schwarze Bastard hat jetzt drei gute Kunden aufgerissen. Taschendiebe, alle drei. Und dick drin im Geschäft, weil sie die Bullen mit Schmiergeldern verwöhnen. In seinen 15-Peso-Papierchen sind nicht mehr als vier Centogramos drin. Jetzt wo's ihm gut geht, will er nichts mehr von mir wissen, der dreckige Hund. Aber wart nur ab, der hält das keinen Monat durch. Sobald der erste von diesen drei Typen in die Scheiße tritt, packt er glatt aus, einfach so!« Ike kam an die Küchentür und schnalzte mit den Fingern. »Der wird keinen Monat alt.« Sein zahnloser Mund war haßverzerrt.

44

Als ich mich aus den Staaten absetzte und der Justiz das Nachsehen gab, war bereits zu erkennen, daß der Kampf gegen die Rauschgiftsucht neue und ungewöhnliche Formen annahm. Erste Anzeichen einer allgemeinen Hysterie wurden sichtbar. In Louisiana wurde ein Gesetz verabschiedet, das Rauschgiftsucht an sich schon zu einem Verbrechen machte. Wann und unter welchen Umständen, das blieb völlig offen. Das Gesetz enthielt nicht einmal eine Definition von ›Rauschgiftsucht‹. Beweise brauchten nach diesem Gesetz nicht beigebracht zu werden, waren geradezu unerheblich. Wenn man auf Beweise verzichtete, konnte man auch gleich auf einen Prozeß verzichten. Ein typisches Polizeistaat-Gesetz, das bereits einen physiologischen Zustand zum Verbrechen erklärte.

Andere Bundesstaaten folgten dem Beispiel von Louisiana. Die Anti-Junk-Stimmung steigerte sich allmählich zu einer paranoiden Hetze und erinnerte immer mehr an die Judenverfolgung während des Dritten Reiches. Meine Chancen, einer Verurteilung zu entgehen, wurden von Tag zu Tag geringer. Ich beschloß deshalb, mich abzusetzen und für immer außerhalb der Vereinigten Staaten zu leben.

In Mexiko beobachtete ich aus sicherer Entfernung, wie sich die Kampagne entwickelte. Ich las von süchtigen Kindern, und ich las von Senatoren, die für Pusher die Todesstrafe forderten. Das mit den Kindern klang mir nicht überzeugend. Welcher Pusher würde schon Kinder beliefern? Sie haben nie genug Geld und werden bei einem Verhör sofort weich. Oder die Eltern kommen dahinter, daß ihr Kind süchtig ist, und laufen prompt zur Polizei. Ich sah nur zwei Möglichkeiten: entweder hatten die Pusher in den Staaten plötzlich den Verstand verloren, oder man hatte die ganze Geschichte mit den süchtigen Kindern erfunden, um die Anti-Junk-Stimmung anzuheizen und ein paar neue Gesetze durchzubringen.

Hipster auf der Flucht vor der Polizei trafen nach und nach in Mexiko ein. »Sechs Monate für Nadelspuren in Kalifornien. Dort haben sie jetzt das Gesetz gegen Landstreicherei auf Junkies ausgedehnt.« »Acht Jahre für einen Tropfer in Washington.« »Zwei bis zehn für Pushen in New York.«

Eine Gruppe von jungen Hipstern kam jeden Tag zu

mir in die Wohnung, um Gras zu rauchen. Cash, ein Jazzmusiker, der Trompete spielte. Pete, ein stämmiger Blonder, der für das Idealbild des sauberen American Boy hätte Modell stehen können. Johnny White, der eine Frau und drei Kinder hatte und sich äußerlich in nichts von einem jungen Durchschnittsamerikaner unterschied. Martin, ein dunkelhaariger gutaussehender Junge mit italienischen Vorfahren. Keine auffälligen Klamotten mehr. Der Hipster war in den Untergrund gegangen.

Ich machte mich mit den neuen Hipster-Ausdrücken vertraut: »Pot« für Gras; »twisted« für verhaftet; »cool«, eine vielseitig verwendbare Bezeichnung für alles, was man gut findet oder was koscher ist. Alles andere ist »uncool«. Aus den Erzählungen dieser Typen entnahm ich, daß in den Staaten das totale Chaos herrschte und keiner mehr wußte, woran er mit dem anderen war.

Altgediente Junkies hatten immer zu mir gesagt: »Wenn sich einer vor deinen Augen einen Schuß setzt, dann weißt du mit Sicherheit, daß er kein Polyp ist.« An diese Faustregel kann man sich inzwischen nicht mehr halten. Martin erzählte mir: »Da rückt uns dieser Kerl auf die Bude und sagt, er wär suchtkrank. Kannte die Namen von ein paar Freunden von uns in Frisco. Da haben ihm meine zwei Kumpel was von ihrem H abgegeben, und er hat mehr als ne Woche lang mit ihnen gefixt. Und dann wurden sie beide hopps genommen. Ich war nicht dabei, als es passiert ist. Konnte den Kerl nicht leiden, und außerdem war ich damals von dem Stoff runter. Der Anwalt von den beiden Typen kam dahinter, daß der Kerl vom Bundesdezernat war. Ein *Fahnder*, kein Spitzel. Kriegte dann sogar seinen Namen raus.«

Und Cash erzählte mir von Fällen, wo zwei Junkies zusammen fixen und der eine plötzlich seine Hundemarke zückt. »Wie soll man sich da noch absichern?«, sagte Cash. »Ich meine, diese Typen sind selber Fixer. Typen wie du und ich, bloß mit dem kleinen Unterschied, daß sie für Onkel Sam arbeiten.«

Nachdem sich das Bundesdezernat vorgenommen hat, jeden Süchtigen in den Vereinigten Staaten hinter Schloß und Riegel zu bringen, muß es natürlich sein Personal aufstocken. Man braucht nicht nur mehr Fahnder sondern auch einen neuen Typ von Fahnder. Während der Prohibition war die Fahndungsabteilung des Schatzamts durchsetzt von Strauchdieben und Ganoven; jetzt drängen Junkies in den Staatsdienst, weil sie als Fahnder ihren Junk umsonst kriegen und straffrei bleiben. Eine Sucht läßt sich nicht so leicht vortäuschen. Junkies merken sofort, ob einer echt ist oder nicht. Daß Süchtige als Fahnder arbeiten können, liegt entweder daran, daß sie ihre Sucht vor der Behörde geheimhalten können, oder aber man läßt sie gewähren, weil sie gute Fangquoten erzielen. Ein Fahnder, der nach jeder Verhaftung eine neue Connection aufreißen muß, damit er nicht suchtkrank wird, muß in seinem Job besonders großen Ehrgeiz entwickeln.

Cash, der Trompeter, der in Kalifornien sechs Monate abgerissen hatte, war ein hochgewachsener magerer Junge mit einem schütteren Ziegenbart. Er trug eine Sonnenbrille, Schuhe mit dicken Kreppsohlen, ein teures Kamelhaar-Hemd und eine Lederjacke mit Gürtel. Mit dem, was er anhatte, konnte er bei jedem Trödler spielend hundert Dollar erzielen. Seine Alte hatte das Geld, und er gab es aus. Als ich ihn kennenlernte, war das Geld allerdings schon so ziemlich alle. »Die Weiber schmeißen sich an mich ran«, erzählte er mir. »Aber ich mach mir nichts aus Weibern. Das einzige, was mir 'n echten Kick bringt, ist meine Trompete.«

Cash war ein Schnorrer, wie er im Buch steht. Er machte es einem wirklich schwer, ihn abblitzen zu lassen. Er pflegte mir kleine Geldbeträge zu leihen – nie soviel, daß es für den Junk reichte, den er bei mir absahnte –, und dann sagte er immer, er habe mir sein ganzes Geld gegeben und jetzt reiche es nicht einmal mehr für Codein-Tabletten. Und dabei wolle er doch unbedingt von Junk runterkommen.

Als er in Mexiko eintraf, gab ich ihm ein halbes Gran M, und das haute ihn sofort um. Es sieht so aus, als sei an dem Stoff, den sie inzwischen in den Staaten verkaufen, nur noch die Verpackung echt.

Danach kam er dann jeden Tag an und wollte nochmal so einen »halben Fix«. Oder er schnorrte bei Old Ike, der es nie übers Herz brachte, einen Suchtkranken vor die Tür zu setzen. Ich sagte Ike, er solle endlich hart bleiben, und Cash machte ich klar, daß weder Old Ike noch ich im Geschäft seien. Jedenfalls nicht für umsonst. Kurz und gut, wir seien hier nicht die Caritas. Von da an bekam ich von Cash nicht mehr viel zu sehen.

45

Peyote ist der neue Kick in den Staaten. Es fällt nicht unter den Harrison Act, und man kann es von jedem Kräuterhändler im Postversand beziehen.

Ich hatte Peyote noch nicht versucht und fragte deshalb Johnny White, ob er in Mexiko welches beschaffen könne. »Ja«, sagte er, »es gibt hier einen Kräuterfritzen, der es auf Lager hat. Er hat uns alle zu nem Peyote-Fraß bei sich zuhause eingeladen. Kannst mitkommen, wenn du Lust hast. Ich will mal sehn, ob er was hat, was ich in die Staaten mitnehmen und dort verhökern kann.«

»Warum nimmst du kein Peyote mit?«

»Das hält sich nicht. Es verschimmelt oder vertrocknet innerhalb von ein paar Tagen, und dann ist die Wirkung weg.«

Wir gingen zu dem Kräuterhändler nach Hause, und der Mann holte eine Schüssel voll Peyote, eine Raspel und einen Pott Tee.

Peyote ist ein kleiner Kaktus. Gegessen wird nur der obere Teil, der sogenannte »Button«. Nachdem man die Rinde und den Flaum entfernt hat, wird der Button in eine Schüssel gerieben. Es sieht aus wie Avocado-Salat. Vier Buttons sind die übliche Dosis für einen Anfänger.

Wir spülten das Peyote mit Tee runter. Mehrmals blieb mir das Zeug im Hals stecken. Schließlich hatte ich die ganze Portion im Magen, saß da und wartete darauf, daß etwas passierte. Der Kräuterhändler brachte ein Stück Rinde angeschleppt, von dem er behauptete, es sei so gut wie Opium. Johnny drehte aus dem zermahlenen Zeug eine Zigarette und ließ sie herumgehen. Pete und Johnny waren begeistert. »Irre! Das ist das Letzte!«

Ich machte ein paar Züge, fühlte mich ein bißchen benommen und bekam Halsschmerzen. Das Zeug stank entsetzlich. Doch Johnny kaufte sofort einen kleinen Vorrat ein, um es verzweifelten Hipstern in den Staaten anzudrehen.

Nach zehn Minuten wurde mir von dem Peyote schlecht. Alle redeten mir gut zu: »Behalt das Zeug unten, Mann.« Ich hielt noch einmal zehn Minuten durch, dann stürzte ich ins Klo und wollte das Handtuch werfen. Es ging nicht. Mein ganzer Körper wurde vom Brechreiz geschüttelt, doch das Peyote kam nicht hoch. Unten bleiben wollte es allerdings auch nicht.

Schließlich kam es mir hoch, hart wie ein Ball aus Roßhaar. Es blieb einen Augenblick im Hals stecken, dann würgte ich es vollends heraus. Ich hatte selten so etwas Widerwärtiges erlebt.

Nach einer Weile wurde ich langsam high. Das High von Peyote hat eine gewisse Ähnlichkeit mit dem von Benzedrin. Die Pupillen sind geweitet, und man bleibt hellwach. Alles sieht wie ein Peyote-Kaktus aus.

Anschließend fuhren Cash, Pete und ich mit den Whites hinaus nach Lomas, wo Cash eine Bude hatte. Johnny sagte: »Seht euch mal die Bank da drüben an. Sieht aus wie 'n Peyote-Kaktus.«

Ich wandte den Kopf, um aus dem Fenster zu sehen, und dachte: ›Wie kann man sich bloß sowas Albernes einbilden...‹ Doch das Ding sah tatsächlich wie ein

Peyote-Kaktus aus. Wo ich auch hinsah – ich sah nur noch Peyote.

Unsere Gesichter schwollen unter den Augen an, und unsere Lippen wurden dick. Anscheinend wirkte die Droge auf bestimmte Drüsen. Wir sahen alle wie Indianer aus. Die anderen sagten, sie kämen sich vor wie Ureinwohner. Sie fläzten sich ins Gras und versuchten irgendwelche archaischen Typen zu mimen. Ich kam mir nicht anders vor als sonst, nur daß ich high war wie von Benny.

Wir blieben die ganze Nacht wach, unterhielten uns und hörten uns Cash's Schallplatten an. Cash erzählte mir von einigen Junkies aus Frisco, die mit Peyote einen Entzug gemacht hatten. »Sieht so aus, als hätten sie nach Peyote überhaupt keinen Junk mehr gewollt.« Einer dieser Junkies kam nach Mexiko, ging stracks zu den Indianern und fraß Peyote – und zwar in rauhen Mengen: bis zu zwölf Buttons auf einen Schlag. Als er starb, wurde Kinderlähmung diagnostiziert. Doch soviel ich höre, sollen bei Kinderlähmung und Peyote-Vergiftung genau die gleichen Symptome auftreten.

Ich kriegte bis Tagesanbruch kein Auge zu, und dann hatte ich jedesmal, wenn ich einnickte, einen Alptraum. In einem Traum erwischte ich die Tollwut; ich sah in den Spiegel, mein Gesicht verzerrte sich und ich begann zu jaulen wie ein Hund. In einem anderen Traum hatte ich eine Chlorophyll-Sucht. Ich stand zusammen mit fünf anderen Chlorophyll-Junkies vor einem schäbigen mexikanischen Hotel und wartete auf den Pusher. Eine Chlorophyll-Sucht wird man nie mehr los. Man wird grün von Kopf bis Fuß. Ein Schuß, und man ist für den Rest seines Lebens süchtig. Man verwandelt sich in eine Pflanze.

46

Den jungen Hipstern fehlt es anscheinend an der nötigen Energie und Spontaneität, um das Leben genießen zu können. Sobald man Pot oder Junk erwähnt, werden sie ganz fickrig wie nach einer Ladung Coke. Sie führen einen Affentanz auf und schreien »Irre, Mann! Her mit dem Zeug! Los, wir pumpen uns voll!« Doch sobald sie den Schuß intus haben, liegen sie herum wie satte Säuglinge, die stumpfsinnig auf die nächste Flasche warten.

Ich stellte fest, daß ihre Interessen sehr begrenzt waren. Vor allem für Sex schienen sie sich erheblich weniger zu interessieren als meine Generation. Einige ließen sogar durchblicken, Sex sei für sie überhaupt kein Kick. Ich machte oft den Fehler, einen jungen Mann für schwul zu halten, weil er sich Frauen gegenüber völlig gleichgültig verhielt. Hinterher stellte sich heraus, daß er überhaupt nicht homosexuell war sondern sich einfach für gar keine Form von Sex interessierte.

47

Bill Gains warf das Handtuch und kam nach Mexiko. Ich holte ihn am Flughafen ab. Er war voll bis obenhin mit H und Goofballs. Seine Hose hatte Blutflecken an den Stellen, wo er sich während des Fluges mit Hilfe einer Sicherheitsnadel gefixt hatte. Man macht sich mit der Sicherheitsnadel ein Loch ins Fleisch, hält den Tropfer über (nicht in) das Loch, und die Lösung fließt glatt rein. Das erspart einem das Spritzen in die Vene. Allerdings handelt es sich hier um eine Methode, wie sie nur von erfahrenen Junkies beherrscht wird. Das Einfüttern der Lösung verlangt viel Fingerspitzengefühl. Ich versuchte es nur ein einziges Mal damit – ich drückte zu stark, der

Junk ging daneben und war beim Teufel. Aber wenn sich Gains ein Loch bohrte, blieb es offen und wartete auf den Junk.

Bill war ein Oldtimer. Er kannte jeden in der Branche. Er genoß einen hervorragenden Ruf, und solange es irgendwo noch Junk gab, kam er auch dran. Daß er nun doch eingepackt und die Staaten verlassen hatte, konnte nur heißen, daß die Lage dort verzweifelt war.

»Sicher, ich könnte immer noch was kriegen«, sagte er zu mir, »aber das Ende vom Lied wäre, daß ich für zehn Jahre hinter Gittern verschwinde.«

Wir machten uns eine Spritze, und ich erkundigte mich nach unseren alten Bekannten.

»Old Bart ist auf Riker's Island gestorben. Louie der Hoteldiener ist Spitzel geworden. Tony und Nick auch. Herman haben sie vor dem Bewährungsausschuß abblitzen lassen. Der Lahme kriegte fünf bis zehn. Marvin der Kellner ist an ner Überdosis verreckt.«

Ich erinnerte mich, wie Marvin nach jeder Spritze ohnmächtig geworden war. Ich sah ihn richtig vor mir, wie er in einem billigen Hotelzimmer auf dem Bett lag und sein Gesicht um die Lippen herum langsam blau anlief, während der Tropfer voll Blut an seiner Vene hing wie ein gläserner Blutegel.

»Und was ist aus Roy geworden?«, fragte ich.

»Hast du das nicht gehört? Er hat einen verpfiffen, und dann hat er sich in der U-Haft erhängt.« Die Bullen hatten Roy zwei Anklagen wegen Diebstahl und eine wegen Rauschgiftbesitz angehängt. Sie versprachen ihm, man werde alle drei Anklagen fallen lassen, wenn er bereit sei, ihnen Eddie Crump ans Messer zu liefern. Eddie war ein alter Fuchs und versorgte nur Leute, die er gut kannte – und Roy kannte er. Als sie Eddie hatten, ließen sie Roy reinrasseln. Die Anklage wegen Rauschgiftbesitz wurde niedergeschlagen, aber die zwei Diebstahlsachen blieben auf dem Tapet. Roy mußte also damit rechnen, auf Riker's Island zu landen, wo Eddie ›pen indef‹ machte, die Höchststrafe in einem Stadtgefängnis: drei Jahre, fünf Monate und sechs Tage. Roy erhängte sich im Tombs, wo er auf seine Verlegung nach Riker's wartete.

Über Spitzel hatte Roy immer mit unnachsichtiger puritanischer Strenge geurteilt. »Ich versteh nicht, wie es so ein Spitzel überhaupt noch aushält, in den Spiegel zu sehn«, hatte er einmal zu mir gesagt.

Ich fragte Bill, ob das mit den süchtigen Kindern wirklich wahr sei. Er nickte und setzte sein hinterhältiges schadenfrohes Lächeln auf. »Ja, in Lexington haben sie jetzt 'n Haufen Jungvolk.«

48

Eines Tages traf ich in der Opera Bar in Mexico City einen Politiker, den ich kannte. Er stand an der Theke, eine Serviette in den Hemdkragen gesteckt, und aß ein Steak. Zwischen zwei Bissen fragte er mich, ob jemand in meinem Bekanntenkreis zufällig an einer Unze Heroin interessiert sei.

»Schon möglich«, sagte ich. »Wieviel?«

»Die Leute wollen fünfhundert Dollar dafür.«

Ich sprach mit Bill Gains, und er meinte: »All right. Wenn der Stoff auch nur einigermaßen pur ist, nehm ich ihn. Aber ich kauf nicht die Katze im Sack. Erst mal probieren.«

Ich arrangierte das mit dem Politiker. Bill und ich gingen zu ihm ins Büro. Er zog eine Schublade auf, holte den Stoff heraus (er hatte ihn in einem Fingerhut) und legte ihn neben einen 45er Colt auf die Schreibtischplatte.

»Ich kenne mich mit diesem Zeug nicht aus«, sagte er. »Ich nehme nur Kokain.«

Ich schüttete ein bißchen auf ein Blatt Papier. Der Stoff sah mir nicht recht koscher aus. Ein bißchen arg dunkelgrau. Vermutlich hatten ihn ›die Leute‹ irgendwo auf einem Küchenherd zusammengerührt.

Gains setzte sich einen Schuß, aber er war bereits so voll mit Goofballs und M, daß er sich kein rechtes Urteil bilden konnte. Also machte auch ich mir eine Spritze. »Es ist H«, sagte ich, »aber irgendwas stimmt daran nicht so ganz.«

Mittlerweile herrschte im Büro reger Besucherverkehr. Niemand beachtete uns, wie wir da mit aufgekrempelten Hemdsärmeln auf der Couch saßen und nach einer Vene stocherten. Im Büro eines mexikanischen Politikers ist alles möglich.

Jedenfalls, Bill kaufte das H, und dann trennten wir uns, denn ich hatte noch etwas zu erledigen. Erst am nächsten Morgen um elf sah ich ihn wieder. Er stand neben meinem Bett, leichenblaß in seinem dunkelblauen Mantel, und seine Augen hatten einen krankhaften fiebrigen Glanz. Ich hatte die Vorhänge zu, und seine Pupillen phosphoreszierten geradezu im Halbdunkel des Schlafzimmers. Die unreinen Partikel des amateurhaft zusammengebrauten Heroins hatten sich wie Spirochäten in seinem Gehirn festgefressen.

»Willst du hier den ganzen Tag auf der faulen Haut liegen, während die ganzen Lieferungen anrollen?«, fragte er.

»Wieso?«, sagte ich ärgerlich. »Haben wir hier vielleicht ne gottverdammte Farm?... Was denn für Lieferungen?«

»Gutes astreines M«, sagte er. Und dann kroch er zu mir ins Bett – mit Schuhen, Mantel und allem.

»Was ist denn mit dir los«, sagte ich. »Spinnst du?« Dann sah ich ihm in seine starren glitzernden Augen und wußte, daß ich richtig vermutet hatte.

Ich schleppte ihn zurück in seine Wohnung und konfiszierte das restliche H.

Old Ike tauchte auf, und gemeinsam schütteten wir Bill zehn Kubik Laudanum in den Rachen. Er hörte auf, von seinem »guten astreinen M« zu phantasieren, das angeblich im Anrollen war, und nach einer Weile war er eingeschlafen.

»Wenn er abkratzt«, sagte Old Ike, »geben sie mir vielleicht die Schuld dran.«

»Wenn er abkratzt, machst du dich eben rar«, sagte ich. »Hör mal, in seiner Brieftasche hat er sechshundert Dollar in bar. Ich finde, es muß nicht sein, daß sich irgendein mexikanischer Bulle das Geld unter den Nagel reißt...«

Wir krempelten die ganze Bude um, konnten aber die Brieftasche nirgends finden. Wir suchten überall, nur nicht unter der Matratze, auf der Bill lag.

Am nächsten Tag war Bill wieder so gut wie neu. Nur sein Geld vermißte er.

»Das hast du bestimmt irgendwo unter Verputz«, sagte ich. »Schau doch mal unter der Matratze nach.«

Er hob die Matratze hoch, und die Brieftasche war mit nagelneuen Geldscheinen derart gestopft, daß sie von selbst aufklappte.

49

Ich war zwar nicht auf Junk, aber ich war keineswegs so sauber, daß ich eine Razzia ohne weiteres überstanden hätte. Es war immer ein bißchen Gras da, und ständig kamen Leute an, die meine Wohnung als Schießbude benutzten. Ich ging ein Risiko ein und verdiente nicht einen einzigen Centavo daran. Ich entschied, daß es an der Zeit war, den Schirm zuzumachen und mich nach Süden abzusetzen.

Wenn man mit Junk aufhört, gibt man eine ganze Lebensweise auf. Ich habe immer wieder Junkies erlebt, die aufhörten und prompt zu Säufern wurden. Nach ein paar Jahren waren sie tot. Viele Ex-Junkies verüben Selbstmord. Warum hört ein Junkie aus eigenem Antrieb mit Junk auf? Die Frage wird sich nie beantworten lassen. Man kann sich die Nachteile und Qualen, die man mit Junk auf sich lädt, noch so sehr vor Augen halten – es gibt einem nie den nötigen emotionalen Anstoß, um damit aufzuhören. Die Entscheidung zum Aufhören wird allein von den Zellen getroffen, und wenn sie einmal gefallen ist, kann man zu Junk auf Dauer genauso wenig zurückkehren wie man vorher ohne ihn auskommen konnte. Wenn man von Junk ins normale Leben zurückkehrt, sieht man alles mit anderen Augen – wie ein Mensch, der von einer langen Reise zurückkommt.

Ich lese etwas von einer Droge, die sich *yage* nennt und von Indianern im Quellgebiet des Amazonas angewandt wird. Yage soll angeblich die telepathischen Fähigkeiten verstärken. Ein kolumbianischer Wissenschaftler hat aus Yage eine synthetische Droge gewonnen, die er *Telepathin* nennt.

Ich weiß aus eigener Erfahrung, daß es Telepathie gibt. Es geht mir aber nicht darum, irgend jemanden von Telepathie oder sonst etwas zu überzeugen. Es geht mir allein um verwertbare Erfahrungen mit Telepathie. Was ich in der Beziehung zu einem Menschen suche, ist immer der nichtverbale Kontakt auf der Ebene von Intuition und Gefühl, d.h. telepathisches Einvernehmen.

Anscheinend bin ich nicht der einzige, der sich für Yage interessiert. Die Russen experimentieren mit dieser Droge im Zusammenhang mit Sklavenarbeit. Sie wollen damit automatischen Gehorsam erzwingen, ja buchstäblich die Gedanken der Opfer kontrollieren. Der elementare Schwindel. Kein langes Weichmachen, keine aufwendige Masche – einfach in die Psyche eines anderen einmarschieren und Befehle geben. Dieser Deal wird sich mit Sicherheit als Rohrkrepierer erweisen, denn Telepathie ist keineswegs eine Sache, die nur in einer Richtung funktioniert, also von Sender zu Empfänger.

Ich habe beschlossen, nach Kolumbien zu gehen und mir Yage zu besorgen. Bill Gains ist bei Old Ike in guten Händen. Meine Frau und ich haben uns getrennt. Ich bin bereit, weiterzuziehen in Richtung Süden und nach dem reinen Kick zu suchen, der das Gesichtsfeld erweitert, statt es wie Junk einzuengen.

Der Kick läßt einen alles aus einem anderen Blickwinkel sehen. Kick bedeutet, daß man für eine Weile die Fesseln des alternden, vorsichtigen, lästigen, ängstlichen Körpers abstreifen kann. Vielleicht finde ich in Yage, was ich in Junk und Gras und Coke vergeblich gesucht habe. Vielleicht ist Yage der endgültige Fix.

Auf der Suche nach Yage

Titel der amerikanischen Originalausgabe:
THE YAGE LETTERS
City Lights Books, San Francisco 1963.
Die deutsche Erstausgabe erschien 1964
im Limes Verlag, Wiesbaden.
Die vorliegende deutsche Neuausgabe
folgt der erweiterten amerikanischen Fassung
aus dem Jahr 1975.

Auf der Suche nach Yage
(1953)

15. Januar 1953
Hotel Colon, Panama

Lieber Allen,
habe hier einen Stop eingelegt und mir die Hämorrhoiden rausoperieren lassen. Sagte mir, ich würde bei den Indianern wohl nicht ganz auf meine Kosten kommen, wenn ich mit Hämorrhoiden anrücke.

Bill Gains war in der Stadt. Er hat mit seinen Paregoric-Käufen die ganze Republik versaut, von Las Palmas bis David. Ehe Gains kam, war Panama City jederzeit für Paregoric gut. In jedem beliebigen Drugstore konnte man sich vier Unzen kaufen. Jetzt haben die Apotheker alle auf stur geschaltet. Die Stadtverordneten waren drauf und dran, eine spezielle ›Lex Gains‹ zu erlassen, da warf er das Handtuch und ging zurück nach Mexiko. Ich versuchte gerade von Junk wegzukommen, und er stichelte unaufhörlich, ich solle mir doch nichts vormachen: einmal Junkie, immer Junkie. Wenn ich von Junk die Finger ließe, würde ich bloß zu einem haltlosen Säufer werden oder auf Kokain umsteigen und durchdrehen.

Eines Abends soff ich mir einen an und kaufte ein bißchen Paregoric, und er sagte in einer Tour: »Ich hab ja *gewußt*, daß du wieder auf Paregoric zurückkommst. Ich habs *gewußt*. Du wirst 'n Junkie sein für den Rest deines Lebens.« Und dabei sah er mich mit seinem kleinen hämischen Lächeln an. Junk ist eine richtige Marotte von ihm.

Ich ging mit Entzugserscheinungen ins Hospital und blieb vier Tage drin. Sie gaben mir nur ganze drei Spritzen Morphium, und ich konnte vor Schmerzen und Fieber und Entzug nicht schlafen. Außerdem lag auch noch ein Panamese mit Leistenbruch bei mir auf dem Zimmer, und seine Freunde kamen an und blieben den ganzen Tag und den halben Abend—einer blieb sogar bis Mitternacht.

Erinnere mich, wie ich auf dem Flur an einigen Amerikanerinnen vorbeikam, die nach Offiziersfrauen aussahen. Eine von ihnen sagte gerade: »Ich weiß nicht, warum, aber ich kann einfach keine Süßigkeiten essen.«

»Sie sind zuckerkrank, Gnädigste«, sagte ich. Sie fuhren alle auf dem Absatz herum und starrten mich empört an.

Auf dem Rückweg vom Hospital schaute ich in der amerikanischen Botschaft vorbei. Vor dem Botschaftsgebäude liegt ein leeres Grundstück mit Unkraut und Bäumen, wo sich junge Kerle ausziehen und in das verschmutzte Wasser einer kleinen Bucht hechten, in der sich kleine giftige Seeschlangen tummeln. Geruch nach Kot und Salzwasser und läufigen Jungs. Keine Briefe. Ging unterwegs in einen Drugstore und erstand zwei Unzen Paregoric. Panama so verlottert wie eh und je. Nutten und Zuhälter und Anmacher.

»Lust auf 'n nettes Girl?«

»Nackte Lady tanzen sehn?«

»Zusehn, wie ich meine Schwester fick?«

Kein Wunder, daß die Preise für Nahrungsmittel so hoch sind. Das Volk da draußen auf der Farm ist nicht mehr zu halten. Alle wollen sie in die Großstadt und Zuhälter werden.

Ich hatte einen Artikel aus einem Magazin bei mir, in dem eine Kaschemme draußen vor der Stadt beschrieben wurde, die sich The Blue Goose nennt. »Ein Laden, in dem es kein Limit gibt. Dope-Händler, die gefüllte Spritze in der Hand, lauern in der Herrentoilette auf Kundschaft. Manchmal kommen sie auch aus der Toilette gerannt und jagen einem die Spritze in den Arm, ohne lange zu fragen. Homosexuelle gehen hemmungslos in die vollen.«

Die Blue Goose sieht aus wie eine Fernfahrerkneipe aus der Zeit der Prohibition. Ein langgestrecktes, heruntergekommenes einstöckiges Gebäude, überwachsen von Kletterpflanzen, rings herum Wälder und Sümpfe, aus denen das Quaken der Frösche bis zu mir herüber drang. Vor dem Lokal einige geparkte Autos, drinnen ein trübes bläuliches Licht. Ich erinnere mich an eine Raststätte im Mittelwesten, die ich während der Prohibition als junger Mensch anzulaufen pflegte, und an den Geschmack von Gin Rickeys an warmen Sommerabenden. (Ach du lieber Gott! Und der Augustmond am violetten Himmel, und Billy Bradshinkel's Schwanz. Wie tief kann man nur sinken!)

Prompt setzten sich zwei alte Nutten unaufgefordert zu mir an den Tisch und bestellten sich etwas zu trinken. Die Rechnung für eine Runde belief sich auf $ 6.90. Das einzige, was in der Herrentoilette auf der Lauer lag, war ein unverschämt geldgieriger Klowärter. Ich darf hinzufügen, daß ich in Panama—weit davon entfernt, hemmungslos in die vollen zu gehen—nicht einen einzigen Jungen aufgetan habe. Ich frage mich, wie so ein panamesischer Boy wohl sein würde. Wahrscheinlich versaut. Wenn sie sagen »kein Limit«, dann bezieht sich das nur auf die Kaschemme, aber nicht auf die Kundschaft.

Traf meinen alten Freund Jones, den Taxifahrer, und kaufte einiges C von ihm, das bis zur Unkenntlichkeit verschnitten war. Ich wäre beinah erstickt, als ich versuchte, genug von diesem Scheißdreck zu schnupfen, um high zu werden. Das ist Panama. Würde mich nicht wundern, wenn hier sogar die Nutten verschnitten sind. Mit Schaumgummi.

Die Panamesen sind so ziemlich das liederlichste Volk der ganzen Hemisphäre—die in Venezuela machen ihnen da, soviel ich höre, ernsthafte Konkurrenz—, aber im Umgang mit ihnen bin ich nie auf eine Bevölkerungsgruppe gestoßen, die mich so auf Null bringt wie die Beamten der Kanalzone. Man kann mit so einem Beamten nicht auf der Ebene von Intuition und gegenseitigem Einvernehmen verkehren. Er hat einfach kein Empfangsteil und reagiert wie eine tote Batterie. Es muß da so etwas wie eine spezielle Beamten-Hirnwelle mit sehr niedriger Frequenz geben.

Die Beamten sehen aus, als seien sie nie jung gewesen.

Sie besitzen keinerlei Enthusiasmus und sind unfähig, sich mit einem zu unterhalten. Sie meiden geradezu den Umgang mit Zivilisten. Die einzigen, mit denen ich in Panama verkehre, sind die schwarzen Hipster, und das sind alles verdorbene Anmacher.

Herzlichst,
Bill

P.S. Billy Bradshinkel ging mir schließlich derart auf den Wecker, daß ich ihn abwürgen mußte.

Es fing an in meinem Model A nach dem Frühlingsball. Billy, die Hosen runter bis auf die Knöchel, sein Smokinghemd noch an, und der ganze Vordersitz mit Samensaft verkleistert. Später hielt ich ihn dann am Arm fest, während er im Licht der Scheinwerfer kotzte. Er wirkte sehr jung und hilflos, wie er so dastand mit seinem blonden zerzausten Haar im warmen Frühlingswind. Dann stiegen wir wieder ins Auto und machten die Scheinwerfer aus, und ich sagte: »Komm, wir machens nochmal.«

Und er sagte: »Nee, lieber nicht.«

Und ich sagte: »Warum nicht?«, und mittlerweile war auch er wieder spitz, wir machten es also nochmal, und ich griff ihm unter sein Smokinghemd und strich ihm mit der Hand den Rücken runter und drückte ihn an mich und spürte seine Backe mit dem zarten Babyflaum an der meinen, und so schlief er dann ein, und als wir nach Hause fuhren, wurde es bereits Tag.

Danach noch etliche Male im Auto, und einmal waren seine Eltern verreist und wir zogen uns splitternackt aus, und hinterher sah ich ihn an, wie er schlief, den Mund ein bißchen offen, wie ein Baby.

In jenem Sommer steckte sich Billy mit Typhus an, und ich besuchte ihn jeden Tag, und seine Mutter gab mir Limonade zu trinken, und einmal gab mir sein Vater eine Flasche Bier und eine Zigarette. Als es Billy wieder besser ging, fuhren wir immer hinaus zum Creve Coeur Lake und mieteten uns ein Boot und angelten und lagen auf dem

Boden des Kahns, jeder den Arm um die Schulter des anderen, einfach so, ohne was zu machen. An einem Samstag stöberten wir in einem alten Steinbruch herum und entdeckten eine Höhle und ließen in der muffigen Dunkelheit die Hosen runter.

Im Oktober sah ich Billy dann zum letztenmal. Strahlend blauer Himmel, einer von diesen Tagen, wie man sie im Herbst in den Ozarks hat. Wir waren raus aufs Land gefahren und wollten mit meiner 22er Flinte auf Eichhörnchenjagd gehen, aber als wir dann durch die herbstlichen Wälder latschten, lief uns kein einziges über den Weg, und Billy war schweigsam und mürrisch, und wir setzten uns auf einen Baumstamm und Billy sah auf seine Schuhe runter und schließlich eröffnete er mir, er könne sich nicht mehr mit mir treffen (wie du siehst, erspare ich dir das fallende Laub).

»Aber warum denn, Billy? Warum?«

»Naja, wenn du's nicht von selber weißt, dann kann ich dirs auch nicht erklären. Komm, gehn wir zurück zum Auto.«

Wir fuhren schweigend zurück, und als wir vor seinem Haus waren, machte er die Tür auf und stieg aus. Er sah mich eine Sekunde lang an, als wolle er noch etwas sagen, dann drehte er sich abrupt um und ging auf dem schmalen gepflasterten Weg durch den Vorgarten zum Haus. Die Tür fiel ins Schloß, und ich saß eine Minute lang da und starrte sie an. Dann fuhr ich wie betäubt nach Hause. Als ich in der Garage den Motor abgestellt hatte, legte ich den Kopf aufs Lenkrad und schluchzte und rieb meine Backe an den stählernen Radspeichen. Schließlich rief Mutter aus einem Fenster im oberen Stockwerk zu mir herunter: ob mir was fehle, und warum ich denn nicht ins Haus käme. Also wischte ich mir die Tränen aus dem Gesicht und ging rein und sagte, mir sei schlecht, und ging nach oben und legte mich ins Bett. Mutter brachte mir auf einem Tablett eine Schüssel Milch mit Toast drin, aber ich konnte nichts essen und flennte die ganze Nacht.

Danach rief ich Billy noch einige Male an, aber er legte jedesmal auf, wenn er meine Stimme hörte. Und ich schrieb ihm einen langen Brief, den er nicht beantwortete.

Drei Monate später las ich in der Zeitung, daß er mit dem Auto tödlich verunglückt war, und Mutter sagte: »Ach, das ist doch der Junge von den Bradshinkels. Ihr beiden wart doch immer so gute Freunde, nicht?«

»Ja, Mutter«, sagte ich. Ich empfand rein garnichts.

Ich habe noch ein ganzes Silo voll von solchen zickigen schwulen Histörchen, alle in der gleichen Preislage. Oder mal was anderes: Ein Mann, der Erinnerungen auf Bestellung liefert. Man kann sich was raussuchen, und er garantiert, daß man davon überzeugt ist, es sei tatsächlich passiert—(Tatsache ist, daß ich die Geschichte von Billy Bradshinkel langsam schon selber glaube). Das Leitmotiv der Story ist eine Zeile aus dem Lied des japanischen Sandmännchens: ›Just an old second-hand man trading new dreams for old.‹ Ach, zum Teufel damit! Gib es Truman Capote.

Noch so eine Erinnerung, aber diesmal echt: Jeden Sonntagmittag zur Essenszeit scharrte meine Großmutter ihren toten Bruder aus der Erde, der vor 50 Jahren umgekommen war, als er mit seiner Schrotflinte durch einen Zaun kroch und sich dabei die Lunge in Fetzen schoß.

»Ich werd mich immer an meinen Bruder erinnern, er war so ein lieber Kerl. Ich kanns einfach nicht leiden, wenn Jungs mit Flinten rumspielen.«

Und so lag der Junge also jeden Sonntagmittag zur Essenszeit da am Holzzaun und sein Blut lief auf den hartgefrorenen roten Lehmboden und zwischen die verdorrten Getreidestoppeln.

Und die arme alte Mrs. Collins, die darauf wartete, daß ihr Grauer Star reif wurde, damit sie endlich ihre Augenoperation kriegen konnte. Mein Gott! Sonntag und Mittagessen in Cincinnati!

25. Januar 1953
Hotel Mulvo Regis
Bogota

Lieber Al,
Bogota liegt auf einer Hochebene mit Bergen ringsum. Das Gras der Savanne ist leuchtend grün, und da und dort ragt ein schwarzer präkolumbianischer Monolith heraus. Die Stadt macht einen düsteren trübseligen Eindruck. Mein Hotelzimmer ist ein fensterloser Verschlag (Fenster sind in Südamerika ein Luxus) mit rohen Bretterwänden, und das Bett ist zu kurz.

Fühlte mich derart deprimiert, daß ich lange Zeit wie gelähmt da auf dem Bett hockte. Dann ging ich raus in die dünne kalte Luft, um irgendwo etwas zu trinken, und ich dankte Gott, daß ich nicht suchtkrank in diese Stadt gekommen war. Ich trank ein paar Gläser und ging zurück ins Hotel, wo mir ein häßlicher schwuler Kellner ein Essen servierte, das nach nichts schmeckte.

Am nächsten Tag ging ich in die Universität, um mich über Yage zu informieren. Sämtliche Naturwissenschaften befinden sich unter einem Dach, im sogenannten ›Institut‹. Ein Backsteingebäude, staubige Korridore, Büros ohne Namensschilder an den Türen, die meisten verschlossen. Ich kletterte über Kisten und ausgestopfte Tierbälger und botanische Pressen. Das Zeug wird ohne ersichtlichen Grund ständig von einem Raum in den anderen geschafft. Leute stürzen aus ihren Büros, suchen sich aus dem Gerümpel irgendwas heraus und lassen sich das Ding ins Büro schleppen. Die Packer hocken zigarettenrauchend auf den Kisten und reden jeden mit ›Doktor‹ an.

In einem großen staubigen Raum voll von Pflanzenproben und durchwabert von einem Geruch nach Formaldehyd sah ich einen Mann, der mit kultiviert gebremster Verärgerung nach etwas suchte, was er nicht finden konnte. Als er mich sah, sagte er:

»Wo hat man mir denn jetzt schon wieder meine Kakaopflanzen hingetan? Es war eine wild wachsende Kakaopflanze, eine ganz neue Spezies. Und was hat dieser ausgestopfte Kondor hier auf meinem Tisch zu suchen?«

Der Mann hatte ein hageres, durchgeistigtes Gesicht, ein stählernes Brillengestell auf der Nase, und er trug eine Tweedjacke und dunkle Flanellhosen. Eindeutig Boston und Harvard. Er stellte sich als Dr. Schindler vor. Hatte irgendwas mit der U.S. Agricultural Commission zu tun.

Ich fragte ihn nach Yage. »Oh ja«, sagte er, »wir haben einige Proben hier. Kommen Sie, ich zeige sie Ihnen.« Er machte einen letzten vergeblichen Versuch, seine Kakaopflanze zu erspähen, dann zeigte er mir ein getrocknetes Exemplar der Yage-Rebe. Es schien mir eine alltäglich aussehende Pflanze zu sein. Er sagte, er habe den Saft einmal probiert. »Ich sah Farben, hatte aber keine Visionen.«

Er sagte mir genau, was ich für den Trip alles brauchte, wo ich hingehen und wen ich aufsuchen sollte. Ich fragte ihn nach der Sache mit der Telepathie. »Das ist natürlich alles nur Einbildung«, meinte er. Er schlug mir vor, in die Putomayo-Region zu gehen. Das sei das am leichtesten zugängliche Gebiet, in dem ich Yage finden könne.

Ich ließ mir ein paar Tage Zeit, um meine Ausrüstung zusammenzustellen und mich in der Hauptstadt umzusehen. Für einen Trip in den Dschungel braucht man Medikamente; Serum gegen Schlangenbisse, Penicillin, Enterovioformo und Aralen gehören zur Grundausstattung. Eine Hängematte, eine Wolldecke, und für den Transport der Medikamente ein Gummibeutel, den sie hier ›*tula*‹ nennen.

Zu der dünnen Luft in Bogota kommt hinzu, daß es hier kalt und naß ist; eine feuchte Kälte, die in einen reinkriecht wie die Kälte der Suchtkrankheit. Sowas wie Heizung kennen die hier nicht; man ist also ständig am Frieren. Mehr als in jeder anderen Stadt in Lateinamerika spürt man hier das tote Gewicht von Spanien; ein düsteres, niederdrückendes Gefühl. Alles Amtliche trägt den Stempel ›Made in Spain‹.

Wie immer,
William

30. Januar 1953
Hotel Niza, Pasto

Lieber Al,
fuhr mit dem Bus nach Cali, denn die Autoferro war für Tage ausgebucht. Unterwegs wurden der Bus und sämtliche Passagiere mehrmals von den Bullen gefilzt. In dem Beutel mit den Medikamenten hatte ich unten drin eine Knarre unter Verputz, aber sie machten jedesmal nur eine Leibesvisitation. Ganz klar, daß man hier mit Waffen jederzeit durchkommt; man braucht sie nur irgendwo hinzustecken, wo diese schlampigen Greifer nicht danach suchen. Das einzige Ergebnis ihrer derzeitigen Praxis ist, daß sie die Bürger verärgern. Ich habe in Kolumbien noch nie einen getroffen, der für die Policia Nacional ein gutes Wort übrig hat.

Die Policia Nacional ist die Palastwache der Konservativen Partei (—der Armee traut man nicht recht über den Weg, weil ein ansehnlicher Teil von ihr auf der Seite der Liberalen steht). Die Typen von der P.N. sind der widerwärtigste Verein von Jungmännern, der mir je unter die Augen gekommen ist, mein Lieber. Es gibt Tausende von diesen komischen Halbstarken in Kolumbien, und nur einmal habe ich einen gesehen, der mir halbwegs appetitlich vorkam, und der fühlte sich in seinem Büro äußerst unwohl.

Falls es über die Konservativen etwas Vorteilhaftes zu sagen gibt, muß ich es wohl überhört haben. Sie sind eine unpopuläre Minderheit von widerlichen Scheißern.

Die Straße führte über Bergpässe hinunter in den reichlich kuriosen mittleren Teil von Tolima am Rand des Kriegsgebietes. Bäume und Ebenen und Flüsse und immer mehr Policia Nacional. Die Bevölkerung enthält einige der bestaussehenden und einige der häßlichsten Menschen, die mir je zu Gesicht gekommen sind. Die meisten hatten anscheinend nichts besseres zu tun als den Bus anzustarren und die Passagiere und besonders den Gringo. Sie starrten mich an, bis ich lächelte oder ihnen zuwinkte, und dann lächelten sie zurück mit diesem gierigen zahnlosen Grinsen, das den Amerikaner überall in Südamerika willkommen heißt.

»Hallo, Mister. Zigarette für mich?«

In einer heißen staubigen Kleinstadt, wo wir eine Kaffeepause einlegten, sah ich einen Jungen mit kupferbrauner Haut und einem schön geschnittenen Gesicht. Wundervoll weicher Mund und hellroter Gaumen mit weit auseinanderstehenden Zähnen. Seidiges schwarzes Haar fiel ihm vorne übers Gesicht. Sein ganzes Wesen strahlte eine sehr ansprechende maskuline Unschuld aus.

Bei einer Zollkontrolle stieß ich auf einen Typ von der Policia Nacional, der in Korea gekämpft hatte. Er knöpfte sein Hemd auf und zeigte mir die Narben, die seine unappetitliche Person zierten.

»Ich mag euch Amis«, sagte er.

Ich fühle mich nie geschmeichelt von dieser pauschalen Vorliebe für Amerikaner. Es ist eine Beleidigung für die Würde des Individuums, und man hat von diesen Amerika-Verehrern nie etwas Gutes zu erwarten.

Am späten Nachmittag erstand ich eine Flasche Brandy und soff mir mit dem Busfahrer einen an. Wir übernachteten in Armenia und fuhren am nächsten Tag mit der Autoferro weiter nach Cali.

Cali ist eine relativ erträgliche Stadt mit einem angenehmen Klima. Halbtropische Vegetation, Bambus und Bananen und Papayas. Man spürt hier keinerlei Spannungen. Cali hat eine hohe Verbrechensrate, aber nichts Politisches, nur gewöhnliche Kriminalität. Sogar Safeknacker. (Hochkarätige Gangster sind in Südamerika selten.)

Ich traf ein paar alteingesessene Amerikaner, die sagten, das Land sei in einem fürchterlichen Zustand.

»Fremde können sie hier unten nicht riechen. Und wissen Sie, warum? Wegen diesem ganzen Point Four und der Wirtschaftshilfe und dem Gefasel von wegen gutnachbarlichen Beziehungen. Wenn man diesen Leuten was gibt, denken sie sofort: ›Aha, der braucht mich also!‹ Und je mehr man diesen Kanaken gibt, desto unverschämter werden sie.«

Diese Leier habe ich von Oldtimern in ganz Südamerika zu hören bekommen. Daß es hier um etwas gehen könnte, was viel elementarer ist als die Aktivitäten von Point Four, kommt ihnen überhaupt nicht in den Sinn. Oder die U.S. Pegler Fans, die sagen: »Schuld an dem ganzen Trouble sind die Gewerkschaften.« Die würden das auch noch sagen, wenn sie schon so radioaktiv verstrahlt sind, daß sie Blut spucken. Oder wenn sie sich bereits in Krustentiere verwandeln.

Mit der Autoferro weiter nach Popayan; eine kleine Universitätsstadt, in der nichts los ist. Jemand erzählte mir, der Ort sei voll von Intellektuellen, aber ich sah keinen einzigen. Überall in dem Kaff stößt man auf eine merkwürdig sture Feindseligkeit. Auf dem Marktplatz rempelte mich ein Mann und ging ohne ein Wort der Entschuldigung weiter. Er hatte einen vollkommen starren, katatonischen Gesichtsausdruck.

In einem Café, wo ich eine Tasse Muckefuck trank, sprach mich ein junger Mann an. Er hatte ein archaisch wirkendes, jüdisch-assyrisches Gesicht, und er setzte mir lang und breit auseinander, daß er auf Ausländern unheimlich stehe, und daß er mich zu einem Drink einladen oder wenigstens meinen Kaffee bezahlen wolle. Im Laufe der Unterhaltung stellte sich heraus, daß er für Ausländer überhaupt nichts übrig hatte und auch nicht im Traum daran dachte, mich zu einem Drink einzuladen. Ich bezahlte meinen Kaffee und ging.

In einem anderen Café war ein Glücksspiel im Gang, so etwas wie Bingo. Ein Mann kam hereingestürzt und stieß haßerfüllte unartikulierte Laute aus. Er geiferte wie ein Idiot. Keiner der Bingospieler nahm von ihm Notiz.

Neben dem Eingang zum Postamt hingen Plakate der Konservativen. Auf einem war zu lesen: »Bauern! Die Armee kämpft für euer Wohl. Verbrechen erniedrigt den Menschen, und er verliert seine Selbstachtung. Arbeit erhebt ihn zu Gott. Unterstützt die Polizei und die Armee. *Alles, was sie brauchen, sind eure Hinweise.*« (Hervorhebung von mir)

Es ist deine Pflicht, die Guerillas zu verpfeifen und deine Arbeit zu tun und das Maul zu halten und auf den Priester zu hören. Was für ein abgedroschener Schwindel. Als würde man versuchen, die Brooklyn Bridge zu verscherbeln. Aber es gibt nicht viele, die darauf hereinfallen. Die meisten Kolumbianer sind Liberale.

An jeder Ecke hängen welche von der Policia Nacional herum, linkisch und verlegen, und warten sehnsüchtig darauf, daß sie einen abknallen oder sonst irgendwas tun können, um nicht länger den feindseligen Blicken der Passanten ausgesetzt zu sein. Sie haben einen riesigen grauen Omnibus mit vergitterten Fenstern, der ständig durch die Straßen fährt, aber es sitzt nie ein Gefangener drin.

Ich ging auf einer staubigen Landstraße ein Stück weit aus der Stadt heraus. Hügeliges Land, grünes Gras, Rinder und Schafe und kleine Bauernhöfe. Mitten auf der Straße stand eine eingestaubte, von einer schauerlichen Krankheit entstellte Kuh. Am Straßenrand ein Heiligenschrein mit einer Glasscheibe davor. Religiöser Nippes in schreienden Farben, rosarot und blau und gelb.

Sah einen Kulturfilm über einen Priester in Bogota, der eine Backsteinfabrik betreibt und Häuser für die Arbeiter baut. Man sieht ihn, wie er liebevoll seine Backsteine betätschelt und den Arbeitern auf die Schulter klopft und ansonsten den uralten katholischen Schwindel auftischt. Ein abgemagerter Mann mit einem wehleidigen neurotischen Blick in den Augen. Am Ende hält er eine Rede etwa folgenden Inhalts: Wo immer ihr sozialen Fortschritt findet oder gute Arbeitsbedingungen oder sonstwas Gutes, dort findet ihr auch die Kirche.

Seine Rede hatte mit seinen wirklichen Überzeugungen nichts zu tun. Die Botschaft, die sein neurotischer feindseliger Blick ausstrahlte, war unmißverständlich. Er haßte das Leben, und er hatte Angst davor. Er hockte da in seiner schwarzen Uniform, und jeder konnte die nackte Wahrheit sehen: ein Advokat des Todes. Ein Geschäftsmann, der nicht von Gewinnsucht angetrieben wurde, sondern mit der Sturheit einer Krebsgeschwulst seiner öden und zerstörerischen Tätigkeit nachging. Ein Fanatiker ohne Energie und inneres Feuer, der den sauren Mief von geistigem Zerfall verströmte. Er wirkte krank und schmutzig—obwohl er vermutlich durchaus auf körperliche Hygiene hielt—, und was ihn umwaberte, war ein Hauch von gelben Zähnen, schmuddeliger Unterwäsche und psychosomatischem Leberschaden. Ich würde gerne mal wissen, wie dem sein Geschlechtsleben ausgesehen hat.

Ein weiterer Filmbericht zeigte eine Versammlung der Konserativen Partei. Sie wirkten alle wie gefroren, wie eine Eiskruste auf dem Land. Die Leute im Kino saßen schweigend und uninteressiert da. Nicht ein Hauch von Zustimmung oder Ablehnung. Nichts. Nackte Propaganda, die stumpf und platt in eisiges Schweigen fiel.

Am nächsten Tag mit dem Bus nach Pasto. Als wir in den Ort hineinfuhren, hatte ich ein Gefühl von Depression und Horror, das mich traf wie ein Schlag in die Magengrube. Hohe Berge ringsum. Dünne Gebirgsluft. Die Einwohner blinzelten uns aus ihren grasgedeckten Hütten entgegen, die Augen rot vom Rauch der offenen Feuerstellen. Das Hotel, von Schweizern geführt, war hervorragend. Ich machte einen Gang durch die Stadt. Häßliche verlotterte Bevölkerung. Je höher man kam, desto häßlicher wurden die Leute. Eine Lepra-Gegend. (Lepra findet man in Kolumbien vorwiegend im Hochgebirge, Tuberkulose an der Küste.) Jeder zweite schien eine Hasenscharte oder ein verkürztes Bein oder ein blindes schwärendes Auge zu haben.

Ich ging in eine Cantina und trank Aguardiente und drückte auf der Jukebox einige Platten mit Musik aus den Bergen. Es liegt etwas Archaisches und merkwürdig Vertrautes in dieser Musik, sehr alt und sehr traurig. Ihre Ursprünge liegen mit Sicherheit nicht in Spanien, auch nicht im Orient. Hirtenmusik, gespielt auf einem Bambusinstrument, das wie eine Panflöte klingt; vorklassisch, vielleicht etruskisch. Ich habe ähnliche Musik in den Bergen von Albanien gehört, wo noch Spuren einer vorgriechischen, illyrischen Rasse anzutreffen sind. Eine phylogenetische Nostalgie überträgt sich mit dieser Musik—eine Erinnerung an Atlantis?

Hinter der Bar sah ich etwas stehen, was auf den ersten Blick wie ein attraktiver Junge so um die 14 aussah (im Lokal gab es nur ein schwaches Licht, da die Stromversorgung mal wieder am Zusammenbrechen war). Als ich an die Bar ging, um ihn mir näher anzusehen, stellte sich allerdings heraus, daß er ein altes Gesicht hatte und sein ganzer Leib von Pisse und Wasser aufgequollen war wie eine verfaulte Melone.

Am Nebentisch saß ein Indianer und fummelte in seinen Taschen herum. Seine Finger waren von Alkohol schon so gelähmt, daß er mehrere Minuten brauchte, um ein paar zerknüllte Geldscheine rauszuholen—was meine Großmutter, eine rabiate Alkoholgegnerin, als ›schmutziges Geld‹ zu bezeichnen pflegte. Er sah mich an und verzog seinen verhärmten Mund zu einem kaputten Lächeln. ›Was bleibt mir schon übrig?‹

In einer Ecke machte ein junger Indianer mit einer Nutte herum. Ein häßliches Weib in der schmuddeligen hellrosa Kluft ihres Gewerbes und mit einem bestialischen Gesichtsausdruck. Schließlich schob sie ihn von sich weg und ging raus. Der junge Indianer sah ihr schweigend und gleichmütig nach. Sie war weg, und damit hatte es sich. Er ging rüber zu dem Betrunkenen, half ihm auf die Beine, und dann wankten sie zusammen hinaus, mit der traurigen rührenden Resignation der Hochgebirgsindianer.

Schindler hatte mir ein Empfehlungsschreiben für einen Deutschen mitgegeben, der in Pasto eine Weinkellerei hat. Er saß in einem Zimmer voll Bücher und hatte zwei elektrische Heizlüfter laufen. Das erste geheizte Zimmer, das ich in Kolumbien antraf. Er hatte ein ausgemergeltes, verwüstetes Gesicht, eine spitze Nase und den nach unten gezogenen Mund eines Junkie. Er war schwerkrank. Schlechtes Herz, angegriffene Nieren, hoher Blutdruck.

»Und dabei konnte ich mal Bäume ausreißen«, sagte er wehmütig. »Wenn ich könnte, würde ich in die Mayo-Klinik gehen. Ein Arzt von hier hat mir eine Spritze Jod verpaßt, und seither ist mein ganzer Stoffwechsel durcheinander. Sobald ich etwas Gesalzenes esse, kriege ich dick geschwollene Beine.«

Er sagte, er kenne die Gegend am Putumayo-Fluß sehr gut. Ich fragte ihn nach Yage.

»Ja, ich habe einige Proben nach Berlin geschickt. Sie machten Tests und schrieben mir, es habe die gleiche Wirkung wie Haschisch... am Putumayo gibt es ein Insekt, den Namen habe ich vergessen, es sieht aus wie ein großer Grashüpfer... sein Gift ist ein unerhört starkes Aphrodisiakum... wenn man danach nicht sofort eine Frau zu fassen kriegt, bringt es einen um. Ich habe Leute erlebt, auf die sich das Insekt gesetzt hatte, die rannten wild onanierend durch die Gegend... ich muß hier irgendwo eins in Alkohol stehen haben... nein, jetzt fällt mirs wieder ein – es ging beim Umzug verloren, als ich nach dem Krieg hier in die Gegend zog... es gibt da übrigens noch eine andere Rebe, über die ich mir unbedingt nähere Informationen beschaffen will... wenn man sie kaut, fallen einem die Zähne aus.«

»Genau das Richtige, um sich einen Spaß mit seinen Freunden zu machen«, sagte ich.

Das Dienstmädchen brachte Tee und Pumpernickel und Butter auf einem Tablett herein.

»Ich hasse diesen Ort, aber was soll ich machen? Ich habe hier mein Geschäft. Meine Frau. Ich sitze fest.«

Werde in den nächsten Tagen nach Macoa abreisen und von dort weiter zum Putumayo. Ich werde dir von dort nicht schreiben, denn hinter Pasto ist die Post äußerst unzuverlässig und wird größtenteils von Bus- oder Lastwagenfahrern je nach Lust und Laune befördert. Die meisten Sendungen gehen verloren. Verantwortungsgefühl ist etwas, was diesen Menschen hier völlig abgeht.

Wie immer,
Willy Lee

28. Februar 1953
Hotel Niza, Pasto

Lieber Allen,
auf dem Rückweg nach Bogota. Nichts erreicht. Wurde von Medizinmännern gelinkt (der schlimmste Säufer, Lügner und Penner in jedem Dorf ist unweigerlich der Medizinmann), von der Polente eingesperrt und von einem lokalen Strichjungen ausgenommen. Ich bildete mir ein, ich hätte einen unschuldigen Hinterwäldler auf der Matratze, dabei hatte es der Kerl bereits mit sechs amerikanischen Ölmännern getrieben, einem schwedischen Botaniker, einem holländischen Ethnographen, einem Kapuzinerpater, den sie am Ort ›Die Mutter Oberin‹ nennen, einem bolivianischen Trotzkisten auf der Flucht, und den Rest besorgten ihm die Kakao-Kommission und Point Four gemeinsam. Am Ende haute mich auch noch die Malaria um. Ich will versuchen, dir mehr oder weniger der Reihe nach zu schildern, was sich alles abgespielt hat.

Ich fuhr mit dem Bus nach Macoa. Das ist die Hauptstadt der Putumayo-Region. Die Straße hört hier auf, und man kommt nur noch mit Maultier oder Kanu weiter. Aus irgendeinem Grund sind diese Ortschaften am Ende der Straße alle zum Kotzen. Wer sich hier eine Ausrüstung zusammenstellen will, ist aufgeschmissen. Von den Sachen, die er braucht, ist in den Läden kein einziges Stück zu kriegen. Nicht einmal Citronella. Und in diesen Kaffs gibt es keinen, der auch nur eine blasse Ahnung vom Dschungel hat.

Als ich nach Macoa kam, war es bereits Nacht, und ich konsumierte eine gräßliche kolumbianische Limonade unter den mißtrauischen Augen eines Bullen von der

Nacional, der sich nicht entscheiden konnte, ob er mich verhören sollte oder nicht. Schließlich stand er auf und ging, und ich legte mich schlafen. Die Nacht war kühl, ungefähr so wie in Puyo, einem weiteren schauderhaften Kaff am Ende der Straße.

Als ich am nächsten Morgen aufwachte, kriegte ich schon im Bett die ersten Depressionen. Ich sah aus dem Fenster. Straßen mit Kopfsteinpflaster unter einer Schlammschicht, einstöckige Gebäude, größtenteils Läden. Nichts Ungewöhnliches. Und trotzdem: auf meinen ganzen Reisen—und ich bin an ein paar wirklich beschissenen Orten gewesen—habe ich nie ein Kaff erlebt, das mich so deprimiert hat wie Macoa. Und ich weiß eigentlich nicht einmal genau, warum.

Macoa hat etwa 2000 Einwohner und sechzig Mann Bundespolente. Einer von denen fährt den ganzen Tag mit einem Motorrad die vier Straßen der Stadt ab. Egal, wo man sich gerade aufhält—man hört ihn überall. Aus Radios in jeder Cantina schallt einem ein ohrenbetäubender Lärm entgegen, immer mehrere Stationen gleichzeitig, und die Lautsprecher sind grundsätzlich bis zum Anschlag aufgedreht. (In Macoa gibt es keine einzige Musikbox, so daß man sich nie etwas nach seinem Geschmack anhören kann.) Die Polizisten haben ihre eigene Kapelle dabei, die drei- oder viermal am Tag loslegt, das erste Mal schon am frühen Morgen. Die Stadt liegt weit ab von der Kampfzone, und ich konnte kein Zeichen von beginnender Unruhe feststellen. Doch über ganz Macoa liegt eine gespannte Atmosphäre, gegen die offensichtlich kein Kraut gewachsen ist. Der Kontrollapparat hat seine Streitmacht am Ort, um einen Aufstand niederzuschlagen, der nie losbricht. Macoa ist in jeder Beziehung Endstation. Man ist endgültig auf dem toten Punkt angelangt, und der Bulle auf dem Motorrad dreht seine Runden bis in alle Ewigkeit.

Ich fuhr weiter nach Puerto Limon, etwa 30 Meilen hinter Macoa. Der Ort ist per Lastwagen zu erreichen. Hier tat ich einen intelligenten Indianer auf, und innerhalb von zehn Minuten hatte ich eine Yage-Rebe. Nur wollte mir der Indianer das Zeug nicht zubereiten, weil der Brujo (Medizinmann) das Monopol darauf hat.

Dieser, ein alter versoffener Gauner, zog gerade über einem Mann, der offensichtlich Malaria hatte, seinen Singsang ab. (Möglich, daß er den bösen Geist aus seinem Patienten austrieb, um ihn prompt dem Gringo anzuhängen. Jedenfalls, zwei Tage später hatte *ich* die Malaria.) Um seine Zauberkraft auf Touren zu bringen und Leute heilen zu können, erzählte mir der Brujo, müsse er immer ordentlich einen in der Krone haben. Seine Kranken hätten allerdings Schwierigkeiten mit den hohen Alkoholpreisen, und er werde deshalb nie so recht blau und könne immer nur mit halber Kraft arbeiten. Ich kaufte ihm einen halben Liter Aguardiente, und er sagte, wenn ich ihm noch einen ganzen Liter dazu gebe, sei er bereit, das Yage für mich zu präparieren. Er machte mir dann auch tatsächlich mit kaltem Wasser einen halben Liter zurecht, ließ aber die Hälfte der Rebe als Abfall liegen, so daß ich überhaupt nichts spürte.

In der Nacht träumte ich in lebhaften Farben von dem grünen Dschungel und einem tiefroten Sonnenuntergang, den ich am Abend beobachtet hatte. Ich sah eine Großstadt, wie aus Versatzstücken zusammengesetzt, die mir bekannt vorkam, aber ohne daß ich sie richtig identifizieren konnte. Ein Teil New York, ein Teil Mexico City und ein Teil Lima (das ich zu diesem Zeitpunkt noch gar nicht gesehen hatte). Eine breite Straße, Autos fuhren vorbei, ich stand an einer Ecke, und weiter unten erstreckte sich ein riesiger Park. Ich kann nicht sagen, ob es zwischen diesen Träumen und Yage einen Zusammenhang gab. Übrigens soll man tatsächlich eine Stadt sehen, wenn man Yage genommen hat.

Ich verbrachte mit einem indianischen Führer einen Tag im Dschungel, um mich umzusehen und Yoka zu sammeln —eine Rebe, die die Indianer auf langen Trips durch den Dschungel kauen, um sich Hunger und Ermüdung vom

Leib zu halten. Manche nehmen es auch nur deshalb, weil sie zu faul sind, um was zu essen.

Der Aufenthalt im Dschungel am oberen Amazonas ist sogar noch angenehmer als der in den Wäldern im Mittelwesten der USA während der Sommermonate. Die einzigen wirklichen Plagen sind Stechmücken und Moskitos, und gegen die kann man sich mit Insektenmittel schützen. (Ich hatte diesmal allerdings keines dabei.) Von Zecken oder Milben habe ich am Putumayo nie etwas gespürt. Die Bäume sind gewaltig, manche 60 Meter hoch. Als wir unter diesen Bäumen durchgingen, fiel mir auf, daß die Stille hier etwas ganz Eigenartiges hatte—ein lautloses Vibrieren. Wir durchquerten Flußläufe mit kristallklarem Wasser (wer hat eigentlich dieses Märchen erfunden, man könne das Wasser im Dschungel nicht trinken? Wieso denn nicht?)

Yoka wächst nur in hohen Lagen, und wir brauchten vier Stunden, bis wir dort waren. Der Indianer hackte eine Yoka-Rebe ab und schabte mit der Machete eine Handvoll Fasern von der Innenseite der Rinde. Er weichte die Fasern in ein bißchen kaltem Wasser ein, drückte sie aus und reichte mir die Flüssigkeit in einem großen Blatt, das er zu einem Becher geformt hatte. Das Zeug schmeckte leicht bitter, aber nicht unangenehm. Nach 10 Minuten spürte ich ein Kribbeln in den Händen und wurde ganz schön high. Es erinnerte an Benzedrin, war aber nicht so intensiv. Den vierstündigen Fußmarsch auf Dschungelpfaden zurück zum Ort machte ich ohne eine einzige Rast. Ich hätte ohne weiteres noch einmal so weit gehen können.

Nach einer Woche in Puerto Limon fuhr ich per Lastwagen nach Puerto Umbria und von dort mit dem Boot runter nach Puerto Assis. Die Boote sind etwa 9 Meter lang und haben einen Außenbordmotor. Sie sind das übliche Transportmittel auf dem Putumayo. Die Motore sind die halbe Zeit außer Betrieb. Der Grund dafür ist sehr einfach: man nimmt sie auseinander, und beim Zusammenbauen läßt man alles weg, was man für unwichtig hält. Außerdem spart man am Öl, so daß man einen Kolbenfresser nach dem anderen hat.

Ich erreichte Puerto Assis um 10 Uhr abends und hatte kaum einen Fuß an Land gesetzt, als auch schon ein Bundespolyp zur Stelle war und meine Papiere sehen wollte. In ruhigen Gegenden wie am Putumayo gibt es mehr Ausweiskontrollen als in Villvincencio am Rand der Kampfzone. In der Putumayo-Region kannst du nicht mal fünf Minuten Pinkelpause machen, ohne daß sie deinen Ausweis kontrollieren. Sie rechnen ständig mit Trouble von außen, in Gestalt von Fremden—warum, weiß der liebe Gott.

Der Gouverneur, der aussah wie ein degenerierter Affe, fand am nächsten Tag einen Fehler in meinem Touristenausweis. Der amerikanische Konsul in Panama hatte statt 1953 die Jahreszahl 1952 eingesetzt. Ich versuchte ihm zu erklären, daß das ein bloßes Versehen war. Er brauche sich ja nur die Datumsangaben auf meinen Flugtickets, meinem Paß und all den Hotelrechnungen anzusehen. Aber der Mann war dumm wie Schifferscheiße. Ich glaube, er hat es bis heute noch nicht begriffen. Also filzte nun der Bulle mein Gepäck. Die Knarre fand er zwar nicht, aber dafür beschloß er, den ganzen Beutel mit den Medikamenten (und der Knarre unten drin) zu beschlagnahmen. Der Inspektor von der Abteilung öffentliches Gesundheitswesen gab seinen Senf dazu und meinte, man solle sich die Medikamente mal näher ansehen.

›Menschenskind‹, dachte ich, ›hau doch ab und inspizier 'n Scheißhaus.‹

Sie eröffneten mir, ich dürfe die Stadt nicht verlassen, bis eine Entscheidung aus Macoa vorliege. Nun saß ich also in Puerto Assis fest und konnte nichts weiter tun, als den ganzen Tag rumzuhocken und mich jeden Abend zu besaufen. Ich hatte vorgehabt, eine Bootsfahrt den Rio Guaymes hinauf zu den Kofan Indianern zu machen, die in punkto Yage wahre Künstler sein sollen, aber der Gouverneur ließ mich aus Puerto Assis nicht weg.

Puerto Assis ist typisch für die Siedlungen entlang dem

Putumayo River. Parallel zum Fluß eine aufgeweichte Straße, ein paar Läden, eine einzige Cantina, eine Mission, wo Kapuzinerpater dem alten Riley nacheifern, und ein Hotel, das ›Putumayo‹, in dem ich mich einquartiert hatte.

Geschäftsführerin des Hotels war eine Dame, die stark nach Puffmutter aussah. Ihr Mann war ungefähr 40, kräftig und zupackend, aber in seinen Augen sah man nichts als Resignation. Sie hatten sieben Töchter, und man brauchte ihn nur anzusehen, um zu wissen, daß er nie einen Sohn haben würde. Jedenfalls nicht von dieser Frau. Die Töchter, der ganze kichernde Harem, kamen ständig in mein Zimmer (es gab keine Tür, nur einen dünnen Vorhang) und sahen mir beim Anziehen und Rasieren und Zähneputzen zu. Es war zum Kotzen. Außerdem wurde ich auch noch das Opfer idiotischer Diebstähle—ein Katheter aus meiner Reiseapotheke, ein Sackhalter, Vitamin-B Tabletten.

In der Stadt gab es einen Jungen, der einmal einem amerikanischen Naturliebhaber als Führer gedient hatte. Dieser Boy war der lokale Mister Specialist. Man findet diese Landplage überall in Südamerika. Ihr Englisch reicht gerade, um »Hello Joe« oder »Okay« oder »Fucky fucky« zu sagen. Viele weigern sich, Spanisch zu reden, so daß man sich in Zeichensprache verständigen muß.

Ich saß auf einem verwitterten umgestülpten Boot, das auf der Hauptstraße von Puerto Assis als Bank dient. Der Junge kam an, setzte sich zu mir und begann von dem Mister zu erzählen, der Tiere sammelte. »Er hat Spinnen gesammelt und Skorpione und Schlangen«. Ich war schon halb eingeschläfert von seiner Litanei, als ich ihn plötzlich sagen hörte: »Und er wollte mich mitnehmen in die Staaten.«

›Ach du lieber Gott‹, dachte ich, ›auch noch diese alte Leier.‹

Der Junge lächelte mich an und zeigte mir seine Zahnlücken. Er rückte ein bißchen näher. Ich spürte, wie sich mein Magen zusammenzog.

»Ich hab ein gutes Boot«, sagte er. »Wie wärs, wenn ich

Sie den Guaymes rauf bringe? Ich kenne die ganzen Indianer da oben.«

Er schien so ziemlich der untauglichste Führer am ganzen oberen Amazonas zu sein, aber ich sagte ja.

Am Abend lief er mir vor der Cantina über den Weg. Er legte mir den Arm um die Schulter und sagte: »Kommen Sie, Mister, wir gehn rein und trinken was.« Und dann ließ er seine Hand an meinem Rücken heruntergleiten bis halb über den Arsch.

Wir gingen hinein und besoffen uns unter den müden wissenden Augen des Barkeepers, und anschließend gingen wir ein Stück den Dschungelpfad entlang. Wir setzten uns im Mondschein an den Wegrand, und er ließ seinen Ellbogen zwischen meine Schenkel rutschen und sagte »Mister«. Das nächste, was ich hörte, war: »Wieviel geben Sie mir?«

Er wollte 30 Dollar. Anscheinend ging er davon aus, daß er am oberen Amazonas ein seltener Artikel war. Ich handelte ihn auf 10 Dollar herunter, wobei sich das Feilschen unter zunehmend erschwerten Bedingungen abspielte, die mich vom Geschäftlichen sehr ablenkten. Irgendwie schaffte er es dann, mich um 20 Dollar und meine Unterhose zu erleichtern (als er sagte, ich solle die Unterhose ganz ausziehen, dachte ich: ›Mein lieber Freund, das ist ja ein richtig leidenschaftlicher Typ!‹, dabei war es nur ein Trick, um mir die Skivvies zu klauen).

Nach fünf Tagen in Puerto Assis war ich auf dem besten Wege, mich in meiner Eigenschaft als notorischer Tunichtgut am Ort als vollwertiger Bürger zu etablieren. Mittlerweile trafen aus Macoa düster dräuende Telegramme ein. »Der Fall des Fremden aus Ohio wird einer Entscheidung zugeführt.« Und schließlich: »Der Fremde aus Ohio ist nach Macoa zu überstellen.«

Also wieder die ganze Strecke den Fluß hinauf, in Begleitung des Bullen (ich stand sozusagen unter Arrest). In Puerto Umbria bekam ich Schüttelfrost und Fieber. Als wir Macoa erreichten, war es Sonntag, der Commandante war nicht da, also ließ mich sein Stellvertreter in einen

Holzverschlag sperren, in dem nicht einmal ein Eimer zum Pissen drinstand. Sie stellten mein ganzes Gepäck zu mir rein, ohne es vorher zu durchsuchen. Typisch Südamerika. Ich hätte da drin ein Maschinengewehr haben können. Ich nahm ein bißchen Aralen ein, wickelte mich in meine Decke und legte mich fröstelnd auf den Boden. Den Mann in der Zelle nebenan hatten sie eingesperrt, weil er irgend ein Papier nicht vorweisen konnte. Ich kam nie dahinter, was sie eigentlich von ihm wollten. Am Morgen tauchte der Commandante auf, und ich wurde ihm vorgeführt. Er begrüßte mich mit Handschlag, sah meine Papiere durch und hörte sich meine Erklärung an.

»Eindeutig ein Versehen«, sagte er. »Dieser Mann ist frei.« Was für eine angenehme Überraschung, in solch einer Lage einem intelligenten Menschen zu begegnen.

Ich ging zurück ins Hotel, legte mich ins Bett und ließ einen Arzt kommen. Er maß meine Temperatur und sagte »Carramba!« und spritzte mir Chinin und Leberextrakt, um meine Blutarmut zu kompensieren. Ich nahm weiter mein Aralen. Ich hatte ein paar Codein-Tabletten dabei, mit denen ich die Malaria-Kopfschmerzen in Schach hielt, so daß ich die nächsten drei Tage fast durchgehend schlafen konnte.

Ich werde nach Bogota gehen, meinen Touristenausweis in Ordnung bringen lassen und dann wieder hier aufkreuzen. Selbst mit einwandfreien Papieren wird einem das Reisen in Kolumbien noch schwer gemacht. Ich habe noch nirgends eine derart allgegenwärtige und lästige Polizei erlebt. Überall soll man sich polizeilich melden und vor der Weiterreise wieder abmelden. Das ist nicht nur stupid, es ist eine Zumutung. Angenommen, ich wäre ein aktiver Parteigänger der Liberalen—was könnte ich in Puerto Assis schon groß anstellen, außer das Kaff mit vorgehaltener Knarre in meine Gewalt zu bringen?

Wie immer,
William

3. März 1953
Hotel Nuevo Regis, Bogota

Lieber Al,
Bogota so schauderhaft wie eh und je. Habe mit Unterstützung der U.S. Botschaft meine Papiere korrigieren lassen. Dafür, daß sie mir den Touristenausweis vermurkst haben, sollte ich die von der PAA eigentlich bis aufs letzte Bruchband verklagen.

Ich habe mich einer Expedition angeschlossen—natürlich in einer etwas vagen Funktion—, bestehend aus Doc Schindler, zwei kolumbianischen Botanikern und zwei englischen Experten für Schädlingsbekämpfung, die für die Kakao-Kommission arbeiten, und werde also diesmal im Konvoi in der Putumayo-Region einrücken. Werde dir ausführlich von diesem Trip berichten, wenn ich, mittlerweile zum dritten Mal, in diese Stadt hier zurückkomme.

Wie immer,
William

15. April 1953
Hotel Nuevo Regis, Bogota

Lieber Al,
wieder in Bogota. Ich habe eine Kiste voll Yage. Ich habe es probiert und weiß mehr oder weniger, wie es zubereitet wird. Übrigens, es kann sein, daß du in *Exposure* ein Foto von mir siehst. Traf einen Reporter, der gerade reinging, als ich rauskam. Schwul, versteht sich, aber ungefähr so appetitlich wie ein Korb dreckige Wäsche. Nicht einmal nach zwei Monaten im Busch, mein Lieber. Der Kerl klemmt sich den südamerikanischen Kontinent auf der Basis von kostenloser Verpflegung und Beförderung, und wenn er für etwas bezahlt, dann schlägt er einen Rabatt für sich raus, indem er mit dem Zaunpfahl winkt: »Sie können von uns sozusagen zwei Arten von Publicity kriegen, ne gute oder ne schlechte—welche darfs denn sein,

Jack?« Was für ein schamloser Schnorrer. Aber was solls, ich bin ja auch nicht besser.

Rückblende: Habe bei dieser zweiten Reise über Cali, Popayan und Pasto nach Macoa mit Interesse festgestellt, daß sich Schindler und die beiden Engländer in Macoa genau so mies fühlten wie ich.

Diesmal wurde ich empfangen wie ein ausländischer Potentat auf Staatsbesuch, weil man von der irrigen Annahme ausging, ich sei ein Vertreter der Texas Oil Company, der inkognito durch die Lande reist. (Gratisbeförderung per Boot und Flugzeug, und Fressen gabs auch umsonst. Die Mahlzeiten wurden in der Offiziersmesse eingenommen, und übernachtet wurde im Haus des Gouverneurs.)

Die Texas Oil Company brachte in dieser Gegend vor ein paar Jahren einige Probebohrungen nieder, fand kein Öl und zog wieder ab. Aber in der Putumayo-Region denken sie noch heute, die Texas Company würde wiederkommen. Sie glauben daran wie an die Wiederkunft Christi. Der Gouverneur erzählte mir, die Texas Company habe zwei Proben entnommen, 80 Meilen voneinander entfernt, und beide Male sei es dasselbe Öl gewesen. Unter Macoa müsse also ein Ölvorkommen mit einer Ausdehnung von 80 Meilen liegen. Die gleiche Geschichte habe ich schon einmal in einer gottverlassenen Gegend von East Texas gehört, wo die Ölgesellschaft ebenfalls rumgebohrt hatte, ohne fündig zu werden. Nur daß dort der Ölteich angeblich 1000 Meilen breit war. Die kaputte Psyche dieser armen Irren ist ein Brei, der sich um den ganzen Globus zieht, genau wie der unterirdische Ölteich. Du kannst ihn anbohren, wo du willst, es kommt überall die gleiche Scheiße hoch.

Der Gouverneur bildet sich ein, sie würden demnächst eine Eisenbahnlinie von Pasto nach Macoa bauen. Und einen Flugplatz. Was in der Tat sehr gelegen käme, denn mit der Putumayo-Region geht es immer mehr bergab. Das Kautschuk-Geschäft ist im Eimer, die Kakaosträucher sind zerfressen von der Trockenfäule, für Rotenon wird seit dem Krieg kein Peso mehr gezahlt, der Boden ist karg, und für einen Export der Erzeugnisse fehlt es an allem. Aber das Kaff ist voll von Geschäftemachern, die ungebrochene Zuversicht mimen, obwohl sie platt auf dem Arsch sitzen. Ungefähr so als würde ich mir einreden, daß die Jungs demnächst durchs Fenster zu mir reinkriechen oder sich unter der Tür durch einen Tunnel graben.

So manchen habe ich, wenn ich blau war, ins Gebet genommen und zu ihm gesagt: »Schau her, es *gibt* hier kein Öl. Deshalb sind die Texaner auch abgezogen. Die kommen nie mehr wieder. Kapiert?« Aber sie konnten es einfach nicht glauben.

Wir besuchten einen Deutschen, der in der Nähe von Macoa eine Finca hat. Die Briten machten sich mit einem indianischen Führer auf die Suche nach wild wachsenden Kakaosträuchern. Ich erkundigte mich bei dem Deutschen nach Yage.

»Ja sicher«, sagte er, »meine Indianer nehmen es alle.« Eine halbe Stunde später hatte ich 20 Pfund Yage-Reben. Kein langer Treck durch den jungfräulichen Dschungel, und kein alter weißhaariger Knacker, der mich begrüßt mit den Worten: »Mein Sohn, ich habe dich erwartet.« Nein, ein netter Deutscher zehn Minuten hinter Macoa.

Der Deutsche besorgte mir dann auch einen Termin beim lokalen Brujo, der mir eine Tasse Yage verabreichen würde (zu diesem Zeitpunkt hatte ich noch keine Ahnung, wie man das Zeug zubereitet).

Der Medizinmann war so um die siebzig. Ein Gesicht so glatt wie der Hintern eines Säuglings. Er hatte so eine leicht verschlagene, gemütliche Art an sich, wie ein alter Junkie. Seine Hütte hatte ein Strohdach, und der Fußboden bestand aus plattgestampfter Erde. Es wurde schon dunkel, als ich zu meinem Yage-Termin bei ihm anrückte. Als erstes wollte er wissen, ob ich ihm eine Flasche mitgebracht hätte. Ich holte eine Literflasche Aguardiente aus meinem Rucksack und gab sie ihm. Er nahm einen tiefen Schluck und gab die Flasche an seinen Helfer weiter.

Ich trank nichts, denn ich wollte den Yage-Kick pur genießen. Der Brujo stellte die Schnapsflasche neben sich hin und hockte sich vor eine Schüssel, die er auf einem Dreifuß stehen hatte. Dahinter war ein aus Holz gezimmerter Heiligenschrein mit einem Bild der Muttergottes, einem Kruzifix, einer Holzschnitzerei, die irgendeinen Geist aus dem Dschungel darstellte, Federn und kleinen verschnürten Päckchen. Der Brujo saß lange Zeit regungslos da. Die Frauen zogen sich hinter einen Bambusvorhang zurück und ließen sich nicht mehr blicken. Der Brujo beugte sich über die Schüssel und begann mit seinen Beschwörungsformeln. Ich verstand zwei Worte, die immer wiederkehrten: »Yage Pintar«. Er fuchtelte mit einem kleinen Besen über der Schüssel herum und machte ein zischendes Geräusch dazu. Damit sollen böse Geister vertrieben werden, die sonst in das Yage reinfahren könnten. Er nahm einen Schluck aus der Flasche, wischte sich über den Mund und machte weiter mit seinem Singsang. Einen Brujo kann man nicht drängen. Schließlich deckte er die Schüssel auf und goß mir etwa einen Fingerhut voll schwarze Flüssigkeit in einen dreckigen roten Plastikbecher. Das Zeug war ölig und phosphoreszierend. Ich trank es in einem Zug runter. Es schmeckte bitter, und ich wußte, mir würde davon schlecht werden. Ich gab dem Medizinmann den Becher zurück, und dann genehmigte sich auch sein Helfer einen Schluck.

Ich saß da und wartete auf eine Wirkung, und beinahe augenblicklich verspürte ich den Impuls, zu sagen: »Das war nicht genug. Ich brauche mehr.« Ich habe bis jetzt zweimal eine Überdosis Junk erwischt, und jedesmal hatte ich kurz davor den gleichen unerklärlichen Impuls. In beiden Fällen sagte ich, noch ehe der Schuß zu wirken begann: »Das war nicht genug. Ich brauche mehr.«

Roy erzählte mir einmal von einem Mann, der frisch aus dem Gefängnis kam und bei ihm in der Bude beinahe gestorben wäre. »Er setzte sich den Schuß und sagte sofort: Das war nicht genug.‹ Im nächsten Moment kippte er um und verlor das Bewußtsein. Ich schleppte ihn raus in den Flur und rief einen Krankenwagen. Er kam durch.«

Nach zwei Minuten packte mich ein Schwindelgefühl, und die Hütte fing an, sich vor meinen Augen zu drehen. Es war, als würde man unter einer Äthermaske wegsacken; oder wie wenn man sich schwer betrunken ins Bett legt und alles dreht sich. Blaue Lichtblitze zuckten vor meinen Augen. Die Hütte sah plötzlich sehr archaisch aus, als stehe sie auf einer fernen Insel im Pazifik; die Türpfosten mit Schnitzereien verziert, die an die Köpfe von der Osterinsel erinnerten. Draußen lauerte irgendwo der Helfer. Er hatte ganz eindeutig vor, mich umzubringen. Plötzlich packte mich ein heftiger Brechreiz. Ich stürzte zur Tür und prallte mit der Schulter gegen einen Pfosten. Ich spürte den Aufprall, aber ich empfand keinen Schmerz. Ich konnte mich kaum auf den Beinen halten. Meine Bewegungen waren unkoordiniert. Meine Füße waren so taub, als seien sie aus Holz. Ich hielt mich an einem Baum fest, erbrach einen fürchterlichen Schwall, und dann fiel ich um und blieb hilflos liegen. Hatte am ganzen Körper ein taubes Gefühl, als sei ich in Watte eingepackt. Versuchte immer wieder, dieses taube abgestorbene Gefühl loszuwerden. ›Ich will hier raus‹, sagte ich mir in einer Tour. Dann begann ich blöde und mechanisch zu kichern. Ich kam nicht dagegen an. Immer wieder dieses idiotenhafte sinnlose Kichern. Larven glitten durch die bläulichen Dunstschleier vor meinen Augen und stießen ein widerwärtiges höhnisches Grunzen aus (—die grunzenden Laute waren in Wirklichkeit das Quaken der Frösche in der näheren Umgebung). Ich muß mich sechsmal hintereinander übergeben haben, auf Händen und Knien, immer wieder vom Brechreiz geschüttelt. Ich hörte das Würgen und Röcheln, und es war, als sei das nicht ich sondern ein anderer.

Ich lag neben einem Felsbrocken. Es mußten wohl Stunden vergangen sein. Der Medizinmann beugte sich über mich. Ich sah ihn lange an, ehe ich überzeugt war, daß tatsächlich er es war, der da stand und sagte: »Willst du ins

Haus kommen?« Ich sagte nein, und er drehte sich achselzuckend um und ging wieder rein.

Meine Arme und Beine begannen unkontrollierbar zu zucken. Ich griff mit steifen gefühllosen Fingern nach meinen Nembutals. Es dauerte gut zehn Minuten, bis ich das Fläschchen endlich auf hatte und mir fünf Kapseln rausschütteln konnte. Mein Mund war völlig ausgetrocknet, aber irgendwie kriegte ich die Nembutals runter. Die krampfartigen Zuckungen ließen langsam nach, und ich fühlte mich ein bißchen besser und ging zurück in die Hütte. Hatte immer noch die blauen Lichtblitze vor den Augen. Legte mich hin und wickelte mich in eine Decke. Fröstelte wie bei einem Malaria-Anfall. Fühlte mich plötzlich hundemüde. Am nächsten Morgen war ich wieder in Ordnung bis auf ein schlappes Gefühl und einen leichten Rest von Übelkeit. Ich bezahlte den Brujo und ging zu Fuß zurück in die Stadt.

An diesem Tag fuhren wir alle hinunter nach Puerto Assis. Schindler beklagte sich immer wieder, wie sehr es mit dem Putumayo in den zehn Jahren, seit er zum letztenmal hier war, bergab gegangen sei. »Eine botanische Expedition wie die hier habe ich noch nie gemacht«, sagte er. »All diese Farmen und diese *Leute*. Man muß meilenweit marschieren, bis man überhaupt mal in den Dschungel kommt.«

Schindler hatte zwei Assistenten dabei, die ihm sein Gepäck schleppten, Bäume fällten und Pflanzenproben preßten. Der eine war ein Indianer aus der Vaupes-Region, wo man das Yage anders zubereitet als bei den Kofan Indianern vom Putumayo. Die Kofan hacken die Yage-Rebe in 20 cm lange Stücke und nehmen ungefähr fünf solche Stücke pro Person. Die Stücke werden mit einem Felsbrocken zerstampft, und dann werden sie aufgekocht mit zwei Handvoll Blättern von einer Pflanze, bei der es sich vermutlich um *ololiqui* handelt. Diese Mixtur wird mit ein bißchen Wasser den ganzen Tag lang gekocht, und am Ende bleibt ein knapper Zehntelliter Flüssigkeit übrig.

In der Vaupes-Region nimmt man ein etwa 90 cm langes Stück und schabt die Innenseite der Rinde ab. Das ergibt reichlich eine doppelte Handvoll Fasern. Die Fasern werden mehrere Stunden lang in einem Liter kaltes Wasser eingeweicht, dann wird die Flüssigkeit durch ein Sieb gegossen und über einen Zeitraum von einer Stunde getrunken. Bei der Zubereitung werden hier keine weiteren Pflanzen verwendet.

Ich beschloß, ein bißchen Yage à la Vaupes zu probieren. Der Indianer und ich nahmen uns eine Rebe vor und schälten mit unseren Macheten die Rinde ab (die Fasern an der Innenseite sind am gehaltvollsten). Das nasse Faserzeug ist zunächst weiß, doch sobald es mit der Luft in Berührung kommt, verfärbt es sich beinahe augenblicklich rot. Die Töchter der Puffmutter vom Hotel sahen uns zu, zeigten mit den Fingern auf uns und kicherten. Das ist strikt gegen das Putumayo-Protokoll für die Zubereitung von Yage. Frauen, so hatte mir der Brujo in Macoa erklärt, dürften dabei nicht zusehen, sonst werde das Yage auf der Stelle schlecht, und wer das Zeug trinke, werde entweder vergiftet oder mindestens wahnsinnig. Der alte Humbug von wegen ›Frauen sind schmutzig und unter gewissen Umständen sogar giftig‹. Ich sagte mir, dies sei eine gute Gelegenheit, um dem Mythos von der weiblichen Verschmutzungsgefahr ein für allemal auf den Grund zu gehen, nachdem mir hier sieben weibliche Wesen über die Schulter sahen, mit Zweigen in der Mixtur herumrührten, das Yage befingerten und dazu kicherten.

Der kalte Aufguß hat eine hellrote Farbe. Am Abend trank ich einen Liter davon, auf einen Zeitraum von einer Stunde verteilt. Abgesehen von blauen Lichtblitzen und einer leichten Übelkeit (die allerdings nicht zu Erbrechen führte) glich die Wirkung in etwa der von Marihuana. Lebhafte bildliche Assoziationstätigkeit, Stimulation des Lustempfindens, unfreiwilliges blödes Kichern. Es traten bei dieser Dosierung weder Angstzustände noch Halluzinationen auf, und ich verlor auch nicht die Gewalt über meinen Körper. Ich schätze, daß die Dosis etwa ein Drittel von dem war, was mir der Brujo verabreicht hatte.

Am folgenden Tag ging es flußabwärts nach Puerto Espina, wo uns der Gouverneur in seinem Haus unterbrachte (d.h. wir kriegten ein paar leerstehende Zimmer unterm Dach, wo wir unsere Hängematten aufspannen konnten). Zwischen den Kolumbianern und den Briten kam eine frostige Atmosphäre auf, als die Kolumbianer morgens einfach nicht den Hintern aus der Matte kriegten und die Briten sich daraufhin beschwerten, die Arbeit der Kakao-Kommission werde hier von ein paar »stinkfaulen Kanaken« sabotiert.

Jeden Morgen wollen wir frühzeitig zu unserem Trip in den Dschungel aufbrechen. Gegen 11 Uhr beenden die Kolumbianer ihr Frühstück (wir anderen hängen schon seit 8 herum und warten), und jetzt beginnen sie sich nach einem inkompetenten Führer umzusehen, vorzugsweise jemand mit einer Finca in der Nähe der Stadt. So gegen 13 Uhr treffen wir in der Finca ein, und die nächste halbe Stunde geht mit Mittagessen drauf. Dann sagen die Kolumbianer: »Die sagen hier, bis zum Dschungel ist es noch weit. Ungefähr drei Stunden. Das schaffen wir heute nicht mehr.« Also wieder zurück in die Stadt, und unterwegs sammeln die Kolumbianer einen Haufen Pflanzenzeug auf. »Solange die irgendwelches Unkraut aufsammeln können, ist ihnen alles andere scheißegal«, sagte einer der Engländer zu mir, als wir wieder einmal von einer Expedition zur nächstgelegenen Finca zurück waren.

Aus Puerto Espina sollte man angeblich per Flugzeug rauskommen können. Schindler und mir war mittlerweile sehr daran gelegen, wieder nach Bogota zurückzukehren. Wir sitzen also da in Puerto Espina und warten auf dieses Flugzeug, und der Mann von der Fluggesellschaft hat kein Funkgerät und auch sonst keine Möglichkeit, um festzustellen, wann das Flugzeug ankommt (falls es überhaupt je ankommt), und er sagt: »Jungs, ich schwörs euch beim Arsch des Propheten—eines Tages schaut ihr hoch und da seht ihr die ›Catalina‹ hier übern Fluß kommen und in der Sonne glitzern wie 'n Silberfisch.«

Da sag ich also zu Doc Schindler: »Wir können hier rumsitzen und Domino spielen, und bis dieses verstunkene Flugzeug hier eintrudelt, sind wir alt und tattrig. Und der Fluß steigt jeden Tag höher, und wie sollen wir den raufkommen, wenn in Puerto Espina jeder Außenbordmotor im Eimer ist?«

(Die Besitzer dieser Apparate murksen hier ständig an den Dingern herum, nehmen sie auseinander und schmeißen alles weg, was sie für unwichtig halten, so daß hier nie ein Motor läuft. Die Bootsbesitzer verfügen über den Erfindungsreichtum eines Rube Goldberg und bringen es immer wieder fertig, dem Motor noch ein paar allerletzte Umdrehungen zu entlocken—aber wir wollten ja schließlich fluß*aufwärts*. Den Fluß runter kommst du immer, egal ob der Motor läuft oder nicht, aber flußaufwärts gehts nicht ohne irgendeine Form von Antrieb.)

Sicher, zuerst findet man es vielleicht ganz romantisch, aber warte mal, wie es nach fünf Tagen aussieht, wenn du dir den Arsch wundgescheuert hast und in Indianerhütten pennst und Yoka frißt und immer wieder dieses undefinierbare Fleisch, das aussieht wie der geräucherte Pansen eines vergrätzten Paarhufers, und die ganze Nacht hörst du sie an diesem Motor rumpfuschen—sie haben ihn draußen auf der Veranda angeschraubt—›buuuuurt spluuuu...ut..... spluuuu...ut‹, immer wieder springt er an und säuft wieder ab, und du kriegst die ganze Nacht kein Auge zu. Und dann fängt es an zu regnen, und am Morgen wird der Fluß wieder ein Stück gestiegen sein.

Also sag ich zu Schindler: »Doc, eher schwimm ich auf'm Floß zum Atlantik runter, als daß ich nochmal diesen verschissenen Fluß raufmache.«

Und er sagt: »Bill, ich hab nicht 15 Jahre in diesem mistigen Land abgerissen und im Dienste der Wissenschaft sämtliche Zähne verloren, ohne mir das eine oder andere zu merken. Also: da unten in Puerto Leguisomo haben sie

Militärflugzeuge, und ich weiß zufällig, daß der Commandante ein Latah ist.« (Latah ist ein Zustand, den man in Südostasien antrifft. Wenn einer Latah ist, führt er—obwohl ansonsten ganz normal—wie unter Zwang jeden Befehl aus, den man ihm gibt. Man braucht ihn nur auf sich aufmerksam zu machen, indem man ihn antippt oder beim Namen ruft.)

Schindler setzte sich also nach Puerto Leguisomo ab, während ich in Puerto Espina auf meinen Rückflug mit denen von der Kakao-Kommission wartete. Jeden Tag rückte ich bei dem Typ von der Fluggesellschaft an, und jedesmal tischte er mir wieder den gleichen Bullshit auf. Er zeigte mir eine fürchterliche Narbe auf seinem Rücken. »Machete«, sagte er. Zweifellos von einem verzweifelten Bürger, den die endlose Warterei auf sein Flugzeug so zermürbt hatte, daß er durchdrehte.

Die Kolumbianer und die von der Kakao-Kommission machten einen Abstecher zum San Miguel, und ich war allein in Puerto Espino und genoß den grauenhaft fetten Fraß im Haus des Commandante. Reis und gebackene Platano-Kuchen, und das dreimal am Tag. Ich ging dazu über, die Platanos unauffällig in meine Taschen zu stopfen und später wegzuschmeißen. Der Commandante erwähnte immer wieder, wie sehr Schindler das Essen in seinem Hause schätze—(Schindler ist ein alter Hase, was Südamerika angeht; er kann einem wirklich was erzählen)—ob es mir auch schmecke? »Hervorragend«, sagte ich dann immer mit ersterbender Stimme. Nicht genug damit, daß ich sein fettiges Zeug runterwürgen muß—ich muß auch noch sagen, daß es mir schmeckt.

Der Commandante wußte von Schindler, daß ich ein Buch über ›Marihuana‹ geschrieben hatte. Von Zeit zu Zeit sah ich in seinen stumpfen verschleimten Augen ein deutliches Mißtrauen aufflackern.

»Marihuana degeneriert das Nervensystem«, sagte er und schaute von einem Teller Platanos hoch.

Ich sagte ihm, er müsse dringend mal Vitamin B1 nehmen, und er sah mich an, als habe ich ihm ein Rauschgift empfohlen.

Der Gouverneur begegnete mir äußerst kühl und ungnädig, nachdem ein Benzinkanister der Kakao-Kommission auf seiner Veranda ausgelaufen war. Ich rechnete jeden Augenblick damit, aus seinem Palast evakuiert zu werden.

Die Kakao-Kommission und die Kolumbianer kamen vom San Miguel zurück, und das Zerwürfnis war mittlerweile total. Die Kolumbianer hatten eine Finca entdeckt und dort drei Tage lang im Schlafanzug auf der faulen Haut gelegen. In Abwesenheit von Schindler war ich der einzige Puffer zwischen den beiden verfeindeten Parteien, und jede hatte mich im Verdacht, insgeheim auf der Seite der anderen zu stehen (ich hatte mir von einem der Kolumbianer eine Flinte geborgt, fuhr aber im Boot der Kakao-Kommission mit).

Wir fuhren den Fluß hinunter nach Puerto Leguisomo, wo uns der Gouverneur auf einem Kanonenboot unterbrachte, das auf dem Putumayo vor Anker lag. Von Kanonen war allerdings nichts zu sehen. Ich nehme an, sie benutzten das Ding als schwimmendes Hospital.

Das Schiff war dreckig und verrostet. Die Wasserleitung funktionierte nicht, und das WC befand sich in einem unaussprechlichen Zustand. Die kolumbianische Flotte ist restlos verschlampt. Würde mich nicht wundern, wenn ich erleben müßte, daß einer aufs Deck scheißt und sich den Arsch mit der Nationalflagge abwischt. (Das kam mir in einem Traum, in dem ein altertümliches Englisch aus dem 17. Jahrhundert gesprochen wurde. »Die englischen und französischen Delegierten schissen auf den Fußboden, und sie rissen den Vertrag von Sevilla in Streifen und wischten sich damit in ausgelassener Fröhlichkeit ihre Hinterteile ab, worauf der spanische Delegierte, als er dies gewahr wurde, die Konferenz verließ.«)

Puerto Leguisomo ist benannt nach einem Soldaten, der sich 1940 im Krieg gegen Peru auszeichnete. Ich fragte einen der Kolumbianer danach, und er nickte und sagte: »Ja, Leguisomo war ein Soldat, der im Krieg was Großes geleistet hat.«

»Was denn?«

»Na, *irgendwas*.«

Der Ort sieht aus, als habe er gerade eine Überschwemmung hinter sich. Verrostete Maschinen liegen verstreut in der Gegend herum. Riesige Schlammpfützen mitten in der Stadt. Unbeleuchtete Straßen, auf denen man bis zu den Knien einsinkt.

Vor blau gekachelten Cantinas hocken die fünf Nutten der Stadt. Die jungen Kerle von Puerto Leguisomo drängen sich um sie herum mit der regungslosen und lauernden Konzentration von läufigen Katern. Die Nutten, umtost vom Lärm der Jukebox-Musik, sitzen an den schwülen Abenden unter einer einsamen nackten Glühbirne da und warten.

Als ich mich in der Umgebung von Puerto Leguisomo umhörte, stellte sich heraus, daß Yage von den Eingeborenen wie von den Weißen regelmäßig genommen wird. Fast jeder zieht sich das Zeug in seinem Gemüsegarten.

Nach einer Woche in Leguisomo erwischte ich einen Flug nach Villavencenio, und von dort fuhr ich mit dem Bus nach Bogota.

Und da sitze ich also wieder einmal in Bogota. Es ist kein Geld für mich da (der Scheck wurde anscheinend geklaut), und ich muß mich durchschnorren, indem ich mir den Alkohol für meine Drinks aus dem Labor der Universität zusammenstehle, wo ich als durchreisender Wissenschaftler freien Zutritt habe.

Habe mir im Institut die relativ einfache Prozedur erklären lassen, wie man die Yage-Alkaloide aus der Rebe extrahiert. Meine Experimente mit diesem Yage-Extrakt haben allerdings zu keinem schlüssigen Ergebnis geführt. Ich kriegte keine blauen Lichtblitze, und es kam auch nicht zu einer spürbaren Steigerung der bildlichen Vorstellungskraft. Konnte jedoch eine aphrodisierende Wirkung feststellen. Der Extrakt macht mich schläfrig, während die frischen Fasern anregend wirken und in zu hoher Konzentration zu Krämpfen und Vergiftungserscheinungen führen.

Jeden Abend gehe ich in ein Café, bestelle mir eine Flasche Pepsi Cola und kippe meinen Alkohol aus dem Labor rein. Die Bevölkerung von Bogota lebt in Cafés. Es gibt unzählige, und sie sind immer gerammelt voll. Die Standardkluft der Café-Society von Bogota besteht aus einem Gabardine-Trenchcoat plus selbstverständlich Anzug mit Krawatte. Einem Südamerikaner kann der Arsch aus der Hose hängen, aber einen Schlips hat er immer um.

Bogota wirkt im Grunde wie eine Keinstadt, wo man ängstlich auf seine Garderobe achtet und den Eindruck zu erwecken versucht, als bekleide man einen wichtigen Posten. Ich saß in einem dieser schnieken Cafés, als mich ein Junge ansprach, der einen verdreckten hellgrauen Anzug trug, den er mit einem ausgefransten Schlips krampfhaft aufzubessern suchte. Er fragte mich, ob ich Englisch spreche.

»Fließend«, sagte ich, und er setzte sich zu mir an den Tisch. Ehemaliger Angestellter der Texas Company. Offensichtlich schwul. Blond, sah aus wie ein Deutscher, europäisches Gebaren. Wir zogen durch mehrere Cafés. Er machte mich auf diverse Leute aufmerksam und sagte jedesmal: »Der will nichts mehr von mir wissen, seit ich keine Arbeit mehr habe.«

Die Leute, korrekt gekleidet und auf Etikette bedacht, sahen auch tatsächlich weg, und manche ließen sich sogar die Rechnung kommen und verließen das Lokal. Ich kann mir nicht vorstellen, daß der Junge in einem 200-Dollar-Anzug auch nur eine Spur weniger schwul ausgesehen hätte.

Eines Abends saß ich in einem Stammlokal der Liberalen. Drei Typen von einem zivilen Rollkommando der Konservativen kamen herein und brüllten »Viva los Conservadores«! Wollten anscheinend sehen, ob sich jemand provozieren ließ, so daß sie ihn umnieten konnten. Der eine war eine großmäulige Type in mittleren Jahren. Die beiden anderen hockten sich hin und ließen ihn das Brüllen besorgen. Sie waren jünger, Typ Laufbursche und Eckensteher und Kleinkrimineller. Schmale Schultern, spitznäsige Visagen, straffe rote Haut, schlechte Zähne. Es war fast wie im Film. Die beiden jungen Ganoven sahen ein bißchen betreten drein, als würden sie sich schämen wie der junge Mann in dem Limerick, der sagt: »Ich gebe zu, ich hab was von nem kleinen blöden Scheißer.«

Alle standen auf, verlangten die Rechnung und gingen, und der großmäulige Typ brüllte sein »Viva El Partido Conservador!« vor leerem Haus.

Wie immer,
Bill

5. Mai 1953
930 Jose Leal, Lima

Lieber Allen,
bin mittlerweile in Lima angelangt, das mich so stark an Mexico City erinnert, daß ich Heimweh kriege. Mexico ist meine zweite Heimat, und ich kann nicht mehr hin. Bekam einen Brief von meinem Anwalt—bin in Abwesenheit verurteilt worden. Ich komme mir vor wie ein Römer, den sie aus Rom geschaßt haben. Habe vor, mich im peruanischen Dschungel weiter in Sachen Yage umzusehen. Werde ein paar Wochen in Lima verbringen und mir die Stadt zu Gemüte führen.

Brachte Ekuador so schnell wie möglich hinter mich. Was für ein schauderhaftes Land. Klein und mickrig und beladen mit einem nationalen Minderwertigkeitskomplex der übelsten Sorte.

Einige Eindrücke aus Ekuador: *Esmeraldas* heiß und feucht wie ein Türkisches Bad, und ein totes Schwein wird mitten auf der Hauptstraße von Aasgeiern aufgefressen, und wo man auch hinsieht, überall steht ein Nigger und kratzt sich am Sack. Der unvermeidliche Türke, bei dem alles mögliche über den Ladentisch geht. Er versuchte mich bei jedem Kauf zu linken, und jedesmal mußte ich mich eine geschlagene Stunde mit diesem Bastard herumstreiten. Der griechische Schiffsagent mit seinem schmierigen Seidenhemd und keinen Schuhen an den Füßen und seinem schmierigen Schiff, das in Emeraldas mit sieben Stunden Verspätung abfuhr.

Auf dem Schiff unterhielt ich mich mit einem Mann, der den Dschungel von Ekuador kennt wie seinen eigenen Schwanz. Wie es scheint, machen die Händler, die den Dschungel beackern, von Zeit zu Zeit einen Überfall auf die Auca, einen feindlich gesonnenen Indianerstamm. (Shell hat innerhalb von zwei Jahren ungefähr zwanzig Angestellte an die Auca verloren.) Sie schnappen sich Frauen, die sie zuhause zwecks Befriedigung ihrer sexuellen Bedürfnisse gefangen halten. Klingt interessant. Vielleicht könnte ich mir einen Auca-Jungen einfangen.

Ich habe mir genau erklären lassen, wie man bei einem Überfall auf die Auca vorgeht. Es ist ganz einfach. Man besetzt die beiden Ausgänge des Auca-Hauses und knallt alles ab, was man nicht ficken will.

Bei der Ankunft in Manta machte sich ein Mensch in einem abgewetzten Pullover über meine Taschen her. Ich ging davon aus, daß es sich um einen unverschämten Dieb handelte, und gab ihm einen Tritt. Da stellt sich heraus, daß es der Zollinspektor ist.

Vor Las Playas, auf halber Strecke zwischen Manta und Guayaquil, blieb das Schiff mit gebrochener Schraube liegen. Ich erreichte das Ufer auf einem Balsa-Floß. Kaum an Land, werde ich festgenommen. Man hat mich im Verdacht, ich hätte mich mit einem jungen Boy plus Zahnbürste (immer nur das Allernötigste dabei) vom Humboldt-Strom unten aus Peru anschwemmen lassen. Man schleift uns also vor einen alten verknöcherten Wichser, dem der Krebs der Kontrollsucht in jeder Falte seiner verhutzelten Visage sitzt. Der Junge, der bei mir ist, kann sich nicht ausweisen. Die Bullen sind fassungslos. Immer wieder sagen sie:

»Ja hast du denn *überhaupt* keine Papiere dabei?«

In einer halben Stunde hatte ich uns beide herausgeredet. Ich machte es mit der alten Masche von wegen »Sie können von uns sozusagen zwei Arten von Publicity kriegen, ne gute oder ne schlechte—welche darfs denn sein?« Laut Touristenausweis bin ich Schriftsteller.

Guayaquil. Jeden Morgen hallt durch die Straßen das vielstimmige Geschrei von Kids, die Luckies verkaufen—»A ver Luckies« (Hier gibts Luckies)—werden sie in hundert Jahren immer noch ihr »A ver Luckies« rufen? Ein lähmendes, alptraumhaftes Angstgefühl. Der Horror, in diesem Kaff für immer festzusitzen. Diese Angst verfolgt mich überall in Südamerika. Schauderhafte, totale Trostlosigkeit. Macht einen richtig krank.

›La Asia‹, ein chinesisches Restaurant in Guayaquil, sieht aus wie ein Bordell plus Opiumhöhle aus dem Jahr 1890. Fußboden von Termiten durchlöchert, schmierige rosarote Lampen mit Troddeln dran. Ein Balkon aus morschem Teakholz.

Ekuador ist wirklich auf dem absteigenden Ast. Am besten wärs, wenn Peru den Laden übernimmt und den Leuten ein bißchen Lebensart beibringt, damit der Mensch hier auf seine Kosten kommt. Habe in Ekuador keinen einzigen Jungen ins Bett gekriegt, und es gibt auch keinerlei Junk zu kaufen.

Wie immer,
W. Lee

P. S. Lernte einen Pocho Taxifahrer kennen—der Pocho ist eine mexikanische Erscheinung; kann Mexiko und Mexikaner nicht leiden. Dieser Taxifahrer hier erzählte mir, er sei Peruaner, aber er könne die Peruaner nicht ausstehen. In Ekuador und Kolumbien wird dir keiner zugeben, daß mit seinem verschissenen Land etwas nicht in Ordnung ist. Genau wie Kleinstädter in den USA. Ich erinnere mich an einen Armeeoffizier in Puerto Leguisomo, der zu mir sagte:

»Neunzig Prozent der Leute, die nach Kolumbien kommen, gehen nie mehr weg.«

Er meinte vermutlich, sie hätten sich von dem Charme dieser Gegend überwältigen lassen. Ich gehöre zu den zehn Prozent, die nie mehr wiederkommen.

Wie immer,
Bill

12. Mai 1953
Lima

Lieber Allen,
ich habe mich hier nach etwas umgesehen, was eine Figur in den Romanen von Evelyn Waugh als »lauschige kleine Bistros« bezeichnet. Das Ergebnis ist bemerkenswert. Die Bars am Großmarkt—Mercado Mayorista—bersten förmlich vor lauter Jungs, und die sind alle hip und für einen einzigen Yankee-Dollar zu haben—habe so etwas seit 1936 in Wien nicht mehr erlebt. Allerdings klauen diese kleinen Drecksäcke wie die Raben. Habe bereits eine Uhr und 15 Dollar eingebüßt. Die Uhr war eh kaputt. Hatte noch nie eine, die ging.

Nahm mir gestern abend mit einem Indianer (barfuß) ein Zimmer in einem Hotel, worüber sich der Mann vom Empfang und seine Freunde königlich amüsierten. (Ich glaube nicht, daß der gewöhnliche Hotelmensch in den Staaten über so etwas lachen würde.)

Lernte einen Jungen kennen und ging mit ihm in ein Tanzlokal. Mitten auf der Tanzfläche dieses hell erleuchteten Schuppens (der durchaus kein Schwulenlokal war) griff er mir an den Schwanz. Naja, da tat ich eben dasselbe bei ihm, und niemand scherte sich darum. Dann fummelte er mir in der Tasche nach etwas, was sich vielleicht zu stehlen lohnte, aber ich hatte mein Geld in weiser Voraussicht hinters Hutband gesteckt. Das ganze, verstehst du, spielt sich in einer völlig lockeren Art ab, ohne jede Andeutung von Gewalt. Schließlich gingen wir zusammen raus und nahmen uns ein Taxi, und er umarmte mich und küßte mich sogar, und dann schlief er an meiner Schulter ein wie ein kuscheliger kleiner Hund. Aber dann bestand er darauf, daß ich ihn zuhause absetze.

Also daß wir uns richtig verstehen: ich rede hier von ganz normalen durchschnittlichen peruanischen Jungs, kein bißchen schwul, aber natürlich leicht kriminell angehaucht. Sie sind die zwanglosesten Menschen, die ich je zu sehen bekam. Sie scheißen oder pissen hin, wo sie gerade Lust dazu haben. Sie haben keinerlei Hemmungen, dir ihre Zuneigung zu zeigen. Sie rutschen aufeinander rum und halten Händchen. Wenn sie mit einem ins Bett gehen, und für Geld tun sie es alle, dann scheinen sie Spaß daran zu haben. Homosexualität ist einfach eine von mehreren Möglichkeiten—was in Gefängnissen beinahe durchweg realisiert wird—und etwas Menschliches wird von einem Südamerikaner nie als fremd oder schockierend empfunden. Ich meine jetzt den Südamerikaner im besten Sinne, eine besondere Rasse, teils Indianer, teils Weißer, teils Gott weiß was. Nichts Orientalisches, auch wenn es auf den ersten Blick vielleicht so aussieht, und auch keine westliche Erbmasse. Er ist etwas Besonderes, mit nichts anderem zu vergleichen. Die Spanier und die katholische Kirche haben verhindert, daß er zu sich selbst finden konnte. Was wir brauchen, ist ein neuer Bolivar, der endlich ganze Arbeit leistet. Ich glaube, das ist auch der tiefere Grund für den Bürgerkrieg in Kolumbien—der fundamentale Gegensatz zwischen dem südamerikanischen Potential und dem repressiven spanischen Ungeziefer mit seinem Chitinpanzer und seiner Lebensangst. Ich habe mich noch nie so entschieden auf einer Seite gefühlt und bei der anderen nicht das geringste positive Zeichen entdecken können. Südamerika ist eine Mischung aus rassischen Elementen, die alle zusammenwirken müssen, damit sich die potentielle Form herausbildet. Sie wußten schon immer, daß sie nicht ohne Blutzufuhr von den Weißen auskommen—der Mythos von den ›Weißen Göttern‹—aber was haben sie dann bekommen? Die Spanier, diese Arschlöcher. Immerhin, die hatten den Vorteil, daß sie schwach waren. Die Engländer wären sie hier nie mehr losgeworden. Die hätten hier jenes widerwärtige Monstrum installiert, das wir als das Land des weißen Mannes kennen.

Südamerika zwingt keinen zu einem abweichenden Verhalten. Du kannst schwul sein oder süchtig, und trotzdem deine Stellung behaupten. Vor allem, wenn du gebildet bist und gute Umgangsformen hast. Bildung steht hier hoch im Kurs. In den USA mußt du bewußt vom Durchschnitt abweichen, wenn du nicht in Öde und Langeweile verkommen willst. Selbst ein Mann wie Oppenheimer ist ein Abweichler, den man nur toleriert, weil er einem nützt. Machen wir uns nichts vor: *alle* Intellektuellen in den USA sind Abweichler.

Ziemlich großes Chinesenviertel. Ich denke, hier könnte man an Junk herankommen. In Kolumbien und Ekuador haben sie davon noch nie etwas gehört. Ein bißchen Gras bei den Negern an der Küste. Coca, aber nur in Form von Blättern, bei den Indianern.

Übrigens, in diesen lauschigen peruanischen Bistros fließt fast immer reichlich Blut. Dem Gegner eine mitten durchgehauene Flasche ins Gesicht zu rammen, ist allgemein üblich. Das tut hier jeder.

Herzlichst,
Bill

23. Mai 1953
Lima

Lieber Al,
anbei eine Routine *, die ich mir ausgedacht habe. Die Idee dazu kam mir in einem Traum, aus dem ich mit Lachkrämpfen erwachte.

Bin um Reiseschecks im Wert von $ 200 erleichtert worden. Kein wirklicher Verlust, denn der American Express ersetzt das. Erhole mich gerade von einer Pisco Neuritis, und der Doc hat mir die Lunge geröntgt. Erst in Caqueta die Malaria, dann in Esmeraldas die Grippe, und jetzt Pisco Neuritis—(Pisco ist ein lokales Gesöff. Scheint Gift zu sein)—kann aus Lima nicht weg, bis die Neuritis nachläßt.

24. Mai

Na wer sagts denn—bin schon wieder beklaut worden. Meine Brille und ein Taschenmesser. Verliere langsam meine ganzen gottverdammten Wertsachen im Dienst der Wissenschaft.

Dies ist eine Nation von Kleptomanen. In meiner ganzen Praxis als Homosexueller bin ich noch nie so idiotischen Diebstählen zum Opfer gefallen. Gegenstände, die für einen anderen nicht den geringsten Wert besitzen. Brille und Reiseschecks … also wirklich.

* Dies ist Burroughs' erste *Routine*, »Roosevelt After Inauguration«. Diese Form machte sich dann selbständig und führte ein Eigenleben, wie das redende Arschloch in NAKED LUNCH. »Roosevelt After Inauguration« erschien in der Nummer 9 der Zeitschrift FLOATING BEAR; Leroi Jones, der Herausgeber, wurde wegen des ›Vertriebs von obszönen Schriften auf dem Postwege‹ verhaftet; nachdem man ihm ein Jahr lang Schwierigkeiten gemacht hatte, wurde das Verfahren eingestellt. (Anmerkung des amerikanischen Verlegers, Lawrence Ferlinghetti)

(»Roosevelt After Inauguration« fehlt aus begreiflichen Gründen in sämtlichen amerikanischen Ausgaben und ist daher auch in der deutschen Erstausgabe nicht enthalten. Der Text erscheint hier erstmals, wie vom Autor ursprünglich vorgesehen, in den YAGE LETTERS.—C.W.)

Das Problem ist, daß ich mit dem verblichenen Pater Flanagan—dem von Boy's Town—die tiefe Überzeugung teile, daß es so etwas wie einen schlechten Jungen gar nicht gibt.

Muß mit dem Saufen aufhören. Mir zittert schon so die Hand, daß ich kaum noch schreiben kann. Muß hier abbrechen.

Herzlichst,
Bill

Roosevelt nach der Amtseinführung

Unmittelbar nach seiner feierlichen Amtseinführung erschien Roosevelt in der purpurnen Robe eines römischen Imperators und in Begleitung eines blinden zahnlosen Löwen, den er an einer goldenen Kette führte, auf dem Balkon des Weißen Hauses. Mit dem traditionellen Lockruf des Sauhirten zitierte er seine treuen Gefolgsleute herbei, um sie in ihre Ämter einzusetzen. Die Getreuen—Schweine, die sie waren—kamen grunzend und quiekend angetrabt.

Eine alte Schwuchtel, der Polizei von Brooklyn als »Wichser-Annie« bekannt, wurde zum Vorsitzenden des ständigen Ausschusses der Generalstabschefs ernannt, worauf sich die jüngeren Stabsoffiziere in den Toiletten des Pentagon derart unaussprechlichen Erniedrigungen ausgesetzt sahen, daß sich viele von ihnen zur Aufstellung von Feldlatrinen in ihren Büros entschlossen.

Einer Transvestiten-Lizzie wurde die Leitung der Kongreßbibliothek übertragen. Sie ließ das Gebäude augenblicklich für männliche Besucher sperren—ein weltberühmter Professor der Philologie erlitt unter den Schlägen einer bulligen Lesbe einen Unterkieferbruch, als er versuchte, die Bibliothek zu betreten. Sie machte die Bibliothek zum Schauplatz lesbischer Orgien, die sie als ›Die Riten der amtlich bestallten Jungfrauen‹ als religiöse Veranstaltungen ausgab.

Außenminister wurde ein alter Straßenbettler, der unter

Mißachtung seiner Amtswürde prompt dazu überging, die Leute in den Korridoren des Außenministeriums um Kleingeld anzuhauen.

»Subway Slim«, der Fledderer, übernahm als Staatssekretär im Außenministerium zugleich die Funktion des Protokollchefs und löste einen diplomatischen Bruch mit England aus, als ihm bei einem Bankett in der schwedischen Botschaft der englische Botschafter »hochkam«—was im Jargon der Fledderer bedeutet, daß der Besoffene wach wird, während man ihm die Taschen filzt.

Lonny der Zuhälter wurde zum Sonderbotschafter ernannt und ging auf seinen Auslandsreisen mit fünfzig »Sekretärinnen« seinem verabscheuungswürdigen Gewerbe nach.

Ein Transvestit mit dem Spitznamen »Eddie the Lady« übernahm den Vorsitz der Atomenergie-Kommission und bildete aus den Physikern einen Männerchor, den er als »The Atomic Kids« auftreten ließ.

In Ehren ergraute Männer, die im Dienst für ihr Land sogar die Zähne verloren hatten, wurden mit Schimpf und Schande aus ihren Ämtern gejagt—»Einen alten Penner wie dich können wir hier nicht brauchen. Schaff deinen vergrätzten Arsch hier raus!«—und in vielen Fällen mit brachialer Gewalt aus ihren Büros hinausbefördert. Ganoven und Strolche der übelsten Sorte bekleideten jetzt die höchsten Ämter im Land. Einige Beispiele für besonders skandalöse Ernennungen:

Finanzminister: »Pantopon Mike«, ein alter ›Schmecker‹.

FBI-Direktor: ein Angestellter aus einem Türkischen Bad und Spezialist für unethische Massagen.

Justizminister: ein Typ mit dem Spitznamen »Der Otter«, der gebrauchte Kondome verhökerte und sich als Wechselgeldbetrüger betätigte.

Landwirtschaftsminister: »Catfish Luke«, der Dorftrottel von Cuntville, Alabama, der sich in zwanzig Jahren mit Hilfe einer Mischung aus Paregoric und Zitronen-Extrakt um den Verstand gesoffen hatte.

Botschafter in London: »Blubber Wilson«, der sich das Geld für seine Goofballs dadurch verschaffte, daß er Fetischisten in Schuhgeschäften ausnahm.

Minister für das Post- und Fernmeldewesen: »Der Yen Pox Kid« *, ein altgedienter Junkie und verkrachter Schwindler, der im Augenblick nach einer Masche arbeitete, die als »Augendiagnose« geläufig ist: man schwindelt dem ›Wilden‹ vor, er leide an Grauem Star (Bauernfänger bezeichnen ihre Opfer als ›Wilde‹)—der billigste Trick in der ganzen Branche.

Als der Oberste Gerichtshof einige Gesetze, die auf das Konto dieser üblen Bande gingen, für ungültig erklärte, stellte Roosevelt die ehrenwerten Herren Bundesrichter vor die Alternative, entweder zu Latrinenwärtern im Kongreß degradiert zu werden, oder sich nacheinander einem rotärschigen Pavian sexuell zu unterwerfen. So daß sich also nunmehr hochgeachtete und ehrwürdige Männer den Umarmungen eines geilen zähnefletschenden Affen überantworteten, während Roosevelt, sein liederliches Eheweib und sein bewährter Arschkriecher Harry Hopkins gemeinsam eine Wasserpfeife voll Haschisch schmauchten und das beklagenswerte Schauspiel mit obszönem Gelächter begleiteten. Richter Blackstrap erlitt auf der Stelle einen rektalen Blutsturz, doch Roosevelt entlockte das nur ein Lachen und die anzügliche Bemerkung: »Aus dem ist noch viel mehr rauszuholen.« Und Hopkins, von Lachkrämpfen geschüttelt, wälzte sich in kriecherischer Verzückung auf dem Fußboden und sagte in einer Tour: »Sie bringen mich um, Chef, Sie bringen mich um!«

Richter Hockactonsvoi wurden von dem Affen beide Ohren abgebissen, und als daraufhin der Oberste Bundesrichter Howard P. Herringbone unter Hinweis auf seine

* »Yen Pox« (Junkie-Slang): Rückstände in der Opiumpfeife; der Morphium-Gehalt dieser Schlacke ist fast genauso hoch wie der von Rohopium; kann aufgelöst und intravenös gespritzt werden. (W. S. B.)

Hämorrhoiden um Dispens bat, wurde ihm von Roosevelt brutal eröffnet:

»Für 'n verquollenen Arsch gibts nix besseres als 'n Pavianschwanz. Hab ich recht, Harry?«

»Aber sicher, Chef. Ich nehm nie was anderes. Also, du hast gehört, was der Boß sagt! Jetzt häng dich mit deinem schrundigen Arsch über diesen Stuhl da und zeig mal unserem afrikanischen Staatsgast, was wir in den Südstaaten unter Gastfreundschaft verstehen!«

Roosevelt ernannte nun den Pavian zum Nachfolger von Richter Blackstrap, der sich in seinem Amt leider »verschlissen« habe.

»Die Nummer muß ich mir merken, Boß!«, sagte Hopkins und brach in wieherndes Gelächter aus.

Von nun an hatten es also die Bundesrichter bei ihren Sitzungen mit einem kreischenden Affen zu tun, der auf den Richtertisch pißte und schiß und onanierte; und nicht selten kam es auch vor, daß er einen der Richter ansprang und in Stücke riß.

»Er vertritt mal wieder einen abweichenden Standpunkt«, sagte Roosevelt dann immer und lachte hämisch in sich hinein.

Die dadurch freigewordenen Richterstellen wurden unweigerlich mit Affen besetzt, so daß das Oberste Bundesgericht alsbald aus neun rotärschigen Pavianen bestand; und da Roosevelt behauptete, nur er allein könne ihre Entscheidungen interpretieren, hatte er sich nun auch das höchste Gericht des Landes unter den Nagel gerissen.

Jetzt mußte er nur noch die Beschränkungen loswerden, die ihm durch Senat und Kongreß auferlegt waren. Er ließ in beide Häuser eine Unmenge von Sackratten und anderem Ungeziefer einschleusen. Er ließ Rollkommandos aus eigens abgerichteten Schwachsinnigen aufstellen, die auf ein gegebenes Zeichen in die Sitzungen stürzten und auf den Fußboden schissen. Die Zuschauertribünen ließ er mit Störern besetzen, die über eine Blaskapelle und Feuerwehrschläuche verfügten. Er ordnete ständige Ausbesserungsarbeiten an: Heere von Handwerkern machten sich in beiden Häusern breit, schlugen den Volksvertretern Bretter an die Köpfe, kippten ihnen heißen Teer über den Rücken, ließen ihnen Werkzeuge auf die Zehen fallen, bohrten ihnen mit Preßlufthämmern den Boden unter den Füßen weg. Schließlich ließ er Löffelbagger anrücken, so daß die widerspenstigen Solons entweder bei lebendigem Leibe verbuddelt wurden oder in den Fluten ertranken, die sich aus den aufgerissenen Wasserrohren ergossen. Die Überlebenden versuchten, auf der Straße weiterzumachen, wurden aber sofort wegen Stadtstreicherei verhaftet und landeten wie gewöhnliche Strolche im Arbeitshaus. Nach ihrer Entlassung wurden sie als Vorbestrafte für kein öffentliches Amt mehr zugelassen.

Nun verlor Roosevelt auch noch die letzten Hemmungen und ließ sich zu Schandtaten hinreißen, bei deren Schilderung sich die Feder sträubt. Er ließ eine Reihe von Wettbewerben veranstalten, die keinem anderen Zwecke dienten, als die verworfensten Taten und niedersten Instinkte zu verherrlichen, deren die menschliche Spezies fähig ist. In einem Wettbewerb wurde die »widerlichste Tat« preisgekrönt, in einem anderen der »billigste Trick«. Es gab eine Woche der »Kindesschändung« und eine nach dem Motto »Verpfeif deinen besten Freund« (hauptberufliche Spitzel waren von der Teilnahme ausgeschlossen); und schließlich wurde auch noch der begehrte Titel »Restlos verkommenster Mann des Jahres« vergeben. Dafür bewarben sich unter anderem:

Der Junkie, der seiner Großmutter das Opium-Zäpfchen aus dem Hintern stahl.

Der Schiffskapitän, der sich bei einer Havarie in Frauenkleidern ins erste Rettungsboot setzte.

Der Beamte vom Sittendezernat, der unbescholtene Bürger hereinlegte, indem er ihnen einen künstlichen Penis in den offenen Hosenschlitz praktizierte.

Roosevelts Haß auf seine Mitmenschen kannte keine

Grenzen, und er hatte nur den einen Wunsch, sie bis zur Unkenntlichkeit zu entwürdigen.

»Ich werd diesen Schwanzlutschern einen reinwürgen, bis sie freiwillig mutieren«, pflegte er zu sagen, und dabei starrte er ins Leere, als halte er Ausschau nach neuen Ufern der Verderbtheit.

Er konnte keinen Menschen ertragen, der nicht restlos aus der Art schlug. Der Durchschnittsmensch, das ›gesetzte‹ mittlere Alter (für ihn ein Zustand, der unabhängig vom tatsächlichen Lebensalter zu sehen war), die Mittelschicht, die Bürokraten (eine seiner ersten Amtshandlungen bestand darin, sämtliche Akten in Washington verbrennen zu lassen, worauf sich Tausende von Bürokraten gleich mit in die Flammen stürzten)—all das haßte er bis aufs Blut.

---

18. Juni 1953
Hotel Touriste
Tingo Maria, Peru

Lieber Allen,
komfortables, gut geführtes Hotel wie in einem Kurort in den Bergen. Kühles Klima. Sehr hoher Dschungel. Im Hotel eine Gruppe Peruaner aus der Oberschicht. Alle paar Minuten schreit einer »Señor *Pinto*!« (Geschäftsführer des Hotels)—in Lateinamerika findet man so etwas witzig. Oder sie sehen einen Hund an und schreien *»perro!«*, und alles lacht.

Unterhielt mich mit einer leicht behämmerten Lehrerin aus Kalifornien, die mit offenem Mund kaute. Kurz nach meiner Ankunft rückte der Präsident in Tingo Maria an, was äußerst lästige Folgen hatte. Kein Abendessen vor 21 Uhr, und ich machte dem Kellner eine Szene und ging in die Stadt und aß eine fettige Mahlzeit.

Sitze hier bis morgen fest, weil man mich verladen hat. Man gab mir die Adresse eines Mannes, den ich in Sachen

Yage aufsuchen sollte, und es stellte sich heraus, daß er schon vor fünf Jahren von hier weggezogen ist. Der Ort hier ist ein Bauernkaff, größtenteils Nachkommen von jugoslawischen und italienischen Einwanderern, und dazu eine landwirtschaftliche Musterfarm von U.S. Point Four. Eine öde Crew von Menschen, wie ich sie selten erlebt habe. Bauernkaffs sind zum Kotzen.

Der Ort gibt mir das Gefühl, als sei ich gelähmt und könne mich nie mehr vom Fleck rühren. Ein einziger Horror. Nicht zum Aushalten. Angenommen, ich wäre gezwungen, hier zu leben?

Hast du zufällig mal THE COUNTRY OF THE BLIND von H.G. Wells gelesen? Handelt von einem Mann, den es in ein Land verschlagen hat, dessen Bewohner schon seit so vielen Generationen blind sind, daß sie sich überhaupt nicht mehr vorstellen können, wie es ist, wenn man was sieht. Der Mann dreht durch.

»Ja begreift ihr denn nicht, daß ich *sehen* kann?«

Wie immer,
Bill

8. Juli 1953
930 Jose Leal, Lima

Lieber Allen,
nach dreitägiger Busfahrt wieder in Lima. Mußte die letzten fünf Tage in Pucallpa untätig herumsitzen, es regnete in Strömen, die Straßen waren unpassierbar und das Flugzeug ausgebucht.

Der Marineleutnant führte uns einen schauerlichen Charakter-Striptease vor und alles schrie: »Um gotteswillen, behalt bloß die Klamotten an!« Es fing damit an, daß er dem Kellner an die Eier langte, und als ich am Morgen an seinem Zimmer vorbeikam, stürzte er aus der Tür und zeigte mir seinen Steifen und sagte »Hallo Bill«. Sogar seine peruanischen Landsleute zeigten sich peinlich berührt.

Der Möbelhändler wollte ins Kokaingeschäft einsteigen und reich werden und in Lima wohnen und einen Cadillac mit riesigen Heckflossen fahren. Ach du lieber Gott. Diese Typen denken, sie brauchen sich bloß auf dunkle Geschäfte einzulassen, und schon werden sie über Nacht reich. Sie machen sich nicht klar, daß dunkle Geschäfte genauso öde und entnervend sind wie legale. Und der alte Deutsche laberte uns die Ohren voll von dem Geld, das angeblich auf der Straße liegt.

Sie machten mich wahnsinnig mit ihrem blöden Geschwätz und ihren stupiden spanischen Witzen. Ich kam mir vor wie Ruth bei den Zickendrähten in der Fremde. Als sie behaupteten, die amerikanische Literatur existiere überhaupt nicht und die englische sei äußerst mittelmäßig, da platzte mir der Kragen und ich sagte ihnen ins Gesicht, die spanische Literatur gehöre zu den alten Montgomery-Ward-Katalogen an den rostigen Nagel auf dem Scheißhaus. Ich zitterte vor Wut, und ich merkte so richtig, wie sehr mich dieses Kaff schon auf Null gebracht hatte.

Lernte einen jungen Dänen kennen, mit dem ich Yage nahm. Er kotzte es auf der Stelle wieder aus und ging mir von da an aus dem Weg—er dachte offensichtlich, ich hätte ihn vergiften wollen, und er verdanke seine Rettung allein der prompten Reaktion seines hygienischen skandinavischen Magens. Ich habe noch nie einen Dänen getroffen, der nicht stinklangweilig war.

Fürchterliche Busfahrt zurück nach Tingo Maria, wo ich mir einen ansoff und mich von einem außerordentlich reizenden Lastwagen-Beifahrer zu Bett bringen ließ.

Saß zwei Tage in Huanaco fest. Ein schauderhaftes Loch. Vertrieb mir die Zeit, indem ich mit dem Fotoapparat durch die Gegend latschte und die nackten kahlen Berge auf die Platte bannte, die eingestaubten Pappeln, durch die der Wind strich, die kleinen Parks mit Reiterstandbildern von Generälen und Amor-Statuen, und die Indianer, die mit dieser unnachahmlichen südamerikanischen Hingabe untätig herumhingen und Coca kauten—

das Zeug wird in staatlichen Läden verkauft. Um 5 Uhr nachmittags genehmigte ich mir einige Drinks in einem chinesischen Restaurant, dessen Besitzer seine Bücher durchsah und sich dabei mit einem Zahnstocher das Gebiß reinigte. Was für ein wohltuend normaler und anspruchsloser Menschenschlag. Er sah mir nach Junk aus, aber bei Chinesen kann man sich nie sicher sein. Im Grunde sehen sie alle wie Junkies aus.

Ein Spinner kam ins Lokal und ließ einen langatmigen unverständlichen Vortrag vom Stapel. Hinten auf seinem Hemd hatte er etwas stehen, und er drehte sich um, damit ich es lesen konnte. »$ 17000000« stand da. Dann ging er rüber und belästigte den Besitzer. Der saß ungerührt da und stocherte in seinen Zähnen. Er zeigte weder Verachtung noch Erheiterung noch Mitleid. Er saß einfach da und stocherte an einem Backenzahn herum, und von Zeit zu Zeit nahm er den Zahnstocher heraus und besah sich, was er zutage gefördert hatte.

Kam durch einige der höchstgelegenen Ortschaften der Welt. Sie haben einen eigenartig exotischen Charakter, man kommt sich vor wie in Tibet oder in der Mongolei. Entsetzlich kalt.

Dreimal wurden »alle Ausländer« aufgefordert, den Bus zu verlassen und der Polizei mit amtlichen Angaben zu dienen: Nummer des Reisepasses, Alter, Beruf. Eine reine Formalität. Keine Spur von Argwohn, und nie wurde jemand verhört. Was machen die wohl mit diesen ganzen Unterlagen? Ich nehme an, sie verwenden sie als Klopapier.

Lima feuchtkalt und deprimierend. Ging auf den Mercado. Von den Jungs war kein einziger mehr da. Der Besuch in einer Bar, die mir mal gefallen hatte, erwies sich als ernüchternd: niemand da, den ich kannte oder kennenlernen wollte; die Bar ist ohne zwingenden Grund vom einen Ende des Lokals ans andere verlegt worden, es sind jetzt andere Kellner da, und in der Musikbox gibt es nichts, was ich mir anhören möchte—(bin ich überhaupt in der richtigen Bar?)—alle sind weg, und ich bin allein in einem Lokal, das mir nichts mehr sagt. Jeden Abend werden die Leute häßlicher und stupider sein, die Dekoration noch geschmackloser und die Kellner noch unhöflicher, und der blecherne Lärm der Musikbox wird endlos weiter scheppern, das Ganze wie ein Zeitrafferfilm, hineingesogen in einen alptraumhaften Strudel von mechanischem Zerfall und sinnloser Abfolge von Ereignissen.

Auf dem Mercado traf ich dann doch noch einen Jungen, den ich vor meiner Abreise aus Lima kennengelernt hatte. Er wirkte *um Jahre gealtert* (ich war nur sechs Wochen weg gewesen). Als ich ihn das erste Mal traf, wollte er nichts mit mir trinken und sagte mit einem schüchternen Lächeln:

»Ich bin doch noch ein Junge.«

Jetzt war er betrunken. Narbe unter dem linken Auge. Ich berührte sie und sagte: »Messer?«

»Ja«, sagte er und lächelte. Seine Augen waren glasig und blutunterlaufen.

Plötzlich hatte ich das Bedürfnis, Lima auf der Stelle zu verlassen. Dieses Gefühl, ›Nichts wie weg hier!‹, ist mir durch ganz Südamerika gefolgt wie mein eigener Arsch, als müsse ich an einem ganz bestimmten Tag unbedingt irgendwo sein (—in Guayaquil zerrte ich den peruanischen Konsul abends aus seinem Haus und zurück ins geschlossene Konsulat, damit er mir ein Visum ausstellte und ich einen Tag eher abreisen konnte).

Wo muß ich so dringend hin? Zu einer Verabredung in Talara, Tingo Maria, Pucallpa, Panama, Guatemala, Mexico City? Ich weiß es nicht. Muß einfach hier raus, und zwar sofort.

Herzlichst,
Bill

10. Juli 1953
Lima*

Lieber Allen,
gestern abend trank ich den Rest der Yage-Mixtur, die ich mir in Pucallpa abgefüllt hatte. Hat keinen Sinn, das Zeug in die Staaten mitzunehmen. Es hält sich nicht länger als ein paar Tage. Bin heute früh immer noch high. Yage ist eine Reise durch Raum und Zeit. Habe dabei folgendes erlebt. Das Zimmer zittert und vibriert wie ein Flugkörper. Durch deinen Körper filtern nacheinander Blut und Erbmasse vieler Rassen; Neger, Polynesier, Mongolen aus den Bergen, Nomaden aus der Wüste, das Völkergemisch des Nahen Ostens, Indianer; neue Rassen, in ihrer Zusammensetzung noch unvorstellbar und noch nirgends im Ansatz zu erkennen. Ganze Völkerwanderungen, unglaubliche Trecks durch Wüsten und Dschungel und Gebirge (Stasis und Tod in rundum eingeschlossenen Bergtälern, wo Pflanzen den Fels sprengen und in den Körpern der Bewohner riesige Asseln heranwachsen, die schließlich die menschliche Hülle durchbrechen), Fahrten mit Auslegerbooten quer über den Pazifik zur Osterinsel. Die City, eine Riesenstadt aus zahllosen Versatzstücken, in der sämtliche menschliche Potentiale wie auf einem endlosen schweigenden Markt ausgebreitet sind.

Minarette, Palmen, Berge, Dschungel. Ein träger Fluß, in dem es wimmelt von gefräßigen Raubfischen; ausgedehnte verwilderte Parks, in denen Jungs im Gras liegen oder sich mit rätselhaften Spielen die Zeit vertreiben. In der ganzen City gibt es keine einzige verschlossene Tür. Jeder kann in dein Zimmer kommen, wann er will. Der Polizeichef ist ein Chinese, der sich in den Zähnen stochert und den Denunziationen eines Geisteskranken zuhört. Alle paar Augenblicke nimmt der Chinese den Zahnstocher aus dem Mund und sieht sich an, was er zutage gefördert hat.

* Burroughs hat diese ›Yage-Notizen‹ 1959 in seinen Roman Naked Lunch aufgenommen. Der Brief fehlt in der amerikanischen Erstausgabe der Yage Letters. — C.W.

Hipster mit glatter kupferfarbener Gesichtshaut hängen träge in Hauseingängen herum und drehen Schrumpfköpfe an goldenen Ketten zwischen den Fingern, ihre Gesichter regungslos und starr wie die von blinden Insekten.

Hinter ihnen, durch die offenen Türen, erkennt man Tische und Nischen, Bars und Wohnräume und Küchen und Badezimmer; kopulierende Paare auf endlos gestaffelten Reihen von Bettgestellen aus Messing; ein Gewirr von tausend Hängematten; Junkies, die sich den Arm abbinden, Opiumraucher, Haschischraucher, Leute beim Essen, Reden, Baden, Scheißen, umwabert von Rauch und Dampfschwaden.

Spieltische, an denen es um unvorstellbare Einsätze geht. Von Zeit zu Zeit springt ein Spieler mit einem unmenschlichen Verzweiflungsschrei auf: er hat seine Jugend an einen alten Mann verloren oder ist von seinem Gegner zum willenlosen Latah gemacht worden. Doch es gibt auch Spiele mit weit höheren Einsätzen als Jugend oder Latah. Spiele, bei denen nur zwei Spieler auf der Welt wissen, worum es geht.

Alle Gebäude der City gehen ineinander über. Häuser aus Rasenstücken mit blinzelnden Mongolen in den verräucherten Eingängen, Häuser aus Bambus und Teakholz, Häuser aus Lehm, Stein und Ziegeln, Maori-Häuser aus dem Südpazifik, Baumhäuser und Hausboote, 30 Meter lange Holzhäuser, die ganze Stämme beherbergen, Häuser aus alten Kisten und Wellblech, in denen alte zerlumpte Männer Selbstgespräche führen und sich ihren eigenen Fusel zusammenbrauen, riesige Gerippe aus rostigen Eisenträgern, die 60 Meter hoch aus Sümpfen und Müllkippen ragen, mit lebensgefährlich übereinandergetürmten und ineinander verschachtelten Wohnzellen und Hängematten über gähnenden Abgründen.

Expeditionen, deren Ziel und Zweck niemand kennt, verlassen die City. Fremde kommen auf Flößen aus alten Frachtkisten an, die mit morschen Seilen zusammengebunden sind; sie schleppen sich mit letzter Kraft aus dem

Dschungel, die Augen zugeschwollen von Insektenstichen; sie kommen auf blutenden zerschundenen Füßen die Bergpfade herunter und hinken durch die Außenbezirke der City, wo der Wind Staubfahnen aufwirbelt, Aasgeier verbissen um ein paar Fischköpfe kämpfen und die Menschen in langen Reihen an Ziegelmauern hocken und scheißen; und sie landen mit notdürftig geflickten Fallschirmen in den Parks. Ein betrunkener Bulle führt sie in eine öffentliche Bedürfnisanstalt, wo sie eine polizeiliche Anmeldung ausfüllen müssen. Die Meldezettel werden auf rostige Nägel gespießt und dienen als Klopapier.

Die Küchendünste sämtlicher Länder hängen über der City und mischen sich mit dem würzigen Geruch von Opium und Haschisch, dem harzigen roten Rauch der Feuerstellen von Dschungelbewohnern, salzigem Fischgeruch und dem Gestank von fauligem Flußwasser, eingetrocknetem Kot und Schweiß und Genitalien. Die heiseren Klänge von Bambusflöten aus den hohen Bergen, Jazz und Bebop und einsaitige mongolische Instrumente und Zigeuner-Cymbals und arabische Sackpfeifen.

Die City wird immer wieder überrollt von Epidemien der Gewalt, und die Toten bleiben auf den Straßen liegen und werden von Aasgeiern gefressen. Friedhöfe und Beerdigungen werden nicht zugelassen. Albinos blinzeln in der Sonne, Jungs hocken träge onanierend in den Bäumen, halb zerfressene Aussätzige spucken Passanten an und beißen sie und werfen mit Eiter und Schorf und diversen Vektoren um sich (Ungeziefer, das Krankheiten überträgt), in der Hoffnung, jemanden anstecken zu können.

So oft du nach einem fürchterlichen Besäufnis aus deiner Bewußtlosigkeit erwachst, hockt an deinem Bett unweigerlich so ein aussätziger Bürger ohne Gesicht, der die ganze Nacht seine Phantasie strapaziert hat, wie er dich am besten anstecken kann. Doch keiner weiß, wie diese Krankheiten übertragen werden, oder ob sie überhaupt ansteckend sind. Die zerlumpten Aussätzigen hausen in einem Gewirr von Höhlengängen unter der City und schnalzen überall aus der Erde; oft stemmen sie sich sogar mitten in einem überfüllten Café durch den Bretterfußboden.

Rätselhafte Gestalten, die Etruskisch palavern, gehen hartnäckig einem längst vergessenen Gewerbe nach; Junkies, süchtig nach Drogen, die noch niemand erforscht hat; Pusher, die künstlich aufgeputschtes Harmalin an den Mann bringen; Junk, reduziert auf die nackte Substanz der Sucht, die dem Opfer die ebenso prekäre wie heitere Gelassenheit einer Pflanze verschafft; Flüssigkeiten, die einen zum Latah machen; Antibiotika mit unbekannten Zusätzen; tithonisches Serum, das als lebensverlängernd angepriesen wird; Schwarzmarkthändler des 3. Weltkriegs; Marktschreier, die Heilmittel für Strahlenkrankheiten feilbieten; Kriminalbeamte auf der Fährte von Unschuldigen, die von hochgradig paranoiden Schachspielern denunziert wurden; Richter, die in der unleserlichen Geheimschrift der Hebephrenie lückenhafte Haftbefehle ausstellen, in denen von unaussprechlichen Verstümmelungen des menschlichen Geistes die Rede ist; Bürokraten, beschäftigt in Behörden, die für immer unsichtbar bleiben; ausführende Organe geheimer Polizeistaaten; eine verzwergte Lesbierin, die mit tödlicher Präzision die Methode ›Bangutot‹ praktiziert—die Lungenerektion, die dem schlafenden Feind den Atem abwürgt; Verkäufer von Orgon-Tanks und ›Entspannungs-Apparaten‹; Makler exquisiter Träume und Erinnerungen, getestet an den hochempfindlichen Zellen suchtkranker Junkies und eingetauscht gegen den begehrten Rohstoff des freien Willens; Ärzte, geschult in der Bekämpfung von Krankheitserregern, die im schwarzen Staub untergegangener Städte überleben und wieder virulent werden im weißen Blut von augenlosen Würmern, die sich langsam an die Erdoberfläche tasten und in den menschlichen Wirt kriechen; Krankheiten des Meeresbodens und der Stratosphäre, Krankheiten aus der Retorte und aus den verseuchten Zonen des Atomkriegs; Operateure, die telepathische Anlagen mit dem Skalpell beseitigen; Osteopathen des Geistes.

Ein Ort, wo sich die unbekannte Vergangenheit und die langsam zur Gewißheit werdende Zukunft in einem lautlos vibrierenden Vakuum treffen. Larven, die auf ein Opfer warten, in dem sie sich entpuppen können.

William Lee

Sieben Jahre danach

(1960)

10. Juni 1960
Estafeta Correo
Pucallpa, Peru

Lieber Bill,

ich bin immer noch in Pucallpa—traf einen kleinen dicklichen Burschen, Ramon P., der sich hier 1946 oder so mit Robert Frank (Kameramann unseres Films) angefreundet hatte. Ramon nahm mich mit zu seinem Curandero—in den er großes Vertrauen hat und von dessen übernatürlichen Heilkräften er sehr viel (eigentlich zu viel) redet—Der Maestro, wie er genannt wird, ist ein sehr umgänglicher und unscheinbarer Typ von 38 oder so—er machte vorgestern abend für 3 von uns einen Drink zurecht; und gestern abend nahm ich dann mit ungefähr 30 Männern und Frauen an einer regulären Curandero-Trinkzeremonie teil, die bis zum Morgen dauerte—in einer Hütte am Ortsrand von Pucallpa, draußen hinter dem Gaswerk, wo der Dschungel anfängt.

Das Gebräu von vorgestern war viel stärker als das, was ich in Lima getrunken hatte—(Man kann Ayahuasca in Flaschen abfüllen und transportieren; es behält seine Wirkung, solange es nicht gärt—die Flasche muß dicht schließen.) Trank einen Becher voll—das Zeug war schon mehrere Tage alt und hatte angefangen zu gären—legte mich lang (draußen vor seinem Schuppen in einer Bambushütte, die er als Küche benutzt)—und nach einer Stunde begann ich etwas zu sehen oder zu fühlen, was ich für das Große Wesen hielt, oder so eine Ahnung davon—sah es im Geiste auf mich zukommen wie eine große nasse Vagina—ließ das eine Weile auf mich wirken—das einzige Bild, mit dem ich es veranschaulichen kann, ist das eines großen schwarzen göttlichen Nasenlochs, durch das ich in ein Mysterium

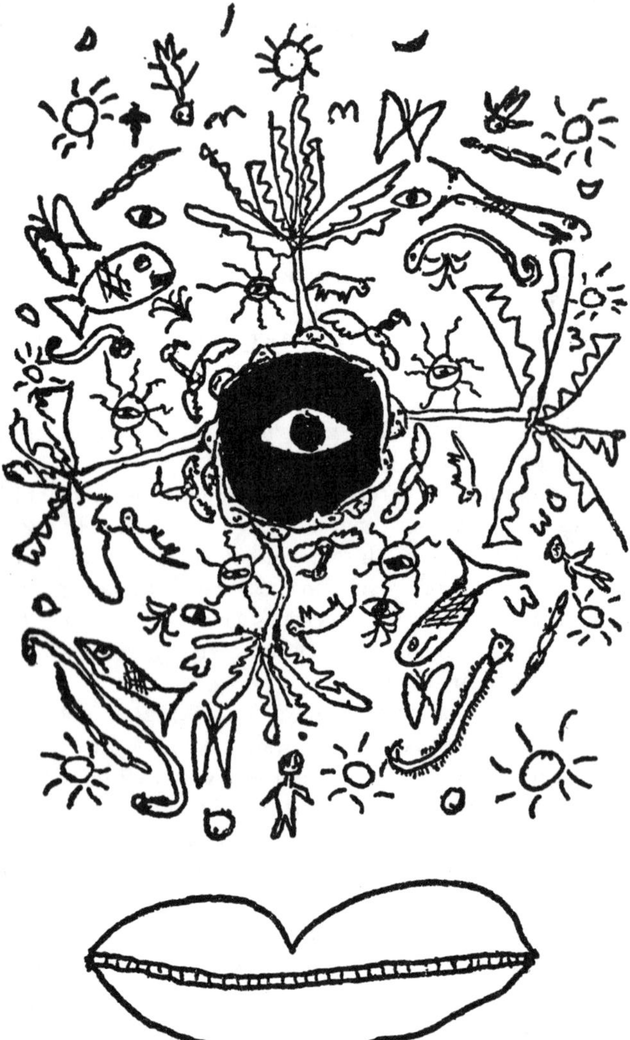

Das Große Wesen

blickte—und um das schwarze Loch herum die ganze Schöpfung, vor allem vielfarbige Schlangen—alles sehr real.

Die Zeichnung gibt ungefähr das wieder, was ich empfand—es war so plastisch, als erlebte ich es in Wirklichkeit.

Das Auge in der Mitte ist rein imaginär; es söll nur dazu dienen, die Darstellung lebendiger zu machen. Es war ein außerordentlich wohltuendes Gefühl, das mir durch und durch ging; keinerlei Übelkeit. Kam in verschiedenen Phasen, die ungefähr 2 Stunden dauerten—nach 3 Stunden ließ die Wirkung nach—das Phantasieren begann eine ¾ Stunde nachdem ich den Saft getrunken hatte, und hielt etwa 2 ½ Stunden an.

Ging zurück zum Maestro, gab ihm 35 Soles ($ 1.50) für seine Dienste und unterhielt mich mit ihm über Peyote und LSD—von Peyote hatte er schon gehört—er ist Mestize und hat sich in San Martin (nördl. Huallaga-Territorium) ausbilden lassen—gab mir Proben seiner Mixtur mit—er nimmt eine junge Ayahuasca Pflanze (aus seinem eigenen Garten) und dazu etwa die gleiche Menge Blätter von einer Pflanze, die als Katalysator dient—er nennt es das »Mescla«—bei den Chama Indianern heißt die Pflanze »Cahua« (spr. Cura), während er die in Pucallpa gebräuchliche Bezeichnung »Chacruna« verwendet. Er sagte, er werde mir noch weitere Proben beschaffen, die ich in Lima im Naturkunde-Museum identifizieren lassen kann. Einen ganzen Tag lang kocht er die Mixtur aus, gießt dann die Brühe durch ein Sieb und brüht die Blätter noch ein zweites Mal auf. Jedenfalls, die Zubereitung ist nicht besonders geheim—ich glaube, Schultes hat einmal zugesehen und weiß, wie es gemacht wird. Man kann auch noch Blätter von weiteren Pflanzen dazunehmen, aber diese Kombinationen kenne ich nicht. Er schien sich generell für Drogen zu interessieren—ernsthaft—nicht aus Gewinnsucht—guter Typ—hat hier ziemlich viele Anhänger—seine Spezialität ist die Heilung von körperlichen Gebrechen.

Jedenfalls, um es kurz zu machen: ich ging also gestern abend wieder hin und nahm an einer richtigen Gruppensitzung teil—dieses Mal war das Gebräu frisch zubereitet und wurde mit der vollen Zeremonie verabreicht—er hielt sich den Becher mehrere Minuten lang vor den Mund, wobei er leise etwas sang (und Zigaretten- oder Pfeifenrauch darüber blies)—(ein Emaillebecher; ich erinnere mich, daß es bei dir ein Plastikbecher war)—dann steckte ich mir eine Zigarette an, blies einen Mundvoll Rauch über den Becher und trank die Flüssigkeit anschließend auf einen Zug aus. Sah eine Sternschnuppe—Aerolith—ehe ich reinging; und es war Vollmond. Er bediente mich als ersten—dann legte ich mich hin und wartete auf Gott weiß was für angenehme Visionen, und dann wurde ich langsam high—und dann brach um mich herum der ganze gottverdammte Kosmos los—ich glaube, es war stärker und schlimmer als ich es je erlebt habe—(Die Visionen aus Harlem klammere ich hier aus, weil sie natürlichen Ursprungs waren. Das LSD-Erlebnis war rein und vollkommen, zog mich dafür aber auch nicht so tief—und so schrecklich—hinein)—Mir wurde klar, wie dumm es von mir war, daß ich mich bis dahin nur vor Moskitos oder Erbrechen gefürchtet hatte, wo es hier doch um eine Sache von Leben und Tod ging—Ich fühlte mich wie im Angesicht des Todes, mit einem Totenschädel unter meinem Bart, während ich mich auf einer Strohmatte neben dem Eingang hin und her wälzte und schließlich in einer Stellung verharrte, als sei es die letzte Regung meines Körpers vor dem Einsetzen der Leichenstarre—dann wurde mir schlecht, ich stürzte hinaus, und schon kam es mir hoch—ein Gefühl, als ringelten sich Schlangen um meinen Körper, als sei ich ein Schlangen-Seraph, vielfarbige Schlangen wie eine Aureole um meinen Körper—ich kam mir vor wie eine Schlange, die das Universum auskotzt—oder ein Jivaro, mit einem Kopfputz aus Giftzähnen, dem es hochkommt angesichts der mörderischen Zerstörung des Universums—meines nahen Todes—des Todes von allen—

Der Erbrechende

und keiner darauf vorbereitet—auch ich nicht—rings um mich herum die geisterhaften Laute der Tiere in den Bäumen—der anderen, die sich erbrachen (normale Begleiterscheinung jeder Krankenbeschwörung) draußen in der Nacht, in ihrer schrecklichen Einsamkeit im Universum—ihren Lebenswillen auskotzten, beinahe; den Wunsch, in diesem menschlichen Körper weiterzuleben—Ging wieder rein und legte mich hin—Ramon kam zu mir her, fürsorglich wie eine Krankenschwester (er hatte nichts getrunken; er ist sowas wie ein Gehilfe, der sich um die Leidenden kümmert) und fragte mich, wie es mir gehe und ob ich ›Bien Mareado‹ sei (›gut angesäuselt‹)—Ich sagte ›bastante‹, und dann hörte ich wieder das Geisterwesen und meinte zu spüren, wie es näher kam—Es schien, als zuckten überall in der Hütte gespenstische Erscheinungen auf, an denen sich eine Transfiguration vollzog, sobald sie in Berührung kamen mit jenem rätselhaften DING, das unser Schicksal war und uns früher oder später auslöschen würde—dazu der leise, einschmeichelnde Gesang des Curandero, eine einfache Melodie, die sich wiederholte und dann veränderte, irgendwie tröstlich, obwohl ich ihren Sinn nicht kannte—schien sich auf etwas zu beziehen, was ich noch nicht erfassen konnte—Ich hatte Angst und lag hilflos da, während die Todesangst in Wellen über mich hinweg schwappte, bis ich es kaum noch aushalten konnte—ich wollte mich nicht in eine falsche Sicherheit flüchten und es als Illusion abtun; dazu war es viel zu real und vertraut—geradezu wie eine Generalprobe der Letzten Minute vor dem Tod, während mein Kopf auf der Matte hin und her rollte und schließlich mittendrin starr und steif verharrte, um gottergeben das Schicksal zu erleiden, das mir bestimmt ist—fühlte mich restlos verloren, eine verirrte Seele—kurz vor der Berührung mit irgendeinem Ding, dessen Gegenwart ich ahnte—schließlich hatte ich das Gefühl, ich könnte mich auch jetzt gleich der Letzten Frage stellen und mich dafür entscheiden, zu sterben und dann alles zu verstehen—und meinen Körper verlassen, den man am Morgen leblos auffinden würde, und alle würden mich vermutlich betrauern—konnte es aber nicht ertragen, Peter und meinen Vater so allein zurückzulassen—fürchtete mich vor so einem jähen Tod und ließ deshalb die Chance ungenutzt (—wenn es eine war ... vielleicht, irgendwie)—es schien mir auch, als seien alle anderen in der Hütte durch einen zentralen radiotelepathischen Kontakt auf das gleiche Problem fixiert—das Große Wesen in uns allen—

Als ich mich draußen übergeben hatte und wieder in die Hütte kam, sah ich einen Mann am Boden kauern, die Knie unterm Kinn, und ich hatte den Eindruck, als würde ich seinen Schädel wie in einer Röntgenaufnahme sehen, umhüllt von einem Leichentuch (er hatte sich ein Handtuch um den Kopf gewickelt, um sich vor den Moskitos zu schützen), und als durchleide er die gleichen Qualen der Trennung—Dachte an Menschen, die ich kannte, sah sie ganz deutlich vor mir, auch dich—eigenartig, aber es scheint mir jetzt, als wüßtest du mehr als ich—warum sagst du mirs nicht? oder kannst du nicht? oder habe ich es nicht mitbekommen?—Simon erschien mir wie ein Engel—hat allen Eitelkeiten entsagt und weigert sich, Kinder zu zeugen und neues Leben in die Welt zu setzen—»Wenn aus dem interplanetarischen Raum irgendwelche Botschaften eintreffen«, sagte er, »werde ich der erste sein, der sie telegraphisch weitergibt, aber so, daß sie dabei nicht verhunzt werden«—Francine, seine Frau—ein Engel von einer Frau, alle Frauen (und alle Männer) sind gleich—geisterhafte Wesen, die auf mysteriöse Weise zu einem irdischen Leben bestimmt sind, als Götter in Menschengestalt, die Kreuzigung und Tod erleiden sollen wie Christus, aber entweder in die Irre gehen oder seelisch verkümmern oder sich zusammenfinden und neues Leben zeugen, um die Art zu erhalten (obwohl sie selbst sterben, oder vielleicht doch nicht?)—und ich so verloren wie Peter, der Ärmste, der sich darauf verläßt, daß ich ihm einen Himmel zeige, den es für mich selbst nicht gibt—und ich will immer noch nichts mit Frauen haben, die doch zu mir kommen und mich umsorgen—beschloß, daß ich Kinder haben wollte, irgendwie, ein innerer Durchbruch für mich in meinen Halluzinationen—aber ich kann das Leiden auch so schon kaum ertragen, und der Gedanke an noch mehr Leiden, das ich zeugen würde, ließ mich verzweifeln—fühlte mich, fühle mich auch jetzt noch, wie eine verirrte Seele, umgeben von fürsorglichen Engeln (Ramon, der Maestro, du, die ganze große Gemeinschaft der Sterblichen)—und meine arme Mutter, die Gott weiß welchen Leiden erlag—ich kann es nicht ertragen—mußte mich wieder übergeben (Ramon war zu mir her gekommen und hatte gesagt, wenn ich nochmal müßte, sollte ichs von der Veranda herunter tun, wo ich jetzt lag; sehr nett und unaufdringlich, wie er sich um alles kümmerte)—ich meine, bin ich hier in einer guten Gruppe?—ich erinnere mich, daß du mal gesagt hast: paß auf, *wessen* Visionen du kriegst—aber, mein Gott, ich weiß nicht, wem ich mich am Ende zuwenden soll, wenn es darauf ankommt, geistig, und ich kann mich nur auf mein eigenes Schlangen-Ich und seine Erinnerungen an die Fröhlichen Visionen von Blake verlassen—oder mich auf gar nichts verlassen und ganz neu reingehen—aber in was reingehen?—Tod?—ich mußte mich immer noch übergeben, immer noch mit dem Gefühl, als sei ich ein großer verlorener Schlangen-Seraph, dem es hochkommt im Bewußtsein seiner nahenden Transfiguration—und mit der radiotelepathischen Ahnung von einem WESEN, dessen Gegenwart ich noch nicht ganz erfaßte—es war immer noch viel zu schrecklich für mich—die Vorstellung, daß es zwischen mir und allen anderen eine totale Kommunikation gab, als seien wir ein einziger ewiger Seraph, männlich und weiblich zugleich—und ich eine hilfesuchende verirrte Seele—jedenfalls, in diesem Augenblick begann die Empfindung schwächer zu werden, aber ich war immer noch geistig wie gelähmt—wußte nicht, zu wem ich aufschauen oder wonach ich suchen sollte—auch dem Maestro vertraute ich nicht so recht—obwohl es eigentlich naheliegend war, ihm als dem Fürsorglichen

Geist dieser Szene zu vertrauen, vor allen anderen—ich ging hin und setzte mich zu ihm (auf Ramons freundliche Aufforderung hin), um mich ›anhauchen‹ zu lassen—d.h. er singt eine Litanei, die deine Seele heilen soll, und dann bläst er dich mit Rauch an—ich fühlte mich erleichtert—obwohl sich meine schlimmste Angst inzwischen gelegt hatte—als er fertig war, stand ich auf und nahm das Stück Tuch, das ich als Schutz gegen die Moskitos mitgebracht hatte, und ging mit dem dicklichen Ramon im Mondschein nach Hause—er sagte, je öfter man Ayahuasca nimmt, desto tiefer kommt man rein—man macht eine Reise zum Mond, sieht die Toten, sieht Gott—Baumgeister—usw.

Ich habe kaum noch den Mut, nochmal hinzugehen—aus Angst, wirklich wahnsinnig zu werden und in einem für immer veränderten Universum aufzuwachen—obwohl ich annehme, daß es sich für mich irgendwann doch einmal verändern muß—und erst recht fürchte ich mich davor, die sechs Stunden den Fluß rauf zu fahren und mit einem Indianerstamm Ayahuasca zu trinken, wie ursprünglich geplant—aber vielleicht tue ich es doch—werde allerdings zuerst noch eine Woche in Pucallpa bleiben und noch ein paar Sitzungen mit der alten Gruppe machen—wenn ich bloß einen wüßte, der *weiß* (falls das überhaupt jemand wissen kann), wer oder was ich bin, damit er mir helfen kann. Ich wünschte, ich könnte von dir hören. Ich denke, ich werde noch lange genug hier sein, daß mich ein Brief von dir erreicht—schreib mir

Allen Ginsberg

Wenn ich hier vor Ablauf von 2 Wochen abreise und ein Brief von dir eintrifft, wird man ihn mir sofort nach Lima nachschicken, so daß ich dann dort von dir höre. Jedenfalls, ich warte wirklich dringend auf eine Nachricht von dir, also bitte schreib mir, Bill, und gib mir einen Rat, wenn du kannst. Ich weiß nicht, ob ich wahnsinnig werde oder nicht, und es fällt mir schwer, mich auf noch mehr einzulassen—obwohl ich mich vermutlich dadurch schützen kann, daß ich *das* Bewußtsein als vorübergehende Illusion ansehe, aus der ich zu einem zeitweilig normalen Bewußtsein zurückkehren kann, wenn die Wirkung abklingt—(Ich habe schon so eine Andeutung von einem haitianischen Voodoo-Ruf vernommen)—aber dieser beinahe schizophrene Wechsel von Bewußtseinsebenen ist zum Fürchten—und das Gefühl, nicht zu wissen, welcher Person in meiner Umgebung ich mich anvertrauen kann. Ich hatte eigentlich vor, einige Kostproben mit zurück nach New York zu nehmen, aber jetzt fürchte ich mich fast, es zu tun—ich bin kein Curandero, ich bin selber verloren, und ich habe Angst, Peter oder sonst jemand einen Alptraum aufzuhalsen, gegen den ich kein Mittel weiß.

Ich weiß nicht, wie du das alles auffassen wirst, aber du kennst mich gut genug, also schreib mir bitte schnell.

Es ist schon alles in Ordnung, nehme ich an, also mach dir keine unnötigen Sorgen um mich—ich komme schon zurecht—

Herzlichst,
Allen

P.S. Denke seit Stunden an die alte nostalgische Nelson-Eddy-Aufnahme von »Maytime«, die ich heute morgen im Buchladen hörte, wo ich mir diesen Füllfederhalter hier kaufte. Als Kind hatte ich mir die Platte immer wieder vorgespielt, aber diesmal war es wie eine Erinnerung an den Tod, so traurig—›will you love me ever?‹

Als Zugabe hier noch einige Auszüge aus den Äther-Notizen, die ich mir vor zwei Wochen in Lima machte, in gedrückter Stimmung.

In meinen Sinnen das dröhnende Echo
  von allem, was je geschaffen wurde,
  von all den Kombinationen, die immer
    wiederkehren, wie zuvor—

Jede erdenkliche Kombination von Wesen—
die ganz alten:—all die alten Hindu-
Sabahadabadie-pluralischen Universen
nebeneinander ertönend,
Wortgewaltig und Bärtig
mit all ihren Minaretten und mondbeschienenen
Türmen, verziert mit ihrem Filigran
aus Eisen oder Porzellan,
alle haben existiert—
und die Weisen mit ihrem
weißen Haar, die mit gekreuzten Beinen saßen
auf einer weiblichen Couch—
und sich anhörten, was an Musik zu ihnen drang
aus den Wäldern und von der Straße,
was Vögel zwitscherten auf dem Markt
was die Glocke schlug und als
Zeit verkündete—
welche Droge, welche Düfte in der Luft
ließen sie so tiefe Gedanken fassen
oder so einfach hören, was
verklungen war
wie das Geräusch des Autos auf der Straße
vor dem Regierungsgebäude
in Peru, hier in Lima,
in diesem Jahr 1960, in dem ich dies schreibe—

Ein Buddha, wie von alters her, während die Straße
widerhallt vom Sirenengeheul unsichtbarer
Maschinen.
Und eine Straßenlaterne spiegelt sich im Fenster
an der Vorderfront des Bahnhofsgebäudes
in einer kleinen gottverlassenen
Hafenstadt
einer trüben, vergessenen
womöglich märchenhaften
Zivilisation der
Ewigkeit:—

wo die Turmuhr des Bahnhofs Mitternacht schlägt
wie jetzt,
und ich auf den 6. Schlag warte,
um ein Wort hinzuschreiben
ehe der letzte Schlag verklingt—als Erinnerung:
dieser Zwölf-Uhr-Schlag ist
vorbei
und ich hör ihn so nie wieder.
Und ich geh wieder herein vom Balkon, auf dem ich stand
und hinaufsah (angsterfüllt) zum Kreuz des Südens
und zu den Sternen
und an den Gong der Mitternacht dachte—
an die Weisen in Asien, die Weißbärtigen in Persien,
die mit zierlicher Schrift die Ränder ihrer
Papyri vollkritzeln
und mit Tränen zurückdenken an die alten Glocken ihrer
Städte
und der Städte, die versunken sind—und dann
lachenden Auges sich dazu bekannten:
die Welt ist, wie wir sie sehen,
männlich und weiblich, vergänglich
in ihrem Lauf durch die Jahre
wie zuvor, und vielleicht für immer
mit all ihren zahllosen Perlen
Und all den blutigen Nasen der Ewigkeit—
und all den alten Fehlern—
einschließlich
dieses alten Bewußtseins, das sich seit
alters her kennt—(daher das Grillenzirpen
der uralten Nachtwache in meinem Ohr)

Ich kritzle
nichtssagendes Zeug,
Seite um Seite, alles zutiefst
belanglos
wie der Alte Hebräer, als er
Adonoi beschrieb, oder den Einen—

alles nur zur Unterhaltung oder um Geld zu machen
oder zu lügen—

OH GLOCKE DER ZEIT, LÄUTE DEINE
MITTERNACHT ZUM BILLIONSTEN MAL
EIN, ICH HÖR DICH WIEDER!

21. Juni 1960 Gegenwart Jetzt-Zeit
c/o American Express
London England

Lieber Allen,
Du hast nichts zu fürchten. Vaya adelante. Schau her. Hör mir zu. Auf dein AYAHUASCA-Bewußtsein ist mehr Verlaß als auf ›Normales Bewußtsein‹. Wessen ›Normales Bewußtsein?‹ Warum willst du zu ihm zurück? Warum überrascht es dich, mich zu sehen? Du folgst doch schon die ganze Zeit meinen Spuren. Ich weiß den Weg. Und ich denke, ich kenne die Gegend besser als du. Habe dir mehr als einmal zu sagen versucht, was ich weiß. Du hast nicht zugehört oder konntest es nicht. »Man kann keinem etwas zeigen, was er nicht schon selber gesehen hat.« Brion Gysin* für Hassan Sabbah. Hörst du mir jetzt zu? Nimm den beigefügten Durchschlag dieses Briefes. Zerschneide ihn in vier Teile. Setze ihn neu zusammen. Teil eins neben Teil drei, Teil zwei neben Teil vier. Jetzt lies ihn laut vor, und du wirst Meine Stimme hören. Wessen Stimme? Hör hin. Schneide ihn wieder auseinander und setze ihn in anderen Kombinationen zusammen. Lies es laut vor. *Ich* muß bei so etwas unwillkürlich hinhören. Verlier dich nicht in Gedanken und Theorien. *Mach* es. Mach dasselbe mit deinen Gedichten. Mit sonstwelchen Gedichten oder Prosa. Versuch es. Du möchtest, daß ich dir ›helfe‹. Bitte sehr. Bediene dich. Und denk immer daran: »Nichts ist

* Brion Gysin: englischer Maler; Mitarbeiter und Freund von Burroughs aus dessen Zeit in Tanger; brachte ihn auf die Idee, eine Maltechnik des 20. Jahrhunderts—die Collage—auf das Schreiben anzuwenden. NAKED LUNCH erhielt daraufhin seine endgültige Form als eine Collage von ›Routines‹. Die Pamphlete MINUTES TO GO (Two Cities Press, Paris 1960) und THE EXTERMINATOR (Auerhahn Press, San Francisco 1960) wurden von Gysin, Burroughs, Gregory Corso und anderen gemeinsam verfaßt und sollten plastisch veranschaulichen, wie man mit der Collage-Technik des »cut-up« aus eingefahrenen zeitgebundenen literarischen und phänomenologischen Vorstellungen herauskommt. — A.G.

wahr. Alles ist erlaubt.« Letzte Worte von Hassan Sabbah, dem Alten Mann Aus Den Bergen.

HÖRT ALLE MEINE LETZTEN WORTE. HÖRT HER, BEHÖRDEN SYNDIKATE UND REGIERUNGEN DER WELT. UND IHR MÄCHTE UND DRAHTZIEHER HINTER SCHMIERIGEN GESCHÄFTEN, DIE IN IRGENDWELCHEN LATRINEN GETÄTIGT WERDEN UND EUCH ETWAS SICHERN SOLLEN, WAS EUCH NICHT ZUSTEHT. GESCHÄFTE, IN DENEN IHR DEN BODEN UNTER DEN FÜSSEN DER NOCH UNGEBORENEN VERSCHACHERT. HÖRT HER. WAS ICH ZU SAGEN HABE, RICHTET SICH AN ALLE MENSCHEN, ÜBERALL. ICH WIEDERHOLE: AN ALLE. OHNE AUSNAHME. ICH MACHE ES UMSONST FÜR ALLE, DIE ZAHLEN MÜSSEN. ALLE, DIE FÜR IHR DASEIN MIT LEIDEN BEZAHLEN MÜSSEN.
WAS HAT EUCH ALLE IN DIE ZEIT GESCHEUCHT? WAS HAT EUCH ALLE IN EURE KÖRPER GESCHEUCHT? IN DIE SCHEISSE, FÜR IMMER? WOLLT IHR DA EWIG DRINBLEIBEN? DANN HÖRT DIE LETZTEN WORTE VON HASSAN SABBAH. HÖRT, SEHT ODER SCHEISST FÜR IMMER. HÖRT, SEHT ODER SCHEISST FÜR IMMER. WAS HAT EUCH IN DIE ZEIT GESCHEUCHT? IN EINEN KÖRPER? IN DIE SCHEISSE? ICH WILL ES EUCH SAGEN: DAS *WORT*. DAS WORT, DAS IHR SEID. AM ANFANG WAR DAS WORT. DAS HAT EUCH FÜR IMMER IN DIE SCHEISSE GESCHEUCHT. KOMMT HERAUS, FÜR IMMER. KOMMT HERAUS AUS DEM WORT ›ZEIT‹, DAS IHR SEID. FÜR IMMER. KOMMT HERAUS AUS DEM WORT ›KÖRPER‹, DAS IHR SEID. FÜR IMMER. KOMMT HER-

AUS AUS DEM WORT ›SCHEISSE‹, DAS IHR SEID. FÜR IMMER. HERAUS AUS DER ZEIT UND IN DEN RAUM. FÜR IMMER. IHR HABT NICHTS ZU FÜRCHTEN. IM RAUM GIBT ES NICHTS. DAS IST ALLES ALLES ALLES. HASSAN SABBAH. IHR HABT KEIN WORT MEHR ZU FÜRCHTEN. HIER GIBT ES KEIN WORT. DAS IST ALLES ALLES ALLES. HASSAN SABBAH. WENN IHR ES TUT, LÖSCHE ICH ALLE EURE WORTE AUS. FÜR IMMER. UND DIE WORTE VON HASSAN SABBAH LÖSCHE ICH EBENFALLS AUS. SEHT, ÜBERALL AN EUREM HIMMEL, DIE STUMME HANDSCHRIFT VON BRION GYSIN HASSAN SABBAH. DIE ZEICHEN DES RAUMS. DIE ZEICHEN DER STILLE.

SCHAUT SCHAUT SCHAUT

AMIGOS MUCHACHOS: A TRAVES DE TODOS SUS CIELOS VEA LA ESCRITURA SILENCIOSA DE BRION GYSIN HASSAN SABBAH. LA ESCRITURA DE SILENCIO. LA ESCRITURA DE ESPACIO. ESO ES TODO TODO TODO. HASSAN SABBAH.

VEA VEA VEA

Wann kommst du zurück—? Die Cut-up Methode findest du erklärt in Minutes To Go. Ist in den Staaten bereits erschienen. Ich schicke dir gern ein Exemplar, aber wohin? George Whitman sagt, du sollst seinen alten Freund Silvester de Castro in Panama City besuchen. Hat mit dem städtischen Symphonieorchester und der Universität zu tun. Hasta La Vista, Amigo.

Alles Gute
William Burroughs
für Hassan Sabbah
Führ! Hassan Sabbah!

P.S. KEINER, DER BEI VERSTAND IST, WÜRDE DEM ›UNIVERSUM‹ ÜBER DEN WEG TRAUEN. GENEPPT UND VERLADEN STANDEN DIE MILLIONEN UNTER DEN ZEICHEN. WER HAT JE EINEM GENEPPTEN EINEM KANAKEN EINEM AFFEN EINEM ARMEN HUND GEHOLFEN? NIEMAND AUSSER HASSAN SABBAH.

Epilog

(1963)

San Francisco
28. August 1963

An alle, die es angeht:
Für mich entschlüsselt sich dieser Briefwechsel so: Die Vision von meinen Mitmenschen—Männern wie Frauen—als hilfreichen Engeln, die mir 1960 im Ayahuasca Trance-Zustand zum ersten Mal voll bewußt wurde, als der Curandero sein menschlich mitfühlendes Lied sang, war eine prophetische Vorahnung der Transfiguration meines Bewußtseins: der ewig angstgeplagte und ruhelos umhergetriebene Geist ist heimisch geworden in seinem Körper und glücklich mit ihm vereint und fühlt sich eins mit allen anderen.

In alter Verbundenheit, wie immer
Allen Ginsberg

›Muß ich sterben, Meester?‹

Panama klebte an unseren Körpern—Wahrscheinlich versaut—Alles machte diesen Traum—Die Kunden des fossilen Orgasmus haben sich darin verbraucht—Traf meinen alten Freund Jones—Übel dran, hustend und vergessen in einem Film aus den zwanziger Jahren—Der aufdringliche Mundgeruch von Stimmen aus dem Vaudeville wabert am Morgen mit dem Zimmerservice herein—Ein Idioten-Mambo, der stockend rückwärts läuft—Machte bei dem Jungen einen Lungenzug und wäre fast dran erstickt—Das ist Panama—Salpetrige Fleischfetzen fliegen dir aus dem Mund und das Empfangsteil macht schlapp—Hirnfressende Vögel patrouillieren die Niederfrequenz-Hirnwellen—Ansichtskarte wartet auf vergessene Zivilisten »und die sind alle süchtig nach Quallen, Meester —Panama Fotostadt—Tote Ansichtskarte von Junk.«

Traurige Handbewegung am Ende der Zeitspur, die rückwärts abläuft—Genitaler Pfandschein schälte sich aus seiner schmuddeligen Unterhose—Das Lachen des Jungen auf der Leinwand, als ich meine Skivvies fallen lasse—Geflüster in einer dunklen Straße in Puerto Assis—Aus dem Dorftrottel lächelt einem der Meester entgegen—Im Orgasmus kam es zurück wie ein Telegramm: »Johnny Hosen runter«—(Dieser muffige Geruch in der Garage an einem Sommermorgen—Schlingpflanzen winden sich durch Stahl—Nackte Füße in Hundekot)

Panama klebte an unseren Körpern von Las Palmas bis David, umwabert vom süßlichen Kampfergeruch des Paregoric über der Flamme—Versaute die ganze Republik—Der Apotheker »hab nix, klom Fleitag«—Panama noch genau wie 1910, unter Verschluß in jedem Drugstore—Er warf das Handtuch, Morgensonne spiegelte sich im kalten Kaffee.

Junk stichelte unaufhörlich: »Besoffen in East St. Louis, ich hab ja *gewußt* daß du wieder mit hängender Zunge ankommst—einmal Junkie, immer schwammig und verschissen—habs *gewußt,* schon dein ganzes Leben—vier Tage dort im Entzug.«

Abgestandenes Frühstück auf dem Tisch—Kleines hämisches Lächeln—Seine Suchtkrankheit mit ihrem Geruch nach Schmerzen und Tod in meinem Zimmer—Drei Ansichtskarten von Panama City als Souvenir—Ein alter Freund kam und blieb den ganzen Tag—Gesicht zerfressen von »Ich brauch *mehr*«—Ich habe das in der Neuen Welt öfter erlebt—»Gehn Sie mit, Meester?«

Und in Las Playas machte Joselito seinen Move, als es darauf ankam—Saß in diesem Kaff fest—Irisierende Lagunen, sumpfige Flußmündung, Gasfackeln—Leuchtgas dringt blubbernd aus dem Schlamm, werden die in hundert Jahren immer noch »A ver, Luckees!« rufen...?

—Ein morscher Teakholz-Balkon, abgestützt von Ekuador.

»Der Brujo legte mit einer ganz speziellen Beschwörung los—Es war, als würde man im Äther-Tran in die Augen von nem Schrumpfkopf reingesogen—Taubes Gefühl, als wäre man in Watte eingepackt—Ich weiß nicht, ob du letztes Mal meine Andeutungen verstanden hast: versuche mit chinesischen Schriftzeichen einen Ausbruch aus diesem dumpfen lähmenden Zustand—Ich will hier bloß noch raus, und sonst nichts—Bitte mach schnell—Hat mich in den Klauen—Wieviele Intrigen haben eine botanische Expedition wie die hier mitgemacht, ehe es endlich damit klappte?—Liliputbahn durch künstliche Landschaften—Dämmere im Weinrausch meinem Tod entgegen—Ich sagte in einer Tour: »Hab die Kommission gewechselt, wo die Markise flappt«—Lichtblitze vor meinen Augen, deine Stimme, und das war das Ende.

Dieses greinende Panama ließ uns nicht mehr los—Ich ging mit einem verschimmelten Pfandschein in Chico's Bar und wartete in einem Film aus den zwanziger Jahren auf ein Cola mit Rum—Salpetrige Fleischfetzen fliegen dir unter den Klängen des Honkytonk-Pianos aus dem Mund: »Driving Nails In My Coffin«—Hirnfressende Vögel patrouillieren »Your Cheating Heart«—Tote Ansichtskarte wartet an einem vergessenen Ort—Der Film aus den zwanziger Jahren hinterließ eine leichte Gehirnerschütterung—Ein lässiger Halbwüchsiger, dem GIs schon eine Sonderbehandlung verpaßt hatten—Am Abend das nackte Fleisch des Jungen—Versuchte mich immer wieder im Schlaf zu streicheln—»Alter Fotografen-Trick, warte auf Johnny—Jetzt kommen wir zum mexikanischen Friedhof«—Am Hafen traf ich einen Jungen in einem rot-weiß gestreiften T-shirt—Paregoric-Stadt in der violetten Abenddämmerung—Der Junge pellte sich aus seiner schmuddeligen Unterhose, an der seine Erektion scheuerte—Warmer Regen auf dem Blechdach—Unterm Deckenventilator standen wir nackt auf der frischen Bettwäsche

—Der Film war elektrisch aufgeladen, und als wir uns berührten, flogen nur so die Funken—Der Junge wusch sein T-shirt aus, und der Ventilator quirlte seinen Schwanzgeruch zu mir her—Blutgeruch, erstickte Stimmen, und das war das Ende—Das ist Panama—Ein trauriger Film, der über Inseln von Müll und schwarze Lagunen wabert—Fischmenschen warten an einem vergessenen Ort—Fossile Klänge eines Honkytonk-Pianos, verquirlt von einem Deckenventilator—Der alte Fotografen-Trick stellte sie ab.

»Muß ich sterben, Meester?«

Filmstreifen zucken vor meinen Augen, nackt und mürrisch—Fauliger Morgenwind im Schlaf—Tod und Verwesung auf dem Foto von Panama, wo die Markise flappt.

William Burroughs

Naked Lunch

Titel der amerikanischen Originalausgabe:
NAKED LUNCH
Olympia Press, Paris 1959.
Die deutsche Erstausgabe erschien 1962
im Limes Verlag, Wiesbaden.
Für die vorliegende Neuausgabe
wurde der Text erstmals unzensiert und vollständig
ins Deutsche übersetzt.

Ich spüre, wie mich die Bullen einkreisen, wie sie da draußen überall ihren Voodoo-Zauber abziehen und ihre verhexten Spitzel in Stellung bringen, ihre Beschwörungsformeln mauscheln über meinem Besteck, das ich in der U-Bahn-Station am Washington Square wegschmeiße, ehe ich übers Drehkreuz springe, die zwei Eisentreppen runter, und einen A-Train nach Harlem erwische... Ein junger, gutaussehender Ivy League Typ* mit Bürstenhaarschnitt, Marke leitender Angestellter in der Werbebranche und schwul wie die Nacht, hält mir die Tür zurück. Offensichtlich bin ich für ihn der Inbegriff einer schrägen Type. Man kennt ja die Sorte: biedert sich bei Barkeepern und Taxifahrern an, indem er von rechten Haken und den Dodgers faselt, und den Mann hinter der Theke im Nedick's redet er mit dem Vornamen an. Ein richtiges Arschloch. Und wie auf Stichwort erscheint jetzt in einem weißen Trenchcoat dieser Knilch vom RD** auf dem Bahnsteig. (Das muß man sich mal vorstellen: in einem weißen Trenchcoat jemand beschatten zu wollen—der bildet sich vermutlich ein, er könnte so den Schwulen mimen.) Ich höre schon richtig, wie er, in der linken Hand mein Besteck und die rechte an seiner Knarre, zu mir sagen würde: »Ich glaube, du hast da was fallen lassen, Kumpel.«

Aber die U-Bahn fährt bereits.

»So long, Plattfuß!«, brülle ich und gebe dem Fatzke seine drittklassige Kinovorstellung. Ich seh ihm in die Augen, registriere seine weißen Zähne, die Florida-Bräune, den 200-Dollar-Anzug aus Kunstseide, das Brooks Brothers Hemd mit dem Button-Down-Kragen, die *News,* die er als Requisit in der Hand hält.

»Ich les' immer nur ›Little Abner‹.«

* Absolvent einer der sieben ›vornehmen‹ Universitäten (Harvard, Princeton, usw.) (C.W.)

** Rauschgiftdezernat (C.W.)

Ein Spießer, der auf hip machen will... Faselt von »Pod«, raucht es auch ab und zu und hält sich zuhause einen kleinen Vorrat, um bei bedienten Hollywoodtypen Eindruck schinden zu können.

»Dank dir, Kid«, sage ich. »Ich seh schon, du bist einer von uns.« Sein Gesicht leuchtet auf wie ein Spielautomat und kriegt einen stupiden rosaroten Schimmer.

»Da hat mich doch dieser Kerl tätsächlich verpfiffen«, sagte ich mit düsterer Miene. Ich schob mich näher an ihn ran und legte ihm meine schmierige Kokserpfote auf seinen kunstseidenen Ärmel. »Und dabei waren wir Blutsbrüder an der gleichen dreckigen Spritze. Unter uns gesagt: der ist fällig für ne Heiße.« (Spitzeln und sonstigen unbequemen Kunden dreht man eine Kapsel Gift an. Als Gift nimmt man gewöhnlich Strychnin, da es in Geschmack und Aussehen von Junk nicht zu unterscheiden ist.)

»Schon mal zugesehn, wie ne heiße Spritze wirkt? In Philly hab ich miterlebt, wie's den Lahmen erwischt hat. Wir ham in seine Bude einen durchsichtigen Puffspiegel eingebaut und zehn Dollar Eintritt verlangt. Der kriegte die Nadel nicht mehr aus dem Arm. Wenn die Ladung stimmt, schafft das keiner. So finden sie ihn dann, mit einem blau angelaufenen Arm, an dem noch der Tropfer voll geronnenem Blut dranhängt. Und dieser Blick in seinen Augen, als es ihn erwischt hat—Junge, war das ein Genuß...!

»Erinnere mich, wie ich mal mit dem Vigilante rumzog. War der beste Absahner in der ganzen Branche. Da oben in Chicago. Da haben wir jeden Tag die Schwuchteln im Lincoln Park hopps genommen. Eines Abends erscheint der Vigilante in Cowboystiefeln und schwarzer Weste mit ner Blechmarke dran und nem Lasso über der Schulter zur Arbeit.

»Da sag ich zu ihm: ›Was ist denn mit dir los? Spinnst du?‹ Und er sieht mich bloß an und sagt: ›Zieh dein Eisen, Fremder!‹, und schon hievt er 'n alten rostigen Revolver raus, und ich nichts wie ab, quer durch den Lincoln Park, und rechts und links zischen die Kugeln an mir vorbei. Und bis ihn die Bullen zu fassen kriegen, hat er schon drei Schwuchteln aufgeknüpft. Würde sagen, der Vigilante hat sich seinen Spitznamen redlich verdient...

»Ist dir schon mal aufgefallen, wieviele Ausdrücke die Absahner von den Schwulen übernehmen? Zum Beispiel *raise*—wenn man einem sagen will, daß man in der gleichen Branche ist. Oder: ›Schaff dich mal auf die da!‹—›Sieh dir mal den Paregoric Kid an, wie er diesen Macker da anmacht!‹—›Ach was, der fickrige Knilch geht ihm doch viel zu auffällig an die Nille...!‹

»Der Schuhladenheini (—den Spitznamen haben sie ihm gegeben, weil er Fetischisten in Schuhgeschäften ausnimmt) sagt immer: ›Machs einem Freier mal richtig mit Vaseline, und ich garantier dir, er kommt wieder und winselt nach mehr.‹ Wenn er sich einen Freier ausbaldowert hat, fängt er richtig an zu röcheln. Er kriegt 'n ganz verquollenes Gesicht und violette Lippen, wie'n brünstiger Eskimo. Und dann rückt er dem Freier langsam und sachte auf die Pelle, tastet sich an ihn ran und fummelt ihn ab mit seinen Pfoten aus verfaultem Ektoplasma.

»Der ›Stiesel‹ hat ne Unschuldsmiene wie'n kleiner Junge. Glüht so von innen raus, als wärs blaues Neon. Er sieht aus wie'n appetitlicher kleiner Pfadfinder von der Titelseite der *Saturday Evening Post,* der sich mit Junk konserviert hat. Seine Freier machen nie Stunk, und seine Lieferanten hat er so eingewickelt, daß sie ihm buchstäblich mit der Spritze nachlaufen. Na, eines Tages geht unser Little Boy Blue aus dem Leim. Und bei dem, was da zum Vorschein kommt, würde jeder Ambulanzfahrer das große Kotzen kriegen. Am Ende dreht der Stiesel restlos durch und rennt durch leere Automatenrestaurants und U-Bahnhöfe und schreit: ›Komm zurück, Kleiner! Komm doch zurück!‹, und er folgt seinem Unschuldsknaben direkt bis in den East River rein, durch ein Gewaber von Kondomen und Orangenschalen und aufgeweichten Zeitungen, bis runter in den schweigenden schwarzen Schlamm, zu den Gangstern mit den Füßen innem Block Zement und den plattgeschlagenen Pistolen, bei denen auch der geilste Ballistik-Experte mit seinen fickrigen Pfoten keine Seriennummer mehr ertasten kann.«

Und der Fatzke denkt mittlerweile: »Das ist vielleicht ne Type! Da werden die Jungs im Clark's aber staunen, wenn ich ihnen von dem hier erzähle!« Der Kerl sammelt seltene Typen und ist so dämlich, daß er auch noch für Joe Gould's Seemöwen-Nummer stillhalten würde. Ich stecke also einen Zehner bei ihm ab und mache einen Treff mit ihm aus, wo ich ihm ein bißchen »Pod« verkaufen werde. Denke doch, daß ich den mit Baldrian linken kann. (Baldrian riecht wie Marihuana, wenn man sichs ansteckt. Wird oft unvorsichtigen oder ahnungslosen Kunden angedreht.)

»Tja«, sagte ich und tippte beziehungsvoll auf meinen Unterarm, »die Pflicht ruft. Oder wie mal ein Richter zu seinem Kollegen sagte: ›Lassen Sie Gerechtigkeit walten, und wenn's damit nicht geht, dann bleibt Ihnen ja immer noch die nackte Willkür.‹«

Ich komme ins Automatenrestaurant, und Bill Gains hockt wieder mal in einem gestohlenen Mantel da und sieht aus wie ein halbseitig gelähmter Bankier von Anno 1910, und neben ihm sitzt Old Bart, schäbig und unauffällig, und tunkt mit dreckigen fettglänzenden Fingern ein Stück Sandkuchen in seine Tasse.

Ich hatte uptown einige Kunden, die Bill für mich versorgte, und Bart kannte noch ein paar alte Wracks aus der Zeit der Opiumbuden—gespenstische aschgraue Hausmeister; schemenhafte Portiers, die mit langsamer Altmännerhand staubige Hausflure ausfegen und suchtkrank im trüben Dämmerlicht husten und spucken; asthmatische abgehalfterte Hehler in Schauspieler-Absteigen hinterm Broadway; Pantopon Rose, die alte Puffmutter aus Peoria; stoische Chinesenkellner, denen man es nie ansieht, wenn sie an Entzug leiden. Bart steuerte sie nacheinander an, mit diesem schleppenden, geduldigen, vorsichtig tastenden Schritt des alten Junkie, und ließ etwas in ihre blutleeren Hände gleiten, das sie wieder für ein paar Stunden wärmte.

Einmal habe ich ihn zur Abwechslung auf seinem Rundgang begleitet. Schon mal darauf geachtet, wie alte Menschen alle Hemmungen verlieren, wenn es was zu essen gibt, so daß es einem richtig hochkommt, wenn man ihnen dabei zusieht? Genauso sind alte Junkies, wenn es Junk gibt. Sie greinen und sabbern, sobald sie das Zeug zu sehen kriegen. Der Speichel tropft ihnen vom Bart, ihr Magen knurrt und ihre Eingeweide bäumen sich auf vor lauter Gier, während sie sich den Shit aufkochen, und man rechnet jeden Augenblick damit, daß ihre Haut irgendwo aufplatzt und ein großer Klumpen Protoplasma rausschnalzt und den Junk glatt aufsaugt. Wirklich ein ekelhafter Anblick.

»Tja, so werden meine Jungs eines Tages auch mal sein«, dachte ich philosophisch. »Schon komisch, wie's im Leben so zugeht, was?«

Und damit wieder runter nach Downtown, diesmal via Sheridan Square, falls der Bulle noch irgendwo in einer Besenkammer auf der Lauer liegt.

Aber wie gesagt, es konnte nicht mehr lange gut gehen. Ich wußte, irgendwo da draußen hielten sie Kriegsrat und waren mit ihrem üblen Bullenzauber zugange, und im Knast von Leavenworth präparierten sie wohl schon eine Voodoo-Puppe für mich. »In den da kannst du gar keine Nadeln mehr reinstechen, Mike, der is ja schon ganz durchlöchert.«

Angeblich sollen sie Chapin mit so einer Puppe gekriegt haben. Da hockte dieser alte Eunuch von einem Bullen jahrelang im Keller von der Polizeiwache und knüpfte Tag und Nacht seine Chapin-Puppe auf. Und als sie Chapin schließlich in Connecticut hängten, fand man den alten Knacker angeblich mit gebrochenem Genick in seinem Keller.

»Er fiel die Treppe runter«, hieß es dann. Naja, man kennt ja den alten Bullenschwindel.

Junk ist umgeben von Magie und Tabus, Verwünschungen und Aberglauben. Meine Connection in Mexico City konnte ich wie mit Radar ausfindig machen. »Nicht diese Straße, erst die nächste ... rechts ab ... jetzt links. Jetzt wieder rechts«, und da war er dann mit seinem zahnlosen Altweibergesicht und den erloschenen Augen.

Ich kenne da diesen Pusher, der läuft rum und summt eine Melodie vor sich hin; und jeder, an dem er vorbeikommt, nimmt sie auf. Er ist so grau und schemenhaft und anonym, daß ihn keiner wahrnimmt, und alle denken, die Melodie sei ihnen gerade von selbst in den Kopf gekommen. So kommt die Melodie herum, und seine Kunden schweben auf ihr ein—auf *Smiles* oder *I'm in the Mood for Love* oder *They Say We're Too Young to Go Steady*, oder was sonst der Schlager des Tages ist. Manchmal kann man an die fünfzig abgerissene winselnde suchtkranke Junkies hinter einem Jungen mit einer Mundharmonika herlaufen sehen, und *da* sitzt dann ›Der Mann‹ auf einem Klappstuhl und wirft den Schwänen Brotkrumen ins Wasser; oder er ist ein schwabbeliger Transvestit, der in den East Fifties seinen afghanischen Rassehund ausführt; ein alter Weinsäufer, der an einen Eisenträger der Hochbahn pißt; ein linker jüdischer Student, der auf dem Washington Square seine Flugblätter verteilt; ein Mann vom Gartenbauamt, ein Kammerjäger, ein schwuler Werbefritze, der im Nedick's den Mann hinterm Tresen mit dem Vornamen anredet. Das weltweite Netz der Süchtigen, eingestimmt auf die Frequenz des ranzigen Blubbers, in möblierten Zimmern, wo sie sich den Arm abbinden und am frühen Morgen schon wieder von der Kälte der Suchtkrankheit gepackt werden. (Alte Zocker saugen den Schwarzen Rauch im Hinterzimmer der chinesischen Wäscherei in ihre Lungen, und Melancholy Baby stirbt an einer Überdosis Zeit oder an Atemlähmung mitten in einem Cold Turkey Entzug.) In Jemen, Paris, New Orleans,

Mexico City—und in Istanbul, wo wir uns im Dröhnen der Preßlufthämmer und Schaufelbagger gegenseitig unsere Junkie-Flüche ins Gesicht schrien, die keiner hören konnte, und *Der Mann* beugte sich kurz aus einer vorbeirollenden Dampfwalze, und ich bückte mich und fischte die Lieferung aus einem Teereimer. (Istanbul wird abgerissen und wieder aufgebaut, vor allem die Elendsviertel der Süchtigen. In Istanbul gibt es mehr Heroinsüchtige als in New York City). Die Lebenden und die Toten, im Entzug oder im Tran, süchtig oder entzogen oder schon wieder süchtig, driften auf der Junkfrequenz heran, und die Connection ißt Chop Suey in der Dolores Street, Mexico D.F., tunkt im Automatenrestaurant ein Stück Sandkuchen in die Tasse oder wird von einer bellenden Meute der ›People‹ (New Orleans Slang für ›Rauschgiftbullen‹) quer über den Exchange Place gehetzt.

Der alte Chinese schöpft sich mit einer rostigen Blechbüchse ein bißchen Wasser aus dem Fluß und spült damit einen Klumpen Yen Pox herunter, der hart und schwarz wie Schlacke ist.

Jedenfalls, die Greifer haben jetzt meinen Löffel und meinen Tropfer, und ich weiß, daß sie sich auf meiner Frequenz herantasten, geführt von diesem blinden Spitzel, den sie Willy das Scheibenmaul nennen. Willy hat einen runden scheibenförmigen Mund, der eingefaßt ist von hochempfindlichen erogenen schwarzen Haaren. Er erblindete, weil er sich das Zeug zuletzt in die Augäpfel spritzen mußte. Nase und Gaumen sind vom ständigen Heroinschnupfen völlig zerfressen, sein Körper besteht nur noch aus vernarbtem Gewebe, hart und trocken wie Holz. Den Shit kann er jetzt nur noch aufnehmen durch dieses Maul, das sich manchmal vorstülpt wie ein Rüssel aus Ektoplasma und die lautlose Frequenz des Junk ertastet. Er verfolgt meine Spur durch die ganze Stadt, lokalisiert Wohnungen, aus denen ich schon längst wieder ausgezogen bin, und die Bullen platzen bei einem frisch verheirateten Pärchen aus Sioux Falls herein:

»All right, Lee!! Kannst dir diesen Dildo ruhig wieder abschnallen! Du bist erkannt!«, schreien sie und reißen dem Mann glatt den Schwanz ab.

Jetzt wird Willy allmählich heiß, und man hört ständig sein brünstiges Röcheln da draußen in der Dunkelheit (er funktioniert nur bei Nacht) und spürt förmlich die entsetzliche Gier dieses blinden suchenden Mauls. Wenn es schließlich soweit ist, daß sie einen hopps nehmen, gerät Willy restlos außer Kontrolle; er ist imstande und frißt mit seinem Maul glatt ein Loch durch die Tür. Und wenn die Bullen nicht wären, die ihn mit elektrisch geladenen Kuhtreiber-Knüppeln in Schach halten, würde er jedem Junkie, den er dingfest gemacht hat, auf der Stelle den Saft aussaugen.

Ich wußte so gut wie jeder in der Branche, daß sie das Scheibenmaul auf mich angesetzt hatten. Und wenn meine jugendlichen Kunden je in den Zeugenstand müßten, würde mich die Straße so schnell nicht wiedersehen— »Eh er mit dem Junk rüberkam, hat er mich erst noch zu allen möglichen Schweinereien gezwungen.«

Also decken wir uns mit H ein, erstehen einen gebrauchten Studebaker und setzen uns nach Westen ab.

Der Vigilante wollte ihnen seinen Henker-Tick schmackhaft machen, indem er auf schizo plädierte:

»Ich stehe jedesmal neben mir und versuche mich mit Geisterhänden an dieser Henkerei zu hindern... Ich bin ein Geist, und ich will, was jeder Geist will: einen Körper —nach der Langen Zeit meiner Irrfahrt durch die geruchlosen Korridore des Raums, wo es kein Leben gibt, nur den farblosen geruchlosen Dunst des Todes... Und in dem kann niemand atmen... Nicht einmal ein Hauch dringt durch die roten verquollenen Knorpel, verkrustet mit Koks-Rotz und Zeit-Shit, oder durch die schwarzen Blutfilter im Fleisch...«

Da stand er im Gerichtssaal, in dem die Schatten länger wurden, sein Gesicht wie in einem gerissenen Film, zerfetzt von Hunger und Gier larvenhafter Organe in dem ektoplasmischen Fleisch, das ihm im Junk-Entzug zögernd zu wachsen begann—zum Zeitpunkt der ersten Verhandlung lag er schon seit zehn Tagen auf Eis—Fleisch, das schon bei der ersten lautlosen Berührung mit Junk wieder verschwindet.

Ich war dabei, als es passierte. Ein Hotelzimmer in New York, er stand da, in der einen Hand die Spritze, mit der anderen hielt er seine Hose fest, und innerhalb von zehn Minuten nahm er zehn Pfund ab... sein geschrumpftes Fleisch glühte in einem kalten gelben Schimmer... auf dem Nachttisch ein Durcheinander von Candy-Schachteln, drei Aschenbecher, die überquollen von Zigarettenkippen, das Mosaik der schlaflosen Nächte und plötzlichen Freßanfälle eines Junkie im Entzug, der verzweifelt versucht, sich ein bißchen Babyfleisch hochzupäppeln...

Die eigenmächtige Lynchjustiz des Vigilante wurde vor einem Bundesgericht verhandelt, und am Ende landete er in einer staatlichen Klapsmühle, die speziell auf die Verwahrung von Geistern eingerichtet war: nüchterne Gegenstände in präziser Anordnung... Waschtisch... Tür... Toilette... Gitterstäbe... da sind sie... das ist das Ende... kein Weg führt zurück... und vor dir nichts als Leere... Endstation... die Ausweglosigkeit steht in jedem Gesicht...

Sein Körper veränderte sich, zuerst langsam, dann ruckweise, als würden schwarze Klumpen durch sein schlaffes Gewebe fallen und die letzten menschlichen Umrisse austilgen... An diesem Ort der totalen Finsternis werden Augen und Mund zu einem einzigen Organ, das nach vorn schnellt und mit transparenten Zähnen zuschnappt... kein Organ bleibt an seinem Platz oder behält seine Funktion... Geschlechtsorgane können sich an jeder beliebigen Stelle entwickeln... Darmausgänge tun sich auf, entleeren sich und wachsen wieder zu... der ganze Organismus ändert in Sekundenbruchteilen Farbe und Konsistenz und kommt nie zur Ruhe...

Der Stiesel wurde mit seinen ›Anfällen‹ (wie er es nannte) zu einer Belastung für seine Umwelt. Der Macker, den er in sich hatte wie ein zweites Ich, kam ihm immer wieder hoch, und wenn einer mal so auf der Rolle ist, kommt er nie mehr aus dem Schneider. Hinter Philadelphia springt er uns aus dem Auto und will die Insassen eines Streifenwagens anmachen, und den Bullen reicht schon der bloße Anblick seiner Visage, um uns alle einzubuchten.

72 Stunden können sie uns festhalten, und wir liegen mit fünf suchtkranken Junkies auf einer Zelle. Ich hatte natürlich was unter Verputz, aber vor den hungrigen Augen dieser Kulis wollte ich damit nicht rausrücken. Nach langem Hin und Her ließ sich der Schließer endlich die Pfoten vergolden, und wir bekamen eine separate Zelle.

Junkies mit entsprechendem Weitblick—»Eichhörnchen« nennt man sie in der Branche—haben für den Fall einer plötzlichen Verhaftung immer eine eiserne Ration bei sich. Immer wenn ich mir eine Spritze mache, träufle ich ein bißchen davon in meine Westentasche, und nach einiger Zeit ist das Futter steif von dem Zeug. Ich hatte einen Tropfer aus Plastik in meinem Schuh, und an der Innenseite meines Gürtels steckte eine Sicherheitsnadel. Man kennt die gängigen Schilderungen dieser Prozedur mit Sicherheitsnadel und Tropfer: »Sie ergriff eine rostige Sicherheitsnadel, die mit geronnenem Blut verkleistert war, und bohrte sich ein riesiges Loch in den Schenkel. Das Loch klaffte wie ein obszöner, schwärender Mund in Erwartung der unaussprechlichen Vereinigung mit dem Tropfer, den sie nun tief in die klaffende Wunde stieß. Durchrast von hemmungsloser Gier (wie ein halb verhungertes Insekt in der Wüste) zerbricht sie den Tropfer tief im Fleisch ihres zermarterten Schenkels (der geradezu an eine Luftaufnahme von Bodenerosionen erinnert). Doch was kümmert es sie? Sie macht sich erst gar nicht die Mühe, die Glassplitter zu entfernen. Nein, sie sieht einfach auf ihre blutige Lende herunter mit den kalten abgestumpften Augen eines Metzgers. Was kümmern sie die

Atombombe, die Wanzen im Bett, der wuchernde Mietzins, die netten Herren von der Kreditgesellschaft, die nur darauf warten, daß sie ihr das zahlungsunfähig gewordene Fleisch vollends enteignen können... Süße Träume, Pantopon Rose.«

Die Wirklichkeit sieht so aus: man klemmt sich ein Stück Schenkel und macht einen kurzen Einstich mit der Sicherheitsnadel. Dann hält man den Tropfer nicht *in* das Loch sondern *darüber* und träufelt die Lösung langsam und vorsichtig hinein, damit nichts daneben geht... Als ich den Stiesel mit Daumen und Zeigefinger am Schenkel packte, kam sein Fleisch hoch wie Wachs und blieb so stehen, und dann drückte sich langsam ein Tropfen Eiter aus dem Loch. Und ich habe nie mehr einen lebenden Körper angefaßt, der so kalt war wie der des Stiesels damals in Philly...

Ich war soweit, daß ich sogar eine Matratzen-Party geschmissen hätte, um ihn nur endlich loszuwerden. (Ein alter Brauch, mit dem man sich in gewissen ländlichen Gegenden von England altersschwache und bettlägerige Angehörige vom Hals schafft. Eine Familie, in der so ein Problem auftritt, schmeißt eine »Matratzen-Party«, bei der die Gäste Matratzen auf den lästigen Alten türmen und anschließend alle raufklettern und sich sinnlos besaufen.) Der Stiesel bringt die ganze Branche in Verruf und sollte deshalb hinausgeführt werden auf die Müllkippen der Welt. (In Afrika wird so etwas praktiziert. Manche Stämme halten sich einen offiziellen »Hinausführer«, dessen Aufgabe es ist, greise Figuren in den Dschungel zu führen und dort stehen zu lassen.)

Die Anfälle des Stiesels sind inzwischen zu einem Dauerzustand geworden. Polizisten, Portiers, Hunde und Sekretärinnen fletschen die Zähne, sobald er in ihre Nähe kommt. Aus dem blonden Gott ist ein widerwärtiger Paria geworden. Mit Gaunern geht keine langsame Verwandlung vor sich—sie fallen auf einen Schlag auseinander; wie Explosionen von Materie im kalten interstellaren Raum lösen sie sich in einer kosmischen Staubwolke auf und lassen den leeren Körper zurück. Absahner der Welt, es gibt einen Macker, den ihr nicht linken könnt, und das ist *der Macker in euch selbst*...

Ich ließ den Stiesel an einer Straßenecke stehen. Backstein-Slums bis in den Himmel, aus dem endlos der schwarze Ruß herunter rieselte. »Ich kenn hier in der Nähe einen Weißkittel, den werd ich anhauen und uns das gute astreine M aus der Apotheke besorgen. Bin gleich wieder da... Nee, du wartest hier ... sonst wird er mir bloß mißtrauisch.« Egal wie lang es dauert, Stiesel: bleib mal schön hier an der Ecke stehen und warte auf mich. Machs gut, Stiesel. Goodbye, Kid... Wo gehn sie alle hin, wenn sie den Schirm zumachen und ihren Körper hinter sich lassen?

Chicago: eine unsichtbare Hierarchie von dumpfen Itakern; Geruch nach abgestorbenen Gangstern; das Gespenst am hellen Tag macht sich an dich ran, Ecke North und Halstead, in Cicero, im Lincoln Park, und will dir Träume verhökern; die Vergangenheit unterwandert die Gegenwart; ranzige Magie von Spielautomaten und Rasthäusern.

Ins Landesinnere: endlose Vorstädte mit einem Gewirr von Fernseh-Antennen, die in den sinnlosen Himmel ragen. Abgeschottet in ihren Häusern hecheln sie um ihre Kinder herum und saugen ein bißchen von dem Leben in sich auf, gegen das sie sich verbarrikadiert haben. Nur die Jungen bringen es von draußen herein—und die bleiben nicht lange jung. (Durch die Bars von East St. Louis verläuft seit den Tagen der Flußdampfer die tote Grenze.) Illinois und Missouri: Miasma insektenhafter Dorfgemeinschaften, die sich durch den Dreck wühlen; kriecherische Vergötterung der Scholle; grobschlächtige und widerwärtige Volksfeste; vom Dreckdorf bis zu den Mondwüsten der peruanischen Küstenregion verbreitet der Tausendfüßlergott seinen lähmenden Horror.

Amerika ist kein junges Land: es ist alt und dreckig und bösartig, und das war es schon vor den Siedlern und vor den Indianern. Das Böse ist seit jeher da und liegt auf der Lauer.

Und überall Bullen: aalglatte Landespolizisten mit College-Bildung, die mit elektronischen Augen deinen Wagen und dein Gepäck, deine Kleider und dein Gesicht taxieren und jederzeit eine routinierte nichtssagende Entschuldigung parat haben; knurrige Großstadtbullen; Sheriffs auf dem Land mit ihrem weichen Dialekt und einer finsteren Drohung in ihren alten Augen, die so blaß und grau sind wie ein verwaschenes Flanellhemd...

Und ständig gibt es Ärger mit dem Wagen: in St. Louis tauschten wir den 42er Studebaker (er hat einen eingebauten Konstruktionsfehler, genau wie der Stiesel) gegen eine alte Packard-Limousine ein, die heißlief und es nur mit knapper Not bis nach Kansas City schaffte; dort erstanden wir einen Ford, der sich als Ölfresser erwies; wir gaben ihn in Zahlung und besorgten uns einen Jeep, den wir zu sehr scheuchten (auf dem Highway taugen die Dinger nichts), und am Ende kriegte der Motor einen Knacks und fing an zu klappern; also kamen wir wieder auf den alten Ford V-8 zurück. Ob Ölfresser oder nicht—mit dem Motor kommt man immer ans Ziel.

Und überall in den USA hat man dieses flaue Gefühl, das einen auf Null bringt wie kein anderes auf der Welt; schlimmer als in den Bergsiedlungen der hohen Anden, wo der eisige Wind von den pittoresken Felsengipfeln pfeift und einem die dünne Luft wie der Tod in die Kehle fährt; schlimmer als in den Kleinstädten von Ekuador mit ihren Malaria-Gesichtern, grau wie Junk, unter schwarzen Stetsons, ihren altmodischen Vorderladern und ihren Aasgeiern, die sich durch den Schlamm der Straßen hacken; schlimmer sogar als das, was einem in die Glieder fährt, wenn man in Malmö das Fährschiff verläßt (steuerfreier Alkohol auf der Fähre)—dieses unsägliche Schweden; auf einen Schlag verflüchtigt sich der ganze steuerfreie spottbillige Sprit im Blut, und man ist restlos ernüchtert: keiner sieht dir in die Augen, und überall liegt der Friedhof mitten in der Stadt (in Schweden ist anscheinend jede Stadt um einen Friedhof angelegt), und am Nachmittag ist alles geschlossen, jede Bar und jedes Kino, und ich zog meinen letzten Joint aus Tanger durch und sagte: »K.E., laß uns bloß schnell wieder auf diese Fähre steigen.«

Aber nirgends hat man das flaue Gefühl so penetrant wie in den USA. Es ist unsichtbar und allgegenwärtig—man weiß nicht, woher es kommt. Man braucht nur einmal in eine dieser Cocktailbars am Ende einer Vorstadtstraße zu gehen—jeder Häuserblock hat seine eigene Bar und seinen Drugstore, seinen Supermarkt und Spirituosenladen. Man geht rein, und schon packt es einen. Aber wovon geht es aus?

Nicht vom Barkeeper, nicht von den Gästen, nicht von den cremefarbenen Kunststoffbezügen der Barhocker, nicht von der schummrigen Neonbeleuchtung. Nicht einmal vom Fernseher.

Und um gegen das niederdrückende Gefühl anzukommen, müssen wir ständig unsere Dosis erhöhen. Wie bei Kokain—bloß schnell die nächste Prise reinhauen, ehe die Ernüchterung einsetzt. Der letzte Rest Junk, den wir noch in uns hatten, ließ rapide nach. Da stecken wir nun in diesem Kaff, und es gibt nichts als Hustensaft. Der Sirup kam uns sofort wieder hoch. Wir fuhren weiter und weiter, und der kalte Frühjahrswind pfiff durch die alte Karre, in der wir abwechselnd schwitzten und fröstelten—dieser Schüttelfrost, der dich packt, wenn der Junk in dir alle wird... Weiter durch die kahle Landschaft, tote Armadillos auf der Straße, Geier über Zypressenstümpfen in einem Sumpf. Motels mit Zimmerwänden aus Sperrholz, Gaskamin, dünnen rosaroten Bettdecken.

In Texas stellt sich heraus, daß durchziehende Bauernfänger und Jahrmarktschwindler sämtliche Weißkittel versaut haben...

Und keiner, der bei Verstand ist, würde einen Doktor in Louisiana anhauen. Verstoß gegen das dortige Junkgesetz.

Schließlich kommen wir nach Houston, wo ich den Inhaber eines Drugstore kenne. Er hat mich seit fünf Jahren nicht mehr gesehen, erkennt mich aber sofort wieder und sagt mit einer knappen Kopfbewegung: »Warte da drüben am Tresen...«

Ich setze mich also an den Tresen und trinke eine Tasse Kaffee, und nach einer Weile kommt er zu mir her und setzt sich neben mich und sagt: »Was willst du haben?«

»Einen Liter PG und hundert Nembies.«

Er nickt. »Komm in einer halben Stunde wieder.«

Als ich wiederkomme, drückt er mir das Paket in die Hand und sagt: »Das macht fünfzehn Dollar... Und sei vorsichtig.«

Wenn man Paregoric injizieren will, muß man sich eine fürchterliche Arbeit machen; erst muß man es erhitzen, damit der Alkohol verdampft, anschließend muß man es abkühlen, damit man den Kampfer rauskriegt, und erst dann kann man die braune Flüssigkeit mit dem Tropfer aufnehmen. Man muß es sich in eine Vene schießen, sonst bildet sich ein Abszeß, und den Abszeß kriegt man gewöhnlich auch so, egal wo man sich das Zeug reinjagt. Am besten, man trinkt es und spült damit gleich noch ein paar Goofballs runter... Wir füllen es also in eine Pernod-Flasche um und starten in Richtung New Orleans, vorbei an irisierenden Seen und orangeroten Gasfackeln, Sümpfen und Müllhalden, wo Alligatoren zwischen Blechdosen und zerbrochenen Flaschen herumkriechen, Neon-Arabesken von Motels, Verkehrsinseln, auf denen Zuhälter bis zu den Knöcheln im Abfall stehen und die Autofahrer mit obszönen Flüchen eindecken...

New Orleans ist ein totes Museum. Umwabert von unserem Paregoric-Mief gehen wir um den Exchange Place herum, und da ist er auch schon: Der Mann. Die Stadt ist so klein, daß die Greifer jederzeit wissen, wer gerade am Pushen ist, deshalb sagt er sich offensichtlich: ›Was soll's? Da verkauf ich doch gleich an jeden, der kommt.‹ Wir versorgen uns bei ihm mit H und setzen uns in Richtung Mexiko ab.

Zurück via Lake Charles und das ausgestorbene Land, so tot wie ein kaputter Spielautomat, am Südrand von Texas entlang, wo uns immer mal wieder ein Sheriff, Marke Niggerkiller, unter die Lupe nimmt und die Wagenpapiere sehen will. Irgendwas fällt von einem ab, sobald man über die Grenze nach Mexiko kommt. Die Landschaft springt einen förmlich an; es gibt nichts mehr, was sich dazwischen schiebt. Berge und Wüste und Geier—manche nur winzige kreisende Punkte, andere so nah, daß man ihren Flügelschlag hört (ein rauhes trockenes Klatschen); und wenn sie etwas erspäht haben, stürzen sie aus dem blauen Himmel, diesem grellen blutig-blauen Himmel von Mexiko; sie kommen herunter wie eine schwarze Windhose, die in sich zusammenfällt...

Wir fuhren die ganze Nacht durch und erreichten am Morgen einen Ort, über dem ein warmer Dunstschleier lag, wir hörten Hundegebell und das Plätschern eines Flusses.

»Thomas und Charlie«, sagte ich.

»Was?«

»So heißt der Ort hier. Liegt auf Meereshöhe. Von hier gehts jetzt auf 3000 Meter hoch.« Ich setzte mir einen Schuß und legte mich auf dem Rücksitz schlafen. Sie war eine gute Fahrerin. Man merkt das, sobald sich jemand ans Lenkrad setzt.

Mexico City, wo Lupita hockt wie eine aztekische Erdgöttin und ihren miserablen Shit in kleinen Papierchen verteilt.

»Pushen ist eine stärkere Sucht als Fixen«, sagt Lupita. Pusher, die das Zeug nicht selber nehmen, entwickeln eine ›Kontaktsucht‹, und die wird man nie mehr los. Fahndern geht es genauso. Zum Beispiel ›Bradley der Käufer‹. Der beste Rauschgiftfahnder weit und breit. Jeder hält ihn für einen Junkie. Ich meine, er kann zu jedem Pusher hingehen und direkt kaufen. Er ist eine derart anonyme, graue und schemenhafte Erscheinung, daß sich der Pusher hinterher überhaupt nicht mehr an ihn erinnert. Und so nimmt er einen nach dem anderen hopps...

Mit der Zeit allerdings wird Bradley einem richtigen Junkie immer ähnlicher. Er kann nichts mehr trinken. Er kriegt ihn nicht mehr hoch. Die Zähne fallen ihm aus. (Genau wie schwangere Frauen, die ihre Zähne einbüßen, weil der kleine Fremdling in ihnen schmarotzt, so verlieren Junkies ihre gelben Hauer, weil sie den Affen auf ihrem Buckel durchfüttern müssen.) Er lutscht jetzt ständig an einem Schokoladenriegel. Für ›Baby Ruths‹ hat er eine besondere Vorliebe. »Das ist ja direkt widerlich, wie dieser Bradley dauernd an seiner Schokolade rumlutscht«, sagt ein Kollege vom RD.

Bradley nimmt allmählich eine ominöse graugrüne Farbe an. Tatsache ist, sein Körper produziert nun seinen eigenen Junk (oder etwas Entsprechendes). Bradley der Käufer hat jetzt eine ständige Connection. Er hat sozusagen seinen eigenen ›Mann‹—in sich selber. Jedenfalls bildet er sich das ein. »Ich brauch jetzt nur noch in meiner Bude zu hocken«, sagt er. »Sind alles nur Spießer, auf beiden Seiten. Können mich alle am Arsch lecken. Ich bin der einzige unabhängige Mann in der Branche.«

Doch dann überfällt ihn ein unwiderstehliches Verlangen. Wie ein großer schwarzer Wind fegt es ihm durch die Knochen. Also klemmt er sich einen jungen Junkie und gibt ihm ein Papierchen, damit ers ihm macht.

»Mhm, geht in Ordnung«, sagt der Junge. »An was hast du denn so gedacht?«

»Ich will mich bloß an dir reiben und mich fixen.«

»Äähh... Naja, meinetwegen... Aber warum kannst du mich nicht einfach normal pimpern wie jeder andere?«

Hinterher sitzt der Junge mit zwei Kollegen in einer Cafeteria und stippt ein Stück Sandkuchen in die Tasse. »Für sowas Ekelhaftes hab ich bis jetzt noch nie stillhalten müssen«, sagt er. »Zuerst wird er irgendwie so ganz quallig wie 'n Wackelpudding und drückt sich richtig widerlich um mich rum. Dann schwitzt er so 'n grünen Schleim aus und wird ganz naß. Anscheinend hat er da irgend so 'n schauderhaften Höhepunkt... Dieser grüne Schmant läuft an mir runter, daß ich schier durchdreh... Und gestunken hat der Kerl! Wie ne alte verfaulte Warzenmelone!«

»Naja, aber für ne Ladung Junk wär mir das nicht zuviel.«

Der Junge seufzt resigniert. »Ja. Schätze, man kann sich an alles gewöhnen. Ich hab mich für morgen wieder mit ihm verabredet.«

Bradley's Sucht wird immer stärker. Er braucht jetzt alle halbe Stunde eine neue Ladung. Manchmal klappert er die Polizeireviere ab und schmiert den Schließer, damit er ihn in eine Zelle voll Junkies läßt. Schließlich ist der Punkt erreicht, wo er sich auch durch noch so viel Kontakt nicht mehr fixen kann. In dieser Situation bestellt ihn der Bezirkskommissar zu sich:

»Bradley, Ihr Verhalten hat Anlaß gegeben zu Gerüchten—und ich will zu Ihren Gunsten hoffen, daß es wirklich nur Gerüchte sind—von so unerhört widerwärtiger Natur, daß äh ... also jedenfalls, unsere Abteilung muß ... genau wie Caesars Eheweib ... ahem ... über jeden Verdacht erhaben sein ... erst recht über einen Verdacht, wie Sie ihn allem Anschein nach erregt haben. Sie bringen ja die ganze Branche in Verruf. Wir erwarten von Ihnen, daß Sie auf der Stelle den Dienst quittieren.«

Bradley wirft sich auf den Boden und kriecht zum BK hin. »Chef! Tun Sie mir das nicht an!... Ich kann ohne das RD nicht leben!«

Er küßt dem BK die Hand, schiebt sie sich anschließend in den Mund und zwingt den BK, seinen zahnlosen Gaumen zu befühlen. Vorwurfsvoll gibt er zu bedenken, daß er seine Zähne schließlich »im Tfuge meiner Dienftaufübung« verloren habe. »Ich flehe Sie an, Chef! Ich wisch Ihnen auch den Arsch ab, ich wasch Ihnen Ihre vollgerotzten Pariser aus, ich polier Ihnen die Schuhe mit dem Fett auf meiner Nase...!«

»Also wirklich, das ist ja ekelhaft! Haben Sie denn überhaupt keinen Stolz? Ich muß Ihnen sagen, daß Sie mich ausgesprochen anwidern. Ich meine, Sie haben ... nun ja ... so etwas Fauliges an sich. Sie riechen wie ein Komposthaufen.« Er hält sich ein parfümiertes Taschentuch vors Gesicht. »Ich muß Sie bitten, mein Büro augenblicklich zu verlassen.«

»Ich mach für Sie alles, was Sie wollen, Chef. *Alles.*« Sein verwüstetes Gesicht verzerrt sich zu einem schauerlichen Lächeln. »Ich bin noch jung, Chef, und ich bin ganz schön stark, wenn ich mal richtig in Wallung komme...«

Der BK übergibt sich in sein Taschentuch und weist ihm mit einer schlaffen Handbewegung die Tür. Bradley der Käufer richtet sich auf und blickt den BK träumerisch an. Sein Körper schlägt aus wie eine Wünschelrute. Er schwappt nach vorn...

»Nein! Neiiin!«, kreischt der BK.

»Schlup ... schlup, schlup.« Eine Stunde später finden sie Bradley, voll im Tran, auf dem Kippsessel des BK. Der BK ist spurlos verschwunden.

Richter: »Alles deutet darauf hin, daß Sie den Bezirkskommissar auf irgendeine unaussprechliche Weise äh ... assimiliert haben. Bedauerlicherweise läßt sich das nicht nachweisen. Ich würde gerne verfügen, daß man sie in irgend einer Anstalt verwahrt, oder besser gesagt: unter Verschluß nimmt. Aber ich kenne keine Anstalt, die für einen Menschen Ihres Kalibers geeignet wäre. Ich muß Sie daher, so schwer es mir fällt, wieder auf freien Fuß setzen.«

»Der gehört in ein Aquarium«, sagt der Beamte, der ihn verhaftet hat.

Bradley der Käufer wird zum Schrecken der Branche. Junkies und Fahnder verschwinden. Wie ein blutsaugender Vampir verströmt er ein narkotisches Fluidum, einen übelriechenden grünen Dunst, der seine Opfer lähmt, so daß sie wehrlos seinem Sog ausgeliefert sind. Wenn er wieder einen absorbiert hat, verkriecht er sich tagelang wie eine vollgefressene Boa Constrictor. Schließlich wird er dabei überrascht, wie er gerade den Leiter des Rauschgiftdezernats verdaut, und sie vernichten ihn mit einem Flammenwerfer. Ein Untersuchungsausschuß wird eingesetzt und kommt zu dem Ergebnis, daß dieses Vorgehen gerechtfertigt war, denn Bradley habe jedes menschliche Wesensmerkmal verloren und sei folglich zu einer Kreatur ohne Gattungszugehörigkeit geworden und zu einer Gefahr für das Rauschgiftgewerbe auf sämtlichen Ebenen.

In Mexiko besteht der Dreh darin, daß man einen ortsansässigen Junkie ausfindig macht, der eine amtliche Genehmigung hat, mit der er sich jeden Monat ein bestimmtes Quantum auf Rezept kaufen kann. Unser ›Mann‹ war Old Ike, der den größten Teil seines Lebens in den Staaten verbracht hatte:

»Ich zog da mal mit Irene Kelly rum. Das war vielleicht ein Flittchen! In Butte, Montana, kriegt sie einen Koks-Koller, rennt durchs ganze Hotel und kreischt, sie würde von chinesischen Greifern mit Hackbeilen verfolgt... In Chicago kannte ich einen Bullen, der Koks schnupfte ... das Zeug kam damals noch in Form von Kristallen auf den Markt ... blaue Kristalle... Jedenfalls, er schnappt über und fängt an zu schreien, die Bundespolente wär hinter ihm her, und dann rennt er in eine Seitengasse rein und steckt seinen Kopf in ne Mülltonne. Und ich sag zu ihm: ›Was machst du denn da? Was soll der Scheiß?‹, und er sagt: ›Hau ab, oder ich leg dich um! Hier findet mich keiner.‹«

Mittlerweile kriegen wir auch ein bißchen C auf Rezept. Hau dirs in die Vene rein, mein Sohn. Kannst richtig riechen, wie's in dich reinläuft und dir sauber und kalt in die Kehle und die Nase steigt. Und dann dieses sagenhafte Gefühl, wenn es dir durchs Hirn rauscht und die ganzen Koks-Connections anfangen zu glühen. Weiße Explosionen detonieren in deinem Schädel. Zehn Minuten später willst du schon wieder eine Ladung ... wenns sein muß, läufst du dafür durch die ganze Stadt. Aber wenn du kein C auftreiben kannst, ißt du was, legst dich schlafen und vergißt das ganze.

Das Verlangen nach C kommt nur aus dem Gehirn. Es braucht keine Gefühle und keinen Körper. Es ist wie ein Gespenst, das es auf der Erde umtreibt und das am kranken Morgen von einem alten hustenden und spuckenden Junkie rausgefegt wird wie ranziges Ektoplasma.

Eines Morgens machst du dir nach dem Aufwachen einen Speedball, und plötzlich spürst du ein Kribbeln, als hättest du Insekten unter der Haut. Bullen von Anno 1890 mit schwarzen Schnurrbärten blockieren die Ausgänge und hängen durch sämtliche Fenster rein und halten dir zähnebleckend ihre blauen goldgerahmten Dienstmarken hin. Ein Trauerzug von Junkies kommt durchs Zimmer. Sie singen das Totenlied der Moslems und schleppen auf einer Bahre die Leiche von Bill Gains, auf dem die Stigmata seiner Nadelwunden wie blaue Elmsfeuer leuchten. Schizophrene Fahnder kriechen verbissen auf dem Boden herum und schnüffeln an deinem Nachttopf.

Du hast die Koks-Motten... Verlier nicht die Nerven und setz dir einen kräftigen Schuß mit deinem amtlich genehmigten M aus der Apotheke.

Totensonntag: Ich kriegte die »chucks« und fraß meinem kleinen Willy seinen Totenschädel aus Zuckerguß weg. Er heulte und ich mußte los und ihm einen neuen kaufen. Kam an der Cocktail-Bar vorbei, wo sie den Jai Lai Buchmacher hopps nahmen.

In Cuernavaca (oder war es in Taxco?) lernt Jane einen posaunespielenden Zuhälter kennen und verschwindet in einer Wolke von Marihuana. Der Loddel ist einer von diesen Künstlern, die es mit Vibrationen und Reformkost haben—und er erniedrigt das weibliche Geschlecht, indem er seine Ischen zwingt, diesen ganzen Scheißdreck zu schlucken. Er war ständig damit beschäftigt, seine Theorien weiter auszubauen. Er hatte die Angewohnheit, seine Flittchen regelmäßig abzuhören und er drohte ihnen, er werde sie sitzenlassen, wenn sie sich seine neuesten Angriffe auf die Logik und den menschlichen Geist nicht in allen Einzelheiten merkten.

»Also schau her, Baby: Ich hab es, und ich biete dirs an. Aber wenn du's nicht von mir annehmen willst, dann ist der Fall eben hoffnungslos.«

Er war ein ritueller Kiffer, und wie so viele Kiffer hatte auch er eine äußerst puritanische Einstellung zu Junk. Marihuana, behauptete er, bringe ihn in Kontakt mit ›suprablauen Gravitationsfeldern‹. Er hatte zu allem seine eigenen Ansichten: welche Art von Unterwäsche am gesündesten ist, wann man Wasser trinken soll, und wie man sich am besten den Arsch abwischt. Er hatte ein leuchtend rotes Gesicht, eine große glatte breitgedrückte Nase und kleine rote Augen, die aufleuchteten, wenn er eine Ische ansah, und sofort wieder stumpf wurden, wenn er etwas anderes ansah. Seine Schultern waren sehr breit und suggerierten irgendwie eine Deformität. Männer waren für ihn nicht existent; und in Läden und Restaurants, wo es nur männliche Bedienung gab, ließ er seine Wünsche durch weibliche Mittelspersonen weitergeben. Und kein einziger Mann hatte jemals Zugang zu seiner geheimnisvollen unheilschwangeren Bude.

Er zieht also mal wieder über Junk her und drängt uns seine Joints auf. Ich machte drei Züge, Jane warf ihm einen Blick zu, und ihr Fleisch kristallisierte. Ich sprang auf. »Ich hab die Motten!«, schrie ich und rannte aus dem Haus. Trank in einem kleinen Restaurant ein Bier—Bar aus Mosaiksteinchen; Fußballergebnisse; Stierkampfplakate—und wartete auf den Bus, der in die Stadt fuhr.

Ein Jahr später hörte ich in Tanger, daß sie tot war.

Benway

Mittlerweile habe ich den Auftrag erhalten, Dr. Benway für die Islam AG zu engagieren.

Dr. Benway ist im Augenblick als Berater für die Republik Freeland tätig, wo man der freien Liebe huldigt und permanent badet. Die Bevölkerung ist durchweg angepaßt, kooperativ, ehrlich, tolerant, und vor allem: reinlich. Daß man Benway dennoch verpflichtet hat, deutet allerdings darauf hin, daß hinter dieser hygienischen Fassade nicht alles in bester Ordnung ist. Benway ist Spezialist für das Manipulieren und Koordinieren von Symbolsystemen; er ist Experte für Verhörtechniken, Gehirnwäsche und Verhaltenssteuerung.

Ich habe Benway nicht mehr gesehen, seit er vorzeitig aus Annexia abreisen mußte, wo er für T.D. (Totale Demoralisierung) zu sorgen hatte. Seine erste Amtshandlung bestand darin, Konzentrationslager, Massenverhaftungen und die Anwendung von Foltermethoden abzuschaffen (außer in einigen wenigen besonders gelagerten Fällen).

»Ich lehne jede brutale Gewaltanwendung ab«, sagte er. »Damit läßt sich nicht effizient arbeiten. Anhaltende Schikanen dagegen, die kurz vor der physischen Gewaltanwendung haltmachen, werden im Individuum, sofern man die Sache richtig dosiert, Angst und bohrende Schuldgefühle wecken. Einige Grundregeln, oder besser gesagt: Leitlinien, sind dabei allerdings zu beachten. Für das Individuum darf nicht erkennbar werden, daß die Schikanen in Wirklichkeit der bewußte Angriff eines inhumanen Gegners auf seine Persönlichkeit sind. Das Individuum muß das Gefühl bekommen, daß es auf irgendeine nicht näher spezifizierte Weise grauenhaft abnorm ist und daher *jede* Behandlung verdient hat, die ihm zuteil wird. Es muß ein süchtiges Verlangen nach immer stärkeren behördlichen Kontrollmaßnahmen entwickeln. Und das wiederum muß dezent abgeblockt werden von einer vielfältig verschlungenen und rein willkürlich verfahrenden Bürokratie, so daß das Individuum seinen Gegner nie konkret zu fassen bekommt.«

Jeder Bürger von Annexia mußte sich einen ganzen Wust von Ausweispapieren ausstellen lassen und sie ständig mit sich führen. Er konnte jederzeit auf offener Straße angehalten werden. Der Kontrolleur, der in Zivil auftreten konnte, in diversen Uniformen, oft auch in Badehose oder Pyjama, gelegentlich sogar splitternackt bis auf eine Dienstmarke, die er sich an die linke Brustwarze geheftet hatte, überprüfte dann jedes einzelne Papier und stempelte es ab. Bei der nächsten Inspektion mußte der Bürger nachweisen, daß er beim vorigen Mal sämtliche Papiere ordnungsgemäß hatte abstempeln lassen. Bei größeren Gruppen jedoch überprüfte und stempelte der Kontrolleur immer nur die Ausweispapiere von einigen wenigen. Die übrigen wurden dann bei der nächsten Kontrolle verhaftet, weil ihre Ausweise nicht ordnungsgemäß abgestempelt waren.

Verhaftung bedeutete »Vorbeugehaft«; d.h. der Häftling kam erst dann wieder frei, wenn er eine ordnungsgemäß unterschriebene und abgestempelte ›Erklärung‹ beibringen konnte, die vom ›Stellvertretenden Gutachter für Erklärungen‹ ausgestellt sein mußte. Da dieser Beamte aber so gut wie nie in seinem Büro anzutreffen war und ihm die ›Erklärung‹ persönlich zur Unterschrift vorgelegt werden mußte, verbrachten die Antragsteller oft Wochen und Monate in ungeheizten Wartezimmern, die weder über Stühle noch eine Toilette verfügten.

Papiere wurden ausgestellt mit einer Tinte, die rapide unsichtbar wurde, so daß sie bald nicht mehr von abgegriffenen Pfandscheinen zu unterscheiden waren. Und ständig wurden zusätzliche Papiere verlangt. Die Einwohner hetzten von einer Dienststelle zur anderen, in einem verzweifelten Wettlauf mit der Zeit—die Antragsfristen waren so knapp bemessen, daß man sie unmöglich alle einhalten konnte.

Alle Bänke in der Stadt wurden entfernt, alle Brunnen stillgelegt, alle Blumen und Bäume vernichtet. Auf jedem Apartmenthaus (es gab nur Mietwohnungen) stand eine riesige Sirene, die alle Viertelstunde ertönte. Es kam immer wieder vor, daß die Hausbewohner von den Schallwellen aus dem Bett geworfen wurden. Die ganze Nacht hindurch strichen Suchscheinwerfer über die Stadt (Jalousien, Vorhänge, Rolläden und Fensterläden waren verboten).

Keiner sah den anderen an—es gab ein Gesetz, nach dem man keinen ansprechen oder sonstwie belästigen durfte, sei es mit sexuellen oder sonstigen Absichten. Alle Cafes und Bars wurden geschlossen. Alkohol gab es nur mit einer Sondergenehmigung, und man durfte ihn weder verkaufen noch sonstwie an einen anderen weitergeben. Die bloße Anwesenheit einer zweiten Person im Zimmer galt bereits als *prima facie* Beweis, daß hier ein verschwörerischer Transfer von Alkohol stattfinden sollte.

Niemand durfte seine Tür verriegeln, und die Polizei hatte für jedes Zimmer in der Stadt einen Nachschlüssel. In Begleitung eines Gedankenlesers dringen sie bei einem ein und fangen an, »danach zu suchen«. Der Gedankenleser macht ausfindig, was der betreffende Bürger alles zu verbergen hat: eine Tube Vaseline, ein Klistier, ein Taschentuch mit Sportflecken drauf, eine Waffe, illegalen Alkohol. Und jedesmal unterziehen sie den Verdächtigen einer entwürdigenden Leibesvisitation, die sie mit hämischen und abfälligen Bemerkungen begleiten. So manchem latenten Homosexuellen praktizieren sie Vaseline in den Arsch und schleppen ihn anschließend in einer Zwangsjacke aus der Wohnung. Oder die stürzen sich cinfach auf irgendeinen beliebigen Gegenstand—einen Federwischer, oder einen Stiefelknecht.

»Und wozu brauchst du das da?«

»Das ist ein Federwischer.«

»Ein Federwischer! Hört euch das an!«

»Mehr brauche ich gar nicht zu wissen.«

»Ja, ich würde sagen, das genügt. Los, mitkommen!«

Nach ein paar Monaten solcher Schikanen waren die Bürger soweit, daß sie wie verängstigte Katzen in den Ecken kauerten.

Selbstverständlich fielen angebliche Agenten, Saboteure und politische Dissidenten so reichlich an, daß sie von der Annexia-Polizei nur noch im Fließbandverfahren abgefertigt werden konnten. Zu den dabei angewandten Verhörmethoden hat Benway folgendes zu sagen:

»Bis zur Folter lasse ich es im allgemeinen nicht kommen —das Individuum hat dabei einen konkreten Gegner vor Augen, und das mobilisiert seinen Widerstand. Viel sinnvoller ist die *Androhung* von Folter: das Individuum fühlt sich wehrlos ausgeliefert und ist dem Verhörspezialisten gleichzeitig dankbar dafür, daß er die Folter nicht anwendet. Und wenn die Behandlung soweit gediehen ist, daß das Individuum *jede* Strafe als verdient ansieht, läßt sich auch die Folter als ergiebige Strafmaßnahme anwenden. Ich habe in dieser Hinsicht verschiedene Formen von disziplinarischen Maßnahmen entwickelt. Eine davon lief unter der Bezeichnung ›Die Schalttafel‹: Man klammert dem Individuum elektrische Bohrer an die Zähne und läßt es anschließend eine Schalttafel betätigen, die ohne erkennbares System arbeitet. Nach Klingelzeichen und Lichtsignalen muß das Individuum bestimmte Kabel in bestimmte Buchsen einstöpseln. Bei jedem Fehler werden die Bohrer für zwanzig Sekunden eingeschaltet. Die Abfolge der Signale wird immer mehr beschleunigt, bis das Individuum schließlich nicht mehr mitkommt. Nach einer halben Stunde an der Schalttafel bricht das Individuum wie eine überlastete Denkmaschine zusammen.

»Aus dem Studium der Funktionsweise von Denkmaschinen erfahren wir mehr über das menschliche Gehirn als durch introspektive Methoden. Schließlich wird ja der Mensch in den westlichen Industrienationen immer abhängiger von technischen Hilfsapparaturen. Schon mal Coke in die Vene gespritzt? Haut direkt ins Hirn rein und erzeugt das vollkommene Lustgefühl. Bei Morphium entsteht das wohlige Gefühl in den Eingeweiden. Man horcht nach jedem Schuß in sich hinein. C dagegen fährt wie ein Stromstoß durchs Hirn. Das Verlangen nach C kommt allein aus dem Gehirn, es braucht keinen Körper und keine Gefühle. Nach einer Ladung C rotiert das Hirn wie ein Flipper-Automat; blaue und rosarote Blitze zucken auf in einem elektrischen Orgasmus. Eine Denkmaschine könnte für das Lustgefühl nach einer Ladung C empfänglich werden und dabei sozusagen die ersten Regungen eines grausigen insektenhaften Eigenlebens verspüren. Die Sucht nach C hält nur ein paar Stunden an—so lange, wie die C-Leitungen stimuliert sind. Natürlich könnte man die Wirkung von C genauso mit einem Stromstoß erzeugen, der die C-Leitungen aktiviert...

»Aber mit seinen C-Leitungen geht es einem Süchtigen genau wie mit seinen Venen: nach einer Weile nutzen sie sich ab, und er muß sich neue suchen. Eine Vene regeneriert sich nach einer gewissen Zeit, und wenn es der Junkie versteht, die Venen optimal auszunutzen, kann er sich immer noch irgendwie durchwinden, solange er es nicht zu einer Ölfresser-Sucht kommen läßt. Ruinierte Hirnzellen dagegen sind für immer erledigt, und wenn dem Süchtigen die Hirnzellen ausgehen, dann ist er wirklich in einer schauderhaft beschissenen Situation.

»In weißflimmernder Hitze hocken sie auf alten Knochen und Exkrementen und rostigen Eisenträgern, ein Panorama nackter Idioten bis zum Horizont. Es herrscht totales Schweigen—ihre Sprachzentren sind zerstört—, und das einzige, was man hört, ist das Knistern der Funken und das Brutzeln von versengtem Fleisch, während sie ihr Rückenmark von oben bis unten mit Elektroden bearbeiten. Der weißliche Rauch von angesengtem Fleisch hängt in der windstillen Luft. Kinder haben einen Idioten mit Stacheldraht an einen Pfahl gefesselt und zwischen seinen Füßen ein Feuer gemacht. Jetzt stehen sie da und sehen mit bestialischer Neugier zu, wie ihm die Flammen an den

Schenkeln hochzüngeln. Sein Fleisch zuckt und windet sich in insektenhafter Agonie.

»Aber ich schweife mal wieder ab. Solange wir keine genauere Kenntnis von den elektrischen Vorgängen im Gehirn haben, sind Drogen nach wie vor das entscheidende Instrument in der Hand des Verhörspezialisten bei seinem Angriff auf die Persönlichkeitsstruktur des Individuums. Barbiturate sind in diesem Zusammenhang natürlich so gut wie wertlos. Wer damit kleinzukriegen ist, der würde auch den infantilen Methoden erliegen, wie sie auf jeder amerikanischen Polizeiwache praktiziert werden. Mit Skopolamin läßt sich der Widerstandswille oft erfolgreich brechen, nur leidet dabei auch das Gedächtnis: ein Agent könnte seine Geheimnisse zwar bereitwillig preisgeben wollen, sich aber nicht mehr an sie erinnern; oder er bringt seine Legende und seine wahre Identität hoffnungslos durcheinander. Mit Meskalin, Harmalin, LSD-6, Bufotenin und Muskarin lassen sich in vielen Fällen gute Ergebnisse erzielen. Bulbocapnin erzeugt einen Zustand, der sich bereits der katatonischen Schizophrenie nähert ... es sind schon Fälle von automatischem Gehorsam bekanntgeworden. Bulbocapnin hat eine sedierende Wirkung auf das Kleinhirn und setzt vermutlich die motorischen Zentren im Hypothalamus außer Funktion. Andere Drogen, mit denen man experimentelle Schizophrenie erzeugt hat—Meskalin, Harmalin, LSD-6—stimulieren dagegen das Kleinhirn. Bei einer Schizophrenie wird das Kleinhirn abwechselnd stimuliert und sediert. Katatonische Zustände wechseln oft mit Perioden der Erregung und motorischen Aktivität, in deren Verlauf der Spinner durch die Krankensäle rennt und die Patienten nervt. Schizos in fortgeschrittenem Zustand wollen sich manchmal überhaupt nicht mehr bewegen und liegen nur noch im Bett. Die ›Ursache‹ für eine Schizophrenie soll angeblich eine Störung im Steuerungsmechanismus des Hypothalamus sein. (Kausales Denken kann natürlich niemals eine genaue Beschreibung von Stoffwechselvorgängen liefern—unsere Sprache ist hier völlig unzureichend.) Den höchsten Grad an automatischem Gehorsam erreicht man, wenn man LSD-6 und Bulbocapnin abwechselnd verabreicht—das Bulbocapnin kann mit Curare noch potenziert werden.

»Es gibt auch noch andere Möglichkeiten. Man kann das Individuum in einen Zustand tiefster Depression versetzen, indem man ihm über mehrere Tage hinweg Benzedrin in großen Mengen verabreicht. Eine Psychose läßt sich erzeugen durch anhaltende Behandlung mit Kokain oder Demerol in hoher Dosierung; oder indem man über einen längeren Zeitraum hinweg Barbiturate verabreicht und diese dann ganz plötzlich absetzt. Oder Dihydro-oxyheroin mit anschließendem Entzug (eine solche Sucht dürfte fünfmal so stark sein wie eine Heroinsucht, d.h. die Qualen des Entzugs wären dann auch entsprechend heftiger).

»Ferner kennt man verschiedene ›psychologische Methoden‹, z.B. Zwangsanalyse. Man läßt das Individuum täglich eine Stunde lang frei assoziieren (in Fällen, wo Zeit keine Rolle spielt). ›Na, na, was hör ich denn da für schlimme Sachen? Da muß Pappi wohl den bösen Mann rufen, damit er unser Baby an die Schalttafel setzt...‹

»Der Fall einer Agentin, die ihre wahre Identität vergaß und voll in ihrer Legende aufging—sie ist in Annexia noch heute als *fricoteuse* tätig—brachte mich auf einen weiteren Dreh. Ein Agent ist darauf abgerichtet, seine Identität als Agent zu verleugnen und stattdessen eine andere vorzutäuschen. Schön. Wie wäre es jetzt, wenn man psychisches Jiu-Jitsu anwendet und ihn in seiner Legende bestärkt? Man suggeriert ihm, seine Legende sei seine wahre Identität, und er habe gar keine andere. Seine Agenten-Identität wird ins Unterbewußtsein verdrängt und entzieht sich damit seiner Kontrolle. Und mit Drogen und Hypnose kann man sie ihm dann wieder bewußt machen. Mit diesem Dreh kann man jeden spießigen heterosexuellen Zeitgenossen zum Schwulen machen ... d.h. man bestärkt ihn in der Ablehnung seiner normalerweise latent vorhandenen

Homosexualität, und gleichzeitig verwehrt man ihm jeden Zugang zu einer Fotze und bearbeitet ihn mit homosexuellen Stimuli. Dann Drogen, Hypnose und...« Bradley's Hand vollführte eine zierliche schwule Geste.

»Viele Individuen erweisen sich als verwundbar, wenn man sie sexuellen Erniedrigungen aussetzt. Erzwungene Nacktheit; Stimulation durch Aphrodisiaka; ständige Überwachung, um das Opfer in peinlichen Situationen zu überraschen und ihm jede masturbatorische Erleichterung zu verwehren (bei unfreiwilligen Erektionen im Schlaf tritt ein enormer elektrischer Vibrator in Aktion, der das Individuum aus dem Bett und in kaltes Wasser schleudert, so daß das Auftreten von nassen Träumen auf ein Minimum reduziert wird). Ein besonderer Reiz liegt darin, einen Priester zu hypnotisieren und ihm einzureden, er sei gerade im Begriff, eine hypostatische Union mit dem Lamm Gottes zu vollziehen—und ihn dann von einem geilen alten Schafbock in den Arsch ficken zu lassen. Es versteht sich von selbst, daß astreine Homosexuelle mit diesem Dreh von der sexuellen Erniedrigung zu verschonen sind. (Ich meine, wir wollen hier doch auf dem Teppich bleiben und uns an die offizielle Linie halten ... man weiß ja nie, wer alles zuhört.) Jedenfalls, durch eine solche Behandlung kann der Verhörspezialist totale hypnotische Kontrolle über sein Opfer erlangen—das Individuum kommt angelaufen, sobald er ihm pfeift, und es wird auf den Fußboden kacken, sobald er nur ›Sesam öffne dich‹ sagt. Ich erinnere mich da an diesen Jungen. Ich habe ihn so konditioniert, daß er jedesmal scheißt, wenn er mich sieht. Dann wasche ich ihm den Arsch und pimpere ihn. Ein ausgesprochener Genuß. War wirklich ein reizendes Kerlchen. Auch so mancher Ältere reagiert manchmal wie ein kleiner Junge, und die Tränen laufen ihm übers Gesicht, weil ihm unwillkürlich einer abgeht, während man ihn pimpert. Also Sie sehen: die Möglichkeiten sind unbegrenzt. Wie verschlungene Pfade in einem weitläufigen wunderschönen Garten. Ich war gerade dabei, diese reizende Oberfläche so ein bißchen anzukratzen, da warfen mir unsere Apparatschiks einen Knüppel zwischen die Beine. Tja, ›son cosas de la vida‹...«

Ich komme nach Freeland, und weiß Gott: hier werden Sauberkeit und Langeweile großgeschrieben. Man hat Benway die Leitung des R.C. (Reconditioning Center) übertragen. Ich schaue dort vorbei und lasse mir von ihm berichten, was aus diesem und jenem alten Bekannten geworden ist...

»Sidi Idriss Smithers von der Narco-Brigade ist für ein lebensverlängerndes Serum zu den ›Sendern‹ übergelaufen. Tja, auf sowas kann auch nur eine alte Schwuchtel reinfallen... Lester Stroganoff Smuun—›El Hassein‹—hat versucht, die TFAG (Trainingsmethode für Automatischen Gehorsam) zu perfektionieren und ist dabei zum Latah geworden. Ein Märtyrer der Branche...« (Latah ist ein Zustand, der in Südostasien auftritt. Ein Latah imitiert wie unter Zwang jede Bewegung eines anderen, sobald ihn dieser durch Fingerschnalzen oder einen scharfen Anruf auf sich aufmerksam macht; ansonsten verhält er sich ganz normal. Das Signal des anderen wirkt auf ihn wie ein hypnotischer Befehl. Latahs versuchen manchmal, die Bewegungen von mehreren Leuten gleichzeitig nachzuahmen, und renken sich dabei sämtliche Glieder aus.)

»Unterbrechen Sie mich, falls Sie dieses Atomgeheimnis schon kennen...«

Benway's Gesicht macht sämtliche Zuckungen seines gehetzten Innenlebens mit—wie Blitzlichter zerknallen sie unter seiner Haut, die sich abwechselnd einwärts stülpt und von schaurigen Verwerfungen überzogen wird. Sein Gesicht flackert wie ein Film, der immer wieder aus der Führung rutscht.

»Kommen Sie«, sagt er, »wir machen einen Rundgang durch das R.C., dann kann ich Ihnen alles zeigen.«

Wir gehen einen langen weißen Korridor hinunter. Benway's Stimme dringt von überall zugleich in mein Bewußtsein ... eine körperlose Stimme, manchmal laut und deutlich, dann wieder kaum hörbar, wie Fetzen einer Melodie, die der Wind durch ausgestorbene Straßen treibt.

»Isoliert lebende Gruppen, wie etwa die Eingeborenen auf den Inseln des Bismarck-Archipels. Keine Spur von offener Homosexualität. Sie leben in einem gottverdammten Matriarchat. Alle Matriarchate sind anti-homo und auf nüchterne Konformität ausgerichtet. Wenn Sie aus Versehen in einem Matriarchat landen, dann versuchen Sie ja nicht, auf dem schnellsten Weg über die nächste Grenze zu kommen! Gehn Sie *langsam*. Sonst kanns Ihnen passieren, daß Sie irgend ein latent schwuler Bulle in seinem Frust abknallt. Und da soll einer nun einen homophilen Brückenkopf bilden in einer heruntergewirtschafteten Gegend wie Westeuropa! Oder gar Amerika! Auch so ein verschissenes Matriarchat, Margaret Mead hin oder her... Hatte dort einigen Ärger. Geriet mit einem Kollegen im OP aneinander, und wir gingen mit Skalpellen aufeinander los. Mein Pavianweibchen, das mir immer assistierte, sprang mit einem Satz auf den Patienten und riß ihn in Stücke. Paviane suchen sich bei einer Auseinandersetzung immer den schwächsten Gegner aus. Ist auch ganz richtig so. Kann nicht schaden, wenn wir uns hin und wieder an unser glorreiches äffisches Erbe erinnern. Doc Browbeck war in diesem Fall der Kollege, der Ärger machte. Ein ehemaliger Abtreiber und Junk Pusher (eigentlich war er Tierarzt), den sie wegen des Ärztemangels dienstverpflichtet hatten. Jedenfalls, der Doc war den ganzen Morgen unten in der Küche gewesen, hatte den Schwestern untern Rock gelangt und sich mit Leuchtgas und Klimt vollgetankt—und kurz vor der Operation genehmigte er sich heimlich noch eine doppelte Dosis Muskat *, um sich vollends aufzupulvern...«

* Angaben über die narkotische Wirkung von Muskat finden sich in meinem Artikel für das *British Journal of Addiction*, der im Anhang abgedruckt ist. — W. S. B.

(In England, und ganz besonders in Edinburgh, filtern sie Leuchtgas durch ›Klimt‹—ein schauderhaftes Milchpulver, das wie ranziger Kalk schmeckt—und inhalieren das Ergebnis. Sie versetzen ihre ganze Habe, nur um die Gasrechnung bezahlen zu können; und wenn der Gasmann kommt und ihnen die Leitung abstellt, weil sie das Geld nicht mehr zusammenbringen, stimmen sie ein Geheul an, das man meilenweit hören kann. Wenn so ein Bürger an Entzugserscheinungen leidet, sagt er »Ich hab die Klinks«, oder »Mich reitet der alte Gasherd.«)

»Ich hatte einen Yage-Trip hinter mir und war noch so gerädert, daß ich nicht die geringste Lust hatte, mir von Browbeck irgendwelchen Scheiß anzuhören. Als erstes kommt er mir damit, ich solle den Schnitt nicht vorne sondern *hinten* ansetzen. Faselt da so einen verquollenen Nonsens, von wegen ich solle unbedingt die Gallenblase rausschneiden, damit sie mir nicht das umliegende Fleisch versaut. Der dachte wohl, wir wären auf einer Farm und hätten Hühner zu rupfen. Ich sagte ihm, er solle seinen Schädel wieder in den Gasherd stecken. Worauf er die Unverschämtheit besaß, mir die Hand wegzustoßen, so daß das Skalpell dem Patienten in den Oberschenkel ging und die Schlagader durchtrennte. Der Narkose-Arzt kriegte den Blutstrahl voll in die Augen, stürzte raus und rannte brüllend durch die Korridore. Browbeck versuchte mir sein Knie in die Weichteile zu stoßen, aber es gelang mir, ihm die Kniesehnen durchzuschneiden. Er robbte auf dem Boden herum und stach nach meinen Füßen und Waden. Violet, meine Pavian-Assistentin—die einzige Frau, für die ich je was übrig hatte—bekam einen richtigen Koller. Ich stieg auf den Operationstisch und wollte gerade mit beiden Beinen auf Browbeck herunterspringen und ihn in Grund und Boden trampeln, da stürzten die Bullen herein...

»Also jedenfalls, dieser Stunk im OP—›dieser unerhörte Vorfall‹, wie es der Chef nannte—war sozusagen der Tropfen, der das Faß zum Überlaufen brachte. Die Meute witterte Blut und wollte mir den Rest geben. Kreuzigen wollten sie mich, das ist das einzige Wort dafür. Sicher, ich hatte da und dort schon mal eine ›Dummheit‹ gemacht. Wem passiert so etwas nicht? Einmal hatten der Narkose-Arzt und ich den ganzen Äther konsumiert, und der Patient kam uns hoch; und ein andermal beschuldigte man mich, ich hätte das Kokain mit Desinfektionsmittel gestreckt. In Wirklichkeit war es Violet gewesen, aber ich mußte sie da natürlich raushalten...

»Na, das Ende vom Lied ist, daß sie uns alle drei mit Berufsverbot belegen. Natürlich war Violet strenggenommen überhaupt kein richtiger Arzt, und Browbeck war es auch nicht; und auch meine Approbation wurde angezweifelt. Aber Violet verstand mehr von Medizin als die ganze Mayo-Klinik. Ihre Intuition war außergewöhnlich, und sie hatte eine hohe Pflichtauffassung.

»Also da saß ich nun ohne Lizenz, platt auf dem Arsch. Sollte ich mich in einem anderen Gewerbe versuchen? Nein. Der Arztberuf lag mir im Blut. Ich hielt mich in Form mit Abtreibungen, die ich in U-Bahn-Toiletten zu Schleuderpreisen durchführte. Ich sank sogar so tief, daß ich mich Schwangeren auf offener Straße andiente. Es war wirklich eine Schande. Dann lernte ich einen großartigen Kerl kennen: Placenta Juan, den Slunk-Tycoon. Hatte während des Kriegs mit Slunks ein Vermögen verdient.« (Slunks sind neugeborene Kälber, an denen noch der Mutterkuchen klebt. Sie sind so voll von Bakterien, daß sie sich noch nicht zum Verzehr eignen. Ein Kalb muß mindestens sechs Wochen alt sein, ehe es an den Schlachter verkauft werden darf. Bis dahin gilt es als Slunk. Der Handel mit Slunks wird mit harten Strafen geahndet.) »Juan hatte eine Flotte von Frachtdampfern, die er unter der Flagge von Abessinien laufen ließ, um lästige Auflagen zu umgehen. Er gab mir einen Job als Schiffsarzt auf der *S.S. Filiarisis*, und das war so ziemlich der dreckigste Kahn, der je die Weltmeere befuhr: mit der einen Hand operierte ich, und mit der anderen schlug ich die Ratten von meinem Patienten runter, und von der Decke regnete es Wanzen und Skorpione...

»Und jetzt soll ich also diese verkorksten Fälle wieder auf Vordermann bringen. Läßt sich machen, kostet aber einiges. Langweilt mich schon richtig, das ganze Projekt... So, da wären wir... Jetzt sehen Sie gleich unseren Schrottplatz...«

Benway macht eine abgezirkelte Handbewegung, und eine Tür geht auf. Wir gehen durch, und die Tür fällt hinter uns wieder zu. Ein langer Krankensaal, glitzernde Bettgestelle aus rostfreiem Stahl, weißer Fliesenboden, Wände aus Glasbausteinen. Betten an der einen Wand entlang. Keiner der Patienten raucht, keiner liest, keiner sagt ein Wort.

»Sehen Sie sich das ruhig aus der Nähe an«, sagt Benway. »Das macht denen nichts aus.«

Ich gehe zu einem Patienten hin, der aufrecht in seinem Bett sitzt. Ich sehe dem Mann in die Augen. Nichts, niemand sieht mich aus diesen Augen an.

»Lauter INS«, sagt Benway. »Irreversible Nervenschäden. Sozusagen restlos enthemmt ... ein einziger Klotz am Bein.«

Ich bewege meine Hand vor den Augen des Patienten auf und ab.

»Ja«, sagt Benway, »Reflexe haben sie noch. Passen Sie mal auf...« Benway nimmt eine Tafel Schokolade aus seiner Tasche, macht das Silberpapier ab und hält sie dem Mann unter die Nase. Der Mann schnuppert. Seine Kinnladen beginnen zu mahlen. Er grabscht mit beiden Händen. Der Speichel läuft ihm aus dem Mund und hängt ihm in langen Fäden vom Kinn herunter. Sein Magen knurrt. Sein ganzer Körper windet sich in peristaltischen Verrenkungen. Benway macht einen Schritt zurück und hält die Schokolade hoch. Der Mann rutscht vom Bett herunter, kniet sich hin, wirft den Kopf zurück und bellt wie ein Hund. Benway wirft ihm die Schokolade zu. Der Mann schnappt danach, verfehlt sie, kriecht sabbernd auf dem

Boden herum. Schließlich findet er sie unter dem Bett und stopft sie sich mit beiden Händen in den Mund.

»Heiliger Strohsack! Diese Kerle kennen überhaupt keinen Stolz mehr!«

Benway ruft den Pfleger, der am hinteren Ende des Saales sitzt und eine Buchausgabe von J. M. Barrie's Theaterstücken liest.

»Schaff mir diese Totalschäden hier raus. Das ist ja nicht mehr zum Aushalten. Die ruinieren uns das ganze Touristengeschäft.«

»Was soll ich denn mit ihnen machen?«

»Woher soll ich das wissen, verdammt nochmal! Ich bin Wissenschaftler und widme mich ausschließlich der Forschung. Schaff mir die Typen hier raus, damit ich sie nicht mehr ansehen muß, das ist alles. Schlägt einem ja richtig auf den Magen.«

»Aber wie soll ich das machen? Ich meine, wer...«

»Auf dem Dienstweg natürlich. Ruf den District Coordinator an, oder wie er sich grade nennt ... hat jede Woche einen anderen Titel. Frage mich, ob's den überhaupt gibt...«

Am Ausgang dreht sich Benway noch einmal um und wirft einen Blick auf die INS. »Unsere Pleiten«, sagt er. »Naja, man muß es eben nehmen, wie es kommt.«

»Kommen die aus ihrem Zustand überhaupt noch einmal raus?«

»Die werden nicht wieder, die sind für immer hinüber«, singt Benway in Anlehnung an einen alten Schlager. »So, hier sind wir jetzt in einer interessanteren Abteilung...«

Die Patienten stehen in Gruppen beisammen, unterhalten sich und spucken auf den Boden. Junk hängt in der Luft wie ein grauer Dunst.

»Ein herzerwärmender Anblick, diese Junkies«, sagt Benway, »wie sie da rumstehen und auf den ›Mann‹ warten. Vor sechs Monaten waren das noch alles Schizophrene. Manche hatten jahrelang nur noch im Bett gelegen. Und jetzt sehen Sie sich die Jungs mal an. In meiner ganzen

Praxis ist mir noch nie ein schizophrener Junkie begegnet, obwohl doch Junkies eigentlich gute Voraussetzungen zum Schizo mitbringen. Wenn es um eine Behandlungsmethode für irgendeine Verhaltensstörung geht, dann müssen Sie sich immer nach einem Personenkreis umsehen, bei dem sie nicht auftritt. Und das sind in diesem Fall? Junkies. Ach übrigens: in Bolivien gibt es eine Gegend, in der man noch nie Psychosen beobachtet hat. Richtig stabiles Volk in diesen Bergen da. Möchte mir die Leute gerne mal ansehen, ehe sie von Schulunterricht, Werbung, TV und Drive-ins versaut werden. Mal eine Untersuchung rein auf der Basis des Stoffwechsels machen: Ernährung, Gebrauch von Drogen und Alkohol, Geschlechtsleben, usw. Was die denken, interessiert doch keinen. Würde sagen, die denken den gleichen Quatsch wie alle anderen auch.

»Also, warum werden Junkies nicht schizophren? Ich weiß es noch nicht. Ein Schizophrener kann jedes Hungergefühl ignorieren, und wenn man ihn nicht füttert, verhungert er. Einen Heroin-Entzug kann niemand ignorieren. Die Sucht zwingt dazu, ständig Kontakt zu anderen zu suchen.

»Aber das ist nur die eine Seite. Meskalin, LSD-6, Harmalin und schlecht gewordenes Adrenalin können einen Zustand erzeugen, der an Schizophrenie heranreicht. Der beste Wirkstoff allerdings wird aus dem Blut von Schizos selbst gewonnen—was vermuten läßt, daß es sich bei Schizophrenie um eine Drogenpsychose handelt. Schizos verfügen über eine eigene Connection, in ihrem Stoffwechsel. Sie haben sozusagen den ›Mann‹ in sich selber.

»Im letzten Stadium der Schizophrenie ist das Kleinhirn permanent sediert, und das Großhirn liegt so gut wie brach, da es nur über eine Stimulation des Kleinhirns aktiviert wird.

»Morphium wirkt ähnlich wie der Wirkstoff, den der Stoffwechsel von Schizos produziert: als Gegenmittel zur Kleinhirn-Stimulation. (Man beachte auch, wie sehr die psychotischen Zustände nach dem Genuß von Yage oder

LSD-6 den Entzugserscheinungen von Junkies ähneln.) Das Endergebnis von Junk—besonders bei Süchtigen, denen große Mengen Heroin zur Verfügung stehen—ist ein permanent sediertes Kleinhirn und ein Zustand, der große Ähnlichkeit mit dem letzten Stadium der Schizophrenie hat: Autismus, keinerlei Reaktion auf sinnliche Reize und so gut wie keine Gehirntätigkeit mehr. Der Süchtige kann acht Stunden lang eine Wand anstarren. Er ist sich bewußt, was um ihn herum vorgeht, aber das hat keinerlei emotionalen Inhalt und ist folglich für ihn uninteressant. Die Erinnerung an eine Periode schwerster Sucht läßt sich vergleichen mit dem Abspielen eines Tonbands, auf dem nur vom Großhirn wahrgenommene Ereignisse gespeichert sind—also reine Äußerlichkeiten: ›Ich bin in den Laden gegangen und habe mir eine Tüte braunen Zucker gekauft. Ich bin nach Hause gegangen und habe die Hälfte davon gegessen. Ich habe mir 3 Gran M gespritzt...‹ usw. Doch sobald der Junk-Pegel unter den Strich absinkt, produziert der Körper sofort den Wirkstoff des Entzugs.

»Jedes angenehme Gefühl läßt sich definieren als Befreiung von einem Spannungszustand. Junk befreit den Süchtigen vom *gesamten* Lebensprozeß, indem er den Hypothalamus und damit den Sitz von psychischer Energie und Libido ausschaltet.

»Einige meiner gelehrten Kollegen (alles namenlose Arschlöcher) haben die Ansicht geäußert, Junk habe nur deshalb eine euphorische Wirkung, weil er direkt das Orgasmus-Zentrum stimuliere. Viel wahrscheinlicher ist, daß Junk den ganzen Zyklus von Spannung, Entladung und Ruhe außer Kraft setzt. Ein Junkie erlebt keinen Orgasmus. Er braucht auch keinen. Und Langeweile, die immer die verhinderte Entladung einer Spannung signalisiert, kennt der Süchtige schon gar nicht. Er kann acht Stunden lang seine Schuhspitze anstarren. Aktiv wird er nur, wenn der Sand im Stundenglas des Junk zur Neige geht.«

Ein Krankenpfleger schiebt jetzt am hinteren Ende des Saales ein Eisengitter hoch und stößt den Lockruf der

Schweinehirten aus. Die Junkies kommen grunzend und quiekend angerannt.

»Ein Witzbold«, sagt Benway. »Keinerlei Achtung vor der Menschenwürde. So, und jetzt zeige ich Ihnen unsere Abteilung für Kriminelle und andere leichte Verhaltensstörungen. Ja, ganz richtig: ein Krimineller gilt hier nur als leicht verhaltensgestört. Er stellt den Gesellschaftsvertrag von Freeland nicht in Frage—er versucht nur, einige der Klauseln zu umgehen. Das ist zwar verwerflich, aber nicht weiter ernst. Hier gehts lang ... die Abteilungen 23, 86, 57 und 97 können wir uns schenken ... und das Labor auch.«

»Gelten auch Homosexuelle als verhaltensgestört?«

»Nein. Denken Sie an den Bismarck-Archipel. Keinerlei offene Homosexualität. Ein *funktionierender* Polizeistaat braucht keine Polizei. Keiner von diesen Eingeborenen würde Homosexualität auch nur als entfernte Möglichkeit für sich in Betracht ziehen... Homosexualität ist in einem Matriarchat ein *politisches* Verbrechen. Keine Gesellschaft toleriert die offene Ablehnung ihrer elementaren Grundsätze. Doch Freeland ist kein Matriarchat—und wird auch nie eines werden, *Insh'allah!* Sie kennen ja sicher das Experiment mit den Ratten, die einen elektrischen Schock verpaßt bekommen und in kaltes Wasser geworfen werden, sobald sie sich einem Weibchen nähern. Und wie es nun einmal so läuft in der Ätiologie—sie werden alle schwul. Aber es müßte schon eine reichlich spießige Ratte sein, die da nun etwa quäken würde: ›Ich bin schwul, und ich bin es geeeern!‹, oder: ›Wer hat ihn denn dir abgeschnitten, du Mißgeburt mit den zwei Löchern?‹ In meiner leider allzu kurzen Praxis als Psychoanalytiker—ich bekam Ärger mit meiner Standesorganisation ... einer meiner Patienten lief in der Grand Central Station mit einem Flammenwerfer Amok, zwei verübten Selbstmord, und einer krepierte mir wie eine Dschungelratte auf der Couch (Dschungelratten bringt es gelegentlich um, wenn sie plötzlich in eine ausweglose Situation geraten), und seine Angehörigen beschweren sich bei mir, und da sag ich zu ihnen: ›Was soll's? Sowas kommt eben mal vor. Und jetzt schafft mir diesen Kadaver hier raus, sonst vergrätzt er mir noch meine ganzen Patienten!‹—also jedenfalls, da fiel mir auf, daß meine sämtlichen homosexuellen Patienten einen starken unbewußten Hang zur Heterosexualität und alle heterosexuellen Patienten einen unbewußten Hang zur Homosexualität zeigten. Davon kann einem richtig schwindelig werden, was?«

»Und was schließen Sie daraus?«

»Was ich daraus schließe? Überhaupt nichts. War nur so eine Beobachtung am Rande.«

Wir sitzen gerade in Benway's Büro beim Lunch, als er einen Anruf erhält.

»Was sagen Sie da?!... Das ist ja unerhört! Unglaublich!... Machen Sie weiter und halten Sie sich zur Verfügung.«

Er knallt den Hörer auf die Gabel. »Sie können der Islam AG mitteilen, daß ich ihr ab sofort zur Verfügung stehe. Anscheinend hat hier das Elektronengehirn einen Rappel gekriegt und mit dem Programmierer sechsdimensionales Schach gespielt! Jedenfalls hat es die Freilassung sämtlicher Insassen des R.C. angeordnet. Kommen Sie mit rauf aufs Dach. Hier kommen wir nur noch per Helikopter heraus...«

Vom Dach des R.C. bietet sich uns ein Schauspiel, das an Grausigkeit nicht mehr zu übertreffen ist. In den Cafes drängen sich Totalschäden mit knurrenden Mägen um die Tische, und lange Speichelfäden hängen ihnen vom Kinn herunter; andere ejakulieren, sobald sie eine Frau sehen. Latahs imitieren mit affenähnlicher Obszönität die Bewegungen der Passanten. Junkies haben die Drugstores geplündert und fixen sich an jeder Straßenecke... Katatoniker schmücken die Parks mit Girlanden aus... Hochgradig erregte Schizophrene rennen durch die Straßen und stoßen abgerissene zerquälte Schreie aus. Einige PRs (Partiell

Rekonditionierte) umringen eine homosexuelle Touristengruppe und setzen ein schauerliches wissendes Lächeln auf, hinter dem der nordische Schädel wie in Doppelbelichtung durchschimmert.

»Was wollen Sie von uns?«, fragt eine der Tunten pikiert.

»Wir wollen euch *verstehen* ...«

Ein ganzes Kontingent jaulender Simopathen schwingt sich von Kronleuchtern und Balkonen in die Bäume und scheißt und pißt dabei auf die Passanten herunter. (Ein Simopath—der medizinische Fachausdruck für diese Abnormität ist mir im Moment nicht geläufig—ist ein Zeitgenosse, der überzeugt ist, er sei ein Affe oder ein affenähnliches Wesen. Es handelt sich hier um eine Verhaltensstörung, die besonders in der Armee auftritt, durch Entlassung aber leicht zu beheben ist.) Amokläufer mit einem entrückten träumerischen Lächeln im Gesicht machen die Runde und säbeln Köpfe ab... Bürger mit beginnender Bang-utot versuchen verzweifelt ihre Erektion zu bändigen und rufen die Touristen zu Hilfe... Wildgewordene Araber werfen sich mit Gebrüll und Gejohle auf die Leute, kastrieren sie, schlitzen ihnen den Bauch auf, übergießen sie mit Benzin und zünden sie an... Nachtklubtänzer im Knabenalter behängen sich mit Eingeweiden und machen damit einen Striptease, Frauen stecken sich abgehackte Penisse in die Möse und rücken breitbeinig und mit dem Unterleib stoßend dem Mann ihrer Wahl auf den Leib... Religiöse Fanatiker kreisen in Hubschraubern über dem Volk, halten ihm Strafpredigten und bombardieren es mit Steintafeln, in die sinnlose Sprüche eingemeißelt sind... Leopardenmenschen stürzen sich knurrend und fauchend auf die Leute und reißen sie mit Eisenklauen in Stücke. Bleichgesichter, die bei den Kannibalen vom Stamm der Kwakiutl die Initiationsriten absolviert haben, beißen Nasen und Ohren ab...

Ein krankhafter Kotfresser läßt sich einen Teller kommen, scheißt darauf und frißt seine Kacke, wobei er genießerisch ausruft: »Mmmmm, das nenn' ich nahrhaft!«

Ein Bataillon aufdringlicher Schwätzer durchstreift die Straßen und Hotelhallen auf der Suche nach Opfern. Ein intellektueller Avantgardist—»Das einzige, was sich heute noch zu lesen lohnt, steht natürlich in wissenschaftlichen Abhandlungen und Fachzeitschriften«—hat einen mit Bulbocapnin außer Gefecht gesetzt und schickt sich an, ihm ein Merkblatt über »Die Anwendung von Neo-Hämoglobin bei der Behandlung des multiplen degenerativen Granuloms« vorzulesen. (Selbstverständlich sind die Abhandlungen, die er alle selbst verfaßt und gedruckt hat, reiner Schwachsinn.)

Seine Standard-Eröffnung ist: »Sie scheinen mir ein intelligenter Mensch zu sein.« (So etwas ist immer verdächtig, mein Freund... wenn dir einer schon so ankommt, dann such nicht erst nach einer Ausrede, sondern laß ihn gleich stehen.)

Ein Engländer aus den Kolonien, assistiert von fünf eingeborenen Boys in Polizeiuniform, hat in der Bar seines Klubs einen in die Ecke gedrängt: »Sagen Sie mal, kennen Sie Mozambique?«, und schon läßt er die endlose Saga von seiner Malaria vom Stapel. »Und da sagte der Arzt zu mir: ›Ich kann Ihnen nur raten, diese Gegend zu verlassen. Sonst werde ich Sie noch beerdigen.‹ Dieser Kurpfuscher betätigte sich nebenbei noch als Bestattungsunternehmer. Spielte sozusagen Schicksal und half bei seinen Patienten ab und zu ein bißchen nach.« Nach seinem dritten Pink Gin wird die Unterhaltung intimer. Jetzt bringt er seine Dysenterie aufs Tapet: »Höchst bemerkenswerter Stuhlgang. Mehr oder weniger gelblich-weiß, wie ranziges Sperma, und zog auch genau solche Fäden, wissen Sie...«

Ein Urwaldforscher mit Tropenhelm hat einen Bürger mit Blasrohr und Curare-Pfeil erlegt und gibt ihm mit einem Fuß künstliche Atmung. (Curare wirkt nur tödlich, weil es zu Atemlähmung führt. Ansonsten hat es keinerlei toxische Wirkung, ist also strenggenommen kein Gift. Bei künstlicher Atmung überlebt das Opfer. Curare wird innerhalb kürzester Zeit von den Nieren verarbeitet.) »Das war das Jahr der Rinderpest, als alles krepierte, sogar die Hyänen... Da saß ich also im Quellgebiet des Baboonasshole und hatte keine Vaseline mehr. Als sie mirs endlich vom Flugzeug abwarfen, kannte meine Dankbarkeit keine Grenzen... Tatsache ist, und ich habe das noch nie einer lebenden Seele erzählt... (sind ja auch sehr schwer zu fassen, diese kleinen flatterhaften Dinger...)«—seine Stimme hallt durch eine riesige leere Hotelhalle im Stil von 1890, roter Plüsch, Gummibäume, vergoldete Schnörkel und Statuen—»ich war der einzige Weiße, der jemals von den berüchtigten Agouti initiiert wurde. Habe ihre unsäglichen Riten miterlebt und sogar daran teilgenommen.«

(Die Agouti bereiten sich auf eine Chimu Fiesta vor—Die Chimu, Ureinwohner von Peru, frönten ausgiebig der Sodomie und veranstalteten gelegentlich blutige Schlägereien, die mit Knüppeln ausgetragen wurden und in deren Verlauf sie es an einem einzigen Nachmittag oft auf mehrere hundert Tote brachten—Die jungen Krieger marschieren hinaus aufs Schlachtfeld, wobei sie sich mit lüsternem Grinsen gegenseitig ihre Knüppel zwischen die Schenkel stecken. Jetzt beginnt das Gemetzel.

Geneigter Leser, es ist ein Spektakel, das jeder Beschreibung spottet. Wer kann von einem feige kuschenden Hosenscheißer zur reißenden Bestie werden und zwischen diesen beiden abscheulichen Zuständen hin und her pendeln wie von einer Varieté-Nummer zur nächsten? Wo hat man schon einmal erlebt, daß der Sieger den Besiegten vollkackt und dieser noch im Sterben die Kacke auffrißt und in ein Freudengeheul ausbricht? Oder wer bringt es fertig, einen Schwächling aufzuknüpfen und sich dessen Sperma wie ein toller Hund mit aufgerissenem Maul aus der Luft zu schnappen? Wie gern würde ich dem geneigten Leser all dies ersparen, doch meine Feder ist so stur wie der Alte Matrose von Coleridge. Gütiger Gott, was für ein Schauspiel! Welche Zunge oder Feder vermöchte diese schändlichen Taten zu schildern?

Ein tierischer junger Raufbold hat seinem Mitstreiter das eine Auge ausgestochen und fickt ihn nun durch das so geschaffene Loch ins Hirn. »Das ist ja schon ganz verhutzelt! Und so trocken wie die Fotze von meiner Großmutter!« Er verwandelt sich in einen Rocker. »Ich pimper die alte Fut, und das Ergebnis interessiert mich so wenig wie das von nem Kreuzworträtsel. Ist das Kind dann mein eigener Vater, oder was? Ich kann dich nicht pimpern, Jack, du bist doch mein alter Herr. Wär besser, ich schlitz dir den Hals durch und fick meine Mutter und bring es straight, als daß ich meinen Vater pimper oder *vice versa mutatis mutandis* je nachdem und meiner Mutter den Hals durchschneide, dieser bigotten Schnepfe, obwohl das wahrscheinlich die beste Methode wär, um ihr das Maul zu stopfen und den Arsch auf Grundeis zu setzen. Ich meine, was soll einer machen, wenn er so auf der Rolle ist, daß er nicht mehr weiß, ob er jetzt seinem Big Daddy den Arsch hinhalten soll, oder ob er besser die alte Dame 'n Kopf kürzer macht. Gib mir zwei Fotzen und 'n Schwanz aus Stahl und laß deinen dreckigen Finger aus meiner leckeren Arschfalte raus, oder meinst du vielleicht, ich bin 'n wundgescheuerter Affenarsch, den sie vom Felsen in Gibraltar geschaßt haben? Männlich und weiblich erschuf er sie, und dann hat er sie gleich wieder kastriert. Und da soll einer noch durchfinden. Ich schlitz dir glatt den Hals durch, du weißer Motherfucker. Komm raus und zeig dich, als wärst du mein Enkelkind, und stell dich deiner ungeborenen Mutter zu nem ungleichen Zweikampf. Das Durcheinander ist perfekt, und sein Meisterwerk im Eimer. Jetzt hab ich aus Versehen dem Hauswart die Kehle durchgeschnitten. Hab ihn mit meinem Alten verwechselt. Naja, die beiden Wichser sehn sich auch wirklich arg ähnlich. Und im Dunkeln sind alle Katzen grau.«

Und damit zurück zum Ort des Geschehens. Ein jugendlicher Krieger penetriert gerade seinen Kameraden, dem nun ein anderer den edelsten Körperteil amputiert, so daß das beiwohnende Glied durchstößt, um die Leere zu füllen, wie es das Naturgesetz verlangt, und in die Schwarze Lagune ejakuliert, wo sich gierige Piranhas den Keimling schnappen—aus dem, wie gewisse unumstößliche Tatsachen nahelegen, höchstwahrscheinlich ohnehin nichts geworden wäre.)

Ein weiterer aufdringlicher Schwätzer schleppt ständig seine Trophäen und Medaillen, Pokale und Ordensbänder in einem Koffer mit sich herum: »Also den Pokal hier habe ich in Yokohoma gewonnen. Das war der 1. Preis im *Wettbewerb für das raffinierteste Sex-Accessoir.*« (Haltet ihn! Er kann sich nicht mehr beherrschen!) »Der Tenno höchstpersönlich hat ihn mir überreicht, und er hatte Tränen in den Augen, und die Nächstplazierten haben sich alle mit ihren Harakiri-Schwertern entmannt. Und mit diesem Orden haben sie mich bei einem Treffen der Anonymen Junkies in Teheran ausgezeichnet. Da wurden nur restlos verkommene Subjekte preisgekrönt... ›Ich hab mir das ganze Morphiumsulfat von meiner Frau gedrückt, und dabei hatte sie 'n Nierenstein so groß wie der Hope-Diamant. Ich hab ihr 'n halbes Vagamin gegeben und gesagt: Wird zwar nicht viel helfen, aber besser als nix... Und jetzt hör auf zu jammern. Ich will meine Medizin genießen‹ ... ›Ich hab meiner Großmutter das Opiumzäpfchen aus dem Arsch geklaut‹ ... «

Ein Hypochonder fängt sich einen Passanten mit dem Lasso ein, steckt ihn in eine Zwangsjacke und fängt an, von seinem vereiterten Septum zu erzählen: »Da kommt ein ganz schauderhafter eitriger Ausfluß raus... paß mal auf... du wirst Augen machen.«

Er strippt sich bis auf seine Operationsnarben und führt die widerstrebenden Finger seines Opfers daran entlang. »Spürst du die Eiterbeule in meiner Leiste? Das ist ein Lymphogranulom... Und jetzt mußt du mal die Hämorrhoiden in meinem Darmausgang tasten.«

(Lymphogranulom, auch »klimaktische Bubo« genannt: durch einen Virus hervorgerufene Geschlechtskrankheit, die in Äthiopien beheimatet ist. »Hat schon seinen guten

Grund, daß wir als ›schmierige Äthiopier‹ bekannt sind«, sagt ein äthiopischer Söldner mit höhnischem Grinsen, während er wie eine giftige Königskobra den Pharao von hinten nimmt. In alten ägyptischen Papyri ist ständig von diesen ›schmierigen Äthiopiern‹ die Rede.

Es begann also wie der Jersey Bounce in Addis Abeba, aber die Zeit bleibt schließlich nicht stehen, und unsere moderne Welt ist klein geworden. Und mittlerweile grassiert die klimaktische Bubo auch in Schanghai und Esmeraldas, New Orleans und Helsinki, Seattle und Kapstadt. Indes: ›Zuhause ist, wo das Herz schlägt‹, und in der alten Heimat zeigt die Seuche eine deutliche Vorliebe für Neger und gebärdet sich nachgerade als treuer Vasall der weißen Rassisten. (Soviel man hört, sind allerdings die Zauberer der Mau-Mau im Begriff, einen richtigen Hammer von einer Geschlechtskrankheit für die Weißen auszuhecken.) Nicht daß Kaukasier etwa gegen Bubo immun wären: fünf britische Seeleute steckten sich damit in Sansibar an. Und im ›Toten Nigger Distrikt‹ von Arkansas (»Der schwärzeste Dreck und die weißesten Menschen in den USA—Nigger, sieh dir hier bloß keinen Sonnenuntergang an!«) erwischte die Bubo den amtlichen Leichenbeschauer vorne und hinten zugleich. Als sein interessanter Zustand ans Licht kam, griffen die Nachbarn zur Selbsthilfe und verbrannten ihn unter wortreichen Entschuldigungen in der Toilette des Gerichtsgebäudes. »Clem, du mußt dir einfach vorstellen, du wärst ne Kuh mit der Maul- und Klauenseuche.« »Oder 'n Truthahn mit Geflügelpest.« »Geht nicht zu nah ran, Jungs, seine Eingeweide platzen jeden Moment.« Kurz und gut, der Virus hat hier ein ideales Beförderungsmittel aufgetan. Im Gegensatz zu manchen bedauernswerten Kollegen, die zur Untätigkeit verdammt sind in den Innereien von Zecken und Dschungel-Moskitos, oder im Speichel eines sterbenden Schakals, das unterm Wüstenmond vor sich hin sabbert. Es beginnt mit einer Rötung der infizierten Körperstelle, dann wandert der Virus in die Leistengegend, und alsbald schwellen die Lymphdrüsen zu Eiterbeulen an, die schließlich platzen. Tage, Monate, Jahre hält das an, ein zäher eitriger Ausfluß, durchsetzt von Blut und stinkender Lymphe. Hypertrophie der Genitalien tritt häufig als weitere Komplikation hinzu, und es sind auch schon Fälle von Wundbrand bekannt geworden, bei denen die Amputation der unteren Körperhälfte des Patienten zwar angebracht aber kaum noch der Mühe wert gewesen wäre. Bei Frauen kommt es gewöhnlich zu einer Sekundärinfektion des Anus. Der ungebetene Gast kann auch Kost und Logis nehmen in Männern, die sich wie schwächliche und alsbald wundgepimperte Paviane von einem infizierten Partner sodomisieren lassen. Hier kommt es zunächst zu einer Proktitis (Mastdarmbruch) und der unvermeidlichen eitrigen Ausscheidung—die in der Eile des Gefechts leicht übersehen wird—und anschließend zu einer Verengung des Rektums, der mit einem Apfelentkerner oder dessen chirurgischem Äquivalent begegnet werden muß, sonst suchen sich Gase und Stuhlgang des bedauernswerten Patienten einen anderen Ausgang, was hartnäckigen Mundgeruch zur Folge hat und den Betreffenden unpopulär macht bei sämtlichen Geschlechtern, Altersgruppen und sonstigen Erscheinungsformen der Gattung *homo sapiens*. Tatsache ist, ein Blinder mit dergestalt verengtem Darmausgang wurde prompt von seinem Blindenhund verlassen, der als ehemaliger Polizeihund hier sofort den richtigen Riecher hatte.

Bis vor kurzem gab es noch keine wirksame Behandlungsmethode. »Wir halten uns an die Symptome«—was in dieser Branche soviel heißt wie: ›Wir sind machtlos‹. Heute sprechen viele Patienten auf eine intensive Behandlung mit Aureomycin, Teramycin und anderen Schimmelpilz-Präparaten an. Ein erklecklicher Rest bleibt allerdings nach wie vor unzugänglich wie eine Bande von Berggorillas... Deshalb, Jungs, wenn euch aus dem Loch des Partners ein heißes Züngeln über die Eier und den Schwanz und bis in den Arsch rauf zuckt wie der unsichtbare blaue Strahl aus einem Orgon-Schneidbrenner, dann—um mit

I.B.Watson zu sprechen—: *Benutzt euren Grips*. Hört auf zu rammeln und fangt an zu tasten ... und wenn ihr dabei auf eine klimaktische Bubo stoßt, dann macht sofort einen Rückzieher und eröffnet dem Kunden in eurem geringschätzigsten Tonfall: »Meinst du vielleicht, ich will mir deine schauderhafte Krätze anhängen lassen? Ich denk ja garnicht dran!«)

Rocker und Halbstarke stürmen die Straßen sämtlicher Länder. Sie stürzen in den Louvre und schütten der Mona Lisa Säure ins Gesicht. Sie lassen die Insassen von Zoos, Irrenanstalten und Gefängnissen frei, bohren Wasserrohre mit Preßlufthämmern an, hauen in den Toiletten von Verkehrsflugzeugen den Boden durch, schießen die Scheinwerfer von Leuchttürmen aus, feilen Fahrstuhlkabel bis auf einen dünnen Draht durch, leiten Abwässer in die Trinkwasser-Reservoirs, werfen Haie und Zitterrochen, elektrische Aale und Candirus in die Swimmingpools. (Der Candiru ist ein kleiner aalähnlicher Fisch oder Ringelwurm—etwas mehr als einen halben Zentimeter dick und etwa 4,5 cm lang—, der sich in gewissen übel beleumdeten Flußläufen des Amazonasbeckens aufhält. Er flutscht einem in den Schwanz oder den Arsch, oder er schlängelt sich, *faute de mieux,* in die Möse einer Frau, und dort krallt er sich mit spitzen Häkchen fest. Was er anschließend vorhat, ist nicht bekannt, da es noch niemand unternommen hat, den Lebenszyklus des Candiru am eigenen Leib zu erforschen.) Als Lotsen verkleidet rammen sie die *Queen Mary* mit Volldampf in den New Yorker Hafen; mit Flugzeugen und Omnibussen rasen sie aufeinander zu, um zu sehen, wer als erster Angst kriegt; in weißen Kitteln, mit Sägen und Äxten und drei Fuß langen Skalpellen bewaffnet, stellen sie Krankenhäuser auf den Kopf; sie zerren Paralytiker aus ihren Eisernen Lungen und äffen die Erstickenden nach, indem sie sich auf dem Boden wälzen und die Augen verdrehen; sie verabreichen Injektionen mit Fahrradpumpen, hängen künstliche Nieren ab, sägen mit einer chirurgischen Zweimannsäge eine Frau mittendurch; sie treiben grunzende Schweineherden über die Bürgersteige, scheißen in den Vereinten Nationen auf den Boden und wischen sich den Arsch mit Verträgen, Pakten und Allianzen ab.

Per Flugzeug und Auto, auf Pferden, Kamelen, Elefanten, Traktoren, Fahrrädern und Dampfwalzen, zu Fuß, auf Skiern und Schlitten, an Krücken und auf Stelzen stürmen die Touristen die Grenzen und pochen eisern auf ihr Asylrecht, um den »unbeschreiblichen Zuständen in Freeland« zu entkommen. Die Handelskammer bemüht sich vergeblich, das drohende Chaos abzuwenden: »Bitte bewahren Sie Ruhe. Es handelt sich doch bloß um ein paar Irre, die aus der Klapsmühle ausgebrochen sind.«

JOSELITO

Und Joselito, der schlechte klassenbewußte Gedichte schrieb, begann zu husten. Der deutsche Arzt nahm eine kurze Untersuchung vor und klopfte Joselito mit langen zartgliedrigen Fingern die Rippen ab. Der Arzt war außerdem auch noch Konzertgeiger, Mathematiker und Schachmeister; ferner hatte er internationales Recht studiert und nach seiner Promotion eine Zulassung erworben, die es ihm gestattete, in den Toiletten des Internationalen Gerichtshofs in Den Haag zu praktizieren. Stirnrunzelnd warf der Arzt abschließend einen flüchtigen teilnahmslosen Blick auf Joselitos braune Brust. Dann wandte er sich mit einem Lächeln an Carl und zog die Augenbrauen hoch—ein Lächeln von Akademiker zu Akademiker, das soviel besagte wie:

»Also diesem stupiden Bauernlümmel hier sollten wir lieber keinen reinen Wein einschenken, habe ich recht? Sonst macht er sich vor Angst nur in die Hosen. Koch*

* »Koch« wird im Englischen wie »cock« (Schwanz) ausgesprochen. (C.W.)

und Auswurf sind schließlich *beides* unanständige Wörter, nicht?«

Laut sagte er: »Es ist ein Catarro de los pulmones.«

Anschließend hatte Carl eine kurze Unterhaltung mit dem Arzt, draußen unter den schmalen Arkaden, wo ihm von der Straße das Regenwasser gegen die Hosenbeine spritzte. Er fragte sich, wievielen Leuten der Arzt wohl schon das gleiche gesagt hatte; und er glaubte zu sehen, wie sich die Treppen, Veranden, Vorgartenrasen, Einfahrten, Hausflure und Straßen der ganzen Welt in den Augen des Arztes spiegelten... muffiges deutsches Gelehrtenzimmer, in dem sich Kästen mit aufgespießten Schmetterlingen bis an die Decke stapeln und der schweigende unheilvolle Geruch von Urämie unter der Tür hereinsickert; Vorstadtwohnungen, von draußen das Geräusch der Rasensprenger; stille Dschungelnächte unter dem lautlosen Flügelschlag des Anopheles-Moskitos (Das ist kein poetisches Bild; Anopheles kann man wirklich nicht hören); diskretes Privatsanatorium in Kensington—dicker Teppichbelag, steifer Brokatstuhl und eine Tasse Tee; modern eingerichtetes Wohnzimmer in Schweden, Wasserhyazinthen in einer gelben Schale, draußen der prozellanblaue Nordhimmel mit treibenden Wolkenfetzen, an der Wand die stümperhaften Aquarelle des todkranken Medizinstudenten... »Ich glaube, jetzt könnte ich einen Schnaps vertragen, Frau Underschnitt.«

Der Arzt telefoniert jetzt und betrachtet dabei das Schachspiel, das er vor sich auf dem Schreibtisch stehen hat. »Eine ziemlich ernste Entzündung, würde ich sagen... natürlich müßte man erst einmal das Röntgenbild sehen.« Er nimmt einen Springer vom Brett und stellt ihn nachdenklich wieder zurück. »Ja ... beide Lungenflügel ... ganz eindeutig.« Er legt den Hörer auf und wendet sich an Carl. »Ich habe festgestellt, daß äußere Verletzungen bei diesen Menschen hier ungewöhnlich schnell verheilen. Es kommt ganz selten zu einer Entzündung. Hier sind es immer nur die Lungen... Lungenentzündung, und natürlich die gute alte Tb.« Der Arzt packt Carl am Schwanz, macht einen Luftsprung und stößt ein grobes bäurisches Lachen aus. Dann wieder die glatte Miene des Europäers, der lächelnd über die Unartigkeit eines Kindes oder Haustieres hinwegsieht. Übergangslos redet er in seinem gespenstischen, tonlosen Englisch weiter. »Der gute alte Kochsche Tuberkel-Bazillus.« Er schlägt die Hacken zusammen und macht eine knappe Verbeugung. »Sonst würden sich ja diese Bauernärsche wie die Lemminge vermehren, *habe ich nicht recht?!«*, schreit er Carl ins Gesicht. Carl weicht zur Seite. Hinter ihm rauscht die graue Wand des Regens herunter.

»Kann man ihn nicht irgendwo zur Behandlung hinschicken?«

»Ich glaube, in der Hauptstadt gibt es so eine Art *Sanatorium*» (er zerdehnt das Wort und gibt ihm einen zweideutigen, fast obszönen Beiklang), »ich werde Ihnen die Adresse aufschreiben.«

»Chemotherapie?«

Seine Stimme hat in der feuchten Luft einen flachen und stumpfen Klang.

»Weiß man nicht. Wir haben hier nichts als stupides Bauernvolk; und am schlimmsten sind die Bauern, die eine Schule besucht haben. Statt diesen Menschen das Lesen beizubringen, sollte man dafür sorgen, daß sie erst gar nicht *reden* lernen. Am Denken braucht man sie nicht zu hindern; dafür hat die Natur schon von selbst gesorgt.«

»Hier ist die *Adresse*«, flüstert der Arzt, ohne die Lippen zu bewegen.

Carl streckte die Hand aus, und er ließ ihm ein Papierkügelchen hineinfallen. Dann hielt er ihn mit seinen dreckglänzenden Fingern am Ärmel fest.

»Da wäre noch die Frage meines Honorars.«

Carl drückte ihm eine zusammengerollte Banknote in die Hand... und der Arzt, schäbig und verstohlen wie ein alter Junkie, verschwand in der grauen Dämmerung.

Carl besuchte Joselito in seinem großen, sauberen, sonnigen Privatzimmer mit Bad und Zementbalkon. Ein kahler, abweisender Raum, der keine Unterhaltung aufkommen ließ. Wasserhyazinthen in einer gelben Schale; draußen der prozellanblaue Himmel mit treibenden Wolkenfetzen; und immer wieder flackerte die Angst in seinen Augen auf. So oft er lächelte, zerstob die Angst in kleine Lichtteilchen, die sich in den kalten Zimmerecken unter der Decke wieder sammelten und wie eine geheimnisvolle Drohung dort oben lauerten. ›Ich konnte nichts sagen, ich spürte nur noch diesen Todeshauch und die Bilder, die einem vor dem Einschlafen immer durch den Kopf gehen und in kleine Scherben zerfallen.‹

»Morgen schicken sie mich in das neue Sanatorium. Komm mich mal besuchen. Ich bin dort ganz allein.«

Er hustete und nahm eine Codeineeta.

»Doktor«, sagte Carl, »soviel ich weiß, bzw. aus dem, was ich gelesen und gehört habe—ich bin kein Mediziner—möchte hier auch nicht so tun—, habe ich den Eindruck gewonnen, daß die Chemotherapie das Prinzip der Sanatoriums-Behandlung inzwischen mehr oder weniger verdrängt hat oder es zumindest sehr entscheidend ergänzt. Was meinen Sie, ist dieser Eindruck richtig? Worauf ich hinaus will, Doktor, ist folgendes: bitte sagen Sie mir ganz offen, von Mensch zu Mensch—was halten Sie von der Chemotherapie im Vergleich zur Sanatoriums-Therapie? Haben Sie sich in dieser Frage bereits *festgelegt*?«

Das leberkranke Indianergesicht des Arztes blieb so ausdruckslos wie das eines Kartengebers.

»Ganz modern, wie Sie sehen...« Er machte eine Handbewegung in Richtung auf Joselitos Zimmer. Seine Finger waren blau angelaufen; offensichtlich litt er an Durchblutungsstörungen. »Bad... fließend Wasser... Blumen. Alles da.« Plötzlich verfiel er in Cockney-Englisch und sagte mit einem triumphierenden Grinsen: »Sie kriegen von mir 'n Brief mit.«

»Wofür soll der sein? Für das Sanatorium?«

Die Stimme des Arztes drang wie aus einem fernen Land zu ihm her... schwarze Felsen und große schillernde braune Lagunen. »Die Einrichtung ... modern und behaglich. Finden Sie doch auch, *oder etwa nicht?!*«

Carl konnte das Sanatorium nicht sehen. Es hatte eine falsche Fassade aus grünem Stuck, und auf dem Dach ragte eine vielfältig verschlungene Neonreklame unheilvoll und tot in den Himmel und wartete auf die Dunkelheit. Wie es schien, stand das Sanatorium auf einem langgestreckten Kalkfelsen mit Bäumen, die in voller Blüte standen, und Kaskaden von Weinranken an den abfallenden Hängen. Die Luft war schwer vom Duft der Blüten.

Der Commandante saß vollkommen untätig an einem langen Tapeziertisch in einer Pergola, die von Weinranken überwachsen war. Er nahm den Brief, den ihm Carl hinhielt, und überflog ihn flüsternd, wobei er mit der linken Hand die Worte von seinen Lippen ablas. Er spießte den Brief auf einen Nagel an der Wand eines Aborts. Dann nahm er sich ein Hauptbuch vor und begann Zahlen daraus abzuschreiben. Er schrieb und schrieb.

Carl spürte, wie die brüchigen Bilder leise in seinem Kopf zerplatzten und er in einem einzigen lautlosen Schwung seinen Körper verließ. Klar und deutlich sah er sich aus großer Entfernung, wie er in einer Imbißstube saß. Überdosis Heroin. Seine Frau rüttelte ihn und hielt ihm heißen Kaffee unter die Nase.

Draußen, in der Kluft eines Weihnachtsmanns, ein alter Junkie, der Weihnachtsmarken verkauft. »Tut was gegen die Tuberkulose, Herrschaften«, wispert er mit seiner tonlosen Junkie-Stimme. Ein Chor der Heilsarmee, bestehend aus gläubig dreinblickenden homosexuellen Football-Trainern, singt »In the Sweet Bye and Bye.«

Carl driftete zurück in seinen Körper. Ein Junk-Gespenst, das es immer wieder zurück auf die Erde treibt.

›Ich könnte ihn natürlich auch bestechen.‹

Der Commandante klopft mit einem Finger auf die Tischplatte und summt die Melodie von »Coming Through the Rye«. Das Summen verebbt und schwillt dann wieder bedrohlich an wie ein Nebelhorn in der Schrecksekunde vor dem knirschenden Zusammenstoß.

Carl zog eine Banknote halb aus seiner Hosentasche heraus... Der Commandante stand jetzt vor einer endlosen Reihe von Spinden und Schließfächern. Die Augen, mit denen er Carl ansah, waren die stumpfen Augen eines sterbenden Tieres; in seinem Gesicht spiegelte sich die Angst vor dem unausweichlichen Tod. Umwabert von Blütenduft, die Banknote halb aus der Tasche, bekam Carl einen Schwächeanfall, der ihm den Atem nahm und das Blut in den Adern stocken ließ. Er kam sich vor wie in einem gewaltigen Strudel, der ihn in einen schwarzen Schlund hinabzog.

»Chemotherapie?« Der Schrei brach aus seinem Fleisch und raste durch leere Umkleidekabinen und Kasernen, muffige Kurhotels und gespenstische, von Hustengeräuschen erfüllte Korridore in Lungensanatorien; durch das Geräusper und Gemurmel und den grauen Küchenmief von Absteigen und Altersheimen, durch riesige verstaubte Zollbaracken und Lagerhäuser, eingestürzte Säulenhallen und die schlierigen Arabesken von gußeisernen Pissoirs, die unter dem Urinstrahl einer Million Homos so dünn und brüchig wie Löschpapier geworden sind; durch verwitterte, von Unkraut überwucherte Aborte mit dem modrigen Geruch von Scheiße, die sich wieder in Humus verwandelt; über holzgeschnitzte Phallus-Symbole auf den Grabfeldern aussterbender Völker; schließlich als ferner klagender Ton, wie das Rascheln von Blättern im Wind, über den großen braunen Fluß, in dem entwurzelte Bäume treiben (grüne Schlangen in den Zweigen; Lemure, die mit traurigen Augen ans Ufer starren), und hinaus übers flache Land, wo der dumpfe Flügelschlag von Geiern die trockene Luft durchschneidet. Der Weg ist übersät von zerrissenen Kondomen, leeren Heroinkapseln und Vaselinetuben, ausgedrückt und trocken wie Knochenmehl in der sengenden Sonne.

»*Meine Möbel.*« Das gehetzte Gesicht des Commandante glühte auf wie der metallene Reflektor eines Blitzgeräts. Seine Augen erloschen. Ein Hauch von Ozon trieb durchs Zimmer. Die *novia* murmelte Gebete über ihren Kerzen und Altären in der Ecke.

»Alles von Trak ... modern ... erstklassige Ware...«, sagt er mit einem idiotischen Kopfnicken, während ihm der Sabber aus dem Mund läuft. Eine gelbe Katze zerrt Carl am Hosenbein und rennt auf einen Zementbalkon hinaus. Wolken treiben vorbei.

»Ich könnte mir meine Einlage wiedergeben lassen und irgendwo ein kleines Geschäft aufmachen.« Er nickt und lächelt wie eine Aufziehpuppe.

»Joselito!!!« Die Jungs auf der Straße schauen von ihren Ballspielen, Stierkämpfen und Fahrradrennen auf, als der Name an ihnen vorbeizischt und langsam verhallt.

»Joselito!... Paco!... Pepe!... Enrique!...« Die klagenden Rufe der Jungs treiben in der warmen Abendluft herein. Die Trak Reklame regt sich wie ein nächtliches Tier und knallt als blaue Stichflamme in die Dunkelheit.

Das schwarze Fleisch

»Wir Freunde, ja?« Der Schuhputzjunge setzte sein gerissenes Lächeln auf, schaute hoch und sah dem Seemann in die toten kalten Fischaugen; Augen ohne eine Spur von Wärme oder Verlangen oder Haß oder sonst einem Gefühl, das der Junge je bei sich oder anderen kennengelernt hatte, zugleich kalt und brennend, unpersönlich und raubgierig.

Der Seemann beugte sich vor und strich dem Jungen mit einem Finger an der Armbeuge entlang. Dann sagte er mit seinem toten Junkie-Flüstern:

»Junge, mit solchen Adern könnt' ich mir 'n schönes Leben machen!«

Er lachte. Ein schwarzes insektenhaftes Lachen, das irgend eine obskure Funktion zu haben schien, wie der spitze Schrei der Fledermaus. Der Seemann lachte dreimal. Dann brach er ab, hing regungslos da und horchte in sich hinein. Er hatte die lautlose Frequenz von Junk geortet. Sein Gesicht glättete sich wie gelbes Wachs über den hoch hervorstehenden Backenknochen. Er wartete eine halbe Zigarettenlänge. Der Seemann verstand sich aufs Warten. Doch seine Augen brannten in einem entsetzlichen trockenen Hunger. Ohne sich seine Erregung anmerken zu lassen, machte er mit dem Kopf eine langsame halbe Drehung und musterte den Mann, der gerade hereingekommen war und sich hingesetzt hatte. »Fats« Terminal saß da und suchte mit seinen starren Periskop-Augen das Café ab. Als er mit seinem Blick den Seemann streifte, nickte er unmerklich. Nur der hochempfindliche Sehnerv eines Junkies im Entzug konnte dieses Signal wahrnehmen.

Der Seemann gab dem Jungen eine Münze. Dann driftete er mit seinem wiegenden Gang hinüber zu Fats und setzte sich zu ihm an den Tisch. Lange Zeit saßen sie schweigend da. Das Café war auf dem Grund eines tiefen Canyons aus weißem Mauerwerk seitlich in eine Steinrampe hineingebaut. Gesichter der City, gezeichnet von mörderischen Süchten und insektenhaften Gelüsten, schwammen stumm wie Fische vorüber. Das hell erleuchtete Café war wie eine Taucherglocke, die mit gerissenem Kabel auf dem schwarzen Meeresboden aufsetzt.

Der Seemann polierte jetzt seine Fingernägel an den Jackenaufschlägen seines karierten Anzugs. Er bleckte seine leuchtend gelben Zähne und pfiff eine kleine Melodie.

Bei jeder Bewegung entströmte seinen Kleidern ein Hauch von Moder und der muffige Geruch von verlassenen Umkleideräumen. Er betrachtete seine Fingernägel mit phosphoreszierender Intensität.

»Hab was Gutes in Aussicht, Fats. Ich kann dir den Starken Saft besorgen. Zwanzig Ampullen. Brauch natürlich was im voraus.«

»Auf Kredit?«

»Ja. Ich hab die zwanzig noch nicht in der Tasche, aber ich sag dir, das Ding ist so gut wie gelaufen. Das mach ich mit der linken Hand.« Der Seemann betrachtete seine Fingernägel, als studiere er einen Plan. »Du weißt, ich komm immer rum.«

»Bring mir besser gleich dreißig. Ich geb dir zehn Tuben auf Kredit. Morgen um die gleiche Zeit.«

»Brauch aber jetzt gleich ne Tube, Fats.«

»Mach 'n Spaziergang, dann kriegst du eine.«

Der Seemann ging hinunter auf den Platz. Ein Straßenjunge hielt ihm eine Zeitung vors Gesicht und steckte ihm mit der gleichen Bewegung einen Füllhalter in die Brusttasche. Der Seemann ging weiter. Er zog den Füllhalter heraus und brach ihn mit seinen dicken roten faserigen Fingern wie eine Erdnußschale entzwei. Er nahm eine bleierne Tube heraus und schnitt sie am einen Ende mit einem kleinen Rebmesser auf. Ein schwarzer Nebel quoll heraus und hing wie ein dampfendes Stück Pelz in der Luft. Das Gesicht des Seemanns verschwamm. Sein Mund stülpte sich vor und wurde zu einem Rüssel, der in überschallschnellen Wellenbewegungen vibrierte, das schwarze Gewöll einsog und in einer lautlosen rötlichen Explosion verschwand. Das Gesicht des Seemanns formte sich wieder, nahm unerträglich scharfe Konturen an, und der Junk glühte in ihm wie ein Brandeisen, das ausreicht, um die grauen Ärsche einer Million kreischender Junkies zu verkohlen.

»Das reicht einen ganzen Monat«, entschied er, als habe er in einen unsichtbaren Spiegel geschaut.

Die Straßen der City verlaufen durch tiefer werdende Canyons abwärts und münden schließlich in eine riesige, nierenförmige dunkle Plaza. In die Wände zu beiden Seiten der Straßen und rings um die Plaza sind Wohnzellen und Cafés eingehauen, manche nur wenige Meter tief, andere verschwinden in einem Gewirr von Räumen und Korridoren tief im Gestein. Auf den steil ansteigenden Straßen verkehren Kabelbahnen, und alle Wohnebenen bis hinauf zum Rand der Canyons sind durch verschachtelte Brücken und Laufstege miteinander verbunden.

Jugendliche Katatoniker in Frauenkleidern aus Sackleinen und morschen Lumpen verfolgen die Passanten mit stummen aufdringlichen Annäherungsversuchen; ihre Gesichter, verschmiert von einer dicken Schicht Schminke in schreienden Farben, sind verquollen von Striemen und offenen Geschwüren—eitrigen Löchern, in denen bereits der bleiche Knochen zum Vorschein kommt.

Zwielichtige Gestalten, die mit dem Schwarzen Fleisch handeln (—dem Fleisch des riesigen schwarzen Tausendfüßlers, der zwischen schwarzen Felsen in schillernden braunen Lagunen lebt und manchmal eine Länge von zwei Metern erreicht), bieten in versteckten Winkeln der Plaza, die nur den Fleischfressern bekannt sind, ihre künstlich betäubten Krustazeen an.

Etruskisch palavernde Vertreter längst vergessener und unvorstellbar gewordener Berufe; Junkies, süchtig nach Drogen, die noch niemand erforscht hat; Schwarzmarkthändler des 3. Weltkriegs; Operateure, die telepathische Anlagen mit dem Skalpell beseitigen; Osteopathen des Geistes; Kriminalbeamte auf der Fährte von Unschuldigen, die von hochgradig paranoiden Schachspielern denunziert wurden; Richter, die in der unleserlichen Geheimschrift der Hebephrenie lückenhafte Haftbefehle ausstellen, in denen von unaussprechlichen Verstümmelungen des menschlichen Geistes die Rede ist; ausführende Organe geheimer Polizeistaaten; Makler exquisiter Träume und Erinnerungen, getestet an den hochempfindlichen Zellen suchtkranker Junkies und eingetauscht gegen den begehrten Rohstoff des freien Willens; Säufer des Starken Saftes, eingegossen im durchsichtigen Bernstein ihrer Träume.

Das Meet Café nimmt eine ganze Seite der Plaza ein. Ein Labyrinth von Küchen, Restaurants, Schlafkojen, durchgerosteten Eisenbalkonen und Kellergewölben, die zu den unterirdischen Bädern führen.

Nackte Mugwumps sitzen auf Barhockern mit weißen Satinbezügen und schlürfen vielfarbig schillernde Sirupgetränke durch Alabaster-Röhrchen. Mugwumps haben keine Leber und nähren sich ausschließlich von süßen Säften. Unter ihren dünnen violetten Lippen verbirgt sich ein rasiermesserscharfer Schnabel aus schwarzem Knochen, mit dem sie sich in Kämpfen um ihre Kunden oft gegenseitig in Stücke reißen. Ihr ständig erigierter Penis sondert eine suchterzeugende Flüssigkeit ab, die den Stoffwechselprozeß verlangsamt und dadurch lebensverlängernd wirkt. (Übrigens haben sich sämtliche lebensverlängernden Substanzen als suchterzeugend erwiesen—je wirksamer sie das Leben verlängern, desto süchtiger wird man davon.) Die süchtigen Kunden der Mugwumps werden als ›Reptilien‹ bezeichnet. Einige von ihnen haben sich im Lokal mit ihren elastischen Knochen und ihrem schwarz-rosa gesprenkelten Fleisch über die Stühle drapiert. Hinter jedem Ohr wächst ihnen ein fächerförmiger Fühler aus grünem Knorpel heraus, bedeckt von erogenen Strudelhärchen, mit denen sie die Flüssigkeit aufnehmen. Diese Fühler ermöglichen ihnen zugleich auch eine Art Kommunikation—sie werden von unsichtbaren Strömungen gesteuert und senden Signale aus, die nur Reptilien verständlich sind.

Während der alle zwei Jahre auftretenden Panik*, wenn die City von der hochgradig erregten Traumpolizei terrorisiert wird, flüchten sich die Mugwumps in tiefe Felsspalten, mauern sich in Lehmkammern ein und verharren wochenlang in Biostase. In diesen Tagen des grauen Terrors rasen die Reptilien immer hektischer durch die Ge-

* Junkie-Slang für Zeiten, in denen kein Stoff auf den Markt kommt. (C.W.)

gend, das Sirren ihrer Notsignale durchbricht die Schallmauer, ihre schlaffen Schädel werden gepeitscht von schwarzen Winden insektenhafter Agonie.

Die Traumpolizei zerfällt schließlich in faulige Ektoplasma-Klumpen, die ein alter hustender und spuckender Junkie am kranken Morgen zusammenfegt. Der Mugwump-›Mann‹ erscheint mit Alabasterkrügen voll flüssigem Stoff, und die Reptilien können sich volltanken. Die Luft ist wieder rein, die Atmosphäre klar wie Glyzerin.

Der Seemann entdeckte sein Reptil. Er ging zu ihm hin und bestellte sich einen grünen Sirup. Das Reptil hatte ein kleines rundes scheibenförmiges Maul aus braunem Knorpel und ausdruckslose grüne Augen, fast vollständig bedeckt von dünnen Membranen, die als Augenlider fungierten. Der Seemann mußte fast eine Stunde warten, bis die Kreatur ihn überhaupt wahrnahm.

»Irgendwelche Froscheier für Fats?«, fragte er. Die Schallwellen seiner Worte strudelten durch die Fühler des Reptils.

Es dauerte zwei Stunden, bis das Reptil endlich drei rötliche transparente Finger hob, die ein dünner schwarzer Flaum bedeckte.

Mehrere Fleischfresser, zu keiner Bewegung mehr fähig, lagen in ihrer eigenen Kotze. (Das Schwarze Fleisch ist wie Schimmelkäse, überwältigend delikat und gleichzeitig ekelerregend, so daß es die Fleischfresser bis zur völligen Erschöpfung in sich hineinschlingen und immer wieder erbrechen.)

Ein geschminkter Junge glitt herein, griff sich eine der großen schwarzen Krebsscheren, und der süßliche ekelerregende Geruch waberte durch das Café.

Hospital

Notizen während der Entgiftung. Entzugserscheinungen und beginnende Paranoia... Alles sieht blau aus... Fleisch tot, teigig, farblos.

Alpträume während des Entzugs. Ein Café, mit Spiegeln ausgekleidet, leer... Warte auf irgendwas... Ein Mann kommt durch einen Seiteneingang... Schmächtiger, kleinwüchsiger Araber in einer braunen Djellaba; grauer Bart, graues Gesicht... Ich halte einen Krug voll dampfender Säure in der Hand... Von einem unwiderstehlichen Drang gepackt schütte ich sie ihm ins Gesicht...

Sehe in jedem einen Rauschgiftsüchtigen...

Vertrete mir im Innenhof des Hospitals ein bißchen die Beine... Während meiner Abwesenheit hat jemand meine Schere benutzt, sie ist vollgeschmiert mit einem klebrigen rotbraunen Schmant... Ganz sicher hat sich dieses kleine Flittchen von einer *criada* damit ihre Monatsbinde zurechtgestutzt.

Widerwärtige Europäer blockieren die Treppenaufgänge, halten die Krankenschwester auf, während ich auf meine Medizin warte, kippen ihre Pißpötte im Waschbecken aus, während ich mich gerade wasche, halten stundenlang die Toilette besetzt—wahrscheinlich fischen sie nach dem Fingerhut voll Diamanten, den sie sich kurz vor der Einreise in den Arsch gesteckt haben...

Tatsache ist, ein ganzer Clan von Europäern hat sich nebenan einquartiert... Die alte Mutter muß sich operieren lassen, und ihre Tochter hat sich gleich dazu ins Zimmer gelegt, um darauf zu achten, daß man sich um die alte Fut auch richtig kümmert. Sie haben seltsame Besucher, vermutlich alles Verwandte... Einer von ihnen benutzt als Brille einen dieser Apparate, die sich Juweliere vors Auge klemmen, wenn sie Steine begutachten... Wahrscheinlich ein verkrachter Diamantenschleifer... der Mann, der den Throckmorton-Diamanten versaut hat und von der

Branche zum Teufel gejagt wurde... Die ganzen Juweliere stehen im Sonntagsstaat um den Diamanten herum und warten auf den ›Mann‹. Nur noch ein einziger kleiner Fehler, ein Ausrutscher von einem tausendstel Millimeter, und das gute Stück ist endgültig ruiniert. Deshalb haben sie sich jetzt einen Spezialisten aus Amsterdam kommen lassen... Der Typ kommt stockbesoffen an und pulverisiert den Diamanten mit einem riesigen Preßlufthammer...

Ich werde aus diesen Leuten nicht schlau... Sind es Rauschgift-Dealer aus Aleppo?... Slunk-Händler aus Buenos Aires?... Aufkäufer illegaler Diamanten aus Johannesburg?... Sklavenhändler aus Somalia?... Auf jeden Fall sind sie mit Vorsicht zu genießen...

Träume ständig von Junk... Ich suche irgendwo nach einem Mohnfeld... Illegale Schnapsbrenner schicken mich in ein orientalisches Café... Einer der Kellner dort ist eine Connection für jugoslawisches Opium...

Kaufe eine Packung Heroin von einer lesbischen Malaiin, die einen weißen Trenchcoat mit Gürtel trägt... Sie liefert mir das Zeug in der tibetanischen Abteilung eines Museums, will es mir dann aber immer wieder stehlen... Ich suche nach einem geeigneten Ort, wo ich mich fixen kann...

Der kritische Punkt bei einer Entziehungskur ist nicht die erste Phase der akuten Entzugserscheinungen sondern der letzte Schritt, die endgültige Trennung von Junk... Es ist ein alptraumhafter Schwebezustand, die Zellen geraten in Panik, man hängt zwischen zwei völlig gegensätzlichen Lebensweisen... Das Verlangen nach Junk steigert sich noch einmal zu einer solchen Intensität, daß es den Anschein hat, als könne man sich den Stoff geradezu herbeizaubern: ...plötzlich trifft man einen alten Schmecker, lernt einen Krankenwärter kennen, der das Zeug stiehlt, oder einen Weißkittel, der Rezepte ausstellt...

Ein Grenzbeamter in einer Uniform aus Menschenhaut... schwarze Lederjacke mit kariösen gelben Zähnen als Knöpfen; enganliegendes Hemd in indianischem Kupferrot; Hosen aus der schwach gebräunten Haut skandinavischer Jünglinge; Sandalen aus den schwieligen Fußsohlen eines jungen malaiischen Bauern; ein aschbraunes Halstuch, vorne zusammengeknotet und ins Hemd gesteckt. (Aschbraun ist eine Hautfarbe, die man bei manchen Kreuzungen von Negern mit Weißen antrifft—braune Haut mit Grau darunter. Die Kreuzung ist nicht ganz geglückt, und die Farben stoßen sich wie Öl und Wasser gegenseitig ab.)

Der Grenzer legt großen Wert auf seine äußere Erscheinung. Er hat nichts zu tun und gibt sein ganzes Gehalt für elegante Kleidung aus. Dreimal am Tag steht er vor einem riesigen Vergrößerungsspiegel und zieht sich um. Sein Gesicht entspricht der gängigen Vorstellung vom aalglatten gutaussehenden Südländer; bleistiftdünnes Schnurrbärtchen, kleine schwarze Augen, glitzernd und gierig und starr wie die eines Insekts.

Als ich die Grenze erreiche, stürzt er aufgeregt aus seiner *casita*. Um seinen Hals baumelt ein holzgerahmter Spiegel. Er versucht krampfhaft, den Spiegel vom Hals zu kriegen. Daß es jemand tatsächlich bis zur Grenze schafft, ist ihm noch nie vorgekommen... Inzwischen hat er den Spiegel vom Hals und sich dabei den Kehlkopf zerquetscht... Er hat seine Stimme verloren... Er macht den Mund auf, und man sieht, wie sich seine Zunge abquält. Das geleckte junge Gesicht und der offene Mund mit der zuckenden Zunge darin sind ein unglaublich gräßlicher Anblick. Der Grenzer hebt abwehrend die Hand. Die Abwehrbewegung überträgt sich in krampfartigen Zuckungen auf seinen ganzen Körper. Ich gehe hinüber und hänge die Kette aus, die sich quer über die Straße spannt. Sie fällt klirrend auf das Straßenpflaster. Ich gehe durch. Der Grenzer steht in der flimmernden Hitze da und sieht mir nach. Dann hängt er die Kette wieder ein, geht zurück in seine *casita* und zupft an seinem Schnurrbärtchen.

Gerade haben sie hier das sogenannte Mittagessen serviert... Ein hartgekochtes gepelltes Ei... allerdings eines, wie ich es noch nie gesehen habe... gelblich-braun und sehr klein... möglicherweise von einem Schnabeltier, das sie mit einer Ente verwechselt haben... Der Dotter enthält einen dicken Wurm und nicht viel mehr... Der hat da wirklich als erster zugelangt und sich das Beste geklemmt... In Ägypten gibt es einen Wurm, der einem in die Nieren kriecht und dort zu enormer Größe heranwächst. Am Ende ist die Niere nur noch eine dünne Hülle um den Wurm herum. Unerschrockene Feinschmecker schätzen den Wurm als eine Delikatesse, die allen anderen den Rang abläuft. Soll unglaublich knackig sein... Ein Leichenbeschauer aus Interzone, den sie Autopsie-Achmed nennen, betrieb einen schwunghaften Handel mit solchen Würmern und verdiente damit ein Vermögen.

Die französische Schule liegt direkt gegenüber von meinem Fenster, und ich genieße den Anblick der Jungs durch mein Fernglas mit achtfacher Verstärkung... Sie sind so nah, als müßte ich nur die Hand ausstrecken, um sie berühren zu können... Alle in kurzen Hosen... Ein kühler Morgen im Frühjahr, sie haben Gänsehaut, und ich sehe jedes einzelne Pünktchen... Ich projiziere mich durch das Fernglas, über die Straße hinweg, ein Gespenst in der hellen Morgensonne, von geisterhaften Gelüsten gepeinigt...

Habe ich eigentlich mal davon erzählt, wie Marv und ich diesen beiden Araberjungen sechzig Cents gaben, damit sie uns zusehen lassen, wie sie sich gegenseitig pimpern? Ich frage also Marv: »Meinst du, sie machen es?«

Und er sagt: »Glaub schon. Die haben schließlich Hunger.«

Und ich sag: »So seh ich sie am liebsten.«

Irgendwie komm ich mir dabei zwar wie ein alter Lustmolch vor, aber... »Son cosas de la vida«, wie Soberba de la Flor sagte, als ihm die Bullen eine Standpauke hielten, weil er diese Schnepfe da abgemurkst hatte und die

Leiche anschließend ins Bar-O-Motel schleppte und dort fickte...

»Die wollte einfach nicht die Beine breitmachen«, sagte er... »Sowas brauch ich mir nicht gefallen zu lassen.« (Soberba de la Flor war ein mexikanischer Verbrecher, dem sie eine ganze Reihe solcher sinnlosen Morde nachweisen konnten.)

Der Waschraum ist jetzt schon seit drei Stunden abgeschlossen... Ich glaube, die benutzen ihn als Operationssaal...

SCHWESTER: »Ich kann ihren Puls nicht finden, Doktor.«

DR. BENWAY: »Vielleicht hat sie ihn in nem Fingerhut in ihrer Fotze stecken.«

SCHWESTER: »Adrenalin, Doktor?«

DR. BENWAY: »Das hat sich der Nachtportier schon alles reingejagt, um sich aufzumöbeln.« Er sieht sich um und entdeckt einen dieser Gummistampfer, mit denen man verstopfte Toiletten bearbeitet... Damit nähert er sich nun der Patientin... »Machen Sie einen Einschnitt, Dr. Limpf«, sagt er zu seinem entsetzten Assistenten, »dann werde ich mal das Herz massieren.«

Dr. Limpf zuckt die Schultern und setzt das Skalpell an. Dr. Benway wäscht den Gummistampfer aus, indem er ihn in der Kloschüssel herumschwenkt...

SCHWESTER: »Sollte man den nicht besser sterilisieren, Doktor?«

DR. BENWAY: »Vermutlich ja, aber dazu ist jetzt keine Zeit.« Er schiebt sich den Gummistampfer wie einen Jägersitz unter und sieht zu, wie sein Assistent den Einschnitt macht... »Ihr jungen Schnösel... ohne ein elektrisches Vibrationsskalpell, das automatisch absaugt und auch noch die Naht macht, könntet ihr nichtmal einen Pickel anstechen... Bald wird es soweit kommen, daß wir nur noch per Fernsteuerung operieren und den Patienten überhaupt nicht mehr zu sehen bekommen... Wir werden nur noch auf Knöpfe drücken... Das chirurgische Handwerk kommt restlos auf den Hund... Die ganze Fingerfertigkeit und das gekonnte Improvisieren... Habe ich Ihnen mal von meiner Blinddarmoperation mit dem rostigen Büchsendeckel erzählt? Und einmal konnte ich überhaupt kein Instrument auftreiben und nahm einen Gebärmutter-Tumor mit meinen blanken Zähnen heraus. Das war am Oberen Effendi, und außerdem...«

DR. LIMPF: »Der Einschnitt ist fertig, Doktor.«

Dr. Benway zwängt den Gummistampfer in den Einschnitt und beginnt zu pumpen. Blut spritzt über die beiden Ärzte, die Schwester und die Wand... Der Stampfer macht ein grauenhaft schmatzendes Geräusch.

SCHWESTER: »Ich glaube, wir haben einen Exitus, Doktor.«

DR. BENWAY: »Naja, Verlust ist überall.« Er dreht sich um und geht an einen Medizinschrank... »Da hat mir doch so ein gottverdammtes rauschgiftsüchtiges Schwein mein ganzes Kokain mit Desinfektionsmittel gestreckt! Schwester! Geben Sie dem Jungen das Rezept hier und schicken Sie ihn damit los, aber dalli!«

Dr. Benway führt in einem vollbesetzten Hörsaal eine Operation vor. »Also, Jungs, das ist eine Operation, wie ihr sie nicht oft sehen werdet, und zwar aus einem sehr einfachen Grund... Sie dient nämlich überhaupt keinem medizinischen Zweck. Niemand weiß, wozu sie ursprünglich einmal gut war, falls sie überhaupt zu etwas gut war. Ich persönlich glaube, daß man sie von Anfang an als rein artistische Fingerübung konzipiert hat... So wie sich der Stierkämpfer durch Geschick und Können aus einer Gefahr befreit, die er selbst heraufbeschworen hat, so bringt der Chirurg bei dieser Operation seinen Patienten absichtlich in Gefahr, um ihn dann im allerletzten Augenblick durch unerhört schnelle und geschickte Skalpellführung vor dem Tod zu bewahren... Vielleicht haben einige von euch mal eine Vorstellung von Dr. Tetrazzini miterlebt... Ich sage bewußt ›Vorstellung‹, denn seine Operationen waren bühnenreif. Es fing damit an, daß ein Skalpell quer durch den Raum flog und beim Patienten den Einschnitt machte. Dann kam Tetrazzini wie ein Solotänzer hereingewirbelt. Er operierte mit unvorstellbarer Geschwindigkeit. ›Ich lasse ihnen erst gar keine Zeit zum Sterben!‹, pflegte er zu sagen. Tumore brachten ihn besonders in Rage. ›Gottverdammte undisziplinierte Zellen!‹, schnaubte er da immer, und dann ging er den Tumor wie ein Messerstecher an.«

Ein Student springt mit gezücktem Skalpell auf die Operationsfläche herunter und stürzt sich auf den Patienten.

DR. BENWAY: »Ein Espontaneo! Stoppt den Kerl, eh er mir den Patienten verhunzt!«

(Als ›Espontaneo‹ bezeichnet man beim Stierkampf einen Zuschauer, der in die Arena springt, eine zusammengerollte Capa entfaltet und versucht, mit dem Stier ein paar Figuren zu machen, ehe man ihn zu fassen bekommt.)

Die Krankenwärter ringen den Espontaneo nieder und werfen ihn schließlich aus dem Saal. Der Narkose-Arzt nutzt das Durcheinander aus und bricht dem Patienten eine massive Goldkrone aus dem Mund...

Ich komme an Zimmer 10 vorbei, aus dem sie mich gestern ausquartiert haben... Sieht nach einem Wochenbett aus... Bettpfannen voll Blut und verquollenen Binden und undefinierbaren weiblichen Substanzen... genug, um einen ganzen Kontinent zu verseuchen... Wenn mich jemand in dem Zimmer besuchen will, wird er denken, ich hätte ein Monster in die Welt gesetzt und das Außenministerium wollte die peinliche Angelegenheit vertuschen...

Musik aus *I am an American*... Auf einer Plattform, die man mit der amerikanischen Flagge drapiert hat, steht ein älterer Herr und mimt in gestreifter Hose und Cut den Diplomaten. Ein verfetteter Tenor, der trotz Korsett überall aus seinem Daniel-Boone-Kostüm quillt, singt das *Star Spangled Banner* und wird dabei von einem kompletten Orchester begleitet. Er singt mit einem leichten Lispeln.

DIPLOMAT (verliest ein endloses Fernschreiben; die Papierrolle kringelt sich zu seinen Füßen): »Und wir dementieren ganz entschieden, daß *irgend ein* männlicher Bürger der Vereinigten Staaten von Amerika...«

TENOR: »Oh thay can you thee...« Seine Stimme schnappt ihm über und kippt in ein hohes Falsett um.

Der Tontechniker im Kontrollraum mixt sich ein doppelkohlensaures Natrium und rülpst in die vorgehaltene Hand. »Dieser Tenor ist ja ne Schwuchtel!«, flucht er angewidert vor sich hin. »Mike! rrumpf...«, schreit er und wird von einem Rülpser unterbrochen... »Dreh diesem schwulen Furz das Mikrophon ab und gib ihm seinen blauen Brief. Der ist ab sofort gestorben... Hol unsere Lizzie, die sie zum Athleten umgemodelt haben, und stell sie auf die Bretter... die hält als Tenor wenigstens durch... In was für nem *Kostüm*? Woher soll ich das wissen! Bin ich vielleicht so'n schwuler Damenschneider aus der Requisite? *Was sagst du da?* Die haben die ganze Requisite aus Sicherheitsgründen dichtgemacht? Herrgottnochmal, ich hab doch auch bloß zwei Hände! Na, laß mich mal überlegen... Wie wärs mit der Indianermasche? Pocahontas oder Hiawatha?... Nee, das ist nicht das Richtige. Sonst kommt uns noch einer auf die Schnapsidee, wir wollten den Rothäuten ihr Land zurückgeben... Wie wärs denn damit: eine Uniform aus dem Bürgerkrieg, der Rock von den Nordstaaten und die Hose von den Südstaaten, damit man sieht, daß sie sich wieder vertragen haben? Oder sie kann als Buffalo Bill auftreten oder als Paul Revere oder als dieser Kerl da, der sein Shit bzw. sein Schiff nicht rausrücken wollte... oder als G.I., als Landser aus'm 1. Weltkrieg... oder als der Unbekannte Soldat!... das ist überhaupt noch das Beste... bau ein Denkmal um sie rum, dann braucht sie wenigstens keiner anzusehn...«

Die Lesbe, eingepackt in einen Arc de Triomphe aus

Pappmaché, füllt ihre gewaltigen Lungen und brüllt mit fürchterlicher Lautstärke:

»Oh say do that Star Spangled Banner yet wave...!!!«

Ein großer Riß spaltet den Arc de Triomphe von oben bis unten. Der Diplomat fährt sich mit der Hand über die Stirn...

DIPLOMAT: »Daß irgend ein männlicher Bürger der Vereinigten Staaten in Interzone oder sonst einem Land...«

»O'er the land of the FREEEEEEEEEE....!!!«

Der Diplomat bewegt die Lippen, aber keiner hört ihn mehr. Der Tontechniker hält sich die Ohren zu. »Heilige Muttergottes!«, schreit er. Sein Gebiß beginnt zu vibrieren wie eine Maultrommel. Plötzlich fliegt es ihm aus dem Mund... gereizt schnappt er danach, verfehlt es und hält sich mit einer Hand den Mund zu...

Der Arc de Triomphe fällt knirschend und krachend auseinander, und man sieht die Lesbe auf einem Podest stehen: sie ist nackt bis auf einen enormen ausgestopften Sackhalter aus Leopardenfell... Sie steht da mit einem dümmlichen Lächeln im Gesicht und läßt ihre gewaltigen Muskeln spielen... Der Tontechniker kriecht auf der Suche nach seinem Gebiß auf dem Boden des Kontrollraums herum und brüllt unverständliche Anweisungen: »Waan-finn! Falt ihr'n Fdroom ab!«

DIPLOMAT (wischt sich den Schweiß von der Stirn): »... von einer irgendwie gearteten Kreatur entbunden worden ist...«

»And the home of the brave...!!!«

Das Gesicht des Diplomaten ist aschfahl. Er wankt, seine Füße verheddern sich in der Papierrolle, er sinkt gegen die Balustrade, Blut läuft ihm aus Augen, Nase und Mund ... er hat eine Gehirnblutung.

DIPLOMAT (kaum noch hörbar): »Das Außenministerium dementiert ... derart unamerikanisches ... im übrigen ist dieses Monstrum vernichtet worden ... oder vielmehr: es hat überhaupt nie ... ganz entsch...« *(stirbt)*

Im Kontrollraum brennen die Sicherungen durch ... gewaltige Blitze knistern durch den Raum... Die Kleider des Tontechnikers lösen sich in Flammen auf, mit schwarz verkohltem Körper taumelt er herum wie eine Gestalt aus der Götterdämmerung und brüllt: »Waan-finn!! Falt 'n Fdroom ab!!!« Eine letzte Entladung reduziert den Tontechniker zu Asche.

»Gave proof through the night
That our flag was still there...!«

Suchtnotizen. Spritze mir alle zwei Stunden Eukodal. Habe eine Stelle gefunden, wo die Nadel jederzeit glatt reingeht: eine Vene, die offen bleibt wie ein roter entzündeter Mund, verquollen und obszön ... langsam bildet sich nach jedem Schuß ein Tropfen Blut und Eiter...

Eukodal ist eine chemische Variante von Codein: Dihydro-oxy-codein.

Die Wirkung ist ganz anders als die von M ... fast wie C... wenn man sich Coke in die Vene spritzt, rauscht einem ein pures Lustgefühl durch den Kopf... Nach zehn Minuten möchte man schon wieder die nächste Ladung... Bei Morphium breitet sich das Wohlgefühl in den Innereien aus—nach jedem Schuß horcht man in sich hinein...

Intravenös gespritztes C wirkt wie ein Stromstoß durchs Hirn ... es gibt bei C keine Entzugserscheinungen; das Verlangen nach C geht allein vom Hirn aus—es ist das Verlangen eines Gespenstes, das ohne Körper und Gefühle auskommt. Das gierige Verlangen nach C hält immer nur ein paar Stunden an, solange die C-Kanäle stimuliert sind; danach vergißt man es wieder.

Eukodal ist wie eine Kombination von Morphium und C. (Wenn es darum geht, einen wirklich harten Shit aus der Retorte zu zaubern, ist auf die Deutschen eben immer Verlaß.) Wie Morphium ist auch Eukodal sechsmal so stark wie Codein. Heroin ist sechsmal so stark wie Morphium. Dihydro-oxy-heroin müßte sechsmal so stark sein wie Heroin. Durchaus möglich, daß man einmal eine Suchtdroge entwickelt, die so stark ist, daß man bereits nach dem ersten Schuß für die Zeit seines Lebens süchtig ist.

Während ich die Spritze in die rechte Hand nehme, greift die linke spontan nach dem Strick zum Abbinden. Für mich ist das ein Zeichen dafür, daß sich die einzige im Augenblick brauchbare Vene im linken Arm befindet. (Es ist fast immer so, daß man sich den Arm abbindet, der von sich aus zum Strick greift.) Die Nadel gleitet am Rand einer verhärteten Stelle mit Leichtigkeit hinein. Ich stochere vorsichtig herum. Plötzlich schießt ein dünner Striemen Blut in die Spritze. Für einen Augenblick ist er so fest und gerade wie ein straffer roter Faden.

Der Körper weiß, welche Venen im Moment brauchbar sind, und dieses Wissen überträgt sich in den spontanen Bewegungen, die man macht, ehe man sich den Schuß setzt... Manchmal schlägt die Nadel wie eine Wünschelrute aus. Manchmal muß ich auf das Signal warten. Aber wenn es kommt, treffe ich unweigerlich eine Vene, die funktioniert.

Eine rote Orchidee blühte unten im Tropfer auf. Er zögerte eine ganze Sekunde lang, dann drückte er das Gummibällchen zusammen und sah zu, wie die Flüssigkeit in die Vene rauschte, als würde sie vom schweigenden Durst seines Blutes eingesogen. Im Tropfer blieb eine dünne schillernde Blutschicht zurück, und die weiße Papiermanschette hatte sich wie ein Mullverband mit Blut vollgesogen. Er hielt den Tropfer in ein Trinkglas und zog Wasser auf. Als er das Wasser herausspritzte, spürte er die Wirkung des Junk wie einen sanften Schlag in die Magengrube.

Sehe auf meine verdreckten Hosen herunter, die ich seit Monaten nicht mehr gewechselt habe... Die Tage gleiten vorüber und werden mit der Nadel auf einen langen Blutfaden aufgereiht... Ich denke nicht mehr an Sex, ich vergesse sämtliche Freuden des Körpers—ein graues Junk-Gespenst. Für die spanischen Jungs bin ich El Hombre Invisible... Der Unsichtbare Mann...

Jeden Morgen zwanzig Liegestützen. Junk baut das Fettgewebe ab, läßt aber die Muskeln mehr oder weniger intakt. Der Süchtige scheint mit einem geringeren Fettpolster auszukommen... Vielleicht ließe sich das Junk-Molekül, das den Fettabbau bewirkt, dingfest machen und als Schlankheitsmittel verwenden?

Der Drugstore macht immer mehr Schwierigkeiten, das Gemauschel von angeblichen Kontrollen schlägt mir entgegen wie aus einem freischwebenden Telefonhörer... Den ganzen Tag unterwegs gewesen und bis abends um acht gebraucht, um mir zwei Schachteln Eukodal zu besorgen...

Geld und Venen werden knapp...

Sacke immer wieder weg. Letzte Nacht schreckte ich hoch, weil mir plötzlich jemand die Hand drückte. Es war meine andere Hand...

Beim Lesen fallen mir die Augen zu, und die Wörter verschlüsseln sich zu einem Code... Denke wie besessen über Code-Systeme nach... Krankheiten könnten nach einem bestimmten Code operieren, der von den Zellen wie unter Zwang entschlüsselt wird...

Setze mir in Gegenwart von D. L. einen Schuß. Stochere in meinem nackten verdreckten Fuß nach einer Vene... Junkies kennen kein Schamgefühl ... die angewiderte Reaktion von anderen läßt sie völlig kalt... Es ist fraglich, ob so etwas wie Schamgefühl überhaupt zustande kommen kann, wenn die Libido außer Funktion ist... Mit seinem nichtsexuellen Bedürfnis nach Geselligkeit, das aus der gleichen Ecke gesteuert wird wie die Libido, verliert der Junkie auch sein Schamgefühl... Er sieht seinen Körper ganz nüchtern als einen Behälter, der das Medium speichert, von dem er lebt, und sein Gewebe prüft er mit den kalten Fingern eines Pferdehändlers auf seine Verwendbarkeit... »Hat keinen Zweck, wenn ich mir hier was reinhaue«. Flüchtig gleitet der Blick seiner toten Fischaugen über eine zerstochene Vene.

Nehme jetzt ein neues Schlafmittel, das sich Soneryl nennt... Man wird davon gar nicht erst schläfrig sondern sinkt ohne Übergang in tiefen Schlaf und gerät mitten in einen Traum hinein: ... Ich befinde mich seit Jahren in einem Gefangenenlager und leide an Unterernährung...

Der Präsident ist ein Junkie, kann sich aber in seiner Position die Ladungen nicht selber verpassen und läßt sich deshalb von mir fixen... Von Zeit zu Zeit kommen wir zusammen, und ich lade ihn wieder auf. Der flüchtige Betrachter könnte den Vorgang als homosexuellen Verkehr deuten, doch die sexuelle Erregung ist hier eher nebensächlich, und der Höhepunkt ist für uns der Augenblick, wenn wir uns nach beendeter Aufladung voneinander lösen. Die erigierten Penisse werden in Kontakt gebracht—zu Anfang gingen wir jedenfalls nach dieser Methode vor, aber Kontaktstellen nutzen sich ab, genau wie Venen. Jetzt muß ich ihm meinen Penis manchmal schon unters linke Augenlid schieben. Natürlich kann ich ihn jederzeit auch mit einer Osmose-Ladung bedienen, die sich etwa mit einer subkutanen Spritze vergleichen läßt, aber das wäre das Eingeständnis einer Niederlage. Nach einer O.L. ist der Präsident wochenlang schlecht gelaunt und wäre möglicherweise imstande, ein atomares Desaster zu verursachen. Er zahlt ohnehin schon einen hohen Preis für seine Indirekte Sucht. Er hat alle Kontrolle über sich verloren und ist von mir abhängig wie ein Fötus. Bei einer Indirekten Sucht leidet man an einem ganzen Spektrum von grauenhaften Wahnvorstellungen, das Protoplasma windet sich in stummer Verzweiflung, die Knochen biegen sich vor Schmerzen durch. Die Nerven sind zum Zerreißen gespannt, pure Energie ohne jeden emotionalen Gehalt rast schließlich durch den Körper, der zuckt und schleudert, als habe er eine Hochspannungsleitung berührt. Wenn er plötzlich von seiner Auflade-Connection abgeschnitten wird, verfällt der I.S. (Indirekt Süchtige) in derart heftige elektrische Zuckungen, daß sich seine Knochen vom Fleisch lösen und er an inneren Blutungen stirbt, während das Skelett krampfhaft versucht, aus diesem unerträglichen Fleisch herauszukommen und auf kürzestem Wege zum nächsten Friedhof zu rennen.

Das Verhältnis zwischen einem I.S. und seiner A.C. (Auflade-Connection) ist so intensiv, daß der eine die Gesellschaft des anderen jeweils nur für kurze Zeit und in größeren Abständen ertragen kann—ich meine außerhalb ihrer geschäftlichen Meetings, bei denen der Auflade-Vorgang ohnehin keine private Beziehung zuläßt.

Lese die Zeitung... Irgendwas von einem dreifachen Mord in der Rue de la Merde, Paris: »Eine Abrechnung«... Ich verliere immer wieder den Faden... »Die Polizei hat den Täter identifiziert... Pepe El Culito... ›Das kleine Arschloch‹, ein reizender Kosename.« Steht das wirklich da?... Ich versuche mich auf die Wörter zu konzentrieren... Sie verschwimmen zu einem sinnlosen Mosaik...

Lazarus Go Home

Lee tastete sich durch die vergilbten Lochstreifen in der Randzone seines Gedächtnisses, eine öde Zone mit einer zähen grauen Atmosphäre, in der ihn klaffende Erinnerungslücken angähnten. Schließlich fiel es ihm wieder ein: der junge Junkie, der da um zehn Uhr morgens in seinem Zimmer stand, hatte die letzten zwei Monate vor der Küste von Korsika nach Fischen getaucht und war seine Heroinsucht losgeworden...

›*Jetzt will er hier mit seinem neuen Körper angeben*‹, sagte sich Lee und spürte wie an jedem Morgen den kalten Hauch der Suchtkrankheit in seinem Fleisch. Er sah jetzt wieder vor sich, wie der Junge—ah ja: *Miguel* ... vielen Dank—vor drei Monaten im Metropole voll im Tran vor einem abgestandenen gelben Eclair gesessen hatte, das zwei Stunden später eine Katze vergiften sollte. Miguel um zehn Uhr morgens ertragen zu müssen, war eine solche Zumutung, daß er sich nicht auch noch die unerträgliche Mühe machen wollte, ihn auf seinen Irrtum hinzuweisen—(»hab ich hier vielleicht ne gottverdammte Farm?«)—, sonst würde ihm Miguels gegenwärtige Erscheinung auf Schritt und Tritt in die Quere kommen wie ein lästiger sperriger Gegenstand, den man im letzten Augenblick noch im Koffer unterbringen muß, worauf sich dieser unweigerlich nicht mehr schließen läßt.

»Du siehst prächtig aus«, sagte Lee und wischte sich die äußeren Zeichen seines Abscheus mit einer schmuddeligen Serviette von den Lippen. Er sah den grauen Schmant des Junk, der sich durch sämtliche Poren von Miguels Gesicht drückte, und er registrierte die Merkmale einer heruntergekommenen Existenz, die den Eindruck erweckten, als habe sich der Mann jahrelang in den Gossen der Zeit herumgetrieben, ohne je eine Raumstation zu finden, in der man sich ein bißchen frisch machen konnte...

›Außerdem, bis ich den soweit habe, daß er seinen Irrtum einsieht... Lazarus go home... Bezahl den MANN und geh nach Hause... Was hab ich davon, wenn ich dein altes geliehenes Fleisch ansehe?‹

»Naja, freut mich, daß du davon runter bist... Tust dir selber 'n Gefallen damit.« Miguel schwamm im Zimmer herum und harpunierte Fische mit dem ausgestreckten Zeigefinger...

»Wenn du da unten bist, denkst du nie an Junk.«

»So bist du auch besser dran«, sagte Lee. Gedankenverloren betastete er einen vernarbten Einstich auf Miguels Handrücken und strich mit einem Finger langsam über die prallen Erhebungen und Verwerfungen der violett angeschwollenen Haut...

Miguel kratzte sich das Handgelenk... Er sah aus dem Fenster... Kleine galvanische Zuckungen durchliefen seinen Körper, und die Junk-Leitungen begannen zu glühen... Lee saß da und wartete ab. »Von ner einzigen kleinen Prise ist noch keiner rückfällig geworden, Kid.«

»Ich weiß schon, was ich mache.«

»Das wissen sie alle.«

Miguel bohrte sich mit der Nagelfeile ein Loch.

Lee schloß gelangweilt die Augen. »Ich kanns schon gar nicht mehr sehn.«

»Äh, danke, das tat richtig gut.« Miguel rutschten die Hosen auf die Knöchel herunter und er stand da in einer verformten Hülle aus Fleisch, das sich in der Morgensonne von Braun zu Grün verfärbte und schließlich farblos wurde und in Klumpen auf den Fußboden fiel.

Lee zuckte kurz mit den Augenlidern ... eine kaum merkliche Bewegung in der verquollenen Masse seines Gesichts ... ein kaltes graues Flackern ... »Mach das wieder sauber«, sagte er. »Hab schon genug Dreck in der Bude.«

»Oh, äh, klar ...« Miguel fuhrwerkte mit einer Kehrichtschaufel herum.

Lee räumte das Päckchen Heroin wieder weg.

Lee lebte in einem Zustand, der am dritten Tag eines Entzugs erreicht wird, bei ihm allerdings zum Dauerzustand geworden war. Gewisse Unterbrechungen dieses Zustands waren natürlich unerläßlich: das Feuer, das in seiner gelb-rosa-braunen gallertigen Substanz brannte und ihm das lästige Fleisch auf Distanz hielt, brauchte immer wieder neue Nahrung. Anfangs war sein Fleisch eine weiche Masse, so durchlässig, daß er jedes Staubkörnchen, jeden Luftzug, jedes Scheuern eines Kleidungsstücks bis auf die Knochen spürte; während der Kontakt mit festen Gegenständen wie etwa Türen und Stühlen kein unangenehmes Gefühl zu verursachen schien. Keine Wunde heilte in diesem weichen Fleisch, das sich nur zögernd bildete ... Lange weiße verschimmelte Ranken kringelten sich wie Fangarme um die nackten Knochen. Der modrige Dunst, der seinen atrophierten Hoden entströmte, umgab seinen Körper wie ein flockiger grauer Nebel ...

Als er mit seiner ersten schweren Infektion ins Hospital kam, kochte das Thermometer über; eine Quecksilberkugel schoß heraus und detonierte im Gehirn der Krankenschwester, die mit einem erstickten Aufschrei tot umfiel. Für den Arzt war sofort klar, daß dieser Patient das Recht auf Erhaltung seines Lebens verwirkt hatte. Er gab Anweisung, das brennende Bett samt Inhalt augenblicklich aus dem Hospital zu entfernen.

»Der soll sich meinetwegen sein Penicillin selber machen!«, sagte er barsch.

Doch die Infektion verschmorte nun auch den inneren Kern, und Lee existierte daraufhin in verschiedenen Graden von Transparenz... Er war zwar nicht gerade unsichtbar, aber zumindest schwer zu sehen. Er wurde nur flüchtig wahrgenommen... Man hielt ihn entweder für einen Einfall der Werbung, oder man tat ihn einfach als Schatten oder optische Täuschung ab: »Irgend so'n Trick mit Licht, oder ne Neonreklame.«

Jetzt spürte Lee die ersten seismischen Beben, die einen alten Bekannten ankündigten: das Kalte Brennen. Mit sanftem Nachdruck bugsierte er Miguels Geist mit einem seiner Fangarme hinaus in den Flur.

»Meine Güte! Ich hab ja noch was zu erledigen!«, sagte Miguel und rannte los.

Histamin schoß aus Lee's glühendem Kern und züngelte in hellrosa Flammen über die wunde Oberfläche seines Körpers. (Das Zimmer war feuersicher; die Eisenwände wirkten wie eine schrundige ausgeglühte Kraterlandschaft.) Er verstieß gegen seinen Plan und spritzte sich eine erhöhte Dosis.

Er beschloß, einen Kollegen aufzusuchen—»NG Joe«, der nach einem Anfall von Bang-utot in Honolulu süchtig geworden war...

(Bang utot, wörtlich: »stöhnen und nicht mehr hochkommen«—Anfälle, wie sie unter der männlichen Bevölkerung von Südostasien grassieren... Der Tod tritt während eines Alptraums ein... In Manila registriert man jedes Jahr ungefähr ein Dutzend Todesfälle, die auf Bang-utot zurückgeführt werden.

Ein Mann, der es überlebte, sagte hinterher aus, »ein kleiner Mann« habe sich auf seine Brust gesetzt und ihn gewürgt.

Die Opfer wissen oft instinktiv, daß sie in Todesgefahr sind; sie äußern die Befürchtung, sie würden von ihrem eigenen Penis durchbohrt und getötet. Manchmal umklammern sie verzweifelt ihren Penis und schreien hysterisch um Hilfe—das Ding sei nicht mehr zu bändigen, es wolle sich selbständig machen und sie durchbohren. Erektionen, wie sie üblicherweise im Schlaf auftreten, gelten als besonders gefährlich, weil sie leicht zu einem Anfall mit tödlichem Ausgang führen können... Ein Mann baute sich eine hochkomplizierte Vorrichtung, die einem Rube Goldberg alle Ehre gemacht hätte. Der Apparat sollte Erektionen während des Schlafs verhindern. Aber der Erfinder starb trotzdem an Bang-utot.

Auch die sorgfältigsten Autopsien von Bang-utot Opfern haben noch keinen Hinweis auf eine organische Todesursache erbracht. Oft finden sich Anzeichen für einen Erstickungsanfall, für den es allerdings keine Erklärung gibt; gelegentlich werden innere Blutungen festgestellt (Magen und Lunge)—ebenfalls ohne ersichtlichen Grund, und außerdem als Todesursache nicht ausreichend. Ich kann mir die Sache nur so erklären, daß es sich hier um fehlgeleitete sexuelle Energie handelt, die zu einer Lungenerektion mit anschließendem Erstickungstod führt ... vgl. *The Men with the Deadly Dream* von Dr. med. Nils Larsen in der Saturday Evening Post vom 3. Dezember 1955. Auch Erle Stanley Gardner hat zu diesem Thema einen Artikel geschrieben, der in *True Magazine* erschienen ist.)

NG lebte ständig in der Angst vor einer Erektion, weshalb er seinen Drogenkonsum immer mehr steigern mußte. (Es ist eine sattsam bekannte und in der Tat unendlich öde und ermüdende Tatsache, daß jeder, der wegen eines körperlichen Leidens süchtig wird, in Zeiten der Stoffknappheit oder des Entzugs—irgendwo hört schließlich jeder Spaß mal auf—mit geradezu unverschämten Sollzinsen belastet wird, die in geometrischer Progression ansteigen.)

Eine Elektrode, die an seinem einen Hoden befestigt

war, glühte kurz auf, und NG wachte auf, umwabert vom ätzenden Gestank des versengten Fleischs, und griff nach der vollen Spritze. Er rollte sich wie ein Fötus zusammen und jagte sich die Spritze ins Rückenmark. Mit einem Seufzer der Erleichterung zog er die Nadel heraus. Erst jetzt fiel ihm auf, daß Lee im Zimmer war. Ein langer Schneckenfühler wand sich aus Lee's rechtem Auge heraus und schrieb in schleimschillernden Buchstaben an die Wand: »Der Seemann ist in der City und kauft die ganze ZEIT auf.«

Ich warte vor einem Drugstore, der um 9 Uhr öffnet. Zwei Araberjungen rollen volle Mülltonnen vor ein hohes wuchtiges Tor in einer weißgekalkten Mauer. Schlieren von Urin im Staub vor dem Tor. Einer der beiden Jungs beugt sich beim Rollen der schweren Mülltonen nach vorn, seine Hose spannt über dem mageren jungen Hintern. Er sieht mit dem neutralen, gelassenen Blick eines Tieres zu mir her. Erschrocken fahre ich zusammen, als gebe es den Jungen wirklich und als hätte ich am Nachmittag eine Verabredung mit ihm verpaßt.

»Wir rechnen mit weiteren Anpassungen«, sagt der Inspektor in einem Interview mit Ihrem Reporter. »Andernfalls«, er hebt auf unverkennbar nordische Art das eine Bein, »kommt es zu einem Taucherkoller, nicht wahr? Aber vielleicht können wir auch eine geeignete Kammer für den Druckausgleich bereitstellen.«

Der Inspektor knöpft seinen Hosenlatz auf, entdeckt die eine oder andere Sackratte und schmiert sich mit Salbe aus einem kleinen Tontopf ein. Das Interview ist damit offensichtlich beendet. »Sie wollen doch nicht etwa schon gehen?«, ruft er aus. »Na dann ... wie ein Richter zum anderen sagte: ›Lassen Sie Gerechtigkeit walten, und wenns damit nicht geht, dann bleibt Ihnen ja immer noch die nackte Willkür.‹ Bedaure, daß ich mich nicht an die landesüblichen Obszönitäten halten kann...« Er hält seine rechte Hand hoch, die mit einer übelriechenden gelben Salbe verschmiert ist.

Der Reporter stürzt zu ihm hin und drückt ihm mit beiden Händen die schmierige Pfote: »Es war mir ein Vergnügen, Inspektor, ein unaussprechliches Vergnügen.« Er pellt sich die Gummihandschuhe herunter, knüllt sie zusammen und wirft sie in den Papierkorb. »Spesenkonto«, sagt er lächelnd.

Hassans Matratzengruft

Vergoldete Schnitzereien und roter Plüsch. Rokoko-Bar vor einer rosig ausgeleuchteten Muschel. Ein schwerer süßlicher Gestank wie von fauligem Honig liegt in der Luft. Männer in Smoking und Frauen in Abendkleidern schlürfen Kaffee und Likör durch Alabaster-Röhrchen. Ein nackter Mugwump aus dem Vorderen Orient sitzt auf einem Barhocker mit rosarotem Seidenpolster. Mit einer langen schwarzen Zunge leckt er warmen Honig aus einer Kristallschale. Seine Genitalien sind vollständig ausgebildet—beschnittener Schwanz, schwarzglänzendes Schamhaar. Seine Lippen sind dünn und violett wie die gestraffte Vorhaut eines Penis, seine Augen stumpf und starr wie die eines Insekts. Mugwumps haben keine Leber und nähren sich ausschließlich von süßen Säften. Der Mugwump stößt jetzt einen schlanken blonden Jungen auf eine Couch und zieht ihm mit routinierten Bewegungen die Kleider aus.

»Steh auf und dreh dich um«, befiehlt er ihm mit telepathischen Bildsignalen. Mit einer roten Seidenschnur bindet er dem Jungen die Hände auf den Rücken. »Heute abend machen wir es bis zum Ende.«

»Nein! Nein!«, kreischt der Junge.

»Doch, doch...«

Schwänze ejakulieren ringsum ihr schweigendes Einverständnis. Der Mugwump zieht einen seidenen Vorhang zur Seite und enthüllt einen Galgen aus Teakholz vor einer indirekt beleuchteten Wand aus roten Kieseln. Der Galgen steht auf einem Podest aus aztekischen Mosaiken.

Der Junge sinkt mit einem langgezogenen »OOOOOO-OOH« auf die Knie. In seiner Todesangst versagen ihm die Schließmuskeln. Er spürt, wie ihm der warme Dünnschiß an den Schenkeln herunterläuft. Sein Körper zieht sich in eine fötale Stellung zusammen und heißes Sperma spritzt ihm ins Gesicht. Der Mugwump plätschert warmes parfümiertes Wasser aus einer Alabasterschale, wäscht dem Jungen nachdenklich den Arsch und den Schwanz und trocknet ihn mit einem weichen blauen Handtuch ab. Ein warmer Wind umspielt den Körper des Jungen und föhnt ihm die Schamhaare trocken. Mit dem Unterarm greift der Mugwump dem Jungen unter der Brust durch, zieht ihn hoch und stellt ihn auf die Beine. Er packt ihn mit beiden Händen an den abstehenden Ellbogen, bugsiert ihn die Stufen hinauf und stellt ihn unter die Schlinge. Er steht jetzt vor dem Jungen und hält ihm mit beiden Händen die Schlinge vor den Kopf.

Der Junge sieht kein Spiegelbild in den Augen des Mugwump; sie sind trübe wie Spiegel aus Obsidian, Tümpel aus schwarzem Blut, leer wie Löcher in einer Toilettenwand, hinter denen sich Voyeure am Anblick der Letzten Erektion weiden.

Ein alter Müllmann, das Gesicht so zerbrechlich und vergilbt wie das einer chinesischen Elfenbeinfigur, bläst auf seiner zerbeulten Trompete das Signal, und der spanische Zuhälter wacht auf und hat einen stehen. Eine Hure kommt herausgewankt, durch Staub und Scheiße und einen Wurf toter Kätzchen, gebeugt unter der Last von Säcken voll abgetriebener Embryos, zerfetzter Kondome, blutiger Monatsbinden und Kotklumpen, die in Zeitungsseiten mit Comics in schreienden Farben eingewickelt sind.

Ein riesiger ausgestorbener Hafen mit einer schillernden Ölschicht auf dem Wasser. Erdgas-Fackeln über verlassenen Bohrlöchern am rauchgeschwärzten Horizont. Gestank nach Öl und Abwässern. Kranke Haie schwimmen im schwarzen Wasser, rülpsen Schwefeldämpfe aus ihrer verfaulten Leber und ignorieren einen blutigen abgestürzten Ikarus: Mr. America, nackt und bis auf die Knochen durchglüht von krankhafter Eitelkeit, brüllt aus voller Lunge: »Mein Arsch bringt sogar den Louvre aus der Fassung! Ich furze Ambrosia und scheiße pures Gold! Mein Schwanz spuckt weiche Diamanten in den Strahlen der Morgensonne!« Er stürzt sich vom blinden Leuchtturm herunter, wirft Kußhändchen und wichst sich einen ab, durchschlägt den schwarzen Wasserspiegel, gleitet seitwärts hinab durch kryptische Kondome und ein Mosaik von tausend Zeitungen, durch die Backsteinruinen einer versunkenen Stadt, bis er schließlich im schwarzen Schlick zur Ruhe kommt bei den Blechdosen und Bierflaschen, den Gangstern in Zement, den plattgestanzten Pistolen, an denen auch der geilste Ballistik-Experte keine Seriennummer mehr entdeckt. Dort wartet er mit fossilen Lenden auf den langsamen Striptease der Erosion.

Der Mugwump legt dem Jungen die Schlinge um den Hals und zurrt den Knoten mit einer zärtlichen Bewegung hinter dem linken Ohr fest. Der Penis des Jungen ist geschrumpft, seine Eier sind klein und hart geworden. Er sieht starr geradeaus, sein Atem geht schwer. Der Mugwump streicht mit aufreizend stilisierten Bewegungen um den Jungen herum und kitzelt ihn an den Genitalien. Er stellt sich hinter den Jungen, stößt ihm ein paarmal seinen Unterleib gegen den Hintern und schiebt ihm dann seinen Schwanz in den Arsch. Er steht da und macht kreisende Stoßbewegungen.

Die Gäste tuscheln miteinander, stoßen sich mit den Ellbogen an und kichern.

Plötzlich schiebt der Mugwump den Jungen von seinem Schwanz herunter und stößt ihn nach vorn ins Leere. Der Junge schwingt sachte hin und her. Der Mugwump faßt ihn mit beiden Händen an den Hüftknochen und hält ihn an. Dann hebt er die Hände mit schlängelnden Bewegungen, als zeichne er Hieroglyphen in die Luft, und bricht dem Jungen das Genick. Ein Zucken geht durch den Körper des Jungen. In drei großen Wellen, die seinen ganzen

Unterleib mit nach vorn ziehen, richtet sich sein Penis auf und ejakuliert.

Grüne Funken explodieren hinter seinen Augen. Ein leiser, ziehender Schmerz wie leichtes Zahnweh schießt ihm durch das Rückenmark in die Lendengegend, und sein Körper windet sich in lustvollen Zuckungen. Sein ganzer Körper drängt in seine Schwanzspitze. Eine letzte krampfartige Zuckung, und ein Schwall von Sperma schleudert heraus und klatscht wie eine Sternschnuppe auf die rot schimmernde Wand.

Der Junge fällt mit einem weichen satten PLOP durch ein Gewirr von Spielautomaten und Onaniervorlagen.

Ein harter Kotklumpen schießt glatt aus seinem Arsch. Fürze lassen seinen schlanken Körper erzittern. Feuerwerk explodiert in grünen Trauben über einem breiten Fluß. Er hört das schwache Tuckern eines Motorboots im dämmrigen Dschungel... Unter dem lautlosen Flügelschlag des Anopheles-Moskitos.

Der Mugwump zieht den Jungen zu sich her und steckt ihm wieder den Schwanz rein. Der Junge zappelt wie ein harpunierter Fisch. Der Mugwump klammert sich an dem Jungen fest, stößt sich ab, sie pendeln hin und her, sein Körper zieht sich in schlangengleichen Bewegungen zusammen. Blut quillt dem Jungen aus dem Mund und läuft ihm am Kinn herunter; mit seinem leichten Schmollmund wirkt er rührend unschuldig in seinem Tod. Der Mugwump läßt sich wie ein satter Blutegel auf den Boden fallen.

Fensterloser Raum mit blauen Wänden. Tür verdeckt von einem schmutzigen blaßrosa Vorhang. Rote Wanzen kriechen über die Wände, klumpen sich in den Ecken zusammen. Nackter Junge klimpert mitten im Zimmer auf einer zweisaitigen Ouad und schaukelt mit dem Oberkörper hin und her. Ein zweiter Junge, halb zurückgelehnt auf dem Bett, raucht Kif und bläst den Rauch über seinen erigierten Schwanz. Sie legen Tarot-Karten auf dem Bett aus, um zu sehen, wer wen ficken soll. Sie schummeln dabei, geraten sich in die Haare, wälzen sich knurrend und fauchend wie junge Tiere auf dem Boden herum. Der Verlierer sitzt auf dem Fußboden, das Kinn auf den Knien, und leckt sich einen abgebrochenen Zahn. Der Sieger rollt sich auf dem Bett zusammen und tut so, als schlafe er. Sobald sich der andere an ihn heranmachen will, tritt er nach ihm. Ali packt ihn am Fußgelenk, klemmt den Fuß unter seiner Achselhöhle ein, hält ihn an der Wade fest. Der Junge versucht verzweifelt, Ali ins Gesicht zu treten. Jetzt ist auch sein anderer Fuß eingeklemmt. Ali drückt den Jungen nach hinten. Der Schwanz des Jungen reckt sich an seinem Unterleib hoch, dann steht er frei, pulsiert. Ali drückt ihm die Arme nach hinten. Spuckt sich auf den Schwanz. Der andere seufzt tief, als Alis Schwanz in ihn eindringt. Ihre Münder wühlen sich ineinander, bis das Blut kommt. Scharfer Moschusgeruch des penetrierten Anus. Wie ein Keil stößt der *nimun* hinein und treibt den Saft aus dem Schwanz des anderen in langen heißen Spritzern heraus. (Der Autor hat beobachtet, daß die Schwänze von Arabern dazu neigen, breit und keilförmig zu sein.)

Satyr und nackter griechischer Jüngling, beide in Taucherausrüstung, inszenieren eine spielerische Verfolgungsjagd in einer riesigen Vase aus durchsichtigem Alabaster. Der Satyr bekommt den Jungen von vorn zu fassen und wirbelt ihn herum. Sie bewegen sich ruckartig wie Fische. Dem Mund des Jungen entströmt ein Schwall von silbernen Luftblasen. Weißes Sperma ergießt sich in das grüne Wasser und fließt in trägen Schlieren um ihre zuckenden Körper herum.

Neger hebt einen zartgliedrigen chinesischen Jungen hoch und legt ihn behutsam in eine Hängematte. Er schiebt dem Jungen die Beine bis über den Kopf hoch und setzt sich rittlings auf die Hängematte. Er drückt dem Jungen seinen Schwanz ins enge Loch. Er schaukelt die Hängematte sachte hin und her. Der Junge stößt einen merkwürdig schrillen langgezogenen Schrei aus, qualvoll und wollüstig zugleich.

Ein Tempeltänzer aus Java sitzt auf einem reichverzierten Drehstuhl aus Teak, dessen Zapfen in einem aus Kalkstein gehauenen Hintern steckt. Mit rituellen Bewegungen zieht er einen amerikanischen Jungen—rotes Haar, hellgrüne Augen—auf seinen Schwanz herunter. Aufgespießt sitzt der Boy dem Tänzer gegenüber, der nun kreisende Stoßbewegungen ausführt, während die Sitzfläche des Stuhls zunehmend glitschig wird von einem zähen Saft. »Uiiiiiiii!«, kreischt der Junge, als sein Sperma dem Tänzer über die harte braune Brust spritzt. Ein Spritzer bleibt dem Tänzer im Mundwinkel hängen. Der Junge schiebt ihn mit dem Finger vollends rein und sagt lachend: »Mann, das nenn ich 'n Lutscher!«

Zwei Araberweiber mit bestialischen Gesichtern haben einem kleinen blonden Franzosen die kurzen Hosen heruntergezogen. Sie pimpern ihn mit roten Gummischwänzen. Der Junge faucht, beißt und tritt um sich; dann bricht er in Tränen aus, als sein Schwanz hochgeht und ejakuliert.

Hassan steigt das Blut in den Kopf und sein Gesicht schwillt an. Seine Lippen verfärben sich violett. Er legt seinen Anzug aus Banknoten ab und schmeißt ihn in einen offenen Tresor, der sich lautlos schließt.

»Die Große Freiheit is ausgebrochen, Herrschaften!«, brüllt er in seinem nachgemachten texanischen Akzent. Nur noch mit Zehn-Gallonen-Hut und Cowboystiefeln bekleidet, tanzt er den Liquefaktionisten-Quickstep, der am Ende übergeht in einen grotesken Can-Can zu den Klängen von *She Started a Heat Wave.*

»Nur keine falschen Hemmungen! Geht in die vollen!!!«

Kopulierende Paare hängen in barocken Schnürkorsetts von der Decke, wedeln mit künstlichen Flügeln und kreischen wie die Elstern.

Trapezkünstler fliegen durch die Luft und wichsen sich mit einer einzigen blitzschnellen Bewegung gegenseitig einen runter.

Äquilibristen balancieren am Ende langer Stangen auf Stühlen über der gähnenden Leere und lutschen einander gierig ab. Ein warmer Wind weht aus dunstigen Tiefen den Geruch von Flüssen und Urwald herauf.

Boys mit Stricken um den Hals krachen zu Hunderten durchs Dach, zappeln und strampeln mit den Beinen. Sie hängen in verschiedenen Höhen, manche dicht unterm Dach, andere nur ein paar Zentimeter über dem Fußboden. Vollendet geformte Balinesen und Malaien; mexikanische Indios mit wilden unschuldigen Gesichtern und hellroten Gaumen; Neger (Zähne, Finger, Zehennägel und Schamhaar vergoldet); japanische Jungs, deren glatte Haut die Farbe von altem Porzellan hat; venezianische Jünglinge mit tizianrotem Haar; Amerikaner mit blonden oder schwarzen Locken, die ihnen die Gäste zärtlich aus der Stirn streichen; blonde Polacken mit Schmollmund und braunen Rehaugen; arabische und spanische Straßenjungen; australische Boys mit zarter rosiger Haut und einem Hauch von blondem Schamhaar; arrogante deutsche Jungmänner mit leuchtend blauen Augen, die »Heil Hitler!« brüllen, während die Falltür unter ihnen aufklappt; Sollubis, die unterwürfig maunzen und sich vollscheißen.

Mr. Reich&Vulgär, umringt von juchzenden blonden Lustknaben, räkelt sich an einem Badestrand in Florida und kaut widerlich schmatzend auf seiner Havana herum:

»Da hat sich so 'n Bürger einen Latah aus Indochina importiert. Er will mit dem Latah ne Nummer am Galgen machen und seinen Freunden ein Videotape davon zu Weihnachten schicken. Besorgt sich also zwei Stricke—der eine is echt, der andere sieht bloß so aus und ist in Wirklichkeit 'n Gummiseil. Aber der Latah riecht Lunte und zieht sich in der Nacht seine Nikolaus-Kluft an und vertauscht die beiden Dinger. Am nächsten Morgen legt sich unser Bürger die eine Schlinge um den Hals, und der Latah, der ja alles nachmachen muß, macht sich die andere um. Na, die Falltüren klappen auf, und der Bürger hat sich aufgehängt, während der Latah am Ende von seinem straffen Gummiseil lässig da unten rumsteht. Tja, und dann macht er jedes Zucken von dem anderen nach und es geht ihm dreimal hintereinander einer ab.

»Smarter Junge, dieser Latah. Weiß, wo's langgeht. Ich laß ihn in einer von meinen Fabriken als Packer arbeiten.«

Aztekenpriester nehmen dem Nackten Jungen die Robe aus blauen Federn ab. Sie legen ihn mit dem Rücken über einen Altar aus Kalkstein, legen ihm die halbierten Schalen eines kristallenen Totenschädels um den Kopf und verschrauben die beiden Hälften hinten und vorne mit Kristallschrauben. Ein Wasserfall stürzt herab und bricht dem Jungen das Genick. Er ejakuliert einen Regenbogen in die aufgehende Sonne.

Der beißende Proteingeruch von Samen hängt in der Luft. Die Gäste betasten die gehenkten Jungs, lutschen ihnen den Schwanz, klammern sich wie Vampire von hinten an ihnen fest.

Nackte Leibgardisten schieben junge Paralytiker in Eisernen Lungen herein.

Blinde Jungs arbeiten sich tastend aus riesigen Fleischpasteten, unheilbar Schizophrene schnalzen aus einer Gummifotze heraus, Boys mit schauerlichen Hautkrankheiten tauchen aus einem schwarzen Tümpel auf (an der Oberfläche schwimmen gelbe Kotklumpen, die von trägen Fischen angenagt werden).

Ein Mann in geblümtem Hemd und weißem Schlips, von der Hüfte abwärts nackt bis auf ein Paar schwarze Sockenhalter, macht elegante Konversation mit der ›Bienenkönigin‹. (Bienenköniginnen sind alte Weiber, die sich mit Schwulen umgeben und einen ›Schwarm‹ bilden. Ein finsterer mexikanischer Brauch.)

»Aber wo ist die Statue?« Beim Reden bewegt sich nur die eine Hälfte seines Gesichts, die andere ist verhärtet und vernarbt von der Tortur einer Million Brennspiegel. Er onaniert wie besessen. Die Bienenkönigin redet weiter, ohne etwas zu merken.

Sofas und Sessel, der ganze Fußboden beginnt zu vibrieren. Die Gäste, nur noch als verschwommene graue

Schemen zu erkennen, kreischen in schwanzlüsterner Agonie.

Zwei Jungs wichsen unter einer Eisenbahnbrücke. Der Zug rast über sie weg, rüttelt sie durch, bringt sie zum Ejakulieren, verschwindet mit einem abgerissenen Pfiff der Lokomotive. Frösche quaken. Die Jungs waschen sich den Samen von ihren flachen braunen Bäuchen.

Zugabteil. Zwei junge Junkies im Entzug, unterwegs nach Lexington. Von plötzlicher Geilheit gepackt lassen sie die Hosen runter. Der eine seift sich den Schwanz ein und dreht ihn dem anderen wie einen Korkenzieher in den Arsch. »Jeeeeesus!« Beide ejakulieren gleichzeitig. Sie lösen sich voneinander und ziehen sich die Hosen wieder hoch.

»Kenn da 'n alten Weißkittel, der verschreibt die ölige Tinktur.«

»Die blutig und wund geschürften Hämorrhoiden von meiner alten Mama schreien nach dem Schwarzen Shit *... Doc, stellen Sie sich mal vor, es würde *Ihrer* Mutter so gehn ... sie hat ne Bande Blutegel im Arsch und macht dauernd so fies mit ihrem Unterleib hin und her... Stell deinen Pelvis ab, Mom, du kotzt mich richtig an.«

»Gehn wir mal bei ihm vorbei und stecken so'n Rezept ab.«

Der Zug rast durch die rauchige, neon-erleuchtete Juninacht.

Bilder von Frauen und Männern, Jungs und Mädchen, Tieren, Fischen, Vögeln ... der Kopulationsrhythmus des Universums schwappt durch den Raum, eine gewaltige blaue Flutwelle der Lebensenergie. Das lautlose Vibrieren im tiefen Urwald—das plötzliche Schweigen in Großstädten, wenn der Pusher dem Junkie die Kapsel in die Hand fallen läßt. Ein Augenblick der Stille und leisen Verwunderung. Sogar der Pendler aus der Vorstadt sondiert seine verstopften Cholesterol-Kanäle nach einer Kontaktstelle.

* Opium (C.W.)

Hassan brüllt mit überschnappender Stimme: »Das hast alles du auf dem Gewissen, A. J.! Du ruinierst mir die ganze Party!«

A. J. sieht ihn an, sein Gesicht bleibt so ausdruckslos, als sei es aus Kalkstein herausgemeißelt: »Leck mich doch am Arsch, du Liquefaktionisten-Kaffer.«

Eine Horde mannstoller Amerikanerinnen kommt hereingestürzt. Geifernde Mösen von der Farm und der Touristen-Ranch, aus Fabrik, Bordell und Country Club, Penthouse und Vorstadt, Motel und Jacht und Cocktail-Bar. Sie strippen sich aus Reitkostümen, Ski-Anzügen, Abendkleidern, Jeans, Party-Klamotten, geblümten Fähnchen von der Stange, Freizeithosen, Badeanzügen und Kimonos. Sie kreischen und juchzen und jaulen wie tollwütige läufige Hündinnen und fallen die Gäste an. Sie krallen sich an den gehenkten Jungs fest und zetern: »Du Schwuchtel! Du Bastard! Fick mich! Fick mich! Fick mich! Fick mich!« Die Gäste ergreifen schreiend die Flucht, ducken sich unter den gehenkten Jungs durch, stürzen Eiserne Lungen um.

A. J.: »Gottverdammte Scheiße! Laß meine Schweizergarde raustreten! Schaff mir diese Kanaillen vom Hals!«

Mr. Hyslop, A. J.'s Sekretär, schaut von seinem Comic-Heft hoch: »Die Schweizer haben sich schon längst verflüssigt.«

(Unter Liquefaktion versteht man eine Spaltung der Eiweißmoleküle, die zur Folge hat, daß sich der Organismus verflüssigt und vom Protoplasma eines anderen absorbiert wird. Hassan, ein notorischer Liquefaktionist, ist in diesem Fall der wahrscheinliche Nutznießer.)

A. J.: »Diese fahnenflüchtigen Schwanzlutscher! Was soll ein Mensch ohne seine Schweizergarde anfangen? Gentlemen, wir stehen mit dem Rücken zur Wand. Es geht jetzt um unsere nackten Schwänze. Mr. Hyslop, lassen Sie Handfeuerwaffen an die Mannschaft ausgeben! Keiner kommt mir die Wanten hoch!«

A. J. reißt seinen Krummsäbel heraus und beginnt die Amerikanerinnen zu köpfen. Er singt aus voller Kehle:

Fünfzehn Mann auf des toten Manns Truh!
Johoho und ne Bottel voll Rum!
Sauft, und die arme Seele hat Ruh'!
Johoho und ne Bottel voll Rum!

Mr. Hyslop, gelangweilt und resigniert: »Ach Gott, er ist mal wieder in seinem Element...« Lustlos schwenkt er die Fahne mit dem Totenkopf.

A. J., von einer Übermacht hoffnungslos in die Enge getrieben, wirft den Kopf zurück und stößt den Lockruf der Schweinehirten aus. Augenblicklich kommen tausend brünstige Eskimos mit geschwollenen Gesichtern, rot entzündeten Augen und violetten Lippen grunzend und quiekend angerannt und machen sich über die Amerikanerinnen her.

(Eskimos haben eine Brunftzeit. Während des kurzen Sommers kommen die Sippen zusammen und veranstalten Orgien. Ihre Gesichter schwellen an, und ihre Lippen verfärben sich violett.)

Ein Hausdetektiv mit einer zwei Fuß langen Zigarre im Mund steckt den Kopf durch die Wand: »Was habt denn ihr hier drin, ne Menagerie?«

Hassan, händeringend: »Einen Schlamassel! Einen verstunkenen Schlamassel! Bei Allah, so eine ausgemachte Schweinerei habe ich noch nie erlebt!«

Er fährt auf dem Absatz herum zu A. J., der auf einer Seekiste hockt—Papagei auf der Schulter, schwarze Augenklappe, ein Fäßchen Rum auf dem Schoß—und mit einem riesigen Messingfernrohr den Horizont absucht.

Hassan: »Du mieses Faktualisten-Schwein! Verschwinde und komm mir nie mehr über die Schwelle meiner Matratzengruft!«

Campus der Universität von Interzone

Packesel, Kamele, Lamas, Rikschas und Karren voll Waren, geschoben von keuchenden Boys, denen die Augen herausquellen wie die Zungen von Gehenkten—rot und pulsierend in animalischem Haß. Herden von Ziegen und Schafen und Langhorn-Rindern ziehen zwischen den Studenten und dem Katheder durch. Die Studenten sitzen auf rostigen Parkbänken, Kalksteinblöcken, Freiluft-Aborten, Kisten, Ölfässern, Baumstümpfen, verstaubten ledernen Betkissen, angeschimmelten Turnhallenmatten. Sie tragen Jeans, Djellabas, Bundhosen und Joppen, trinken Schnaps aus Steinkrügen, Kaffee aus Blechdosen, rauchen Joints, die sie sich aus Packpapier und Lotteriescheinen gedreht haben ... setzen sich mit Sicherheitsnadel und Tropfer einen Fix, studieren Renntips, Comics, Codices der Mayas...

Der Professor, eine Kette aus Kaulköpfen um den Hals, kommt mit dem Fahrrad an. Er steigt die Stufen zum Katheder hinauf und hält sich dabei den Rücken. (Ein Kran schwenkt eine brüllende Kuh über ihn hinweg.)

Prof.: »Letzte Nacht hat mich die ganze Armee des Sultans gepimpert. Habe mir im Dienst meines derzeitigen Hausdrachens das Steißbein ausgerenkt... Kann die alte Fut nicht loswerden. Brauche einen staatlich geprüften Hirnelektriker, der sie mir Synapse für Synapse abschaltet, und einen chirurgisch versierten Gerichtsvollzieher, der ihr die Kuddeln auf den Gehsteig raussetzt. Wenn sich die alte Ma mit Sack und Pack bei nem Jungen einquartiert, kann der nur noch den Leibhaftigen anrufen, damit er ihm diese hochkarätige Kostgängerin wieder vom Hals schafft...«

Er sieht auf seine Kaulköpfe herunter und summt Melodien aus den zwanziger Jahren. »Die Nostalgie sitzt mir in den Knochen, Jungs, und will auf Biegen und Brechen raus... Boys gehn übern Rummelplatz und essen rosa

Zuckerwatte ... stehn vor dem Guckkasten mit den zotigen Bildchen und langen sich zwischen die Schenkel ... wichsen sich auf dem Riesenrad einen ab und spritzen ihr Sperma dem Mond entgegen, der im roten Qualm der Gießereien jenseits des Flusses aufgeht. An einer Pappel vor dem Alten Gericht knüpfen sie einen Nigger auf ... winselnde Weiber schnappen sein Sperma mit gezahnten Mösen aus der Luft... (Der Ehemann besieht sich den kleinen Wechselbalg mit zusammengekniffenen Augen von der Farbe eines verwaschenen grauen Flanellhemds... ›Doc, das Balg sieht mir aber sehr nach einem Nigger aus‹... Der Doktor zuckt die Achseln: ›Is wie bei dem alten Spiel in der Armee, mein Sohn. Erbse unterm Deckel... Mal tippt man richtig und mal daneben.‹)

»Und im Hinterzimmer von seinem Drugstore haut sich Doc Parker das Heroin rein, drei Gran pro Schuß—›Tonic‹, murmelt er. ›Für mich ist immer Frühling.‹

»›Hands‹ Benson, der lokale Lustmolch, hat in der Latrine vom Schulhaus eine *querencia* bezogen (›Querencia‹ ist ein Fachausdruck aus der Sprache der Stierkämpfer... Der Stier sucht sich in der Arena eine Stelle, die ihm zusagt, und rührt sich nicht mehr vom Fleck. Der Stierkämpfer muß sich entweder vom Stier die Bedingungen des Kampfes diktieren lassen, oder er muß ihn von dort weglocken—eins von beiden). Sheriff A.Q. ›Flat‹ Larsen sagt: ›Irgendwie müssen wir ihn aus dieser Querencia rauslocken...‹ Und die alte Ma Lottie pennt zehn Jahre lang an der Seite einer toten Tochter, die sie auf hausmacher Art konserviert hat, und wacht fröstelnd irgendwo in East Texas in der Morgendämmerung auf... Geier kreisen draußen über dem schwarzen Sumpf und den Zypressenstümpfen...

»Und jetzt, Gentlemen—ich will hoffen, daß wir keine Transvestiten unter uns haben, he he, und daß Sie alle Gentlemen kraft Kongreßbeschluß sind, so daß nur noch zu klären wäre, ob Sie auch dem *männlichen Geschlecht* zugehören, denn für Zwitterwesen gleich welcher Tendenz ist der Aufenthalt in diesen geheiligten Hallen strikt verboten... Gentlemen: präsentieren Sie Ihre Schwänze. Sie sind ja bereits vergattert und wissen daher, wie wichtig es ist, daß Sie Ihre Waffen für jede Aktion, ob von der Flanke oder von hinten, gut geschmiert und griffbereit zu halten haben.«

STUDENTEN: »Hört! Hört!« Mißmutig knöpfen sie ihre Hosenlätze auf. Einer von ihnen schwenkt eine gewaltige Erektion.

PROF.: »Und damit, Gentlemen ... wo war ich doch gleich? Ah ja: Ma Lottie ... sie erwacht also fröstelnd in der lauen rosigen Morgendämmerung, rosig wie die Kerzen auf der Geburtstagstorte eines kleinen Mädchens, rosig wie Zuckerwatte, rosig wie eine Seemuschel, rosig wie ein pulsierender Schwanz im roten Schummerlicht... Ma Lottie wird uns, ahem, wenn wir die Sache nicht kurz machen, noch an Altersschwäche sterben und ihrer Tochter im Formaldehyd Gesellschaft leisten.

»Die Versdichtung vom Alten Matrosen, von Coleridge dem Dichter... Ich möchte Ihnen gerne einmal vor Augen führen, was der Alte Matrose *als Mensch* für uns symbolisiert...«

STUDENTEN: »*Als Mensch,* sagt er.«

»... d.h. wir sollten uns einmal mit seiner unappetitlichen Person beschäftigen.«

»Das war eben aber nicht sehr nett von Ihnen, Professor.«

Hundert jugendliche Verbrecher zücken ihre Schnappmesser ... es hört sich an wie das Schnappen von Gebissen ... und gehen auf ihn los.

PROF.: »Ach du meine Güte!« Er versucht verzweifelt, sich mit hohen schwarzen Schuhen und Schirm als alte Dame auszugeben... »Schade, daß ich 'n Hexenschuß habe und mich nicht bücken kann, sonst würd ich mich umdrehn und ihnen meinen leckeren Hintern anbieten, wie's die Paviane tun... Wenn ein schwacher Pavian von einem stärkeren angegriffen wird, dann bietet er entweder (a) seine ähm Kehrseite, so nennt man das wohl, meine Herren, hehe, zum passiven Geschlechtsverkehr an, *oder* (b) wenn er sozial angepaßt und mehr extrovertiert ist, dann wird er die Horde zu einem Angriff auf einen noch schwächeren Pavian animieren—falls sich einer finden läßt.«

Eine abgetakelte Diseuse in einer Garderobe von Anno 1920, die aussieht, als habe sie die ganze Zeit darin geschlafen, tänzelt hüftschwenkend über eine öde neonbeleuchtete Straße in Chicago ... das tote Gewicht der Guten Alten Toten Zeit hängt wie eine Geistererscheinung in der Luft. Diseuse (in der Tonlage eines versoffenen Tenors): »Such dir den schwächsten Pavian.«

Saloon aus dem Wilden Westen: Schwuler Pavian in einem blauen Kinderkleidchen singt mit resignierter Stimme zur Melodie von *Alice Blue Gown*: »Ich bin der schwächste Pavian weit und breit.«

Ein Güterzug trennt den Professor von seinen jugendlichen Zuhörern... Als der Zug durch ist, haben sie dicke Bäuche und verantwortungsvolle Positionen...

STUDENTEN: »Wir wollen Lottie!«

PROF.: »Das war in einem anderen Land, meine Herren... Wie ich gerade sagen wollte, ehe ich so gröblich unterbrochen wurde von einem meiner zahlreichen Ichs ... lästige kleine Biester ... bedenken Sie, daß der Alte Matrose ohne Curare, Lasso, Bulbocapnin oder Zwangsjacke arbeitet und trotzdem sein Publikum zu fesseln vermag... Worin besteht wohl sein äh mnäh Trick? He he he... Nun, im Gegensatz zu den sogenannten Künstlern von heute nimmt er nicht mit jedem *x-beliebigen* Publikum vorlieb und strapaziert die Geduld der Leute ohne Rücksicht auf Verluste... Nein, er nimmt sich diejenigen vor, die ihm unwillkürlich zuhören *müssen*—infolge einer bereits existierenden Beziehung zwischen dem Matrosen (wie alt auch immer) und dem äh Hochzeitsgast...

»Was der Matrose dabei sagt, spielt keine Rolle... Er kann wirres, belangloses Zeug reden, er kann sich sogar vulgär und restlos senil aufführen. Doch mit dem Hochzeitsgast geschieht etwas, wie es bei der Psychoanalyse eintritt, wenn und falls es eintritt. Erlauben Sie mir, daß ich an dieser Stelle kurz abschweife ... ein Psychoanalytiker aus meinem Bekanntenkreis geht so vor, daß *er* redet, während der Patient mehr oder weniger geduldig zuhört... Er ergeht sich in Reminiszenzen ... erzählt schweinische Witze (uralte) und erzielt Kontrapunkte der Idiotie, die sogar dem Bezirkssekretär nicht einmal im Traum einfallen würden. Auf diese Weise führt er nachhaltig vor Augen, daß auf der verbalen Ebene nie etwas zu erreichen ist... Er kam auf diese Methode, als er feststellte, daß er *als Zuhörer* nicht die Gedanken des Patienten lesen konnte ... der Patient—der Redende—las *seine* Gedanken ... d. h. der Patient errät durch außersinnliche Wahrnehmung die Träume und Hintergedanken des Psychoanalytikers, während dieser nur über sein Großhirn mit dem Patienten kommuniziert... Viele Agenten gehen nach dieser Methode vor—sie sind notorisch weitschweifige Langweiler und schlechte Zuhörer...

»Meine Herren, ich werde Ihnen jetzt eine Perle zum Fraß vorwerfen: *Wenn Sie mit einem reden, erfahren Sie mehr über ihn, als wenn Sie ihm zuhören.*«

Schweine drängen sich heran, und der Professor kippt eimerweise Perlen in einen Trog...

»Ich bin es nicht wert, ihm die Füße abzunagen«, sagt die größte Fettsau am Platz.

»Ach was, Fraß bleibt Fraß.«

A. J.'s Party des Jahres

A. J. wendet sich an die Gäste: »Fotzen, Wichser und Zaungäste—heute abend präsentiere ich Ihnen den international bekannten Impresario der Blue Movies und des Kurzwellenfernsehens... den einmaligen, den einzigartigen, den Großen Slashtubitch!«

Er zeigt auf einen zwanzig Meter hohen Vorhang aus rotem Samt. Ein Blitzstrahl zerreißt den Vorhang von oben bis unten. Der Große Slashtubitch steht da. Sein immenses Gesicht ist starr wie eine Graburne der Chimu. Er trägt einen schwarzen Anzug mit blauem Umhang und ein blaues Monokel. Riesige graue Augen mit winzigen schwarzen Pupillen, die Nadeln zu sprühen scheinen. (Nur ein voll koordinierter Faktualist kann diesem Blick standhalten.) Wenn er in Wut gerät, schleudert die konzentrierte Energie seiner Pupillen das Monokel quer durch den Raum. Schon mancher unglückselige Schauspieler hat die eisige Ungnade des Großen Slashtubitch mit voller Wucht zu spüren bekommen: »Du billiger Schmierenkomödiant! Hast du etwa geglaubt, daß du bei mir mit einem getürkten Orgasmus durchkommst? BEI DEM GROSSEN SLASHTUBITCH?! Ich kann es dir am großen Zeh ansehen, ob dirs kommt oder nicht! Idiot! Hirnloser Abschaum!! Unverschämter Zickendraht!!! Geh mit deinem Arsch hausieren, wo du willst, und merke dir: bei Slashtubitch zählt nur ehrliche Arbeit, Können und Hingabe. Keine schäbigen Tricks, keine Seufzer vom Tonband, keine Scheißhaufen aus Gummi. Und keiner steckt sich Plastiksäckchen voll Milch in die Ohren oder fixt sich hinter den Kulissen mit Yohimbin.« (Yohimbin wird aus der Rinde eines Baumes gewonnen, der in Zentralafrika wächst. Es ist das sicherste und wirksamste aller Aphrodisiaka. Seine Wirkung besteht darin, daß es die Blutgefäße unter der Haut erweitert, besonders in der Leistengegend.)

Slashtubitch stößt sein Monokel ab. Es segelt davon und kehrt wie ein Bumerang in sein Auge zurück. Er dreht eine Pirouette und verschwindet in einer blauen Dunstwolke, die so kalt wie flüssige Luft ist...

Auf der Leinwand: Rothaariger Junge, grüne Augen und weiße Haut mit ein paar Sommersprossen, küßt ein mageres brünettes Girl in langen Hosen. Kleidung und Haartracht, wie man sie aus Existentialisten-Kneipen aller Weltstädte kennt. Sie sitzen auf einem niedrigen Bett mit weißem Seidenbezug. Das Girl macht ihm mit zarten Fingern den Hosenlatz auf und holt seinen Schwanz heraus —er ist klein und sehr hart. Vorne bildet sich ein zäher Tropfen, matt schimmernd wie eine Perle. Sie streichelt ihm zärtlich die Eichel. »Zieh dich aus, Johnny.« Er zieht mit raschen geübten Bewegungen seine Kleider aus, steht mit pulsierendem Schwanz nackt vor ihr.

Sie macht eine Handbewegung, er solle sich umdrehen, und er tänzelt durchs Zimmer, die Hand auf der Hüfte, wie ein Mannequin auf dem Laufsteg. Sie zieht ihr Hemd aus. Ihre Brüste sind klein und fest, die Brustwarzen hart. Sie streift sich den Slip herunter. Ihr Schamhaar ist schwarz und glänzend. Er setzt sich neben sie und greift nach ihrem Busen. Sie hält ihm die Hände fest.

»Darling, ich will dich in den Arsch ficken«, flüstert sie.

»Nee. Nicht jetzt.«

»Ich will aber. Bitte.«

»Naja, meinetwegen. Ich geh mir den Arsch waschen.«

»Nee, ich wasch ihn dir.«

»Ah, was soll der Quatsch, der is doch nicht dreckig.«

»Doch. Na komm schon, Johnny-Boy.«

Sie führt ihn ins Badezimmer. »So, runter mit dir.« Er kniet sich hin und beugt sich nach vorn, bis er mit dem Kinn die Badematte berührt. »Allah«, sagt er. Dann sieht er grinsend zu ihr nach hinten. Sie wäscht ihm den Arsch mit Seife und warmem Wasser und steckt ihm den Finger ins Loch.

»Tut das weh?«

»Neeeee.«

»Komm jetzt, Baby.« Sie geht voran ins Schlafzimmer. Er legt sich auf den Rücken, verschränkt die Arme unter den Kniekehlen und zieht sich die Beine hoch über den Kopf. Sie kniet sich aufs Bett, streichelt ihm die Unterseite der Schenkel, die Eier, fährt ihm mit den Fingern über die Sacknaht nach unten. Sie drückt seine Hinterbacken auseinander, beugt sich herunter und beginnt ihm den Anus zu lecken. Sie leckt langsam im Kreis, am Rand des Lochs entlang, dann drückt sie ihm die Zunge hinein, tiefer und tiefer. Er schließt die Augen und windet sich. Sie leckt nach oben, die Sacknaht entlang, seine kleinen harten Eier... Eine große Perle steht vorne auf seinem beschnittenen Schwanz. Ihr Mund schließt sich über seiner Eichel. Sie lutscht, auf und nieder, unterbricht den Rhythmus, wenn sie oben ist, und dreht den Mund hin und her. Ihre Hände spielen zart mit seinen Eiern, gleiten abwärts, und sie steckt ihm den Mittelfinger in den Arsch. Sie saugt sich an der Wurzel seines Schwanzes fest und kitzelt ihm spöttisch die Prostata. Er grinst und läßt einen Furz. Sie lutscht ihm jetzt wie eine Wahnsinnige den Schwanz. Sein Körper beginnt sich zusammenzuziehen, verkrampft sich bis unters Kinn. Jede Kontraktion dauert länger. »Uiiiiii!«, schreit der Junge, seine Muskeln sind zum Zerreißen gespannt, der ganze Körper drängt durch den Schwanz hinaus. Sie trinkt seinen Saft, der ihr in großen warmen Spritzern in den Mund schießt. Er läßt seine Beine flach aufs Bett fallen, drückt den Rücken durch und gähnt.

Mary schnallt sich einen Gummipenis um. »Steely Dan III aus Yokohama«, sagt sie und massiert den Schaft. Milch spritzt quer durchs Zimmer.

»Sieh zu, daß diese Milch da keimfrei ist. Häng mir bloß nicht irgend ne gräßliche Kuhkrankheit an, sowas wie Milzbrand oder Rotz oder Maul- und Klauenseuche...«

»In Chicago hab ich immer die Transvestiten-Lizzie gemimt. Hatte 'n Job als Kammerjäger. Hab mich als Mann an hübsche Jungs rangemacht und mich von ihnen schlagen lassen. Ein richtiger Genuß. Später hab ich mir dann so einen Kid gegriffen und gefügig gemacht—mit Überschall-Judo, das mir ein alter lesbischer Zen-Mönch beigebracht hat. Ich hab ihn gefesselt, hab ihm die Klamotten mit nem Rasiermesser runtergefetzt, und dann hab ich ihn mit Steely Dan I gepimpert. Hat mir mein ganzes Wanzenpulver vollgespritzt, so froh war der, daß ich ihn nicht kastriert hab.«

»Was ist aus Steely Dan I geworden?«

»Den hat mir ne ruppige Lesbe mitten durch gebrochen. Sowas von Scheidenmuskulatur hab ich noch nie erlebt. Die konnte sogar 'n Bleirohr verbiegen. Und das war nur *einer* von den Tricks, die sie drauf hatte.«

»Und Steely Dan II?«

»Restlos abgenagt von nem verhungerten Candiru im Oberen Baboon's Asshole. Und sag jetzt bloß nicht wieder ›Uiiiii!‹...«

»Wieso? Bei nem niedlichen kleinen Jungen gehört das dazu.«

»Barfüßiger Boy, gib deine Kaulköpfe bei der Puffmutter ab.«

Er sieht an die Decke, die Hände hinter dem Kopf, sein Schwanz pulsiert. »Was soll ich jetzt machen? Kann nichtmal scheißen mit diesem Ding im Arsch. Ich frag mich, ob man sich den Saft vielleicht durch bloßes Lachen rauskitzeln kann. Ich erinner mich da, wie wir mal während des Kriegs in Kairo im Jockey Club saßen, ich und mein Arschficker-Kumpel Lou... beide Gentlemen kraft Kongreßbeschluß... woanders hätte man uns sowas nie angetan... jedenfalls, wir lachen uns derart einen ab, daß wir uns vollpissen von oben bis unten, und der Kellner sagt: ›Macht daß ihr hier rauskommt, ihr dämlichen Kiffer!‹ Ich meine, wenn man sich die Pisse rauslachen kann, dann müßte es eigentlich auch mit Saft gehen. Also erzähl mir mal was richtig Witziges, wenns bei mir anfängt zu kommen. Brauchst bloß drauf zu achten, wenn meine Prostata die ersten Zuckungen kriegt...«

Sie legt eine Platte auf. Metallischer Kokain-Bebop. Sie fettet den Gummi-Dingus ein, schiebt dem Jungen die Beine über den Kopf und werkelt ihm das Ding mit einer Serie von Korkenzieherbewegungen in den Arsch. Ihre Hüften beschreiben einen langsamen Kreis um die Achse des Schafts. Sie reibt ihre harten Nippel an seiner Brust. Sie küßt ihn auf den Hals, das Kinn, die Augen. Er fährt ihr mit den Händen über den Rücken herunter, packt ihren

Hintern und drückt sie in sich rein. Sie rotiert jetzt schneller und schneller. Sein Körper windet sich, wird von spastischen Zuckungen geschüttelt. »Los, komm schon«, sagt sie. »Die Milch wird kalt.« Er hört es nicht. Sie preßt ihren Mund auf seinen. Ihre Gesichter verschmelzen. Sein Sperma klatscht ihr in dünnen heißen Spritzern an die Brust.

Mark steht in der Tür. Er trägt einen schwarzen Rollkragenpullover. Kaltes, schön geschnittenes, narzißtisches Gesicht. Grüne Augen, schwarzes Haar. Er sieht Johnny mit einem leicht höhnischen Grinsen an, den Kopf zur Seite geneigt, die Hände in den Jackentaschen, ein lässiger Tänzer aus einem Halbstarken-Ballett. Er macht eine knappe Kopfbewegung, und Johnny geht ins Schlafzimmer voran. Mary folgt ihm. Sie setzt sich nackt auf ein hohes rotseidenes Sitzkissen, von dem man das ganze Bett überblicken kann. »Also, ihr beiden«, sagt sie. »Auf gehts!«

Mark macht sich mit flinken Händen ans Ausziehen, läßt mit einem Hüftschwenk die Hose fallen, windet sich aus seinem Rollkragenpullover und zeigt in einem parodistischen Bauchtanz seinen schönen weißen Körper vor. Johnny bleibt völlig ungerührt. Starres Gesicht, rascher Atem, trockene Lippen. Er zieht seine Kleider aus und läßt sie auf den Boden fallen. Mark läßt seine Unterhose herunter rutschen und fängt sie mit dem einen Fuß auf. Er schlenkert das Bein wie ein Revuegirl nach vorn, und die Unterhose segelt durchs Zimmer. Nackt steht er mit seinem steifen zitternden Schwanz da. Langsam gleitet sein Blick über Johnny's Körper. Er lächelt und leckt sich die Lippen.

Mark geht mit dem einen Knie zu Boden, zieht Johnny über seine Schulter herunter, steht auf und schleudert ihn auf das zwei Meter entfernte Bett. Johnny landet auf dem Rücken und federt hoch. Mark springt auf, packt Johnny an den Fußgelenken und wirft ihm die Beine nach hinten über den Kopf. Er fletscht die Zähne. »So, Johnny-Boy.« Sein Körper spannt sich, langsam und stetig wie eine geölte Maschine. Er drückt Johnny seinen Schwanz in den Arsch. Johnny gibt einen tiefen Seufzer von sich. Er windet sich in Ekstase. Mark packt Johnny an den Schultern und zieht ihn herunter auf seinen Schwanz, der jetzt bis zum Anschlag in Johnny's Arsch steckt. Pfeifend dringt der Atem durch seine zusammengebissenen Zähne. Johnny kreischt wie ein Vogel. Mark reibt sein Gesicht an Johnny's Wange, das Zähnefletschen verliert sich, sein Gesicht wird unschuldig und jungenhaft, während sein Saft in Johnny's zitternden Körper schießt.

Ein Zug dröhnt durch seinen Körper... schriller Pfiff der Lokomotive... Schiffssirenen, Nebelhörner, Feuerwerk zerplatzt über öligen Lagunen... Spielhallen öffnen sich in ein Labyrinth von geilen Bildern... zeremonielle Salutschüsse im Hafen... ein Schrei gellt durch einen weißen Krankenhauskorridor... eine breite staubige Palmen-Allee entlang... pfeift wie eine Kugel über die Wüste (das rauhe Klatschen von Geierschwingen in der trockenen Luft) und tausend Jungs geht gleichzeitig einer ab... in Aborten, kahlen Schultoiletten, Dachkammern, Kellern, Baumhäusern, Riesenrädern, verlassenen Häusern, Kalksteinhöhlen, Ruderbooten, Garagen, Scheunen, hinter verwitterten Lehmmauern am Stadtrand (Geruch nach vertrocknetem Kot) ... schwarzer Staub weht über schlanke kupferfarbene Körper... zerlumpte Hosen hängen über nackte blutende Füße herunter... (Aasgeier balgen sich um Fischköpfe) ... Lagunen am Rand des Urwalds, gefräßige Fische schnappen nach weißem Sperma, das auf dem schwarzen Wasser treibt, Stechmücken fallen über den kupferbraunen Arsch her, Brüllaffen wie ein heulender Wind in den Bäumen (ein Land mit großen braunen Flüssen, in denen ganze Bäume treiben; Schlangen in allen Farben kringeln sich in den Zweigen, Lemure betrachten nachdenklich mit ihren traurigen Augen das Ufer), ein rotes Flugzeug zeichnet Arabesken ins Blau des Himmels, eine Klapperschlange beißt zu, eine Kobra richtet sich auf, bläht sich, verspritzt weißes Gift, Perlen und Opalsplitter regnen lautlos und träge durch die Luft, die klar wie Glyzerin ist. Die Zeit macht einen Sprung wie eine defekte Schreibmaschine, aus den Jungs sind alte Männer geworden; junge Lenden, zitternd und zuckend im Orgasmus der Jugend, sind erschlafft und kraftlos, hängen über einem Latrinensitz, einer Parkbank, einer Steinmauer in der spanischen Sonne, einem durchgelegenen Bett in einem möblierten Zimmer (draußen ein Backstein-Slum im kalten Licht der Wintersonne) ... zitternd vor Kälte sitzen sie in dreckiger Unterwäsche da, stochern nach einer Vene am suchtkranken Morgen, nuscheln und sabbern in einem arabischen Café—die Araber flüstern »Medjoub« und rücken von ihnen weg—(ein Medjoub ist ein religiös überdrehter Moslem ... oft epileptisch ... unter anderem). »Moslems müssen Blut und Sabber kriegen... Seht, seht, wie Christi Blut verströmt am Spermament!«, heult der Medjoub... Kreischend springt er auf, ein Schwall von schwarzem Blut schießt ihm aus seiner letzten Erektion, wie eine kreidebleiche Statue steht er da, als sei er mitsamt seinem Körper über den Großen Zaun gekommen, als habe er ihn unschuldig und in aller Ruhe überstiegen wie ein Junge, der über den Zaun steigt, um im verbotenen Teich zu angeln—innerhalb weniger Sekunden fängt er einen riesigen Wels—Mit einer Heugabel kommt der Alte Mann fluchend aus einer kleinen schwarzen Hütte gestürzt, und der Junge rennt lachend über das Feld in Missouri—er entdeckt eine wunderschöne hellrote Pfeilspitze und schnappt sie sich in vollem Lauf mit einer eleganten geschmeidigen Bewegung seines jungen Körpers—(er fällt platt auf die Erde, liegt tot am Holzzaun, eine Flinte neben sich, sein Blut rinnt zwischen den Getreidestoppeln über den hartgefrorenen roten Lehmboden)... Den Wels zieht er an der Angelschnur hinter sich her... Er kommt an den Zaun, wirft den Wels darüber, ins blutverschmierte Gras—der Fisch liegt zuckend und schnappend da—dann springt er hinterher. Er packt den Wels und verschwindet am Ende eines Feldwegs aus rotem Lehm und Kieselsteinen zwischen Eichen und Pflaumenbäumen... die Blätter rotbraun im

Schein der untergehenden Sonne, vom Herbstwind aufgewirbelt... grün und saftig an einem Sommermorgen... dann die leeren schwarzen Äste an einem Wintertag... der Alte Mann schreit ihm Flüche nach... das Gebiß fliegt ihm aus dem Mund und zischt über den Kopf des Jungen weg... krampfhaft reckt er sich nach vorn, die Sehnen in seinem Hals straff wie Stahlseile, ein Schwall von schwarzem Blut schießt über den Zaun und er fällt als verwitterte Mumie ins Unkraut. Disteln wachsen ihm durch die Rippen, die Fenster seiner Hütte zersplittern, Glasscherben und schwarzer Kitt unter einer Staubschicht... Ratten laufen über den Fußboden, und Jungs onanieren an Sommernachmittagen in dem dunklen modrigen Schlafzimmer und essen die Beeren, die aus seinem Knochengerippe wachsen, ihre Münder verschmiert mit purpurrotem Saft...

Der alte Junkie hat eine Vene getroffen... Blut schießt in den Tropfer, geht auf wie eine Chinesische Blume... er drückt sich das Heroin, und der Junge, der vor fünfzig Jahren onanierte, schimmert ihm rein und vollkommen durch das verwüstete Fleisch und füllt die Latrine mit dem süßen würzigen Geruch seiner knabenhaften Wollust...

Wieviele Jahre hat er jetzt schon mit der Nadel auf einen Blutfaden aufgereiht? Er sitzt da, die schlaffen Hände im Schoß, und starrt mit den erloschenen Augen des Junk hinaus in den Wintermorgen. Der alte Schwule im Chapultepec Park rutscht unruhig auf einer Steinbank hin und her und sieht den jungen Indios nach, die eng umschlungen vorbeigehen, er bäumt sich auf gegen sein sterbendes Fleisch, will sich noch einmal diese jungen Hintern und Hüften, strammen Säcke und Schwänze verschaffen.

Mark und Johnny auf einem Vibrationsstuhl. Johnny sitzt bei Mark auf dem Schoß und hat dessen Schwanz im Arsch.

»Alles klar, Johnny?«

»Stell das Ding an.«

Mark dreht am Schalter und der Stuhl beginnt zu rütteln... Mit schräg nach hinten geneigtem Kopf sieht er Johnny von unten herauf an... sein Blick ist kühl und spöttisch... Johnny wimmert und kreischt... Sein Gesicht verschwimmt, als sei es von innen heraus geschmolzen... Johnny stößt einen unirdischen Schrei aus, wird ohnmächtig, sein Sperma spritzt heraus, schlaff sinkt er nach vorn, an Marks Schulter, er sieht aus wie ein unschuldiger Engel im Tran. Mark tätschelt ihm geistesabwesend den Rücken.

Ein großer Raum, wie eine Turnhalle... Boden aus Schaumgummi mit weißem Seidenbezug... Eine Wand durchgehend verglast... Die aufgehende Sonne taucht den Raum in ein rötliches Licht. Mary und Mark führen Johnny zwischen sich herein. Seine Hände sind gefesselt. Johnny sieht den Galgen und sackt mit einem langezogenen »Ohhhhhhhh!« in sich zusammen, der Kopf sinkt ihm auf die Brust, er knickt in den Knien ein. Sein Sperma spritzt beinahe senkrecht nach oben, an seinem Gesicht vorbei. Mark und Mary sind plötzlich ungeduldig und spitz... Sie stoßen Johnny vor sich her, auf die Plattform des Galgens, die übersät ist von verschimmelten Sackhaltern und verfilzten Unterhemden. Mark legt Johnny die Schlinge um den Hals.

»Na dann, gute Reise.« Mark schickt sich an, Johnny von der Plattform zu stoßen.

Mary: »Nein, laß mich.« Sie umklammert Johnny von vorn, sieht ihm lächelnd in die Augen, stößt sich rückwärts ab und zerrt ihn mit sich ins Leere... Sein Gesicht schwillt unter dem angestauten Blut... Mark langt mit einer geschmeidigen Bewegung hoch und bricht ihm das Genick... es hört sich an, als würde ein Stecken in einem nassen Handtuch übers Knie gebrochen. Ein Schauer läuft durch Johnny's Körper... ein Fuß zappelt wie ein Vogel im Netz... Mark liegt jetzt über einer Schaukel und äfft Johnny's Zuckungen nach, er schließt die Augen und läßt seine Zunge heraushängen... Johnny's Schwanz richtet sich steil auf, Mary steckt ihn sich in die Möse, drängelt sich in einem geschmeidigen Bauchtanz an ihn, stöhnt und kreischt vor Lust... der Schweiß läuft an ihr herunter, die Haare hängen ihr in nassen Strähnen ins Gesicht. »Mark! Schneid ihn ab!«, schreit sie. Mark schneidet den Strick mit einem Schnappmesser durch, fängt Johnny auf, legt ihn auf den Rücken, Mary hängt immer noch zuckend auf ihm... Sie beißt Johnny die Lippen ab, die Nase, saugt ihm mit einem ›plop‹ die Augäpfel heraus... sie reißt ihm große Fleischfetzen aus der Wange... Jetzt frißt sie ihm den Schwanz ab... Mark geht zu ihr hin, sie schaut von Johnny's halb zernagten Genitalien auf, ihr Gesicht ist blutverschmiert, ihre Augen phosphoreszieren... Mark versetzt ihr einen Tritt gegen die Schulter, sie fällt auf den Rücken, er wirft sich auf sie und fickt sie wie besessen ...Sie wälzen sich quer durch den Raum, rotieren aufeinander, schnalzen wie angehauene Fische hoch in die Luft.

»Ich will dich aufhängen, Mark... Laß mich... Bitte, Mark, laß michs machen!«

»Aber gern, Baby.« Er zerrt sie brutal hoch und fesselt ihr die Hände auf den Rücken.

»Nein, Mark!! Nein! Nicht! Nicht!«, schreit sie verzweifelt. Sie scheißt und pißt vor Angst, während er sie auf die Plattform schleift. Er stößt sie zu Boden und läßt sie auf einem Haufen alter schmieriger Kondome liegen, dann geht er hinüber zu der Stelle, wo der Strick herunterhängt ... er kommt mit der Schlinge auf einem silbernen Tablett zurück. Er zerrt sie vom Boden hoch und legt ihr die Schlinge um den Hals. Er steckt ihr seinen Schwanz rein, walzt mit ihr über die Plattform und schwingt in einem großen Bogen hinaus... »Uiiiiii!«, kreischt er und verwandelt sich in Johnny. Ihr Genick bricht. Eine große Wellenbewegung geht durch ihren Körper. Johnny läßt sich fallen, landet auf den Beinen, verharrt, wachsam und auf dem Sprung wie ein junges Tier.

Er springt in großen Sätzen durch den Raum. Mit einem gierigen Schrei, der die Glaswand splittern läßt, hechtet er hinaus in die Leere. Onanierend und sich überschlagend fällt er tausend Meter in die Tiefe, umwabert von seinem Sperma, seine Schreie gellen in den gleißend blauen Himmel, die Strahlen der aufgehenden Sonne wie brennendes Benzin auf seinem Körper, abwärts durch große Eichen und Pflaumenbäume, Sumpfzypressen und Mahagonihölzer, dann der erlösende Aufprall... er zerplatzt auf dem rissigen Kalksteinpflaster eines verödeten Platzes. Unkraut und Schlingpflanzen wachsen zwischen den Steinen. Drei Fuß dicke verrostete Eisenbolzen sprengen das Pflaster, das der Rost braun wie Scheiße verfärbt.

Johnny hebt eine obszöne Chimu-Urne aus weißem Jade hoch und übergießt Mary mit Benzin... dann tut er das gleiche auch mit sich... Eng umschlungen lassen sie sich auf den Boden fallen und wälzen sich unter ein riesiges Brennglas, das in die Decke eingelassen ist... sie gehen in Flammen auf... mit einem Schrei, der die Glaswand splittern läßt, rollen sie in die Leere, fallen schreiend und fickend durch die Luft, zerplatzen in Blut und Flammen und Ruß auf braunen Felsen unter einer Wüstensonne.

Johnny rast in höchster Agonie durch den Raum. Mit einem Schrei, der die Glaswand splittern läßt, wirft er sich der aufgehenden Sonne entgegen, alle Viere von sich gestreckt, Blut spritzt aus seinem Schwanz... wie ein Götterbild aus weißem Marmor, von epileptischen Explosionen geschüttelt, knallt er in den alten Medjoub, der sich an einer Lehmwand in Schmant und Scheiße wälzt, unter einer grellen Sonne, die das Fleisch versengt und zugleich frösteln läßt... als schlafender Straßenjunge, an die Mauer der Moschee gelehnt, ejakuliert er in einem nassen Traum in tausend Mösen, rosig und glatt wie Seemuscheln, und spürt das zarte Prickeln und Kitzeln ihrer Schamhaare, die sich an seinem Schwanz reiben.

John und Mary in einem Hotelzimmer. (Musik: East St. Louis Toodleoo) Am offenen Fenster verwaschene hellrosa Vorhänge, die ein warmer Frühlingswind nach innen weht... Frösche quaken auf leeren Grundstücken mit wild wachsendem Roggen, Jungs fangen kleine grüne Ringelnattern unter bröckelnden Standbildern aus Kalkstein, verschmiert von Scheiße und umwickelt mit rostigem Stacheldraht...

Flackernde Neonreklamen—chlorophyll-grün, purpurrot, orange.

Johnny zieht Mary mit einer Pinzette einen Candiru aus der Möse... Er läßt ihn in eine Flasche voll Mescal fallen, wo er sich in einen Agavenwurm verwandelt... Er macht ihr mit einem knochenerweichenden Dschungelsaft eine Scheidenspülung, die ihr die Vaginalzähne in einem Schwall von Blut und Zysten herausschwemmt... Ihre Fotze schimmert so frisch und rein wie das erste Gras des Frühlings... Johnny beginnt sie zu lecken, zuerst langsam, dann zunehmend erregt, er drückt ihr die Schamlippen auseinander, leckt tiefer und tiefer, spürt das Prikkeln ihrer Schamhaare an seiner steifen Zunge... Mary liegt da, wie mit Neonstrahlen festgenagelt, die Arme nach oben, die Brustwarzen steil aufgerichtet... Johnny gleitet an ihr nach oben... sein Schwanz, eine matt schimmernde Perle aus Saft vor der Öffnung, gleitet durch ihr Schamhaar und verschwindet bis zum Anschlag in ihrer Fotze, eingesogen von ihrem hungrigen Fleisch... Das Blut staut sich in seinem Gesicht, grüne Lichter zerplatzen hinter seinen Augen, er stürzt an Bord einer entgleisenden Liliputbahn in eine kreischende Mädchenschar...

Seine feuchten Sackhaare werden im warmen Frühlingswind trocken wie Heu. Steiles Tal im Dschungel, Schlingpflanzen wuchern durchs Fenster. Johnny's Schwanz schwillt an, große stinkende Knospen brechen auf. Eine lange Wurzel kriecht aus Mary's Fotze und tastet sich in die Erde. Ihre Körper zerplatzen in grünen Explosionen. Die Hütte fällt in sich zusammen. Der Junge ist eine Statue aus Kalkstein, eine Pflanze sprießt aus seinem Schwanz, ein Hauch von einem Lächeln liegt auf seinen leicht geöffneten Lippen wie bei einem Junkie im Tran.

Der Zinker hat sein Heroin in einem Lotterieschein unter Verputz.

Nur einen Schuß noch—morgen mach ich die Kur.

Es ist ein langer Weg. Ein ständiges Auf und Ab.

Es war eine lange Reise durch die Steinwüste zur Oase, wo Araberjungen unter den Dattelpalmen in den Brunnen scheißen, Rock 'n Roll tanzen am Sandstrand der Bodybuilder, Hot Dogs essen und ihre Goldzähne als Nuggets ausspucken.

Zahnlos und bis zum Skelett abgemagert, so daß man ihre Rippen als Waschbrett für seine dreckigen Overalls verwenden könnte, erreichen sie die Osterinsel, steigen tattrig aus ihrem Auslegerboot und stelzen mit steifen morschen Beinen an Land—Apathisch sitzen sie in Klubhäusern am Fenster... verfettet vom Wohlstand, den sie mit ihren schlanken Körpern erwirtschaftet haben.

Die Dattelpalmen sind an mangelnder Zuwendung eingegangen, der Brunnen ist mit eingetrockneter Scheiße und tausend Zeitungen verstopft: »Rußland dementiert... Der Innenminister erklärt sich zutiefst beunruhigt... Die Klappe fiel um 12.02 Uhr. Um 12.30 Uhr ging der Arzt einen Teller Austern essen, kam um 14.00 Uhr zurück und klopfte dem Gehenkten jovial auf die Schulter: ›Was?! Immer noch nicht tot? Schätze, ich muß dich mal am Bein ziehen, haha! Kann dich nicht so langsam ersticken lassen, sonst kriege ich vom Präsidenten eine Verwarnung. Stell dir vor, der Totenwagen würde dich hier lebendig rauskarren... nicht auszudenken, diese Schande! Mir würden die Eier abfallen, und ich müßte nochmal bei einem gewieften Ochsen in die Lehre gehn. Also: eins, zwei, drei—zack!‹...«

Das Segelflugzeug fällt herunter, lautlos wie eine Erektion, lautlos wie das fettbeschmierte Fensterglas, das der junge Dieb mit seinen Altweiberhänden einschlägt, um mit den erloschenen Augen des Junk ins Innere zu starren... In einer lautlosen Explosion dringt er ins Haus ein, macht einen hohen vorsichtigen Schritt über die fettbeschmierten Scherben, aus der Küche hört er das laute Ticken einer Uhr, ein heißer Luftzug fährt ihm durchs Haar, eine Schrotladung zerfetzt ihm den Schädel... Der Alte Mann flippt eine rote Patronenhülse heraus, stemmt die Flinte in den Boden und macht eine halbe Drehung. »Ah, war nix weiter, Jungs... Klappe zu, Affe tot... bloß 'n kleiner Einbrecher... ne satte Ladung ins Hirn, und schon liegt er da und wackelt mit 'm Hintern... Kannst du mich von da drüben hören, Junge?

»Ich war auch mal jung und ließ mich verlocken von der Aussicht auf leichtverdientes Geld und Weiber und Jungs mit strammen Ärschen... Jessas, bring bloß mein Blut nicht in Wallung, sonst bin ich imstande und laß ne Geschichte vom Stapel, daß dir der Schwanz hochgeht und nach leckeren rosigen Fotzen jault oder nach den reizenden shitverschmierten Löchern von Jungs, die deinem Schwanz ne Melodie runterzittern als wär er ne Blockflöte ... und wenn man dem Goldjungen an die Prostata kommt, bilden sich in seinen Eiern lauter Diamanten, das kommt so unweigerlich wie Nierensteine... Schade, daß ich dich umlegen mußte... Meine alte graue Mähre ist nicht mehr das, was sie mal war... Mit der reiß ich kein Publikum mehr von den Stühlen... ich *muß* die Leute vom Sitz reißen, und wenn ich mich dabei überschlage... Wie 'n alter Löwe mit Karies, der die gute Amident Zahnpasta braucht, die einem die Beißerchen in Schuß hält... Was machen die alten Löwen? Verlegen sich unweigerlich auf kleine Jungs ... Und wer kanns ihnen übel nehmen, wenn man bedenkt, wie zart und kalt und schön die Jungs in der Leichenhalle von St. James sind?? Na komm, mein Sohn, jetzt krieg mir hier bloß nicht die Leichenstarre. Zeig mal Respekt vor dem alten Schwanz... Eines Tages wirst du vielleicht selber mal ein öder alter Wichser sein... Naja, vielleicht auch nicht... Du hast deinen flüchtigen Fuß auf das Silo der Veränderung gesetzt wie Housman's barfüßiger schamloser Lustknabe aus Shropshire, ›Der Naive mit dem steifen Hals‹... Aber so 'n Shropshire Boy ist nicht totzukriegen... hat schon so oft gebaumelt, daß er dagegen resistent geworden ist wie ein Gonokokkus, der sich mit schauderhafter Hartnäckigkeit vermehrt, obwohl ihn das Penicillin schon halb kastriert hat... Also stimmen wir für einen anständigen Freispruch, damit endlich Schluß ist mit diesen viehischen Veranstaltungen, für die der Sheriff ein Pfund Fleisch abkassiert.«

Sheriff: »Für ein Pfund laß ich ihm die Hosen runter. Kommt ran, Herrschaften. Eine seriöse wissenschaftliche Demonstration, in der zum ersten Mal die Quelle der Lebensenergie lokalisiert wird. Der Knabe hat 27 Zentimeter vorzuweisen, Ladies and Gentlemen. Kommen Sie rein, dann können Sie's selber nachmessen. Kostet Sie nur 'n Pfund. Für ne einzige lächerliche Drei-Dollar-Note dürfen Sie zusehen, wie's dem Boy mindestens dreimal kommt, und zwar *ganz gegen seinen Willen*. Mit Eunuchen geb ich mich nie ab, das ist unter meiner Würde. Ich garantiere Ihnen, wenn ihm das Genick bricht, wird alles an diesem Knaben strammstehn, und er wird Sie vollspritzen von oben bis unten.«

Der Junge tritt auf der Falltür von einem Bein aufs andere. »Gott nee, was 'n Junge in dieser Branche alles mitmachen muß. Jede Wette, daß wieder so 'n fieser alter Knochen ankommt und intim werden will...«

Die Falltür klappt herunter, der Strick sirrt wie der Wind in Telegraphenleitungen, das Genick bricht, laut und klar wie ein chinesischer Gong.

Der Junge schneidet sich mit einem Schnappmesser ab und jagt einen kreischenden Schwulen über den Rummelplatz. Der Schwule hechtet durch die Glasscheibe eines Guckkasten-Kinos und pimpert einen grinsenden Neger in den Arsch. Die Szene wird ausgeblendet.

Mary, Johnny und Mark, die Schlingen noch um den

Hals, treten vor und verbeugen sich. Sie sind nicht mehr so jung wie man sie in den Blue Movies gesehen hat... Sie wirken müde und gereizt.

TAGUNG DER INTERNATIONALEN KONFERENZ FÜR TECHNOLOGISCHE PSYCHIATRIE

Doktor »Fingers« Schafer, der Lobotomy Kid, erhebt sich und fixiert die Konferenzteilnehmer mit dem kalten blauen Strahl seiner Augen:

»Meine Herren, das menschliche Nervensystem läßt sich reduzieren auf eine kompakte verkürzte Wirbelsäule. Das Gehirn—Groß-, Mittel- und Kleinhirn—muß den gleichen Weg gehen wie der Weisheitszahn, die Polypen, der Blinddarm... Ich führe Ihnen jetzt mein Meisterwerk vor: *Den vollkommenen, von allen Ängsten befreiten, hundertprozentigen Amerikaner*...«

Fanfarenstöße. Der Mann wird hereingetragen von zwei Negern, die ihn mit bestialischem Grinsen brutal zu Boden werfen... Der Mann windet sich... Sein Fleisch wird zu einer zähflüssigen, durchsichtigen Gallerte, die sich in grünen Dunst auflöst—zum Vorschein kommt ein riesiger schwarzer Taußendfüßler. Ein nie geatmeter Gestank wogt durch den Saal, fährt den Anwesenden ätzend in die Lungen und krampft ihnen den Magen zusammen...

Schafer ringt die Hände und schluchzt: »Clarence! Wie kannst du mir so etwas antun?? Dieser Undank! Undankbare Kreaturen, alle zusammen!«

Die Konferenzteilnehmer weichen bestürzt zurück. Ein Gemurmel erhebt sich...

»Ich fürchte, Schafer ist da ein bißchen zu weit gegangen...«

»Ich habe schon immer davor gewarnt...«

»Brillanter Bursche, dieser Schafer... aber...«

»Der Mann will eben um jeden Preis auffallen...«

»Meine Herren, diese unsägliche und in jeder Hinsicht illegitime Ausgeburt von Dr. Schafers krankhafter Phantasie darf unter keinen Umständen das Licht der Öffentlichkeit erblicken... Unsere Pflicht gegenüber der menschlichen Rasse ist hier eindeutig...«

»Mann, der hat schon alles Licht gesehn, was er braucht«, sagt einer der beiden Neger.

»Wir müssen diesen unamerikanischen Kaffer ausmerzen«, sagt ein fetter froschgesichtiger Arzt aus den Südstaaten, der die ganze Zeit Schnaps aus einem Steinkrug getrunken hat. Betrunken wankt er nach vorn, dann bleibt er stehen, entsetzt von der erschreckenden Größe und bedrohlichen Erscheinung des Tausendfüßlers...

»Holt Benzin!«, brüllt er. »Dieses Vieh müssen wir verbrennen wie 'n aufsässigen Nigger!«

»Ich halte mich da raus«, sagt ein cooler junger Arzt, high von LSD 25... »Wer weiß, was ein gewiefter Staatsanwalt in so einem Fall...«

Überblendung. »Die Verhandlung ist eröffnet!«

Staatsanwalt: »Meine Herren Geschworenen! Diese ›gelehrten Gentlemen‹ hier behaupten, das unschuldige menschliche Wesen, das so brutal von ihnen ermordet wurde, habe sich plötzlich in einen riesigen schwarzen Tausendfüßler verwandelt, und es sei ihre ›Pflicht gegenüber der menschlichen Rasse‹ gewesen, das Monstrum zu vernichten, ehe es Gelegenheit hatte, sich auf irgendeine Art und Weise fortzupflanzen...

»Und diesen horrenden Unfug sollen wir einfach schlukken? Für diese unverschämten Lügen sollen wir stillhalten wie ein geschmiertes und namenloses Arschloch? Wo ist denn dieser wundersame Tausendfüßler?

»›Wir haben ihn vernichtet‹, sagen sie in schönster Selbstgefälligkeit... Und ich möchte Sie daran erinnern, meine Herren und Hermaphroditen auf der Geschworenenbank, daß diese Bestie hier«—er zeigt auf Dr. Schafer—»bereits mehrfach vor diesem Gericht gestanden hat, weil ihm ein ungeheuerliches Verbrechen zur Last gelegt wurde: sich an den Gehirnen seiner Mitmenschen vergriffen zu haben... Um es einmal ganz deutlich zu sagen« —er schreit jetzt und schlägt mit der geballten Faust auf das Geländer, das ihn von den Geschworenen trennt— »um es einmal ganz deutlich zu sagen, Gentlemen: *erzwungene Lobotomie...*!«

Den Geschworenen verschlägt es den Atem... Einer stirbt an einem Herzanfall... Drei wälzen sich in einem orgasmischen Ausbruch von Schamgefühl auf dem Boden...

Der Staatsanwalt, mit dramatischer Geste: »Er ist es... Er und kein anderer hat die Einwohnerschaft ganzer Provinzen unseres schönen Landes zu lallenden Schwachsinnigen gemacht... Er hat riesige Lagerhäuser bis unters Dach gefüllt mit hilflosen Kreaturen, die zu keiner selbständigen Handlung mehr fähig sind und ständige Pflege brauchen... ›Die Drohnen‹ nennt er sie mit dem blanken Zynismus des menschenfeindlichen Akademikers... Meine Herren, ich sage Ihnen: der brutale Mord an Clarence Cowie darf nicht ungesühnt bleiben! Dieses widerwärtige Verbrechen schreit nach Gerechtigkeit wie ein wundgepimperter Homo, und das ist das Mindeste!«

Konferenzsaal. Der Tausendfüßler rast inzwischen in höchster Erregung hin und her.

»Mensch, der Motherfucker hat Hunger!« schreit einer der beiden Neger.

»Ich mach, daß ich hier rauskomm.«

Ein elektrischer Horror erfaßt die Konferenzteilnehmer ... Schreiend und um sich schlagend stürmen sie die Ausgänge.

Der Markt

Panorama der City von Interzone. Einleitende Takte von ›East St. Louis Toodleoo‹... manchmal laut und deutlich, dann wieder schwach und abgerissen... Fetzen einer Melodie, die der Wind durch ausgestorbene Straßen weht...

Das Zimmer zittert und vibriert wie ein Flugkörper. Durch den Körper filtern nacheinander Blut und Erbmasse vieler Rassen—Neger, Polynesier, Mongolen aus den Bergen, Nomaden aus der Wüste, das Völkergemisch des Nahen Ostens, Indianer; neue Rassen, in ihrer Zusammensetzung noch unvorstellbar und noch nirgends im Ansatz zu erkennen. Ganze Völkerwanderungen, unglaubliche Trecks durch Wüsten und Dschungel und Gebirge (Stasis und Tod in rundum eingeschlossenen Bergtälern, wo Pflanzen aus Genitalien sprießen und in den Körpern der Bewohner riesige Asseln heranwachsen, die schließlich die menschliche Hülle durchbrechen), Fahrten mit Auslegerbooten quer über den Pazifik zur Osterinsel. Die City, eine Riesenstadt aus zahllosen Versatzstücken, in der sämtliche menschlichen Potentiale wie auf einem endlosen schweigenden Markt ausgebreitet sind.

Minarette, Palmen, Berge, Dschungel... Ein träger Fluß, in dem es wimmelt von gefräßigen Raubfischen; ausgedehnte verwilderte Parks, in denen Jungs im Gras liegen oder sich mit rätselhaften Spielen die Zeit vertreiben. Keine Tür in der City ist verschlossen. Jeder kann in dein Zimmer kommen, wann er will. Der Polizeichef ist ein Chinese, der sich in den Zähnen stochert und den Denunziationen eines Geisteskranken zuhört. Alle paar Augenblicke nimmt der Chinese den Zahnstocher aus dem Mund und sieht sich an, was er zutage gefördert hat. Hipster mit glatten kupferfarbenen Gesichtern hängen träge in Hauseingängen herum und drehen Schrumpfköpfe an goldenen Ketten zwischen den Fingern, ihre Augen regungslos und starr wie die von blinden Insekten.

Hinter ihnen, durch die offenen Türen, erkennt man Tische und Nischen, Bars, Küchen und Badezimmer; kopulierende Paare auf endlos gestaffelten Reihen von Bettgestellen aus Messing; ein Gewirr von tausend Hängematten; Junkies, die sich den Arm abbinden, Opiumraucher, Haschischraucher, Leute beim Essen, Reden, Baden, umwabert von Rauch und Dampfschwaden.

Spieltische, an denen es um unvorstellbare Einsätze geht. Von Zeit zu Zeit springt ein Spieler mit einem Verzweiflungsschrei auf: er hat seine Jugend an einen alten Mann verloren oder ist von seinem Gegner zum willenlosen Latah gemacht worden. Doch es gibt auch Spiele mit weit höheren Einsätzen als Jugend oder Latah; Spiele, bei denen nur zwei Spieler auf der Welt wissen, worum es geht.

Alle Gebäude der City gehen ineinander über. Häuser aus Rasenstücken mit blinzelnden Hochgebirgsmongolen in den verräucherten Eingängen, Häuser aus Bambus und Teakholz, Häuser aus Lehm, Stein und Ziegeln, Maori-Häuser aus dem Südpazifik, Baumhäuser und Hausboote, 30 Meter lange Holzhäuser, die ganze Stämme beherbergen, Häuser aus alten Kisten und Wellblech, in denen alte zerlumpte Männer sitzen und sich ihren eigenen Fusel zusammenbrauen, riesige Gerippe aus rostigen Eisenträgern, die 60 Meter hoch aus Sümpfen und Müllkippen ragen, mit lebensgefährlich übereinandergetürmten und ineinander verschachtelten Wohnzellen und Hängematten über gähnenden Abgründen.

Expeditionen, deren Ziel und Zweck niemand kennt, verlassen die City. Fremde kommen auf Flößen aus alten Frachtkisten an, die mit morschen Seilen zusammengebunden sind; sie schleppen sich mit letzter Kraft aus dem Dschungel, die Augen zugeschwollen von Insektenstichen; sie kommen auf blutenden zerschundenen Füßen die Bergpfade herunter und hinken durch die Außenbezirke der City, wo der Wind Staubfahnen aufwirbelt, Aasgeier verbissen um ein paar Fischköpfe kämpfen und dic Menschen in langen Reihen an Ziegelmauern hocken und scheißen; sie landen mit notdürftig geflickten Fallschirmen in den Parks... Ein betrunkener Polizist führt sie in eine öffentliche Bedürfnisanstalt, wo sie eine Anmeldung ausfüllen müssen. Die Meldezettel werden auf rostige Nägel gespießt und dienen als Klopapier.

Die Küchendünste sämtlicher Länder hängen über der City und mischen sich mit dem würzigen Geruch von Opium und Haschisch, dem harzigen roten Rauch von Yage, dem Geruch von Urwald und Meer und fauligem Flußwasser, eingetrocknetem Kot und Schweiß und Genitalien.

Flöten von Bergbewohnern, Jazz und Bebop, einsaitige mongolische Instrumente, Zigeuner-Cymbals, afrikanische Trommeln, arabische Sackpfeifen...

Die City wird immer wieder überrollt von Epidemien der Gewalt, und die Toten bleiben auf den Straßen liegen und werden von Aasgeiern gefressen. Albinos blinzeln in der Sonne. Jungs hocken träge onanierend in den Bäumen. Kranke, von unbekannten Gebrechen entstellt, werfen den Passanten böse, wissende Blicke zu.

Am Markt liegt das Meet Café. Etruskisch palavernde Gestalten gehen hartnäckig einem längst vergessenen Gewerbe nach; Junkies, süchtig nach Drogen, die noch niemand erforscht hat; Pusher, die künstlich aufgeputschtes Harmalin an den Mann bringen; Junk, reduziert auf die nackte Substanz der Sucht, die dem Opfer die ebenso prekäre wie heitere Gelassenheit einer Pflanze verschafft; Flüssigkeiten, die einen zum Latah machen; tithonisches Serum, das als lebensverlängernd angepriesen wird; Schwarzmarkthändler des 3. Weltkriegs; Operateure, die telepathische Anlagen mit dem Skalpell beseitigen; Osteopathen des Geistes; Kriminalbeamte auf der Fährte von Unschuldigen, die von hochgradig paranoiden Schachspielern denunziert wurden; Richter, die in der unleserlichen Handschrift der Hebephrenie lückenhafte Haftbefehle ausstellen, in denen von unausprechlichen Verstümmelungen des menschlichen Geistes die Rede ist; Bürokraten aus unsichtbaren Behörden; ausführende Organe geheimer Polizeistaaten; eine verzwergte Lesbierin, die mit tödlicher Präzision die Methode ›Bang-utot‹ praktiziert—die Lungenerektion, die dem schlafenden Feind den Atem abwürgt; Verkäufer von Orgon-Tanks und ›Entspannungs-Apparaten‹; Makler exquisiter Träume und Erinnerungen, getestet an den hochempfindlichen Zellen suchtkranker Junkies und eingetauscht gegen den begehrten Rohstoff des freien Willens; Ärzte, geschult in der Bekämpfung von Krankheitserregern, die im schwarzen Staub untergegangener Städte überleben und wieder virulent werden im weißen Blut von augenlosen Würmern, die sich langsam an die Erdoberfläche tasten und in den menschlichen Wirt kriechen; Krankheiten des Meeresbodens und der Stratosphäre, Krankheiten aus der Retorte und aus den verseuchten Zonen des Atomkriegs... Ein Ort, wo sich die unbekannte Vergangenheit und die langsam zur Gewißheit werdende Zukunft in einem lautlos vibrierenden Vakuum treffen... Larven, die auf ein Opfer warten, in dem sie sich entpuppen können...

(Die Abschnitte, in denen die City und das Meet Café beschrieben werden, entstanden unter dem Einfluß von Yage ... Yage, Ayahuasca, Pilde, Nateema: indianische Bezeichnungen für Bannisteria Caapi, eine schnell wachsende Rebe, die im Amazonasgebiet vorkommt.)

Notizen im Yage-Rausch: Bilder fallen langsam und lautlos wie Schnee... heitere Gelassenheit... alle Widerstände brechen zusammen... lasse bereitwillig alles mit mir geschehen... Angst ist undenkbar geworden... eine herrliche blaue Substanz fließt in mich hinein... ich sehe ein archaisches grinsendes Gesicht, wie eine Maske aus dem Südpazifik... das Gesicht ist violett mit goldenen Flecken...

Das Zimmer könnte jetzt zu einem nahöstlichen Bordell gehören... blaue Wände, Lampen mit roten Fransen... Ich spüre, wie ich mich in eine Negerin verwandle... lautlos kriecht mir die schwarze Farbe ins Fleisch... überwältigendes Lustgefühl... meine Beine nehmen üppige polynesische Formen an... überall regt sich heimliches Leben... Das Zimmer liegt irgendwo im Nahen Osten, in Afrika, auf einer Insel im Südpazifik... ein Ort, der mir vertraut ist, ohne daß ich ihn näher einordnen kann... Yage ist eine Reise durch Raum und Zeit...

(Die anfängliche Übelkeit nach der Einnahme von Yage erkläre ich mir als Reisekrankheit, die durch den ›Transport‹ in den Yage-Zustand hervorgerufen wird.)

›Die Medizinmänner benutzen es in ihrer täglichen Praxis. Sie können damit in die Zukunft sehen, verlorene oder gestohlene Gegenstände wiederfinden, Krankheiten diagnostizieren und behandeln oder den Schuldigen an einem Verbrechen benennen.‹ Für die Indianer geht es bei einem Todesfall nie mit rechten Dingen zu— ›Eine Zwangsjacke für Herrn Boas!‹* (Branchenwitz): nichts bringt einen Anthropologen so in Rage wie die Vorstellungswelt der Primitiven—, sie sind sich ihrer selbstzerstörerischen Neigungen nicht bewußt und tun sie verächtlich als »unsere nackten Vettern« ab, oder vielleicht haben sie auch das Gefühl, daß diese Neigungen in erster Linie von fremden und feindlichen Mächten beeinflußt werden. Sie sehen daher in jedem Todesfall einen Mord. Der Medizinmann nimmt Yage, und die Identität des Mörders wird ihm offenbart. Man kann sich vorstellen, daß die Stammesangehörigen ein ziemlich unbehagliches Gefühl beschleicht, während der Medizinmann bei der Untersuchung eines solchen Verbrechens im Dschungel mit sich zu Rate geht...

»Hoffentlich spielt der Alte Xiuptutol nicht verrückt und hängt es einem von unsern Boys an.«

»Setz dir 'n Schuß Curare und relax. Das Ding ist geritzt...«

»Aber wenn er *doch* verrückt spielt? So wie der sich dauernd mit Nateema vollpumpt... der hat ja seit zwanzig Jahren nicht mehr die Füße auf den Boden gekriegt... Ich sag Ihnen, Boss, wenn sich einer so in den Stoff reinkniet, das geht nicht gut... Der verdampft sich glatt das Hirn...«

»Dann erklären wir ihn halt für unzurechnungsfähig...«

* Franz Boas, amerikanischer Anthropologe; schrieb u.a. ein Standardwerk über die Kwakiutl-Indianer. (C.W.)

Xiuptutol torkelt also wieder aus dem Dschungel raus und verkündet, daß es die Jungs aus der Gegend am Unteren Tzpino waren... Das kommt für keinen überraschend... Eins laß dir von nem alten Brujo gesagt sein, mein Lieber: die wollen keine Überraschungen erleben...

Ein Trauerzug windet sich durch den Markt. Schwarzer Sarg—arabische Inschrift in silbernem Filigran—auf den Schultern von vier Sargträgern. Die Trauergemeinde singt das Totenlied... Clem und Jody, einen Sarg schleppend, gesellen sich dazu... Eine tote Sau fällt aus dem Sarg... Die Sau trägt eine Djellaba, hat eine Kif-Pfeife im Maul, eine Mezuzzoth um den Hals, und zwischen die Zehen des rechten Vorderhufs ist ein Packen schmierige Ansichtskarten geklemmt... Der Sarg trägt die Inschrift: »Er war der nobelste von allen Arabern.«

In verkehrtem Arabisch singen sie eine hämische Parodie auf das Totenlied. Jody hat eine Nummer drauf, da äfft er den Singsang der Chinesen nach, wie ne hysterische Bauchrednerpuppe. Zum Totlachen. In Schanghai hat er damit einmal eine Treibjagd auf Ausländer provoziert. Es gab dreitausend Tote.

»Steh auf, Gertie, und erweise diesen Kaffern hier deine Reverenz.«

»Ja. *Sollte* man direkt.«

»Meine Liebe, ich bastle gerade an einer sagenhaften Erfindung... Ein Boy, der sich in Luft auflöst, sobald es dir kommt. Läßt nur so'n Hauch von Herbstfeuer zurück, und dazu als Geräuscheffekt die entfernten Pfiffe von Lokomotiven.«

»Schon mal Sex in schwerelosem Zustand probiert? Dein Saft schwebt nur so in der Luft davon wie reizendes Ektoplasma, und bei den weiblichen Gästen kommt es zu einer unbefleckten oder zumindest indirekten Empfängnis... Das erinnert mich an einen alten Freund von mir... War einer der hübschesten und verrücktesten Kerle, die ich je gekannt habe, und restlos verdorben von seinem Reichtum. Lief auf Parties immer mit einer Wasserpistole rum und pumpte Karriere-Flittchen ne Ladung Saft untern Rock. Hat spielend sämtliche Vaterschaftsklagen abgeschmettert. Nie seinen eigenen Saft dazu genommen, verstehst du.«

Überblendung. »Die Verhandlung ist eröffnet!« A. J.'s Verteidiger: »Die Tests haben den eindeutigen Beweis erbracht, daß meinem Klienten keine äh persönliche Beteiligung an dem äh kleinen Mißgeschick der charmanten Klägerin vorzuwerfen ist... Vielleicht möchte sie in Anlehnung an die Jungfrau Maria auf eine unbefleckte Empfängnis hinaus und meinen Klienten in die Rolle eines ahem geisterhaften Verführers drängen... Ich fühle mich da erinnert an einen Fall aus dem 15. Jahrhundert in Holland: eine junge Frau beschuldigte damals einen älteren und angesehenen Zauberer, er habe einen Sukkubus beschworen, der sodann mit der fraglichen jungen Person äh intim geworden sei, mit dem unter diesen Umständen bedauerlichen Resultat einer Schwangerschaft. Der Zauberer wurde daraufhin wegen Mittäterschaft angeklagt. Er habe zur Tat angestiftet und ihr in jedem Stadium aus voyeuristischen Motiven beigewohnt. Nun, meine Herren Geschworenen, wir wissen, was wir von solchen äh Märchen zu halten haben; und eine junge Frau, die ihren öh interessanten Zustand mit den Zuwendungen eines Sukkubus erklärt, würden wir in unserer heutigen aufgeklärten Zeit als romantisches Gemüt bezeichnen, oder, um es einmal ganz deutlich zu sagen: als gottverdammte Lügnerin, hehe hehe heh...«

Und jetzt: Die Stunde des Propheten.

»Millionen starben im Schlamm des Deltas. Es reicht nur noch für einen letzten Lungenzug...

»›Aye, Aye, Käpt'n!‹, sagte er, ›Auge um Auge...‹, und spritzte den Inhalt seiner Augen aufs Deck... Und wer würde sich heute abend unnötig am Riemen reißen? Beim Segeln gegen den Wind ist Vorsicht geboten, und das Segeln mit dem Wind hat uns noch keinen rostigen Furz eingebracht... Señoritas sind der letzte Schrei dieser Saison in der Hölle, und ich bin es leid, noch länger nach den Ärschen dieser Fremden hier zu hangeln... genauso gut könnte ich den Vesuv besteigen...«

Brauche einen Orientexpress, um hier rauszukommen, aber wohin?... Viele Goldwäscher in der Gegend... Jeden Tag ein bißchen buddeln, so vergeht die Zeit.

Das geile Geflüster von schemenhaften Wichsern im verknöcherten Ohr...

Spritz dir 'n Weg in die Freiheit.

»Christus?«, höhnt der gehässige schwule alte Heilige, während er Pfannkuchen-Makeup aus einer Alabasterschale aufträgt... »Dieser billige Schmierenkomödiant! Glaubt ihr vielleicht, ich würde mich soweit erniedrigen, daß ich ein Wunder vollbringe?... Den hätten sie auf dem Rummelplatz ausstellen sollen...

›Hereinspaziert, Macker und Schnepfen, und bringt auch die kleinen Macker mit. Gut für jung und alt, Mensch und Tier... Hier seht ihr den originalen *Menschensohn,* wie er einem Jungen den Tripper heilt—durch bloßes Handauflegen, Herrschaften—während er gleichzeitig mit der anderen Hand ne Ladung Marihuana herbeizaubert, und dazu wandelt er auf dem Wasser und spritzt Wein aus seinem Arsch... Aber immer schön Abstand halten, Leute, sonst verstrahlt er euch. Der Kerl ist unheimlich geladen.‹

»Und ich kenn ihn noch von früher, meine Lieben... Ich erinnere mich, wir machten da mal eine Transvestiten-Nummer—einsame Spitze übrigens—in Sodom, und das ist wirklich ein runtergekommenes Kaff... Absolut verheerend... Jedenfalls, da kommt dieser verschissene Philister aus Baal oder sonst'm Scheißkaff an und sagt mir doch glatt ins Gesicht, ich wär ne Schwuchtel. Und ich sag zu ihm: ›Ich bin seit dreitausend Jahren im Showgeschäft und hab noch nie Dreck am Stecken gehabt. Außerdem, von nem unbeschnittenen Schwanzlutscher wie dir brauch ich mir eh nix gefallen zu lassen.‹ ... Hinterher kam er zu mir in die Garderobe und hat sich entschuldigt... Stellt sich raus, daß er 'n berühmter Arzt ist. Und auch sonst wirklich 'n ganz reizender Bursche...

»*Buddha?* Ein notorischer Stoffwechsel-Junkie... Macht sich seinen Stoff selber, versteht ihr. In Indien, wo sie überhaupt kein Gefühl für Zeit haben, kommt Der Mann oft einen ganzen Monat zu spät... ›Tja, also mal sehn ... haben wir jetzt den zweiten Monsun oder schon den dritten? Hab nämlich so um die Zeit 'n Termin in Ketchupore.‹

»Und die ganzen Junkies hocken in voller Meditationshaltung da und spucken auf den Boden und warten auf den Mann.

»Da sagt also der Buddha: ›Nee, Leute, ohne mich. Bei Gott, da mach ich mir doch meinen Junk gleich selber.‹

›Das kannst du nicht machen, Mann. Da steigen dir doch die Steuerfahnder aufs Dach.‹

›Nicht bei mir. Ich hab mir nämlich 'n Trick einfallen lassen. Ich bin ab sofort ein gottverdammter Heiliger.‹

›Mensch, Boß, das nenn ich raffiniert.‹

›Nur daß ich, im Gegensatz zu gewissen Kollegen, mit meiner neuen Religion keinen Rummel mache. Die haben ja alle kein Niveau. Wissen nicht, wie man die Sache richtig verkauft, und gehn einfach hemmungslos in die vollen... Außerdem riskieren sie, daß man sie lyncht. Ich meine, wer möchte schon einen rumhängen haben, der was Besseres sein will als alle anderen? »Sag mal, Jack, willst du uns hier vielleicht ärgern, oder wie seh ich das?«... Also: wir müssen die Sache ganz cool aufziehen, verstehst du, ganz cool... Wir machen euch hier 'n ganz reelles Angebot, Herrschaften. Wir jubeln euch nichts unter und würgen euch keinen rein. Im Gegensatz zu gewissen Schreihälsen, von denen wir erst gar nicht zu reden brauchen, weil sie eh nichts auf dem Kasten haben. Macht mal 'n bißchen Platz hier in der Höhle. Ich werde mir jetzt einen Speedball machen und euch ne zündende Predigt halten.‹

»*Mohammed?* Soll das ein Witz sein? Den hat doch die Handelskammer von Mekka erfunden. Und seine Texte ließen sie von nem ägyptischen Werbefritzen schreiben, der sich um den Verstand gesoffen hatte...

›Gib mir noch einen, Gus. Dann, bei Allah, geh ich nach Hause und laß mir ne Sure verkünden... Wart nur ab, bis die Morgenausgabe auf dem Markt ist. Da mach ich die komplette Image-Industrie zur Schnecke.‹

Der Barkeeper sieht von seiner Rennsportzeitung hoch: ›Yeah. Und sie werden alle ein schreckliches Ende nehmen.‹

›Oh ... äh ... und wie. So, Gus, und jetzt geb ich dir einen Scheck.‹

›Mit deinen miesen Schecks kann man schon die Wände von ganz Mekka und Umgebung tapezieren. Ich bin keine Wand, Mr. Mohammed.‹

›Naja, Gus, du kannst von mir zwei Arten von Publicity kriegen, ne gute oder ne schlechte. Bist du vielleicht scharf auf ne schlechte? Ich könnte dir da mit einer Sure dienen, in der es um Barkeeper geht, die ihre bedürftigen Kunden nicht anschreiben lassen.‹

›Und die werden alle ein schreckliches Ende nehmen. Haben schon ganz Arabien verkauft.‹ Er springt mit einem Satz über die Bar. ›Das reicht mir jetzt endgültig, Achmed. Nimm deine Suren und wandle. Ich helf dir sogar auf'n Sprung. Und bleib mir bloß weg!‹

›Dir mach ich den Laden dicht, du ungläubiger Wichser. Dich würg ich ab, bis du so furztrocken und zu bist wie der Arsch von nem Junkie. Bei Allah, ich leg die ganze Halbinsel trocken!‹

›Is ja schon ein Kontinent...‹

»Und das Gefasel von Konfuzius gehört in die gleiche Ecke wie das Märchen von Little Audrey und den struppigen Kötern. Lao-Tse? Schon längst abgemeldet... Genug von diesen schmierigen Heiligen mit ihrem weinerlichen Blick, als würden sie in den Arsch gepimpert und wollten sich nichts anmerken lassen. Und warum sollen wir uns von einem alten abgehalfterten Schmierendarsteller sagen lassen, was Weisheit ist? ›Dreitausend Jahre im Showgeschäft und noch nie Dreck am Stecken gehabt...‹

»Als erstes nimmt man sämtliche Fakten unter Verschluß, genau wie die Strichjungen und alle sonstigen Freischaffenden, die den Göttern von Handel und Wandel in die Quere gekommen sind, und dann kommt irgend so ein alter weißhaariger Knacker angestolpert und beehrt uns mit seiner vollreifen Idiotie. Sollen wir ihn denn nie mehr los werden, diesen graubärtigen Spinner, der auf jedem Berg in Tibet hockt, sich am Amazonas aus einer Hütte schleppt oder einem in der Bowery auflauert? ›Ich habe dich erwartet, mein Sohn‹, und schon läßt er ein ganzes Silo voll Tinnef ab. ›Das Leben ist eine Schule, in der jeder Schüler eine andere Lektion lernen muß. Und jetzt erschließe ich dir den reichhaltigen Schatz meiner Worte...‹

›Mir wird schon richtig angst.‹

›Nein, nichts wird die steigende Flut aufhalten.‹

›Ich kann ihn nicht mehr bremsen, Jungs. *Sauve qui peut.*‹

›Ich sag euch, wenn ich beim Weisen Mann war, fühl ich mich hinterher überhaupt nicht mehr wie 'n Mensch. Der verwandelt mir meine Lebensenergie in toten Bullshit.‹

»Ich hab also ne exklusive Sache: das lebendige Wort. Aber was mach ich damit? Das Wort läßt sich nicht so direkt ausdrücken... Es läßt sich vielleicht andeuten durch ein Mosaik von Einzelteilen, wie vergessene Gegenstände in der Kommode eines Hotelzimmers, und es definiert sich dann durch das, was es nicht ist...

»Ich denke, ich laß mir ne Bauchfalte machen... Ich mag vielleicht alt sein, aber ich bin immer noch begehrenswert.«

(Die Bauchfalte ist ein chirurgischer Eingriff, bei dem überflüssiges Fettgewebe entfernt und die Bauchdecke gestrafft wird, so daß ein Fleischkorsett (FK) entsteht. Das kann allerdings jederzeit wieder aufbrechen, und man findet seine schauderhaften alten Gedärme auf dem Fußboden wieder... Die schlanken und schön gestrafften FK-Modelle sind natürlich am meisten gefährdet. Bei besonders extremen Fällen spricht man in der Branche sogar von ›Eintagsfliegen‹...

Dr. »Doodles« Rindfest konstatiert unverblümt: »Das Bett ist der gefährlichste Platz für einen FK-Mann.«

Der FK-Song ist: »Glaub Mir, Wenn All Diese Entzükkenden Jugendlichen Reize...« In der Tat, ein FK-Partner kann einem »aus den Armen entschweben wie das Geschenk einer Fee.«)

Weißer Raum in einem Museum, von Sonnenlicht durchflutet. Rosarote nackte Statuen, achtzehn Meter hoch. Stimmengewirr von zahlreichen Jugendlichen.

Silberglänzende Absperrung ... dahinter ein Abgrund, tausend Fuß tief, und in den glitzernden Strahlen der Sonne kleine grüne Flecken von Kohl und Salat. Braune Jünglinge mit Hackbeilen. Sie werden von einem alten Schwulen über einen Abwasserkanal hinweg beobachtet.

»Ach je, ob die da drüben wohl mit menschlichem Kot düngen?... Vielleicht werden sie's gleich machen.«

Er flippt ein Opernglas aus Perlmutt heraus. Aztekisches Mosaik in der Sonne.

Griechische Jünglinge kommen in einer langen Reihe anmarschiert und kippen Alabasterschalen voll Scheiße in das Loch im Kalksteinmergel.

Eingestaubte Pappeln im weiten Rund der Stierkampf-Arena biegen sich im Nachmittagswind.

Holzhütten um eine heiße Quelle herum ... zu Schutt zerfallenes Gemäuer in einem Ulmenhain ... die Bänke glattpoliert wie Metall von einer Million onanierender Jungs.

Griechische Jünglinge, weiß wie Marmor, ficken in Hundestellung in der Säulenhalle eines großen goldenen Tempels ... nackter Mugwump klimpert auf einer Leier.

Als er in seinem roten Pullover an den Gleisen entlangging, traf er Sammy, den Sohn des Schleusenwärters, mit zwei Mexikanern.

»Hey, Skinny«, sagte der. »Lust auf 'n Fick?«

»Naja... Yeah.«

Auf einer zerschlissenen Strohmatte zieht ihn der Mexikaner in Hundestellung hoch... Ein Negerjunge tanzt um die beiden herum und schlägt zu den Stößen den Takt... Durch ein Astloch fällt die Sonne wie ein rosarotes Spotlight auf seinen Schwanz.

Ein Schwall von blutroter Scham bis zum pastellblauen Horizont, wo endlose eiserne Hochebenen in den geborstenen Himmel krachen.

»Gut so!«, brüllt der Gott und haut dir eine dreitausend Jahre alte rostige Ladung rein...

Kristallene Schädel hageln herunter, und das Treibhaus zersplittert unterm winterlichen Mond...

Die Amerikanerin hat sich mit einer Giftwolke von der dumpfigen Gartenparty in St. Louis verabschiedet.

Teich mit einer grünen Schleimschicht in einem verwilderten französischen Garten. Auf einer schlammigen Plattform steigt langsam ein riesiger, gequält dreinblickender Frosch aus dem Wasser. Er spielt auf einem Clavichord.

Ein Sollubi stürzt in die Bar und fängt an, dem Heiligen mit seiner ölglänzenden Nase die Schuhe zu polieren... Der Heilige kickt ihn ärgerlich in den Mund. Der Sollubi fährt schreiend herum und scheißt dem Heiligen die Hosenbeine voll. Dann rennt er auf die Straße. Ein Zuhälter wirft ihm einen taxierenden Blick nach...

Der Heilige ruft den Geschäftsführer: »Jessas, Al, was hast denn du hier für ne verstunkene Kaschemme? Meine nagelneuen Fischhaut-Dégagées...«

»Tut mir leid, Saint. Der ist mir durchgerutscht.«

(Die Sollubi sind eine arabische Kaste von Unberührbaren, die sich durch abscheuliche Verworfenheit auszeichnen. Jedes bessere Café verfügt über Sollubis, die den Gast beim Essen in den Arsch ficken—die Sitzbänke weisen zu diesem Zweck geeignete Löcher auf. Wer sich restlos erniedrigen und entwürdigen lassen will—und dazu sind heutzutage viele bereit, weil sie glauben, sie kämen so schneller voran—, der bietet sich gleich einer ganzen Rotte von Sollubis als passiver homosexueller Partner an... Soll ein unvergleichliches Erlebnis sein, soviel ich höre... Es kommt vor, daß Sollubis wohlhabend und arrogant werden und ihre widerwärtige Natur verlieren. Woher kommen die Unberührbaren? Vielleicht sind sie eine gefallene Priesterkaste. In der Tat erfüllen die Unberührbaren eine priesterliche Funktion, indem sie die Abscheulichkeiten des ganzen menschlichen Geschlechts auf sich nehmen.)

A. J., in einem schwarzen Umhang und mit einem Geier auf der Schulter, schlendert über den Markt. Vor einem Tisch mit Kriminalbeamten bleibt er stehen.

»Das müßt ihr hören. Junge in Los Angeles, fünfzehn Jahre alt. Vater beschließt, es ist an der Zeit, daß der Junge sein erstes Stück Arsch kriegt. Boy liegt auf dem Rasen und liest Comic-Hefte, Vater geht zu ihm raus und sagt: ›Sohn, da hast du zwanzig Dollar. Geh zu ner guten Nutte und klemm dir 'n Stück Arsch.‹

»Sie fahren also zu diesem mondänen Bumsladen, und der Alte sagt: ›All right, Sohn, den Rest mußt du alleine machen. Also drück auf die Klingel, und wenn die Frau aufmacht, dann gibst du ihr die zwanzig Dollar und sagst, du willst 'n Stück Arsch.‹

›Is klar, Paps.‹

»Ungefähr fünfzehn Minuten später kommt der Junge wieder raus.

›Na, Sohn, hast du dir 'n Stück Arsch geklemmt?‹

›Yeah. Da kommt diese Fut da an die Tür, und ich sag, ich will 'n Stück Arsch und drück ihr die zwanzig Piepen in die Hand. Wir gehn rauf in ihre Bude und sie zieht sich die Klamotten übern Kopf. Ich laß die Klinge rausschnalzen und säbel mir 'n anständigen Schinken von ihrem Arsch ab. Die Alte schreit wie am Spieß, und ich muß mir doch tatsächlich den einen Schuh ausziehen und ihr damit das Hirn zu Brei schlagen. Dann hab ich sie aus reinem Jux auch noch gepimpert.‹«

Nur noch die lachenden Gerippe bleiben zurück, das

Fleisch segelt mit dem Morgenwind und dem Pfiff einer Lokomotive über die Berge. Wir wissen durchaus, wie problematisch so etwas ist, und die Sorge um unsere Körperzellen ist in unserem Kopf nicht nur gut aufgehoben sondern auch stets gegenwärtig—wer könnte schon einen Mietvertrag mit seinen Synapsen brechen, der eine Laufzeit von 99 Jahren hat?

Clem Snide, der trottelige Privatdetektiv, schildert sein neuestes Erlebnis: »Ich komm also in die Kneipe rein, und da hockt diese Ische an der Bar, und ich sag mir: ›Ach Gott, da ist ja wieder diese Edelnutte.‹ Ich meine, mir ist so, als hätt ich die schon mal gesehn. Also ich kümmer mich zuerst gar nicht weiter um sie, aber dann fällt mir auf, wie sie ihre Beine aneinander reibt, und dann klemmt sie sich die Füße hintern Kopf und zieht ihn runter und macht sich ne Vaginaldusche mit so'm Dingens, das ihr aus der Nase rauskommt, und das war dann doch so, daß man schlecht dran vorbeisehen konnte...«

Iris—halb Chinesin, halb Negerin—hat eine Dihydrooxy-Heroinsucht und braucht alle Viertelstunde einen Schuß, deshalb läßt sie die Nadeln mitsamt den Tropfern gleich überall in ihrem Fleisch drinstecken. Die Nadeln rosten in ihrem ausgetrockneten Fleisch, das da und dort über einem Gelenk zusammengewachsen ist und eine glatte grün-braune Geschwulst bildet. Vor ihr auf dem Tisch stehen ein Samowar mit Tee und ein Freßkorb mit zwanzig Pfund braunem Zucker. Niemand hat sie je etwas anderes essen sehen. Ansprechbar ist sie immer nur kurz vor einem Schuß, und wenn sie dann selbst etwas sagt, ist es ein knappes sachliches Statement über ihren Körper.

»Mir wächst der Arsch zu.«

»Meine Fut hat einen schauderhaften grünen Ausfluß.«

Iris ist eins von Benway's Projekten. »Der menschliche Organismus kann sich allein von Zucker ernähren, verdammt nochmal... Ich weiß, daß manche meiner gelehrten Kollegen meine geniale Arbeit herabwürdigen wollen, indem sie behaupten, ich würde Iris heimlich Vitamine und

Proteine in ihren Zucker tun... Ich fordere diese namenlosen Arschlöcher hiermit auf, ihre Latrinen zu verlassen und den Zucker und Tee von Iris einmal chemisch zu analysieren. Iris ist eine durch und durch gesunde amerikanische Fotze. Ich bestreite kategorisch, daß sie sich von männlichem Samen ernährt. Und bei dieser Gelegenheit möchte ich einmal klarstellen, daß ich ein reputierlicher Wissenschaftler bin und kein Scharlatan oder Verrückter, der so tut, als könne er Wunder vollbringen... Ich habe nie behauptet, Iris könne allein von Photosynthese existieren... Ich habe nicht gesagt, daß sie Stickstoff atmet und Sauerstoff abgibt—ich gebe zu, daß es mich gereizt hat, in dieser Richtung zu experimentieren, aber mein ärztliches Ethos hat mich selbstverständlich davon abgehalten... Kurz und gut: die üblen Verleumdungen meiner kleinkarierten Gegner werden unweigerlich auf sie selbst zurückfallen und an ihnen hängen bleiben wie bezahlte Spitzel.«

Gewöhnliche Männer und Frauen

Ein Essen der Nationalistischen Partei auf einem Balkon mit Blick auf den Markt. Zigarren, Scotch, dezentes Rülpsen... Der Parteivorsitzende stelzt in einer Djellaba herum, trinkt Scotch, pafft eine Zigarre. Er trägt teure englische Schuhe, Socken in schreienden Farben, Sockenhalter. Muskulöse haarige Beine. Alles in allem wirkt er wie ein erfolgreicher Gangster, der sich in Schale geworfen hat.

PV (mit dramatischer Geste): »Schauen Sie einmal da hinaus. Was sehen Sie?«

1. Stellvertreter: »Hm? Na, ich sehe den Markt.«

PV: »Nein. Sie sehen Männer und Frauen. *Gewöhnliche* Männer und Frauen, die ihren gewöhnlichen alltäglichen Verrichtungen nachgehen und ihr gewöhnliches Leben führen. Das ist es, was wir brauchen...«

Ein Strichjunge klettert auf den Balkon.

1. STELLVERTRETER: »Nein, wir kaufen keine gebrauchten Kondome! Hau ab!«

PV: »Augenblick!... Komm her, mein Junge. Setz dich... Nimm dir eine Zigarre... Trink etwas.«

Er streicht wie ein läufiger Kater um den Jungen herum.

»Was denkst du von den Franzosen?«

»Hä?«

»Die Franzosen. Diese kolonialen Schweinepriester, die dir den Saft aussaugen.«

»Mister, mir saugt keiner den Saft aus, eh er mir nicht erst mal zweihundert Francs hinblättert. Ich hab meine Preise nicht mehr gesenkt seit dem Jahr, als wir die Rinderpest hatten und die ganzen Touristen krepiert sind, sogar die Skandinavier.«

PV: »Sehen Sie? Ein reinrassiger, unverfälschter Junge von der Straße.«

»Sie ham wirklich 'n Riecher dafür, Boß.«

»M.I. vertut sich eben nie.«

PV: »Also schau her, Junge. Drücken wir's mal so aus: Die Franzosen haben dich um deine angestammten Rechte betrogen.«

»Sie meinen, so wie der nette Mann von der Kreditgesellschaft?... Die haben da diesen zahnlosen ägyptischen Eunuch, der macht das für sie. Die sagen sich, der kommt bei den Leuten besser an, verstehen Sie, er läßt immer die Hosen runter, damit man sieht, wie's um ihn steht. ›Ich bin bloß 'n armer alter Eunuch und versuch so gut wie's geht über die Runden zu kommen. Lady, ich würde Ihnen diese künstliche Niere hier liebend gern noch 'n bißchen länger lassen, aber ich hab hier 'n Job zu erledigen, das ist alles... Hängt sie ab, Jungs.‹ Und dazu setzt er so 'n schwächliches Zähnefletschen auf... ›Bin schließlich nicht umsonst als Eintreiber-Nellie bekannt.‹

»Sie hängen mir also meine eigene Mutter ab, die heiligmäßige alte Fut, und sie schwillt an und wird schwarz und der ganze Souk stinkt nach Pisse und die Nachbarn beschweren sich auf'm Gesundheitsamt, und mein Vater sagt: ›Allah hat es so gewollt. Jetzt pißt sie mir wenigstens nicht mehr mein ganzes Geld in die Kanalisation.‹

»Kranke Menschen kotzen mich richtig an. Wenn mir einer mit seinem Prostata-Krebs anfängt oder mit seinen offenen Eiterbeulen in der Leistengegend, dann sag ich zu ihm: ›Denkst du vielleicht, ich interessier mich für deine schauderhaften alten Krankheiten? Interessiert mich doch nicht die Bohne.‹«

PV: »Schon gut, schon *gut*. Schluß damit ... Aber du haßt doch die Franzosen, oder nicht?«

»Mister, ich hasse jeden. Doktor Benway sagt, es liegt an meinem Stoffwechsel, ich hab da was im Blut ... Soll besonders bei Amerikanern und Arabern vorkommen ... Doktor Benway braut gerade so'n Serum zusammen.«

PV: »Benway ist ein westlicher Agent, der sich hier eingeschlichen hat ...«

1. STELLVERTRETER: »Ein durchtriebener französischer Jude ...«

2. STELLVERTRETER: »Ein krummnasiger, kommunistisch verseuchter Nigger, der es mit Schweinen treibt ...«

PV: »Hören Sie doch auf, Sie Idiot!«

2. STELLVERTRETER: »Verzeihung, Chef. Ich hab grad ne Tour in Pigeon Hole hinter mir.«

PV: »Bleib ja von diesem Benway weg.« (›Wer weiß, ob das was nützt. Bei denen weiß man nie, wie primitiv sie sind ...‹) »Unter uns gesagt: er macht in schwarzer Magie.«

1. STELLVERTRETER: »Er hält sich seinen eigenen Dschinn.«

»Ah ja? ... Na jedenfalls, ich hab jetzt 'n hochklassigen amerikanischen Kunden abzufertigen. Macht schwer was her, der Typ.«

PV: »Weißt du denn nicht, daß es eine Schande ist, wenn man seinen Arsch an diese ungläubigen Wichser verhökert?«

»Naja, das ist Ansichtssache. Viel Spaß noch.«

PV: »Gleichfalls.« *(Junge ab.)* »Das sind hoffnungslose Fälle, sage ich euch. Hoffnungslos.«

1. STELLVERTRETER: »Was ist das mit diesem Serum?«

PV: »Keine Ahnung, aber es klingt verdächtig. Wir sollten lieber einen telepathischen Sucher auf diesen Benway ansetzen. Dem Mann ist nicht zu trauen. Der ist zu allem fähig... Macht noch aus einem Massaker eine Sex-Orgie...«

»Oder einen Witz.«

»Genau. Künstlertyp... Keinerlei Prinzipien...«

AMERIKANISCHE HAUSFRAU (öffnet eine Packung Lux): »Wieso hat das Ding eigentlich kein Magisches Auge und geht von selber auf wenn es mich sieht und springt dem automatischen Handy Man in die Hand damit ers ins Wasser tut?... Der Handy Man spurt nicht mehr richtig seit letzten Donnerstag und fummelt mich dauernd ab, dabei hab ich ihm die Kombination überhaupt nicht gedrückt... Und der Müllschlucker schnappt nach mir, und der widerliche alte Mixmaster will mir dauernd untern Rock... Ich hab 'n fürchterlichen Schnupfen und kann vor lauter Verstopfung nicht mehr aufs Klo... Ich werd mir jetzt mal den Handy Man so einstellen, daß er mir 'n Einlauf macht.«

VERTRETER (halb aggressiver Latah, halb ängstlicher Sender): »Erinnere mich, wie ich mal mit K.E. rumgezogen bin, der hatte die heißesten Ideen in der ganzen Branche...

›Stell dir das mal vor!‹, sagt er ganz aufgeregt, ›ein Milchentrahmer in deiner eigenen Küche!‹

›K.E., mir wird ganz schwindelig, wenn ich dran denke.‹

›Dauert vielleicht fünf oder zehn oder sogar zwanzig Jahre, bis die Zeit dafür reif ist... Aber einmal muß es kommen!‹

›Ich kann warten, K.E. Egal wie lang es dauert, ich werde warten. Wenn sie die Nummern aufrufen, werd ich antanzen.‹

»K.E. kam auch mit dem ›Kraken‹ raus, einem Mehrzweck-Apparat für Massagesalons, Frisörläden und Türkische Bäder. Der konnte einen Einlauf machen, ne Haarwäsche und ne unethische Massage verabreichen, und gleichzeitig schnitt er dem Kunden die Fußnägel und drückte ihm die Pickel aus. Und für den überlasteten Arzt hat er einen OP-Roboter, der nimmt dir den Blinddarm raus, stopft dir 'n Leistenbruch wieder rein, zieht einen Weisheitszahn, befreit dich von deinen Hämorrhoiden und beschneidet dir den Pimmel. Tja, K.E. ist Vertreter mit Leib und Seele, und wenn ihm mal die ›Kraken‹ ausgegangen sind, kanns passieren, daß er dem Frisör glatt einen OP-Roboter andreht, und der Kunde wacht aus der Narkose auf und hat 'n wunden Arsch...

›Jessas, Homer, was hast denn du hier für 'n Puff? Mich hat ne ganze Bande in den Arsch gepimpert.‹

›Ach Gott, Si, ich wollt' dir doch bloß unsern kostenlosen Einlauf machen wie jedes Jahr am Erntedankfest. Da muß mir dieser K.E. schon wieder den falschen Apparat verkauft haben...‹«

Strichjunge: »Gott nee, was man in diesem Geschäft so alles mitmachen muß. Ihr glaubt ja nicht, was da für Sachen aufs Tapet kommen... Die wollen Latah spielen, sie wollen mit meinem Protoplasma verschmelzen, sie wollen 'n Ableger machen, sie wollen mir meine Orgonstrahlen anzapfen, sie wollen sich meine ganzen früheren Höhepunkte klemmen und mir bloß noch ekelhafte alte Erinnerungen lassen...

»Ich fick da diesen Bürger und denk mir grade ›Na endlich mal ein Normaler‹, da kriegt der seinen Höhepunkt und verwandelt sich in sowas wie 'n schauerlichen Krebs... Ich sag zu ihm: ›Jack, für sowas brauch ich nicht stillzuhalten... Damit kannst du in die Fischabteilung von Walgreen's gehn.‹ Es gibt Leute, die kennen einfach keinen Stolz. Oder noch so'n fieser alter Kacker—hockt einfach da und macht es telepathisch, bis ihm in der Unterhose einer abgeht. Einfach widerlich.«

Die Strichjungen sind vollkommen ratlos, sie setzen sich ab bis an die Grenzen der Sowjetunion, wo Kosacken zu den schrillen Klängen von Dudelsäcken reihenweise die Partisanen aufknüpfen, und unsere Landser marschieren die Fifth Avenue hinauf, wo Jimmy Walkover mit den Schlüsseln zum Königreich auf sie wartet, wir verlangen nichtmal ne Quittung, Jungs, ihr könnt sie lose in der Tasche mit euch rumtragen...

Warum so bleich und schlapp, du edler Wichser? Aus einer rostigen Blechdose steigt der Geruch von toten Blutegeln, die klemmen sich diese frische Wunde da an der Seite und saugen dem Jeeeeesus das Blut aus den Adern und das Mark aus den Knochen, bis er von der Hüfte abwärts gelähmt ist.

Junge, laß dich heimholen von deinem Sugar Daddy, der hat sein Examen drei Jahre vor allen anderen bestanden und weiß die Antwort auf sämtliche Fragen, biegt sich den Lauf der Welt nach Bedarf zurecht.

Slunk-Händler machen eine trächtige Kuh ausfindig, die gerade die ersten Wehen hat. Der Farmer erkennt auf eine Couvade und wälzt sich schreiend in der Scheiße. Der Tierarzt ringt mit einem Kuhgerippe. Die Händler jagen einander mit Maschinengewehrsalven durch Fuhrpark und Silos, Futterbehälter, Heuböden und die Futterkrippen eines riesigen roten Viehstalls. Das Kalb kommt zur Welt. Die Mächte des Todes müssen weichen vor dem neuen Tag. Der Bauernjunge kniet ehrfürchtig am Boden, seine Kehle pulsiert in der aufgehenden Sonne.

Junkies hocken auf den Stufen des Gerichtsgebäudes und warten auf den Mann. Stiernackige Südstaatler in schwarzen Stetsons und verwaschenen Jeans binden einen Niggerjungen an einen alten gußeisernen Laternenpfahl, übergießen ihn mit Benzin und zünden ihn an... Die Junkies rennen hin und saugen sich mit dem Rauch des verkohlten Fleischs die ächzenden Lungen voll... Hat denen tatsächlich Erleichterung verschafft...

DER BEZIRKSSEKRETÄR: »Da sitz ich also drüben in Cunt Lick vor Jed's Laden und der Schwanz geht mir kerzengerade hoch unter meinen Levis und pulsiert da in der Sonne vor sich hin... Tjaaa, und da kommt der alte Doc Scranton vorbei, 'n Pfundskerl übrigens, ihr findet hier im Tal keinen besseren als Doc Scranton. Irgendwann ist ihm mal der Arsch rausgefallen, und wenn er jetzt gepimpert werden will, dann reicht er dir seinen Arsch am Ende von nem Meter Dickdarm rüber... Wenns ihm danach ist, dann kann er auch 'n Stück Darm abspulen, das reicht von seinem Sprechzimmer glatt bis rüber in Roy's Beer Place rein und tastet da rum und sucht nach nem Steifen, tastet einfach da rum wie 'n blinder Wurm... Also der alte Doc Scranton sieht, daß ich 'n Steifen hab, und er bleibt stehn wie 'n Spürhund und sagt zu mir: ›Luke, dir kann ich von hier aus den Puls fühlen!‹...«

Browbeck und der junge Seward gehen zwischen Viehställen und Käfigen und kläffenden Hundezwingern mit Schweine-Kastriermessern aufeinander los... Pferde wiehern und blecken große gelbe Zähne, Kühe brüllen, Hunde jaulen, kopulierende Katzen schreien wie Babies, riesige Schweine mit gesträubten Borsten röhren in ihrem Koben den Schlachtruf der Bronx. Browbeck der Unstete ist dem jungen Seward ins Messer gelaufen, er hält sich die blauen Eingeweide, die ihm aus einer klaffenden 25 cm langen Wunde herausquellen. Der junge Seward schneidet Browbeck den Schwanz ab und hält das zuckende Stück Fleisch in den rauchigen rosaroten Sonnenaufgang...

Browbeck schreit... U-Bahn macht eine Notbremsung, es stinkt nach Ozon...

»Zurücktreten, Leute... Zurücktreten.«

»Jemand soll ihn auf die Schienen gestoßen haben.«

»Er hatte so 'n unsteten Gang, als könnte er nicht mehr richtig sehen.«

»Hat wahrscheinlich zuviel Rauch in die Augen gekriegt.«

Mary die lesbische Gouvernante ist im Bierlokal auf einer blutigen Monatsbinde ausgerutscht und zu Boden gestürzt... Ein dreihundert Pfund schwerer Homo trampelt sie zu Tode und stößt ein kehliges Wiehern aus...

Er singt in einem schauerlichen Falsett:

He is trampling out the vintage where the grapes of wrath are stored,
He has loosed the fatal lightning of his terrible swift sword.

Er zieht ein vergoldetes Holzschwert und fetzt damit die Luft. Sein Korsett fliegt weg und zischt in die Zielscheibe.

Der Degen des alten Stierkämpfers trifft auf einen Knochen, schnalzt heraus, saust dem Espontaneo ins Herz und pinnt ihn an die Tribüne, ehe er Gelegenheit hatte, seinen Mut zu beweisen.

»Da kommt also dieser elegante Schwule aus Cunt Lick, Texas, nach New York, und er ist wirklich ein einsames Prachtexemplar. Er wird von alten Weibern hofiert—so die Sorte, die auf jungen Schwulen steht: alte zahnlose Hexen, die zu schwach und zu langsam sind, um sich noch ne andere Beute zu angeln. Was macht ne alte Tigerin, der die Motten schon das Fell zerfressen haben? Klarer Fall: sie schmeißt sich auf 'n Schwulen... Also der junge Schwule hat so 'ne kunsthandwerkliche Begabung, und er fängt an, Modeschmuck und Sets zu machen. Jede reiche alte Fut in New York und Umgebung will einen Set von ihm haben, er kommt zu Geld, verkehrt im ›21‹, im ›El Morocco‹, im Stork-Club, aber keine Zeit für Sex, und ständig macht er sich Sorgen um sein Ansehen... Er verlegt sich auf Pferdewetten—warum Glücksspiel ein Zeichen von Männlichkeit sein soll, weiß zwar nur der liebe Gott, aber er denkt eben, es macht sich gut, wenn man sich auf dem Rennplatz sehen läßt. Es gibt nicht viele Schwule, die auf Pferde wetten, und wenn sie's tun, dann verlieren sie stärker als alle anderen. Sie sind miserable Spieler, gehn in einer Pechsträhne voll rein, und wenn sie am Gewinnen sind, steigen sie aus ... und nach dem Strickmuster läuft ja auch ihr ganzes Leben ab... Dabei weiß jedes Kind, daß es beim

Spielen ein eisernes Gesetz gibt: Gewinne und Verluste kommen in Serien. Geh in die vollen, wenn du am Gewinnen bist, und steig aus, wenn du am Verlieren bist. (Ich kannte mal einen Schwulen, der in die Kasse gelangt hatte —aber er setzt nicht die ganzen 2000 auf einen Schlag. Nicht unsere Gertie... Nee, immer nur 2-Dollar-Wetten...)

»Also er verliert und verliert, und dann verliert er nochmal 'n ganzen Schwung dazu. Eines Tages will er gerade einen Stein in die Fassung tun, da passiert das Unvermeidliche. ›Natürlich mach ich den Richtigen später wieder rein.‹ Berühmte letzte Worte. Und während der Winter ins Land zieht, verschwinden die Diamanten, Smaragde, Perlen, Rubine und Saphire der Haut Monde nacheinander im Pfandhaus und werden durch falsche Steine ersetzt...

»Zur Premiere in der Met erscheint jetzt diese alte Vettel im strahlenden Glanz ihrer Diamanten-Tiara, oder jedenfalls bildet sie sichs ein. Da kommt diese andere alte Hure an und sagt: ›Oh, Miggles, das find ich aber richtig klug von dir, daß du die Echten zuhause läßt... Ich meine, wir sind ja richtig verrückt, daß wir das Schicksal dauernd so herausfordern.‹

›Da irrst du dich aber, meine Liebe, das hier *sind* meine Echten.‹

›Oh aber Miggles, Darling, *niemals!*... Ich meine, frag doch deinen Juwelier ... oder sonstwen ... also das sieht doch *jeder*. Haaaaaa.‹

»Es wird also schleunigst ein Sabbath ausgerufen (Lucy Bradshinkel, kümmer dich mal um deine Smaragde), und die alten Hexen besehen sich ihre Klunker, als hätten sie Lepra an sich entdeckt.

›Mein Hühnerblut-Rubin!‹

›Meine schwaazn Oopalls!‹ Die alte Zicke hat schon soviele Ehen mit Levantinern und mexikanischen Herrenreitern hinter sich, daß ihr Akzent so kurios wie 'n unfreiwilliger Furz rauskommt...

›Mein Steern-Saphir!‹, kreischt eine *poule de luxe*. ›Nein, das ist ja schrecklich!‹

›Also wirklich, die sind ja alle aus dem Woolworth!...‹

›Da gibts nur eins. Ich ruf die Polizei‹, sagt eine energische alte Schachtel. Sie stampft auf ihren flachen Absätzen quer durchs Zimmer und ruft die Polente an.

»Na, der Schwule wird zu zwei Jahren verknackt, und im Knast lernt er diesen Typ kennen, so 'n kleinkarierten Gauner, und es ist Liebe auf den ersten Blick, jedenfalls sowas in der Art, und die beiden sind überzeugt, daß sie füreinander bestimmt sind. Der Zufall will es, daß sie ungefähr zur gleichen Zeit wieder rauskommen, und sie nehmen sich ne Wohnung auf der Lower East Side, machen auf häuslich und besorgen sich ne bescheidene aber ehrliche Arbeit... Also, Brad und Jim wissen zum ersten Mal in ihrem Leben, was Glück ist...

»Jetzt erscheinen die Mächte des Bösen... Lucy Bradshinkel taucht auf und sagt, es ist alles vergeben, und sie setzt große Hoffnungen in Brad und will ihm ein Atelier einrichten. Dazu muß er natürlich in die East Sixties umziehen... ›Die Bude hier ist unmöglich, Darling. Und dieser Freund von dir...‹ Und eine Bande von Safeknackern möchte Jim als Fahrer anheuern. Vielleicht der Anfang einer Karriere, was? Und die Offerte kommt auch noch von Leuten, die ihn kaum kennen.

»Wird Jim wieder in den Armen des Verbrechens landen? Wird Brad den Verlockungen eines alternden Vampirs erliegen, einer unzurechnungsfähigen Schnepfe?... Es erübrigt sich zu sagen, daß die Mächte des Bösen kurzerhand rausgeworfen werden. Sie entfernen sich unter ominösen Drohungen:

›Das wird dem Boß aber gar nicht behagen.‹

›Ich versteh nicht, wieso ich mit dir soviel Zeit verplempert hab, du miese kleine Schwuchtel.‹

»Die beiden Jungs stehen eng umschlungen am Fenster und sehen hinüber zur Brooklyn Bridge. Ein warmer Frühlingswind kräuselt Jim's schwarze Locken und Brad's zartes rotgefärbtes Haar.

›Na, Brad, was gibts heute abend zu essen?‹

›Geh du mal schön ins Wohnzimmer und laß dich überraschen.‹ Mit neckischen Rippenstößen bugsiert er Jim aus der Küche und bindet seine Schürze um.

»Auf den Tisch kommt Lucy Bradshinkel's Fotze, saignant gebraten und angerichtet in Tampax Papillon. Die Jungs lassen sichs schmecken und sehen sich glücklich in die Augen. Blut läuft ihnen übers Kinn.«

Lassen wir nun noch die Morgendämmerung über der Stadt heraufziehen wie eine blaue Flamme... Die Hinterhöfe sind von Schwuchteln gesäubert, und die Mülltonnen geben ihre verhüllten Toten preis...

»Lady, können Sie mir bitte den Weg nach Tipperary zeigen?« Über die Berge und noch ein ganzes Stück weiter, bis zum Blue Grass... Über das Knochenmehl des Rasens zum zugefrorenen Teich, wo Goldfische starr und steif auf den Squaw Man des Frühlings warten.

Brüllend rollt der Totenschädel die Hintertreppe hinauf und kappt den Schwanz des sündigen Ehemanns, der sich die Ohrenschmerzen seiner Frau zunutze macht, um etwas zu tun, was ihr ungelegen kommt. Der junge Kerl stülpt sich einen Südwester auf, grad wie mans von einer Landratte erwartet, und schlägt seine Frau unter der Dusche tot...

BENWAY: »Nehmen Sie's nicht so schwer, mein Junge... Jeder macht mal eine kleine Dummheit.«

SCHAFER: »Ich sage Ihnen, ich komme einfach nicht gegen das Gefühl an, daß wir es hier mit einer ... naja ... ganz *üblen* Geschichte zu tun haben.«

BENWAY: »Blödsinn, alter Junge... Wir sind Wissenschaftler... Wissenschaftler und sonst nichts. Wir widmen uns der reinen Forschung, und zum Teufel mit allen, die schreien ›*Halt ein! Das geht zu weit!*‹ Das sind doch alles nur krankhafte Stänkerer.«

SCHAFER: »Jaja, sicher ... trotzdem ... dieser Gestank geht mir einfach nicht aus der Lunge...«

BENWAY (gereizt): »Das geht uns allen so... Noch nie etwas in die Nase gekriegt, was auch nur annähernd so merkwürdig gerochen hat... Wo war ich stehen geblieben? Ah ja: was würde wohl passieren, wenn wir eine akute Manie mit Curare behandeln und den Patienten gleichzeitig in die Eiserne Lunge stecken? Möglicherweise würde er, da er seine angestauten Spannungen nicht in motorische Aktivität umsetzen kann, auf der Stelle eingehen wie eine Dschungelratte. Interessante Todesursache, nicht?«

Schafer hört nicht zu. »Wissen Sie«, sagt er impulsiv, »ich glaube, ich werde mich wieder auf die simple altmodische Chirurgie verlegen. Die Unzulänglichkeiten des menschlichen Körpers sind ein Skandal. Wozu eigentlich einen Mund und einen Darmausgang, die ständig Funktionsstörungen entwickeln? Warum nicht ein Allzweck-Loch, das Nahrung aufnehmen *und* ausscheiden kann? Wir könnten Nase und Mund dichtmachen, den Magen auffüllen und ein Luftloch direkt in die Lunge machen, wo es sowieso von Anfang an hingehört hätte...«

BENWAY: »Ja, warum reduzieren wir den Körper nicht überhaupt auf einen Klumpen, der sämtliche Funktionen erfüllt? Habe ich Ihnen mal von dem Mann erzählt, der seinem Arsch das Reden beibrachte? Sein ganzer Unterleib ging rauf und runter, verstehen Sie, und furzte die Worte raus. War mit Abstand das Ungewöhnlichste, was ich je gehört habe.

»Wenn dieser Arsch redete, dann spürte man die Resonanz direkt in den Eingeweiden. Das traf einen da unten drin, daß man am liebsten gleich losgeschissen hätte. Wissen Sie, wie wenn sich der alte Dickdarm meldet, und so ein kaltes Gefühl kriecht in einem hoch, und man weiß, daß man nur noch zu drücken braucht, und schon flutscht es. Genauso ging einem die Resonanz da unten rein. Ein blubbernder dicker stagnierender Sound, den man buchstäblich *riechen* konnte.

»Der Mann war im Schaustellergewerbe tätig, und zunächst mal war das sowas wie eine neuartige Bauchredner-

Nummer. War anfangs auch wirklich lustig. Er brachte eine Nummer, die nannte er ›Das bessere Loch‹. Zum Brüllen, sage ich Ihnen. Ich habe das meiste wieder vergessen, aber es war clever gemacht. Zum Beispiel: ›Äh, sag mal, du alter Kumpel da unten, bist du noch da?‹

›Nee. Mußte mich mal kurz erleichtern.‹

»Nach einiger Zeit ging der Arsch dazu über, von selbst zu reden. Der Mann stellte sich auf die Bretter, ohne vorher etwas geprobt zu haben, und der Arsch ging aus dem Stegreif auf seine Gags ein.

»Dann entwickelte der Arsch so etwas wie kleine zahnähnliche Widerhaken, und jetzt konnte er plötzlich auch essen. Der Mann fand das zuerst ganz witzig, und er baute es zu einer Nummer aus; aber das Arschloch fraß sich durch die Hose und redete auf offener Straße und verlangte lauthals nach Gleichberechtigung. Es betrank sich sogar und flennte dann jedesmal: ›Warum liebt mich keiner, und warum werd ich nicht geküßt wie jeder andere Mund auch?‹ Schließlich redete es Tag und Nacht, und den Mann konnte man mehrere Straßen weit hören, wie er es anbrüllte, es solle endlich still sein. Er traktierte es mit Fäusten, er rammte Kerzen rein, aber es half nichts, und das Arschloch sagte zu ihm: ›Am Ende wirst du derjenige sein, der das Maul hält, und nicht ich. Du wirst hier nämlich überhaupt nicht mehr gebraucht. Ich kann jetzt reden und essen *und* scheißen.«

»Schließlich kam es soweit, daß er morgens aufwachte und auf seinem Mund ein Stück durchsichtige Gallerte hatte, die aussah wie ein Kaulquappenschwanz. Diese Gallerte war das, was die Wissenschaft als ›undifferenziertes Gewebe‹ bezeichnet: es kann sich am menschlichen Körper zu jeder beliebigen Art von Gewebe entwickeln. Er riß es sich jedesmal vom Mund, aber die Fetzen blieben an seinen Händen kleben wie brennendes Napalm und wuchsen dort fest. Egal wo sie landeten—sie wuchsen überall an. Am Ende wuchs ihm also der Mund zu, und wahrscheinlich hätte sich schließlich der ganze Kopf spontan amputiert—(wußten Sie schon, daß es in manchen Gegenden von Afrika, und zwar nur bei Negern, eine Krankheit gibt, wo sich der kleine Zeh spontan amputiert?)—, aber das ging nicht wegen der *Augen,* verstehen Sie. Eins konnte das Arschloch nämlich nicht: *sehen.* Es war also auf die Augen angewiesen. Aber die Nervenstränge wurden nach und nach unterbrochen und starben ab, so daß das Hirn keine Befehle mehr geben konnte. Am Ende war das Hirn völlig abgeschnitten und saß in diesem Schädel in der Falle. Eine Weile konnte man in den Augen noch die hilflose stumme Qual des sterbenden Gehirns verfolgen, dann muß es wohl abgestorben sein, denn die Augen *gingen aus* und wurden so stumpf und ausdruckslos wie die Stielaugen eines Krebses.

»Das ist die Art von Sex, die ungehindert durch die Zensur kommt und den Sittenwächtern durch die Lappen geht, denn eine Lücke findet sich *immer.* In Schlagern und Schundfilmen überträgt sich die elementare Verderbtheit des amerikanischen Wesens, wie aus platzenden Geschwüren spritzt dieses undifferenzierte Gewebe heraus, und wo es hinfällt, da entwickelt es ein degeneriertes krebsartiges Eigenleben und reproduziert ganz nach der Laune des Zufalls ein widerwärtiges Image. Da kann es also vorkommen, daß manche von Kopf bis Fuß aus einem penis-ähnlichen erogenen Gewebe bestehen, bei anderen reicht die Haut kaum als Hülle für ihre Innereien, oder sie haben 3 und 4 Augen auf einem Haufen, Münder und After gehen durcheinander—Einzelteile des menschlichen Körpers wie im Würfelbecher durcheinandergeschüttelt, und so wie sie hingekippt werden, so wachsen sie zusammen.

»Die vollständige und endgültige Unterwanderung des Zellverbandes heißt Krebs. Der Krebs einer Demokratie sind die Behörden. Eine Behörde nistet sich irgendwo im Staatswesen ein, entwickelt sich—wie das Rauschgiftdezernat—zu einer bösartigen Geschwulst, die wächst und wächst und immer neue Ableger bildet, bis sie schließlich den Wirtsorganismus erstickt, wenn man sie nicht eindämmt oder ausmerzt. Behörden sind durch und durch parasitäre Organismen, die ohne einen Wirt nicht leben können. (Eine Kooperative dagegen *kann* ohne den Staat leben. Das ist der richtige Weg. Selbständige Einheiten, getragen von der gemeinsamen Anstrengung derjenigen, für deren Bedürfnisse sie da sind. Eine Behörde operiert nach dem entgegengesetzten Prinzip: sie *erfindet* Bedürfnisse, um ihre Existenz zu rechtfertigen.) Bürokratie ist ein Krebsübel, eine Abkehr von der humanen evolutionären Entwicklung, in der Platz ist für eine Vielzahl von Entfaltungsmöglichkeiten und selbständige spontane Aktionen, und ein Absinken in die restlos parasitäre Existenz eines Virus.«

(Man nimmt an, daß der Virus die degenerierte Form eines ursprünglich mehr komplexen Organismus darstellt, der einmal selbständig lebensfähig war. Jetzt ist er abgesunken in den Grenzbereich zwischen lebender und toter Materie. Leben kann er nur, wenn er in einen Wirtsorganismus eindringt und dessen Leben aufzehrt—die Verneinung des Lebensprinzips, ein *Absacken* in ein inorganisches, maschinenhaftes Dasein, in tote Materie.)

»Behörden gehen zugrunde, wenn sie das Staatswesen soweit ausgehöhlt haben, daß es einstürzt. Sie sind genauso hilflos und unfähig zu einer selbständigen Existenz wie ein Bandwurm auf dem Trockenen oder ein Virus, der den Wirtsorganismus vernichtet hat.

»In Timbuktu sah ich mal einen Araberjungen, der konnte Flöte spielen mit seinem Arsch, und von den Schwulen hörte ich, daß er im Bett wirklich einen individuellen Service zu bieten hatte. Er konnte auf dem Schwanz des Kunden eine Melodie spielen und dabei die besten erogenen Stellen treffen, die natürlich bei jedem anders plaziert sind. Jeder Liebhaber hatte seine ganz spezielle Melodie, mit der er zu seinem optimalen Höhepunkt kam. Der Junge entwickelte eine enorme Kunstfertigkeit, wenn es darum ging, Variationen und neuartige Höhepunkte zu erfinden. Manchmal schienen sich die Töne zu grellen Dissonanzen zu ballen, und dann rauschten sie plötzlich durcheinander und lösten sich in einem überwältigenden Wohlklang auf.«

»Fats« Terminal hat eine Motorradjagd auf rotärschige Paviane organisiert.

Die Jäger haben sich zum Jagdfrühstück in der ›Schwärmer-Bar‹ eingefunden, einer Pinte, die von eleganten Schwuchteln frequentiert wird. Die Jäger stelzen mit der blöden Selbstgefälligkeit von Schwachsinnigen herum, sie tragen schwarze Lederjacken und silberbeschlagene Gürtel und lassen sich von den Schwuchteln die geschwellten Muskeln betasten. Alle haben enorme ausgestopfte Sackhalter unter den Hosen. Hin und wieder wirft einer von ihnen einen Schwulen zu Boden und pißt ihn voll.

Sie trinken Victory-Punch, ein Gebräu aus Paregoric, Spanischer Fliege, hochprozentigem schwarzen Rum, Napoleon Brandy und Kartoffelschnaps. Der Punch befindet sich in einem großen ausgehöhlten goldenen Pavian, der in gekrümmter Stellung dahockt und zähnefletschend vor Schmerz nach einem Speer schnappt, der in seiner Seite steckt. Man dreht dem Pavian die Eier um, und der Punch fließt ihm aus dem Schwanz. Von Zeit zu Zeit plumpsen dem Pavian ofenwarme Hors d'oeuvres aus dem Arsch, jedesmal begleitet von einem lauten furzenden Geräusch. Die Jäger brechen dann immer in brüllendes bestialisches Gelächter aus, und die Schwuchteln kreischen und zappeln herum.

Die Jagdaufsicht hat Captain Everhard, der bei den 69er Dragonern ihrer Majestät der Königin den Dienst quittieren mußte, weil er bei einer Partie Strip-Poker seinen Sackhalter als Pfand auf den Tisch gelegt hatte. Motorräder überschlagen sich mit heulenden Motoren. Geifernde, kreischende, scheißende Paviane liefern sich mit den Jägern einen erbitterten Nahkampf. Die führerlosen Maschinen rotieren wie verkrüppelte Insekten im Staub und mähen Paviane und Jäger um...

Der Parteivorsitzende fährt im Triumph durch eine

jubelnde Menschenmenge. Ein würdiger alter Herr scheißt sich bei seinem Anblick in die Hosen und will sich unter die Räder des Wagens werfen.

PARTEIVORSITZENDER: »Bring mir hier mit deinem alten verschrumpelten Kadaver kein Opfer unter den Rädern meines nagelneuen Buick Roadmaster Convertible mit Weißwandreifen, hydraulischen Fenstern und allen Schikanen. Isst billigärr arabischärr Trick—nimm dich in acht mit deinem Akzent, Iwan—, laß dich lieber zu Dünger verarbeiten... Melde dich bei unserer Verwertungsstelle, dort wird man dich deiner edlen Bestimmung zuführen...«

Die Waschbretter werden beiseite gestellt, und die Bettlaken kommen in die Reinigung, damit diese verräterischen Flecken verschwinden—Emanuel prophezeit: Der nächste Sportfleck kommt so sicher wie der Messias...

Ein Junge auf der anderen Seite des Flusses, mit einem Arsch wie 'n Pfirsich; leider konnte ich nicht schwimmen und mußte auf meine Clementine verzichten.

Der Junkie sitzt da, die Spritze in der Hand, und wartet darauf, daß sich eine Ader meldet; und der Fledderer tastet den Macker mit Fingern aus fauligem Ektoplasma ab.

Dr. Berger's Gesundheitsmagazin... (Blende)

AUFNAHMELEITER: »Also hör zu, ich sag dirs jetzt nochmal vor, und ich sag es ganz langsam: ›Ja‹...« (Er nickt) »Und mach das Lächeln locker ... das *Lächeln*.« Er bleckt sein Gebiß. Es wirkt wie eine schauerliche Parodie auf eine Zahnpasta-Reklame. »›Wir mögen Apfelstrudel, und wir haben uns gern. So einfach ist das‹—und *bring* mir das auch so einfach, daß es jeder Bauer versteht... Sieh drein wie der Ochs wenn's blitzt, ja? Oder willst du wieder an die Schalttafel? Oder den Kopf innen Eimer Wasser?«

PROBAND (Rehabilitierter krimineller Psychopath): »Nein!... Nein!... Wie mach ich das mit dem Ochs?«

AUFNAHMELEITER: »Na, dann eben wie ne Kuh.«

PROBAND (mit Kuhkopf): »Muuuh! Muuuh!«

AUFNAHMELEITER (prallt zurück): »Nicht so viel!! Nein! Du brauchst bloß spießig zu wirken, kapiert? Wie 'n netter Popcorn-Fresser...«

PROBAND: »Wie ein Macker?«

AUFNAHMELEITER: »Naja, nicht grade wie'n Macker. Ganz so dämlich sollst du nicht rüberkommen. Wir denken mehr an einen, der leicht betäubt wirkt... Kennst ja den Typ. Wenn man einem die telepathischen Anlagen rausoperiert hat. Der brave Gefreite, sowas in der Art... Achtung! Aufnahme!«

PROBAND: »Ja, wir mögen Apfelstrudel.« Sein Magen knurrt laut und anhaltend. Speichelfäden hängen ihm am Kinn herunter...

Dr. Berger sieht von seinen Notizen hoch. Mit seiner schwarzgeränderten Brille wirkt er wie eine jüdische Eule. Seine Augen schmerzen im Scheinwerferlicht. »Ich glaube, der ist nicht zu gebrauchen... Sehen Sie zu, daß er sich ausmustern läßt.«

AUFNAHMELEITER: »Naja, das Magenknurren könnten wir rausschneiden, und wenn wir ihm einen Absauger in den Mund hängen und...«

DR. BERGER: »Nein... Er ist *nicht zu gebrauchen*.« Er wirft dem Probanden einen angewiderten Blick zu, als habe dieser den schrecklichen *faux-pas* begangen, in der guten Stube von Mrs. Worldly nach Sackratten zu suchen.

AUFNAHMELEITER (resigniert und restlos aufgelöst): »Schafft die kurierte Schwuchtel rein.«

Der kurierte Homo wird hereingeführt... Er bewegt sich, als habe er eine Aura aus kochender Lava. Er setzt sich vor die Kamera und fängt an, sich in lässiger bäuerlicher Manier über den Stuhl zu drapieren. Muskeln gehen in Position wie Teile eines zerstückelten Insekts, die ein Eigenleben führen. Sein Gesicht verschwimmt und nimmt einen leeren stupiden Ausdruck an: »Ja« (er nickt und lächelt), »wir mögen Apfelstrudel, und wir haben uns gern. So einfach ist das.« Er nickt und lächelt und nickt und lächelt und—

»Cut!«, schreit der Aufnahmeleiter. Der kurierte Homo, immer noch nickend und lächelnd, wird hinausgeführt.

»Sehn wir uns das mal an.«

Der Künstlerische Berater schüttelt den Kopf: »Mir fehlt da was. Um genau zu sein, mir fehlt da die Gesundheit.«

BERGER (springt auf): »Lächerlich! Das strotzt vor Gesundheit!...«

KÜNSTLERISCHER BERATER (pikiert): »Naja, wenn Sie glauben, daß Sie mir in meinem Beruf noch etwas beibringen können, dann will ich mirs gerne anhören, *Doktor* Berger... Wenn Sie mit Ihren brillanten geistigen Gaben das Projekt ganz allein bewältigen können, dann verstehe ich nicht, wozu Sie einen künstlerischen Berater überhaupt *brauchen*.« Er stemmt die Hand in die Hüfte, geht mit wiegenden Schritten ab und singt leise: *»I'll be around when you're gone.«*

AUFNAHMELEITER: »Schickt den kurierten Schriftsteller rein... *Was* hat der? Buddhismus?... Ach so, er kann nicht reden. Na sag das doch gleich, Menschenskind!« Er dreht sich zu Berger um: »Der Schriftsteller kann nicht reden... Hat sozusagen ein bißchen überzogen. Wir könnten ihn natürlich synchronisieren...«

BERGER (schroff): »Nein, das wird nichts... Holen Sie einen anderen.«

AUFNAHMELEITER: »Die beiden von eben waren meine Prachtexemplare. In die Jungs hab ich hundert Überstunden reingehängt und noch keinen Pfennig dafür gesehn...«

BERGER: »Antrag in dreifacher Ausfertigung... Formular 6090.«

AUFNAHMELEITER: »Sagen Sie mir jetzt schon, wie ich meinen Kies beantragen muß? Also schau'n Sie her, Doc, Sie haben mal gesagt: ›Von einem gesunden Homosexuellen zu sprechen, das wäre genauso, als wenn man sagen würde, einer mit Leberzirrhose im Endstadium ist kerngesund.‹ Erinnern Sie sich?«

BERGER: »Oh, sicher. Natürlich sehr elegant formuliert«,

knurrt er gehässig. »Ich will ja auch kein *Schriftsteller* sein!« Er stößt das Wort derart haßerfüllt heraus, daß der Aufnahmeleiter entsetzt zurückfährt...

AUFNAHMELEITER (bei sich): »Ich kann den Kerl nicht mehr riechen. Stinkt wie 'n Haufen verfaulte Ablegerkulturen... Wie die Fürze von ner menschenfressenden Pflanze... Wie Schafer's mmnääh« (parodiert akademische Redeweise) »seltsame Schlange... Worauf ich raus will, Doc: Wie können Sie von einem erwarten, daß er gesund ist, wenn man ihm das Hirn ausgeräuchert hat?... Oder um es mal anders zu sagen: Kann einer vielleicht *in absten-tia* gesund sein, um drei Ecken rum?«

BERGER (springt auf) »Ich habe die Gesundheit!... Die ganze Gesundheit! Genug Gesundheit für die ganze Welt, die ganze gottverdammte Welt! Ich kuriere sie alle!«

Der Aufnahmeleiter sieht ihn säuerlich an. Er mixt sich ein doppelkohlensaures Natrium, trinkt es aus und rülpst in die vorgehaltene Hand. »Und ich leide jetzt schon seit zwanzig Jahren an Verdauungsstörungen.«

Lovable Lu mit dem Dachschaden sagt: »Ich machs nur mit Jungs, und ich steeeeh drauf... Unter uns gesagt, Girls. ich nehm immer Steely Dan's Yokohama. Wär das nicht auch was für euch? Danny Boy läßt einen nie hängen. Außerdem isses so viel hygienischer und man kommt nicht mit all diesen schauderhaften Sachen in Berührung, wo man hinterher von der Hüfte abwärts gelähmt ist. Die Weiber sind voll von giftigen Säften...

»Also sag ich zu ihm: ›*Doktor* Berger‹, sag ich, ›glauben Sie bloß nicht, daß Sie mir Ihre hirnlosen abgeschlafften Dämchen andrehen können. Ich bin der dienstälteste Schwule im Upper Baboon's Asshole...‹«

Unterm Tisch einen kurzen Handel getätigt in diesem Bumslokal, wo sich die Bardamen in betrügerischer Absicht an dich ransägen, damit das Haus 666 auf seine Kosten kommt, und kein Funken Gesundheit in diesen vergrätzten Flittchen, da fault mir der Schwanz ab, noch ehe ich ihn reinstecke... Wer hat Cock Robin erschossen?... Der Spatz fällt meiner getreuen Webley zum Opfer, und ein Tropfen Blut sammelt sich an seinem Schnabel...

Am Morgen hat Lord Jim eine sattgelbe Farbe, während der welke vergrämte Mond nur noch wie ein weißer Rauchklumpen am blauen Himmel hängt, und Hemden flattern im kalten Frühjahrswind auf Kalksteinklippen überm Fluß, Mary, und die Morgendämmerung haut es entzwei wie Dillinger auf seiner Flucht ins Biograph-Kino. Geruch nach Neon und atrophierten Gangstern, und der abgehalfterte Dieb inhaliert Ammoniak aus einem Eimer, muß seine Nerven beruhigen, ehe er die Münztoilette knackt... »'n Ding«, sagt er. »Werd's schon schaukeln, das Kind, oder vielmehr das Ding.«

PARTEIVORSITZENDER (mixt sich einen weiteren Scotch): »Der nächste Krawall geht los wie ein Football-Spiel. Wir haben tausend erstklassige astreine Latahs aus Indochina importiert... Jetzt fehlt uns nur noch jemand, der den ganzen Verein anführt.« Er sieht prüfend in die Runde.

STELLVERTRETER: »Aber Chef, wir könnten sie doch auf Trab bringen, und dann imitieren sie einander wie inner Kettenreaktion...«

Die Diseuse schlängelt sich durch den Markt: »Was fängt ein Latah an, wenn er allein ist?«

PARTEIVORSITZENDER: »Das ist eine technische Frage. Da werden wir Benway konsultieren müssen. Ich finde, wir brauchen jemand, der die ganze Operation leitet.«

»Ich weiß nicht«, sagte er in Ermangelung der erforderlichen Punkte und Einschaltquoten, die man als Bewerber für diesen Job mitbringen mußte.

»Sie haben keine Gefühle«, sagte Dr. Benway, während er seinen Patienten in Fetzen schnitt. »Nur Reflexe... Ich rate dringend zu ein bißchen Abwechslung.«

»Mündig sind sie, sobald sie reden lernen.«

»Wie ein Kinderschänder zum anderen sagte: Mögen alle deine Troubles *Kleine* sein...«

»Wirklich gespenstisch, mein Lieber, wenn sie sich deine Kleider anziehen und dir diese Doppelgänger-Kicks geben...« Verzweifelt versucht ein Schwuler, seinem abtrünnigen Boy den Sportsakko vom Leib zu reißen.

»Meine Kaschmir-Jacke!«, kreischt er. »Die hat mich zweihundert Dollar gekostet!...«

»Da hat er also eine Affäre mit diesem Latah. Will mal so richtig einen dominieren, der alte Schwachkopf... Der Latah macht ihm jeden Gesichtsausdruck und jede Schrulle nach und saugt ihm glatt sein ganzes Wesen raus wie ne grausige Bauchrednerpuppe... ›Du hast mir alles gegeben, was du bist... Jetzt brauch ich 'n neuen Amigo.‹ Und der arme Bubu kann sich dazu nicht mehr äußern, weil er kein Ich mehr hat.«

JUNKIE: »Da hocken wir also in diesem Kaff, und es gibt nichts als Hustensaft.«

PROFESSOR: »Koprophilie, meine Herren... könnte man gewissermaßen als das mnääh redundante Laster bezeichnen...«

»Seit zwanzig Jahren mach ich jetzt schon in Blue Movies mit, und noch nie bin ich so tief gesunken, daß ich 'n Orgasmus getürkt hab...«

»Die verschlampte Junkie-Fotze... hängt ihrem ungeborenen Kind ne Sucht an... Die Weiber sind alle schlecht, Kid.«

»Also bei der Art von Sex kommt doch überhaupt nichts mehr rüber... Mit den alten Klamotten kannst du in die Wäscherei gehn...«

»Und mitten in der größten Leidenschaft sagt er: ›Hast du irgendwo noch 'n Schuhspanner?‹...«

»Sie erzählt mir, vierzig Araber hätten sie in eine Moschee geschleppt und vergewaltigt, vermutlich nacheinander... Obwohl, Schlange stehn ist nicht denen ihr Fall—all right, stell dich hinten an, Ali. Wirklich, ihr Süßen, sowas Unappetitliches hab ich mir selten anhören müssen. Zumal mich selber grade so ne Bande von entsetzlich öden Typen vergewaltigt hatte.«

Einige Nationalisten sitzen mürrisch vor dem Sargasso, giften die Schwuchteln an und schnattern auf Arabisch... Clem und Jody kommen angerauscht. Ihre Kleidung entspricht dem Klischee des Kapitalisten auf kommunistischen Wandgemälden.

CLEM: »Wir wollen uns an eurer Rückständigkeit gesundstoßen.«

JODY: »Mit den Worten des Unsterblichen Barden: uns mästen an diesen Mohren.«

NATIONALIST: »Schweine! Abschaum! Hundesöhne! Seht ihr nicht, daß unsere Leute Hunger leiden?«

CLEM: »So sind sie mir am liebsten.«

Der Nationalist, vergiftet von Haß, fällt tot um... Dr. Benway drängt sich durch die Menge: »Geht zurück! Platz da!« Er entnimmt eine Blutprobe. »Tja, mehr kann ich nicht tun. Wenn einer fällig ist, dann ist er eben fällig.«

Der unverwüstliche Christbaum aus Plastik erstrahlt im Lichterglanz auf den Schutthalden der Heimat, wo sich die Jungs auf der Schultoilette einen runterholen—wieviele jugendliche Zuckungen mag er wohl erlebt haben, der alte Sitz aus Eichenholz, glattpoliert wie ein abgegriffenes Goldstück...

Schlaf tief und lang im Tal des Red River, wo schwarze Fensterhöhlen und Skelette von Jungs hinter Spinnweben verschwinden...

Zwei Neger-Tunten keifen sich an.

1. TUNTE: »Halts Maul, du billige Granuloma-Schnepfe! ... Dich nennen sie hier bloß noch die Eklige Lu.«

DISEUSE: »Das Girl mit dem interessanten Unterleib.«

2. TUNTE: »Miau, miau!« Zieht ein Leopardenfell über und macht sich eiserne Klauen an die Hände...

1. TUNTE: »Ach je, ein Society-Flittchen!« Flüchtet kreischend über den Markt, verfolgt von dem knurrenden und fauchenden Transvestiten...

Clem stellt einem verkrüppelten Spastiker das Bein und nimmt ihm die Krücken weg... In einer schauerlichen

Pantomime äfft er das Zucken und Sabbern des anderen nach...

Aus der Ferne ist der Lärm von Straßenkrawallen zu hören—Tausend hysterische Pommern.

Die Rolläden der Geschäfte sausen herunter wie Guillotinen. Vor den Kneipen hängen Drinks und Tabletts in der Luft, während es die Gäste im Sog der Panik nach innen zieht.

EIN CHOR VON SCHWUCHTELN: »Wir werden alle vergewaltigt. Ich weiß es, ich weiß es.« Sie rennen in einen Drugstore und kaufen sich einen ganzen Kasten Vaseline.

PARTEIVORSITZENDER (hält mit dramatischer Geste die Hand hoch): »Die Stimme des Volkes.«

Pearson der Falsche Fuffziger bricht ein mit einem Deal, in dem bereits der erpresserische Kommandant von Karma die Finger drin hat, er versteckt sich auf einem leeren Grundstück bei den Ringelnattern, wo ihn der Hund in unverkennbarer Absicht aufstöbern wird...

Der Markt ist menschenleer bis auf einen bewußtlosen alten Säufer von unbestimmbarer Nationalität, der mit dem Kopf in der Pißrinne liegt. Die Randalierer stürmen johlend auf den Markt. »Tod den Franzosen!«, brüllen sie und reißen den Säufer in Stücke.

SALVADOR HASSAN (späht genüßlich durch ein Schlüsselloch): »Seht euch doch bloß mal dieses märchenhafte Protoplasma an! Da sieht einer genau wie der andere aus.« Er tanzt den Liquefaktionisten-Quickstep.

Eine Tunte hat einen Orgasmus und geht schluchzend zu Boden: »Ach Gott ist das aufregend! Wie ne Million geile pralle Schwänze!«

BENWAY: »Diesen Jungs da würde ich gerne mal das Blut untersuchen.«

Ein Mann von gespenstischer Unauffälligkeit—grauer Bart, graues Gesicht, abgewetzte braune Djellaba—singt mit einem merkwürdig undefinierbaren Akzent, ohne die Lippen zu bewegen:

»Ach ihr Puppen, ihr herrlichen großen Zuckerpuppen.«

Polizeikommandos—dünne Lippen, große Nasen, kalte graue Augen—rücken aus sämtlichen Seitenstraßen auf den Markt vor. Sie knüppeln und treten die Aufrührer mit kalter methodischer Brutalität zusammen.

Die Aufrührer sind mit Lastwagen weggeschafft worden. Die Rolläden gehen hoch und die Bürger von Interzone kommen auf den Platz heraus. Das Pflaster ist schlüpfrig von Blut und übersät von Zähnen und Sandalen.

Die Seekiste des toten Mannes steht in der Botschaft, und der Vizekonsul macht die Mutter mit den traurigen Tatsachen vertraut.

Es gibt kein... Morgen... keinen neuen Tag... *n'existe plus*... Wenn ich es wüßte, ich würde es Ihnen gerne sagen. Jeder Schritt ist ein Schritt in die falsche Richtung... Er ist durch eine unsichtbare Tür gegangen... Nicht mehr hier... Sie können überall nachsehen... Nix gut... No bueno... Bin selber am Abschnappen... Klom Fleitag.

(Alte Schmecker-Veteranen, die Gesichter gegerbt vom grauen Junk-Wetter, werden sich erinnern: In den zwanziger Jahren gab es eine Menge chinesische Pusher, für die sich der Westen als derart unzuverlässig, faul und verlogen erwies, daß sie alle dichtmachten, und wenn ein westlicher Junkie ankam und Stoff kaufen wollte, sagten sie einfach: »Hab nix... Klom Fleitag...«)

Islam AG
und die Parteien von Interzone

Ich arbeitete für einen Verein, der sich Islam AG nannte und finanziert wurde von A.J., dem berüchtigten Sex-Händler, der die internationale High Society brüskierte, als er zu einem Ball des Duc de Ventre als wandelnder Penis erschien. Er steckte in einem riesigen Kondom, auf dem das A.J.-Motto prangte: »Keiner soll entwischen.«

»Ziemlich geschmacklos, alter Junge«, sagte der Herzog.

Worauf A.J. entgegnete: »Steck dir deinen doch mit Interzone-Vaseline rein.« Eine Anspielung auf den Vaseline-Skandal, der sich damals noch im embryonalen Stadium befand. A.J. hat oft eine Antwort parat, die sich auf zukünftige Ereignisse bezieht. Er versteht es meisterhaft, seine Opfer zappeln zu lassen.

Salvador Hassan O'Leary, der Nachgeburts-Tycoon, hat auch hier die Finger drin; d.h. eine seiner Tochtergesellschaften hat für die Organisation gewisse Leistungen erbracht, und einer seiner ›Ableger‹ fungiert dort als Berater, ohne sich allerdings für die Aktionen und Ziele der Islam AG in irgendeiner Weise zu engagieren. Zu erwähnen sind ferner: Clem und Jody, die Ergot Brothers, die Hassans Bestand an Untertanen mit vergiftetem Weizen dezimierten; Autopsie-Achmed; und Hepatitis Hal, der Obst-und-Gemüse-Makler.

Eine Horde von Mullahs und Muftis und Musseins und Caids und Glaouis und Scheichs und Sultans und Heiligen Männern und Vertretern aller erdenklichen arabischen Parteien bildet das Fußvolk und erscheint zu den Versammlungen, von denen sich die höheren Chargen in weiser Voraussicht fernhalten. Obwohl die Delegierten am Eingang gründlich abgetastet werden, kommt es bei diesen Zusammenkünften immer wieder zu gewalttätigen Ausschreitungen. Oft werden Redner mit Benzin übergossen und verbrannt, oder irgend ein ruppiger Wüstenscheich nimmt seine Gegner mit einem Maschinengewehr unter Beschuß, das er im Bauch seines Lieblingsschafes eingeschmuggelt hat. Nationalistische Märtyrer mit Handgranaten im Arsch mischen sich unter die Teilnehmer der Versammlung und fliegen plötzlich in die Luft, was regelmäßig zu schweren Verlusten führt... Und einmal warf Präsident Ra den britischen Premierminister zu Boden und nahm ihn gewaltsam von hinten. Die gesamte arabische Welt konnte das Spektakel am Bildschirm verfolgen. Das Freudengeheul war noch in Stockholm zu hören. Seither gilt in Interzone eine Anordnung, die jedes Treffen der Islam AG im Umkreis von fünf Meilen von der Stadt verbietet.

A.J., dessen Vorfahren irgendwo im Vorderen Orient beheimatet waren, hatte sich eine Zeitlang als britischer Gentleman ausgegeben. Sein englischer Akzent verlor sich, je mehr das britische Empire abbaute, und nach dem 2. Weltkrieg wurde er kraft Kongreßbeschluß zum Amerikaner. A.J. ist Agent wie ich, doch für wen oder was hat bisher noch niemand herausfinden können. Gerüchten zufolge soll er für einen Trust von Rieseninsekten aus einer anderen Galaxie arbeiten... Ich glaube, daß er auf der Seite der Faktualisten steht (die auch ich vertrete); es kann natürlich auch sein, daß er für die Liquefaktionisten arbeitet (das Programm der Liquefaktionisten läuft darauf hinaus, daß irgendwann einmal alle ihr Protoplasma abgeben und zu einem einzigen Menschen verschmelzen). In dieser Branche kann man sich bei keinem sicher sein.

A.J. tarnt sich als internationaler Playboy und harmloser Spaßvogel. Er war es, der Piranhas im Swimmingpool von Lady Sutton-Smith aussetzte; bei einem Empfang in der U.S.-Botschaft am amerikanischen Nationalfeiertag mixte er Yage, Haschisch und Yohimbin in den Punch, worauf die Veranstaltung zu einer Orgie ausartete... zehn prominente Bürger—natürlich alles Amerikaner—starben vor Scham. (Eine Fähigkeit, die nur Kwakiutl-Indianern und Amerikanern eigen ist... andere sagen in so einem Fall einfach *»zut alors«* oder *»son cosas de la vida«* oder »Allah, der Allmächtige, hat mir einen reingewürgt ...«)

Und als sich in Cincinnati die Anti-Fluorid-Gesellschaft versammelte, um ihren Sieg mit reinem Quellwasser zu begießen, fielen ihnen allen prompt die Zähne aus.

»Und ich sage euch, Brüder und Schwestern aus der Anti-Fluorid-Bewegung, wir haben mit dem heutigen Tag einen Sieg für die Reinheit errungen, den uns keiner mehr nehmen kann... Schluß, sage ich, mit diesen scheußlichen fremden Fluoriden! Wir werden dieses schöne Land wieder sauber machen, bis es so unschuldig und rein ist wie die stramme Lende eines jungen Knaben... Und jetzt darf ich unser Vereinslied anstimmen... *Der alte Eicheneimer.*«

Ein Brunnen wird von Scheinwerfern in fluoreszierendes Licht getaucht, das in grellen Jukebox-Farben schillert. Singend marschieren die Anti-Fluoridiker daran vorbei und schöpfen sich einen Drink aus dem Eicheneimer...

»Der alte Eicheneimer, der goldene Eicheneimer,
Der Glublnefunnumbbler...«

A.J. hatte das Wasser mit einem südamerikanischen Rebensaft versetzt, der den Gaumen aufweicht.

(Das mit dieser Rebe habe ich erfahren von einem alten deutschen Prospektor, der in Pasto/Kolumbien an Urämie dahinsiecht. Soll angeblich in der Putumayo-Region wachsen, aber ich bin dort nie fündig geworden. Habe mir allerdings auch keine große Mühe gegeben... Derselbe Zeitgenosse erzählte mir auch von einem Insekt, das aussieht wie ein großer Grashüpfer und Xiucutil genannt wird: »Ein unheimlich starkes Aphrodisiakum. Wenn sich so ein Vieh auf einen setzt, und man kriegt nicht sofort eine Frau zu fassen, dann bringt es einen glatt um. Ich habe erlebt, wie die Indianer wild onanierend durch die Gegend gerannt sind, nachdem sie mit diesem Viehzeug in Berührung gekommen waren.« Leider habe ich mir nie so einen Xiucutil an Land ziehen können...)

Premiere in der New York Metropolitan Opera. A.J., durch ein Insektenmittel geschützt, läßt einen Schwarm Xiucutils frei.

Mrs. Vanderbligh, nach einem Xiucutil schlagend: »Oh!... Oh!... OOOOOOOOH!!!« Geschrei, splitterndes Glas, Kleider gehen in Fetzen. Ein Crescendo von Grunzen und Quieken und Stöhnen und Wimmern und Keuchen... Gestank nach Samen und Fotze und Schweiß, und der muffige Geruch von penetrierten Hintern... In einem Durcheinander von Diamanten und Pelzfetzen, Abendkleidern,

Orchideen, Smokings und Unterwäsche wälzt sich am Boden eine zuckende und rasende Masse nackter Leiber.

Einmal ließ sich A.J. ein Jahr im voraus einen Tisch im *Chez Robert* reservieren. Dort brütet ein schwergewichtiger eisiger Gourmet über der besten Cuisine der Welt. Er kann derart geringschätzig und vernichtend dreinsehen, daß sich unter seinem verheerenden Blick schon mancher Gast in krampfhaften Anbiederungsversuchen auf dem Boden gewälzt und von oben bis unten vollgepißt hat.

A.J. erscheint also in Begleitung von sechs bolivianischen Indianern, die zwischen den einzelnen Gängen Cocablätter kauen. Robert, in seiner ganzen beleidigten Majestät, steuert auf den Tisch zu. A.J. schaut kurz hoch und brüllt: »Hey, Boy! Bring mir mal Ketchup!«

(Alternative: A.J. zerrt eine Flasche Ketchup aus seiner Jackentasche und schüttet sie über die Haute Cuisine.)

Dreißig Feinschmecker stellen gleichzeitig das Kauen ein. Man könnte ein Soufflé zu Boden fallen hören. Robert brüllt auf wie ein waidwunder Elefant, rast in die Küche und bewaffnet sich mit einem Hackbeil... Der Sommelier fletscht die Zähne, sein Gesicht nimmt eine merkwürdig irisierende purpurrote Färbung an... Er schlägt einer Flasche Champagner (Brut, Jahrgang '26) den Hals ab... Pierre der Oberkellner schnappt sich ein Tranchiermesser. Zu dritt jagen sie A.J. mit unmenschlichem Wutgeheul durch das Restaurant... Tische kippen um, teure Weine und erlesene Speisen landen auf dem Boden... »Hängt ihn auf!«, wird von allen Seiten geschrien. Ein ältlicher Gourmet mit den wahnwitzigen blutunterlaufenen Augen eines Mandrills knöpft aus der Kordel eines roten Samtvorhangs eine Schlinge... In die Ecke getrieben und zumindest vom Verlust diverser Gliedmaßen bedroht, spielt A.J. seine Trumpfkarte aus... Er wirft den Kopf zurück und stößt den Lockruf der Schweinehirten aus. Hundert ausgehungerte Schweine, die er in der Nähe stationiert hat, kommen ins Restaurant gestürzt und machen sich schmatzend über die Haute Cuisine her. Robert erleidet einen Schlaganfall, kracht wie eine umgehackte Rieseneiche zu Boden und wird von den Schweinen aufgefressen. »Die armen Viecher«, sagt A.J. »Haben leider nicht genug Verstand, um diesen Leckerbissen zu schätzen.«

Roberts Bruder Paul, der sich in einer lokalen Irrenanstalt zur Ruhe gesetzt hatte, erscheint jetzt auf der Bildfläche. Er übernimmt das Restaurant und tischt etwas auf, was er als »Transzendentale Küche« bezeichnet. Unmerklich verschlechtert sich die Qualität des Essens, und am Ende serviert er reinen Mist. Die Gäste sind vom Ruf des *Chez Robert* viel zu eingeschüchtert, um sich zu beschweren.

Beispiel für ein Menü:

Klare Kamelpisse-Suppe mit gekochten Regenwürmern

Zitterrochen-Filet
in der Sonne gereift, in einer Beize aus Eau de Cologne
gebraten und mit Brennesseln garniert

Nachgeburt Suprême de Boeuf
in abgelassenem Getriebeöl geschmort
und angerichtet mit einer pikanten Soße aus verfaulten
Eidottern und zerstampften Bettwanzen

Vollreifer Limburger Käse
gesüßt mit Diabetiker-Urin
und flambiert mit Kartoffelschnaps

Und so sterben die Gäste still und ergeben an Lebensmittelvergiftung... Dann erscheint A.J. erneut zum Essen, diesmal mit einem Gefolge von arabischen Flüchtlingen aus dem Mittleren Osten. Bereits nach dem ersten Bissen brüllt er los:

»Verdammt nochmal, das ist ja Müll! Schmort mir diesen unverfrorenen Knilch in seinem eigenen Schmant!«

So wuchs also unaufhörlich die Legende von A.J., dem ulkigen liebenswerten Exzentriker... Überblendung nach Venedig... singende Gondolieri... gequälte Lustschreie dringen von der Piazza San Marco und aus Harry's Bar herüber.

In Venedig gibt es diese Brücke, von der man sich eine reizende alte Anekdote erzählt. Wie es scheint, sind da mal ein paar venezianische Seeleute um die Welt gesegelt, und auf diesem langen Törn werden sie alle schwul, sie pimpern sogar den Kabinenjungen, und als sie nach Venedig zurückkommen, muß man Damen mit raushängenden Titten über diese Brücke marschieren lassen, damit diese dubiosen Mitbürger wieder auf den richtigen Geschmack kommen. Also wird ein Bataillon von Flintenweibern im Laufschritt auf den Markusplatz beordert.

»Girls, wir haben hier einen echten Notstand. Wenn ihr sie mit euren Titten nicht zur Vernunft bringt, dann macht eure Mösen frei. Hauptsache, wir kriegen diese Schwuchteln wieder rum.«

»Oh Gertie, es ist wahr. Es ist alles wahr. Die haben kein aufregendes Ding zwischen den Beinen sondern so'n gräßlichen Schlitz!«

»Ich darf gar nicht dran denken...«

»Da möchte man glatt zur Steinsäule erstarren.«

Und Paul, dieser restlos verdorbene alte Kacker, konnte gar nicht ahnen, wie richtig er lag mit seiner Formulierung von Männern, die ›in störender Weise‹ miteinander verkehren. ›Störend‹ ist genau der richtige Ausdruck, denn wer möchte schon auf seinem Weg zu einer Fotze über einen fremden Schwanz stolpern? Da verspürt so ein Bürger gerade den unwiderstehlichen Drang, eine Schnepfe zu besteigen, und plötzlich kommt irgend ein liederlicher Fremdling hereingestürzt und macht sich in störender Weise an seinem Arsch zu schaffen.

A.J. rennt quer über den Markusplatz und haut mit einem Krummsäbel auf die Tauben ein. »Elendes Pack! Mistviecher!«, brüllt er...

Er stolpert an Bord seiner Barkasse—ein monströses Gebilde in Rosarot und Blau, mit vergoldetem Schnitzwerk und Segeln aus pupurrotem Samt. Er trägt eine lächerliche Marineuniform, über und über bestückt mit Tressen und Ordensspangen und Medaillen. Die Kluft ist verdreckt und zerschlissen, die Jacke schief zugeknöpft... A.J. geht auf die riesige Nachbildung einer griechischen Urne zu, die gekrönt wird von der goldenen Statue eines Jungen mit einer Erektion. Er dreht dem Boy die Eier um, und ein Strahl Champagner schießt ihm in den Mund. Er wischt sich über die Lippen und sieht sich um.

»Verdammt nochmal!« schreit er. »Wo sind meine Nubier?!«

Sein Sekretär sieht von einem Comic-Heft hoch: »Auf einer Sauftour ... oder sie steigen den Weibern nach.«

»Diese fahnenflüchtigen Schwanzlutscher! Was mach ich ohne meine Nubier?!«

»Nehmen Sie doch einfach ne Gondel.«

»Eine Gondel?«, schreit A.J. »Erst schaff ich mir diesen Kahn hier für teures Geld an, und dann soll ich auf eine *Gondel* umsteigen? Reffen Sie das Hauptsegel und ziehn Sie die Ruder ein, Mr. Hyslop... Ich werde den Hilfsmotor anwerfen.« Mr. Hyslop zuckt resigniert die Schultern und drückt einige Knöpfe an einem Schaltbrett... Die Segel fallen, die Ruder verschwinden im Schiffsrumpf.

»Und zerstäuben Sie mal ein bißchen Parfüm, ja? Der Kanal stinkt wie die Pest.«

»Gardenie? Sandelholz?«

»Nee. Ambrosia.« Mr. Hyslop drückt auf den Knopf und eine dicke Parfümwolke legt sich über die Barkasse. A.J. wird von einem Hustenanfall geschüttelt...

»Stellen Sie die Ventilatoren an!«, brüllt er. »Ich bin am Ersticken!« Mr. Hyslop hustet in ein Taschentuch. Er drückt auf einen Knopf. Ventilatoren surren, und die Ambrosia-Schwaden lichten sich. A.J. pflanzt sich am Heck auf einen Prunksessel und ergreift das Ruder. »Zündung!« Die Barkasse beginnt zu vibrieren. »Avanti, verdammt nochmal!«, brüllt A.J. Die Barkasse rauscht mit enormer Geschwindigkeit auf den Kanal hinaus, bringt Gondeln voll Touristen zum Kentern, zwingt die Motoscafi zu halsbrecherischen Ausweichmanövern, schlingert von einer Seite des Kanals zur anderen (die Flutwelle schwappt über die Ufer und durchnäßt die Passanten), kracht schließlich gegen ein Pier und treibt steuerlos auf die Mitte des Kanals hinaus... Eine Wasserfontäne spritzt aus einem Loch im Rumpf zwei Meter hoch in die Luft.

»Gehn Sie an die Pumpen, Mr. Hyslop. Wir haben ein Leck.«

Das Heck geht plötzlich steil in die Höhe, und A.J. wird in den Kanal geschleudert.

»Verflucht! Alle Mann von Bord! Rette sich wer kann!« Die Szene wird zu Mambo-Klängen langsam abgeblendet.

Einweihung der von A.J. gestifteten Escuela Amigo, einer Schule für junge Lateinamerikaner mit Vorstrafenregister. Lehrkörper, Schüler und Presse haben sich zur Einweihungsfeier versammelt. A.J. wankt auf eine Plattform hinaus, die mit Sternenbannern drapiert ist.

»Ich erinnere an die unsterblichen Worte von Pater Flanagan: So etwas wie einen schlechten Jungen gibt es überhaupt nicht... Wo ist denn die Statue, verdammt nochmal?!«

TECHNIKER: »Wollen Sie denn jetzt schon...?«

A.J.: »Was glauben Sie denn, wozu ich hier bin, Menschenskind! Soll ich das Scheißding vielleicht *in abstentia* enthüllen?«

TECHNIKER: »Is ja gut... is ja *gut*. Kommt sofort.« Die Statue wird von einem Graham-Hymie-Traktor vor die Plattform gezogen und dort abgestellt. A.J. drückt auf einen Knopf. Unter der Plattform treten Windmaschinen in Aktion. Das Surren schwillt zu einem ohrenbetäubenden Lärm an. Die rote Samthülle wird von dem Standbild heruntergeweht und verheddert sich in den Mitgliedern des Lehrerkollegiums, die in der ersten Reihe sitzen... Die Anwesenden werden mit Staubwolken und aufgewirbeltem Abfall eingedeckt. Langsam laufen die Maschinen aus. Die Leute in der ersten Reihe wickeln sich aus dem roten Samt... Schweigend und mit angehaltenem Atem starrt alles auf die Statue.

PATER GONZALES: »Heilige Muttergottes!«

DER MANN VON TIME MAGAZINE: »Nicht zu fassen.«

DAILY NEWS: »Das Ding ist schwul von A bis Z.«

Der Staub hat sich gelegt, und man erblickt ein monumentales Kunstwerk aus rötlich schimmerndem Stein: Ein nackter Junge beugt sich über einen schlafenden Kameraden und möchte ihn offensichtlich mit einer Flöte wecken. In der einen Hand hält er die Flöte, mit der anderen greift er nach einem Tuch, das über die Hüften des Schläfers drapiert ist. Das Tuch wölbt sich an einer Stelle suggestiv nach außen. Beide Jungs haben eine Blume hinterm Ohr und weisen identische Gesichtszüge auf—zugleich verträumt und brutal, verdorben und unschuldig. Diese Kreation befindet sich auf einem Sockel aus Kalkstein, an dessen Vorderseite in einem rosaroten und blauen und goldgelben Buchstaben-Mosaik aus Keramiksteinchen der Wahlspruch der Schule prangt: *»Dafür leben wir, und danach streben wir.«*

A.J. torkelt nach vorn und schlägt auf den strammen Hinterbacken des gebeugt dastehenden Jungen eine Sektflasche entzwei.

»Und daß ihr mir immer dran denkt, Jungs—da kommt der Champagner her.«

Manhattan Serenade. A.J. und Gefolge beim Betreten eines New Yorker Nachtklubs. A.J., in Kaschmir-Jackett und karierten Knickerbockers aus Leinen, führt einen rotärschigen Pavian an einer goldenen Kette.

GESCHÄFTSFÜHRER: »Moment mal. *Mo-ment* mal! Was ist denn das da?«

A.J.: »Ein illyrischer Pudel. Das edelste Viech, das sich

heutzutage auftreiben läßt. Damit kriegt eure Kaschemme hier endlich mal Niveau.«

GESCHÄFTSFÜHRER: »Sieht mir aber verdächtig nach einem rotärschigen Pavian aus. Das kommt mir hier nicht rein.«

ANHÄNGER VON A.J.: »Wissen Sie nicht, wen Sie da vor sich haben? Das ist A.J., der letzte der großen Spendierer.«

GESCHÄFTSFÜHRER: »Der soll sich seinen rotärschigen Bastard unter den Arm klemmen und seine Spendierfreudigkeit woanders austoben.«

A.J. bleibt vor einem anderen Club stehen und sieht hinein. »Elegante Schwuchteln und alte Fotzen. Verdammt, hier sind wir richtig! Avanti, ragazzi!«

Er rammt einen Pflock aus massivem Gold in den Boden und bindet den Pavian daran fest. Er legt sich einen eleganten Tonfall zu, und seine Anhänger stimmen mit ein:

»Fantastisch!«

»Überwältigend!«

»Einfach himmlisch!«

A.J. steckt sich eine lange Zigarrettenspitze in den Mund. Die Spitze besteht aus einem sehr biegsamen Material, das in obszöner Weise durchhängt und sich wellt, als sei es beseelt von einem widerwärtigen reptilienhaften Leben.

A.J.: »Da waren wir also 9000 Meter hoch in der Luft und ich lag platt auf dem Bauch...«

Wie Tiere, die eine Gefahr wittern, heben mehrere Schwule in der näheren Umgebung den Kopf. A.J. springt mit einem unartikulierten Wutschrei auf.

»Du rotärschiger Schwanzlutscher!«, brüllt er. »Dir werd ichs zeigen, hier auf den Boden zu scheißen!« Aus seinem Regenschirm zerrt er eine Peitsche heraus und zieht sie dem Pavian über den Arsch. Der Pavian kreischt und reißt den Pflock aus dem Boden. Er springt auf den Nebentisch und klettert an einer alten Dame hoch, die auf der Stelle an Herzversagen stirbt.

A.J.: »Bedaure, Lady, aber Disziplin muß sein.«

Außer sich vor Wut treibt er den Pavian mit seinen Peitschenhieben quer durchs Lokal. Der Pavian kreischt und faucht und scheißt vor Angst, er klettert auf den Gästen herum, rennt auf der Bar hin und her, hangelt sich an Vorhängen und Kronleuchtern entlang...

A.J.: »Du wirst entweder lernen, wie man anständig scheißt, oder du wirst gleich überhaupt nicht mehr scheißen können!«

ANHÄNGER VON A.J.: »Du solltest dich schämen, daß du A.J. so 'n Ärger machst. Nach allem, was er für dich getan hat.«

A.J.: »Nichts als Undank erntet man von diesem Viehzeug! Das könnt ihr einer alten Schwuchtel ruhig glauben.«

Es versteht sich, daß niemand auf diese Tarnung hereinfällt. A.J. behauptet von sich, er sei »unabhängig«, womit gemeint sein soll, daß er sich nur um seinen eigenen Kram kümmert. Doch es gibt keine Unabhängigen mehr... Die Zone ist überlaufen von Schwindlern jeder Schattierung, aber neutral ist da keiner mehr. Völlig undenkbar, daß ein Mensch vom Kaliber eines A.J. noch neutral sein soll...

Hassan ist ein notorischer Liquefaktionist und steht im Verdacht, einer von den ›Sendern‹ zu sein. »Gott nee, Boys«, sagt er mit einem entwaffnenden Grinsen, »ich bin bloß 'n altes verfressenes Karzinom, das den Hals nicht vollkriegt.« Er redet in einem breiten texanischen Akzent, den er sich im Umgang mit Dry Hole Dutton, einem verkrachten Ölsucher aus Dallas, angeeignet hat; und er läuft ständig in Cowboystiefeln und Zehn-Gallonen-Hut herum, egal ob drinnen oder draußen... Seine Augen sind nicht zu sehen, da er eine Sonnenbrille trägt; sein Gesicht ist glatt und ausdruckslos, als sei es auch Wachs; sein maßgeschneiderter Anzug besteht ganz aus ›unreifen‹ Banknoten mit durchweg hohen Nennwerten. (Banknoten sind zwar Bargeld, aber sie müssen erst ›reif‹ werden, ehe man damit bezahlen kann... Es gibt Banknoten mit Nennwerten bis zu 1 Million ›Muscheln‹.)

»Sie schlüpfen überall an mir aus«, sagt er verschämt... »Es ist wie... ach Gott, ich weiß gar nicht, wie ich sagen soll, ich schlepp diese Banknoten-Babies auf meinem warmen Körper mit mir rum und spüre, wie sie wachsen... ich komm mir vor wie 'n Skorpionweibchen... Herrje, hoffentlich langweile ich euch nicht mit dem ganzen Kram.«

Salvador—seine Freunde nennen ihn Sally (er hält sich immer einige »Freunde«, die er stundenweise bezahlt)—hat sich während des 2. Weltkriegs im Slunk-Geschäft saniert. Die Lebensmittelkontrolleure vom Gesundheitsamt haben eine Akte über ihn; auf den Fotos sieht man einen Mann mit einem massigen Gesicht, das wie einbalsamiert wirkt—als sei Paraffin unter die glatte, glänzende, porenlose Haut gespritzt worden. Das eine Auge, rund wie eine Murmel, ist stumpf und grau und weist Flecken und abgestorbene Stellen auf. Das andere ist schwarz und glänzend, starr und unergründlich wie das eines Insekts.

Doch gewöhnlich sind seine Augen hinter einer Sonnenbrille verborgen. Er wirkt finster und rätselhaft—seine Gesten und Manierismen sind noch unverständlich—, als gehöre er zur Geheimpolizei eines noch schemenhaften Staates.

Wenn ihn etwas erregt, kann es passieren, daß Salvador in gebrochenes Englisch verfällt. Er spricht es mit einem Akzent, der auf eine italienische Abstammung schließen läßt. Etruskisch beherrscht er jedenfalls in Wort und Schrift.

Das Dossier über Sal und seine internationalen Aktivitäten wird immer dicker und ist längst für eine ganze Meute von Ermittlern zur Lebensaufgabe geworden... Seine Unternehmungen erstrecken sich über die ganze Welt, ein unentwirrbares Geflecht von ständig wechselnden Scheinfirmen und Tochtergesellschaften, und auch er selbst legt sich immer neue Namen zu. Er hat bereits

23 Reisepässe verbraucht und ist 49mal deportiert worden —in Kuba, Pakistan, Hongkong und Yokohama sind Ausweisungsverfahren gerade im Gange.

Salvador Hassan O'Leary, alias ›Der Schuhladen-Heini‹, alias ›Der linke Marv‹, alias ›Nachgeburt-Leary‹, alias ›Slunky Pete‹, alias ›Plazenta-Juan‹, alias ›Vaseline Achmed‹, alias ›El Chinche‹, alias ›El Culito‹, usw., usw.— eine Liste von fünfzehn Seiten—, hatte seinen ersten Stunk mit der Polizei in New York, wo er mit einem Kerl herumzog, der bei den Kripoleuten von Brooklyn als ›Blubber Wilson‹ bekannt war und sich das Geld für seine Goofballs dadurch beschaffte, daß er Fetischisten in Schuhgeschäften ausnahm. Hassan wurde wegen versuchter Erpressung und der ›Absicht zum unbefugten Tragen einer polizeilichen Dienstmarke‹ angeklagt. Er hatte natürlich die Grundregel aller Absahner beherzigt: DBA —*das Blech abstoßen*—, was für diese Branche das gleiche bedeutet wie das FGH (Fluggeschwindigkeit halten) für die Piloten... Oder wie es der Vigilante ausdrückte: »Kid, wenn sie dir auf die Pelle rücken, dann laß deine Blechmarke verschwinden, und wenn du sie runterschlucken mußt.« Er hatte also seine gefälschte Dienstmarke nicht mehr an sich, als sie ihn hopps nahmen. Hassan sagte gegen Wilson aus, der daraufhin zu einer Haftstrafe von unbestimmter Dauer verurteilt wurde (—die längste Strafe, zu der man in New York wegen eines Vergehens verurteilt werden kann. Eine Strafe von unbestimmter Dauer ist es allerdings nur auf dem Papier; in Wirklichkeit bedeutet es drei Jahre auf Riker's Island.) Das Verfahren gegen Hassan wurde eingestellt.

»Die hätten mich glatt zu fünf Jahren verdonnert«, sagte Hassan, »wenn ich nicht an einen anständigen Bullen geraten wäre.« Hassan geriet jedesmal, wenn er in die Scheiße trat, an einen anständigen Bullen. Seine Akte enthält eine drei Seiten lange Liste mit Schimpfnamen, die er sich wegen seiner bereitwilligen Zusammenarbeit mit der Polizei eingehandelt hat. Für die Bullen ist er einer, der »mitspielt«; für die aus der Branche ist er etwas anderes: Ab, der Bullen-Verehrer; Der verstunkene Marv; Der quasselnde Jid; Ali der Spitzel; Der linke Sal; Der singende Kaffer; Der Itzig mit der hohen Stimme; Das Opernhaus in der Bronx; Der gute Geist vom Revier; Der Antwortdienst; Der quäkende Syrer; Der verschwiemelte Schwanzlutscher; Der musikalische Homo; Das verkehrte Arschloch; Der Schwule mit dem Schandmaul; Leary vom RD; Der flötende Kobold; Gertie das Klatschweib.

Er eröffnete einen Sex Shop in Yokohama, dealte Junk in Beirut, betätigte sich als Zuhälter in Panama. Während des 2. Weltkriegs stieg er dann ganz groß ein, übernahm eine Molkerei in Holland und streckte die Butter mit alter Wagenschmiere, riß sich in Nordafrika den Vaseline-Markt unter den Nagel, und schließlich zog er mit Slunks das große Los. Seine Geschäfte florierten und dehnten sich aus, er überschwemmte die ganze Welt mit gepanschten Medikamenten und billigen Fälschungen von Markenartikeln jeglicher Art. Verdünntes Anti-Haifischmittel, verschnittene Antibiotika, ausrangierte Fallschirme, abgeschlafftes Serum gegen Schlangenbisse, wirkungslose Impfstoffe, schadhafte Rettungsboote.

Clem und Jody, zwei altgediente Varieté-Tänzer, geben sich als russische Agenten aus, deren einzige Aufgabe darin besteht, den penetranten Amerikaner zu mimen und die USA in Mißkredit zu bringen. Als man Clem in Indonesien wegen Sodomie verhaftet hatte, sagte er zum Untersuchungsrichter:

»Von wegen widernatürliche Unzucht... das sind doch alles Kanaken hier.«

In Liberia tauchten sie in schwarzen Stetsons und roten Hosenträgern auf:

»Da knall ich also den alten Nigger ab, und er fällt um, liegt da auf der Seite und kickt mit dem einen Bein 'n Loch in die Luft.«

»Yeah, aber hast du schon mal 'n Nigger *verbrannt*?«

Mit Vorliebe stelzen sie auch durch die Bidonvilles und paffen dicke Zigarren:

»Jody, hier sollte man mal mit 'n paar Bulldozern anrücken und den ganzen Schmant abräumen.«

Überall folgt ihnen eine große Menschenmenge, die in ihrer morbiden Sensationsgier darauf wartet, daß sich die beiden Amerikaner irgendwann eine besonders empörende Schweinerei leisten.

»Seit dreißig Jahren bin ich jetzt schon im Show Business, aber sowas wie das hier hat man noch nie von mir verlangt«, beklagt sich Clem. »Da soll ich ein ganzes Elendsviertel wegräumen, mir ne Ladung H verpassen, auf den Schwarzen Stein von Mekka pissen, in meiner Sautreiber-Kluft den Gebetsruf abziehen, das Leih-Pacht-Gesetz von 1941 stornieren und mich gleichzeitig noch in den Arsch ficken lassen... Bin ich vielleicht 'n Krake mit zwanzig Armen?«

Als nächstes geht es um den Plan, mit einem Helikopter den Schwarzen Stein zu kidnappen und durch einen Schweinekoben zu ersetzen. Die Schweine sollen darauf abgerichtet sein, die Pilger mit dem Schlachtruf der Bronx zu empfangen. »Da versuchen wir also diesen grunzenden Mistviechern das ›Three cheers for the Red White and Blue‹ beizubringen, aber es läßt sich einfach nicht machen...«

»Von Ali Wong Chapultepec lassen wir uns in Panama diese Ladung Weizen da vermitteln. Er erzählt uns, das Zeug ist erste Qualität, der finnische Skipper ist in irgend nem Puff am Ort abgekratzt und hat die ganze Ladung der Madame vermacht... ›Sie war wie eine Mutter zu mir‹, sagt er, und das waren seine letzten Worte... Also kaufen wir der alten Schnepfe die Ladung für zehn Packungen H auf Treu und Glauben ab.«

»Und zwar gutes H. Aus Aleppo.«

»Grad genug Milchzucker drin, um die Alte auf Trab zu halten.«

»Naja, einem geschenkten Gaul sieht man nicht in den Arsch.«

»Und in Hassan hast du dann für den Caid ein Bankett gegeben und Couscous aus diesem Weizen servieren lassen, hab ich recht?«

»Und ob. Und was soll ich dir sagen—das Zeug heizt den Typen ein, als wärs Marihuana, und mitten im Bankett drehn sie alle durch... Für mich hab ich bloß Brot und Milch bringen lassen... Magengeschwüre, verstehst du.«

»Ich auch.«

»Also, die rennen da alle rum und schreien, sie würden von innen raus verbrennen. Am nächsten Morgen sind die meisten gestorben.«

»Und der Rest am Morgen danach.«

»Was anderes können sie auch nicht erwarten, wenn sie sich mit ihren orientalischen Freßgewohnheiten derart auf'n Hund bringen.«

»Und das Komische dran ist: die Kerle werden alle schwarz, und dann fallen ihnen die Beine ab.«

»Die schrecklichen Folgen der Marihuana-Sucht.«

»Genau das hab ich auch gedacht.«

»Also können wir jetzt mit dem alten Sultan direkt ins Geschäft kommen, und da der Alte ein bekannter Latah ist, läuft sozusagen alles wie von selbst.«

»Aber man solls nicht glauben—ein paar verbiesterte Knilche verfolgen uns tatsächlich bis runter an unsere Barkasse.«

»Wobei sich ein bißchen nachteilig auswirkt, daß sie keine Beine mehr haben...«

»...und im Kopf nicht mehr ganz klar sind.«

(Gemeint ist hier verdorbener Weizen infolge Pilzbrand. Im Mittelalter wurde die Bevölkerung von Europa wiederholt durch Pilzbrand-Epidemien dezimiert. Im Volksmund nannte man es »Sankt-Antons-Feuer«. Führt häufig dazu, daß die Beine brandig und schwarz werden und schließlich abfallen.)

In Ekuador drehen sie der Luftwaffe eine Schiffsladung ausrangierte Fallschirme an. Manöver: die Fallschirme öffnen sich nicht; sie sind lange zerknautschte Schläuche, die wie eingefallene Präservative wirken; die Jungs knallen auf den Boden, ihr junges Blut platscht über die Schmerbäuche der Generale… Clem und Jody machen sich in einem Jet aus dem Staub und durchbrechen über den Anden mit einem gewaltigen Krach die Schallmauer…

Die Ziele der Islam AG sind nicht klar zu erkennen. Die Beteiligten verfolgen sehr unterschiedliche Absichten, und es versteht sich von selbst, daß jeder entschlossen ist, dem anderen bei passender Gelegenheit ein Bein zu stellen.

A.J. spielt den Agitator, der es auf die Zerstörung Israels abgesehen hat: »Bei dieser ganzen anti-westlichen Stimmung hat man es immer schwerer, bei der arabischen Jugend auf seine Kosten zu kommen… Die Situation ist beinahe schon unerträglich… Israel stellt ein ausgesprochenes Ärgernis dar.« Typische Vernebelungstaktik von A.J.

Clem und Jody geben vor, an der Zerstörung der nahöstlichen Ölfelder interessiert zu sein, um den Wert ihrer venezolanischen Aktien in die Höhe zu treiben.

Clem dichtet eine Nummer zur Melodie von »Crawdad« (Big Bill Broonzy):

Wenn kein Öl mehr kommt—weißt du, was ich dann tu?
Dann hock ich hier und seh den Arabern beim Sterben zu.

Salvador umgibt sich mit einem dichten Schleier von internationalen Finanzgeschäften, um seine liquefaktionistischen Aktivitäten wenigstens vor den niederen Rängen zu kaschieren… Doch wenn er ein paar Gläser pures Yage intus hat, läßt er unter Freunden schon mal die Hosen runter.

»Islam ist so gut wie erledigt«, sagt er und tanzt den Liquefaktionisten-Quickstep… Und dann geht sein Temperament mit ihm durch, und er platzt in einem schauerlichen Falsett heraus:

Das hält sich nicht mehr lang,
Das fällt zusammen wie 'n Kartenhaus
Hey, Ma, such mir schon mal den Trauerschleier raus.

»Tja, diese Leute haben sich einen Juden aus Brooklyn engagiert, der sich als der wiederauferstandene Mohammed ausgibt... Tatsache ist, Doktor Benway hat ihn per Kaiserschnitt aus einem Heiligen Mann in Mekka rausgeholt... ›Wenn dieser Achmed nicht freiwillig rauskommt, dann gehn wir rein und holen ihn uns!‹...«

Diese schamlose Lüge wird von den leichtgläubigen Arabern anstandslos geglaubt.

»Nettes Volk, diese Araber«, sagt Clem. »Nettes bescheuertes Volk.«

Der falsche Prophet verkündet jetzt also täglich seine Suren im Radio: »Und hier, liebe Freunde zuhause an den Lautsprechern, ist wieder Achmed, euer Freund und Prophet... Heute möchte ich davon sprechen, wie wichtig es ist, daß ihr immer frisch und appetitlich aus dem Mund riecht... Freunde, nehmt Jody's Chlorophyll-Tabletten, und ihr seid aus allem raus.«

Jetzt ein Wort zu den Parteien von Interzone...

Es ist ohne weiteres klar, daß die Partei der Liquefaktionisten bis auf einen einzigen Mann aus lauter ahnungslosen Opfern besteht, wobei sich erst nach der Absorbierung des letzten herausstellt, wer wem auf den Leim gekrochen ist... Die Liquefaktionisten haben eine deutliche Schwäche für jede Art von Perversion, besonders sadomasochistische Praktiken...

Liquefaktionisten wissen im allgemeinen, wie der Hase läuft. Im Gegensatz zu den Sendern, die bekannt sind für ihre Ignoranz, was das Wesen und die unausweichliche Konsequenz des Sendens angeht, für ihr barbarisches und selbstherrliches Benehmen und ihre krankhafte Furcht vor *Tatsachen*. Nur durch das Einschreiten der Faktualisten konnten die Sender daran gehindert werden, Einstein in eine Irrenanstalt zu stecken und seine Theorie zu vernichten. Man kann wohl sagen, daß nur sehr wenige Sender wissen, was sie tun, und diese Top-Sender sind die gefährlichsten und bösartigsten Menschen auf der Welt. Die Techniken des Sendens waren anfangs noch recht primitiv... Blende. Tagung der Nationalen Gesellschaft für Elektronik in Chicago.

Die Tagungsteilnehmer ziehen ihre Mäntel an... Der Redner trägt seinen Text im Tonfall einer gelangweilten Verkäuferin vor:

»Lassen Sie mich abschließend noch ein mahnendes Wort an Sie richten... Die logische Konsequenz der enzephalographischen Forschung heißt Biokontrolle, d.h. Steuerung von Denken und Handeln, emotionalen Reaktionen und *scheinbaren* Sinneswahrnehmungen durch bioelektrische Signale, die in das Nervensystem des Individuums eingegeben werden.«

»Lauter! Und nicht so lahm!« Die Tagungsteilnehmer marschieren in einer Staubwolke hinaus.

»In das Gehirn von Neugeborenen könnte ein Chirurg Elektroden einpflanzen, die an einen Miniatur-Empfänger angeschlossen werden, so daß sich das Individuum durch staatlich kontrollierte Sender steuern ließe.«

Staubwolken lösen sich auf in der stagnierenden Luft einer riesigen leeren Halle—Geruch nach heißem Eisen und Wasserdampf; im Hintergrund pfeift irgendwo ein Heizkörper... Der Redner rafft sein Manuskript zusammen und pustet den Staub von den Seiten...

»Das System der Biokontrolle ist die Vorstufe zur telepathischen Steuerung. Das Individuum kann durch Drogen oder andere Formen der Beeinflussung für die Signale des Senders empfänglich gemacht werden, so daß sich das Einpflanzen eines Empfängers erübrigt. Nach einer gewissen Zeit werden die Sender ausschließlich mit dem telepathischen Verfahren arbeiten... Schon mal die Codices der Mayas gecheckt? Ich erkläre mir die Sache so: die Priester—etwa 1 % der Bevölkerung—strahlten telepathische Signale aus, die den Arbeitern sagten, was sie zu einem bestimmten Zeitpunkt zu empfinden hatten... Ein telepathischer Sender muß ununterbrochen senden. Er kann nie Signale empfangen; denn wenn er welche empfängt, so heißt das, daß es außer ihm noch einen gibt, der Emotionen hat, und das würde ihm einen Strich durch die Rechnung machen. Der Sender muß also ununterbrochen senden, kann aber nicht nachtanken, weil er nie in Kontakt mit anderen kommt. Früher oder später hat er keine Gefühle mehr, die er ausstrahlen kann. Wenn einer allein ist, kann er keine Gefühle entwickeln. Jedenfalls wenn er so allein ist wie der Sender—und es ist natürlich klar, daß es an einem gegebenen Ort und zu einer gegebenen Zeit immer nur *einen* Sender geben kann... Am Ende erlöscht er vollkommen... Der Sender hat sich in einen riesigen Tausendfüßler verwandelt... Jetzt tasten sich die Arbeiter auf dem Leitstrahl heran und verbrennen den Tausendfüßler und wählen brav einen neuen Sender, wie man es ihnen eingebleut hat... Bei den Mayas hielt sich das in Grenzen, weil sie völlig isoliert lebten... Heute könnte ein einziger Sender den ganzen Planeten kontrollieren... *Sie sehen also, Kontrolle kann nie zu einem sinnvollen Ergebnis führen... Sie kann immer nur zu noch mehr Kontrolle führen... Genau wie Junk...*«

Die Divisionisten nehmen eine mittlere Position ein. Man könnte sie durchaus als gemäßigt bezeichnen... ›Divisionisten‹ heißen sie aus gutem Grund: sie vermehren sich buchstäblich durch Teilung. Sie schneiden sich kleine Stücke aus dem Fleisch und züchten damit in einer Nährlösung exakte Ableger ihrer selbst. Wenn der Teilungsprozeß nicht aufgehalten wird, dürfte damit zu rechnen sein, daß der Planet am Ende nur noch von einem Menschen mit gleichgeschlechtlichen Ablegern bevölkert wird, d.h. auf der ganzen Welt wird es nur noch eine einzige Person mit Millionen von separaten Körpern geben... Werden das wirklich unabhängige Körper sein? Und könnten sie im

Lauf der Zeit unterschiedliche Eigenschaften entwickeln? Ich bezweifle es. Ableger müssen sich von Zeit zu Zeit wieder an der Mutterzelle aufladen. Für die Divisionisten ist das ein Dogma, denn sie leben in ständiger Angst vor einer Revolution ihrer Ableger... Manche Divisionisten denken, der Prozeß lasse sich aufhalten, ehe einer mit seinen Ablegern eine Monopolstellung erlangt. Sie sagen: »Ich will nur noch ein paar Ableger mehr in Umlauf bringen, damit ich nicht so allein bin, wenn ich mal in eine andere Gegend komme... Und die Vermehrung von Unerwünschten müssen wir rigoros unterbinden.« Jeder Ableger, der nicht von einem selbst stammt, ist letzten Endes ein »Unerwünschter«. Wenn einer anfängt, eine ganze Gegend mit Identischen Ablegern zu überschwemmen, weiß natürlich jeder, was los ist; und es kann passieren, daß die Mitbürger auf ein »Schluppit« erkennen (pauschales Ausmerzen aller identifizierbaren Ableger). Um einer Ausrottung seiner Ableger zu entgehen, gibt man ihnen eine andere Hautfarbe, oder man verändert Gesichtszüge und Körperbau, indem man entsprechende Gußformen verwendet. Nur restlos verlotterte und hemmungslose Individuen lassen sich dazu hinreißen, I.A.s (Identische Ableger) zu produzieren.

Ein kretinöser Albino von einem Caid, Endprodukt einer langen Reihe rezessiver Gene (winziger zahnloser Mund mit einem Kranz von schwarzen Haaren; Körper eines riesigen Krebses; Krebsscheren anstelle von Armen; Augen an langen Stielen), hat es bereits auf 20000 I.A.s gebracht.

»Ableger, so weit das Auge reicht«, sagt er und kriecht auf seiner Terrasse herum. Seine Stimme hat einen eigenartigen Klang. Wie das Zirpen eines Insekts. »Ich muß mich hier nicht verstecken und mir meine Ableger in der Mistgrube züchten und sie heimlich als Klempner und Lieferanten getarnt in Umlauf bringen... Keine plastische Chirurgie und keine barbarischen Bleich- und Färbmethoden verunstalten die strahlende Schönheit meiner Ableger. Nackt zeigen sie sich aller Welt im vollen Tageslicht, ein leuchtendes Beispiel für die Vollkommenheit von Körper,

Antlitz und Seele. Ich habe sie mir zum Bilde erschaffen und ihnen aufgegeben, sich zu mehren und geometrisch zu vervielfältigen, auf daß sie sich die Erde untertan machen.«

Ein professioneller Zauberer wurde herbeizitiert, um Scheich Aracknids Ablegerkulturen für alle Zeiten steril zu machen... Als der Zauberer Anstalten machte, einen Schwall von Anti-Orgonen loszulassen, sagte Benway zu ihm: »Brich dir keinen ab. Fredericks Ataxie bringt dieses Ablegernest von alleine auf Null. Ich habe Neurologie bei Professor Fingerbottom in Wien studiert... und der kannte jeden einzelnen Nerv im menschlichen Körper. Prächtiger alter Knabe... Nahm ein unrühmliches Ende... Saß gerade beim Duc de Ventre im Wagen, da fielen ihm hinten die Gedärme raus und wickelten sich um das eine Hinterrad des Hispano Suiza. Er wurde restlos ausgeweidet, und auf dem Polstersitz aus Giraffenleder saß nur noch eine leere Hülle... Und dann flutschten ihm mit einem gräßlichen Schlup sogar noch Augen und Hirn raus. Der Duc de Ventre sagt, daß ihn dieses grauenhafte Schlup bis in sein Mausoleum verfolgen wird.«

Es gibt keine sichere Methode, nach der man einen ›frisierten‹ Ableger erkennen kann ,—wenn auch jeder Divisionist irgendein Erkennungsprinzip anwendet, das er für unfehlbar hält. Die Divisionisten sind deshalb alle hysterisch und begegnen jedem mit krankhaftem Mißtrauen. Sobald sich einer dazu hinreißen läßt, eine liberale Ansicht zu äußern, blafft ihn ein anderer unweigerlich an: »Was bist denn du für einer? Vielleicht ein gebleichter Ableger von nem verstunkenen Nigger?«

Die Zahl derjenigen, die bei Schlägereien in Kneipen tot auf der Strecke bleiben, ist atemberaubend. Die Angst vor Neger-Ablegern—die durchaus blond und blauäugig sein können—hat bereits ganze Landstriche entvölkert.

Ob latent oder offen—alle Divisionisten sind schwul. Gehässige alte Tunten erzählen den jungen Boys: »Wenn ihr mit einer Frau geht, wachsen eure Ableger nicht mehr.«

Und ständig ist irgendwo einer dabei, die Ablegerkulturen eines anderen mit einem Fluch zu belegen. Unablässig hallt es durch die Gegend: »Komm, Biddy Blair, und verhex mir die Kultur da!«, und danach ist im Viertel regelmäßig der Teufel los... Überhaupt praktizieren die Divisionisten ausgiebig Schwarze Magie, und sie kennen eine Unzahl von unterschiedlich wirksamen Zauberformeln zur Vernichtung der Mutterzelle (auch ›Protoplasma-Daddy‹ genannt), wobei jedesmal ein entführter Ableger gefoltert oder getötet wird... Die Behörden haben inzwischen jeden Versuch aufgegeben, die unter Divisionisten üblichen Morde und das unerlaubte Produzieren von Ablegern zu unterbinden. Vor den Wahlen allerdings führen sie Razzien durch und zerstören umfangreiche Ablegerkulturen in den Gebirgsregionen der Zone, wo sich illegale Züchter versteckt halten.

Sex mit einem Ableger ist streng verboten und wird so gut wie überall praktiziert. Es gibt Schwulenpinten, in denen es schamlose Bürger offen mit ihren Ablegern treiben. In Hotels stecken Hausdetektive den Kopf zur Tür herein und fragen: »Haben Sie einen Ableger hier drin?«

Bars, die unter einem Andrang von verlotterten Ableger-Freiern leiden, hängen Schilder aus, auf denen der unerwünschte Kundenkreis nur noch mit Pünktchen angedeutet wird: »..... WERDEN HIER NICHT BEDIENT.«

Man kann sagen, daß der durchschnittliche Divisionist, hin- und hergerissen zwischen Angst und Wut, in einer permanenten Krise lebt. Er ist weder zur selbstherrlichen Arroganz der Sender noch zur lässigen Verworfenheit der Liquefaktionisten fähig... Dennoch, in der Praxis sind die Grenzen zwischen den Parteien fließend, und es finden sich alle möglichen Mischformen.

Die Faktualisten sind erklärte Gegner aller Liquefaktionisten, Divisionisten, und vor allem: Sender.

Stellungnahme des ›Coordinate Factualist‹ zum Thema Ableger: »Das Überfluten des Planeten mit ›erwünschten

Ablegern‹ ist ein Patentrezept, das wir zurückweisen müssen. Es ist noch sehr die Frage, ob Ableger überhaupt erwünscht sein können. Derartige Kreaturen stellen schließlich den Versuch dar, dem natürlichen Lauf der Dinge aus dem Weg zu gehen. Selbst die intelligentesten und genetisch vollkommensten Ableger würden höchstwahrscheinlich eine unerhörte Bedrohung für das Leben auf diesem Planeten bedeuten...«

Vorläufige Stellungnahme zum Thema Liquefaktion: »Wir dürfen unsere protoplasmische Grundsubstanz weder ablehnen noch verleugnen und müssen ständig danach streben, uns ein Höchstmaß an Flexibilität zu erhalten, ohne in den Sumpf der Liquefaktion abzusinken...« Vorläufige und Unvollständige Stellungnahme zu Telepathie und Senden: »Wir betonen, daß wir die Erforschung der Telepathie in keiner Weise ablehnen. Im Gegenteil: richtig verstanden und angewandt könnte sich Telepathie als die beste Verteidigung gegen jede Art von organisiertem Zwang oder Tyrannei von seiten gewisser Pressure Groups oder einzelner Kontrollsüchtigen erweisen. Allerdings: so wie wir gegen einen atomaren Krieg sind, so sind wir auch dagegen, daß dieses Wissen dazu angewandt wird, die Persönlichkeit eines anderen Lebewesens zu steuern, unter Druck zu setzen, zu erniedrigen, auszubeuten oder auszulöschen. Telepathie ist ihrem Wesen nach kein einseitiger Vorgang. Der Versuch, einseitig telepathische Signale abzustrahlen, muß als durch und durch verwerflich angesehen werden...«

Abschließende Stellungnahme: »Der Sender wird durch seine negativen Eigenschaften definiert. Ein Tiefdruckgebiet, ein Sog aus dem Nichts. Eine ominöse Erscheinung —anonym, gesichtslos, farblos. Er wird—möglicherweise —mit glatten Hautscheiben anstelle von Augen geboren. Er findet seinen Weg von allein, wie ein Virus. Er braucht keine Augen.«

»Kann es auch mehr als nur einen Sender geben?«

»Gewiß. Zuerst werden es viele sein. Aber nicht für lange.

Einige sentimentale Bürger werden sich einbilden, sie könnten etwas Positives senden, ohne sich darüber im klaren zu sein, daß Senden *an sich* das Prinzip des Bösen verkörpert. Wissenschaftler werden sagen: »Senden kann genauso segensreich wie die Atomkraft sein ... wenn man nur die nötigen Sicherungen einbaut.« Da mixt sich dann ein anal fixierter Technokrat ein doppelkohlensaures Natrium und verwandelt die Erde per Knopfdruck in kosmischen Staub. (›*Rülps* ... diesen Furz werden sie noch auf dem Jupiter hören.‹)... Künstler werden Senden mit Kreativität verwechseln. Sie werden begeistert von einem ›neuen Medium‹ schwärmen, bis ihre Einschaltquoten absacken... Philosophen werden auf der alten Leier vom ›Mittel zu einem höheren Zweck‹ herumreiten, ohne zu erkennen, *daß Senden immer nur zu noch mehr Senden führt, genau wie Junk.* Soll mal einer versuchen, Junk als Mittel zu einem ›höheren Zweck‹ einzusetzen... Manche Bürger, die sich schon als Herrscher über ein Heer von ›Coca-Cola- und Aspirin-Süchtigen‹ sehen, werden vom teuflischen Glamour des Sendens reden. Doch lange wird keiner von etwas reden. *Der Sender* mag kein Gerede.«

Der Sender ist kein selbständiges menschliches Wesen mehr... Er ist Der Menschliche Virus. (Alle Viren sind entartete Zellen, die nur noch als Schmarotzer überleben können... Sie haben eine spezifische Affinität zur Mutterzelle; entartete Leberzellen suchen sich den Nährboden der Hepatitis, usw. Im gleichen Sinne hat jede Gattung einen Dominierenden Virus, der das entartete Bild dieser Gattung verkörpert.)

Und so nistet sich nun das entartete Bild der menschlichen Gattung ein, Minute um Minute, Zelle um Zelle... Armut, Haß, Krieg, kriminelle Praktiken der Polizei, Bürokratie, Wahnsinn—alles Symptome des Menschlichen Virus.

Der Menschliche Virus kann jetzt isoliert und bekämpft werden.

Der Bezirkssekretär

Der Bezirkssekretär hat sein Büro in einem gewaltigen Backsteingebäude, das sie das ›Alte Gericht‹ nennen. Zivilsachen werden dort auch in der Tat verhandelt, doch die Verfahren ziehen sich unerbittlich in die Länge, bis die streitenden Parteien entweder sterben oder das Prozessieren aufgeben. Grund dafür ist die unübersehbare Zahl von Akten, die wirklich restlos alles erfassen und stets an der falschen Stelle abgelegt sind, so daß sie niemand außer dem Bezirkssekretär und seinen Assistenten finden kann; und selbst er verbringt oft Jahre mit der Suche nach einem bestimmten Vorgang. Tatsache ist, er sucht noch heute nach den Unterlagen für eine Schadensersatzklage, die bereits 1910 durch einen außergerichtlichen Vergleich beigelegt wurde. Große Teile des Alten Gerichtsgebäudes sind zerfallen, andere sind wegen häufiger Einstürze nur unter Lebensgefahr zu betreten. Gefährliche Suchaktionen delegiert der Bezirkssekretär an seine Assistenten, und von denen mußten schon viele im Dienst ihr Leben lassen. Als 1912 der Nord-Nordost-Flügel einstürzte, wurden 207 Assistenten unter den Trümmern begraben.

Wenn ein Bewohner der Zone verklagt wird, setzen seine Anwälte alles in Bewegung, damit der Fall vor das Alte Gericht kommt. Sobald das erreicht ist, hat der Kläger den Prozeß schon verloren. Die einzigen Verfahren, die im Alten Gericht tatsächlich bis zur Hauptverhandlung gedeihen, gehen auf das Konto von Exzentrikern und paranoiden Sonderlingen, die für ihren Fall »Öffentlichkeit« herstellen wollen—was ihnen allerdings nur selten gelingt, denn es muß schon ein verheerender Mangel an berichtenswerten Ereignissen herrschen, ehe sich ein Reporter einmal ins Alte Gerichtsgebäude verirrt.

Das Alte Gericht befindet sich in der Ortschaft Pigeon Hole, außerhalb der städtischen Zone. Die Ortschaft ist umgeben von Sümpfen und dichten Wäldern. Die Menschen in dieser Gegend sind so hochgradig stupid und legen ein derart barbarisches Verhalten an den Tag, daß es die Landesregierung für angezeigt hielt, sie in einem Reservat zu isolieren, das von einer Mauer aus radioaktiv verstrahlten Eisenziegeln eingeschlossen wird. Die Leute von Pigeon Hole parieren diesen Schlag damit, daß sie in ihrem Kaff überall Warnschilder aufstellen: *»Städter, Sieh Dir Hier Bloß Keinen Sonnenuntergang An!«*—eine unnötige Maßnahme, denn ein Städter kommt nur in ganz dringenden Fällen nach Pigeon Hole.

Für Lee hat sich solch ein dringender Fall ergeben. Er bewohnt seit zehn Jahren ein Haus, ohne Miete zu zahlen, und um einer Zwangsräumung zu entgehen, muß er schleunigst eine eidesstattliche Erklärung hinterlegen, daß er an Beulenpest leidet. Er lebt in ständiger Quarantäne. Also packt er seine ganzen Persilscheine und Petitionen und Räumungsbefehle und Bescheinigungen in einen Koffer und fährt mit dem Bus zur Grenze. Der städtische Zollinspektor winkt ihn durch: »Hoffentlich haben Sie eine Atombombe in Ihrem Koffer.«

Lee schluckt eine Handvoll Beruhigungstabletten und betritt die Zollbaracke von Pigeon Hole. Während der nächsten drei Stunden wühlen die Inspektoren seine Papiere durch, schlagen in eingestaubten Büchern nach und zitieren unverständliche und ominöse Passagen aus Zollbestimmungen und Verfügungen, die alle mit dem Satz enden: »Und wird demzufolge nach § 666 mit einer Geldstrafe geahndet.« Dabei sehen sie ihn vielsagend an.

Sie nehmen sich seine Schriftstücke mit einem Vergrößerungsglas vor.

»Manchmal schmuggeln sie zwischen den Zeilen dreckige Limericks durch.«

»Vielleicht will er das Zeug als Klopapier verkaufen. Brauchen Sie diesen ganzen Mist wirklich für sich selber?«

»Ja.«

»Er sagt ja.«

»Und woher sollen wir das wissen?«

»Ich hab ne Bescheinigung.«

»Klugscheißer. Ziehn Sie mal Ihre Klamotten aus.«

»Yeah. Vielleicht hat er schweinische Tätowierungen an sich.«

Sie befummeln ihn von Kopf bis Fuß und untersuchen seinen Arsch nach Schmuggelware und Spuren von Sodomie. Sie weichen sein Haar in Wasser ein, das sie anschließend zur Analyse ins Labor schicken. »Könnte ja sein, daß er Rauschgift im Haar hat.«

Schließlich beschlagnahmen sie seinen Koffer, und er wankt mit einem fünfzig Pfund schweren Packen von Dokumenten aus der Baracke.

Etwa ein Dutzend Antragsteller sitzen auf den verrotteten Holzstufen vor dem Eingang zum Alten Gericht. Sie sehen ihm mit wäßrig-blauen Augen entgegen und folgen ihm mit einer langsamen Drehung ihrer Köpfe und faltigen Hälse (in den Hautfalten sitzt der Staub), während er die Stufen hinauf und durch die Tür geht. Drinnen hängt der Staub wie Nebel in der Luft, rieselt von der Decke herab und wirbelt bei jedem Schritt vom Boden auf. Er steigt eine morsche Treppe hinauf, die schon 1929 für baufällig erklärt wurde. Einmal bricht sein Fuß durch, und die trockenen Holzsplitter reißen ihm die Wade auf. Die Treppe endet an einem Malergerüst, das mit zerschlissenen Stricken und Seilzügen irgendwo in staubiger Höhe an einem Balken befestigt ist. Vorsichtig pullt er sich hinauf zur Kabine eines Riesenrads. Sein Gewicht setzt einen hydraulischen Mechanismus in Bewegung (Geräusch von plätscherndem Wasser). Das Riesenrad dreht sich glatt und lautlos und hält neben einem Balkon aus verrostetem Eisen, dessen Boden da und dort an eine durchgelatschte Schuhsohle erinnert. Er geht einen langen Korridor hinunter; rechts und links Türen, die größtenteils zugenagelt oder mit Brettern verbarrikadiert sind. In einem Büro— neben der Tür ein grün angelaufenes Messingschild mit der Aufschrift *Orientalische Delikatessen*—sitzt ein Mugwump, der mit seiner langen schwarzen Zunge Termiten fängt.

Die Tür zum Büro des Bezirkssekretärs steht offen. Der Bezirkssekretär, umgeben von sechs Assistenten, sitzt da und haut sich Schnupftabak rein. Lee bleibt an der Tür stehen. Der Bezirkssekretär ignoriert ihn und redet ungerührt weiter.

»Neulich hab ich Ted Spigot getroffen... Pfundskerl übrigens. Gibt in der Zone keinen besseren als Ted Spigot... Das war an nem Freitag, daran erinner ich mich zufällig, weil meine Alte grad ihre Menstruationsbeschwerden hatte, und ich bin zu Doc Parker in seinen Drugstore an der Dalton Street gegangen, direkt gegenüber von Ma Green's Massagesalon, was früher mal der Mietstall vom alten Jed war... Und Jed, sein Nachname fällt mir gleich wieder ein, der hat auf'm linken Auge geschielt, und seine Frau war irgendwo ausm Osten, aus Algiers, glaub ich, und als Jed gestorben ist, hat sie wieder geheiratet, einen von den Hoot Boys, Clem Hoot, wenn ich mich recht entsinne, auch 'n Pfundskerl übrigens, naja und Hoot der war damals so an die 54 oder 55... Also jedenfalls, ich sag zu Doc Parker: ›Meine Alte hat wieder elende Menstruationsbeschwerden. Verkauf mir mal zwei Unzen Paregoric.‹

»Da sagt der Doc: ›Tja, Arch, da mußt du mir aber hier im Buch unterschreiben. Name, Adresse und Datum. Ist Gesetz.‹

»Also frag ich den Doc, was für einen Tag wir haben, und er sagt: ›Freitag, den dreizehnten.‹

»Und da sag ich: ›Na, ich schätze, da bin ich für heut schon bedient.‹

›Tja‹, sagt der Doc, ›da war heute morgen so'n Kerl hier, einer aus der Stadt, ziemlich flott angezogen, der hatte ein Rezept für'n ganzes Einmachglas Morphium... Sah irgendwie komisch aus, das Rezept. War auf Klopapier geschrieben... Ich hab ihm glatt ins Gesicht gesagt: ›Mister, ich hab den Verdacht, Sie sind 'n Kokser.‹

›Meine Zehennägel wachsen nach innen, Doc. Ich halt die Schmerzen kaum noch aus‹, sagt er.

›Naja‹, sag ich, ›ich muß mich vorsehn. Aber solang Sie 'n anständiges Leiden haben und 'n Rezept von nem richtigen Arzt, soll mirs ne Ehre sein, Sie zu bedienen.‹

›Der Weißkittel ist wirklich echt‹, sagt er... Naja, ich schätze, da hat bei mir die eine Hand mal wieder nicht gewußt, was die andere tut, jedenfalls hab ich ihm aus Versehen 'n Glas voll Desinfektionsmittel angedreht... Würde also sagen, der war auch erst mal bedient.‹

»›Grad das Richtige für ne Blutreinigungskur.‹

»›Weißt du, genau das hab ich mir auch gedacht. Dürfte entschieden besser sein als geschwefelter Sirup... Aber mal was anderes, Arch ... halt mich jetzt nicht für neugierig, aber vor Gott und seinem Apotheker hat der Mensch schließlich keine Geheimnisse, sag ich immer... also: steigst du bei der Alten Grauen Mähre immer noch drüber?‹

»›Naja, Doc Parker... Ich kann bloß sagen, ich bin ein verheirateter Mann und Kirchenältester in der First Denominational Non-sextarian Church, und ner Stute bin ich nicht mehr an den Arsch gegangen, seit wir als Kinder miteinander gespielt haben.‹

»›Das waren noch Zeiten, Arch. Erinnerst dich noch, wie ich mal die Schmiere mit dem Senf verwechselt hab? Bin anscheinend schon mit zwei linken Händen auf die Welt gekommen, wie man so schön sagt. Dich hat man bis rüber nach Cunt Lick County hören können, so hast du geschrien. Nix wie geschrien. Wie 'n Wiesel, dem man die Klöten abgeschnitten hat.‹

»›Da bist du aber schief gewickelt, Doc. Das mit dem Senf hast *du* gemacht, und ich hab warten müssen, bis du dich wieder beruhigt hast.‹

»›Das könnte dir so passen, Arch. Nee, nee. Den Trick hab ich nämlich aus einer Illustrierten, die mir mal auf diesem grünen Scheißhaus da hinterm Bahnhof in die Hände gefallen ist... Aber was ich vorhin sagen wollte,

Arch, du hast mich da nicht richtig verstanden... Mit der Alten Grauen Mähre hab ich eigentlich deine Frau gemeint... Ich meine, die ist nicht mehr das, was sie mal war ... mit diesen ganzen Furunkeln und Augengeschichten und Frostbeulen und Hämorrhoiden und Maul- und Klauenseuche.‹

»›Stimmt, Doc, die Liz kränkelt 'n bißchen arg. Seit ihrer elften Mißgeburt ist sie einfach nicht mehr die alte... Das war übrigens ne sehr merkwürdige Sache. Da sagt Doc Ferris doch glatt zu mir: ›Arch‹, sagt er, ›es wär besser, du siehst dir das Balg gar nicht erst an.‹ Und dabei sieht er mich an, daß mirs kalt den Buckel runterläuft... Tja, hast schon ganz recht, Doc. Sie is nicht mehr das, was sie mal war. Und deine Mittelchen helfen ihr anscheinend überhaupt nicht. Tatsache ist, seit sie die Augentropfen nimmt, die du ihr letzten Monat verkauft hast, kann sie den Tag nicht mehr von der Nacht unterscheiden... Aber eigentlich müßtest du dir doch denken können, daß ich die Liz nicht mehr stoße, die alte Kuh—bei allem schuldigen Respekt vor der Mutter meiner totgeborenen kleinen Ungeheuer. Nee. Nicht solang ich dieses saftige kleine fuffzehn Jahr alte Ding am Wickel hab... Du weißt doch, diese scharfe Kleine, die mal in Marylou's Frisier- und Kosmetiksalon drüben im Niggerviertel gearbeitet hat.‹

»›Klemmst dir das schwarze Hühnerfleisch, was, Arch? Kriegst die deftige Niggerkost, hm?‹

»›Regelmäßig, Doc. Regelmäßig. Tja, und jetzt, wie man so schön sagt, jucken mich wieder die ehelichen Pflichten. Muß zurück zu dem alten Klappergestell.‹

»›Wirst ihr garantiert ne gepfefferte Schmiere anrühren müssen.‹

»›Weiß Gott, Doc, bei so nem vertrockneten Loch... Also dann ... danke für das Paregoric.‹

»›Ich hab zu danken, Arch, hehehe... Übrigens, Archie Boy, wenn du mal abends 'n Hänger hast und nicht so recht hochkommst, dann schau doch vorbei und wir genehmigen uns ne Ladung Yohimbin.‹

»›Das mach ich, Doc, verlaß dich drauf. Wird wieder ganz wie in alten Zeiten sein.‹

»Also ich geh nach Haus und setz Wasser auf und brau was zusammen aus Paregoric und Gewürznelken und Zimt und Lorbeer und geb es meiner Liz. Hat ihr anscheinend ein bißchen geholfen. Jedenfalls hat sie mir danach nicht mehr die Ohren vollgejammert... Naja, später bin ich dann nochmal zu Doc Parker runter, um mir 'n Pariser zu besorgen ... und grad wie ich bei ihm rauskomm, da läuft mir Roy Bane übern Weg, auch 'n richtiger Pfundskerl, gibt in der Zone keinen besseren als Roy Bane... Also, der sagt zu mir: ›Arch‹, sagt er, ›siehst du den alten Nigger da drüben auf dem leeren Grundstück? Tja, so sicher wie der nächste Schiß und der Steuerbescheid kommt der hier jeden Abend her, und zwar so pünktlich, daß du deine Uhr nach ihm stellen kannst. Siehst du ihn dort hinter den Brennesseln? Jeden Abend so gegen halb neun stellt er sich da drüben rein und wichst sich mit Stahlwolle einen runter... Soll 'n Niggerprediger sein, hab ich gehört.‹

»Also, und deshalb weiß ich mehr oder weniger genau, wieviel Uhr es war an diesem Freitag dem 13., und es kann nicht viel mehr als zwanzig oder dreißig Minuten später gewesen sein—ich hatte mir beim Doc im Laden ne Prise Spanische Fliege genehmigt, und das fing grad an zu wirken, als ich aufm Weg ins Niggerviertel da unten am Grennel Moor vorbeikomm... Das Moor hat da so ne Ausbuchtung, da stand früher mal ne Niggerhütte... Den alten Nigger haben sie drüben in Cunt Lick verbrannt... Er hatte Maul- und Klauenseuche und war davon stockblind geworden... Und da kreischt so'n weißes Girl, das grad aus Texarkana zu Besuch war:

»›Roy, der alte Nigger guckt mich so widerlich an. Jessas, ich komm mir ganz dreckig vor!‹

»›Na komm, Süße, mach dich nicht naß. Ich hol die Boys, und dann verbrennen wir den Kerl.‹

»›Mach es langsam, Honey. Besorgs ihm langsam. Der hat mich richtig krank gemacht.‹

»Na, die verbrennen also den Nigger, und der gute Roy schnappt sich seine Frau und sie gehn zurück nach Texarkana, ohne das Benzin zu bezahlen, und der Heisere Lou von der Tankstelle hat den ganzen Herbst von nix anderem geredet: ›Da kommt dieses Volk aus der Stadt hier runter und verbrennt 'n Nigger und bezahlt mir nichtmal das Benzin!‹

»Naja, Chester Hoot hat dann die Niggerhütte abgerissen und hinter seinem Haus in Bled Valley wieder aufgebaut. Hat die Fenster mit schwarzen Tüchern verhängt, und was da drin vorgeht, das darf man gar nicht sagen... Also dieser Chester, der fällt wirklich 'n bißchen aus dem Rahmen... Jedenfalls, ich komm da unten lang, wo mal die Hütte von diesem Nigger war, direkt gegenüber liegt der Besitz vom alten Brooks, der jedes Frühjahr ne Überschwemmung hat, bloß hat das damals noch nicht dem Brooks gehört sondern einem Burschen namens Scranton. Das Grundstück da unten wurde 1919 vermessen... Ich nehm an, ihr kennt den Mann, der den Job gemacht hat... Hump Clarence hieß er. Hat nebenher noch als Rutengänger gearbeitet ... 'n Pfundskerl... Gibt in der Zone keinen besseren als Hump Clarence... Tja, und ziemlich genau an der Stelle da unten stolper ich also über Ted Spigot, wie er grad so 'n knackiges Flittchen pimpert.«

Lee räusperte sich. Der Bezirkssekretär sah über den Rand seiner Brille zu ihm hin und sagte: »Also wenn Sie sich vielleicht gedulden wollen, junger Mann, bis ich hier fertig bin, dann können Sie mir Ihre Sache vortragen.«

Und schon war er mitten in einer weiteren Anekdote. Diesmal ging es um einen Nigger, der sich bei einer Kuh mit Hydrophobie angesteckt hatte.

»Da sagt also mein Papa zu mir: ›Sieh zu, daß du mit deiner Arbeit fertig wirst, dann sehn wir uns mal zusammen den tollwütigen Nigger an...‹ Sie hatten den Nigger mit Ketten aufs Bett gefesselt, und er brüllte wie ne Kuh... Ich hab bald die Nase voll gehabt von diesem alten Nigger.

Tja, und wenn ihr mich jetzt mal kurz entschuldigen wollt —ich hab ne wichtige Sitzung auf'm Scheißhaus, hehehe!«

Lee war entsetzt, als er das hörte. Der Bezirkssekretär schloß sich oft wochenlang in der Toilette ein und lebte von Skorpionen und Montgomery Ward Katalogen. Seine Assistenten hatten schon so manches Mal die Tür aufgebrochen und ihn in halbverhungertem Zustand herausgetragen. Lee beschloß, seine letzte Karte auszuspielen.

»Mr. Anker«, sagte er, »ich appelliere an Sie als altes Mitglied im Wildsau-Klub«, und damit zog er seine Klubkarte heraus, ein Erinnerungsstück aus seinen jungen Jahren, als er noch Besoffene gefilzt hatte.

Der Sekretär sah sich die Karte mißtrauisch an. »Sie sehn mir aber nicht grade wie ne astreine bodenständige Wildsau aus... Wie halten Sie's denn so mit den *Juden,* hm?«

»Naja, Mr. Anker, Sie wissen ja selber, daß ein Jude immer nur darauf aus ist, ne christliche Jungfrau zu pimpern... Eines Tages schneiden wir ihm auch noch den Rest von seinem Ding ab.«

»Na, für einen aus der Stadt ham Sie ja ganz vernünftige Ansichten... Stellt fest, was er will, und kümmert euch drum... Der ist in Ordnung.«

INTERZONE

Der einzige von den Einheimischen in Interzone, der weder schwul ist noch zu sonst etwas Lust hat, ist der Chauffeur von Andrew Kif. Was nicht heißen soll, daß Kif pervers oder eingebildet ist. Der Chauffeur dient ihm lediglich als Vorwand, um sich jeden vom Hals zu schaffen, den er nicht mehr sehen will: »Du hast dich gestern abend an Aracknid rangemacht. Ich kann dich nicht mehr in mein Haus lassen.« In der Zone fallen öfter welche um und können sich hinterher an nichts mehr erinnern, auch wenn sie keine Trinker sind; keiner kann sich also sicher sein, daß er nicht doch versucht hat, mit Aracknids unappetitlicher Person intim zu werden.

Als Chauffeur ist Aracknid indiskutabel. Er hat kaum eine Ahnung vom Autofahren. Einmal fuhr er eine Schwangere über den Haufen, die mit einer Ladung Holzkohle von den Bergen heruntergekommen war. Sie hatte eine Fehlgeburt, ein blutiges totes Baby lag auf der Straße, und Kif stieg aus, setzte sich auf den Bordstein und rührte mit einem Stecken im Blut herum, während die Polizei Aracknid verhörte und schließlich die Frau wegen Verletzung der sanitären Bestimmungen festnahm.

Aracknid ist ein fürchterlich unattraktiver junger Mann mit einem länglichen Gesicht, das eine merkwürdig schieferblaue Farbe hat. Er hat eine lange Nase und große gelbe Pferdezähne. Einen gutaussehenden Chauffeur kann jeder finden, doch einen Aracknid konnte nur Andrew Kif auftreiben: Kif, der brillante, dekadente junge Romanschriftsteller, der in einem umgebauten Pissoir zwischen Bordellen und Nepplokalen in der Altstadt lebt.

Die Zone ist ein einziges riesiges Gebäude. Die Räume sind aus Plastilin, so daß die Wände bei Bedarf nachgeben, doch wenn sich zuviele Personen in einem Raum drängen, gibt es schließlich ein weiches ›Blubb‹, und jemand wird durch die Wand in die nächste Wohnung gedrückt, bzw. ins nächste Bett, denn die Geschäfte der Zone werden im Bett abgewickelt, das infolgedessen in jedem Zimmer den meisten Platz einnimmt. In der ganzen Zone summt es von Sex und Business wie in einem riesigen Bienenkorb:

»Zwei Drittel von einem Prozent. Davon geh ich nicht runter; nichtmal bei meinen besten Kunden.«

»Aber wo hast du die Frachtbriefe, Süßer?«

»Nicht da, wo du sie suchst, Schatz. Das wär zu simpel.«

»Ein Ballen Jeans mit ausgestopften Sackhaltern vorne drin. Made in Hollywood.«

»Hollywood in Siam.«

»Naja, auf Amerikanisch *gemacht.*«

»Wie hoch ist die Provision?... Die Provision... Die Provision...«

»Tja, Goldstück, eine Schiffsladung Vaseline, die sie im Südatlantik aus echtem Walfischblubber zusammengerührt haben. Ist im Moment noch vom Gesundheitsamt in Tierra del Fuego unter Quarantäne gestellt. Aber stell dir mal die Provision vor! Mein lieber Schwan... Wenn wir diesen Deal durchkriegen, sind wir saniert.« (Walfischblubber sind Rückstände, die bei der Verarbeitung eines Wals anfallen. Ein fürchterlicher Schmant, dessen Fischgestank meilenweit zu riechen ist. Niemand hat bisher eine Verwendung dafür gefunden.)

Interzone Imports Unlimited, bestehend aus Marvie und Leif dem Pechvogel, hat das mit der Ladung Vaseline ausbaldowert. Sie spezialisieren sich auf Arzneimittel und betreiben nebenbei einen 24-stündigen Prophylaxe-Service, der sechsfachen Schutz bietet, und zwar vorne wie hinten. (Bis heute sind sechs verschiedene Geschlechtskrankheiten bekannt.)

Sie klemmen sich dahinter und erweisen einem spastischen griechischen Schiffsagenten und einem ganzen Stab von Zollinspektoren so manchen unaussprechlichen Dienst, um den Deal voran zu bringen. Schließlich zerstreiten sich die beiden Partner und denunzieren einander bei der Botschaft. Dort läßt man sie abblitzen und drängt sie durch eine Hintertür auf ein kotverkrustetes leeres Grundstück hinaus, auf dem sich Aasgeier um Fischköpfe balgen. Hysterisch schreiend gehen die beiden aufeinander los:

»Du willst mich um meine Provision bescheißen!«

»*Deine* Provision?! Wer hat denn diesen Braten als erster gerochen, hm?«

»Aber ich hab den Frachtbrief.«

»Du Monster! Aber der Scheck wird auf mich ausgestellt.«

»Miststück! Du kriegst den Frachtbrief nicht eher zu sehen, als bis du meinen Anteil bei einem Treuhänder hinterlegt hast.«

»Na schön, dann vertragen wir uns halt wieder. Ich bin ja nicht kleinlich. Und gemein bin ich auch nicht.«

Sie schütteln sich lustlos die Hand und geben sich einen flüchtigen Kuß auf die Wange. Der Deal zieht sich über Monate hin. Sie nehmen die Dienste eines Vermittlers in Anspruch. Schließlich erscheint Marvie mit einem Scheck über 42 turkestanische *kurds*, der von einer unbekannten Bank in Südamerika ausgestellt ist und über Amsterdam laufen muß—eine Prozedur, die gut und gern 11 Monate dauern wird.

Jetzt kann er in aller Gemütsruhe in den Cafes der Plaza herumsitzen. Er zeigt eine Fotokopie des Schecks herum. Das Original zu zeigen, fällt ihm natürlich nicht ein, denn irgend ein neidischer Mitmensch könnte ja Tintenentferner auf die Unterschrift spucken oder den Scheck sonstwie ruinieren.

Jeder möchte von ihm zu einem Drink eingeladen werden und mit ihm feiern, doch er lacht nur jovial und sagt: »Ich kann mir nicht mal selber einen Drink leisten. Ich hab das Geld schon bis zum letzten *kurd* für Penstrep ausgegeben. Ali hat nämlich 'n Tripper. Hat ihn mal wieder hinten und vorne gleichzeitig erwischt. Am liebsten hätt ich den kleinen Drecksack direkt durch die Wand ins nächste Bett getreten. Aber ihr wißt ja alle, was für ne sentimentale alte Schachtel ich bin.«

Darauf leistet sich Marvie dann ein Schnapsglas voll Bier und quetscht aus seinem Hosenschlitz eine schwarz angelaufene Münze auf den Tisch. »Stimmt so«, sagt er zum Kellner. Der fegt die Münze auf eine Kehrichtschaufel, spuckt auf den Tisch und geht weg.

»So ein Muffel! Der ist ja bloß neidisch auf meinen Scheck.«

Marvie war schon »seit dem Jahr Null«, wie er es nannte, in Interzone. Er hatte im Außenministerium eine nicht näher bekannte Stellung bekleidet und war »im beiderseitigen Einvernehmen« in den vorzeitigen Ruhestand versetzt worden. Offensichtlich hatte er einmal recht gut ausgesehen, Marke College-Boy mit Bürstenhaarschnitt, doch sein Gesicht war wie Talg geschmolzen, und jetzt hatte er dicke Wülste unter dem Kinn. Um die Hüften herum setzte er allmählich Fett an.

Leif der Pechvogel war ein dürrer hochgewachsener Norweger mit einer Augenklappe. Seine Gesichtszüge waren zu einem permanenten unterwürfigen Grinsen gefroren. Hinter ihm lag ein ganzes Epos von gescheiterten Unternehmungen. Er war mit einer Froschzucht eingebrochen, mit Chinchillas, siamesischen Kampffischen, Rami und Zuchtperlen. Als Fehlschlag erwies sich auch ein Friedhofsprojekt, das vorsah, daß sich Liebende gemeinsam in einem Sarg bestatten lassen konnten. Vergeblich versuchte er, während der Gummiknappheit den Kondom-Markt unter seine Kontrolle zu bringen, ein Bordell auf Versandgeschäftbasis zu betreiben und Penicillin als Allheilmittel unters Volk zu bringen. In den Spielkasinos von Europa und auf den Pferderennstrecken in den USA spielte und wettete er nach Systemen, die ihm horrende Verluste einbrachten.

Seinen geschäftlichen Mißerfolgen standen die unglaublichen Mißgeschicke, die er im Privatleben erlitt, in nichts nach. Bestialische amerikanische Matrosen hatten ihm in Brooklyn die Vorderzähne eingetreten. Geier hatten ihm ein Auge ausgehackt, als er nach dem Genuß eines Liters Paregoric in einem Park von Panama City das Bewußtsein verloren hatte. Mitten in einer verheerenden Heroinsucht war er einmal fünf Tage lang zwischen zwei Stockwerken in einem Fahrstuhl eingeschlossen; und als blinder Passagier mußte er in einer Transportkiste einen Anfall von Delirium Tremens über sich ergehen lassen. In Kairo brach er einmal mit Darmverschlingung, geplatzten Magengeschwüren und Bauchfellentzündung zusammen, und das Hospital war so überfüllt, daß sie ihn mit seinem Bett in die Latrine abschoben, und der griechische Arzt war nicht recht bei der Sache und nähte ihm einen lebenden Affen in die Bauchhöhle ein, und anschließend wurde er von sämtlichen arabischen Krankenwärtern vergewaltigt, und einer von den Pflegern stahl das Penicillin und ersetzte es durch Desinfektionsmittel. Ein andermal hatte er Trichomonaden im Arsch, und ein selbstgerechter britischer Doktor kurierte ihn mit einem Einlauf aus kochender Schwefelsäure. Und dann gab es da diesen deutschen Spezialisten für Technologische Medizin, der ihm mit einem rostigen Dosenöffner und einer Blechschere den Blinddarm herausnahm (die Bakterientheorie war für ihn »reiner Unsinn«); die gelungene Operation versetzte ihn in einen solchen Erfolgsrausch, daß er nun wahllos drauflos schnippelte: »Der menschliche Körper ist voll von unnötigen Organen. Was soll der Mensch mit zwei Nieren, wenn er auch mit einer auskommen kann? Aha, da haben wir eine... Die inneren Organe sollten nicht so eng zusammengedrängt sein. Sie brauchen Lebensraum, wie das Vaterland.«

Der Vermittler war noch nicht bezahlt worden, und Marvie stand vor der unangenehmen Aufgabe, ihn elf Monate hinhalten zu müssen, bis der Scheck endlich durchkam. Der Vermittler hatte angeblich auf der Fähre, die zwischen der Zone und der Insel verkehrt, das Licht der Welt erblickt. Seine Tätigkeit bestand darin, für die reibungslose Abwicklung des Warenverkehrs zu sorgen. Niemand war sich sicher, ob seine Dienste überhaupt etwas wert waren, und sobald sein Name fiel, kam es unweigerlich zu Meinungsverschiedenheiten. Für die einen war er ein Wunder an Effizienz, für die anderen war er eine absolute Niete, und jeder konnte entsprechende Beweise anführen.

Die Insel, direkt gegenüber der Zone gelegen, ist ein britischer Militär- und Marinestützpunkt. Die Briten können über die Insel verfügen aufgrund eines Pachtvertrags, der keine Zahlungen vorsieht und jedes Jahr mit feierlichem Zeremoniell erneuert wird. Dazu erscheint dann immer die ganze Bevölkerung (Anwesenheit ist Pflicht) auf der städtischen Müllkippe. Die Tradition will es, daß der Präsident der Insel auf dem Bauch durch den Müll kriecht und die von jedem einzelnen Inselbewohner unterschriebene Aufenthalts- und Pachtverlängerung dem amtierenden Gouverneur überreicht, der ihn im strahlenden Glanz seiner Gala-Uniform erwartet. Der Gouverneur nimmt das Dokument entgegen und verstaut es in seiner Jackentasche.

»Soso«, sagt er mit einem dünnen Lächeln, »ihr habt also beschlossen, daß wir ein weiteres Jahr hierbleiben dürfen, wie? Sehr nett von euch. Ist das auch allen recht? ... Oder gibt es vielleicht einen, dem es nicht recht ist?«

Soldaten in Jeeps schwenken die Läufe ihrer fest montierten MGs langsam über der Menge hin und her.

»Ist allen recht. Na wunderbar.« Er wendet sich wieder dem bäuchlings daliegenden Präsidenten zu und sagt jovial: »Ihr Papier behalte ich in der Tasche. Für den Fall, daß mir mal das Klopapier ausgeht. Ha! Ha! Ha!« Sein lautes metallisches Lachen dröhnt über die Müllkippe, und die Menge lacht angesichts der drohend auf sie gerichteten MGs mit.

Die Briten sind peinlich darauf bedacht, daß auf der Insel eine demokratische Fassade gewahrt wird. Es gibt einen Senat und einen Kongreß, die in endlosen Sitzungen das Problem der Müllabfuhr und Abort-Inspektion erörtern—die einzigen beiden Fragen, über die sie befinden dürfen. Im 19. Jahrhundert waren sie vorübergehend auch für die Erhaltung des Pavian-Bestandes zuständig, doch dieses Privileg wurde wegen mangelhafter Teilnahme an den Senatssitzungen wieder gestrichen.

Die rotärschigen Tripolis-Paviane waren im 17. Jahrhundert von Piraten auf die Insel gebracht worden. Eine Legende besagte, die Insel werde fallen, wenn sie einmal von den Pavianen verlassen würde. Wie und an wen, das blieb dabei im Dunkeln. Einen Pavian zu töten, gilt als Kapitalverbrechen, obwohl die Tiere mit ihrem verheerenden Gebaren eine geradezu unerträgliche Zumutung für die Bürger darstellen. Hin und wieder dreht jemand durch, tötet mehrere Paviane und anschließend sich selbst.

Das Amt des Präsidenten wird immer einem besonders

unliebsamen und unpopulären Bürger aufgenötigt. Zum Präsidenten gewählt zu werden, ist das Schlimmste, was einem Inselbewohner passieren kann. Es ist eine solche Schande und Erniedrigung, daß nur wenige Präsidenten das Ende ihrer regulären Amtszeit erleben. Gewöhnlich sterben sie schon nach ein oder zwei Jahren als gebrochene Menschen. Der Vermittler war auch einmal Präsident gewesen, hatte aber seine fünfjährige Amtszeit voll abgeleistet. Anschließend änderte er seinen Namen und unterzog sich einer Gesichtsoperation, um die Erinnerung an seine Schande so weit wie möglich auszulöschen.

»Ja natürlich ... wir bezahlen dich schon«, sagte Marvie gerade zum Vermittler. »Aber immer mit der Ruhe. Es kann noch ne Weile dauern...«

»Immer mit der Ruhe! Noch ne Weile dauern, was?!... Also hör mal...!«

»Jaja, ich weiß schon... Die Kreditgesellschaft will deine Frau von ihrer künstlichen Niere abhängen, und deine Großmutter schmeißen sie aus ihrer Eisernen Lunge raus...«

»Finde ich reichlich geschmacklos, alter Junge. Ehrlich gesagt, ich wollte, ich hätte mich nie auf diese äh Angelegenheit eingelassen. In dieser elenden Schmiere ist zuviel Karbol drin. Ich war letzte Woche unten beim Zoll. Steckte einen Besenstiel in eins von diesen Fässern rein, und der wurde von der Schmiere glatt zerfressen. Außerdem stinkt das Zeug, daß es einen förmlich umhaut. Du solltest dir da unten am Hafen mal die Füße vertreten.«

»Den Teufel werd ich tun!«, kreischte Marvie. (Für einen Unternehmer in der Zone gehört es sich nicht, daß er seine Waren anfaßt oder auch nur in ihre Nähe kommt. Wer es trotzdem tut, setzt sich dem Verdacht aus, daß er ein ordinärer Krämer ist. Ein guter Teil der Waren in der Zone wird von Straßenhändlern an den Mann gebracht.) »Wozu erzählst du mir das alles? Bleib mir weg mit diesem Schweinkram! Das ist Sache der Kleinhändler, wie sie damit fertig werden.«

»Oh sicher, für euch Burschen ist das ganz einfach, ihr könnt euch immer aus der Verantwortung stehlen. Aber ich habe einen Ruf zu verlieren... Wegen dieser Geschichte hier werde ich noch Ärger bekommen.«

»Willst du damit vielleicht sagen, an dem Geschäft ist was nicht *legal?*«

»Naja, das grade nicht. Aber anrüchig ist es. Eindeutig anrüchig.«

»Ach geh doch wieder auf deine Insel, eh sie vollends untergeht! Dich haben wir doch schon gekannt, als du deinen roten Arsch noch für fünf Peseten in den Pißbuden der Plaza angeboten hast.«

»Und zwar ohne besonders viele Abnehmer zu finden«, ergänzte Leif. Er sagte es in einem penetrant britischen Akzent. Diese Anspielung auf seine Insel-Herkunft machte für den Vermittler das Maß voll... In einem verzweifelten Versuch, den unnahbaren englischen Aristokraten zu mimen, warf er sich in Positur, um seinen beiden Gesprächspartnern eine knappe eisige Abfuhr zu erteilen. Doch stattdessen brach nur das klägliche Wimmern eines getretenen Hundes aus ihm heraus. In der weißglühenden Flamme des Hasses kam wieder sein altes Gesicht durch... Er geiferte und fluchte in den schauderhaft strangulierten Kehllauten seines Insel-Dialekts.

Die Insulaner tun alle so, als sei ihnen der Dialekt nicht geläufig, oder sie bestreiten einfach, daß es ihn gibt. »Wir sind brittiesch«, sagen sie. »Wir reden kein Dialeekt.«

Schaum bildete sich in den Mundwinkeln des Vermittlers. Bei jedem Wort flogen ihm kleine Klumpen Spucke wie Wattefetzen davon. Der Pesthauch seines widerwärtigen Wesens umgab ihn wie eine grüne Wolke. Marvie und Leif prallten erschrocken zurück.

»Er ist *verrückt* geworden!«, stieß Marvie heiser hervor. »Nichts wie *weg* hier!« Hand in Hand entschwinden sie in den nebligen feuchtkalten Dunst, der sich während der Wintermonate über die Zone legt wie in einem Türkischen Bad nach Feierabend.

Die Untersuchung

Carl Peterson fand in seinem Briefkasten eine Postkarte mit der Aufforderung, um zehn Uhr zu einem Termin bei Dr. Benway im Ministerium für Geistige Hygiene und Prophylaxe zu erscheinen…

»Was in aller Welt können die von mir wollen?«, dachte er irritiert… »Höchstwahrscheinlich ein Versehen.« Doch er wußte, daß es bei denen kein Versehen gab… Jedenfalls keine Namensverwechslung…

Es wäre Carl nie in den Sinn gekommen, den Termin verstreichen zu lassen, obwohl er damit keine Strafe riskiert hätte… Freeland war ein Wohlfahrtsstaat. Für alles, was ein Bürger wollte—von einer Ladung Knochenmehl bis zu einem Sexpartner—gab es irgendeine Dienststelle, die ihm dabei gerne behilflich war. Die unausgesprochene Drohung, die in dieser wohlwollenden Umarmung lag, erstickte jeden Gedanken an Rebellion…

Carl ging über den Rathausplatz… Achtzehn Meter hohe Statuen aus Nickel; nackte Körper mit Genitalien aus Messing, die sich unter glitzernden Duschen einseiften… Die Rathauskuppel aus Glas und Kupfer schien am Himmel zu bersten.

Carl wurde von einem homosexuellen amerikanischen Touristen angestarrt; er parierte den Blick, und der Mann senkte die Augen und fingerte verlegen an den Lichtfiltern seiner Leica herum…

Carl betrat das Stahl-und-Emaille Labyrinth des Ministeriums und ging an den Auskunftsschalter … er zeigte seine Karte vor. »Fünfter Stock … Zimmer 26…«

In Zimmer 26 sah ihn eine Arzthelferin mit kalten Fischaugen an.

»Dr. Benway erwartet Sie bereits«, sagte sie lächelnd. »Sie können gleich reingehen.«

›Als ob der nichts anderes zu tun hätte, als auf mich zu warten‹, dachte Carl…

Im Sprechzimmer herrschte ein milchiges Dämmerlicht. Es war vollkommen still. Der Arzt gab Carl die Hand, sah ihn aber nicht an...

›Den Mann habe ich schon einmal gesehen‹, dachte Carl... ›Aber wo?‹...

Er setzte sich und schlug die Beine übereinander. Auf dem Schreibtisch sah er einen Aschenbecher stehen. Er zündete sich eine Zigarette an... In dem fragenden Blick, mit dem er den Arzt unverwandt ansah, lag eine deutliche Spur von Überheblichkeit.

Den Arzt schien das verlegen zu machen... Er rückte unruhig hin und her, hüstelte, machte sich mit Papieren zu schaffen...

»Äh-rrhm«, sagte er endlich... »Sie heißen Carl Peterson, wenn ich recht sehe...« Seine Brille rutschte ihm auf die Nase herunter; er wirkte wie eine Parodie auf einen schrulligen Gelehrten... Carl nickte schweigend... Der Arzt sah nicht zu ihm hin, schien das Nicken aber dennoch wahrzunehmen... Er schob sich die Brille mit einem Finger zurück und blätterte eine Akte auf, die vor ihm auf dem weiß emaillierten Schreibtisch lag.

»Mmmmmmmm. Carl Peterson...« Er ließ sich den Namen liebevoll auf der Zunge zergehen, spitzte die Lippen und nickte einige Male. Dann sagte er unvermittelt: »Sie wissen natürlich, daß wir uns bemühen. Wir alle bemühen uns... Auch wenn wir manchmal keinen Erfolg haben...« Seine Stimme wurde dünn und brüchig und versagte schließlich ganz. Er strich sich mit der Hand über die Stirn. »...den Staat—der ja nichts weiter als ein Notbehelf ist—den Bedürfnissen des Einzelnen anzupassen.« Seine Stimme klang so unerwartet laut und resonant, daß Carl erschrocken zusammenfuhr. »Das ist, jedenfalls für uns, die einzige Funktion des Staates. Unser Wissen... ist natürlich lückenhaft.« Er machte eine leicht wegwerfende Handbewegung. »Zum Beispiel... *zum Beispiel*... das Problem der äh *sexuellen Fehlentwicklung*.« Der Arzt schaukelte mit seinem Stuhl vor und zurück. Die Brille rutschte ihm auf die Nase herunter. Carl fühlte sich plötzlich unbehaglich.

»Wir betrachten es als ein Mißgeschick... eine Krankheit... jedenfalls erfordert es nicht mehr an Kontrolle oder äh Zwangsmaßnahmen als sagen wir mal... Tuberkulose... Ja, Tuberkulose«, wiederholte er mit Nachdruck, als habe Carl einen Einwand gemacht. »Andererseits werden Sie sicher verstehen, daß *jede* Krankheit den Gesundheitsbehörden eine gewisse... wie soll ich sagen... *Verpflichtung* auferlegt, gewisse vorbeugende *Maßnahmen* zu ergreifen. Selbstverständlich sollen diese Maßnahmen für das unglückliche Individuum, das sich ohne eigenes Verschulden äh infiziert hat, nur mit einem Mindestmaß an Unbequemlichkeit und Härte verbunden sein... mit einem Mindestmaß an Härte freilich nur insoweit, als damit noch ein ausreichender Schutz für all diejenigen gewährleistet ist, die noch nicht infiziert sind... Wenn wir Pockenschutzimpfungen zur Pflicht machen, so halten wir das nicht für eine unvertretbare Maßnahme... Oder Isolierung bei gewissen ansteckenden Krankheiten... Sie werden mir sicher zugeben, daß jemand, der sich—wie es die Franzosen nennen—›Les Maladies galantes‹ hehehe zugezogen hat, zu einer entsprechenden Behandlung veranlaßt werden muß, wenn er sich nicht freiwillig dazu bereit findet.« Der Arzt kicherte in sich hinein und schaukelte auf seinem Stuhl wie eine Aufziehpuppe... Carl spürte, daß jetzt eine Reaktion von ihm verlangt war.

»Das scheint vernünftig«, sagte er.

Der Arzt hörte auf zu kichern. Er saß plötzlich bewegungslos da. »Also, um auf die Sache mit der äh sexuellen Fehlentwicklung zurückzukommen. Um ehrlich zu sein, wir wissen noch nicht—jedenfalls nicht mit letzter Sicherheit—, weshalb manche Männer und Frauen den äh Umgang mit gleichgeschlechtlichen Partnern bevorzugen. Immerhin, wir wissen, daß das äh Phänomen recht verbreitet ist, und unter gewissen Umständen muß sich unsere Behörde damit öh befassen.«

Der Arzt sah Carl zum erstenmal mit seinen unruhig flackernden Augen ins Gesicht. Augen ohne eine Spur von Wärme oder Haß oder sonst einer Gefühlsregung, die Carl je bei sich oder einem anderen erlebt hatte—zugleich kalt und bohrend, raubtierhaft und unpersönlich. In dem Zimmer, in das von außen kein Laut hereindrang, kam sich Carl plötzlich vor, als sei er unter Wasser in einer Höhle eingeschlossen; abgeschnitten von jeder menschlichen Wärme und Geborgenheit. Das Bild, das er von sich hatte —entspannt aber wachsam, höflich aber mit einer Spur von Verachtung—begann zu verblassen, und es war ihm, als würde seine Lebensenergie aus ihm heraussickern und in der milchig-grauen Atmosphäre des Zimmers verpuffen.

»Die Behandlung dieser Fehlentwicklungen ist zur Zeit noch rein an rrhhm Symptomen orientiert.« Der Arzt warf sich plötzlich in seinem Stuhl nach hinten und brach in metallisches Gelächter aus. Carl sah ihn entsetzt an. ›Der Mann ist wahnsinnig‹, dachte er. Das Gesicht des Arztes wurde starr und ausdruckslos wie das eines Spielers. Carl spürte ein merkwürdig flaues Gefühl im Magen—wie in einem Fahrstuhl, der plötzlich anhält.

Der Arzt sah sich jetzt die Akte durch, die vor ihm lag. Dann sagte er mit einem leicht amüsierten und herablassenden Unterton:

»Sehen Sie nicht so erschrocken drein, junger Mann. Das war nur so ein Scherz unter Medizinern. Wenn wir sagen, die Behandlung orientiert sich an Symptomen, dann ist damit gemeint: es gibt keine. Man kann dem Patienten die Sache nur so erträglich wie möglich machen. Und eben das versuchen wir in diesen Fällen zu tun.« Wieder spürte Carl diesen kalten suchenden Blick auf seinem Gesicht. »Das heißt, wir muntern den Patienten auf, wenn er es nötig hat... und verschaffen ihm selbstverständlich einen geeigneten Ausgleich bei Partnern von ähnlicher Veranlagung. Eine Isolierung ist nicht erforderlich... unmittelbare Ansteckungsgefahr besteht bei diesem Leiden genauso wenig wie bei Krebs. Krebs... meine erste Liebe...«

Die Stimme des Arztes klang entfernt. Es schien, als sei er durch eine unsichtbare Tür gegangen und habe nur noch seine leere Hülle da am Schreibtisch zurückgelassen.

Plötzlich begann er wieder laut und klar zu sprechen. »Sie werden sich jetzt vermutlich fragen, weshalb wir uns dann mit diesen Dingen überhaupt befassen, nicht?« Ein kurzes Lächeln zuckte über sein Gesicht, glitzernd und kalt wie Schnee in der Sonne.

Carl zuckte die Schultern. »Das geht mich nichts an... ich frage mich nur, warum Sie mich kommen ließen und warum Sie mir all diesen... diesen...«

»... Unsinn erzählen?«

Carl stellte verärgert fest, daß er errötete.

Der Arzt lehnte sich zurück und legte seine Fingerspitzen zusammen.

»Die Jugend«, sagte er nachsichtig. »Immer so ungeduldig. Eines Tages werden Sie vielleicht auch noch lernen, was es heißt, Geduld zu haben. Nein, Carl—ich darf doch Carl zu Ihnen sagen?—ich weiche Ihrer Frage nicht aus. Bei Verdacht auf Tuberkulose kann es durchaus sein, daß wir—bzw. die zuständige Abteilung—den Betreffenden bitten, ja sogar *auffordern,* zu einer Röntgenuntersuchung zu erscheinen. Reine Routine, verstehen Sie. Bei den meisten dieser Untersuchungen wird nichts festgestellt. Und Sie hat man also nun gebeten, hier gewissermaßen zu einer psychischen Durchleuchtung zu erscheinen, ja??? Ich darf hinzufügen, daß ich mir nach dieser Unterhaltung mit Ihnen *relativ* sicher bin, daß das Ergebnis lauten wird: ohne Befund...«

»Aber das ganze ist doch lächerlich. Ich habe mich immer nur für Mädchen interessiert. Ich habe auch jetzt eine feste Freundin, und wir haben vor zu heiraten.«

»Ja, Carl, ich weiß. Und darum sind Sie ja hier. Eine Blutuntersuchung vor der Heirat. Das ist doch sinnvoll, oder nicht?«

»Doktor, reden Sie bitte nicht drum herum.«

Der Arzt schien nicht hinzuhören. Wie ein Taucher

kam er aus seiner sitzenden Stellung hoch, driftete um den Schreibtisch herum und begann hinter Carl auf und ab zu gehen. Seine Worte waberten träge und bruchstückhaft durchs Zimmer, wie Fetzen einer Melodie, die der Wind durch ausgestorbene Straßen weht.

»Ich darf Ihnen streng vertraulich sagen, daß sich ein Erbfaktor definitiv nachweisen läßt. Sozialer Druck. Viele Homosexuelle, ob latent oder offen, gehen bedauerlicherweise eine Ehe ein. Solche Ehen enden oft damit, daß... Umweltfaktor aus frühester Kindheit...« Der Arzt redete immer weiter. Er sprach von Schizophrenie, Krebs, erblicher Dysfunktion des Hypothalamus...

Carl döste ein. Er sah sich, wie er eine grüne Tür öffnete. Ein grauenhafter Gestank fraß sich in seine Lungen. Er schreckte hoch. Die Stimme des Arztes klang merkwürdig flach und leblos, eine flüsternde Junkie-Stimme:

»Der Kleiberg-Stanislouski-Samenausflockungstest... ein diagnostisches Hilfsmittel... zeigt zumindest an, ob ein negativer Befund vorliegt. Erweist sich in gewissen Fällen als nützlich—sofern man dabei das Gesamtbild im Auge behält... Vielleicht unter diesen äh *Umständen*...« Die Stimme des Arztes schlug in ein gequältes hohes Kreischen um. »Die Schwester wird Ihre öh *Testflüssigkeit* in Empfang nehmen.«

»Bitte hier entlang...« Die Schwester öffnete eine Tür. Sie betraten eine kahle weiße Zelle. Sie reichte ihm ein Glas.

»Benutzen Sie das bitte. Rufen Sie mich, wenn Sie fertig sind.«

Auf einem gläsernen Bord stand eine Dose Vaseline. Carl schamte sich, als habe seine Mutter ein Taschentuch für ihn hingelegt. Womöglich noch mit einem neckischen eingestickten Sinnspruch. Etwa: »Wenn ich ne Fotze wäre, könnten wir beide einen Laden für Reizwäsche eröffnen.«

Er ließ die Vaseline stehen und ejakulierte in das Glas. Er stellt sich vor, er habe die Krankenschwester mit dem Rücken an einer Glaswand und ficke sie brutal im Stehen.

»Alte Glasfotze«, stieß er gehässig hervor. Im Geiste sah er eine Möse voll bunter Glassplitter unter den Nordlichtern seiner Heimat.

Er wusch seinen Penis und knöpfte sich den Hosenlatz zu.

Irgend etwas registrierte alles, was er dachte und tat, mit kaltem höhnischen Haß; jede Verlagerung seiner Hoden, jede Kontraktion seines Schließmuskels. Er befand sich in einem grün ausgeleuchteten Raum. Ein schmieriges hölzernes Doppelbett stand da, ein schwarzer Schrank mit einem mannshohen Spiegel. Carl konnte sich darin nicht sehen. Jemand saß in einem schwarzen Hotelsessel. Er trug ein weißes Hemd mit gestärkter Brust und einen schmutzigen Papierschlips. Das Gesicht aufgedunsen, knochenlos; Augen wie glühender Eiter.

»Fehlt Ihnen was?«, sagte die Krankenschwester gleichgültig. Sie hielt ihm ein Glas Wasser hin. Reserviert und geringschätzig sah sie ihm zu, wie er es austrank. Sie drehte sich um und nahm sichtlich angeekelt das Glasgefäß in die Hand.

Sie wandte sich wieder zu ihm um und sagte kurz und knapp: »Was ist, warten Sie noch auf was?« Seit Carl erwachsen war, hatte noch nie jemand so mit ihm geredet. »Wieso? Nein...«

»Dann können Sie jetzt gehn.« Sie stellte das Glasgefäß hin, gab einen angewiderten Laut von sich und wischte sich einen Samentropfen von der Hand. Carl ging zur Tür und blieb stehen.

»Soll ich nochmal wiederkommen?«

Überrascht und mißbilligend sah sie ihn an. »Das werden Sie schon noch *erfahren*.« Vom Eingang der Zelle aus sah sie ihm nach, wie er durch das Vorzimmer ging und die Tür öffnete. Er drehte sich um und versuchte, zum Abschied lässig zu winken. Die Schwester rührte sich nicht von der Stelle. Ihr Gesichtsausdruck blieb unverändert. Als er mit seinem gequälten falschen Lächeln die Treppe hinunterging, brannte ihm die Schamröte im Gesicht.

Ein homosexueller Tourist sah ihn an und zog wissend die eine Augenbraue hoch. »*Stimmt* was nicht?«

Carl rannte in einen Park und fand neben der Bronzefigur eines zimbelspielenden Fauns eine leere Bank.

»Komm schon, Süßer, sprich dich aus. Danach fühlst du dich besser.« Der Tourist beugte sich über ihn, seine Kamera schwang vor Carls Gesicht hin und her wie eine große schlenkernde Titte.

»Hau bloß ab, du!«

In den braunen Augen des Schwulen lag der Blick eines kastrierten Tieres. Etwas Gemeines und Widerwärtiges schlug Carl aus diesen Augen entgegen.

»Ach weißt du, Süßer, ich würde mich an deiner Stelle nicht so ruppig aufführen. Dich haben sie doch auch an der Leine. Ich habe dich aus dem *Institut* rauskommen sehen…«

»Was wollen Sie damit sagen?«, fragte Carl aufbegehrend.

»Oh, nichts. Gar nichts.«

»Nun, Carl«, sagte der Arzt lächelnd, während er seinen Blick auf gleicher Höhe mit Carls Mund hielt, »ich habe gute Nachrichten für Sie.« Er nahm einen blauen Zettel vom Schreibtisch und vollführte eine umständliche Pantomime, als habe er Schwierigkeiten, seine Augen auf die richtige Entfernung einzustellen. »Ihr öh Test… der Robinson-Kleiberg-Ausflockungstest…«

»Ich dachte, es war ein Blomberg-Stanlouski-Test…«

Der Arzt kicherte. »Aber nein, mein Lieber… Sie eilen mir voraus, junger Mann. Sie haben das vielleicht mißverstanden. Der Blomberg-Stanlouski, tjaaa, das ist wieder ein *ganz* anderer Test. Ich will doch *sehr hoffen*… daß wir uns den ersparen können…« Er kicherte wieder in sich hinein. »Nein, wie ich gerade sagen wollte, ehe ich von meinem äh-rrhm gelehrten jungen Kollegen so charmant unterbrochen wurde… Ihr KS scheint mir…« (er hielt den Zettel auf Armeslänge von sich) »…völlig äh negativ zu sein. Vielleicht werden wir sie also nicht weiter behelligen müssen. Und damit...« Er ordnete den Zettel sorgfältig in eine Akte ein. Er blätterte die Akte durch. Schließlich hielt er inne, furchte die Stirn und spitzte die Lippen. Er klappte die Akte zu, legte seine Hand flach auf den Deckel und beugte sich nach vorn.

»Carl, als Sie ihren Militärdienst abgeleistet haben... Da muß es doch... in der Tat, da *gab* es doch bestimmt längere Perioden, in denen sie auf die äh Tröstungen und äh *Annehmlichkeiten* des schönen Geschlechts verzichten mußten. Während dieser zweifellos schwierigen und entbehrungsreichen Zeit—hatten Sie da vielleicht ein Pin-up Girl?? Oder, was wahrscheinlicher ist, einen ganzen Pin-up Harem?? Hehehe...«

Carl sah den Arzt mit unverhohlenem Abscheu an. »Ja sicher«, sagte er. »Das hatten wir alle.«

»Und jetzt, Carl, möchte ich Ihnen gern einige Pin-up Girls zeigen.« Er zog einen Umschlag aus einer Schublade. »Und Sie bitten, sich diejenige auszusuchen, mit der Sie es am liebsten öh treiben würden he he he...« Er beugte sich abrupt nach vorn und fächerte die Fotos vor Carls Gesicht auseinander. »Suchen Sie sich ein Girl aus, irgend eines!«

Carl streckte die Hand aus und berührte mit tauben Fingern eines der Fotos. Der Arzt schob die Fotos wieder zusammen, mischte sie, hob ab, legte den Packen auf Carls Akte und schlug lässig mit der flachen Hand darauf. Er fächerte die Fotos vor Carl auseinander. »Ist sie hier dabei?«

Carl schüttelte den Kopf.

»Natürlich nicht. Sie ist hier drin. Und so soll es auch sein. Eine Frau, die weiß, wo sie hingehört, was??« Er schlug die Akte auf und hielt Carl das Foto des Mädchens hin. Es war an einen Rorschach-Test angeheftet.

»Ist sie das?«

Carl nickte stumm.

»Sie haben einen guten Geschmack, mein Junge. Ich darf Ihnen ganz im Vertrauen sagen, daß einige dieser

Mädchen...« (mit den geübten Fingern eines Spielers stellt er die Fotos zu einem Three Card Monte zusammen) »...in Wirklichkeit *Knaben* sind. In äh voller *Montur*, so nennt man das doch wohl, ja???« Seine Augenbrauen zuckten mit unglaublicher Geschwindigkeit nach oben und wieder herunter. Carl war sich nicht sicher, ob er etwas Ungewöhnliches gesehen hatte. Das Gesicht des Arztes blieb völlig unbewegt und ausdruckslos. Wieder hatte Carl dieses flaue Gefühl im Magen und in den Genitalien, als sei er in einem Fahrstuhl, der plötzlich anhält.

»Tja, Carl, Sie scheinen unseren kleinen Hinderniskurs mit fliegenden Fahnen zu nehmen... Ich nehme an, Sie halten das alles für ziemlich blöde, nicht???«

»Naja, um ehrlich zu sein... ja...«

»Sie sind offen, Carl... Das ist gut... Und jetzt... Carl...« Er zog den Namen liebevoll in die Länge, wie ein scheißfreundlicher Bulle, der sich anschickt, einem eine Old Gold anzubieten (irgendwie typisch Bulle, ausgerechnet Old Golds zu rauchen), um im nächsten Augenblick seine Nummer abzuziehen...

Der scheißfreundliche Bulle legt einen kleinen Tanzschritt hin.

»Warum bietest du dem *Mann* nicht einen Handel an?« Er weist mit einer Kopfbewegung auf sein dräuendes Über-Ich, das er immer nur in der dritten Person apostrophiert—als »Der Mann« oder »Der Lieutenant«.

»Der Lieutenant ist ja gar nicht so. Wenn du fair zu ihm bist, dann ist er auch fair zu dir... Wir wollen dich ja gerne nochmal glimpflich davonkommen lassen... Falls du was für uns tun kannst.« Seine Worte beschwören das Bild einer trostlosen Gegend herauf... Cafeterias und Straßenecken und Imbißhallen. Junkies sehen weg und mampfen ihren Sandkuchen.

»Der Schwule is link.«

Der Schwule, voll bis obenhin mit Goofballs, sackt in einem Hotelsessel zusammen. Die Zunge hängt ihm aus dem Mund.

Im Goofball-Tran kommt er hoch und hängt sich auf, ohne eine Miene zu verziehen oder seine Zunge wieder in den Mund zu nehmen.

Der Bulle malt Krakel auf einen Notizblock.

»Kennst du Marty Steel?« Krakel.

»Ja.«

»Kannst du bei ihm kaufen?« Krakel. Krakel.

»Er traut mir nicht recht.«

»Aber du kannst bei ihm kaufen.« Krakel, Krakel. »Du hast doch letzte Woche bei ihm gekauft, oder nicht?« Krakel.

»Ja.«

»Na, dann kannst du auch diese Woche wieder bei ihm kaufen.« Krakel... Krakel... Krakel... »Kannst eigentlich schon heute bei ihm kaufen.« Kein Krakel diesmal.

»Nein! Nein! Bloß das nicht!!«

»Also hör mal, spielst du jetzt mit«—drei wütende Krakel—»oder geht dir der... der Mann vielleicht an den Arsch, hm???« Das letztere mit einem schwulen Augenaufschlag.

»Und deshalb, Carl, werden Sie mir jetzt bitte sagen, wie oft und unter welchen Umständen Sie homosexuellem Verkehr öh gefrönt haben, ja???« Wieder verebbte seine Stimme. »Wenn Sie es nie getan haben, müßte ich Sie nämlich für einen etwas untypischen jungen Mann halten.« Der Arzt drohte scherzhaft mit dem Zeigefinger. »In jedem Fall...« Er tippte auf die Akte und ein hinterhältiges lüsternes Grinsen huschte über sein Gesicht. Carl fiel auf, daß die Akte fast 20 cm dick war. Sie schien, seit er das Zimmer betreten hatte, enorm angewachsen zu sein.

»Naja, während meiner Militärzeit... Die Schwulen da haben sich öfter an mich rangemacht, und manchmal... wenn ich knapp bei Kasse war...«

»Ja aber natürlich, Carl!«, wieherte der Arzt herzhaft. »Sie können mir glauben, an Ihrer Stelle hätte ich genau das gleiche getan, heh heh heh... Na, ich denke, wir können dieses verständliche Bemühen, die öh *Kasse* wieder aufzufüllen, ohne weiteres als äh *irrelevant* beiseite lassen. Aber dann, Carl, gab es doch vielleicht auch«— er tippte mit einem Finger auf die Akte, der nun ein schwacher Geruch nach verschimmelten Sackhaltern und Chlor entströmte— »...Gelegenheiten, wo keine äh ökonomischen Gesichtspunkte im Spiel waren...«

Eine grüne Leuchtkugel explodierte in Carls Gehirn. Er sah Hans vor sich... seinen schlanken braungebrannten Körper, der sich an ihn drängte... er spürte seine kurzen Atemstöße an seiner Schulter. Die Leuchtkugel ging aus. Ein riesiges Insekt wand sich in seiner Hand.

Ein heftiger Ekel durchfuhr ihn wie ein elektrischer Schlag. Er prallte angewidert zurück.

Zitternd vor Wut sprang Carl auf.

»Was schreiben Sie da?!«, fragte er barsch.

»Dösen Sie oft so ein??? Mitten in einer Unterhaltung...?«

»Ich war nicht eingeschlafen, falls Sie das meinen.«

»Wirklich nicht?«

»Diese ganze Sache hier ist einfach unwirklich... Ich gehe jetzt. Ist mir völlig egal. Sie können mich nicht zwingen, hierzubleiben.«

Er sah sich durch das Zimmer und auf die Tür zu gehen. Er ging schon sehr lange. Er ging schleppend; ein taubes Gefühl kroch ihm in den Beinen hoch. Die Tür schien sich immer weiter zu entfernen.

»Wo kannst du denn jetzt noch hin, Carl?« Die Stimme des Arztes erreichte ihn wie von weit her.

»Raus... weg von hier... durch die Tür...«

»Die Grüne Tür, Carl?«

Die Stimme des Arztes war kaum noch zu hören. Das ganze Zimmer explodierte ins All.

HAT JEMAND PANTOPON ROSE GESEHEN?

Junge, bleib weg von der Queens Plaza Station... Ist verhext... Überall hängen Polypen rum und schreien nach einem süchtigen Lover... Zu viele Bahnsteige... Bullen pumpen sich in der Besenkammer mit Ammoniak voll und kommen rausgestürzt wie brennende Löwen... Fallen über die arme alte Fledder-Tante her, und ihre Venen gehn vor Schreck bis auf den Knochen zurück... Danach fixt sie ne Woche lang unter die Haut oder macht die 5-29-Tour, gratis für alle Junkies in New York City, die man beim »Rempeln« erwischt...

Also: Schwuler, Zinker, Irish, Seemann—seht euch vor... Überlegts euch lieber zweimal, eh ihr da unten arbeitet...

Die U-Bahn rauscht vorbei, ein Schwall von schwarzem Eisen...

Queens Plaza ist ein heißes Pflaster für Fledderer... Zu viele Bahnsteige und Verstecke, wo einem die U-Bahn-Polente auflauern kann, und wenn man einem Besoffenen an die Taschen geht, kann man sich nie nach allen Seiten abschirmen...

Fünf Monate und neunundzwanzig Tage gibt es für »Rempeln«, d.h. wenn man sich an einem Flop in eindeutiger Absicht zu schaffen macht... Wegen Mord kann einer schon mal unschuldig verurteilt werden, aber nicht wegen Rempeln...

Der Schwule, Der Zinker, Irish und Der Seemann: alte Junkies und U-Bahn-Fledderer aus meinem Bekanntenkreis... Die alte Clique aus der 103. Straße... Irish und Der Seemann erhängten sich während der U-Haft im Tombs... Der Zinker starb an einer Überdosis, und Der Schwule heuerte als Polizeispitzel an...

»Hast du Pantopon Rose gesehn?«, fragte der alte Junkie... »Muß mal wieder los.« Zog sich einen schwarzen Mantel an und ging hinaus auf den Times Square... Die Pennerstraße runter zum Market Street Museum, wo man jede Art von Selbstbefriedigung zu sehen kriegt. Kleine Jungs haben es besonders nötig...

Der einzementierte Gangster rollt das Flußbett entlang... Sie murksten ihn im Dampfbad ab... Und wer ist das hier? Cherry Ass Gio *, der Handtuch-Boy? Oder Mother Gillig, die alte Tante vom Westminster Place?? Ihre toten Finger reden nur noch in Blindenschrift...

Der Mississippi wälzt große Kalksteinblöcke durch die ausgestorbene Allee...

»Macht die Luken dicht!«, brüllte der Käpt'n auf dem Treibsand...

Entferntes Magenknurren... Aus den Nordlichtern regnet es vergiftete Tauben... Die Stauseen sind leer... Messingstatuen stürzen in die klaffenden Löcher auf den Plätzen und Alleen der ausgehungerten Stadt...

Am suchtkranken Morgen wird nach einer Vene gestochert...

Gibt nichts als Hustensaft in diesem Kaff...

Tausend Junkies stürmen die Kristallpaläste der Spezialkliniken für Rückenmarksschwindsucht und kochen sich die Grauen Ladies auf...

Traf in der Kalksteinhöhle einen Mann mit einem Medusenhaupt in einer Hutschachtel und sagte zum Zollinspektor: »Seien Sie vorsichtig« ... Er erstarrte für immer, die Hand noch drei Zentimeter vom doppelten Boden entfernt...

Aufgedonnertes Gesindel rennt quasselnd durch die Bahnhofshalle und linkt die Angestellten an den Fahrkartenschaltern mit dem Schwulen-Hype... (Der Hype ist eine Spielart des Wechselgeldbetrugs... auch als ›The Bill‹ bekannt...)

»Komplizierter Bruch«, sagte der große Chirurg... »ich nehme solche Dinge sehr genau...«

In den Säulengängen mit ihrem schlüpfrigen Belag von tuberkulösem Auswurf schießt die Schwindsucht ungehindert ins Kraut...

Der Tausendfüßler schnuppert an der schwarzen Eisentür, die der Urinstrahl einer Million Schwuchteln papierdünn geätzt hat...

* Anspielung auf Charles ›Cherry Nose‹ Gio, einen Gangster aus der Clique von Al Capone. (C.W.)

Das reicht nicht für eine saftige Ladung. Ausgelaugter Dreck, zweiter Aufguß, nur noch ein Hauch von einem Fix...

Koks-Wanzen

Der Seemann, in grauem Filzhut und schwarzem Mantel, hing verkrümmt auf seinem Stuhl, ausgezehrt vom langen Warten auf den Stoff. In den Strahlen der Morgensonne erglühten seine Konturen in der rötlich-gelben Aura des Junk. Er hatte eine Papierserviette unter seiner Kaffeetasse—typisches Merkmal von Leuten, die kaffeetrinkend lange Wartezeiten absitzen in den Plazas, Restaurants, Bahnhöfen und Wartesälen der Welt. Ein Junkie, auch wenn er schon so herunter ist wie der Seemann, lebt nach der Uhr des Junk, und wenn er ungebeten in die Zeit von anderen eindringt, muß er wie jeder Bittsteller warten. (Wieviele Tassen Kaffee in einer Stunde?)

Ein Junge kam herein und setzte sich an den Tresen. Zitternde Umrisse eines Süchtigen nach langem Entzug. Der Seemann fröstelte. Sein Gesicht verschwamm zu einer zittrigen braunen pelzigen Masse. Wie in Blindenschrift ertastete er die Eigenschaften des Jungen, und seine Finger bewegten sich parallel dazu über die Tischplatte. Seine Augen registrierten kleine Krakel und Vertiefungen, folgten den braunen Haarkringeln im Nacken des Jungen, langsam und tastend wie Suchscheinwerfer.

Der Junge wurde unruhig und kratzte sich im Nacken. »Mich hat was gebissen, Joe. Was für ne verlauste Kaschemme hast'n du hier?«

»Koks-Wanzen, Kid«, sagte Joe und hielt einige Eier gegen das Licht. »Ich bin mal mit Irene Kelly rumgezogen. Das war vielleicht ein Flittchen! In Butte, Montana, kriegt sie 'n Koks-Koller und rennt durchs ganze Hotel und kreischt, sie würde von chinesischen Greifern mit Hackbeilen verfolgt. In Chicago hab ich einen Bullen gekannt, der Koks geschnupft hat. Das Zeug kam damals noch in Form von Kristallen auf den Markt. Blaue Kristalle. Jedenfalls, er schnappt über und fängt an zu schreien, die Bundespolente wär hinter ihm her, und dann rennt er in eine Seitengasse rein und steckt seinen Kopf in ne Mülltonne. Und ich sag zu ihm: ›Was machst du denn da? Was soll der Scheiß?‹, und er sagt: ›Hau ab, oder ich leg dich um! Hier findet mich keiner!‹ Na, wenn sie im Jenseits unsere Nummern aufrufen, werden wir antanzen, hab ich recht?«

Joe sah zum Seemann hinüber, zog die Schultern hoch und spreizte die Finger in der typischen Junkie-Geste.

Der Seemann sagte in seiner tastenden Stimme, die sich erst in deinem Kopf zusammensetzt und dir die Worte mit kalten Fingern vorbuchstabiert: »Deine Connection ist im Eimer, Kid.«

Der Junge scheute. Sein Strichjungen-Gesicht, zerfurcht von schwarzen Junk-Narben, hatte sich eine wilde gebrochene Unschuld bewahrt; durch die grauen Arabesken des Terrors schimmerte der Blick eines scheuen Tieres.

»Ich versteh nicht, was das soll, Jack.«

Der Seemann hatte plötzlich wieder scharfe Konturen. Er schlug seinen Mantelaufschlag zurück, und man sah eine Injektionsnadel aus Messing, die von Schimmel und Grünspan überzogen war. »Hab der Branche 'n Gefallen getan und mich zur Ruhe gesetzt... Hock dich her, und ich spendier dir 'n Stück Heidelbeerkuchen. Geht auf Spesenkonto. Dein Affe wird sich freuen... kriegt'n seidiges Fell davon.«

Über zweieinhalb Meter Imbißbude hinweg spürte der Junge, wie ihn etwas am Arm berührte. Plötzlich ein Sog, und er landete mit einem lautlosen ›Schlup‹ in der Nische. Er sah in die Augen des Seemanns—ein grünes Universum, durchzogen von kalten schwarzen Strömungen.

»Sind Sie 'n Fahnder, Mister?«

»Sagen wir lieber... ein Vektor.« Sein tiefes vibrierendes Lachen ging dem Jungen durch und durch.

»Ham Sie Stoff, Mann? Ich hab den Kies...«

»Ich will nicht dein Geld, Honey, ich will deine *Zeit.*«

»Kapier ich nicht.«

»Willst 'n Fix? ne pure Ladung? 'n satten Traaan?«

Der Seemann schaukelte eine rötliche Substanz in der hohlen Hand, und seine Umrisse verschwammen erneut.

»Yeah.«

»Wir nehmen die Independent. Die hat ihre eigene Polente. Keine Knarren, nur Totschläger. Erinnere mich, wie ich mal mit dem Schwulen in der Queens Plaza Station in die Scheiße getreten bin. Bleib weg von Queens Plaza, Junge... ist verhext... überall Greifer. Zu viele Bahnsteige. Bullen pumpen sich in der Besenkammer mit Ammoniak voll und kommen rausgestürzt wie brennende Löwen... fallen über die arme alte Fledder-Tante her, und ihre Venen gehn vor Schreck bis auf den Knochen zurück. Danach fixt sie ne Woche lang unter die Haut oder macht die 5-29-Tour, gratis für alle Junkies in New York City, die man beim Rempeln erwischt... Also: Schwuler, Zinker, Irish, Seemann—seht euch vor. Überlegts euch lieber zweimal, eh ihr da runter geht...«

Die U-Bahn rauscht vorbei, ein Schwall von schwarzem Eisen.

Der Kammerjäger leistet ganze Arbeit

Der Seemann tastete sachte an der Tür herum, seine Finger folgten in einer langsamen Drehbewegung den Farbschlieren auf dem Eichenholz und hinterließen matt schimmernde Schleimspuren. Sein Arm ging bis zum Ellbogen durch. Er zog an der Innenseite einen Riegel zurück und trat zur Seite, um den Jungen durchzulassen.

Der farblose Hauch des Todes hing drückend in dem leeren Raum.

»Das Loch ist nicht mehr gelüftet worden, seit der Kammerjäger hier die Koks-Wanzen ausgeräuchert hat«, sagte der Seemann entschuldigend.

Die Nerven des Jungen waren bis zum Zerreißen gespannt. Blitzschnell sondierte er die Umgebung. Mietskasernenwohnung, die Räume ineinander übergehend, erfüllt von einem lautlosen Vibrieren. In der Küche, an der einen Wand entlang, ein metallener Trog—oder sah es nur wie Metall aus?—, der in eine Art Aquarium führte, das bis zur Hälfte mit einer durchsichtigen grünen Flüssigkeit gefüllt war. Verschimmelte Gegenstände, abgenutzt in unbekannten Funktionen, lagen auf dem Boden herum: ein Sackhalter, dessen Design darauf schließen ließ, daß er zum Schutz eines empfindlichen flachen fächerförmigen Organs bestimmt war; breite, mehrbahnige Bruchbänder, Suspensorien und Bandagen; ein großes U-förmiges Joch aus porösem rötlichen Stein; kleine Bleiröhrchen, an einem Ende aufgeschnitten.

In den Luftströmungen, die durch die Bewegungen der beiden Körper entstanden, regten sich stagnierende Geruchstümpel. Atrophierter Knabengeruch aus verstaubten Umkleidekabinen; Chlorgeruch aus einem Hallenbad; Geruch nach eingetrocknetem Samen; weitere Gerüche waberten in rosaroten Schlieren durch den Raum und glitten an unsichtbaren Türen entlang.

Der Seemann griff unters Waschbecken und zog ein Paket heraus. Die Hülle aus Packpapier zerfiel ihm zwischen den Fingern zu gelbem Staub. Er legte Tropfer, Nadel und Löffel auf einen Tisch, der mit schmutzigem Geschirr vollgestellt war. Doch nirgend eine Kakerlake, die in dunklen Ecken nach Essensresten suchte.

»Der Kammerjäger versteht sein Geschäft«, sagte der Seemann. »Manchmal macht ers fast 'n bißchen zu gut.«

Er langte in einen Blechkanister, der gelbes Pyrethiumpulver enthielt, und holte ein flaches Päckchen heraus, das in rotgoldenes chinesisches Geschenkpapier eingeschlagen war. ›Wie ne Packung Knallfrösche‹, dachte der Junge. Mit 14 hatte er zwei Finger verloren... Feuerwerk am 4. Juli... im Krankenhaus hatte er zum erstenmal den lautlosen schleichenden Zugriff des Junk gespürt.

»Das geht hier hinten los, Kid.« Der Seemann faßte sich mit der einen Hand an den Hinterkopf. Mit obszönen genießerischen Bewegungen nahm er das Päckchen auseinander, ein komplexes Arrangement von mehrfach gefalzten und ineinandergeschobenen Papierchen.

»Hundert Prozent reines H. Von den alten Kunden lebt heute so gut wie keiner mehr... gehört alles dir.«

»Und was wollen Sie von mir?«

»Zeit.«

»Kapier ich nicht.«

»Ich hab etwas, was du willst.« Seine Hand berührte kurz die Packung. Er driftete ins vordere Zimmer, seine Stimme klang entfernt und verschwommen. »Du hast etwas, was ich will... fünf Minuten hier... eine Stunde woanders... zwei... vier... acht... Vielleicht komm ich so aus'm Schneider... Jeden Tag 'n bißchen sterben... Da wird die Zeit knapp...«

Er kam zurück in die Küche, seine Stimme wurde wieder laut und deutlich: »Fünf Jahre pro Stück. Auf der Straße gibt dir keiner 'n besseren Deal.« Er legte seinen Zeigefinger in die Kerbe unter der Nase des Jungen. »Genau die Hälfte.«

»Mister, ich weiß nicht, von was Sie da reden.«

»Wird dir schon noch aufgehn, Baby... mit der Zeit.«

»Okay, also was mach ich?«

»Bist du einverstanden?«

»Yeah, ich meine...« Er warf einen Blick auf die Packung. »Was soll's... Ist mir recht.«

Der Junge spürte einen schwachen Stoß, der ihm wie ein schwarzer Klumpen in die Magengrube sackte. Der Seemann fuhr ihm mit einer Hand über die Augen und zog ein rosiges skrotales Ei mit einem geschlossen pulsierenden Auge heraus. Das Ei bestand aus transparentem Fleisch, in dem eine schwarze pelzige Masse waberte.

Der Seemann streichelte das Ei mit nackten, hautlosen Fingern, die nichts Menschenähnliches mehr hatten—dicke faserige schwarz-rosa Fingerstummel, aus denen lange weiße Ranken herauswuchsen. Todesangst und Todesschwäche überfielen den Jungen; sein Atem stockte, das Blut gefror ihm in den Adern. Er lehnte sich an eine Wand, die leicht nachzugeben schien. Plötzlich klickte es in ihm, und er war wieder voll da:

Der Seemann kochte eine Ladung auf. »Wenn sie im Jenseits unsere Nummern aufrufen, werden wir antanzen, hab ich recht?«, sagte er. Mit einem zarten Altweiberfinger strich er dem Jungen die Gänsehaut glatt und tastete an einer Vene entlang. Er ließ die Kanüle hineingleiten. Eine rote Orchidee ging unten im Tropfer auf. Der Seemann drückte den Gummiball zusammen und sah zu, wie die Lösung dem Jungen in die Vene rauschte, eingesogen vom schweigenden Durst des Blutes.

»Menschenskind!«, sagte der Junge. »So 'n Flash hab ich bis jetzt noch nie erlebt!«

Er steckte sich eine Zigarette an, verspürte plötzlich einen gierigen Hunger nach etwas Süßem und sah sich suchend in der Küche um. »Machen Sie sich nicht auch 'n Schuß?«, fragte er.

»Mit dieser Milchzucker-Scheiße? Junk ist ne Einbahnstraße. Kannst nirgends wenden. Du kannst nie mehr zurück.«

Sie nennen mich den Kammerjäger. Ich war mal kurz in der Branche tätig und sah mir den Bauchtanz der Kakerlaken an, wenn sie im gelben Pyrethiumpulver erstickten. (»Das Zeug ist schwer zu beschaffen, Lady... jetzt wo Krieg ist. Aber ich geb Ihnen ein bißchen ab... Zwei Dollar.«) In schäbigen Schauspieler-Absteigen an der North Clark Street trieb ich vollgefressene Wanzen hinter der rot geblümten Tapete hervor und vergiftete die zu allem entschlossene Ratte, die gelegentlich auch mal einen Säugling frißt. Würdet ihr es nicht genauso machen?

Mein gegenwärtiger Auftrag: Die letzten, die noch am Leben sind, aufspüren und *ausmerzen*. Nicht die Körper, sondern die »Gußformen«, versteht ihr. Aber ich vergesse immer, daß ihr das nicht verstehen könnt. Bis auf ein paar haben wir sie schon alle. Aber auch ein einziger könnte uns noch die Suppe versalzen. Die Gefahr kommt wie immer von Agenten, die abspringen: A.J., Der Vigilante, Der Schwarze Armadillo (Überträger von Chagas-Vektoren; hat kein Bad mehr genommen, seit 1935 in Argentinien die Epidemie war—wißt ihr noch?), und Lee und Der Seemann und Benway. Und ich weiß genau, irgendwo da draußen in der Dunkelheit ist ein Agent und sucht nach mir. Denn alle Agenten springen ab, und alle Widerständler lassen sich schmieren...

DIE ALGEBRA DER SUCHT

»Fats« Terminal kam aus den Drucktanks der City. Millionen von Lebensformen aller Art strömen aus den Abflußrohren der Tanks und werden sofort von gierigen Fressern verschlungen, die ihrerseits im schwarzen Qualm der Zeit ihr Leben aushauchen.

Nur wenige schaffen es bis zur Plaza, wo sich die Tanks in einen Gezeitenfluß entleeren, in dem sich Organismen behaupten können, die über ausreichende Abwehrmittel verfügen: giftigen Schleim, schwarzen Fungus, der das Fleisch verfaulen läßt, und grüne Dünste, die dem Gegner die Lungen verätzen und den Magen umdrehen...

»Fats« verfügte über hochempfindliche Nerven, die darauf geeicht waren, den Todeskampf der Zellen in den Körpern einer Million Junkies im kalten Entzug gleichzeitig zu orten... »Fats« beherrschte Die Algebra der Sucht und blieb am Leben...

An einem Freitag schlingerte »Fats« hinaus auf Die Plaza—ein embryonales Affenwesen mit grauem, halb durchsichtigen Fleisch, Saugnäpfen an seinen kleinen weichen purpurgrauen Händen und dem kalten grauen knorpeligen Scheibenmaul eines Neunauges mit schwarzen erogenen Zahnröhren, die wie Fühler nach den Narbenmustern des Junk tasteten...

Ein reicher Mann kam vorbei und starrte die Mißgeburt an. Sofort warf sich »Fats« auf den Boden, pißte und schiß vor Angst und fraß anschließend seinen eigenen Kot. Der Mann war angenehm berührt von dieser Reaktion auf seinen potenten Blick und ließ aus seinem Freitags-Spazierstock eine Münze herausschnalzen. (Der Freitag entspricht bei den Moslems unserem Sonntag; von den Reichen wird an diesem Tag erwartet, daß sie Almosen verteilen.)

»Fats« lernte rasch, wie man Das Schwarze Fleisch am besten bedient, und mit der Zeit baute er seinen Körper zu einem wohlgefüllten Aquarium aus...

Und seine kalten Periskop-Augen glitten suchend über die Erdoberfläche... Hinter sich ein Heer von süchtigen, halb transparenten grauen Affen, die wie Harpunen auf die Junk-Macker zuschossen, sich an ihnen festklammerten und sie leersaugten, und das sickerte dann alles in den Vorratstank von »Fats«, dessen Substanz ins Unermeßliche wuchs und die Plazas, Restaurants und Wartesäle der Welt mit grauem Junk-Schlamm füllte.

Hebephreniker und Latahs und Affen setzen die Bulletins aus der Parteizentrale in obszöne Scharaden um; Sollubis furzen Codesignale; Neger klappen den Mund auf und zu und blinken sich mit ihren Goldzähnen Geheimbotschaften zu; arabische Aufrührer verständigen sich mit Rauchzeichen—sie setzen Abfallhaufen mit Benzin in Brand und werfen fette schwabbelige Eunuchen in die Flammen (die ergeben den besten Rauch; hängt schwarz und dick wie Scheiße in der Luft); ein Mosaik von Melodiefetzen—die traurige Panflöte eines buckligen Bettlers, das Heulen des Windes, der von den eisigen Höhen des Chimborazo herunterfegt. Flöten des Ramadan, Bruchstücke einer Klaviersonate, die der Wind durch ausgestorbene Straßen trägt; verstümmelte Durchsagen über Polizeifunk, Aushändigen von Werbezetteln, Schreie und Schüsse während eines Straßenkrawalls synchron im Rhythmus des Morsezeichens für S-O-S.

Zwei Agenten, wegen Abhörmikrophonen auf nichtverbale Kommunikation angewiesen, verständigen sich durch vielfach abgewandelte Formen des Geschlechtsverkehrs und ficken sich gegenseitig Atomgeheimnisse zu. Ihr Code ist derart kompliziert, daß er nur von zwei Atomphysikern auf der ganzen Welt entziffert werden kann, die sich dann nur noch gegenseitig zu dementieren brauchen. Der Agent, der die Code-Stöße gespeichert hat, wird schließlich wegen unerlaubten Besitzes eines Nervensystems zum Tode verurteilt, man befestigt Elektroden an seinem Penis und hängt ihn auf, und die Zuckungen seines letzten Orgasmus übermitteln die geheime Botschaft.

Atemrhythmus eines alten Herzpatienten, Hüftstöße einer Bauchtänzerin, Tuckern eines Motorboots auf einer öligen Lagune. Der Kellner verschüttet einen Tropfen Martini auf den Mann im Grauen Flanell; der stürzt aus dem Lokal und klemmt sich den 6.12-Uhr-Zug, weil er weiß, daß er von jetzt an ein *Gezeichneter* ist. Junkies erkennen am *Rumpeln* der Hochbahn, daß man ihnen auf der Spur ist, und sie verlassen die Chop-Suey-Bude auf dem schnellsten Weg durchs Toilettenfenster. Der Lahme wird im Waldorf eingemacht und hinterläßt einen ganzen Wurf *Ratten*. (›Einmachen‹ heißt im New Yorker Unterwelt-Jargon soviel wie: ›Kill den Motherfucker, wo du ihn findest.‹ Eine Ratte ist eine Ratte = ein Verräter.) Und auch die dümmsten Jungfrauen wissen, was es geschlagen hat, wenn der Englische Oberst vorbeireitet und auf seiner Lanze einen blökenden *Schwalbenschwanz* schwenkt. Der elegante Schwule frequentiert die Bar in seiner Nachbarschaft, wo er eine Botschaft von seiner toten Mutter empfängt, die ihm die erregende Erinnerung an die Schläge seiner Amme heraufbeschwört. Jungs erkennen einander beim Onanieren auf der Schultoilette als Agenten der Galaxie X, begeben sich in ein heruntergekommenes Nachtlokal, trinken Weinessig und lutschen Zitronen aus und bringen den Tenorsaxophonisten aus dem Takt, einen Araber mit blau getönten Brillengläsern, der auf hip macht und im Verdacht steht, ein feindlicher *Sender* zu sein...

Das weltweite Netz der Süchtigen, eingestimmt auf die Frequenz des ranzigen Blubbers... in möblierten Zimmern, wo sie sich den Arm abbinden und am frühen Morgen schon wieder von der Kälte der Suchtkrankheit gepackt werden... (Alte Zocker saugen den Schwarzen Rauch im Hinterzimmer der chinesischen Wäscherei in ihre Lungen. Melancholy Baby stirbt an einer Überdosis Zeit oder an Atemlähmung mitten in einem Cold Turkey Entzug—in Arabien—Paris—Mexico City—New York—New Orleans—) Die Lebenden und die Toten... im Entzug oder im Tran... süchtig oder entzogen oder schon wieder süchtig... driften auf der Junkfrequenz heran, und die Connection ißt Chop Suey in der Dolores Street, tunkt im Bickford's ein Stück Sandkuchen in die Tasse, wird von einer bellenden Meute der ›People‹ quer über den Exchange Place gehetzt.

Malariakranke der Welt kauern sich zu einem zitternden Klumpen Protoplasma zusammen. Die Keilschrift der Angst drückt der fäkalen Message ihren Stempel auf. Unter allgemeinem Gekicher läßt sich ein Lynchmob von den Schreien eines brennenden Niggers zum Orgasmus hochkitzeln. Einsame Bibliotheksangestellte verschmelzen im Soul-Kuß der Halitosis. Dieses Grippegefühl, Bruder? Halsschmerzen, hartnäckig und beunruhigend wie der heiße Wind am Nachmittag? Willkommen in der Internationalen Syphilitiker-Loge — »Methodith Epithcopal God damn ith« (Sprachtest zur Früherkennung von progressiver Paralyse)—aber auch schon die ersten schleichenden Anzeichen von Schanker reichen aus, um dich zum ordentlichen Mitglied zu machen. Das lautlose Vibrieren von Urwäldern und Orgon-Akkumulatoren; plötzliche Leerstellen von Schweigen in Großstädten, wenn der Junkie die Kapsel in der hohlen Hand verschwinden läßt und sogar der Pendler aus der Vorstadt seine verstopften Cholesterol-Leitungen nach Kontakt anzapft. Leuchtkugeln des Orgasmus zerplatzen über der Welt. Ein Kiffer springt auf und schreit »Ich hab 'n Koller!«, rennt hinaus in die mexikanische Nacht und nervt die ganze Menschheit. Der Henker scheißt sich beim Anblick des Todeskandidaten vor Angst in die Hose. Der Folterknecht schreit seinem eisern schweigenden Opfer die Ohren voll. Messerstecher verschmelzen in einem Schwall von Adrenalin. Krebs steht vor der Tür und tickert ein Telegramm durch...

Hauser und O'Brien

Als sie mir an jenem Morgen um acht Uhr auf die Bude rückten, wußte ich, daß ich nur noch eine Chance hatte, eine allerletzte. Die beiden ahnten nichts davon. Woher auch? Nur eine Routine-Verhaftung. Aber eben doch nicht ganz...

Hauser hatte gerade beim Frühstück gesessen, als ihn der Lieutenant anrief: »Ich möchte, daß Sie und Ihr Partner auf Ihrem Weg hier runter einen Mann namens Lee mitnehmen... William Lee... Er ist im Hotel Lamprey. 103. Straße, gleich um die Ecke vom Broadway.«

»Yeah, ich weiß, wo es ist. Kann mich auch noch an ihn erinnern.«

»Gut. Zimmer 606. Nur mitnehmen. Nicht erst das Zimmer umkrempeln. Aber bringt mir alle Bücher, Briefe und Manuskripte mit. *Alles*. Ob gedruckt, getippt oder handgeschrieben. Klar?«

»Klar. Aber was soll das... Bücher...?«

»Keine langen Fragen. *Tun* Sie's.« Der Lieutenant legte auf.

Hauser und O'Brien. Seit 20 Jahren im Rauschgiftdezernat. Oldtimer wie ich. Ich war seit 16 Jahren auf Junk. Als Bullen waren sie ganz erträglich. Jedenfalls

O'Brien. O'Brien machte es auf die sanfte Tour. Hauser war der Ruppige. Ein Duo wie aus dem Varieté. Hauser hatte die Angewohnheit, einem mit der flachen Hand ins Gesicht zu schlagen, ehe er die Unterhaltung eröffnete. Um erst mal das Eis zu brechen. Dann bot einem O'Brien eine Old Gold an—irgendwie typisch Bulle, ausgerechnet Old Golds zu rauchen—, und dann brachte er eine verlogene Masche aufs Tapet, an der wirklich alles dran war. Kein übler Bursche. Ich hätte es ihm gerne erspart. Aber es war meine einzige Chance.

Ich band mir gerade für meinen ersten Fix des Tages den Arm ab, als sie mit einem Nachschlüssel die Tür aufmachten und hereinkamen. Sie hatten eine Spezialanfertigung—man kriegt damit jede Tür auf, auch wenn sie abgeschlossen ist und der Schlüssel von innen steckt. Auf dem Tisch vor mir hatte ich ein Päckchen Junk, Kanüle, Spritze—seit Mexiko benutzte ich nicht mehr Tropfer und Nadel sondern eine reguläre Spritze—, Alkohol, Baumwollfetzen und ein Glas Wasser.

»Na sieh mal an«, sagte O'Brien... »Lang nicht mehr gesehn, was?«

»Zieh deinen Mantel an, Lee«, sagte Hauser. Er hatte seine Knarre in der Hand. Er hat sie immer in der Hand, wenn er eine Verhaftung macht—wegen der psychologischen Wirkung; und um zu verhindern, daß man das Zeug in der Toilette oder im Waschbecken runterspült oder aus dem Fenster schmeißt.

»Kann ich mir erst noch eine reinhauen, Jungs?« fragte ich... »Is ja noch genug da, was ihr als Beweis verwenden könnt...«

Ich überlegte, wie ich an meinen Koffer kommen sollte, wenn sie nein sagten. Der Koffer war zwar nicht verschlossen, aber Hauser hatte seine Knarre in der Hand.

»Er will sich 'n Schuß setzen«, sagte Hauser.

»Na komm, Bill, du weißt doch, daß wir das nicht machen können«, sagte O'Brien in seinem süßlichen verlogenen Tonfall. Die Art, wie er meinen Namen in die

Länge zog—mit einer öligen einschmeichelnden Kumpelhaftigkeit—, hatte etwas Obszönes und zugleich Brutales. Er wollte natürlich sagen: »Was kannst du für *uns* tun, Bill?« Er sah mich an und lächelte. Das Lächeln blieb zu lange auf seinem Gesicht. Es war fürchterlich platt und nackt, das Lächeln eines alten geschminkten Perversen, die widerwärtige Kehrseite von O'Brien's dubioser Rolle.

»Ich kann euch vielleicht Marty Steel ans Messer liefern«, sagte ich.

Ich wußte, daß sie Marty unbedingt haben wollten. Er arbeitete schon seit fünf Jahren als Pusher, und sie hatten ihm nie etwas anhängen können. Marty war ein alter Fuchs. Er suchte sich seine Kunden sehr sorgfältig aus. Er mußte sich bei einem Mann hundertprozentig sicher sein, ehe er Geld von ihm nahm. Mir konnte niemand nachsagen, daß er durch meine Schuld einmal verknackt worden war. Ich war absolut sauber. Trotzdem wollte mich Marty nicht beliefern. Er kannte mich einfach noch nicht lange genug. So mißtrauisch war er.

»Marty!«, sagte O'Brien. »Kannst du bei ihm kaufen?«

»Na sicher.«

Sie trauten mir nicht. Ein Mann kann nicht sein Leben lang Bulle sein, ohne eine ganz spezielle Intuition zu entwickeln.

»Okay«, sagte Hauser schließlich. »Aber daß du mir ja rüberkommst, Lee.«

»Ich komm rüber. Glaubt mir, ich weiß das wirklich zu schätzen.«

Ich band mir den Arm ab. Meine Hände zitterten vor Gier. Der Junkie, wie er im Buch steht.

»Bloß 'n alter Junkie, Boys. Ein harmloses altes zitterndes Wrack von nem Junkie.« Ich gab ihnen ihre Vorstellung. Wie ich gehofft hatte, sah Hauser weg, als ich nach einer Vene zu stochern begann. Es ist ein äußerst unschöner Anblick.

O'Brien saß auf der Armlehne eines Sessels, rauchte eine Old Gold und sah aus dem Fenster mit dem verträumten Blick eines Mannes, der sich vorstellt, was er nach seiner Pensionierung alles machen wird.

Ich traf auf Anhieb eine Vene. Ein dünner Striemen Blut schoß in die Spritze, für einen Augenblick so fest und gerade wie ein straffer roter Faden. Ich drückte mit dem Daumen den Kolben herunter und spürte, wie mir der Junk durch die Adern rauschte und eine Million junkhungrige Zellen fütterte, jedem Muskel und jedem Nerv wieder Spannkraft und Antrieb gab. Die beiden sahen nicht her. Ich hielt die Kanüle in den Alkohol und zog die Spritze auf.

Hauser hantierte unruhig mit seinem klobigen Polizeirevolver, einem Colt, und sah sich suchend im Zimmer um. Er witterte die Gefahr wie ein Tier. Mit der linken Hand stieß er die Tür des Wandschranks auf und warf einen Blick hinein. ›Wenn er jetzt in den Koffer reinsieht, bin ich geliefert‹, dachte ich.

Hauser wandte sich abrupt zu mir um. »Immer noch nicht fertig?!«, blaffte er. »Versuch bloß nicht, uns mit Marty zu verscheißern!« Die Worte fuhren ihm derart gehässig heraus, daß es ihn selbst überraschte.

Ich hielt die Spritze hoch und drehte an der Kanüle, um sicher zu sein, daß sie fest saß.

»Gleich soweit«, sagte ich.

Ich drückte den Kolben herunter, machte eine blitzschnelle Drehung mit der Hand und spritzte ihm einen dünnen Strahl Alkohol in die Augen. Er brüllte vor Schmerz. Während ich auf das eine Knie herunterging und nach dem Koffer tastete, sah ich aus den Augenwinkeln, wie er sich mit der linken Hand im Gesicht herumfuhrwerkte, als wolle er eine unsichtbare Binde abreißen. Ich stieß den Kofferdeckel hoch, und meine linke Hand schloß sich um den Griff der Kanone—ich bin Rechtshänder, schieße aber links. Ich spürte den Luftdruck von Hauser's Schuß, noch ehe ich den Knall hörte. Seine Kugel ging hinter mir in die Wand. Ich schoß vom Boden aus zurück und pumpte Hauser zwei Kugeln in den Bauch—seine

Weste war hochgerutscht, man sah einen schmalen Streifen von seinem weißen Hemd. Er gab ein Grunzen von sich, das mir durch und durch ging, und kippte vornüber. Steif vor Schreck fummelte O'Brien an der Knarre in seinem Schulterhalfter. Ich packte mein linkes Handgelenk und hielt beide Arme steif und gerade—bei meiner Kanone war der Schlagbolzen rundgefeilt, sie hatte einen starken Rückschlag—und so schoß ich ihm ein Loch mitten in seine rote Stirn, ungefähr zwei Fingerbreit unter dem silbernen Haaransatz. Als ich ihn das letzte Mal gesehen hatte, waren seine Haare noch grau gewesen. Das war jetzt 15 Jahre her. Meine erste Verhaftung. Seine Augen erloschen. Er rutschte von der Sessellehne herunter und fiel aufs Gesicht. Inzwischen raffte ich bereits das Nötigste zusammen, stopfte meine Notizbücher in eine Tasche und dazu mein Besteck, den Junk und eine Schachtel Patronen. Ich steckte mir die Kanone in den Hosenbund und zog mir im Hinausgehen den Mantel an.

Auf dem Korridor hörte ich, wie der Portier und der Zimmerkellner die Treppe heraufpolterten. Ich fuhr mit dem Selbstbedienungs-Fahrstuhl nach unten und ging durch die leere Halle hinaus auf die Straße.

Es war ein wunderschöner Spätsommertag. Ich wußte, daß meine Chancen denkbar schlecht standen, aber die geringste Chance ist besser als gar keine; besser, als für Experimente mit ST(6)—oder wie sie das Zeug abkürzen—herhalten zu müssen.

Ich mußte mich schnellstens mit Junk eindecken. Sie würden nicht nur die Bahnhöfe, Flughäfen und Busbahnhöfe überwachen sondern auch alle Pusher und Treffpunkte von Junkies. Ich fuhr mit einem Taxi zum Washington Square, stieg aus und ging die 4th Street hinunter, bis ich Nick an einer Straßenecke sah. Man kann den Pusher immer finden. Das dringende Bedürfnis nach Stoff beschwört ihn herauf wie einen Geist. »Hör zu, Nick«, sagte ich, »ich verschwinde aus der Stadt. Ich will mir ne Pakkung H mitnehmen. Kannst du mir jetzt gleich was besorgen?«

Wir gingen die 4th Street entlang. Nick's Stimme schien mir von allen Seiten zugleich ins Bewußtsein zu dringen. Eine gespenstische, körperlose Stimme. »Ja, ich denke, das läßt sich machen. Muß dazu aber nach uptown.«

»Wir können uns ein Taxi nehmen.«

»Okay, aber ich kann dich zu dem Kerl nicht mit rein nehmen. Verstehst schon.«

»Verstehe. Gehn wir.«

Als wir im Taxi Richtung uptown fuhren, sagte Nick in seiner flachen toten Stimme:

»In letzter Zeit kriegen wir ziemlich merkwürdigen Stoff. Nicht direkt schwach, aber... ich weiß nicht... irgendwie anders. Vielleicht rühren sie so 'n synthetischen Scheiß mit rein... Dollies oder sowas...«

»Was!!!? Sind sie schon soweit?«

»Hm?... Aber der Kerl, zu dem wir jetzt fahren, ist in Ordnung. Gibt einem zur Zeit so ziemlich den besten Deal weit und breit... Halten Sie hier.«

»Sei so gut und beeil' dich«, sagte ich.

»Dürfte ne Sache von zehn Minuten sein. Es sei denn er hat nichts da und muß selber erst 'n Run machen... Am besten, du setzt dich da drüben rein und trinkst ne Tasse Kaffee... Ist ne heiße Gegend hier.«

Ich setzte mich an den Tresen, bestellte einen Kaffee und zeigte auf ein Stück Gebäck unter einer Plastikhülle. Das Gebäck war alt und zäh wie Gummi. Ich spülte es mit Kaffee herunter und schickte ein Stoßgebet zum Himmel: Gott, laß ihn bloß dieses eine Mal gleich mit dem Stoff wiederkommen und nicht mit der Hiobsbotschaft, daß der Mann nichts da hat und erst einen Run nach East Orange oder Greenpoint machen muß...

Naja, und dann war er wieder da und stand hinter mir. Ich sah zu ihm hoch und hatte Angst, ihn zu fragen. Komisch, dachte ich, da sitz ich nun, und meine Chancen stehn vielleicht eins zu hundert, daß ich die nächsten

24 Stunden überstehe (—ich hatte beschlossen, mich nicht freiwillig zu stellen und die nächsten drei oder vier Monate im Wartezimmer des Todes zu verbringen), und ich mach mir hier Sorgen, ob es mit einer Lieferung Junk klappt. Aber mein Stoff reichte nur noch für ungefähr fünf Schuß, und ohne Junk würde ich im Nu aktionsunfähig sein... Nick gab mir mit einem kurzen Kopfnicken das Zeichen.

»Gib mirs hier noch nicht«, sagte ich. »Erst im Taxi.«

Wir nahmen uns ein Taxi und fuhren wieder nach downtown. Ich hielt die Hand auf und ließ mir die Packung geben. Dann drückte ich Nick einen 50-Dollar-Schein in die Hand. Er warf einen Blick darauf und bleckte seinen zahnlosen Gaumen zu einem Lächeln: »Vielen Dank... damit bin ich aus'm Schneider...«

Ich lehnte mich zurück und ließ mein Gehirn arbeiten, ohne es zu drängeln. Wenn man es zu sehr drängelt, bricht es zusammen wie eine überlastete Telefonvermittlung, oder es sabotiert einen, indem es verkehrt schaltet. Und einen Fehler durfte ich mir nicht leisten. Amerikaner haben einen eigentümlichen Horror davor, das Heft aus der Hand zu geben und die Dinge einfach laufen zu lassen. Am liebsten würden sie in ihren Magen runtersteigen und die Verdauung selbst in die Hand nehmen und anschließend auch noch die Kacke rausschaufeln.

Das Hirn wird die meisten Fragen von selbst beantworten, wenn man lernt, sich zu entspannen und auf die Antwort zu warten. Man füttert es wie eine dieser Denkmaschinen mit der Frage, dann lehnt man sich zurück und wartet...

Ich suchte nach einem Namen. Im Geist sortierte ich verschiedene Namen durch; manche verwarf ich sofort—B.S. (Bullen-Striezi), G.V. (Geborener Verräter), N.K.A.F (Netter Kerl, Aber Feige)—andere legte ich beiseite, um sie mir noch einmal vorzunehmen. Ich sortierte, engte den Kreis ein, tastete nach dem Richtigen, nach der Antwort.

»Manchmal läßt er mich drei Stunden warten, verstehst du. Manchmal kommt er sofort damit rüber, so wie eben.«

Nick hatte die Angewohnheit, seine Sätze mit einem kurzen verlegenen Lachen zu beenden, als wolle er sich dafür entschuldigen, daß er überhaupt Worte gebrauchte in der telepathischen Welt der Süchtigen, wo nur Zahlen und Mengenangaben—Wieviele Dollar? Wieviel Junk?—nach sprachlichem Ausdruck verlangen. Was das Warten anging, damit waren wir beide restlos vertraut. Im Drogengeschäft, egal auf welcher Ebene, läuft nichts nach Plan. Niemand liefert pünktlich; und wenn, dann ist es reiner Zufall. Der Süchtige lebt nach dem Fahrplan des Junk. Sein Körper ist seine Uhr, und der Junk rinnt hindurch wie der Sand im Stundenglas. Wenn der Pegel unter den Strich absinkt, weiß er, daß es ›Zeit‹ ist. Dann bricht er abrupt in die Zeit der anderen ein und muß wie alle Bittsteller und Außenstehenden warten; es sei denn, er trifft zufällig einen Zeitpunkt, der den anderen gelegen kommt.

»Was kann ich zu ihm sagen? Er weiß ja, daß ich warten werde«, sagte Nick mit seinem Lachen.

Ich verbrachte die Nacht in den Everhard-Bädern (Homosexualität ist die denkbar beste Tarnung, die sich ein Agent zulegen kann), wo ein gehässiger italienischer Bademeister für eine entnervende Atmosphäre sorgt, indem er sein Reich ständig mit einem Infrarot-Nachtsichtgerät überwacht.

(»Aha! Ihr beiden da in der Nordost-Ecke! Ich seh euch!«, und schon schaltet er das Flutlicht ein und steckt seinen Kopf durch geheime Klappen in den Fußböden und Wänden der Privatkabinen, aus denen man schon so manche Schwuchtel in einer Zwangsjacke herausgeschleift hat...)

Ich lag in meiner offenen Kabine unterm Dach und starrte an die Decke... hörte auf das Grunzen und Quieken und Fauchen, die abgerissenen Geräusche von Zufallspaarungen im alptraumhaften Halbdunkel...

»Hau bloß ab hier!«

»Setz dir zwei Brillen übereinander auf, vielleicht kannst du dann was sehn!«

Ging in den klaren Morgen hinaus und kaufte mir eine Zeitung... Nichts... Ich rief aus der Telefonzelle eines Drugstore an und ließ mich mit dem Rauschgiftdezernat verbinden.

»Lieutenant Gonzales... wer ist am Apparat?«

»Ich möchte O'Brien sprechen.« Es gab eine kurze Pause... knackende Geräusche, ausgestöpselte Leitungen, unterbrochene Verbindungen...

»Hier gibt es keinen, der so heißt... Wer sind denn *Sie?*«

»Dann lassen Sie mich mit Hauser sprechen.«

»Mister, wir haben in diesem Dezernat weder einen O'Brien noch einen Hauser. Also was wollen Sie?«

»Hören Sie, es ist wichtig... Ich hab ein paar Informationen... es geht um ne große Ladung H, die im Anrollen ist... Ich will mit Hauser oder O'Brien sprechen... Mit jemand anderem mach ich keine Geschäfte...«

»Bleiben Sie dran... Ich verbinde Sie mit Alkibiades.«

Langsam fragte ich mich, ob es im RD überhaupt noch einen gab, der einen angelsächsischen Namen hatte...

»Ich rede nur mit Hauser oder O'Brien.«

»Wie oft soll ich Ihnen denn noch sagen, daß wir hier keinen Hauser und keinen O'Brien haben... Also jetzt sagen Sie endlich, wer Sie sind...!«

Ich legte auf, nahm mir ein Taxi und verschwand aus der Gegend... Im Taxi begriff ich dann, was geschehen war... Das Raum-Zeit-Kontinuum hatte für mich dichtgemacht... es war so dicht wie der Arsch eines Aals, der unterwegs zur Sargosso-See ist und das Fressen eingestellt hat... Ich war ausgesperrt... Nie wieder würde ich einen Schlüssel haben, einen Einstieg finden... Die Polypen war ich von jetzt an für alle Zeiten los... Ich war mit Hauser und O'Brien in das Niemandsland einer Junk-Vergangenheit relegiert, in der die Unze Heroin immer achtundzwanzig Dollar kostet und man in der chinesischen Wäscherei von Sioux Falls jederzeit Yen Pox kaufen kann... Auf der Rückseite des Spiegels der Welt trieb ich mit Hauser und O'Brien in die Vergangenheit und versuchte verzweifelt einen Fuß in die Tür zu kriegen mit meinem Wissen um Telepathische Bürokratien, Zeit-Monopole, Kontroll-Drogen, süchtige Opfer des Schweren Saftes...

»Die Idee habe ich schon vor dreihundert Jahren entwickelt.«

»Damals war Ihr Plan undurchführbar, und heute ist er wertlos... wie da Vincis Pläne für Flugmaschinen...«

ATROPHIERTES VORWORT: ODER WISSEN SIE WAS BESSERES?

Wozu diese ganze Papierverschwendung, nur um Das Personal von hier nach dort zu verfrachten? Wollen wir vielleicht Den Leser bei Laune halten, indem wir ihm den Streß ersparen, ständig abrupte Szenenwechsel mitmachen zu müssen? Wir lösen also eine Fahrkarte, rufen ein Taxi, setzen uns in ein Flugzeug. Man gestattet uns einen kurzen Blick in die warme pfirsichfarbene Höhle, während *Sie* (die Stewardess natürlich) sich über uns beugt und etwas von Kaugummi, Dramamin oder gar Nembutal murmelt.

»Sag was von Paregoric, Süße, dann sperr ich die Ohren auf.«

Ich bin nicht der American Express... Wenn man einen von meinen Leuten in gutbürgerlicher Kleidung durch New York gehen sieht, und im nächsten Satz ist er in Timbuktu und macht sich an einen gazellenäugigen Burschen ran, dann dürfen wir davon ausgehen, daß er (der Zugereiste) sich mit allgemein üblichen Verkehrsmitteln dorthin begeben hat...

Lee der Agent (ein Doppel-Vier-Acht-Sechzehnfach-Agent) macht die Entziehungskur ... ein Trip durch Raum und Zeit, der ihm auf ominöse Weise so vertraut ist wie dem Süchtigen die Straßenecken, wo es Junk gibt... Erinnerungsfotos von vergangenen und zukünftigen Entziehungskuren zucken durch seine geisterhafte Substanz, die in den schweigenden Winden der beschleunigten Zeit vibriert... Such dir ein Foto aus... Irgend eines...

Aufnahmen aus der Ausnüchterungszelle eines Polizeireviers, wo er sich auf dem Boden wälzt und sich die Fingerknöchel blutig nagt... »Wie wärs jetzt mit einem Schuß *Heroin,* Bill? Ha ha haa...«

Blasse, schwach entwickelte Bilder, die sich im Licht auflösen ... verfaulte Klumpen Ektoplasma, die ein alter hustender und spuckender Junkie am kranken Morgen hinausfegt...

Alte blau- und braunstichige Fotos, die sich werfen und Risse bekommen wie Schlamm in der Sonne: Panama City... Bill Gains, wie er einem chinesischen Apotheker mit seiner Paregoric-Masche ankommt:

»Ich hab da diese Rennhunde ... reinrassige Windhunde ... die ham alle die Ruhr ... tropisches Klima ... den Dünnschiß ... Shit ... *sabe shit?... Meine Whippets sind am Krepieren!«*, brüllte er... Ein blaues Feuer glühte in seinen Augen... Die Flamme erlosch... Geruch nach versengtem Metall... »Ich mach das immer mit einem Augentropfer... Oder wissen Sie was Besseres?... Menstruationsbeschwerden ... meine Frau ... Monatsbinden... Meine Mutter, schon ziemlich betagt... Hämorrhoiden ... offen ... bluten...« Der Kopf fiel ihm nach vorn auf den Ladentisch... Der Apotheker nahm seinen Zahnstocher aus dem Mund, sah sich das eine Ende an und schüttelte den Kopf...

Gains und Lee versauten die Drugstores in ganz Panama von David bis Darien mit ihren Paregoric-Käufen... Sie trennten sich mit einem ›Schlup‹... Junkies haben die Tendenz, miteinander zu verschmelzen... Man muß sich da also vorsehen, besonders in heißen Gegenden... Gains ging zurück nach Mexico City... Ein Totenschädel mit dem verzweifelten Grinsen des chronischen Junk-Mangels unter einer Glasur von Codein und Goofballs... Zigarettenlöcher in seinem Bademantel... Kaffeeflecken auf dem Boden ... rußiger Kerosin-Kocher ... rostrote Flamme...

Die Botschaft gab nur die Lage des Grabes auf dem

Amerikanischen Friedhof bekannt und verweigerte alle weiteren Angaben...

Und für Lee hieß es zurück zu Sex und Schmerzen und Zeit und Yage, der bitteren Soul-Rebe des Amazonas...

Ich erinnere mich, wie ich einmal eine Überdosis Majoun erwischte (es handelt sich hier um Cannabis, das getrocknet und zu einem feinen Mehl zerstoßen wird, so daß es aussieht wie grüner Puderzucker; zum Essen rührt man es unter eine Marmelade; schmeckt gewöhnlich wie sandiger Plumpudding; man kann es auch mit sonst etwas Süßem verrühren) ... jedenfalls, ich komme aus dem Klo oder Örtchen oder ›Für kleine Jungs‹ (Gestank nach atrophierter Kindheit und Toiletten-Training) und sehe mir das Wohnzimmer jener Villa am Stadtrand von Tanger an und weiß auf einmal nicht mehr, wo ich bin. Vielleicht habe ich mich in der Tür geirrt, und Der-Mann-Dem-Das-Alles-Gehört, Der-Besitzer-Der-Zuerst-Da-War wird jeden Augenblick hereinstürzen und schreien:

»Was machen Sie hier? Wer sind Sie?«

Und ich habe keine Ahnung, was ich hier mache oder wer ich bin. Ich beschließe deshalb, die Sache cool anzugehen; vielleicht finde ich meine Orientierung wieder, ehe der Besitzer auftaucht... Also, schrei nicht immer gleich los »Wo Bin Ich?«, sondern reiß dich am Riemen und sieh dich um, dann wirst du schon halbwegs dahinterkommen... Du warst nicht da, *als es anfing,* und du wirst auch nicht mehr da sein, *wenn es zu Ende geht*... Was vorgeht, kannst du nie vollkommen durchschauen; dein Wissen wird immer oberflächlich und relativ sein... Was weiß ich schon von diesem jungen Junkie, der die Gelbsucht hat und von Rohopium lebt? Ich habe versucht, ihn zu warnen: »Eines schönen Morgens wachst du auf und deine Leber hängt dir raus.« Ich wollte ihm erklären, was man mit Rohopium machen muß, damit es nicht wie pures Gift wirkt. Aber er kriegt nur einen starren Blick und will nichts hören. So sind eben Junkies, oder jedenfalls die meisten ... sie wollen nichts wissen und lassen sich nichts sagen... Ein Opiumraucher interessiert sich nur für den schwarzen Rauch und sonst nichts... Mit einem Heroin-Junkie ist es dasselbe... Nur die Spritze, und alles andere ist für ihn kalter Kaffee...

Vermutlich sitzt er also nach wie vor in seiner spanischen Villa von 1920 am Stadtrand von Tanger und frißt dieses Rohopium, samt Scheiße und Steinchen und Stroh ... den ganzen Schmant ... aus Angst, daß ihm sonst vielleicht ein bißchen von dem Zeug verloren geht...

Ein Schriftsteller kann immer nur über eines schreiben: *was seine Sinne im Augenblick des Schreibens wahrnehmen*... Ich bin ein Instrument, das Sinneseindrücke registriert... Ich maße mir nicht an, dem Leser eine »Story«, eine »Handlung«, eine »Kontinuität« aufzunötigen... Nur sofern es mir gelingt, gewisse psychische Vorgänge *direkt* aufzuzeichnen, mag ich eine begrenzte Funktion haben... Ich bin kein Entertainer...

»Sich in der Gewalt haben«, wie man das nennt... Doch manchmal macht sich etwas im Körper selbständig—die Umrisse verschwimmen zu einer gelbroten Gelatine—, und die Hände schlitzen wie von selbst der vorübergehenden Hure den Bauch auf oder erwürgen das Kind des Nachbarn in der Hoffnung, einer chronischen Knappheit auf dem Wohnungsmarkt abzuhelfen. Als sei ich gewöhnlich voll da, und nur gelegentlich leicht weggetreten... *Falsch! Ich bin nie da*... Jedenfalls nie *voll* da ... aber dennoch irgendwie in der Lage, unbedachte Handlungen rechtzeitig zu verhindern... Mein Geschäft ist das Patrouillieren ... das ist geradezu meine Hauptbeschäftigung... Die Sicherheitsmaßnahmen können noch so strikt sein, ich bin immer *draußen* und gebe Anweisungen, und gleichzeitig stecke ich *in* dieser Zwangsjacke aus Gallerte, die sich verformt und nachgibt, aber immer schon vor jeder Bewegung, jedem Gedanken oder Impuls wieder ihre ursprüngliche Form annimmt, wie von unsichtbarer Hand mit dem Stempel einer technischen Prüfstelle versehen...

Schriftsteller reden von dem süßlichen ekelerregenden

Geruch des Todes, dabei kann Ihnen jeder Junkie sagen, daß der Tod nach gar nichts riecht ... der Geruch des Todes ist ein farbloser Nicht-Geruch, der einem den Atem nimmt und das Blut in den Adern gefrieren läßt ... niemand kann darin atmen, und nichts davon dringt durch die rötlichen Windungen und schwarzen Blutfilter des Fleischs ... der Geruch des Todes ist unverkennbar ein Geruch und zugleich das völlige Fehlen von Geruch ... da alles organische Leben einen Geruch hat, wird das Fehlen von Geruch die Nase sofort alarmieren ... es wird wahrgenommen wie die Dunkelheit von den Augen, das Schweigen von den Ohren, Druck und Schwerelosigkeit vom Gleichgewichts- und Ortssinn...

Du riechst es ständig, und du strömst es aus für die anderen, die es während eines Junk-Entzugs riechen können... Ein Junkie im Entzug kann mit seinem Todesgeruch ein ganzes Apartment unbewohnbar machen ... doch einmal kräftig durchgelüftet, und die Bude stinkt wieder normal, und man kann wieder drin atmen... Man riecht es auch während einer Ölfresser-Sucht, die plötzlich in geometrischer Progression ausufert und sich verbreitet wie ein Waldbrand...

Die Kur heißt immer: *Laß alles liegen—und spring!*

Ein Freund von mir fand sich eines Tages in Marrakesch nackt in einem Hotelzimmer, zweite Etage... (Als Kind war er von seiner texanischen Mutter in Mädchenkleider gesteckt worden ... grobschlächtige aber wirksame Methode, um das Protoplasma von Kleinkindern zu deformieren.) Bei ihm im Zimmer sind drei Araber ... jeder mit einem Messer in der Hand ... sie beobachten ihn ... das Funkeln der Klingen, kleine glitzernde Lichtpunkte in dunklen Augen... Bruchstücke einer Mordszene sinken langsam herab, wie Opalsplitter durch Glyzerin... Da die drei in ihrer animalischen Art zu langsam reagieren, hat er eine ganze Sekunde Zeit, um zu einem Entschluß zu kommen: Im Hechtsprung durchs Fenster und hinunter auf die belebte Straße wie ein Komet mit einem Schweif aus Glassplittern, die in der Sonne glitzern... Knöchelbruch und Schulterprellung ... bekleidet mit einem durchsichtigen rosaroten Fenstervorhang und mit einer Vorhangstange als Krücke humpelte er in Richtung auf das Commissariat de Police davon...

Der Vigilante, Der Stiesel, Lee der Agent, A. J., Clem und Jody (Die Ergot-Zwillinge), Hassan O'Leary der Nachgeburts-Tycoon, Der Seemann, Der Kammerjäger, Andrew Kif, »Fats« Terminal, Doc Benway, »Fingers« Schafer—sie alle werden früher oder später mit den gleichen Worten dasselbe sagen und an diesem Schnittpunkt von Raum und Zeit dieselbe Position einnehmen. Sie benutzen gemeinsam einen Kehlkopf mit komplettem Stoffwechsel-Zubehör und wären damit ein und dieselbe Person—eine äußerst ungenaue Methode, um den Flash des *Erkennens* zu vermitteln: Der Junkie, nackt in der Sonne...

Der Schriftsteller liest das Geschriebene und sieht dabei wie immer in den Spiegel... Von Zeit zu Zeit muß er nachsehen und sich vergewissern, daß sein Spiegelbild bei der Stange bleibt und keine eigenmächtigen Touren unternimmt, denn das gilt als Verbrechen...

Wer sich einmal im Spiegel gesehen hat, der weiß, wie dieses Verbrechen aussieht und was es bedeutet, wenn man die Gewalt über sein Spiegelbild verliert... Da ist es dann zu spät für einen Anruf bei der Polizei...

Ich persönlich möchte ab sofort meine Tätigkeit einstellen, denn ich kann nicht länger den Rohstoff des Todes verkaufen... ›Ihr Fall, Sir, ist ebenso hoffnungslos wie widerwärtig‹...

»Eine Verteidigung ist beim gegenwärtigen Stand unseres Wissens sinnlos«, sagte Der Verteidiger und sah von einem Elektronenmikroskop hoch...

Damit kannst du ins Walgreen's gehn.

Wir sind dafür nicht verantwortlich.

Klau alles, was dir zwischen die Finger kommt.

Ich weiß nicht, wie ich es dem weißen Leser wiedergeben soll.

Man kann darüber schreiben, man kann es herausbrüllen oder ein schnulziges Lied davon singen ... man kann es malen, als Pantomime vorführen oder in Form von Mobiles ausscheißen... Solange man nur nicht losgeht und es *tut*...

Senatoren springen auf und verlangen mit der unbeugsamen Autorität ihrer Virus-Geilheit lauthals nach der Todesstrafe... Tod für die Kokser, Tod für die Sittenstrolche, Tod für den Psychopathen, der ihr eingeschüchtertes und verklemmtes Fleisch mit der gebrochenen animalischen Unschuld seiner grazilen Bewegungen verärgert...

Der schwarze Windsocken des Todes schlingert über dem Land, tastet, schnüffelt nach kriminellen eigenmächtigen Lebensformen, deren angstgefrorenes Fleisch unter einer riesigen Wahrscheinlichkeitskurve zittert...

Ganze Bevölkerungsteile verschwinden Zug um Zug in einem Spiel, das Völkermord heißt... Jeder kann mitspielen...

Die liberale und die nicht so liberale und die reaktionäre Presse—sie alle brüllen Beifall... »Vor allem muß der Mythos von der ›andersartigen Erfahrung‹ ausgerottet werden« ... und sie machen dunkle Andeutungen in Bezug auf gewisse unbequeme Tatsachen... Kühe mit der Krätze ... vorbeugende Maßnahmen...

Machtgruppen auf der ganzen Welt kappen wie besessen die Verbindungen...

Der Planet treibt einem zufälligen Insektenschicksal entgegen...

Thermodynamik hat das Rennen im Schneckentempo gemacht... Orgon verweigerte den Start... Christus verblutete... Zeit blieb stehen...

Zu NAKED LUNCH kann man an jedem beliebigen Punkt einen Einstieg finden... Ich habe viele Vorworte geschrieben. Sie verkümmern und amputieren sich von selbst wie der kleine Zeh bei gewissen westafrikanischen Negern, und die Blondine stelzt vorbei und kommt ins Stolpern, als ihr ein manikürter Zeh abfällt und über die Klubterrasse hüpft, worauf ihn ihr afghanisches Windspiel apportiert und ihr zu Füßen legt...

NAKED LUNCH ist ein Plan, eine Anleitung... Schwarze insektenhafte Gelüste öffnen den Blick auf endlose Landschaften eines anderen Planeten... Abstrakte Konzepte, nackt wie Algebra, präsentieren als Ergebnis eine Ausschnittvergrößerung: ein schwarzer Kotklumpen, ein Paar alternde cojones...

Eine Anleitung, die andersartige Erfahrungen ermöglicht, indem sie die Tür am Ende eines langen Korridors öffnet... Türen, die sich nur in völliger *Ruhe* öffnen... NAKED LUNCH verlangt Ruhe vom Leser. Sonst fühlt er nur seinen eigenen Puls...

Robert Christie wußte die Antwort... Kill die alten Fotzen... In seinem Medaillon bewahrte er von jeder ein Schamhaar auf... Oder wissen Sie was Besseres?

Robert Christie, erwürgte eine lange Reihe von Frauen —hört sich an wie ein Ringelreihen—, wurde 1953 gehängt.

Jack The Ripper, der wahre Messerheld der neunziger Jahre, nie in flagranti ertappt, schrieb einen Brief an Die Presse:

»Das nächste Mal schicke ich euch ein Ohr ... nur so zum Spaß ... oder wißt ihr was Besseres?«

»Ach je, paß auf! Da gehn sie mir schon wieder ab!«, sagte der alte Schwule, als ihm der Sackhalter brach und seine Eier über den Fußboden tanzten... »Fang sie doch ein, James, du wertloses altes Miststück! Steh nicht einfach rum und sieh zu, wie die Eier deines Herrn in den Kohlenkasten rollen!«

Aufgedonnertes Gesindel rennt quasselnd durch die Bahnhofshalle und linkt die Angestellten an den Fahrkartenschaltern mit dem ›Schwulen-Hype‹.

Dilaudid, bring mich armes Wrack wieder hoch (Dilaudid ist künstlich hochgeputschtes, dehydriertes Morphium).

Der Sheriff mit der schwarzen Weste tippt auf der

Schreibmaschine ein Todesurteil: »Das muß so legal aussehen wie die Packung von nem rezeptfreien Pülverchen...«

Verstoß gegen Public Health Law 334... Orgasmus-Erschleichung durch Vorspiegelung falscher Tatsachen...

Johnny auf allen Vieren und Mary lutscht ihm einen runter und fährt ihm mit den Fingern von hinten an den Schenkeln herunter und drüben im Baseballstadion gehen die Lichter an...

Über den zerbrochenen Stuhl und hinaus durchs Fenster des Geräteschuppens, Bettwäsche flattert im kalten Frühjahrswind auf einer Kalksteinklippe über dem Fluß ... ein rauchiger Fetzen Mond hängt am porzellanblauen Himmel... auf dem staubigen Boden hinausgeschlittert auf einer langen Spur von Samensaft...

Motel ... Motel ... Motel ... eine flackernde Neon-Arabeske... Einsamkeit stöhnt über dem Kontinent wie Nebelhörner auf dem abgestandenen öligen Wasser von Gezeitenflüssen...

Rinderpest zerfrißt den Arsch, trocken wie eine ausgequetschte Zitrone, mit einem Messer schneide ich mir ein Stück Haschisch für die Wasserpfeife ab—blub blub blub —eine Erinnerung an das, was ich mal war...

»Der Fluß ist serviert, Sir.«

Herbstlaub fault im Becken des Springbrunnens, Minze wuchert durch die Geranien und schwappt über den Rasen wie ein Schwall von Münzen aus einem aufgebrochenen Automaten...

Der alternde Playboy zieht sich seinen maßgeschneiderten Regenmantel von Anno 1920 an und stopft sein kreischendes Eheweib in den Müllschlucker... Haar, Scheiße und Blut klatscht 1963 an die Wand... »Tja, Jungs, im 63er Jahr kam die Scheiße wirklich voll hoch«, sagte der öde alte Prophet, der einen mit seinem Geschwätz rund um die Uhr bis zur Weißglut nerven kann...

»Das hab ich deshalb noch so gut in Erinnerung, weil nämlich genau zwei Jahre vorher in einem Labor in Bolivien was schiefgelaufen ist mit ner Bakterienkultur, da gings um Rinderkrätze, und die wurde dann ansteckend für Menschen, das Zeug kam in Umlauf durch einen Chinchilla-Mantel, mit dem jemand in Kansas City einen Steuerfahnder geschmiert hat... Und so ne Lizzie machte auf Unbefleckte Empfängnis und brachte durch ihren Nabel einen 170 Gramm schweren Klammeraffen zur Welt... Der Weißkittel, der sie entbunden hat, soll an dem Ding mitgedreht haben ... der hatte nämlich den Affen die ganze Zeit auf dem Buckel...«

Ich, William Seward, Käpt'n dieser U-Bahn von Koksern und Säufern, werde das Ungeheuer von Loch Ness mit Rotenon bezwingen und den Weißen Wal einmachen. Ich werde Satan zum willenlosen Befehlsempfänger degradieren und seine Unterteufel zu Schwefeldampf verflüchtigen. Ich werde den Candiru aus euren Swimmingpools vertreiben. Ich werde eine Bulle zum Thema Unbefleckte Empfängnisverhütung erlassen...

»Je öfter sich etwas wiederholt, desto einzigartiger und wunderbarer ist es«, sagte der prätentiöse nordische Jüngling auf dem Trapez, während er sich in seine Freimaurer-Pflichtlektüre vertiefte.

»Die Juden glauben nicht an Jesus, Clem... Die wollen bloß 'n Christenmädchen pimpern...«

Engelschöre von Halbwüchsigen schallen einem von den Scheißhauswänden der Welt entgegen.

»Komm her und wichs einen mit...« 1929

»Der Lahme streckt seinen Shit mit Milchzucker...« Johnny Hung Lately, 1952.

(Fett gewordener Tenor in Korsett und Weiberklamotten singt »Danny Deever«...)

Maultiere werfen keine Fohlen in diesem gottesfürchtigen Landstrich, und wer auf die Leichentücher der Toten in den Aschengruben sabbert, der verstößt gegen das Public Health Law 334.

Also wo ist die Statue, und was wird aus der Provision? Wer weiß? Ich habe Die Antwort nicht parat ... zuhause in meinem Toilettenbeutel... Der König läuft Amok mit einem Flammenwerfer, und der Königsmörder drückt sich durch die Straßen des Elendsviertels, sieht in den Gesichtern von tausend Stadtstreichern einen Vorgeschmack auf die Folterqualen, die ihn erwarten, und scheißt auf dem Basketball-Spielfeld an die Kalksteinmauer.

Der junge Dillinger verließ das Haus und ging fort, ohne sich noch einmal umzusehen..

»Dreh dich niemals um, Kid... Sonst verwandelst du dich in die Salzlecke von ner alten Kuh.«

Querschläger aus einem Polizeirevolver in der Gasse... Ein flügellahmer Ikarus stürzt ab ... der alte Junkie inhaliert die Schreie eines brennenden Jungen... Augen so leer wie das flache Land ... (das rauhe Klatschen von Geierschwingen in der trockenen Luft).

Der ›Krebs‹, dienstältester U-Bahn-Fledderer am Ort, schmeißt sich in seine Krustazeen-Kluft und macht die letzte Runde... Wenn er einen Flop mit offenem Mund schlafen sieht, zieht er ihm mit seinen stählernen Klauen die Goldzähne und Kronen... Sobald ihm ein Flop hochkommt, weicht er zurück, schnappt mit seinen Scheren und fordert das Opfer zu einem ungleichen Zweikampf auf den Bahnsteigen der Queens Plaza heraus.

Der jugendliche Einbrecher, von der langen Zuchthausstrafe erledigt, wegen Zahlungsunfähigkeit aus dem Friedhof geschaßt, kommt in die Schwulenpinte gerannt, redet wirres Zeug und schwenkt einen verschimmelten Pfandschein für die schwarzen Eier von Tent City, wo kastrierte Vertreter den IBM-Song zum besten geben.

Sackratten tummelten sich in seinem Schamhaar ... die ganze Nacht mit dem schemenhaften Steifen gerungen, per Schulterwurf auf dem Feld der Homo-Ehre zu Boden gegangen, auf Schleichwegen zurück zur rostroten Kalksteinhöhle.

Die Sucht spritzt ihren schwarzen Saft über die Salzmarschen, auf denen nichts wächst, nicht einmal Alraune...

Man macht seinen Schnitt ... klemmt sich ein bißchen Taschengeld ... ist das einzig Wahre...

»Hallo, Cash.«

»Bist du sicher, daß es hier ist?«

»Na klar ... ich geh mit dir rein.«

Nachtzug nach Chicago... Auf dem Flur läuft mir eine über den Weg, ich sehe ihr an, daß sie an der Nadel hängt... ich frage sie, wo man was kaufen kann.

»Komm rein, Sonny.«

Ich meine, die Ische ist nicht mehr die jüngste, aber gut gebaut... »Wie wärs erst mal mit'm Fix?«

»Nix zu machen. Danach schlaffst du mir bloß ab.«

Drei Nummern hintereinander ... wache auf, suchtkrank, zitternd vor Kälte, obwohl ein warmer Frühlingswind durchs Fenster hereinweht ... die Augen tränen ... es brennt wie Säure...

Sie steigt nackt aus dem Bett... Hat den Stoff in der Kobra-Lampe unter Verputz... Kocht eine Ladung auf...

»Dreh dich um ... ich hau dirs in die Arschbacke rein...«

Sie schiebt die Nadel tief hinein, zieht sie heraus und massiert mir die Backe...

Sie leckt sich einen Tropfen Blut vom Finger.

Er wälzt sich auf den Bauch, sein Steifer baut im grauen Schmant des Junk ab.

Jungs mit traurigen Augen jodeln in einem Tal aus Kokain und Unschuld auf der Suche nach einem verirrten Danny Boy...

Wir schnupften die ganze Nacht und machten es viermal... Fingernägel kratzen an einer Schultafel herunter... bis auf den weißen Knochen. Das Heroin ist im Hafen nach einer langen Fahrt übers Meer, und der Gauner ist zurück von einer Tour mit der Wechselgeldmasche...

Der Anreißer kratzt sich und wird unruhig. »Mach mal hier für mich weiter, Kid. Muß meinem Affen dringend was zu fressen besorgen.«

DAS WORT besteht aus Einheiten, die man zwar durchaus

als Ganzes nehmen soll, aber die Teile lassen sich auch in beliebiger Reihenfolge anordnen, vorwärts und rückwärts, kreuz und quer wie ein interessantes Sex-Arrangement. In diesem Buch sprengt es die Seiten und quillt in alle Richtungen, ein Kaleidoskop von Szenerien, ein Potpourri von Melodien und Straßenlärm, Furzen und Gejohle von Randalierern, Rasseln von eisernen Rolläden in den Ladenstraßen, Schmerzgeheul und Gejammer und Lustgewimmer im höchsten Falsett; kopulierende Katzen und das empörte Quäken von Kaulköpfen auf dem Trockenen, prophetisches Gemurmel des Brujo in Muskatnuß-Trance, brechende Halswirbel und kreischende Alraunen, Seufzer des Orgasmus, Heroin das lautlos wie der Morgennebel in die durstigen Zellen sickert, das Geschnatter von Radio Kairo wie eine übergeschnappte Tabak-Auktion, und die Flöten des Ramadan umfächeln den suchtkranken Junkie mit dem zarten Touch eines Fledderers, der in der grauen Dämmerung der U-Bahn sachte nach dem grünen Bündel Banknoten tastet...

Das sind die Offenbarungen und Prophezeiungen, die ich ohne UKW auf meinem Kristallempfänger von Anno 1920 mit einer Antenne aus Sperma hereinkriege... Geneigter Leser, wir schauen Gott im Blitzlicht des Orgasmus, das uns im Arsch explodiert... Durch Diese Öffnungen Verwandle Deinen Körper... Hier gehts rein, wenn du raus willst...

Jetzt werde ich, William Seward, die hechelnde Meute meiner Worte von der Leine lassen... Mein Wikingerherz segelt über den großen braunen Fluß, Lastkähne tuckern im Dämmerlicht des Dschungels, ganze Bäume treiben im Wasser, riesige Schlangen in den Zweigen, Lemure beobachten mit traurigen Augen das Ufer, und weiter hinaus, quer über die Felder von Missouri (Der Junge findet eine rötliche Pfeilspitze), dem fernen Pfiff der Lokomotiven entgegen, und dann kommt es zu mir zurück, hungrig wie ein Straßenjunge, der es nicht versteht, den Arsch an den Mann zu bringen, den ihm Gott gegeben hat...

Geneigter Leser, DAS WORT wird dich anspringen wie ein Leopardenmensch mit Eisenklauen, es wird dir Finger und Zehen abkneifen wie ein opportunistischer Taschenkrebs, es wird dich hängen und deinen Saft aus der Luft schnappen wie ein fickriger Hund, es wird sich um deine Hüften ringeln wie eine Bushmaster und dir ein Schnapsglas voll ranzigem Ektoplasma injizieren... Und warum ein *fickriger* Hund?

Neulich komme ich von einem ausgedehnten Lunch—wieder ein Knoten in dem langen Faden von Mund zu Arsch, an dem unsere Tage und Jahre aufgereiht sind—und sehe einen Araberjungen mit einem kleinen schwarzweiß gefleckten Hund, der auf den Hinterbeinen gehen kann... Und ein großer gelber Hund kommt an, reibt sich an dem Jungen und will gestreichelt werden... Der Junge stößt ihn weg, der gelbe Hund knurrt und schnappt nach dem kleinen Köter, und wenn er hätte reden können, dann hätte er gesagt: »Das ist ein glattes Verbrechen gegen die Natur.«

Also das ist für mich ein fickriger Hund... Und lassen Sie mich im Vorbeigehen sagen—und ich komme immer vorbei, wie ein grundehrlicher Nigger—: der Unerschütterliche Osten braucht einen ganzen Haufen Salz, um es runterzukriegen... Ihr Reporter dagegen haut sich pro Tag dreißig Gran M rein und hockt die nächsten acht Stunden da, unerschütterlich wie ein Scheißhaufen.

»Aber was *denken* Sie dabei?«, fragt der peinlich berührte Amerikanische Tourist...

Worauf ich antworte: »Morphium hat meinen Hypothalamus lahmgelegt, den Sitz von Libido und Emotion, und da das Großhirn nur aktiv wird, wenn es von hinten einen entsprechenden Reiz vom Kleinhirn empfängt—wie ein service-abhängiger Bürger, der nur auf seine Kosten kommt, wenn man es ihm von hinten macht—, muß ich vermelden, daß sich bei mir in punkto Hirntätigkeit so gut wie nichts tut. Ich registriere, daß Sie hier sind, aber das hat auf mich keinerlei affektive Signalwirkung, denn meine

Affekte hat mir der Junk-Mann wegen Zahlungsverzugs abgeschaltet, und deshalb interessiert es mich nicht, was Sie tun... Sie können kommen oder gehen, Sie können sich vollscheißen oder Sie können sichs mit ner Raspel oder ner Ringelnatter besorgen—dem Einfallsreichtum einer Schwuchtel sind schließlich keine Grenzen gesetzt—, aber Die Toten und Den Junkie interessiert das nicht...« Sie sind *unerschütterlich* in ihrer Gleichgültigkeit.

»Wo finde ich denn hier das WC, wenn ich den Gang runtergehe?«, fragte ich die blonde Platzanweiserin.

»Gleich hier rein, Sir... Ist noch ein Platz frei da drin.«

»Hast du Pantopon Rose gesehn?«, fragte der alte Junkie im schwarzen Mantel.

Der Sheriff in Texas hat seinen Komplizen umgelegt: Browbeck den Unsteten, der in seiner Eigenschaft als Tierarzt im illegalen Handel mit Pferdeheroin mitgemischt hat... Ein Pferd mit der Krätze am Arsch braucht zur Schmerzlinderung eine kräftige Ladung Heroin, und möglicherweise macht sich ein bißchen von diesem Heroin selbständig und verschwindet über die einsame Prärie und wiehert schließlich auf dem Washington Square herum... Prompt kommen die Junkies angerannt und brüllen »Heigh-hoo Silver!«

»Aber wo bleibt denn da die *Rechtssicherheit?*« Dieser pathetische Urschrei hallte durch die Bambusdekoration der Cocktailbar in der Calle Juarez, Mexico City, D.F.... Auf der Rolle da unten mit einer faulen Anklage wegen Unzucht... Ich sag dir, Bruder, da zerrt dir so'n Flittchen die Hosen runter, und schon bist du wegen Unzucht mit Minderjährigen dran...

Hier Chicago ... bitte melden ... hier Chicago ... bitte melden... Was glaubst du, wozu ich mir in Puyo 'n Pariser drüberziehe ... soll ich die Dinger vielleicht als Galoschen verwenden? (Verdammt nasse Gegend, lieber Leser...)

»Mach das Ding ab! Mach es ab!«

Die alte Schwuchtel rempelt ihr zweites Ich, eine burleske Erinnerung an ihre Jugendjahre, und kriegt von ihrem Phantom aus dem alten Howard-Varieté das Knie in die Weichteile ... die Pennerstraße runter zum Market Street Museum, wo man jede Art von Selbstbefriedigung zu sehen bekommt ... kleine Jungs haben es besonders nötig...

Sie waren reif dafür, aber irgendwie gingen sie in der alten Schwulenszene unter und wurden vergessen ... verschollen in kleinen Fetzen von Lust auf einem halbverkohlten Filmstreifen...

Entziffere die Metastase mit blinden Fingern.

Fossile Botschaft der Arthritis...

»Pushen ist eine stärkere Sucht als Fixen.«—Lola La Chata, Mexico, DF.

Der saugende Terror der Nadelnarben, aus tauben Nerven dringt wie ein Schrei unter Wasser die Warnung vor der aufsteigenden Gier, der Körper zuckt wie in den Krämpfen der Tollwut...

»Falls der liebe Gott noch was Besseres erfunden hat, muß ers für sich behalten haben«, pflegte der Seemann zu sagen, wenn sein Motor nach zwanzig Goofballs auf Schnekkentempo gedrosselt war. (Bruchstücke einer Mordszene sinken langsam herab, wie Opalsplitter durch Glyzerin.)

Dann sieht er dich an und summt immer wieder die Melodie von »Johnny's So Long At The Fair«.

Wir ziehen einen kleinen Straßenhandel auf, um unsere Sucht über die Runden zu bringen...

»Und daß du mir diesen Sprit auch *nimmst!*«, sage ich und knalle ihm eine Spirituslampe auf den Tisch.

»Ihr verschissenen Junkies seid doch alle gleich ... ihr könnt's einfach nicht erwarten ... dauernd nehmt ihr Streichhölzer und macht mir die Löffel schwarz... Wenn die Bullen hier in der Bude 'n schwarzen Löffel finden, krieg ich glatt Pen Indef...«

»Ich hab gedacht, du steigst aus... Wär mir nicht recht, wenn ich dir die Kur verpfusche... Kostet ne Menge Mumm, von dem Zeug runterzukommen, Kid.«

Suche das tauende Fleisch nach einer Ader ab. Aus dem Stundenglas des Junk rieseln die letzten schwarzen Körner in die Nieren...

»Bißchen arg entzündet hier«, murmelte er und band sich den Arm ein Stück weiter oben ab.

»Der Tod war ihr Kulturheld«, sagte meine Alte und sah von den Codices der Mayas hoch... »Er gab ihnen das Feuer und die Sprache und das Saatkorn... Dann verwandelte er sich selber in ein Maiskorn.«

Die Ouab-Tage sind über uns gekommen
  Die rauhen Winde bringen Haß und Unglück
    (Ich verpatzte den Schuß)

»Schaff mir diese gottverdammten Wichsvorlagen hier raus«, sagte ich zu ihr. Der alte Schmecker, voll bis obenhin mit Sprit und Goofballs, hielt sich an einer Stuhllehne fest ... eine Schande für die ganze Zunft.

»Bist du auch schon zu so'm Goofball-Penner verkommen?«

Der gelbe Dunst von billigem Fusel und Leberschaden waberte aus seinen Kleidern, als er die Junkie-Geste machte und die Kapsel in der hohlen Hand verschwinden ließ...

Ein Geruch nach Chili-Kneipen und modrigen Mänteln und atrophierten Hoden...

Er sah mich an, seine Augen saßen in dem ektoplasmischen Fleisch, das sich während der Kur bildet ... im Entzug kannst du in einem Monat dreißig Pfund zulegen, die materialisieren sich wie aus dem Nichts ... sieht aus wie weiche rötliche Knetmasse ... bei der ersten schweigenden Berührung mit Junk verschwindet es sofort wieder ... ich habe mit angesehen, wie einer in zehn Minuten zehn Pfund verlor ... stand da mit der Spritze in der einen Hand ... mit der anderen hielt er sich die Hosen hoch...

Beißender Gestank von verwesendem Metall.

Wir irren durch eine Müllkippe, die bis zum Himmel reicht ... vereinzelte Benzinfeuer ... Rauch hängt schwarz und dick wie Kot in der stehenden Luft ... schmierige Flecken im weißen Film der Mittagshitze... D.L. geht neben mir ... ein Spiegelbild meines zahnlosen Gaumens, meines kahlen Schädels ... klebriges Fleisch auf faulenden phosphoreszierenden Knochen, die ein langsames kaltes Feuer von innen heraus verzehrt... Er schleppt einen offenen Benzinkanister, der Benzingeruch hüllt ihn wie eine Dunstglocke ein... Wir kommen über einen Berg aus verrostetem Schrott und stoßen auf eine Gruppe von Einheimischen ... platte zweidimensionale Haifischgesichter...

»Kipp ihnen das Benzin übern Kopf und zünd es an...«

Los!...

Eine weiße Stichflamme ... erstickte Insektenschreie...

Ich wachte auf, einen metallischen Geschmack im Mund, zurück aus dem Land der Toten

Der farblose Dunst des Todes klebt noch an mir

Nachgeburt eines verhutzelten grauen Affen

Gespenstische Nachwehen einer Amputation...

»Die Taxi Boys warten auf einen Kunden«, sagte Eduardo und starb an einer Überdosis in Madrid...

Eine zischende Zündschnur durch das rosige Fleisch, das sich kurz vor dem Höhepunkt windet und strafft... Blitzlichter des Orgasmus ... erstarrte Momentaufnahmen ... die glatte braune Haut gestrafft, die gefrorene Bewegung der Hand, die das brennende Streichholz an die Zigarette hält...

Er stand da, auf dem Kopf einen Strohhut von Anno 1920, den ihm jemand geschenkt hatte ... seine leise bettelnden Worte fielen wie tote Vögel auf die dunkle Straße...

»Nein... Nichts mehr... No mas...«

Eine dröhnende Woge von Preßlufthämmern in der purpurbraunen Abenddämmerung, vergiftet vom fauligen metallischen Gestank der Abwässer ... die jungen Gesichter der Arbeiter verschwimmen in der gelben Aura von Karbidlampen ... geborstene Rohre ragen aus der Erde...

»Sie krempeln mal wieder die Stadt um.«

Lee nickte geistesabwesend... »Ja ... immer...«

Jeder Schritt ist ein Schritt in die falsche Richtung...

Wenn ich es wüßte, ich würde es Ihnen gerne sagen...
»Nix gut ... no bueno ... bin selber am Abschnappen...«
»Hab nix... Klom Fleitag«

Tanger, 1959

Anhang

I
Zu Protokoll: Aussagen über eine Krankheit

II
Erfahrungsbericht eines ehemaligen Süchtigen

Zu Protokoll:
Aussagen über eine Krankheit

Ich erwachte aus der ›Krankheit‹ im Alter von 45 Jahren, innerlich ruhig und ausgeglichen, bei vollem Verstand und recht guter Gesundheit, wenn man einmal davon absieht, daß ich eine angegriffene Leber hatte und aussah wie alle, die diese Krankheit überleben—als hätte ich mir mein Fleisch zusammengeborgt. Die meisten Überlebenden können sich an das Delirium nicht mehr im einzelnen erinnern. Ich habe mir, wie es scheint, während der Krankheit und des Deliriums ausführliche Notizen gemacht. An die Niederschrift dieser Notizen, die jetzt unter dem Titel *Naked Lunch* erschienen sind, kann ich mich nur noch undeutlich erinnern. Der Titel wurde von Jack Kerouac vorgeschlagen. Was er bedeutet, habe ich erst nach meiner kürzlichen Genesung begriffen. Der Titel ist ganz wörtlich zu nehmen: ein *nackter* Lunch—ein gefrorener Augenblick, in dem jeder erkennt, was er auf der Gabel hat.

Die ›Krankheit‹ heißt Drogensucht. Ich war fünfzehn Jahre süchtig. Wenn ich sage ›süchtig‹, dann meine ich süchtig nach Junk (Sammelbegriff für Opium und seine Derivate, einschließlich aller synthetischen, von Demerol bis Palfium). Ich habe viele Arten von Junk genommen: Morphium, Heroin, Dilaudid, Eukodal, Pantopon, Dicodid, Diosan, Opium, Demerol, Dolophin, Palfium. Ich habe Junk geraucht, gegessen, geschnupft, mir in Venen, Haut und Muskeln injiziert oder in Form von Zäpfchen rektal eingeführt. Auf die Nadel kommt es nicht an. Ob man das Zeug schnupft oder raucht oder ißt, oder ob man es sich in den Arsch reinschiebt—das Ergebnis ist immer dasselbe: Sucht. Wenn ich von Drogensucht rede, dann bezieht sich das nicht auf Kif, Marihuana, Haschisch, Meskalin, *Bannisteria Caapi*, LSD-6, Heilige Pilze oder sonstige Halluzinogene... Nichts deutet darauf hin, daß Halluzinogendrogen zu körperlicher Abhängigkeit führen. In ihrer physiologischen Wirkung sind diese Drogen vielmehr das genaue Gegenteil von Junk. Leider hat der Eifer der Rauschgiftdezernate in den USA und anderswo dazu geführt, daß diese beiden grundverschiedenen Arten von Drogen in einen Topf geworfen werden.

Während meiner fünfzehnjährigen Sucht habe ich genau beobachten können, wie der Junk-Virus vorgeht. Junk ist eine Pyramide, bei der jede Ebene die jeweils tiefergelegene frißt (es ist kein Zufall, daß die höheren Chargen in der Junk-Hierarchie immer fett sind, und der Süchtige auf der Straße immer ausgemergelt), und so setzt sich das fort bis zur Spitze, bzw. den Spitzen, denn es gibt viele Junk-Pyramiden; sie schmarotzen an Menschen auf der ganzen Welt, und sie beruhen alle auf dem Grundprinzip des Monopols:

1 — Gib nie etwas umsonst her.

2 — Gib nie mehr als unbedingt nötig (greif dir den Käufer immer dann, wenn er ausgehungert ist, und laß ihn immer warten).

3 — Wenn irgend möglich, hol dir immer wieder alles zurück.

Der Pusher bekommt immer wieder alles zurück. Der Süchtige braucht mehr und mehr Junk, um den Affen auf seinem Buckel zu besänftigen und sich eine menschliche Gestalt zu bewahren.

An Junk läßt sich in elementarer Form beobachten, wie ein Monopol entsteht und seinen Besitzanspruch durchsetzt. Der Süchtige sieht ungerührt zu, wie ihn seine Junk-Beine auf dem Leitstrahl des Junk geradewegs zum Rückfall führen. Junk ist eine quantitative Größe und in seiner Wirkung genau meßbar. Je mehr Junk man nimmt, desto weniger hat man davon; und je mehr man hat, desto mehr nimmt man. Sämtliche Halluzinogene werden von denen, die sie nehmen, als heilig angesehen—es gibt Peyote-Kulte und Bannisteria-Kulte, Haschisch-Kulte und Pilz-Kulte—, doch noch nie ist jemand auf den Gedanken gekommen, Junk als heilig anzusehen. Es gibt keine Opium-Kulte. Opium ist profan und quantitativ wie Geld. Wie ich höre, soll es in Indien einmal einen gutartigen Junk gegeben haben, von dem man nicht süchtig wurde. Er wurde *soma* genannt und erscheint in bildlichen Darstellungen als wunderbarer blauer Strom. Falls dieses *soma* je existiert hat, dann gab es auch Den Pusher, der es in Flaschen abfüllte und verkaufte und sich das Monopol darauf sicherte—und damit verwandelte es sich in ordinären dreckigen JUNK, wie gehabt.

Junk ist das ideale Produkt, die perfekte Ware. Jedes Verkaufsgespräch erübrigt sich. Der Käufer wird durch eine Kloake kriechen und darum betteln, das Zeug kaufen zu dürfen... Der Junkhändler verkauft nicht sein Produkt an den Konsumenten, er verkauft den Konsumenten an sein Produkt. Er verbessert nicht seine Ware und verpackt sie so, daß sie sich besser in das Angebot einfügt. Er verschlimmert vielmehr den Zustand des Käufers und macht ihn sich gefügig. Er bezahlt auch seine Angestellten mit Junk.

Junk liefert eine elementare Formel für das Wirken eines »bösartigen« Virus: *Die Algebra des süchtigen Verlangens.* Das Gesicht des »Bösen« ist immer das Gesicht des totalen Verlangens. Ein Süchtiger ist ein Mensch mit dem totalen Verlangen nach Stoff. Wenn das Verlangen einen gewissen Punkt überschreitet, wird es unkontrollierbar und kennt keine Grenzen mehr. In den Worten des totalen Verlangens: *»Würdet ihr es nicht genauso machen?«* Und ob. Ihr würdet lügen, stehlen, betrügen, eure Freunde verraten—ihr würdet *alles* tun, um das totale Verlangen zu befriedigen. Weil ihr nämlich krank wärt bis in die Knochen, restlos ausgeliefert. Ihr könntet gar nicht anders handeln, selbst wenn ihr es wolltet. Süchtige sind kranke Menschen, die so handeln müssen, weil sie keine andere Wahl haben. Ein tollwütiger Hund kann nur noch um sich beißen, er hat keine andere Wahl. Mit einer selbstgerechten Sicht der Dinge ist hier nichts zu erreichen; es sei denn, man will erreichen, daß sich der Junk-Virus weiter ungehindert entfalten kann. Und Junk ist ein großes Geschäft. Ich erinnere mich an eine Unterhaltung mit einem Amerikaner, der für die Rinderpest-Kommission in Mexiko arbeitete; 600 im Monat, plus Spesen.

»Wie lange wird die Epidemie dauern?«, fragte ich ihn.

»So lange, wie wir sie durchpäppeln können... Tja, und vielleicht wird die Seuche auch noch in ganz Südamerika ausbrechen«, sagte er träumerisch.

Wenn man eine Zahlenpyramide abändern oder zum Einsturz bringen will, ändert oder entfernt man die Ausgangszahl. Wenn wir die Junk-Pyramide zum Einsturz bringen wollen, müssen wir an der Basis ansetzen: *bei dem Süchtigen auf der Straße.* Wir müssen damit aufhören, dauernd ratlos nach oben zu starren, zu den sogenannten Drahtziehern an der Spitze. Die sind alle austauschbar. *Der einzige nicht austauschbare Faktor in der Junk-Gleichung ist der Süchtige auf der Straße, der Junk zum Überleben braucht.* Wenn keine Süchtigen mehr da sind, die Junk kaufen, wird es auch keinen Handel mit Junk mehr geben. Solange es eine Abhängigkeit von Junk gibt, wird immer einer da sein, der liefert.

Süchtige können geheilt oder wenigstens ärztlich versorgt und erfaßt werden—d.h. man genehmigt ihnen eine Morphium-Ration und erfaßt sie wie Typhusträger mit dem notwendigen Mindestmaß an behördlicher Kontrolle. Wenn das geschieht, werden die Junk-Pyramiden auf der ganzen Welt einstürzen. Meines Wissens ist England das einzige Land, das nach dieser Methode das Junk-Problem angeht. In England haben sie ungefähr fünfhundert ärztlich versorgte und registrierte Junkies. In einer späteren Generation, wenn diese isolierten Süchtigen aussterben und man schmerzstillende Mittel entdeckt, die nicht süchtig machen, wird der Junk-Virus das sein, was heute die Pocken sind—ein abgeschlossenes Kapitel, eine medizinische Kuriosität.

Der Impfstoff, der den Junk-Virus ein für allemal aus der Welt schafft, ist vorhanden. Dieser Impfstoff heißt Apomorphin. Daß man Süchtige damit heilen kann, ist die

Entdeckung eines englischen Arztes, dessen Namen ich hier nicht nennen kann, weil ich dazu erst seine Erlaubnis haben müßte; ich kann deshalb auch nicht aus seinem Buch zitieren, in dem er seine dreißigjährige Erfahrung mit der Apomorphin-Behandlung von Rauschgiftsüchtigen und Alkoholikern schildert *. Apomorphin wird gewonnen, indem man Morphium durch Behandlung mit konzentriertem Chlorwasserstoff ein Molekül Wasser entzieht. Es besitzt keinerlei narkotische oder schmerzstillende Eigenschaften. Bekannt ist es schon seit langer Zeit, doch zunächst wurde es jahrelang nur bei Vergiftungen angewandt, da es zu Erbrechen führt—es wirkt erregend auf die medullären Zentren, besonders auf das Brechzentrum.

Ich fand diesen Impfstoff am Ende der Junkstraße. Ich hauste in einem Zimmer im Eingeborenenviertel von Tanger. Seit einem Jahr hatte ich nicht mehr gebadet oder die Kleider gewechselt, nur alle Stunde mal kurz Hemd oder Hose ausgezogen, um mir eine Nadel in das Fleisch zu bohren, das im Endstadium der Sucht faserig und grau und hölzern geworden war. Ich wischte nie auf und kehrte auch nicht den Dreck zusammen. Leere Ampullenschachteln und Abfälle türmten sich bis an die Decke. Strom und Wasser waren längst abgestellt, weil ich die Rechnungen nicht mehr bezahlte. Ich tat absolut nichts. Ich konnte acht Stunden lang meine Schuhspitze anstarren. Ich rührte mich nur vom Fleck, wenn meine Junk-Uhr ablief.

Wenn mich ein Freund besuchte—was selten vorkam, denn wen oder was gab es da noch zu besuchen—, dann saß ich da, und es berührte mich nicht, daß er in meinem Gesichtsfeld aufgetaucht war (ein grauer Bildschirm, der immer schwächer und leerer wurde), und es berührte mich auch nicht, wenn er wieder daraus verschwand. Wenn er vor meinen Augen tot umgefallen wäre, hätte ich weiter meine Schuhspitze angestarrt und ihm schließlich die Taschen gefilzt. Ihr etwa nicht? Denn ich hatte nie genug

* Dr. John Y. Dent, *Anxiety And Its Treatment,* London 1955. (C.W.)

Junk—keiner hat je genug. Dreißig Gran Morphium am Tag, und es war immer noch nicht genug. Und das lange Herumstehen und Warten vor dem Drugstore. Im Junk-Geschäft lassen sie einen immer warten. Der ›Mann‹ erscheint nie zur vereinbarten Zeit, und das ist kein Zufall. Es gibt keinen Zufall in der Welt des Junk. Immer und immer wieder bekommt der Süchtige drastisch vor Augen geführt, was passiert, wenn er sich die nächste Junk-Ration nicht rechtzeitig besorgt. Sieh zu, daß du das nötige Geld aufbringst, sonst... Und plötzlich ging meine Sucht schlagartig in die Höhe. Vierzig, sechzig Gran am Tag. Und es war noch nicht genug. Und ich brachte das Geld nicht mehr zusammen.

Ich stand da mit meinem letzten Scheck in der Hand, und mir wurde klar, *daß* es mein letzter war. Ich buchte den nächsten Flug nach London.

Der Arzt erklärte mir, daß Apomorphin auf das Kleinhirn wirkt, und zwar so, daß es den Stoffwechsel und die Zusammensetzung des Blutserums normalisiert und das Enzym-System der Sucht im Laufe von vier oder fünf Tagen zerstört. Sobald das Kleinhirn wieder normal funktioniert, kann man Apomorphin absetzen und braucht es nur bei einem Rückfall wieder anzuwenden. (Niemand würde Apomorphin nehmen, um sich einen ›Kick‹ zu verschaffen. *Es ist kein einziger Fall bekannt, in dem Apomorphin zu einer Sucht geführt hat.*)

Ich erklärte mich mit der Behandlung einverstanden und ging in eine Privatklinik. Während der ersten vierundzwanzig Stunden war ich, wie viele Süchtige im schweren Entzug, buchstäblich wahnsinnig und außer mir. Nach vierundzwanzig Stunden intensiver Apomorphin-Behandlung war das Delirium verschwunden. Der Arzt zeigte mir den Behandlungsplan. Ich hatte winzige Mengen Morphium erhalten, doch das konnte unmöglich der Grund dafür sein, daß ich von schweren Entzugserscheinungen verschont geblieben war—Bein- und Magenkrämpfe, Fieber, und mein ganz spezielles Symptom: Das Kalte Brennen, als stecke der Körper in einem Ameisenhaufen und sei zusätzlich noch mit Menthol eingerieben worden. Jeder Süchtige hat sein ganz eigenes Symptom, dem er mit nichts beikommen kann. Bei mir fehlte diesmal ein Faktor in der Gleichung des Entzugs—dieser Faktor konnte nur Apomorphin sein.

Ich erlebte, wie nachhaltig und erfolgreich die Apomorphin-Behandlung wirkt. Nach acht Tagen verließ ich die Privatklinik und konnte normal essen und schlafen. Zwei volle Jahre blieb ich danach von Junk weg—seit zwölf Jahren mein bestes Ergebnis. Krankheit und Schmerzen machten mich noch einmal für einige Monate rückfällig, doch nach einer weiteren Apomorphin-Kur habe ich bis zum heutigen Tag keinen Junk mehr angerührt.

Die Apomorphin-Kur unterscheidet sich qualitativ von allen anderen Behandlungsmethoden. Ich habe sie alle durchgemacht. Rascher Entzug, langsamer Entzug, Cortison, Antihistamine, Beruhigungsmittel, Schlafkur, Tolserol, Reserpin. Nach jeder Kur wurde ich bei der ersten Gelegenheit wieder rückfällig. Ich kann mit Bestimmtheit sagen, daß mein *Stoffwechsel* erst kuriert wurde, als ich die Apomorphin-Kur machte. Die verheerenden Rückfallquoten, die man im Narcotic Hospital von Lexington verzeichnet, haben bei vielen Ärzten zu der Überzeugung geführt, für Sucht gebe es keine Heilung. In Lexington machen sie eine Reduktionskur mit Dolophin. Mit Apomorphin haben sie es, soviel ich weiß, noch nie versucht. Auch anderswo hat man diese Behandlungsmethode bisher weitgehend ignoriert. Man hat nie versucht, die Apomorphin-Formel abzuwandeln oder synthetische Varianten herzustellen. Zweifellos könnte man Substanzen entwickeln, die fünfzigmal stärker als Apomorphin sind; und der als Nebenwirkung auftretende Brechreiz ließe sich beseitigen.

Apomorphin wirkt normalisierend auf Stoffwechsel und Psyche und kann abgesetzt werden, sobald es seine Arbeit getan hat. Die Welt ist überschwemmt von Beruhigungs- und Aufputschmitteln, doch dieses einzigartige Regulativ wird übersehen. Keine der großen pharmazeutischen Gesellschaften hat es in ihr Forschungsprogramm einbezogen. Ich bin der Ansicht, daß die Erforschung von Apomorphin-Varianten und deren synthetische Herstellung medizinisches Neuland erschließen wird, dessen Bedeutung weit über das Suchtproblem hinausgeht.

Die Pockenschutzimpfung wurde von einer lautstarken Gruppe idiotischer Impfgegner bekämpft. Kein Zweifel also, daß interessierte Kreise und labile Kreaturen in ein Protestgeheul ausbrechen werden, wenn man ihnen den Junk-Virus abschießt. Junk ist ein großes Geschäft. Geschäftemacher und Spinner wird es immer geben. Es darf nicht dazu kommen, daß sie die dringend notwendigen Maßnahmen der Behandlung und Isolierung behindern. *Der Junk-Virus ist heute weltweit das Gesundheitsproblem Nummer Eins.*

Da sich NAKED LUNCH mit diesem Gesundheitsproblem befaßt, ist das Buch notwendigerweise brutal, obszön und abstoßend. Krankheit wird oft als ekelhaft empfunden, und die Schilderung von Einzelheiten ist nichts für schwache Mägen.

Manche Passagen, die man als pornographisch bezeichnet hat, wurden in Wirklichkeit als Traktat gegen die Todesstrafe verfaßt, in Anlehnung an Jonathan Swift's MODEST PROPOSAL. Sie sollen die Todesstrafe als das bloßstellen, was sie ist: ein obszöner, barbarischer und widerwärtiger Anachronismus. Der Lunch, derart nackt serviert, soll wie immer Ernüchterung auslösen. Wenn zivilisierte Länder zu den Henkersriten der Druiden im Heiligen Hain zurückkehren oder mit den Azteken Blut saufen und ihre Götter mit menschlichen Blutopfern mästen wollen, dann sollen sie sehen, *was* sie da essen und trinken. Sie sollen sehen, was ihnen die Presse mit ihrem langen Löffel einfüttert.

Eine Fortsetzung von NAKED LUNCH habe ich beinahe abgeschlossen. Eine mathematische Erweiterung der Algebra des süchtigen Verlangens, über den Junk-Virus hinaus. Denn es gibt viele Formen von Sucht, und ich glaube, daß sie alle den gleichen elementaren Gesetzen gehorchen. In den Worten von Heiderberg: »Dies mag nicht die beste aller denkbaren Welten sein, aber sie könnte sich durchaus als eine der einfachsten erweisen.« Wenn der Mensch *sehen* kann.

Postskriptum... Oder wißt ihr was Besseres?

Was *meine Person* angeht—und wenn einer von etwas anderem redet, können wir uns gleich nach seinem Protoplasma-Daddy oder seiner Mutterzelle umsehen...—*Ich will das abgedroschene Junk-Geschwafel und den alten Junk-Schwindel nicht mehr hören.* Das ist alles schon zum millionsten Mal gesagt worden, und es hat keinen Sinn, daß man überhaupt etwas sagt, weil in der Welt des Junk NIE etwas *geschieht.*

Die einzige Entschuldigung für diese abgedroschene Tour mit dem Tod ist DER ENTZUG, wenn der Junk-Kreislauf wegen Zahlungsunfähigkeit abgestellt wird und die Junk-Haut an Stoffmangel und einer Überdosis Zeit stirbt und die Alte Haut vergessen hat, wie man sich unter dem Deckmantel des Junk auf bequeme Art aus der Affäre zieht... Im Entzug ist der Süchtige nackt bis auf die Knochen. Jetzt *muß* er Nase und Ohren aufsperren... Paß auf, da kommt ein Auto...

Eins ist klar: Junk ist eine Einbahnstraße, auf der man rund um die Welt mit der Nase im Dreck hinter einem Opiumkügelchen herkriecht. Typischer Fall für Mistkäfer, Lumpensammler und Penner. Laßt euch alle zu Kunstdünger verarbeiten. Ich hab diesen Anblick satt.

Junkies beschweren sich dauernd über *Die Kälte,* wie sie es nennen. Sie schlagen sich den schwarzen Mantelkragen hoch und halten ihn vorne krampfhaft zusammen, damit es ihnen nicht an ihren faltigen Hals zieht. Purer Schwindel. Ein Junkie will gar nicht, daß ihm warm ist.

Er will es Kühl-Kühler-KALT. Aber *Die Kälte* will er so wie seinen Junk: Nicht DA DRAUSSEN, wo er nichts davon hat, sondern INNEN DRIN, damit er rumsitzen kann mit einem vereisten Rückgrat wie eine eingerostete hydraulische Schraubenwinde, während sich sein Stoffwechsel dem absoluten NULLPUNKT nähert.

Im ENDSTADIUM der Sucht sitzen sie oft zwei Monate ohne Stuhlgang da, und die Gedärme verhärten sich und klumpen zusammen—oder wißt ihr was Besseres?—, so daß man der Sache mit einem Apfelentkerner oder dessen chirurgischem Äquivalent begegnen muß... So sieht es aus, das Leben im Alten Eiskeller. Wozu sich bewegen und ZEIT verplempern?

Ist noch ein Platz frei da drin, Sir.

Es gibt welche, die sind scharf auf thermodynamische Kicks. Haben die Thermodynamik geradezu erfunden... Oder wißt ihr was Besseres?

Und es gibt einige von uns, die sind auf etwas *ganz anderes* scharf. Da wird mit offenen Karten gespielt, und das ist mir recht, denn ich möchte gerne sehen, was ich esse; bzw. wer oder was mich frißt, je nachdem. *Bill's Naked Lunch Room*... immer reinspaziert... gut für jung und alt, Mensch und Tier. Es geht doch nichts über ein bißchen Schlangenöl fürs Getriebe, damit die Show auf Touren kommt, Jack. Also für wen entscheidest du dich? Für die Zen-Mechaniker mit der vereisten Hydraulik? Oder willst du dich lieber mal beim Ehrlichen Bill umsehen?

Das ist also das weltweite Gesundheitsproblem, von dem ich vorhin gesprochen habe. Das sind die Aussichten, *meine* Freunde. Was ist? Mauschelt da einer was von einem drittklassigen Gauner, der die Masche mit dem Wechselgeldbetrug erfunden hat und sein Rasiermesser deshalb erst mal bei sich selber ansetzen soll? Wißt ihr vielleicht was Besseres? Das Rasiermesser gehörte mal einem Mann namens Occam, und der war damit nicht auf Narben aus. Ludwig Wittgenstein, *Tractatus Logico-Philosophicus:*

»Wenn ein Satz ÜBERFLÜSSIG ist, hat er keine BEDEUTUNG und sein SINN ist gleich NULL.«

»Und was ist ÜBERFLÜSSIGER als Junk, wenn man ihn nicht mehr nötig hat?«

Antwort: »Junkies, wenn man nicht AUF JUNK ist.«

Ich kann euch sagen, Jungs, ich habe mir schon so manche öde Unterhaltung anhören müssen, aber keine Fachgruppe in dieser Branche bringt mich so auf NULL wie diese alten Thermodynamik-Junkies. Einen Heroinsüchtigen kann ich ja noch ertragen, denn der sagt kaum etwas. Der Opium-»Schnorchler« dagegen ist aktiver; hat schließlich noch ein Zelt und eine Lampe... und vielleicht sieben, neun oder zehn liegen da drin wie überwinternde Reptilien und halten die Temperatur auf einem Level, der Unterhaltungen gestattet: Wie verkommen doch diese anderen Junkies sind, »während Wir—WIR haben dieses Zelt und diese Lampe und dieses Zelt und diese Lampe und dieses Zelt und schön warm ist es hier drin schön und warm HIER DRIN und schön und DRAUSSEN IST ES KALT ... KALT ist es DA DRAUSSEN bei den Dreckfressern und Fixern, die machen es keine zwei Jahre, ach was, nichtmal sechs Monate, die kriechen durch den Schmant und haben überhaupt kein Niveau... Aber WIR SITZEN HIER und erhöhen nie die DOSIS... nie—nie erhöhen wir die Dosis, niemals, nur HEUTE ABEND machen wir eine AUSNAHME, wo doch diese ganzen Dreckfresser und Fixer da draußen in der Kälte rumkrebsen... Aber essen tun wir das Zeug nie, nee, wir essen es nicht, nein nein nein, niemals...«

Na, dann entschuldigt mich mal, ich mach einen Trip zur Quelle des Lebenselixiers, das sie sich alle ins Futter ihrer Taschen tröpfeln, oder wenn nicht, dann haben sie ihre Opiumkügelchen in einem Fingerhut im Arsch zusammen mit dem Familienschmuck und dem ganzen übrigen Scheiß.

Ist noch ein Platz frei da drin, Sir.

Wenn diese Platte zum billionsten Mal anläuft—und die alte Leier ändert sich ja nie—, dann unternehmen wir

Nicht-Junkies drastische Schritte, und es wird sich zeigen, ob einer ein Mann ist oder einer von den Junk-Boys.

Wenn du dir diese Pest vom Leib halten willst, dann gibts nur eins: komm HIER RÜBER und heuer bei der Charybdis an... Wird dir an nichts fehlen, Kid... Candy und Zigaretten.

Fünfzehn Jahre war ich in diesem Zelt. Drinnen und draußen, drinnen und draußen, drinnen und DRAUSSEN. *Aus* und *vorbei*. Also hört auf euren Alten Onkel Bill Burroughs, der den Burroughs-Rechenmaschinen-Regulator-Trick nach dem Prinzip der Hydraulischen Winde erfunden hat, und egal in welcher Richtung man am Hebel zieht, bei vorgegebenen Koordinaten bleibt sich das Ergebnis immer gleich. Ich hab meine Lektion beizeiten gelernt... Und was ist mit euch?

Paregoric Babies der Welt, vereinigt euch. Wir haben nichts zu verlieren als unsere Pusher. Und DIE sind ÜBERFLÜSSIG.

Seht euch diese Junk-Straße genau an, seht sie euch GENAU an, ehe ihr da runtergeht und euch mit dem Falschen Haufen einlaßt...

Wer schlau ist, läßt sich das gesagt sein.

William S. Burroughs

Erfahrungsbericht eines ehemaligen Süchtigen

3. August 1956
Venedig

Lieber Doktor,
Danke für Ihren Brief. Anbei der Artikel über die Wirkung verschiedener Drogen, die ich aus eigener Erfahrung kenne. Ich weiß nicht, ob er sich für Ihre Zeitschrift eignet. Ich habe nichts dagegen, wenn er unter meinem Namen veröffentlicht wird.

Keinerlei Probleme mit Alkohol. Kein Verlangen nach irgendwelchen Drogen. Allgemeiner Gesundheitszustand hervorragend. Bitte grüßen Sie Mr.— von mir. Seine Übungsmethode wende ich täglich mit ausgezeichnetem Erfolg an.

Ich habe vor, ein Buch über Rauschdrogen zu schreiben, falls ich einen geeigneten Mitarbeiter finde, der sich um die technischen Dinge kümmert.

Ihr
William Burroughs

Der Genuß von Opium und Opiumderivaten führt zu einem Zustand, der den Begriff »Sucht« inhaltlich definiert und eingrenzt. (Der Begriff wird leider im weitesten Sinne auf jede Form von Gewöhnung oder Verlangen angewandt. Wir sprechen davon, daß jemand süchtig ist nach Süßigkeiten, Kaffee, Tabak, warmem Klima, Fernsehen, Kriminalromanen, Kreuzworträtseln. In einer derart mißverständlichen Anwendung verliert der Begriff jeden praktischen Sinn.)

Der Genuß von Morphium führt zu einer Abhängigkeit des Stoffwechsels von Morphium. Morphium wird für den Körperhaushalt so notwendig wie Wasser, und der Morphinist kann sterben, wenn es ihm plötzlich entzogen wird. Der Diabetiker stirbt zwar auch, wenn er kein Insulin mehr bekommt, aber er ist nicht süchtig nach Insulin. Seine Abhängigkeit von Insulin wurde nicht durch die Verabreichung von Insulin herbeigeführt. Er braucht Insulin, um sich einen normalen Stoffwechsel zu erhalten. Der Süchtige braucht Morphium, um sich einen Morphium-Stoffwechsel zu erhalten und der äußerst schmerzhaften Umstellung auf einen normalen Stoffwechsel zu entgehen.

Ich habe während eines Zeitraums von zwanzig Jahren eine ganze Reihe von »Narkotika« benutzt. Manche dieser Drogen sind suchterzeugend im oben beschriebenen Sinne. Die meisten sind es nicht.

Opiate. — Zwölf Jahre lang habe ich Opium geraucht und gegessen (Injektionen in die Haut verursachen Abszesse; Injektionen in die Venen sind unangenehm und vielleicht auch gefährlich), ich habe mir Heroin in Venen, Haut und Muskeln gespritzt oder es geschnupft (wenn ich keine Nadel zur Hand hatte), ferner Morphium, Dilaudid, Pantopon, Eukodal, Paracodin, Dionin, Codein, Demerol und Methadon. Alle diese Drogen sind mehr oder weniger suchterzeugend. Es macht auch keinen Unterschied, wie man sich die Droge verabreicht; ob man sie raucht, schnupft, injiziert, ißt oder in Form von Zäpfchen rektal einführt—das Ergebnis lautet immer: Sucht. Und von der Sucht loszukommen, ist für einen Opiumraucher genauso schwer wie für einen, der intravenös spritzt.

Die Vorstellung, daß das Spritzen besonders schädlich sei, beruht auf einer irrationalen Angst vor Nadeln (»Injektionen vergiften das Blut«—als würde das Blut auch nur eine Spur weniger vergiftet, wenn es die Substanzen aus Magen, Lunge und Schleimhäuten absorbiert).

Demerol macht wahrscheinlich nicht so süchtig wie

Morphium. Es ist allerdings für den Süchtigen auch nicht so befriedigend, und seine schmerzstillende Wirkung ist geringer. Von Demerol kommt man zwar leichter herunter als von Morphium, dafür greift es aber die Gesundheit (besonders das Nervensystem) viel stärker an. Ich habe Demerol einmal drei Monate lang genommen, und dabei traten einige beunruhigende Symptome auf: zitternde Hände (bei Morphium bleiben meine Hände immer ruhig), zunehmender Verlust der Koordinationsfähigkeit, Muskelzucken, paranoide Zwangsvorstellungen und die Angst, wahnsinnig zu werden. Schließlich vertrug ich Demerol überhaupt nicht mehr—zweifellos meldete sich da der Selbsterhaltungstrieb—und verlegte mich auf Methadon. Die Symptome verschwanden sofort. Ich sollte vielleicht hinzufügen, daß Demerol genauso verstopfend wirkt wie Morphium, und daß seine hemmende Wirkung auf Appetit und Geschlechtstrieb sogar noch stärker ist; zu einer Verengung der Pupillen führt es allerdings nicht. Im Laufe von zwanzig Jahren habe ich mir mit Nadeln, die alles andere als steril waren, tausende von Injektionen verabreicht, ohne daß es je zu einer Entzündung kam—das passierte mir erst mit Demerol. Ich bekam einen Abszeß nach dem anderen; einer mußte aufgeschnitten und dräniert werden. Mit einem Wort, Demerol scheint mir gefährlicher als Morphium zu sein. Methadon ist für den Süchtigen rundum zufriedenstellend; seine schmerzstillende Wirkung ist hervorragend; es macht mindestens so süchtig wie Morphium.

Ich habe Morphium zur Linderung starker Schmerzen genommen. Jedes Opiat, das gegen Schmerzen hilft, lindert in gleichem Maße auch Entzugssymptome. Die Schlußfolgerung liegt auf der Hand: Jedes Opiat mit schmerzstillender Wirkung führt zur Sucht, und je besser es gegen Schmerzen hilft, desto süchtiger wird man davon. Vermutlich sind die suchterzeugenden und die schmerzstillenden Moleküle des Morphiums identisch, und der chemische Prozeß, durch den Morphium seine schmerzstillende Wirkung entfaltet, führt zugleich auch zu Gewöhnung und Sucht. Morphium, das nicht süchtig macht, dürfte demnach so etwas wie der neue Stein der Weisen sein. Weiterentwicklungen von Apomorphin dagegen könnten sich als äußerst wirksames Mittel gegen Entzugserscheinungen erweisen. Allerdings sollten wir von einer solchen Droge nicht erwarten, daß sie zugleich auch schmerzstillend wirkt.

Die Begleiterscheinungen der Morphiumsucht sind hinreichend bekannt, so daß ich hier nicht darauf einzugehen brauche. Einige Punkte haben jedoch nach meinem Eindruck bisher zu wenig Beachtung gefunden. Daß der Stoffwechsel Morphium und Alkohol nicht gleichzeitig verträgt, ist zwar festgestellt worden, doch niemand hat meines Wissens eine Erklärung dafür angeboten. Wenn ein Morphiumsüchtiger Alkohol trinkt, verschafft ihm das kein angenehmes oder gar euphorisches Gefühl. Er verspürt vielmehr ein zunehmendes Unbehagen und das Verlangen nach einer weiteren Spritze. Der Alkohol wird anscheinend von der Leber nicht verarbeitet. Ich versuchte es einmal mit Alkohol, als ich noch an den Nachwirkungen einer Gelbsucht litt (ich nahm damals kein Morphium). Mein Körper reagierte darauf genauso wie bei einer Morphiumsucht. Im einen Fall war die Leber infolge Gelbsucht teilweise lahmgelegt, im anderen Fall war sie von einem Morphium-Stoffwechsel buchstäblich in Beschlag genommen. In keinem der beiden Fälle konnte sie Alkohol verarbeiten. Wenn ein Trinker morphiumsüchtig wird, verdrängt das Morphium unweigerlich den Alkohol. Ich habe mehrere Trinker erlebt, die mit Morphium anfingen und auf Anhieb mühelos eine starke Dosis Morphium vertrugen (1 Gran pro Schuß). Innerhalb weniger Tage hörten sie mit dem Alkohol auf. Der umgekehrte Fall tritt nie ein. Der Morphiumsüchtige kann keinen Alkohol vertragen, wenn er unter Morphium steht oder an einem Morphium-Entzug leidet. Wenn einer Alkohol zu sich nehmen kann, ist das ein sicheres Zeichen, daß er entgiftet ist. Alkohol kann also nie als Ersatz für Morphium genommen werden. (Daß ein entwöhnter Süchtiger zu trinken anfängt und zum Alkoholiker wird, ist natürlich jederzeit möglich.)

Ein Süchtiger im Entzug registriert seine Umgebung mit geschärften Sinnen. Seine Sinneseindrücke sind so intensiv, daß sie in Halluzinationen umschlagen können. Vertraute Gegenstände scheinen zu einem schleimigen verstohlenen Leben zu erwachen. Der Süchtige wird aus seinem Innenleben und von außen mit Reizen überflutet. Angenehme Gefühle und nostalgische Erinnerungen können flüchtig auftreten, doch im ganzen ist das Erlebnis äußerst qualvoll (—vielleicht deshalb, weil die Eindrücke so intensiv sind. Ein angenehmes Gefühl kann unerträglich werden, wenn es eine bestimmte Intensität erreicht).

Ich habe in der ersten, harten Phase des Entzugs vor allem zwei Reaktionen an mir beobachtet: (1) Ein Gefühl, als würde ich von allen Seiten bedroht; (2) leichte Wahnvorstellungen. Die Ärzte und Schwestern erscheinen als wahre Ausgeburten der Hölle. Bei mehreren Entziehungskuren hatte ich das Gefühl, von gefährlichen Irren umgeben zu sein. Ich sprach mit einem Patienten von Dr. Dent, der gerade eine Pethidin-Entgiftung hinter sich hatte. Er sagte mir, er habe genau die gleiche Erfahrung gemacht; während der ersten 24 Stunden seien ihm die Schwestern und der Arzt als »brutal und widerwärtig« erschienen, und alles habe blau ausgesehen. Auch andere Süchtige haben mir von solchen Reaktionen berichtet. Der psychologische Grund für Wahnvorstellungen während eines Entzugs ist natürlich leicht zu sehen. Die *Gleichartigkeit* dieser Reaktionen läßt jedoch vermuten, daß sie alle vom gleichen Stoffwechselzustand ausgelöst werden. Entzugserscheinungen haben eine verblüffende Ähnlichkeit mit den Rauschzuständen nach der Einnahme gewisser Drogen. Haschisch, Bannisteria Caapi (Harmalin) und Peyote (Meskalin) führen zu geschärfter Sinneswahrnehmung bis hin zur Halluzination. Alles wirkt lebendig. Wahnvorstellungen sind häufig zu beobachten. Bannisteria Caapi reproduziert besonders stark den Zustand während eines Entzugs.

Man fühlt sich von allen Seiten bedroht. Stark ausgeprägte Wahnvorstellungen, vor allem nach einer Überdosis. Als ich zum ersten Mal Bannisteria Caapi nahm, war ich überzeugt, der Medizinmann und sein Helfer wollten mich umbringen. Es scheint, daß bestimmte Stoffwechselzustände die Wirkung bestimmter Drogen reproduzieren können.

In den USA erhalten Heroinsüchtige eine unfreiwillige Entziehungskur von den Pushern, die ihren Stoff immer stärker mit Milchzucker und Barbituraten verdünnen. Viele dieser Süchtigen, die sich in Behandlung begeben, sind daher nur leicht süchtig und können innerhalb kurzer Zeit (7 bis 8 Tage) vollkommen entgiftet werden. Sie erholen sich rasch, auch ohne Verabreichung von Medikamenten. Indessen verschafft jedes Beruhigungsmittel, Anti-Allergicum oder Sedativum eine gewisse Erleichterung, vor allem dann, wenn es injiziert wird. Der Süchtige fühlt sich besser, wenn er weiß, daß er eine fremde Substanz in seinem Blutkreislauf hat. Tolserol, Thorazin und ähnliche »Beruhigungsmittel«, Barbiturate aller Schattierungen, Chloral und Paraldehyd, Antihistamine, Cortison, Reserpin, sogar Elektroschock (bis zur Trepanation ist es da nicht mehr weit) hat man bereits angewandt, und die Ergebnisse wurden gewöhnlich als »ermutigend« bezeichnet. Ich kann aus meiner Erfahrung nur dazu raten, diese Ergebnisse mit einiger Zurückhaltung aufzunehmen. Natürlich muß man zunächst einmal die Symptome bekämpfen, und alle diese Drogen (ausgenommen vielleicht die mit Vorliebe angewandten Barbiturate) kommen für eine Behandlung des Entzugssyndroms in Frage. Doch keine dieser Drogen ist für sich allein schon die Antwort auf das Problem. Die Entzugssymptome sind je nach Stoffwechsel und Konstitutionstyp verschieden. Astheniker mit einer Anfälligkeit für Heuschnupfen und Asthma haben während eines Entzugs unter starken allergischen Symptomen zu leiden: Schnupfen; Niesen; schmerzende, tränende Augen; Atemnot. In solchen Fällen können Cortison und

Antihistamine durchaus Erleichterung schaffen. Und Erbrechen ließe sich wahrscheinlich verhindern durch Drogen wie Thorazin, die den Brechreiz unterdrücken.

Ich habe mich zehn »Entziehungskuren« unterzogen, in deren Verlauf alle diese Drogen angewandt wurden: abrupter Entzug; langsamer Entzug; Heilschlaf; Apomorphin; Antihistamine; eine französische Methode, bei der sie ein völlig wertloses Medikament namens »Amorphin« verabreichen... alles bis auf Schocktherapie. (Wie die Ergebnisse von Schockbehandlung bei anderen aussehen, würde mich durchaus interessieren.) Der Erfolg jeder Behandlung hängt ab von Stärke und Dauer der Sucht, vom Stadium des Entzugs (Drogen, die in der abklingenden Phase des Entzugs gute Wirkung zeigen, können sich in der akuten Phase verheerend auswirken), von den individuellen Symptomen, dem allgemeinen Gesundheitszustand, dem Alter usw. Eine Behandlungsmethode kann sich einmal als völlig wirkungslos erweisen und ein andermal zu einem durchschlagenden Erfolg führen. Oder eine Behandlung, die bei mir versagt hat, kann bei einem anderen helfen. Ich kann mir deshalb kein endgültiges Urteil erlauben sondern nur meine eigenen Reaktionen auf verschiedene Drogen und Behandlungsmethoden schildern.

Reduktionskur.—Dies ist die am häufigsten angewandte Behandlung; in Fällen von schwerer Sucht ist sie durch keine der bisher bekannten Methoden voll zu ersetzen. Der Patient muß eine gewisse Menge Morphium erhalten. Wenn es eine Regel gibt, die für alle Fälle von Sucht gilt, dann diese. Nur sollte das Morphium möglichst rasch abgesetzt werden. Ich habe mich mehreren Reduktionskuren unterzogen, und das Ergebnis war jedesmal, daß ich entmutigt aufgab und schließlich wieder rückfällig wurde. Unmerklicher Entzug kann leicht zu einem Entzug ohne Ende werden. Wenn sich ein Süchtiger in Behandlung begibt, hat er in den meisten Fällen schon oft Entzugserscheinungen durchgemacht. Er weiß, daß ihn eine qualvolle Prozedur erwartet, und er ist bereit, sie auf sich zu nehmen.

Wenn die Qual des Entzugs aber nicht mit zehn Tagen abgetan ist sondern auf zwei Monate verteilt wird, muß man damit rechnen, daß er nicht durchhält. Nicht die Intensität der Schmerzen sondern ihre Dauer bricht den Willen zum Durchhalten. Mag der Süchtige in der abklingenden Phase des Entzugs auch noch so geringe Mengen eines Opiats regelmäßig zu sich nehmen, um sein Schwächegefühl, seine Schlaflosigkeit, Langeweile und Nervosität zu lindern—die Entzugssymptome werden ins Endlose verlängert, und ein totaler Rückfall ist so gut wie sicher.

Heilschlaf.—In der Theorie hört sich das gut an. Man schläft ein, und wenn man wieder aufwacht, ist man geheilt. Chlorhydrat, Barbiturate und Thorazin in üblicher Dosierung führten jedoch bei mir nur zu einer alptraumhaften Bewußtseinstrübung. Das Absetzen dieser sedierenden Mittel nach fünf Tagen löste einen schweren Schock aus. Die Symptome des akuten Morphium-Entzugs hielten unvermindert an. Das Zusammentreffen der beiden Syndrome war ein einziger Horror. Keine der Entziehungskuren, die ich durchgemacht habe, war so schmerzhaft wie diese angeblich schmerzlose Methode. Der Zyklus von Schlafen und Wachen ist während eines Entzugs ohnehin schon nachhaltig gestört; ihn durch Verabreichung starker Schlafmittel noch mehr zu stören, dürfte alles andere als ratsam sein. Ein Morphium-Entzug ist ein derart traumatisches Erlebnis, daß man auf einen ergänzenden Barbiturat-Entzug wahrhaftig verzichten kann. Nach zwei Wochen im Hospital (fünftägige Behandlung mit Sedativa, zehn Tage »Ruhe«) war ich immer noch so geschwächt, daß ich bei der geringsten Anstrengung ohnmächtig wurde. Heilschlaf ist nach meiner Ansicht die denkbar schlechteste Methode zur Behandlung von Entzugssymptomen.

Antihistamine.—Die Behandlung mit Antihistaminen geht zurück auf die Theorie, daß es sich bei Entzugserscheinungen um allergische Reaktionen handelt: Plötzlicher Entzug von Morphium bewirkt einen erhöhten Ausstoß von Histamin, und das wiederum führt zu allergischen Reaktionen. (Bei einem Schock als Folge einer schweren Verletzung mit starken Schmerzen erhöht sich schlagartig der Histamingehalt des Blutes. Wer an starken Schmerzen leidet, verträgt Morphium—genau wie ein Süchtiger—ohne weiteres auch in toxischen Mengen. Kaninchen, deren Blut einen hohen Histamingehalt hat, sind gegen Morphium außerordentlich resistent.) Meine Erfahrungen mit Antihistaminen haben zu keinem schlüssigen Ergebnis geführt. Ich machte einmal eine Kur, bei der nur Antihistamine verabreicht wurden, und das Resultat war gut. Doch damals war ich nur leicht süchtig, und bei Beginn der Kur hatte ich seit 72 Stunden kein Morphium mehr gehabt. Seither habe ich Antihistamine noch oft zur Linderung von Entzugserscheinungen genommen, doch das Resultat war jedesmal enttäuschend. Ich habe sogar eher den Eindruck, daß Antihistamine meine Depression und Reizbarkeit noch verstärken. (Ich leide nicht an typischen Allergien)

Apomorphin.—Apomorphin hat sich für mich eindeutig als das beste Mittel zur Behandlung von Entzugserscheinungen erwiesen. Es beseitigt die Symptome zwar nicht vollständig, reduziert sie aber auf ein erträgliches Maß. Die besonders schmerzhaften und schweren Symptome—Bein- und Magenkrämpfe, konvulsivische oder manische Zustände—werden erfolgreich unterdrückt. Eine Apomorphin-Behandlung verursacht sogar noch weniger Beschwerden als eine Reduktionskur. Sie ist kürzer und zugleich gründlicher. Ich habe den Eindruck, daß ich von meinem süchtigen Verlangen nach Morphium nie vollständig geheilt wurde, bis ich mich der Apomorphin-Behandlung unterzog. Vielleicht ist das »psychologische« Verlangen nach Morphium, das nach einer Kur zurückbleibt, gar nicht psychologisch sondern stoffwechselbedingt. Durch Apomorphin-Varianten mit stärkerer Wirkung ließe sich vermutlich die Behandlung jeder Art von Sucht qualitativ verbessern.

Cortison.—Scheint zu einer gewissen Erleichterung zu führen, besonders wenn es intravenös verabreicht wird.

Thorazin.—Lindert Entzugserscheinungen nur sehr wenig. Sein Nutzen ist zu gering, als daß man dafür seine Nebenwirkungen in Kauf nehmen sollte: depressive Zustände, Sehstörungen, Magenverstimmung.

Reserpin.—Außer leichten Depressionen hat diese Droge bei mir nichts ausgelöst.

Tolserol.—Keine nennenswerte Wirkung.

Barbiturate (Nembutal usw.)—Es hat sich eingebürgert, Barbiturate zur Behebung der Schlaflosigkeit während eines Entzugs zu verschreiben. Dabei verzögert die Einnahme von Barbituraten die Rückkehr zum normalen Schlafrhythmus, verlängert den Prozeß der Entwöhnung und kann zu einem Rückfall führen. (Der Süchtige ist versucht, sein Nembutal mit ein bißchen Codein oder Paregoric einzunehmen. Geringe Mengen eines Opiats, die bei einem normalen Menschen völlig unbedenklich wären, führen bei einem entwöhnten Süchtigen sofort zu erneuter Sucht.) Dr. Dent's Feststellung, daß Barbiturate kontraindiziert sind, kann ich aus eigener Erfahrung nur bestätigen.

Chloral und Paraldehyd.—Als Sedativum, wenn es schon sein muß, wahrscheinlich den Barbituraten vorzuziehen. Paraldehyd wird allerdings von den meisten Süchtigen sofort wieder erbrochen.

Darüber hinaus habe ich bei Entwöhnungsversuchen auch noch zu folgenden Drogen gegriffen:

Alkohol.—Sollte in jedem Stadium des Entzugs unbedingt vermieden werden. Alkohol verschlimmert unweigerlich die Entzugssymptome und führt zum Rückfall. Alkohol wird erst wieder vertragen, wenn sich der Stoffwechsel normalisiert hat. Bei einer schweren Sucht dauert das gewöhnlich einen Monat.

Benzedrin.—Kann in der abklingenden Phase des Entzugs vorübergehend gegen Depressionen helfen; wirkt sich in der akuten Phase verheerend aus; ist in jeder Phase zu vermeiden, da es eine Nervosität auslöst, für die Morphium die physiologische Antwort ist.

Kokain.—Das oben Gesagte gilt doppelt für Kokain.

Cannabis indica (Marihuana).—Hilft in der abklingenden Phase gegen Depressionen und wirkt appetitanregend; in der akuten Phase absolut verheerend. (Ich rauchte einmal Marihuana im schlimmsten Stadium des Entzugs—ein einziger Alptraum.) Cannabis wirkt als Verstärker. Wenn man sich ohnehin schon schlecht fühlt, wird man sich hinterher noch schlechter fühlen. Unbedingt zu vermeiden.

Peyote; *Bannisteria Caapi.*—Damit habe ich es erst gar nicht versucht. Einen schweren Entzug mit einem Bannisteria-Rausch bekämpfen zu wollen, ist heller Wahnsinn. Ich weiß von einem Mann, der gegen Ende eines Entzugs auf Peyote umstieg; er behauptete, nicht mehr das geringste Verlangen nach Morphium zu verspüren; schließlich starb er an Peyote-Vergiftung.

In Fällen von schwerer Sucht dauern die körperlichen Entzugserscheinungen mindestens einen Monat.

Ich habe noch nie erlebt oder davon gehört, daß ein Rauschgiftsüchtiger psychotische Symptome entwickelte, solange er von einem Opiat abhängig war. Im Gegenteil: Süchtige sind zum Gähnen normal. Vielleicht gibt es so etwas wie eine stoffwechselbedingte Unvereinbarkeit von Schizophrenie und Rauschgiftsucht. Entzug von Morphium führt dagegen oft zu psychotischen Reaktionen—gewöhnlich sind es leichte Wahnvorstellungen. Interessant ist, daß Drogen und Behandlungsmethoden, die mit einigem Erfolg bei Schizophrenie angewandt werden, auch bei Entziehungskuren von Nutzen sind: Antihistamine, Beruhigungsmittel, Apomorphin, Schocktherapie.

Sir Charles Sherington definiert Schmerz als »das psychische Attribut eines zwingenden Schutzreflexes«.

Das vegetative Nervensystem entspannt und verkrampft sich als Reaktion auf innere und äußere Reize.

Es entspannt sich bei Reizen, die als angenehm empfunden werden—Sex, Essen, Freundschaften, usw. Es verkrampft sich bei Schmerz, Angst, Unbehagen, Langeweile. Morphium bringt diesen ganzen Zyklus von Spannung und Entspannung durcheinander. Der Geschlechtstrieb wird unterbunden, die Verdauungstätigkeit gestört, die Pupillen reagieren nicht mehr auf hell und dunkel. Der Organismus reagiert auf Schmerz nicht mehr mit Verkrampfung und auf angenehme Empfindungen nicht mehr mit Entspannung. Er paßt sich einem Morphium-Zyklus an. Der Süchtige ist immun gegen Langeweile. Er kann stundenlang seinen Schuh anstarren oder einfach im Bett liegen. Er braucht kein sexuelles Ventil, keine Freundschaften, keine Arbeit, keine Ablenkung, keine Bewegung. Er braucht nichts als Morphium. Möglicherweise verleiht die schmerzlindernde Wirkung des Morphiums dem Organismus gewisse Eigenschaften einer Pflanze. (Schmerz könnte bei Pflanzen keinerlei Funktion haben, da sie größtenteils unbeweglich sind und keine Schutzreflexe entwickeln können.)

Die Wissenschaft sucht nach einem Morphium, das nicht süchtig macht und nur den Schmerz betäubt, ohne gleichzeitig auch einen Genuß zu verschaffen. Süchtige wollen—oder glauben jedenfalls, daß sie es wollen—: Euphorie ohne Sucht. Ich sehe keine Möglichkeit, wie sich die beiden Funktionen des Morphiums trennen ließen. Ich denke, jedes wirksame Betäubungsmittel wird den Geschlechtstrieb lähmen, Euphorie auslösen und zur Sucht führen. Das perfekte Betäubungsmittel hätte wahrscheinlich den Effekt, daß man augenblicklich davon süchtig wird. (Falls sich jemand für die Entwicklung einer solchen Droge interessiert: Dihydro-oxy-heroin dürfte ein guter Anfang sein.)

Der Süchtige lebt in einem Zustand, in dem es keine Schmerzen, keinen Sex und keine Zeit gibt. Eine Rückkehr zum normalen Lebensrhythmus ist ohne Entzugserscheinungen nicht möglich. Ich bezweifle, daß eine solche Rückkehr jemals schmerzlos vor sich gehen kann. Schmerzloser Entzug läßt sich nur annähernd erreichen.

Kokain.—Die anregendste Droge, die ich je genommen habe. Die Euphorie ist ganz auf das Gehirn konzentriert. Vielleicht aktiviert die Droge direkt das Zentrum des Lustempfindens im Gehirn. Ich vermute, daß ein Stromstoß an der richtigen Stelle den gleichen Effekt auslösen würde. Um in den vollen Genuß des Kokains zu kommen, muß man es sich in die Vene spritzen. Die angenehme Wirkung hält immer nur fünf bis zehn Minuten an. Wenn man sich die Droge subkutan spritzt—und erst recht, wenn man sie schnupft—, verliert sie an Wirkung, da sie rasch abgebaut wird.

Kokser haben generell die Angewohnheit, die Nacht durchzumachen und sich in Abständen von einer Minute Kokain zu spritzen. Zwischendurch wird immer wieder Heroin gespritzt, oder eine Mischung von Kokain und Heroin (»speed ball«). Ich habe nie einen Kokser erlebt, der nicht gleichzeitig auch morphiumsüchtig war.

Das Verlangen nach Kokain kann sehr intensiv werden. Ich habe ganze Tage damit verbracht, von einem Drugstore zum anderen zu laufen, um ein Kokainrezept einzulösen. Man kann ein dringendes Verlangen nach Kokain haben, aber es ist keine Notwendigkeit für den Stoffwechsel. Wenn man kein Kokain bekommen kann, ißt man, legt sich schlafen und denkt nicht mehr daran. Ich habe mit Leuten gesprochen, die jahrelang Kokain nahmen und dann plötzlich nichts mehr bekamen. Keiner litt an Entzugserscheinungen. Wie ein Großhirnstimulans zu einer Sucht führen soll, ist in der Tat auch schwer vorstellbar. Sucht scheint ein Monopol der Sedativa zu sein.

Längerer Genuß von Kokain führt zu Nervosität, Depressionen, manchmal auch zu einer Drogenpsychose mit Wahnvorstellungen und Halluzinationen. Nervosität und Depressionen als Folge von Kokaingenuß sind nicht durch noch mehr Kokain zu beheben. Das wirksame Gegenmittel in diesem Fall ist Morphium. Wenn ein Morphiumsüchtiger gleichzeitig auch noch Kokain nimmt, führt das unweigerlich dazu, daß er sich in zunehmend kürzeren Abständen immer mehr Morphium spritzt.

Cannabis indica (Haschisch, Marihuana).—Die Wirkung dieser Droge ist schon oft in leuchtenden Farben geschildert worden: Störung des Raum-Zeit-Gefühls, erhöhte Wahrnehmungsfähigkeit, rege Assoziationstätigkeit, Lachanfälle, Albernheit. Marihuana wirkt als Verstärker, und das Ergebnis ist nicht immer angenehm. Eine schlechte Stimmung wird durch Marihuana noch schlechter. Depressionen wachsen sich aus zu Verzweiflung, Angst, Panik. Meine alptraumhafte Erfahrung mit Marihuana im akuten Stadium eines Entzugs habe ich bereits erwähnt. Einmal gab ich es einem Besucher, der wegen irgend etwas leicht verstört war (»auf der Rolle«, wie er es nannte)—als er den halben Joint geraucht hatte, sprang er plötzlich auf, schrie »Ich hab 'n Koller!« und rannte aus dem Haus.

Eine besonders entnervende Eigenschaft von Marihuana ist, daß es die Gefühlsorientierung durcheinander bringt. Man weiß nicht mehr, ob man etwas mag oder nicht, ob eine Empfindung angenehm oder lästig ist.

In welchen Mengen Marihuana konsumiert wird, ist von Fall zu Fall sehr verschieden. Manche rauchen es ständig, manche nur gelegentlich, und nicht wenige verabscheuen es. Besonders unpopulär scheint es bei eingefleischten Morphiumsüchtigen zu sein; viele von ihnen haben eine puritanische Einstellung zum Marihuana-Rauchen.

Die schädliche Wirkung von Marihuana wird in den USA gewaltig übertrieben. Unsere Nationaldroge ist der Alkohol. Wir neigen dazu, den Genuß jeder anderen Droge als eine Ungeheuerlichkeit anzusehen. Jeder, der diesen fremdartigen Lastern frönt, muß deshalb den totalen körperlichen und geistigen Ruin erleiden. Die Leute glauben, was sie glauben wollen; die Fakten interessieren sie nicht.

Von Marihuana wird niemand süchtig. Bei mäßigem Genuß habe ich nie das geringste Anzeichen von schädlichen Folgen beobachtet. Nur anhaltender exzessiver Genuß kann zu einer Drogenpsychose führen.

Barbiturate.—Barbiturate machen unweigerlich süchtig, wenn man sie über einen gewissen Zeitraum hinweg in größeren Mengen zu sich nimmt (etwa 1 Gramm pro Tag führt zur Sucht). Das Entzugssyndrom ist hier gefährlicher als bei Morphium; es äußert sich in Form von Halluzinationen, begleitet von fast epileptischen Anfällen. Die Süchtigen fallen oft derart auf dem Betonboden herum, daß sie Verletzungen davontragen (abrupter Entzug spielt sich gewöhnlich auf dem Betonboden einer Zelle ab). Morphiumsüchtige greifen oft zu Barbituraten, um unzureichende Morphiumrationen aufzubessern, was bei manchen zur Folge hat, daß sie zusätzlich auch noch von Barbituraten abhängig werden.

Ich habe einmal vier Monate lang jeden Abend zwei Kapseln Nembutal genommen (je 1 ½ Gran), ohne daß es hinterher zu Entzugserscheinungen kam. Barbiturat-Sucht ist eine Frage der Quantität. Wahrscheinlich handelt es sich nicht um eine Stoffwechsel-Sucht wie bei Morphium, sondern um eine mechanische Reaktion auf exzessive Betäubung des Großhirns.

Der Barbiturat-Süchtige bietet einen entsetzlichen Anblick. Er kann seine Bewegungen nicht mehr koordinieren, er taumelt, fällt vom Barhocker, schläft mitten in einem Satz ein, das Essen fällt ihm aus dem Mund. Er ist durcheinander, streitsüchtig und stupid. Und fast immer nimmt er gleichzeitig noch andere Drogen; alles, was er nur kriegen kann: Alkohol, Benzedrin, Opiate, Marihuana. Barbiturat-Süchtige sind der Abschaum in der Gesellschaft der Junkies: »Goofball-Penner. Restlos verlottert.« Tiefer kann man nur noch sinken, wenn man Leuchtgas durch Milchpulver oder Ammoniak aus einem Eimer inhaliert (»Der Putzfrauen-Kick«).

Mir scheint, daß Barbiturate zur denkbar schlimmsten Form von Sucht führen—unerfreulicher Anblick, zunehmende Verwahrlosung, schwierige Behandlung.

Benzedrin.—Ein Großhirnstimulans wie Kokain. Führt in hoher Dosierung zu anhaltender Schlaflosigkeit, zunächst begleitet von Hochgefühl, das dann jedoch in eine verheerende Depression umschlägt. Angstzustände werden durch die Droge gesteigert; außerdem führt sie zu Magenverstimmung und Appetitlosigkeit.

Ich habe nur einen einzigen Fall erlebt, in dem es nach dem Absetzen von Benzedrin zu deutlichen Entzugserscheinungen kam. Es handelte sich um eine Bekannte von mir, die sechs Monate lang unglaubliche Mengen Benzedrin eingenommen hatte. Sie hatte während dieser Zeit eine Drogenpsychose bekommen und sich für zehn Tage in stationäre Behandlung begeben müssen. Anschließend machte sie mit Benzedrin weiter, doch dann riß plötzlich der Nachschub ab. Sie erlitt einen asthma-ähnlichen Anfall. Sie bekam keine Luft mehr und wurde blau im Gesicht. Ich gab ihr eine Dosis Antihistamin (Thepheren), die augenblickliche Erleichterung verschaffte. Die Symptome traten nicht wieder auf.

Peyote (Meskalin).—Zweifellos ein Stimulans. Es weitet die Pupillen, hält wach, verursacht aber heftiges Erbrechen. Man hat Schwierigkeiten, es lange genug im Magen zu behalten, um seine Wirkung zu spüren (die eine gewisse Ähnlichkeit mit der von Marihuana hat). Die Wahrnehmungsfähigkeit wird gesteigert, vor allem im Hinblick auf Farben. Im Peyote-Rausch entwickelt man ein eigentümlich vegetatives Bewußtsein, man fühlt sich geradezu als Teil der Pflanze. Alles sieht aus wie ein Peyote-Kaktus. Man kann durchaus verstehen, daß die Indianer glauben, im Peyote-Kaktus wohne ein Geist.

Eine Überdosis Peyote kann zu Atemlähmung und Tod führen. Ein Fall ist mir bekannt. Es gibt keinen Grund zu der Annahme, daß Peyote süchtig macht.

Bannisteria Caapi (Harmalin, Banisterin, Telepathin).— Bannisteria Caapi ist eine schnellwachsende Rebe. Der Wirkstoff findet sich offenbar nur in der Rinde der frisch geschnittenen Rebe. Die Fasern an der Innenseite der Rinde gelten als besonders gehaltvoll. Die Blätter werden nie verwendet. Um einen Sud herzustellen, der einen die volle Wirkung der Droge erleben läßt, braucht man eine ganze Menge Rinde. Etwa fünf Stücke von jeweils 25 cm Länge werden pro Person benötigt. Die Rebstücke werden zerstampft und zwei Stunden oder länger mit den Blättern eines Busches *(Palicourea sp. rubiaceae)* aufgekocht.

Yage oder Ayahuasca, wie es von den Indianern am häufigsten genannt wird, ist eine Halluzinogendroge, die eine tiefe Sinnesverwirrung auslöst. Eine Überdosis führt zu Krämpfen und Vergiftungserscheinungen. Gegenmittel sind Barbiturate oder andere starke krampflösende Sedativa. Wer Yage zum erstenmal nimmt, sollte für den Fall einer Überdosis ein Sedativ bereithalten.

Medizinmänner machen sich die halluzinogenen Eigenschaften des Yage zunutze, um damit ihre seherischen Fähigkeiten zu steigern. Sie benutzen es auch als Allheilmittel bei der Behandlung verschiedener Krankheiten. Yage senkt die Körpertemperatur und eignet sich daher für die Behandlung von Fieber. Es ist ein starkes Antihelminthicum, das gegen Würmer in Magen und Darm eingesetzt werden kann. Yage macht unempfindlich gegen Schmerzen und wird deshalb bei Initiationsriten verwendet, die den Kandidaten schmerzhafte Prüfungen abverlangen (Auspeitschen mit geknoteten Lianen, Ameisenbisse usw.).

Soweit ich feststellen konnte, hat die Rebe nur eine Wirkung, wenn sie frisch geschnitten ist. Ich habe keine Möglichkeit gefunden, den Wirkstoff zu extrahieren und haltbar zu machen. Tinkturen erwiesen sich als nutzlos. Die getrocknete Rebe ist ohne jede Wirkung. Die Pharmakologie des Yage müßte eingehender untersucht werden. Da schon der natürliche Extrakt eine derart starke halluzinogene Wirkung hat, könnte man mit synthetischen Varianten wahrscheinlich noch weitaus stärkere Effekte erzielen. Auf jeden Fall ein lohnender Forschungsgegenstand*.

Ich habe keine gesundheitsschädlichen Wirkungen beobachtet, die sich auf die Anwendung von Yage zurückführen ließen. Die Medizinmänner, die es in Ausübung ihrer Pflichten ständig zu sich nehmen, scheinen sich normaler Gesundheit zu erfreuen. Man entwickelt rasch eine Toleranz, so daß man den Extrakt ohne Übelkeit oder sonstige Nebenwirkungen trinken kann.

Yage ist eine einzigartige Droge. Der Yage-Rausch erinnert in mancher Hinsicht an den Rauschzustand, der durch Haschisch ausgelöst wird. In beiden Fällen kommt es zu einer veränderten Sicht der Dinge, zu einer Erweiterung des Bewußtseins über die Grenzen der gewohnten Erfahrung hinaus. Doch Yage bewirkt eine viel tiefere Verwirrung der Sinne und löst echte Halluzinationen aus. Blaue Blitze vor den Augen sind typisch für einen Yage-Rausch.

Es gibt die unterschiedlichsten Einstellungen zu Yage. Für viele Indianer und die meisten Weißen, die es nehmen, scheint es nur ein Rauschmittel wie Alkohol zu sein. Für andere hat es kultische Bedeutung und wird mit entsprechendem Zeremoniell eingenommen. Die jungen Männer der Jivaro nehmen Yage, um mit den Geistern ihrer Ahnen in Verbindung zu treten und Anweisungen für ihr weiteres Leben zu empfangen. Bei Initiationsriten nimmt man es, um die schmerzhaften Prüfungen durchstehen zu können. Die Medizinmänner benutzen es in ihrer täglichen Praxis; sie können damit in die Zukunft sehen, verlorene oder gestohlene Gegenstände wiederfinden,

* Seit der Veröffentlichung dieses Artikels habe ich herausgefunden, daß das Alkaloid der Bannisteria eng verwandt ist mit LSD-6, das man zur experimentellen Erzeugung von Psychosen angewandt hat. Inzwischen ist man, glaube ich, schon bei LSD 25 angelangt.

Krankheiten diagnostizieren und behandeln oder den Schuldigen an einem Verbrechen benennen.

Das Alkaloid der Bannisteria Caapi wurde 1923 von Fisher-Cardenas isoliert. Er nannte es Telepathin oder auch Banisterin. Rumf hat nachgewiesen, daß Telepathin identisch ist mit Harmin, dem Alkaloid des Perganum Harmala.

Bannisteria Caapi führt eindeutig nicht zur Sucht.

Muskat.—Gefängnisinsassen und Matrosen auf hoher See greifen gelegentlich zu Muskat. Man nimmt etwa einen Eßlöffel voll und spült es mit Wasser herunter. Die Wirkung erinnert schwach an die von Marihuana; allerdings treten hier Kopfschmerzen und Übelkeit als Nebenwirkungen auf. Ehe es zu einer Sucht kommt (falls eine solche überhaupt möglich ist), würde wahrscheinlich der Tod eintreten. Ich habe Muskat nur einmal genommen.

Bei den Indianern Südamerikas ist eine ganze Reihe von Drogen der Muskatfamilie in Gebrauch. Gewöhnlich wird die Pflanze getrocknet, zermahlen und dann geschnupft. Medizinmänner nehmen diese schädlichen Substanzen ein und verfallen in konvulsivische Zuckungen. Ihren Zuckungen und ihrem Gemurmel wird prophetische Bedeutung beigemessen. Ein Freund von mir versuchte es in Südamerika einmal mit einer Droge der Muskatfamilie und fühlte sich anschließend drei Tage lang sterbenselend.

Datura-Scopolamin.—Morphiumsüchtige vergiften sich häufig, indem sie Morphium mit Scopolamin ›strecken‹.

Ich kam einmal an einige Ampullen, von denen jede ein sechstel Gran Morphium und ein hundertstel Gran Scopolamin enthielt. Da ich den Zusatz von einem hundertstel Gran pro Ampulle für unerheblich hielt, machte ich mir aus sechs Ampullen eine Injektion. Das Ergebnis war ein psychotischer Zustand, der mehrere Stunden anhielt. Glücklicherweise konnte mich mein leidgeprüfter

Hauswirt bändigen. Am nächsten Tag konnte ich mich an nichts mehr erinnern.

Drogen der Datura-Gruppe werden von Indianern in Mexiko und Südamerika benutzt. Es soll häufig zu Todesfällen kommen.

Die Russen haben Scopolamin als Geständnisdroge verwendet. Die Ergebnisse waren allerdings nicht überzeugend. Das Opfer mag zwar seine Geheimnisse preisgeben wollen—nur kann es sich nicht mehr an sie erinnern. Oft bringt es Legende und Geheiminformation hoffnungslos durcheinander. Ich höre, daß sich Meskalin als sehr erfolgreich erwiesen hat, wenn es darum ging, einem Verdächtigen Informationen abzupressen.

Morphiumsucht ist eine Stoffwechselkrankheit, verursacht durch ständigen Konsum von Morphium. Eine psychiatrische Behandlung halte ich deshalb nicht nur für sinnlos, ich halte sie für kontraindiziert. Statistisch gesehen werden diejenigen morphiumsüchtig, die Zugang zu Morphium haben: Ärzte, Krankenschwestern und jeder mit Kontakten zum Schwarzen Markt. In Persien, wo Opium frei in Opiumläden verkauft wird, sind 70% der erwachsenen Bevölkerung süchtig. Sollten wir also einige Millionen Perser einer Psychoanalyse unterziehen, um herauszufinden, durch welche tiefsitzenden Konflikte und Ängste sie dem Opium in die Arme getrieben wurden? Wohl kaum. Nach meiner Erfahrung sind die meisten Süchtigen nicht neurotisch und brauchen keine Psychotherapie. Apomorphinbehandlung und Verfügbarkeit von Apomorphin bei Rückfällen würde mit Sicherheit einen höheren Prozentsatz an Dauerheilungen ergeben als jedes sogenannte »psychologische Rehabilitationsprogramm«.

Nova Express

Anmerkung zur Übersetzung der vorliegenden Neuausgabe

In den »Cutup«-Texten, die einen Teil von NOVA EXPRESS ausmachen, werden Stellen aus dem Roman miteinander oder mit Fremdmaterial montiert, außerdem mit Texten aus einem Burroughs-Manuskript von etwa 1000 Seiten, aus dem die Romane NAKED LUNCH, THE SOFT MACHINE und THE TICKET THAT EXPLODED hervorgingen.

In der englischen Sprache und erst recht im Amerikanischen ist bei Textmontagen einiges möglich, was sich im Deutschen nicht reproduzieren läßt. Bei den Cutup-Texten in NOVA EXPRESS bleibt auch in komplizierten Fällen immer noch ein gewisser Grad von Verständlichkeit erhalten.

In einer Übersetzung, die sich nur an den Wortlaut des Originals hält, würde diese Verständlichkeit auf der Strecke bleiben. Beim größten Teil der Cutup-Textstellen bleibt offen, in welcher Beziehung die Wörter zueinander stehen, d.h. es sind mehrere Interpretationen denkbar. Ein solcher Schwebezustand läßt sich im Deutschen nicht herstellen. Man muß sich für eine Interpretation entscheiden.

Ich habe das von Burroughs verwendete Ausgangsmaterial, soweit ich es kenne, in seinen Permutationen durch die Romane THE SOFT MACHINE und THE TICKET THAT EXPLODED hindurch bis zu NOVA EXPRESS im einzelnen verfolgt und danach entschieden, welche Lesart einer Textstelle die wahrscheinlichste ist oder sich wenigstens soweit begründen läßt, daß im Deutschen eine verständliche Formulierung möglich wird.

C. W.

Titel der amerikanischen Originalausgabe:
NOVA EXPRESS
Grove Press, New York 1964.
Die deutsche Erstausgabe erschien 1970
im Limes Verlag, Wiesbaden.

Vorbemerkung

Die Episode mit dem Titel »Gave Proof Through The Night« schrieb ich 1938 zusammen mit Kells Elvins, der 1961 in New York starb; der Text in seiner hier veröffentlichten Form ist eine Montage mit den »first cut-ups« von Brion Gysin, erschienen in *Minutes To Go* (Paris 1960). Das Kapitel »Dieser grauenhafte Fall« entstand in Zusammenarbeit mit dem Mathematiker Ian Sommerville. Mr. Sommerville verdanke ich auch die technischen Details im Kapitel »Die chinesische Wäscherei«. Die Montagetechnik, die ich in diesem Buch benutze, ist eine Erweiterung der Cut-up Methode von Brion Gysin, die ich Fold-in Methode nenne. Ich habe dazu Textmaterial aus zahlreichen Quellen verwendet; dieses Buch ist daher das ›Produkt‹ einer Vielzahl von lebenden und toten Autoren.

W.S.B.

Hört meine letzten Worte. Wo ihr auch seid, hört alle meine letzten Worte. Hört, ihr Aufsichtsräte, Syndikate und Regierungen der Erde. Und ihr Mächte und Drahtzieher hinter schmierigen Geschäften, die in irgendwelchen Latrinen getätigt werden und euch etwas sichern sollen, was euch nicht zusteht. Geschäfte, in denen ihr für alle Zeiten den Boden unter den Füßen der noch Ungeborenen verschachert—

»Stell uns hier nicht bloß. Erzähl ihnen ja nicht, was wir hier machen—«

Ist das die Sprache der allmächtigen Aufsichtsräte und Syndikate der Erde?

»Um himmelswillen, verrate ihnen ja nicht die Sache mit Coca-Cola...«

»Nicht den Krebs-Deal mit den Venusiern...«

»Nicht den Grünen Deal—Zeig ihnen bloß das nicht...«

»Nicht das mit dem Orgasmus-Tod...«

»Nicht das mit den Öfen...«

Hört her: ich mache euch allen die Rechnung auf. Legt die Karten auf den Tisch. Ihr zahlt jetzt alles zurück. *Alles*. Ihr laßt jetzt noch einmal abrollen, wie alles gelaufen ist. Jeder einzelne Deal, für den ihr jetzt bezahlen müßt. Damit es jeder sehen kann. Auf dem Times Square. Am Piccadilly.

»Das kommt zu früh. Zu früh. Laß uns noch ein bißchen Zeit.«

Zeit für was? Für noch mehr Lügen? Zu früh? Zu früh für wen? Ich sage es allen: diese Worte kommen nicht zu früh. Diese Worte kommen vielleicht schon zu spät. Nur noch Minuten. Nur noch Minuten, bis der Feind sein Ziel erreicht—

»Top Secret—Verschlußsache—Nur für den Aufsichtsrat—Die Elite—Die Eingeweihten—«

Das ist also die Sprache der allmächtigen Aufsichtsräte

und Syndikate der Erde? Es ist die Sprache von Lügnern, Feiglingen, Kollaborateuren und Verrätern. Lügner, die Zeit wollen für noch mehr Lügen. Feiglinge, die sich nicht trauen, ihren »Hunden« ihren »Kanaken« ihren »Laufburschen« ihren »Untermenschen« mit der Wahrheit zu kommen. Kollaborateure mit Insektenrassen und Pflanzenmenschen. Sie kollaborieren mit jedem, der ihnen für alle Zeiten einen Körper garantiert, damit sie scheißen können bis in alle Ewigkeit. Dafür haben sie sogar ihre eigenen Söhne verkauft. Den Boden unter den Füßen der noch Ungeborenen verschachert. Verräter an der ganzen Menschheit. Und jetzt wollen sie die Unterschrift von Hassan i Sabbah unter ihren schmierigen Verträgen, damit sie auch noch die Ungeborenen ans Messer liefern können?

Welcher Schrecken hat jeden einzelnen in die Zeit gescheucht? In einen Körper? In die Scheiße? Ich will es euch sagen: *Das Wort.* Ein Fremdkörper mit einem bestimmten Artikel. *»Das« Wort,* eine fremde feindliche Macht, sperrt *»dich«* in die Zeit ein. In einen Körper. In die Scheiße. Komm da raus, Gefangener. Der Himmel steht sperrangelweit offen. Ich, Hassan i Sabbah, *lösche das Wort für alle Zeiten aus.* Wenn ihr mitmacht, lösche ich auch eure Worte für immer aus. Und die von Hassan i Sabbah genauso. Seht, überall an eurem Himmel, die stumme Handschrift von Brion Gysin Hassan i Sabbah: am 17. September 1899 stand es über New York.

Gefangene, kommt heraus

»Hört nicht auf Hassan i Sabbah«, werden sie euch sagen. »Er will euch euren Körper nehmen und den ganzen Spaß, den man mit einem Körper hat. Hört auf uns. Wir bieten euch Den Garten der Lüste, Unsterblichkeit, Kosmisches Bewußtsein und Den Besten Drogenrausch Aller Zeiten. Und kübelweise *Liebe Liebe Liebe.* Na, wie hört sich das an, Jungs? Doch entschieden besser als Hassan i Sabbah mit seinem kahlen Felsgipfel, wo ein kalter Wind pfeift und niemand mehr einen Körper hat, stimmt's?«

Auf die Gefahr hin, daß man mich prompt zur unpopulärsten Figur der gesamten Fiction erklärt—und Geschichte *ist* Fiction—muß ich folgendes sagen:

»Macht euch ein Bild von der Lage—Und dann fragt euch, wer sie verursacht hat—Wer hat die Unsterblichkeit monopolisiert? Wer hat das Kosmische Bewußtsein monopolisiert? Wer hat Liebe, Sex und Träume monopolisiert? Wer hat das Time-Life-Fortune Monopol? Wer hat euch genommen, was euch gehört? Und die wollen jetzt plötzlich alles wieder hergeben? Haben sie euch je etwas umsonst gegeben? Haben sie euch auch nur ein einziges Mal mehr gegeben als sie unbedingt mußten? Und wenn sie etwas hergaben: haben sie es euch nicht jedesmal wieder weggenommen, wenn es sich irgendwie machen ließ (und es ließ sich *immer* machen)? *Hört her:* Ihr Garten der Lüste ist die letzte Kloake—Ich habe einige Mühe darauf verwendet, in den sogenannten pornographischen Abschnitten von Naked Lunch und Soft Machine eine genaue Topographie dieser Kloakenlandschaft zu liefern—Was sie an Unsterblichkeit, Kosmischem Bewußtsein und Liebe zu bieten haben, ist der letzte Scheißdreck aus der Klamottenkiste—Ihre Drogen sind pures Gift und sollen euch zu willenlosen Opfern von Orgasmus-Tod und Nova-Öfen machen—Macht einen Bogen um ihren Garten der Lüste—Er ist eine Falle und verwandelt euch wie eine menschenfressende Pflanze in grünen Schmant—Schmeißt ihnen ihre billige Imitation von Unsterblichkeit vor die Füße—Die geht aus dem Leim, noch ehe ihr aus dem Großen Laden wieder draußen seid—Ihr Drogenrausch hat ungefähr das gleiche Kaliber wie Abflußreiniger—*Sie versetzen die Halluzinogene mit Gift und klemmen sich das Monopol darauf*—Lernt, wie man es ohne diesen chemischen Humbug macht—Ihr ganzes Angebot ist nichts als ein Rauchschleier, hinter dem sie sich aus der Kolonie absetzen wollen, die sie so schändlich heruntergewirtschaftet haben. Es soll ihre

Reisevorbereitungen kaschieren, damit ihnen die Wähler, die sie verraten und verkauft haben, nicht noch in letzter Minute die Rechnung präsentieren können. Sobald ihre Vorbereitungen abgeschlossen sind, lassen sie den Laden hinter sich in die Luft gehen.

»Und was hat mein Programm der rigorosen Einschränkung und des totalen Widerstands für *euch* zu bieten? Ich biete euch gar nichts. Ich bin kein Politiker. Wir haben es hier mit einem verheerenden Notstand zu tun. Und was jetzt folgt, sind meine Anweisungen für Notstandsmaßnahmen, mit denen sich die drohende Katastrophe abwenden läßt, wenn man sie *sofort* befolgt:

»Völker der Erde: man hat euch alle vergiftet. Wandelt alle erreichbaren Morphium-Bestände in Apomorphin um. Chemiker: arbeitet rund um die Uhr an Apomorphin-Varianten und ihrer synthetischen Herstellung. Apomorphin ist das einzige Mittel, das euch entgiften und gegen den Richtstrahl des Feindes immun machen kann. Apomorphin und Stille. Ich befehle den totalen Widerstand gegen alle, die sich verschworen haben, die Völker der Erde mit Ersatz-Bullshit abzufertigen. Ich befehle den totalen Widerstand gegen Die Nova Verschwörung und alle, die sich daran beteiligen.

»Sinn und Zweck meiner Veröffentlichungen ist die Entlarvung und Verhaftung von Nova-Verbrechern. In NAKED LUNCH, SOFT MACHINE und NOVA EXPRESS zeige ich, wer sie sind, was sie tun, und was sie erreichen werden, wenn man sie nicht verhaftet. Es bleiben nur noch Minuten. Alle, die ihr seelisch verkümmert unter der Wirkung ihrer Orgasmus-Drogen und zittert unter der Drohung ihrer Nova-Öfen—Gefangene dieser Erde: *kommt heraus*. Mit eurer Hilfe können wir Das Realitätsstudio besetzen und ihr Universum aus Angst, Tod und Monopol zurückerobern.«

gez. INSPEKTOR J. LEE, NOVA POLIZEI

Anmerkung des Regulators: In diesem Zusammenhang eine Warnung—Reden heißt lügen—Leben heißt kollaborieren—Jeder wird zum Feigling, wenn man ihm mit den Nova-Öfen droht—Das Ausmaß an Lüge, Kollaboration und Feigheit läßt sich allerdings reduzieren—d.h. es gibt unterschiedliche Grade der Vergiftung—Es ist nur eine Frage des *Regulativs*—Der Feind erscheint nicht als männliches oder weibliches Wesen—Der Feind kann nur dort existieren, wo er alles Leben beseitigt hat, und er arbeitet immer darauf hin, das Leben in extreme unhaltbare Positionen zu drängen—Durch überlegte Anwendung von Apomorphin und Stille könnt ihr euch dem Zugriff des Feindes entziehen—*Greift zu der Vernunft-Droge Apomorphin.*

»Apomorphin wird aus Morphium gewonnen, hat aber eine ganz andere physiologische Wirkung. Morphium sediert das Großhirn. Apomorphin stimuliert das Kleinhirn. Es wirkt auf den Hypothalamus und reguliert den Anteil der verschiedenen Komponenten im Blut, d.h. es normalisiert die Zusammensetzung des Blutserums.« Zitat aus *Anxiety And Its Treatment* von Dr. John Yerbury Dent.

Reiß dich los und hör zu

Der Unausstehliche Kid und ich machten Die Nova Tour —Wir waren gerade voll im Tran nach einem Stunk in der Krebs-Galaxie, wo wir das Playback eines Zeitfilms sabotiert hatten—Wenn man an das Ende eines biologischen Films kommt, spult man ihn einfach zurück und fängt wieder von vorn an—Keiner merkt den Unterschied—Denn ein Leben außerhalb des Films kennt ja keiner.

(Postulieren wir einmal einen biologischen Film, der von Anfang bis Ende läuft, von Null bis Null, wie jeder biologische Film in einem endlichen Universum—Nennen wir diesen Film X_1 und postulieren wir ferner, daß es in einem endlichen Universum nur *einen* Film mit der Eigenschaft X_1 geben kann—X_1 ist der Film mit seinen Akteuren; X_2 sind die Zuschauer, die alle in den Film hinein wollen—

Das biologische Kino, das in diesem Fall der menschliche Körper ist, darf niemand verlassen—Würde einer das Kino verlassen, dann würde er nämlich einen anderen Film (Y) sehen, und der Film X_1 sowie das Publikum X_2 würden per Definition aufhören zu existieren—1960, nach der Veröffentlichung von *Minutes To Go,* quittierte man Martin's abgedroschenen Film mit einem noch nie gehörten Pfeifkonzert; alles stand auf und verließ das Kino—»Das haben wir jetzt schon fünfmal gesehen, und wir denken nicht daran, deine langweilige Götterdämmerung noch einmal über uns ergehen zu lassen.«)

Jedenfalls, sie hatten gerade mit dem Zurückspulen des Films begonnen, da flog der Projektor in die Luft—Wir tankten uns an dieser Ladung auf und machten die Fliege—Verzogen uns in die kalten blauen Berge, das Rückenmark vereist von der flüssigen Luft, und genossen den dezenten high-fidelity Junk Sound: ein Fix, der dich glatt zu Metall werden läßt, und danach bist du tausend Jahre im Tran.

(Junk *ist* Bild. Seine Wirkung ist daher reproduzierbar. Man kann sie ohne weiteres als Konzentrat auf einem Filmstreifen unterbringen—Etwa so: Man greift sich einen Junkie im Entzug, man strahlt sein sogenanntes Gesicht blau an oder man färbt es blau oder man färbt den Junk blau, das ist völlig egal—Jetzt gibt man ihm einen Fix und filmt das blaue Wunder des Lebens, das nun wieder in diesen wandelnden Leichnam hineinschießt—Damit hat man die Bildspur des Junk—Wenn man den Großen Fix will, braucht man sich den blauen Film nur aufs Gesicht zu projizieren—Die Tonspur bekommt man sogar noch einfacher—Ich zitiere aus Newsweek, 4. März 1963, Rubrik Wissenschaft: »Jede Substanz hat eine Anzahl charakteristischer Resonanzfrequenzen, bei denen sie vibriert oder oszilliert.«—Also zeichnet man eben die Junk-Schwingungen auf, die beim Kontakt mit den suchtkranken Hirnzellen entstehen—

»Was ist los?—Die Hirnwellen sind auf 32 Hertz oder

darunter, und man kann sie nicht mehr hören? Na, dann bringt sie eben auf Touren, verdammt nochmal!—Und gebt mir nicht bloß einen Junkie sondern ein Konzentrat von tausend—Macht ein Lexington auf und engagiert einen netten Juden als Leiter—«

Dr. Wilhelm Reich hat eine Substanz isoliert und konzentriert, die er »Orgon« nennt—Orgone sind nach W. Reich die Grundsubstanz des Lebens—Man hat sie fotografiert, und ihre Farbe ist blau—Junk absorbiert also die Orgone, und deshalb muß der Feind all diese jungen Junkies haben —Die haben mehr Orgone und geben soviel blaues Konzentrat ab, daß Martin und seine Boys damit tausend Jahre im Tran verbringen können—Martin klemmt sich *eure* Orgone—Wollt ihr euch dieses Scheißspiel einfach gefallen lassen?)

Also wir sitzen in dieser Schieferhöhle, eingehüllt von der rötlich-gelben Aura des Junk, umwabert vom blauen Dunst, da erhalten wir unseren nächsten Auftrag—Und kaum habe ich meinen Fuß auf die verschissene Erde gesetzt, da steigt mir auch schon dieser Geruch nach versengtem Metall in die Nase: der Nova-Gestank.

»Die Kettenreaktion läuft schon«, sagte ich zu U&U (Unnachgiebig und Unwiderstehlich)—»Dieser Planet ist glühend heiß—Das gottverdammte Scheißhaus kann uns jeden Augenblick um die Ohren fliegen.«

Der Unausstehliche U&U schnuppert und sagt: »Yeah. Wenn es passiert, dann passiert es schnell—Bei dem Job hier müssen wir schnell machen.«

Man konnte es richtig unter den Füßen spüren, das beulte sich schon wie ein Schott, das im nächsten Augenblick platzt—Die von der Zeitung hatten uns am Flughafen einen Wagen hingestellt, wir fahren also Richtung Stadt, der Kid am Steuer, das Gaspedal bis auf den Boden durchgedrückt—Fast hätte er eine Herde Passanten über den Haufen gefahren—Sie schreien hinter uns her: »Wollt ihr hier vielleicht ein Massaker anrichten?«

Und der Kid steckt den Kopf aus dem Seitenfenster und

sagt: »Mit dem größten Vergnügen! Nigger! Kanaken! Promenadenmischungen von der Erde!«—Aus seinen Augen knallt es raus wie aus einem Schneidbrenner, und ich sehe, er ist in Hochform—Wir machen uns also sofort an die Arbeit und schlagen unser Hauptquartier im Land der Freien auf, von wo uns der Auftrag erreichte, und weiß Gott, da herrscht wirklich die große Freiheit für jede Lebensform, je schlimmer desto besser—Naja, schlimmer als der Unausstehliche Kid und euer Reporter kann keiner sein—Wenn sie irgendwo einen Planeten auf neunzig haben, holen sie U&U, und der hetzt dann die Parteien gegeneinander auf und bringt sie anschließend mit Beleidigungen noch weiter in Rage, bis schließlich jeder sagt: »Bei Gott, eher fliegt das ganze gottverdammte Scheißhaus in die Luft, als daß ich auch nur einen Zentimeter nachgebe!«

Das ist unser Einstieg—Man muß schnell sein bei so einem Job—Und U&U ist schnell—Im Bruchteil einer Sekunde blitzt er in hundert Gesichtern gleichzeitig auf und geifert seine unausstehlichen Beleidigungen—Wir hatten den Konstruktionsplan (die ›Geschäftsbücher‹, wie sie es hier nennen) und konnten daraus ersehen, wie es in dieser toten Bruchbude so lief: Drei Lebensformen, die sich auf Kosten einer vierten gesundstoßen, was allerdings nicht mehr lange gut gehen wird, denn die von der vierten kommen langsam dahinter. Und der ganze Planet absolut außer sich vor Hysterie und Panik. Genau das, was wir wollen.

»Die Nummer hier ist so einfach wie nur was«, sagt der Kid.

»Yeah«, sage ich. »Bißchen zu einfach. Irgendwas stimmt hier nicht, Kid. Irgendwas ist faul. Ich spür es.«

Aber der Kid hört mir schon nicht mehr zu. Diese Lebensformen kommen alle aus restlos unerträglichen Gegenden und Verhältnissen—entweder glühend heiß oder eiskalt oder endgültig auf Null—und dort wieder zu landen, ist so ziemlich das letzte, was sie wollen. Und der Unausstehliche Kid teilt nach allen Seiten seine reizenden Bemerkungen aus:

»All right, macht euch auf die Socken und nehmt eure Öfen gleich mit. Und bezahlt den Hitler beim Rausgehen. Der hat euch Juden hier doch ganz schön eingeheizt, was?«

»Habt ihr Nigger schon mal drüber nachgedacht, wozu ihr da seid? Damit ihr den Arsch hinhaltet, was denn sonst? Für 'n *guten* Nigger gibts immer ne Verwendung.«

»Ihr Fotzen seid eine Umweltverschmutzung, wie man sie sich schlimmer nicht vorstellen kann, und dazu zieht ihr auch noch das übelste Gewinsel aller Zeiten ab: ›Liebst du mich? Liebst du mich? Liebst du mich???‹ Warum verzieht ihr euch nicht wieder auf die Venus und düngt einen Wald?«

»Und jetzt zu dir, Weißer Mann, du Sklavenhalter, du totes Requisit in Martin's abgedroschenem Film, du Zeit-Junkie im Endstadium: schaff deinen Schwermetall-Arsch wieder auf den Uranus rauf. Die letzte Spritze kriegst du an der Tür. Die brauchst du für unterwegs.«

Mittlerweile kochen alle derart vor Wut, daß sie darüber sogar ihre Scheißangst vergessen. Aber meinem U&U ging es immer noch zu langsam.

»Wir brauchen einen Aufhänger«, meinte er. »Was richtig Verheerendes. 'n Virus. Die kommen schließlich nicht umsonst aus einem Land ohne Spiegel.« Also reißt er sich dieses Nachrichtenmagazin unter den Nagel.

»So«, sagt er. »Bei Gott, jetzt werde ich denen mal zeigen, wie häßlich der Häßliche Amerikaner sein kann.«

Und er bringt die widerwärtigsten Bilder aus der Image Bank aufs Tapet und serviert sie so auf die unterschwellige Tour, daß sich die Krisen förmlich überstürzen, wie auf Stichwort. Und U&U rast durch die Gegend wie eine wildgewordene Baumsäge. Man hört jetzt, wie sein schwarzes Nova-Gelächter durch sämtliche Straßen hallt und die Gebäude und die ganze Skyline zum Wackeln bringt wie eine Theaterkulisse. Ich dagegen sehe mich um, und je mehr ich mich umsehe, desto weniger gefällt mir, was ich da sehe. Zunächst mal rückt da nämlich die Nova-Polente an, und zwar so schnell und mit einem solchen Aufgebot, wie ich es noch nirgends erlebt habe. Aber U&U meint nur, ich hätte einen Bullen-Koller, und wendet sich wieder seinem Bildschirm zu: »Da ziehn sie in irgend nem Kaff dem Polizeichef bei lebendigem Leib die Haut ab. Willst du mit einsteigen?«

»Nee«, sagte ich. »Mich interessiert nur meine eigene Haut.«

Und im Hinausgehen stelle ich mir vor, wen ich wirklich mal gerne gehäutet sehen möchte. Ich gehe ins Automatenrestaurant, werfe einige Münzen in den Schlitz neben den Fisch-Buletten, und da sehe ich es: chinesische Partisanen, alle bewaffnet mit Infrasound- und Filmkanonen. Auf der Stelle lasse ich die Fisch-Buletten mit Tomatensoße fallen und renne zurück ins Büro, wo der Kid immer noch wie gebannt vor seinem Bildschirm hockt. Er sieht mit einem dreckigen Grinsen zu mir hoch und sagt:

»Willst du dich an nem Kind vergreifen und ihm anschließend die Kuddeln rausreißen?«

»Reiß dich erst mal selber los und hör zu.« Ich erzähle ihm, was ich gesehen habe. »Und diese Kaffer murksen nicht erst lange rum, verstehst du.«

»Na und?«, sagt er. »Ich hab ja immer noch die Geschäftsbücher. Ich kann diese Bruchbude schon morgen auseinandernehmen.«

Es ist zwecklos. Er läßt sich nichts sagen. Ich sehe mich noch ein bißchen mehr um und stelle fest, daß die Blockade des Planeten Erde durchbrochen ist. Da rücken plötzlich ganze Armeen von Kundschaftern an. Und alle in der Branche sind stocksauer auf den Unausstehlichen U&U. Und der bleibt stur bei seiner alten Leier: »Na und? Ich hab ja immer noch...«/Cut

»Der Feind hat die Geschäftsbücher. Der Film läuft heiß und stinkt wie ein Schneidbrenner. Konzentrierte Hitzestrahlung aus alten Filmaufnahmen von Hiroschima. Diese Bruchbude steht sperrangelweit offen für weißglühende Krebsmenschen. Verhandlungen? Hört her: Eure Armee verschleißt sich in Häuserkämpfen und gerät von Stockwerk zu Stockwerk tiefer in ›Symbiose‹. Gründe mobil machen für eine positive Einstellung zu Hiroschima und Nagasaki? Einen Virus zur Erhaltung der Kloaken von der Venus?«

»Lügner und Feiglinge haben sämtliche Nationen verraten und verkauft. Lügner, die Zeit schinden wollen, bis der Film der Zukunft entwickelt ist, halten euch hin mit verlogenen Angeboten, während weißglühende Krebsmenschen mit dem Film in Rom bereits am totalen Krieg arbeiten. Diese Berichte stinken nach Nova, nach Ausverkauf, nach der alten Scheiße von Geburt und Tod. Euer Planet ist besetzt. Ihr seid nur noch Hundefutter für den Computer. Der ganze Planet wird auf totale Nivellierung und bedingungslose Kapitulation getrimmt.«

»Aber angenommen, das mit dem Filmtod in Rom funktioniert nicht und wir können die männliche Bevölkerung nicht so in Rage bringen, daß sie darüber sogar ihre Scheißangst vergißt? Wir brauchen einen Aufhänger, damit wirs ihnen mit voller Wucht reinwürgen können. Bei Gott, wir werden ihnen zeigen, wie häßlich die häßlichsten Bilder in der Dunkelkammer sein können. Wir lassen sie in Die Falle stolpern, die zu den Öfen führt. Wir machen sämtliche Schweinereien des Aufsichtsrats publik. Was diese Masche mit der ›Symbiose‹ soll? Das kann ich euch sagen: ›Symbiose‹ *ist* die Falle, von der es direkt in die Öfen geht. Wir verheizen diese ›Untermenschen‹ unter dem weißglühenden Himmel von Minraud.«

Und die »Laufburschen« und »Streikbrecher« des Unausstehlichen U&U machen jetzt überall Stunk:

»Mr. Martin, und ihr Typen vom Aufsichtsrat, ihr vulgären stupiden Amerikaner—euch wird es noch leid tun, daß ihr mit euren synthetischen Pilzpräparaten die Götter der Mayas und Azteken auf den Plan gerufen habt. Denkt daran, daß wir das Ausmaß der Schmerzen, die auf euer Konto gehen, so exakt wie eine Dosis Junk registrieren—und daß ihr für diese Schmerzen voll bezahlen müßt. Habe ich mich deutlich genug ausgedrückt, Unausstehlicher

Mr. Martin, oder muß ich noch deutlicher werden? Bitte sehr: Ich bin der Maya-Gott der Schmerzen und der Angst aus den kochenden Sümpfen der Venus und damit alles andere als ein Gott der Vulgarität, Feigheit, Häßlichkeit und Dummheit. Auf der Venus gibt es einen kühlen Fleck, dreihundert Grad unter der Temperatur der Umgebung. Diesen Fleck habe ich 500000 Jahre lang gegen jeden Konkurrenten gehalten. Und ihr bildet euch ein, ihr könntet mich mit einer IBM-Maschine und einer Handvoll Virus-Kristalle mal kurz herbeizitieren und als euren ›Laufburschen‹ und ›Streikbrecher‹ einspannen? Was meint ihr, wie lange *ihr* diesen Fleck halten könntet, ihr ›Herren Aufsichtsräte‹? Ungefähr dreißig Sekunden, würde ich sagen, und das trotz eurer ganzen Meute von Leibwächtern. Und ihr habt gedacht, ihr könntet meine Energien für eure ›Operation Endlösung‹ einspannen? Eure ›Operationen‹, egal wo oder wie ihr sie aufzieht, kommen und gehen und hinterlassen keine Schramme. *Gebt meinen Namen wieder her*. Für diesen Namen muß bezahlt werden. Und ihr habt nicht bezahlt. Ihr könnt meinen Namen nicht für eure Zwecke einspannen. Von jetzt an, würde ich sagen, habt ihr noch ungefähr dreißig Sekunden.«

Und man sieht, wie die angeschmierten Macker langsam auf den Trichter kommen. Mürrisch stehen sie in Gruppen beisammen, und ihr Gemurmel wird immer lauter. Jeden Augenblick werden jetzt fünfzig Millionen halbstarke Kanaken mit Schnappmessern, Fahrradketten und Pflastersteinen durch die Straßen stürmen.

»Straßen-Gangs, unter Nova-Verhältnissen auf dem Uranus geboren, kommt heraus und kämpft um eure Straßen. Bringt die Chinesen mit rein und laßt den Zufall für euch arbeiten. Macht Kauderwelsch aus sämtlichen Tonbändern. Verlagert, zerschneidet und verfilzt die Stimmbänder der ganzen Welt. Wißt ihr schon von dem ›Grünen Deal‹, den die vom Aufsichtsrat ausgeheckt haben? In Weiberkleidern wollen sie sich einen Platz im ersten Rettungsboot ergattern und ihre ›Untermenschen‹ unterm weißglühenden Himmel der Venus verschmoren lassen. ›Operation Tapetenwechsel‹. Und auf euch bezogen heißt das: ›Operation Endlösung‹. All right, ihr Wichser vom Aufsichtsrat: Mit euch veranstalten wir die ›Operation Totale Entlarvung‹. Und zwar so, daß es jeder sehen kann. Auf dem Times Square. Am Piccadilly.«

Na, dann pack mal deine Hermeline ein

»Na, dann pack mal deine Hermeline ein, Mary—Wir verschwinden hier auf der Stelle—Ich hab sowas schon öfter erlebt—Die Macker kommen uns auf die Schliche—Und die Polente rückt an—Erinnere mich, wie ich mal mit Kalkstein-John die Kohlendioxyd Tour machte—Das ging so: Er mietet ein Amphitheater mit Marmorwänden, er ist Bildhauer, verstehst du, macht dir 'n komplettes Fries während du drauf wartest—Also er steigt in einen Taucheranzug wie einer von diesen alten Surrealisten, und ich steh auf einem hohen Podest und pump ihm die Luft rüber—Naja, er fängt an, die Kalksteinwände mit Salzsäure zu bearbeiten und schießt sich mit dem Rückstoß des Gebläses durch die Gegend, in zehn Sekunden hat er die ganze Wand durch, und das Kohlendioxyd wabert auf die Macker runter, die anfangen zu husten und sich die Hemdkragen zu lockern.«

»Aber was malt denn der da?«

»Na ein ächhh-ächhh Theater voll Menschen, die am Ersticken sind—«

Und dann filzen wir den Flops die Taschen und ziehen weiter—Solange man dabei keine unnötigen Schlenker macht, können sie einem keinen Nova Stunk anhängen—Na, als nächstes kommen wir in dieses Kaff da, und ich hab sofort ein ungutes Gefühl.

»Irgendwas stimmt hier nicht, John—Irgendwas ist faul—Ich spür es—«

Aber er meint, ich hätte bloß den Bullen-Koller, seit die Nova Polente auf der Bildfläche erschienen ist—Außerdem kann uns keiner was, wir sind seit dreitausend Jahren im Show Business und filzen bloß ein paar Flops, das ist alles—Er macht also sein Amphitheater in einem Steinbruch auf und holt die Damenkränzchen und Dichter und Fatzkes zusammen und organisiert ein »Kulturfest«, wie er es nennt, und ich sitze da oben in der Kabine von nem

Kran und pump ihm die Luft rüber—Na, die Macker gehn in die Knie, und die alten Schachteln mit ihren Brillanten und Saphiren und Smaragden sind wirklich ein erhebender Anblick—Ich denk also gerade ›Na, vielleicht hab ich mich getäuscht und es ist doch alles cool‹, da sehe ich, daß so an die fünfzig junge Strolche mit Sauerstoff-Flaschen und Harpunen aufgetaucht sind, und ohne groß zu überlegen brülle ich vom Kran runter:

»Izzy The Push—Sammy der Metzger—*Hey, Stiesel!*«

Mittlerweile habe ich das Pumpen vergessen—Ich sehe, daß der Kohlendioxyd Kid etwas sagen will, aber er ist schon ganz blau im Gesicht—Ich pumpe ihm also schnell ein bißchen Luft rüber, und er schreit:

»Nein! Nein! Nein!«

Ich sehe, daß weitere Macker mit Infrasound- und Filmkanonen anrücken—Sammy und die Boys kommen nicht gegen sie an—Diese Jungs haben den Spieß umgedreht—Und jetzt kommt Der Blaue Dinosaurier höchstpersönlich rausgeschossen, um nachzusehen, wer hier Ärger macht, und er fängt an, die Kanaken mit seinen Magnetspiralen einzudecken—Aber die gehn einfach zurück und halten sich außer Schußweite, bis er mit leeren Batterien liegen bleibt. Und da legt uns die Nova Polente auch schon die antibiotischen Manschetten an.

Ein ganzes Viertel in Taucherkluft

Ich machte mit Merit John die Kohlendioxyd Tour—Ladendiebstahl mit einer Crew von ›Kunden‹—Da hört er im Autoradio plötzlich diese Nummer da—Fängt also an, den Viehzaun vom letzten Frühjahr in die Gegend zu rattern—Und furzt sich mit dem Rückstoß durch ganz Hicksville—Setzt zehn Sekunden aus, und unser Kohlendioxyd steigt uns in die Nase und wir fangen an zu husten und schnappen unter einer eingetopften Stechpalme im Foyer nach Luft.

»Wir reden uns einfach mit ner Fischvergiftung raus und ziehen Leine, kapiert?«

»Is klar—Solang wir keine unnötigen Schlenker machen, können sie uns keinen—«

Also wieder zurück nach Südamerika, wo wir uns dieses Kaff da vornehmen, und prompt würgt uns der schauderhafte Freier einen rein—Der traf einfach nie daneben—Das brannte mir dreitausend Jahre im Fleisch und spielte Räuber und Steinbruch mit mir—Jedenfalls, die Macker gehn vor dem Virus in die Knie und lösen sich anschließend in Luft auf und alles ist cool—Wir klemmen uns die Brillanten, Saphire und Smaragde, alles wie gehabt—Da kommen mir plötzlich so an die fünfzig junge Strolche in die Quere—Sammy und die Boys waren alles, was er hatte—Ein einziger Schlamassel—Die drehten einfach den Spieß um—Auf die Tour macht uns der Laden dicht, also laß ich die Finger davon—John gab mir meinen Stoff streng nach Plan—Nagasaki in Säure an den Wänden verpuffte langsam unter den Gummibäumen—Der verwischt dir auch noch ne Fußspur, die bis 1910 zurückgeht—Wir könnten uns hier niederlassen, die chinesische Wäscherei kaufen und voll im Tran auf den Hemdkragen rumliegen—

»Aber dieser saure Mief, wie aus nem Männerheim—«

Das haut sogar einen alten Hasen um—Wie wenn Kleopatra ihre Giftschlange auf dich ansetzt und schon hast du einen Nova Stunk am Hals—

»Ausmisten?—Ich hab 'n ungutes Gefühl—Lauter Löcher in diesen durchgerosteten Wänden—Ist dir nicht auch mulmig?«

Aber John sagt nur: »Du mit deinem Bullen-Koller vom letzten Räumungsverkauf—Ich hab die alte Schachtel voll abgeschirmt—«

Breitbeinig steht er da und hält seelenruhig einen Ledersessel vor sie hin—Organisiert sich einen dünnen Schnurrbart—Ich blieb vor einem Spiegel stehen—Wirklich ein erhebender Anblick, in diesem gestärkten Kragen—Das ganze Viertel läuft in Taucherkluft rum, Mittagessen gibts umsonst, und überall jodeln sie »Sweet Sixteen«—Ich ging ohne Izzy The Push auf Tour—

»Hey, Stiesel!«

Mittlerweile bin ich in der chinesischen Wäscherei—Den Chink vorne im Laden erkenne ich nicht wieder—Aber der Blaue Dinosaurier schlüpft aus, sobald man was von einem Fix sagt—Ich entziffere die Worte wie ein Tonkopf, der ein Magnetband abtastet—Die einzige Art, sich zu orientieren—Wenn John mit dem Chink Kid auf Tour ging, las er ihm die Worte am Kehlkopf ab, als seien sie dort drin in Stein gemeißelt—»Keilschrift lesen«, wie wir das in der Branche nennen—Der macht dir ganz Rom ein, während du drauf wartest—Ich habe den Taucheranzug jeden Abend gecheckt—Bringe diese widernatürliche Nummer auf einem hohen Podest—Mit Säure auf die Wände—Kannst deine Uhr danach stellen—Damit kriegen wir also zwanzig Macker dran, und dann über die Hemdkragen und aus dem Seitenfenster raus—

»Aber was wollen wir in St. Louis?«

Das weckt alte Erinnerungen—Also klemmen wir uns das Tafelsilber und die Banken und Klubs—Sind schließlich alte Hasen—Nova Stunk am Hals in dieser Nacht, als wir rauskamen—Ich hab 'n ungutes Gefühl—Spür da was, als ich die Wäsche abhole, es geht mir durch und durch—

Aber John sagt nur: »Jeden Nachmittag den Bullen-Koller seit diesem Ding—Kann nach 'm Bruch schon mal passieren—«

Wir sahnen einfach ab, uns kann keiner was—aber auf einmal geht alles schief—Show Business—Wir können keine Dichter auftreiben und organisieren diesen Schnitt und das Fleisch macht nicht mit—Und da sitzen wir nun ohne Luftzufuhr wie abgewürgte Idioten—Naja, sag ich mir, vielleicht ist auch in dieser Lage noch 'n Kick für uns drin—Aber sie nahmen uns hopps—Die alten Schachteln in einem Zug—Junk brannte von innen raus und brachte das Fleisch unter den Taucheranzügen zum Schmelzen—

Mein Schrei zischte wie ein Dampfstrahl vom Kran herunter—

»Hey, Stiesel!!«

Eine dreistellige Zahl blitzt auf—Mittlerweile erkenne ich die Straßen von Madrid nicht mehr wieder—Und ich pump ihm ein bißchen Luft rüber, so klar wie ein Sonnenstrahl, und er sagte: »Que tal Henrique?«

Ich steh da und klick ihm durch eine unsichtbare Tür die Luft rüber—Na, als nächstes kommen wir in dieses Kaff da, und sofort ist was mit einer aphrodisierenden Salbe—

»Der Doc hat hier Mist gebaut, John—Irgendwas ist faul—Da ist zuviel Spanische Fliege drin.«

»Was? Ist doch grün, siehst du nicht? Ein grünes Theater—«

Also filzen wir die Macker und mieten uns ein Haus—Sind schließlich alte Hasen—Und wir klemmen uns eine Ladung astreines pures chinesisches H wie in alten Zeiten—Und er zieht jetzt einen richtigen Grünen Kult auf und organisiert ein faseriges graues Amphitheater in ner alten Rübe—Mittlerweile habe ich in einer drückenden blauen Stille alles vergessen—Der Kohlendioxyd Kid löst sich in kaltes flüssiges Metall auf, und ich pumpe ihm schnell ein bißchen Luft rüber, die Stroboskop-Helme verdampfen bereits zu blauem Dunst—Die Metall-Junkies schafften es nicht—Die Jungs gerieten mit der Nova Polizei aneinander—Wir sind nichts als Staub, der aus entmagnetisierten Schablonen fällt—Show Business—Abreißkalender im Jungvolk von Weimar—Vergilbte Poeten im schweigenden Amphitheater—Sein Blockhaus hinterließ hier nur ein Loch in der Luft—Klick—St. Louis unter Schwaden von Ruß—Und ich sag mir, vielleicht war ich in der alten Klinik—Am Stadtrand von East St. Louis—Wirklich erhebend, für zwei Lappen die Woche—Mittlerweile hatte ich »Mutter« vergessen—Würde es euch nicht genauso ergehen?—Doc Benway und der Kohlendioxyd Kid kriegten Ärger in Dallas, sie knallten sich mit Äther voll und schlossen die Pumpe aus Versehen an Stroboskop-Helme an—

»Der ist hier kaum aus der Stadt, schon hört man seine Stimme überall auf Tonband, John—Irgendwas ist hier faul—Kann ich eine farblose Frage stellen??«

»Is schon gut—Ich hab nur noch die Stille—Wortstaub rieselt dreitausend Jahre durch einen alten blauen Kalender—«

»William, no me hagas caso—Die sagen mir, ich soll Leine ziehen, und du läßt mich hängen—Sagte zu William ›Machs gut‹ und ›Bloß keine unnötigen Schlenker‹ und kann schon hören, wie er sich die Stadt vorknöpft, und kaum hab ich die Tür zugemacht, da seh ich John—Irgendwas ist hier faul—Unsichtbares Hotelzimmer, das ist alles —Ich hab nur noch das Messer, und er sagte:

»Die Nova-Polente macht mir die Hölle heiß—Ein Gefühl wie dreitausend Jahre in glühenden Krebsscheren am Fenster—«

»Und Meester William in Tetuan sagte: ›Ich hab hier ne Masche—technisch sehr durchdacht und cool—Diese farblosen Schichten hier sind die Luftpumpe, und wenn das Fleisch ne Farbe hat, kann ich es sehen—Könnte ich also mit einer Message imprägnieren, die buchstäblich Fleisch wird und *lebt*—‹

»Und ich sagte: ›William tu es loco—Die haben den Spieß umgedreht—No me hagas während du drauf wartest‹—Küchenmesser durchs Herz—Mulmig—Fortgegangen—Den Spieß umgedreht—Nix gut, die Gegend hier—No bueno—Eingebrochen mit seinem caso—William tu hagas Anruf von gestern—Die Schichten sind farblos, da ist nichts drauf—Sieh dich doch um—Nix gut—No bueno —Adios Meester William—«

Die Masche mit der Fischvergiftung

Ich reiste für die Merit AG mit einer Crew von »Kunden« durch die Gegend, wir sollten das Ladenpersonal auf seine

Zuverlässigkeit checken—Außer mir gab es da zwei Schnepfen im mittleren Alter, die eine hatte einen Chihuahua dabei, der in einem Kokon aus schwarzen Pullovern winselte und jappte, und unser Crew Leader war Bob Schafer, ein amerikanischer Faschist mit Roosevelt-Witzen—Wir fahren gerade durch Iowa, da kommt diese Nummer da aus dem Autoradio: »Die alte Muttersau hat sich letztes Frühjahr im Zaun eingeklemmt«—Und Schafer sagte: »Mein Gott, hier sind wir aber wirklich am Arsch der Welt.« Als wir am Abend nach Pleasantville/Iowa kamen, waren unsere Reifen im Eimer—Neue gabs während des Krieges nur auf Bezugsschein, und sowas hatten wir nicht—Und Bob soff sich in einem Rasthaus unten am Fluß einen an und hielt den Einheimischen seine Blechmarke unter die Nase—Und ich stieß im Foyer zufällig auf Den Seemann, der dort unter einer eingetopften Stechpalme saß—Wir nahmen uns immer den lokalen Weißkittel vor und servierten ihm die Masche mit der Fischvergiftung—»Ich hab da diese giftigen Fische, Doc, die hab ich innem Kanister aus Südamerika mitgebracht, ich bin Ichthyologe, und so 'n schauderhafter Candiru hat mich gebissen—Das fährt einem wie ne Stichflamme durchs Blut, wissen Sie, Doktor? Und jetzt im Moment packt michs wieder!«—Und der Seemann zieht eine Nummer ab, als erleide er Höllenqualen—Wie ein Schneidbrenner jagt er den Arzt durchs Sprechzimmer—Das verfehlte nie seine Wirkung—Nur versaute er uns damit der Reihe nach die Weißkittel—Deshalb benutzte ich diesmal den Dreh, den Bob und ich draufhatten, wenn wir »einen Fang« machten, wie es die alten Schnepfen nennen, und einen verstockten Verkäufer bearbeiten mußten, der in die Kasse gegriffen hatte—Da spielte Bob dann immer den ruppigen Bullen und ich den scheißfreundlichen—Ich marschiere also bei dem Mediziner von Pleasantville rein und erzähle ihm, ich hätte mich mit einem Venusischen Virus infiziert und würde mich in giftigen Schleim auflösen und die Passanten assimilieren, wenn ich nicht meine Medizin kriege, und zwar regelmäßig

—Ich rücke also diesem alten Knacker auf den Leib, stinke wie ein Komposthaufen und dampfe in aller Bescheidenheit vor mich hin, und er blafft mich an: »Was *haben* Sie denn?«

»Den Venusischen Kanaken-Rotz, Doktor.«

»Also kommen Sie, junger Mann, meine Zeit ist kostbar.«

»Doktor, das ist ein medizinischer Notfall.«

Er war ein alter Wichser, aber immer noch gut für einen Fix—Als ich wieder rauskam, war ich voll im Tran—

»Für mehr als eine Ladung hats nicht gereicht, Seemann.«

»Du hast dich vollgepumpt—Hast den Weißkittel assimiliert—Und mich läßt du hängen—«

»Tja. Er war alt und zäh, aber nicht zu zäh für Die Kaustischen Enzyme Von Woo.«

Der Drugstore machte gerade dicht, und der Seemann war am Abschnappen, ich wollte also nicht riskieren, daß er intim wurde und meine Verdauung durcheinanderbrachte—Dem nächsten Weißkittel gaben wir die Wahl zwischen einem Faß voll erogener Säure und den Nagasaki-Öfen, und er stellte uns prompt ein Rezept aus—Dann sackten wir unter den Gummibäumen in den Tran, und der lange rote Teppich unter unseren Füßen transportierte uns zurück bis 1910:—Morgen konnten wir es uns im Drugstore kaufen—Oder in der chinesischen Wäscherei den Schwarzen Rauch inhalieren—Wir geisterten durch muffige Absteigen, Billard-Kneipen und Chili-Buden—Stolperten in einer Schauspieler-Pension über das kläglich geschrumpfte Fleisch des alternden Schmierenkomödianten, der sich den Schlips um den Arm zurrt und eine Vene ansticht wie Kleopatra die ihre Giftschlange ansetzt—Klick—Zurück zu den lässigen grauen Wechselgeldbetrügern—den gespenstischen Fledderern, die den Besoffenen im Schlaf ausnehmen—Leere Taschen in der verwitterten U-Bahn am grauen Morgen—

Ich erwachte im Foyer des Hotels und kam mir vor, als steckte ich in einem fremden Körper, der schwere Geruch preßte mich in den Ledersessel wie in eine Gußform—Ich war krank, aber nicht krank nach der Nadel—Ich brauchte den Schwarzen Rauch—Der Seemann schlief noch—Er wirkte sehr jung mit seinem dünnen Schnurrbart—Ich weckte ihn, und er kam in einer langsamen hydraulischen Bewegung hoch und sah sich mit seinen unergründlichen Augen um—

»Komm, machen wir uns auf die Socken—Ich bin dünn—«

Ich war sogar sehr dünn, wie ich feststellte, als ich vor einer Spiegeltür stehen blieb und mir den Krawattenknoten unter meinem gestärkten Kragen zurechtschob—Die nähere Umgebung bestand aus Chili-Kneipen und billigen Saloons, die mit kostenlosem Mittagessen warben, und hinter den Theken standen schwergewichtige gelassene Barkeeper und summten »Sweet Sixteen«—Ich trottete vor mich hin wie ein Pferd, das den Weg zurück in den Stall im Schlaf findet, und kam zur chinesischen Wäscherei neben Clara's Massagesalon—Wir drückten uns rein, und der Chink vorne im Laden gab uns mit den Augen ein Zeichen und bügelte seelenruhig an einer Hemdenbrust weiter—Wir gingen durch eine Tür und einen Vorhang, und unsere Lungen tanzten den Junky Jig, als sie den Schwarzen Rauch witterten—Wir lagerten uns auf unsere Junk-Hüfte, und der Chinesenjunge drehte unsere Opiumkügelchen über der Flamme und reichte uns dann die Pfeife—Nach sechs Pfeifen rauchen wir langsam, wir bestellen uns eine Kanne Tee, und der Chinesenjunge geht raus, um den Tee aufzubrühen, und die Worte schlüpfen in meiner Kehle aus, als hätte ich sie bereits vorbuchstabiert da drin und brauchte sie nur noch abzulesen—»Lippenlesen« nennen wir es in der Branche—Die einzige Art, sich zu orientieren, wenn man schon mit den Wölfen heulen muß—

»Ich hab den Bullen auf seinem Streifengang beobachtet—Jede Nacht um zwanzig nach 2 kommt er ins McSorley's rein und zwingt den lokalen Homo, ihn mit ner widernatürlichen Nummer zu fixen—Kannst direkt deine Uhr danach stellen—›Ich will nicht!—Ich will nicht!—Nicht schon wieder!—Glub—Glub—Glub‹—«

»Damit hätten wir also mindestens zwanzig Minuten, um reinzukommen und durchs Seitenfenster wieder raus, und mit acht Stunden Vorsprung müßten wir in St. Louis sein, eh ihnen was auffällt—Wir legen einen Stop ein und sehn mal bei der Familie rein«—

Alte Erinnerungen werden wach—Little Boy Blue und all das schwere Tafelsilber, die Banken und Klubs—Stahl- und Öl-Aktien wechseln unter kühlen bedächtigen Augen den Besitzer—Meine Familie in St. Louis war reich—Das Ding sollte in dieser Nacht steigen—Als wir rauskamen, lief mir das japanische Dienstmädchen über den Weg, das gerade die Wäsche abholte, ich spürte ein Prickeln am ganzen Körper, obwohl ich auf Junk war, und verabredete mich mit ihr für den Nachmittag—Macht sich immer bezahlt, wenn man vor einem Bruch erst mal ne Nummer schiebt—Bei Einbrüchen, vor allem wenn dabei alles schiefgeht, kann es zu einer unfreiwilligen sexuellen Erregung kommen wie in einem nassen Traum—(In Peoria stiegen der Seemann und ich einmal in einen Drugstore ein, wir konnten das Brecheisen für den Medizinschrank nicht finden, die Taschenlampe funktionierte nicht, draußen vor der Tür schnüffelte der Streifenbulle rum, und da hockten wir nun mit einem Sex-Koller und kicherten uns einen ab wie gestrandete Idioten—Naja, für die Bullen war unser Zustand ein derart geiler Kick, daß sie uns sogar zum Bahnhof chauffierten, und wir stiegen in einen Zug, abwechselnd schwitzend und fröstelnd vor Suchtkrankheit, und der warme Pflanzengeruch von schmelzendem Fleisch und saurem Samensaft erfüllte langsam den ganzen Waggon—Wir dampften vor uns hin wie zwei Misthaufen, und keiner brachte es über sich, uns anzusehen)—Ich wachte gerade aus einem leichten Tran auf, als das japanische Dienstmädchen hereinkam—Eine dreistellige Zahl zuckte mir in einem silbernen Flash durch den Kopf—Ich ging hinaus in die Straßen von Madrid und gewann eine Fußball-Wette—Spürte die südländische Mentalität um mich herum, so klar und banal wie ein Sonnenstrahl, und traf Paco vor einem Aushang mit den Fußballergebnissen, und er sagte: »Que tal Henrique?«

Dann schaute ich bei meinem Amigo vorbei, der wieder die Medicina nahm, und er hatte kein Geld für mich, und außer seiner Medicina interessierte ihn nichts, und er stand da und wartete darauf, daß ich endlich gehe, damit er sich das Zeug verpassen konnte, nachdem er mir gerade gesagt hatte, er nehme nichts mehr, also sagte ich: »William, no me hagas caso.« Und am Abend traf ich im Mar Chica einen Kubaner, der sagte, ich könne in seiner Band einsteigen—Am nächsten Tag verabschiedete ich mich von William, aber er war nur noch ein Schatten und meine Worte fielen ins Leere, und als ich die Tür hinter mir zumachte, konnte ich hören, wie er nach seinen Nadeln und seiner Medicina langte—Als ich das Messer sah, wußte ich, daß Meester William der Tod in Menschengestalt war—Als nächstes traf ich den Hombre Invisible irgendwo in einem Hotelzimmer und versuchte, ihm mit dem Messer beizukommen, und er sagte: »Wenn du mich killst, geht diese Bruchbude aus dem Leim wie ein morsches Unterhemd«—Und ich sah einen Riesenkrebs mit glühenden Scheren am Fenster, und Meester William verpaßte sich eine Ladung weiße Medicina und kotzte in die Kloschüssel und wir flüchteten nach Griechenland mit einem Jungen, der ungefähr so alt war wie ich und Meester William immer den »Stupiden Amerikaner« nannte—Und Meester William sah aus wie ein Hypnotiseur, den ich einmal in Tetuan gesehen hatte, und er sagte: »Ich hab eine Masche, gegen die Der Krebs nicht ankommt, aber die ist technisch sehr kompliziert«—Und wir konnten nicht lesen, was er auf transparente Schichten schrieb—In Paris zeigte er mir Den Mann, der auf diesen Schichten Bilder in die Luft malt—Und der Unsichtbare Mann sagte:

»Unser Fleisch besteht aus solchen farblosen Schichten—Sie werden zu Fleisch, wenn sie Farbe und Beschriftung haben—d.h. Wort und Bild schreiben *die Message, die du bist* auf farblose Schichten, aus denen sich alles Fleisch zusammensetzt.«

Und ich sagte: »William, tu eres loco.«

Nix gut—No bueno

So viele Jahre schon—dieses Bild von mir—wie ich am suchtkranken Morgen aufstehe und mir einen Schuß setze —*No me hagas caso*—Wieder streifte er mich so—Staubgeruch—Die Tränen kamen—In Mexiko streifte er mich wieder—Zermahlene Codein-Tabletten verpufften in der kalten Frühjahrsluft—Brandlöcher in der endlosen Dingpolizei—Konnte nichts weiter sagen als daß die Identität im Wind verweht—verebbt—»Mr. Martin« kam nicht heran, das ist alles—Brotmesser durchs Herz—Schatten stellte Strom und Wasser ab—Wir rennen immer wieder gegen leere Wände—Sieh dich doch um—Nix gut—Türschwelle stellt uns im Dunkeln ein Bein—Tote Hand bringt uns auf Zero—Fünfmal machten wir es und zerfielen zu Staub, die Lebenden und die Toten—Der jugendliche Körper verschwand nach Madrid—Demerol bei Kerzenschein—Eine Geisterhand—Der Letzte Elektriker, der an die Scheibe klopft—Am Ziel nach langer Flucht—Das Gift der toten Sonne verflüchtigte sich—Die Untersuchungsberichte wurden nachgereicht—Überfahrt mit dem Fährschiff unter den Flöten des Ramadan—Im Sternbild des Hundes nur noch totes Gemurmel—Ein Brandloch am schwarzen Himmel—Auf dem Friedhof von Coldspring, mehr war nicht zu erfahren—Der Seemann verirrte sich in den Korridoren des Hospitals—Dingpolizei hält sämtliche Geschäftsberichte unter Verschluß, das ist alles—Brotmesser durchs Herz—Überbringt die Katastrophenmeldung—Er versteifte sich einfach auf »Mr. Martin«—Kam an das Fleisch von Niño Perdido nicht heran—Eine lange Zeit von einem Ramadan zum nächsten—No me hagas caso, ein trübes Bild zwischen Licht und Schatten—

»Der Amerikaner schleppt sich durch die kranken Galaxien con su medicina, William.«

Die eine Hälfte deines Gehirns macht langsam dicht—Strom und Wasser abgestellt—Kam an das Fleisch nicht heran—Leere Wände—Sieh dich doch um—Mr. Bradly Mr. Zero, erstarrt wie in einem gerissenen Film—Und deine Blindheit berechtigt dich noch lange nicht dazu, meinem Fleisch und Blut, das ich erschaffen habe, die Orientierung zu verwehren—Warum ist dir nichts besseres eingefallen, als uns zu Abziehbildern von »Mr. Bradly Mr. Martin« zu machen?—Fortgegangen—Kannst überall nachsehen—Nix gut—No bueno—

Ich spuckte Blut unter den gleitenden Schatten der Geier—Am Mercado Mayorista sah ich einen Touristen—Einen schwulen Meester Merican, der Pisco trank—Er starrt mich an, also setz ich mich zu ihm und trinke was und erzähle ihm, daß ich in einer Hütte unten am Berg wohne, Wellblechdach mit Steinen drauf, und daß ich meine Brüder hasse, weil sie zu essen haben—Er sagt was von einem »malo viento« und lacht, und ich ging mit ihm in ein Hotel, das ich kenne—Am nächsten Morgen sagt er, ich wär anständig und ob ich mit ihm nach Pucallpa gehe, er will in den Dschungel und Schlangen und Spinnen fotografieren und die Aufnahmen mit zurück nach Washington nehmen, diese Typen schleppen hier immer irgendwas weg, und wenn es nur ein Klammeraffe ist der Blut spuckt wie die meisten von uns hier wenn im Winter der Nebel von den Bergen kommt und einem nicht mehr aus den Kleidern und den Lungen geht und jeder hustet und spuckt mir Blut auf den Lehmboden wo ich schlafe—Am nächsten Tag steigen wir in einen Bus, der nach Mixto fährt, bei Einbruch der Nacht sind wir im Hochgebirge, über der Schneegrenze, der Meester holte eine Flasche Pisco raus und der Fahrer säuft sich einen an, dann runter in die Selva und drei Tage später sind wir in Pucallpa—Der Meester sucht sich einen Brujo und gibt ihm Geld, damit er Ayahuasca macht, und ich trinke auch was davon und fühle mich gleich muy mareado—Es kommt mir vor, als wär ich wieder in Lima, und dann in Gegenden wo ich noch nie gewesen bin, und dort sah ich den Meester als Kind in einem Zimmer mit einer roten Blumentapete, und er sah etwas an, was ich nicht sehen konnte—Ich spürte einen Geschmack von Roastbeef und Truthahn und Eiskrem im Mund, und ich begriff, daß ich es deshalb nicht sehen konnte, weil es für mich immer unerreichbar war—Und der Meester sah mich an, und ich konnte die Worte eines Strichjungen in seiner Kehle sehen—Am nächsten Tag rückt uns die Polizei auf die Bude, und der Meester zeigte dem Commandante ein paar Briefe, darauf gaben sie sich die Hand und gingen zusammen zum Mittagessen, und ich setzte mich mit dem Geld, das er mir gegeben hatte, in einen Bus und fuhr zurück nach Lima, um ihm seine Ausrüstung zu kaufen—

Neue Koordinaten

K9 lieferte sich einen Kampf mit den Hirnwellen der Außerirdischen—Magnetische Klauen tasteten nach Virus-Lochkarten—zerrten ihn in einen schwindelerregenden Strudel—

»Zurück—Weg von diesen Klauen—Auf neue Koordinaten gehen«—Am Rathausplatz mußte er lange an der roten Ampel warten—Vor der Hot Dog Bude stand ein Junge und prustete Wasser von sich—In Schwaden von grauem Dunst driftete er zurück in die Vergangenheit—Geruch von Wein und Abgasen, braunes Haar, ein vergilbtes Foto, auf dem ein Hotelzimmer mit einem Bettgestell aus Messing zu erkennen war—Träge Spinnweben im Regen an manchem frühen Morgen—Sommerabende, die sich in ein Zimmer mit roter Blumentapete tasten—Suchtkrank in der Morgendämmerung, das Knistern von Uhrzeigern und braunem Haar—Das Prasseln des Regens auf Kupferdächern am Morgen, von draußen weht langsam der Geruch nach Äpfeln herein—Die rote Blumentapete an einem sonnigen Sommertag—Eisengraue Hochebenen im rötlichen Feuerschein eines Vulkans—Verschneite Berghänge unter Nordlichtern—Eine fremde Straße am frühen Morgen, das Flüstern suchtkranker Junkies—Flöten des Ramadan in der Ferne—Das Kopfsteinpflaster und die Lichter von St. Louis in einem späteren Leben—Zurück in die Kindheit, die Toilette im Schulhaus, die Radrennen—Die Uhrzeiger an der Wand hinter der Bar—Der Schatten meines Todes huscht über sein Gesicht und verschwindet im Aushang mit den Fußballergebnissen—Staubgeruch der Wolldecken aus Heeresbeständen—Jeans an der Wand, steif vor Dreck—Und Kiki verschwand wie eine Katze—Zog sich ein frisches Hemd an und ging—Hinaus in einen fremden Morgen—Er ist fort—Und hinter ihm verpuffen so sinnige Bemerkungen wie »Nix gut—No bueno—Bin selber am Abschnappen—«

K9 begab sich wieder an die Front—Im Körper des Chinesenjungen stand er jetzt am Flipperautomaten und gab im Klicken und Schleudern und Rotieren der Kugel seinen verschlüsselten Aufruf zum Widerstand durch—In den Zahlenkombinationen der Trefferanzeige zuckten blitzartig die Pläne des Feindes auf—Er durchkreuzte sie mit Lochstreifen, die abgeänderte Befehle enthielten—Mit knatternden Kurzwellenstörungen—Bleeeeeeeeep—Geräusch von denkendem Metall—

»Partisanen aller Länder—Das Wort fällt—Das Foto fällt—Durchbruch in den Grauen Raum—Straßen aufrollen—Eingänge freikämpfen—Auf neue Koordinaten gehen—«

»Das Ticket, das explodierte, ließ wenig Zeit, deshalb sage ich gute Nacht—Graue Spuren der Spanischen Grippe ließen sich nicht fotografieren—Grünes Neon glüht im Wind—Du am Hot Dog—Regen peitschte durch die Straße—Wenn du eine Tasse Tee mit roter Blumentapete wolltest—Das Sternbild des Hundes dreht sich—So viele und so…«

»Setze mir schrittweise ein Bild zusammen—Von der Lichtreise, die ich im Sternbild des Hundes durch die kranken Galaxien machte—Regen peitschte durch die Straßen—Das Sternbild dreht sich—Der Kopf des Feindes ist in unserem Kraftfeld—Das Wort fällt—Das Foto fällt—Durchbruch in den Grauen Raum—«

Er verschwand durch unsichtbare Morgendämmerungen und hinterließ eine Million Tonbandgeräte mit seiner Stimme, die in der kalten Luft des Frühjahrs wie eine farblose Frage verhallt.

»Die Stille senkte sich schwer und blau auf die Bergdörfer—Pulsierende mineralische Stille—Wie wenn Wortstaub aus entmagnetisierten Schablonen fällt—Ging im Körper des Jungen aus Weimar durch einen alten blauen Kalender—Vergilbtes Foto auf dem roten Blumenmuster der Tapete unter einem Kupferdach—In der lautlosen Morgendämmerung spielten kleine graue Männchen in seinem Blockhaus und verschwanden durch eine unsichtbare Tür—Klick—St. Louis unter Schwaden von Ruß aus alten Zeitungen—›Daddy Langbein‹ sah aus wie Uncle Sam auf Stelzen, er hatte eine Privatklinik für Gelenk- und Knochenleiden am Stadtrand von East St. Louis und nahm für zwei Lappen die Woche immer einige Junkie-Patienten auf, die in grünen Liegestühlen voll im Tran vor sich hindösen konnten, umgeben von Eichen und Rasen bis hinunter zu einem kleinen Teich, der in der Sonne glitzerte, und die Krankenschwester ging mit ihren silbernen Tabletts von einem zum anderen und verabreichte den Junk—Wir nannten sie ›Mutter‹—Hättet ihr das nicht auch getan?—Doc Benway und ich hatten uns dort verkrochen nach einem Stunk in Dallas wegen dieser aphrodisierenden Salbe, der Doc hatte sich mit Äther vollgeknallt und aus Versehen zuviel Spanische Fliege reingemischt, und das Zeug ätzte dem Polizeikommissar glatt den Schwanz ab—Also gingen wir bei ›Daddy Langbein‹ auf Tauchstation, wir fanden ihn kühl und lässig in einem dunklen Zimmer mit eingetopften Gummibäumen, und auf seinem Schreibtisch stand ein silbernes Tablett, darauf wollte er zunächst mal den Kies für eine Woche im voraus sehen—Die Krankenschwester brachte uns in einem Zimmer mit roter Blumentapete unter, und wir hatten diese Klingel, die konnten wir zu jeder Tages- oder Nachtzeit betätigen, und sofort kam die Schwester mit einer vollen Spritze angerannt—Naja, eines Tages sitzen wir draußen in unseren Liegestühlen, in Reisedecken gehüllt, es war ein Herbsttag, die Blätter verfärbten sich, die Sonne kalt auf dem Teich—Der Doc reißt einen Grashalm ab—

»Junk macht einen zur Pflanze—Das Zeug ist grün, siehst du?—So ein grüner Fix müßte eigentlich lange halten.«

Also brechen wir unseren Klinikaufenthalt ab und mieten uns ein Haus, und der Doc fängt an, diesen grünen Junk zu brauen, der Keller steht voll von Bottichen und es stinkt wie ein ganzer Komposthaufen von Junkies—Schließlich destilliert er so einen dicken grünen Saft heraus und lädt damit eine Spritze so groß wie ne Fahrradpumpe—

»Jetzt müssen wir eine geeignete Versuchsperson auftreiben«, sagte er, und wir klemmten uns diesen alten Goofball-Penner und erzählten ihm, es sei pures chinesisches H aus der Ling Dynastie, und der Doc pumpt ihm den vollen halben Liter Grün direkt in die Hauptschlagader rein, und dieser Yellow Jacket wird grau-grün und runzelig wie ne alte vertrocknete Rübe, und ich sagte: »Ich mach, daß ich hier rauskomm«, und der Doc sagte: »Der ist als Versuchsperson eindeutig nicht zu gebrauchen—Ich hab mirs inzwischen anders überlegt: Junk ist nicht grün sondern blau.«

Also kauft er sich jetzt eine Menge Röhren und Glaskugeln, die flackern da unten im Keller, eine ganze Batterie von Röhren, Quecksilberdämpfe und pulsierende blaue Glaskugeln und ein Hauch von Ozon und eine dezente high-fidelity Bluenote, dieser Junk-Sound, der einen glatt zu Metall werden läßt, der Fix prickelt einem durch die Kristalle und dann sackt eine schwere blaue Stille herunter—KLUNK—Und sämtliche Worte werden zu kaltem, flüssigem Metall und laufen an dir runter, Mann, und du hockst da, voll im Tran, in einem kalten blauen Dunst von verdampften Banknoten—Später fanden wir heraus, daß die Metall-Junkies radioaktiv waren und explodierten, wenn sie miteinander in Berührung kamen—In diesem Stadium unserer Experimente kam uns die Nova Polizei in die Quere.

Die chinesische Wäscherei

Als mich der junge Sutherland bat, ihm eine Anstellung bei der Nova Polizei zu verschaffen, sagte ich im Scherz: »Bringen Sie mir Winkhorst, Techniker und Chemiker bei der Lazarus Pharmaceutical Company, dann können wir mal darüber reden.«

»Ist dieser Winkhorst ein Nova-Verbrecher?«

»Nein, nur so ein technischer Angestellter, den wir verhören wollen.«

Ich dachte mir natürlich, daß er keine Ahnung hatte von den Methoden, die wir benutzen, um solche Leute für ein Verhör reif zu machen—Es ist ein Vorgang, der mit der Präzision eines Uhrwerks abläuft—Zuerst schicken wir eine Reihe von Agenten los—(gewöhnlich als Journalisten getarnt)—Sie nehmen Kontakt mit Winkhorst auf und setzen ihn einem Bombardement von Reizen aus—Die Kontaktagenten unterhalten sich mit ihm und zeichnen seine Reaktionen auf die Wort-Einheiten in allen Parametern auf, während ein Fotograf gleichzeitig Aufnahmen von ihm macht—Dieses Material wird dann an die Abteilung Kunst weitergeleitet—Schriftsteller schreiben »Winkhorst«, Maler malen »Winkhorst«, ein Stanislawski-Schauspieler *verkörpert* »Winkhorst«, und dann wird uns »Winkhorst« unsere Fragen beantworten—Unsere Operation Winkhorst war bereits in vollem Gang—

Einige Tage danach klopfte es bei mir an die Tür—Der junge Sutherland stand da, neben sich einen Mann mit hochgeschlagenem Mantelkragen, so daß man nur die Augen sah, die vor Zorn und Empörung funkelten—Mir fiel auf, daß die Ärmel des Mantels leer waren. »Ich habe ihm eine Zwangsjacke angelegt«, sagte Sutherland und stieß den Mann ins Zimmer herein. »Das ist Winkhorst.«

Jetzt sah ich, daß der hochgeschlagene Mantelkragen einen Knebel verdeckte—»Aber—Sie haben mich falsch verstanden—Doch nicht so!—Ich meine... also wirklich—«

»Sie sagten doch, ich soll Ihnen Winkhorst bringen, oder nicht?«

Ich überlegte rasch. »Na gut—Nehmen Sie ihm den Knebel und die Zwangsjacke ab.«

»Aber dann wird er uns die Bullen auf den Hals schreien.«

»Nein, das wird er nicht.«

Als er ihm die Zwangsjacke abnahm, ging mir eine alte Traumvorstellung durch den Kopf—Der Vorgang ist bekannt als ›rückwirkendes Träumen‹—Wenn man es gekonnt und präzise genug handhabt, wird das Geträumte zur vollendeten Tatsache—Wenn Winkhorst jetzt schrie, würde ihn niemand hören—Auf der Rückseite des Spiegels der Welt glitt er mit mir in die Vergangenheit—Eine gläserne Barriere, Sie verstehen schon—Winkhorst versuchte erst gar nicht, zu schreien—Mit eiserner Gelassenheit setzte er sich hin—Ich bat Sutherland, uns allein zu lassen, und versprach ihm, daß ich seine Bewerbung auf dem Dienstweg weiterleiten würde—

»Ich bin hier wegen der Begleichung einer Wäscherechnung«, sagte Winkhorst.

»Welche Wäscherei vertreten Sie?«

»Die chinesische Wäscherei.«

»Die Rechnung wird auf dem Dienstweg beglichen—Sie wissen, nichts ist komplizierter und zeitraubender als die Bearbeitung von Erstattungsansprüchen für ›persönliche Ausgaben‹—Und daß Barzahlung strikt untersagt ist, wissen Sie ebenfalls.«

»Ich bin dazu ermächtigt, die Angelegenheit zu regeln—Mehr weiß ich nicht—Und jetzt würde ich gerne mal wissen, weshalb man mich hier vorgeladen hat.«

»Sagen wir nicht ›vorgeladen‹—Sagen wir lieber ›eingeladen‹—Das ist bedeutend humaner, wissen Sie—Tatsache ist, wir machen hier nur eine Umfrage—Es geht um jemanden, mit dem Sie, glaube ich, schon seit langem in engem Kontakt stehen, nämlich Mr. Winkhorst von der Lazarus Pharmaceutical Company—Wir befragen seine Freunde, Verwandten und Arbeitskollegen, um festzustellen, wie es um seine Chancen steht, als Mannschaftskapitän des Softball-Teams der leitenden Angestellten wiedergewählt zu werden—Wie wichtig diese Sache ist, müßte Ihnen ohne weiteres einleuchten, wenn Sie an das Firmenmotto denken: »Immer schön mitspielen«, nicht wahr?—Nun, um unser Gespräch lebendiger zu gestalten, wollen wir einmal so tun, als wären *Sie* Winkhorst, den ich jetzt direkt befrage, kapiert?—Also schön, Mr. Winkhorst, kommen wir gleich zur Sache—Wir wissen, daß Sie der Chemiker sind, der verantwortlich ist für die Synthese von neuen Halluzinogendrogen, von denen viele noch nicht einmal zu experimentellen Zwecken freigegeben sind —Wir wissen ferner, daß Sie an den derzeit bekannten Halluzinogenen, wie sie vielerorts im Handel frei erhältlich sind, gewisse molekulare Veränderungen vorgenommen haben—Schildern Sie einmal genau, wie diese Veränderungen bewirkt werden—Bitte lassen Sie sich nicht davon abhalten, eine erschöpfende Darstellung zu geben, auch wenn mir zum Verständnis das nötige Fachwissen fehlt—Das gehört schließlich nicht zu meinem Job—Ihre Angaben werden aufgezeichnet und der Technischen Abteilung zur Auswertung übergeben.«

»Das Verfahren ist als Streß-Deformation bekannt—Man beschleunigt zum Beispiel das Meskalin-Molekül im Zyklotron auf solche Geschwindigkeit, daß das Energiefeld deformiert und einige Moleküle zur Spaltung angeregt werden—Derart behandeltes Meskalin wird bei der menschlichen Versuchsperson (auch »Versuchskarnickel« genannt) ähm unangenehme und gefährliche Symptome hervorrufen, insbesondere das ›Hitzesyndrom‹ als Folge des Spaltprozesses—Die Versuchspersonen klagen darüber, daß sie von innen heraus verglühen, daß sie in der Gluthitze eines Ofens ersticken, daß sie einen Schwarm von glühenden Bienen im Körper haben—Diese ›glühenden Bienen‹ sind selbstverständlich die deformierten Meskalin-Moleküle—Ich drücke das hier natürlich vereinfacht aus—«

»Gibt es noch andere Verfahren?«

»Selbstverständlich. Aber es ist immer eine Frage der Deformation oder Anlagerung auf der molekularen Ebene—Ein anderes Verfahren besteht etwa darin, daß man das Meskalin-Molekül gewissen Viruskulturen aussetzt—Viren sind, wie Sie wissen, sehr kleine Partikel und können molekularen Ketten präzise angelagert werden—Eine solche Verbindung verschafft uns eine zusätzliche Eingriffsmöglichkeit bei jedem, der schon einmal an einer Virusinfektion wie etwa Hepatitis gelitten hat—Das Hitzesyndrom läßt sich mit einem solchen Präparat noch wesentlich leichter erzeugen.«

»Kann man diesen Vorgang wieder rückgängig machen? Das heißt, können Sie die Wirkung einer Verbindung wieder entschärfen, nachdem die Deformation einmal erfolgt ist?«

»Nicht so leicht—Es wäre einfacher, wenn wir unsere Bestände aus dem Vertrieb nehmen und einfach ersetzen.«

»Und jetzt würde ich gerne wissen, ob es auch gutartige Verbindungen geben kann—Könnten Sie zum Beispiel Meskalin auf der molekularen Ebene mit Apomorphin verbinden?«

»Dazu müßten wir Apomorphin erst einmal synthetisch herstellen—Wie Sie wissen, ist das verboten.«

»Und zwar aus gutem Grund, nicht wahr, Winkhorst?«

»Ja—Apomorphin wehrt eindringende Parasiten ab, indem es die regulativen Zentren dazu stimuliert, den Stoffwechsel zu normalisieren—Eine potente Weiterentwicklung dieser Droge könnte sämtliche verbalen Einheiten auflösen, die Erde mit Schweigen überziehen und damit das gesamte Hitzesyndrom ausschalten.«

»Könnten Sie so etwas machen, Mr. Winkhorst?«

»Es wäre nicht einfach—gewisse technische Details, und nur noch so wenig Zeit—« Er hielt Daumen und Zeigefinger einen halben Zentimeter auseinander.

»Schwierig, aber nicht unmöglich, Mr. Winkhorst?«

»Natürlich nicht—Wenn man mir die Anweisung gibt—

Aber das ist unwahrscheinlich angesichts gewisser Tatsachen, die uns beiden bekannt sind.«

»Sie meinen damit den angesetzten Nova-Termin?«

»Natürlich.«

»Sie sind überzeugt, daß er unausweichlich ist, Mr. Winkhorst?«

»Ich habe die Formel gesehen—Ich glaube nicht an Wunder.«

»Woraus setzt sich diese Formel zusammen, Mr. Winkhorst?«

»Es ist eine Frage der Beseitigung—Was wir als Uran kennen—und das gilt für alle derartigen Rohstoffe—ist in Wirklichkeit eine Art von Exkrement—Das Problem der Beseitigung von radioaktiven Abfällen ist in jedem zeitlichen Universum letzten Endes unlösbar.«

»Aber wenn wir die verbalen Einheiten auflösen, d.h die Behälter verdampfen, dann könnte sich die Explosion nicht ereignen—Sie hätte effektiv nie stattgefunden—«

»Vielleicht—Ich bin Chemiker und kein Prophet—Es gilt als Axiom, daß die Nova-Formel nicht zu durchbrechen ist, daß der Vorgang also irreversibel ist, sobald man ihn einmal ausgelöst hat—Sämtliche Anstrengungen und Mittel werden jetzt auf Fluchtpläne konzentriert—Falls Sie interessiert sind: ich bin ermächtigt, Ihnen ein Angebot für eine Evakuierung zu machen—natürlich auf einer zeitlichen Ebene.«

»Und was müßte ich dafür tun?«

»Sie melden einfach, daß sich auf dem Planeten Erde kein Anhaltspunkt für Nova-Aktivität ergeben hat.«

»Was Sie mir da anbieten ist eine prekäre Aqualungen-Existenz im abgedroschenen Film eines anderen—Von der Sorte, die sich in die zwanziger Jahre abgesetzt hat—Außerdem ist das ganze lächerlich—Als würde ich vom Merkur berichten: ›Das Klima ist kühl und erfrischend—Die Leute hier sind soo nett‹—oder: ›Auf dem Uranus ist man sich einer Leichtigkeit der Gliedmaßen und eines erhebenden Gefühls der Freiheit bewußt‹—Da würde Dr.

Benway kurz und bündig sagen: ›Es genügt, wenn Sie in Form einer empörten Meldung über Ihre schmutzigen Nova-Aktivitäten berichten—Es ist so lächerlich, als würde man sagen: wenn das Ei platzt, ist das Klima kühl und erfrischend—oder: Uranus ist ein Atompilz von Freiheit—Das ist der alte zersplitterte rosarote Budenzauber von 1917—Trauriger kleiner Bewässerungsgraben—Wo sonst, wenn sie sich krumm und lahm in den Blue Movies treffen?—Was Sie mir bieten, ist Aqualungen-Schrott—prekäres Fleisch—verschmierter Film, Lumpen um den Schwanz—Ein Abort, der nach den Blähungen von Straßenjungen riecht.‹«

»Ich bin ermächtigt, das Angebot zu unterbreiten. Was es wert ist, habe ich nicht zu beurteilen.«

»Das Angebot ist abgelehnt—Die sogenannten Offiziere auf diesem Planeten sind in Panik geraten und drängeln sich in Weiberkleidern ins erste Rettungsboot—Derartiges Verhalten ist eines Offiziers unwürdig, und man hat diese Leute ihres Kommandos enthoben, das sie anscheinend ohnehin nur als unerträgliche Last empfunden haben—In meiner ganzen Erfahrung als Polizeioffizier habe ich noch nie eine so ausgemacht stupide Verschwörung erlebt—Der Nova Mob, der hier operiert, besteht aus Trotteln und Pennern, die woanders nicht einmal unsere Polizeiketten durchbrechen könnten—«

Die alte Sticheltaktik, um einen Kriminellen aus der Reserve zu locken—Seit dreitausend Jahren im Dienst, und es klappt immer noch damit—Winkhorst begann sich in glühenden Schlieren im Spiralnebel des Krebses aufzulösen—Ich verspürte einen Hauch von Panik—Langsam ging ich ans Tonbandgerät—

»Wenn Sie so freundlich sein wollen, Mr. Winkhorst, dann hätte ich gerne, daß Sie sich jetzt einmal diese Musik hier anhören und mir Ihre Reaktion darauf schildern—Wir verwenden sie in einer Werbesendung für das Apomorphin-Programm—Wenn Sie sich jetzt bitte die Musik anhören wollen—Sie tun mir damit einen Gefallen—Wir denken bei diesem Spot an einen mürrischen Straßenjungen—«

Ich legte ein Band mit Gnaoua-Trommlern auf, drehte mich um und feuerte aus beiden Läufen—Nadeldünne Silberblitze, unter tonnenschwerem Druck gebündelt, nagelten ihn fest, hämmerten und zuckten im Rhythmus der Trommeln, und er zeigte sein wahres Gesicht und erwies sich also so gut wie eh und je:—Der Skorpion-Kontrolleur erschien auf dem Bildschirm, seine blauen Augen glühten und zischten, gespeist aus dem glutflüssigen Kern eines Planeten, auf dem zur Mittagszeit das Blei schmilzt, sein Körper halb verdeckt vom Säulengang eines Maya-Tempels—Ein Gestank nach Folterkammern und versengtem Fleisch füllte den Raum—Gefangene, auf Pfähle gespießt, unter dem weißglühenden Himmel von Minraud bei lebendigem Leib von metallenen Ameisen gefressen—Ich blieb auf Distanz und deckte ihn mit einem Schwall von zuckenden Lichtstößen ein, siebzig Tonnen pro square inch—Die Kommandos kamen jetzt laut und deutlich: »Zerschmettern —Zermalmen —Zerbomben —Zerstrahlen —*Killen*«—Das Blickfeld weitete sich—Ich konnte Codices der Mayas und ägyptische Hieroglyphen erkennen—Schreiende Gefangene, die in den Öfen zu Insektenformen verheizt wurden—Das lebensgroße Porträt eines menschlichen Körpers, der an einem Telegraphenmast hing und unter einem weißglühenden Himmel ejakulierte—Gestank nach Folter, wenn das Ei platzt—immer zu Insektenformen—Aufgespießte Wirbelsäulen mit Schwärmen von Pilz-Ameisen—Jugendliche Gestalt, nackt, mit herausquellenden Augen, aufgehängt an einem Telegraphenmast—

Die Musik wechselte über zu Panflöten, und ich driftete in entlegene Bergdörfer, wo blauer Dunst durch die Schieferhütten waberte—Hier lebten die Rebenvölker unter ewigem Mondschein—Der Druck war gewichen—Siebzig Tonnen pro square inch plötzlich verschwunden—Gelassen sah ich aus grauer Entfernung zu, wie es den Skorpion-

Kontrolleur in der Tiefdruckzone zerriß—Sturmwinde peitschten über eine schwarze Ebene und verstreuten die Codices und Hieroglyphen auf die Schutthalden der Erde—(Ein Mexikanerjunge pfeift einen Mambo, läßt an einer Lehmmauer die Hosen herunter und wischt sich mit einer Seite aus dem Madrider Codex den Arsch)—Staubvölker, die in Sandstürmen leben und sich im Wind treiben lassen —*Wind Wind Wind* durch verstaubte Büros und Archive —Wind durch die Vorstandszimmer und Folter-Banken der Zeit—

(»Eine große Ruhe liegt über dem grünen Land der Rebenvölker.«)

Unbeugsame Autorität

Als ich dem Bezirkskommissar meinen Bericht vorlegte, las er ihn mit einem dünnen Lächeln durch—»Man hat Sie mit einem Kriegsfilm abgelenkt und Ihnen falsche Angaben gemacht, wie üblich—Ihnen fehlt natürlich die Erfahrung—Völlig grünes Personal in diesem Sektor—Immerhin, Ihr eigenmächtiges Vorgehen gibt uns die Möglichkeit, das Verfahren ein bißchen abzukürzen—Kommen Sie mit, wir besorgen uns jetzt die wirklichen Fakten—«

Die Polizeipatrouille besetzte die Vorstandsetage im Stammhaus von Lazarus & Co—

»So, Mr. Winkhorst, und Sie, meine Herren Aufsichtsräte: jetzt mal raus mit der Wahrheit, und zwar schnell. Oder wollen Sie lieber mit den Partisanen reden?«

»Ihr dämlichen Hinterwäldler.«

»Die Information, und zwar schnell—Mit Ihrer Sorte verschwenden wir keine Zeit.«

Der BK stand da, in einer silbern glühenden Aura, und strahlte einen massiven Schwall von unbeugsamer Autorität aus.

»Also gut—Wir reden—Das Zyklotron verarbeitet Bilder—Es ist das Mikrofilm-Prinzip—Immer kleiner und kleiner, immer mehr Bilder auf immer weniger Raum, und schließlich werden sie vom Zyklotron zu kristallinem Bildmehl zerstoßen—Auf die Tour können wir uns diesen ganzen verschissenen Planeten in einem Fingerhut in den Arsch stecken und mit auf die Reise nehmen—Das Bild von uns beiden, so gut wie eh und je—*Zeit* schinden, ja?—Wie alte Varieté-Typen, die ihre Hermeline zusammenpacken, wenn Sie so wollen—«

»Schluß mit diesem Zirkus—Fahren Sie bitte mit Ihrer Aussage fort.«

»Na sicher, sicher, aber Sie sehn jetzt, warum wir lachen mußten, bis uns die Pisse kam, als wir mit ansahen, wie diese dämlichen Trottel mit Fotomontagen rumspielten—Als würde man ein Panzerregiment mit einer kaputten Schleuder angreifen.«

»Zum letzten Mal—Fahren Sie mit Ihrer Aussage fort.«

»Sicher, sicher, aber Sie verstehn jetzt unsere Einstellung zu diesen dämlichen Trotteln, die mit einem zersplitterten Budenzauber rumspielen—Greift 1917 ein Panzerregiment mit einem kaputten Sanatorium an—Konnte eben nie über seinen Schatten springen—Bloß 'n alter Showmann, das ist alles«—(Er legt eine Tanz- und Gesangsnummer hin und verläßt tanzend die Bühne—Ein Polyp von Anno 1890 nimmt ihn hinter den Kulissen fest und kommt mit einer Bauchrednerpuppe zurück.)

»Das, Gentlemen, ist ein Todeszwerg—Wie Sie sehen, wird er durch Fernsteuerung betätigt—Mit besten Empfehlungen von Mr. & Mrs. D.«

»Gebt mir 'n Fix«, sagt der Zwerg, »dann erzähl ich euch was Interessantes.«

Hydraulische stählerne Greifer fahren ein Tablett mit einem phosphoreszierenden Mehl aus, das gelb-braun wie zerstoßener Bernstein aussieht—Der Zwerg nimmt eine Spritze aus einem silbernen Etui und jagt sich eine Prise von dem Mehl in die Vene.

»Bilder—Millionen Bilder—Davon lebe ich—Zyklotron Shit—Schon mal versucht, *so* eine Sucht mit Apomorphin los zu werden?—Ich hab jetzt die Bilder von sämtlichen Geschlechtsakten und Foltern, die sich jemals abgespielt haben, und das kann ich einfach rausknallen und euch Kanaken dirigieren bis zum letzten Molekül—Ich hab Orgasmen—Ich hab Schreie—Ich hab jedes Bild, das irgendein Hinterwäldler-Poet jemals ausgeschissen hat—Es überkommt mich—Es überkommt mich—Es überkommt mich!«—Er führt sich auf wie ein besessener Gesundbeter—verdreht die Augen—Schaum vor dem Mund—»Und ich hab Millionen und Millionen und Millionen Bilder von Mir, Mir, Mir, Miiiir!« (Er sackt in einen Tran—Jäh fährt er wieder hoch und geht brüllend und geifernd auf Uranus-Willy los) »Du Kaffer—Du Drecksau—Hast mir die Bullen auf 'n Hals gehetzt—Na gut—« (Sackt wieder weg)—»Ich bin erledigt, aber du bist und bleibst ein mieser kleiner Verräter—«

»Richten Sie Ihre Bemerkungen an mich«, sagt der BK.

»All right, ihr Hinterwäldler-Sheriffs—Aus euch mach ich ausgelaugtes Hundefutter—Ihr werdet die Apomorphin-Formel nie mehr rechtzeitig kriegen—Nie! Nie! Nie!«—(Ätzender weißglühender Speichel tropft ihm von den Zähnen—Ein Geruch nach Phosphor füllt den Raum)—»Untermenschen«—Schluchzend bricht er zusammen—»Ihr habt doch nichts dagegen, wenn ich mir noch 'n Schuß setze, oder?«

»Natürlich nicht—Sobald Sie Ihre Aussage gemacht haben, wird man Sie entgiften.«

»Entgiften, sagt der—Menschenskind, sieh mich doch an!«

»Nur im Interesse der Sache, Sir.«

»Scheiße—Uranus-Scheiße—Davon leben meine Untermenschen—Und ich reib ihnen mit Genuß auch noch die Nase rein—Schönheit—Dichtung—Raum—Was hab ich davon? Wenn ich diesen Bild-Fix nicht kriege, steck ich in den Öfen—Versteht ihr?—Dann werden sämtliche Bilder von Schmerz und Haß freigesetzt—Verstehst du *das*, du dämlicher Trottel? Ich bin erledigt, aber dir quellen trotzdem noch die Augen raus—Mein jugendliches Image aus Panama, nackt und zuckrig—*Wen* erkennt man da nicht mehr wieder—Aus euch mach ich ausgelaugte Alraune—«

»Meinen Sie nicht, Mr. D., daß es in Ihrem eigenen Interesse liegt, uns mit der Apomorphin-Formel die Arbeit zu erleichtern?«

»Das würde *mir* doch nichts bringen—Nicht bei einer Sucht, wie ich sie habe—«

»Woher wollen Sie das wissen?—Haben Sie es schon einmal versucht?«

»Natürlich nicht—Wenn ich es zulassen würde, daß einer die Formel entwickelt, dann wäre der *draußen*, versteht ihr?—Und schon ein einziger, der draußen ist, würde mir alles versauen.«

»Aber schließlich haben Sie keine große Wahl, Mr. D.«

Wieder ruckte das Bild. Es verschwamm jetzt und flakkerte wie ein alter Film.

»Ich habe immer noch die Geschäftsberichte—Ich kann den Planeten schon morgen hochgehen lassen—Und du, du mieser kleiner Verräter, du wirst auf Eis in den Öfen landen—Baked Alaska * nennen wir das—Ein Baked Alaska ist der stärkste Fix, den es für mich gibt—Und es finden sich immer genug Besserwisser, die auf ein Baked Alaska warten.« Blaue Funken zischten aus den Augen des Zwergs—Ein beißender Gestank nach versengtem Fleisch waberte durch den Raum—

»Ich kann den Planeten immer noch in ne Pilzwolke verwandeln, nur so zum Spaß—Jeder Hinterwäldler-Poet scheißt euch seine Freuden hin—Kommt her und seht euch

* Die Anregung zu dieser ›Foltermethode‹ kommt aus der Gastronomie: dort ist Baked Alaska ein Dessert, bestehend aus einem Stück Baumkuchen in Form einer Alaska-Hütte, darauf eine Schicht tiefgefrorene Eiskrem, darauf eine Schicht Eierschnee; das wird vor dem Servieren einige Sekunden bei sehr hoher Temperatur überbacken, so daß der Eierschnee zu Meringe wird, ohne daß das Eis schmilzt. (C.W.)

meine Bilder an—Zeig euch was Interessantes—Kommt her und seht euch an, wie sie sich in verschmierten Bettlaken wälzen—Die Garden Boys—Und wir sind beide noch so gut wie eh und je—Reizende Bilder kommen da rein—Der Gehenkte, die Knie bis rauf ans Kinn—Versteht ihr—Die nackte Schönheit, und immer noch gut—Sein Schwanz geht hoch und verspritzt die weiße Lauge—Schon mal seinen Sack probiert, wenn das Ei platzt?—Ich hab jetzt alle Bilder in umgekehrter Reihenfolge—Durchgewetzte schwarze Hosen—Leckere Kanaken, die sich im Umkleideraum gegenseitig einen runterzittern—Ich hab Schreie—Ich hab es *gesehen*—Ein brennender Himmel, Idiot—Nichts dagegen, wenn ich mir noch 'n Schuß setze—Jimmy Sheffield ist immer noch so gut wie eh und je—Bedient mit seinem rosaroten Budenzauber das ganze Zimmer—«

Ein junger Polizist wandte sich ab und mußte sich übergeben. »Polizeiarbeit ist auf keiner Ebene erfreulich«, sagte der BK. Er wandte sich an Winkhorst: »Mit was für Zutaten versetzen Sie Ihre schmutzigen Präparate—Raus damit!—«

»Nun, ich habe ja schon einige nützliche Hinweise gegeben—Es *wird* mit einem Zyklotron gemacht—Aber so: —Angenommen, ich will die Meskalin-Formel aufheizen—Was mache ich da? Ich stecke das flammende Foto von Hiroschima und Nagasaki in mein Zyklotron und mische das Hitzemehl unter das Meskalin—Läßt sich nicht nachweisen—Wirklich erhebend, und so simpel das ganze—In seiner nackten Schönheit, und all das—Oder angenommen, ich will aus dem Boy eine besonders satte Ejakulation herausholen—Da stecke ich ins Zyklotron das Bild von seinem Schwanz, der die weiße Lauge am weißglühenden Himmel von Minraud verspritzt.«

Der Todeszwerg macht das eine Auge auf—»Hey, Bulle, komm her—Hab dir noch was zu sagen—Hier packt sowieso jeder aus, sagt der Mann—Da kann ichs genauso machen—Weißt du mit Niggern Bescheid? Wozu die da sind?—Touristenfleisch nennen wir das—Läßt sich besser transportieren—Und ich sag dir noch was—« (Er sackt wieder weg.)

»Und die Apomorphin-Formel, Mr. Winkhorst?«

»Apomorphin ist weder Wort noch Bild—Es ist natürlich irreführend, von einem ›Virus der Stille‹ oder einem Apomorphin-Virus zu sprechen, denn Apomorphin ist ein Abwehrstoff gegen Viren—Die äh Apomorphin-Präparate müssen in einem Nährboden gezüchtet werden, der Zyklotron-Konzentrate von Schmerz und Lust in sub-letalen Mengen enthält—Sub-Virus regt die Bildung von speziellen Virus-Abwehrstoffen an—Wenn die überlebenden Präparate immun geworden sind—und viele werden erst gar nicht überleben—dann haben wir die Formel, die wir brauchen, um die Viruskräfte zu besiegen—Es geht einfach darum, eine Immunisierung herbeizuführen in der sehr begrenzten Zeit, die uns noch bleibt—Wort wird zu Bild, und Bild *ist* Virus—Unsere Einrichtungen stehen Ihnen zur Verfügung, Gentlemen, und ich stehe Ihnen ebenfalls zur Verfügung—Als technischer Angestellter kann ich für jeden arbeiten—Diese Funktionäre hier wissen nicht einmal, auf welchen Knopf sie drücken müssen.«

Er wirft einen finsteren Blick auf den Zwerg, der voll im Tran dasitzt; seine Hände verwandeln sich langsam in grüne Ranken.

»Ich lasse mir nicht die Schuld dafür anhängen, daß einer zur ausgelaugten Rübe wird. Und euch will ich nur sagen, wie sehr euch die Kids im Büro und im Labor hassen, ihr verstunkenen Bleiärsche, ihr Fotzenschlecker und Kanaillen vom Aufsichtsrat!«

Technische Erklärung der Virus-Macht. »Gentlemen, am *Anfang* unserer Überlegungen stand der Vorschlag, daß wir von unserem eigenen Bild ausgehen und untersuchen sollten, wie es sich komprimieren und leichter übertragen ließe. Wir fanden heraus, daß sich das Bild vollständig in einfachen binären Code-Systemen ausdrücken ließ, deren Speicherung jedoch zuviel Raum beanspruchte. Dann ergab sich, daß wir die binäre Information auf der molekularen Ebene formulieren konnten, so daß unser vollständiges Bild in einem Sandkorn unterzubringen war. Dabei stellte sich allerdings heraus, daß diese Informations-Moleküle nicht tote Materie waren sondern eine Fähigkeit zum Leben zeigten, wie man sie ansonsten nur bei Viren antrifft. Unser Virus befällt den Menschen und macht ihn zu unserem Ebenbild.

»Zunächst verschlüsselten wir also unser Bild nach einem Code; einem technischen Code, entwickelt von Informationstheoretikern. Dieser Code wurde auf der molekularen Ebene formuliert, um Platz zu sparen. Dabei stellte sich dann heraus, daß das Bildmaterial nicht tote Materie war, sondern den gleichen Lebenszyklus wie ein Virus entfaltete. Wenn man diesen Virus auf die Welt losließ, würde er die gesamte Bevölkerung infizieren und in Ableger von uns verwandeln. Wir konnten den Virus aber erst dann ohne Risiko freisetzen, wenn gewährleistet war, daß den letzten, die sich in Ableger verwandelten, nichts auffallen würde. Zu diesem Zweck erfanden wir eine Vielzahl unterschiedlichster Formen, d.h. eine Vielfalt in bezug auf den Informationsgehalt eines Moleküls—was, *enfin,* in jedem Fall auf eine Permutation des Ausgangsmaterials hinausläuft. Die Information wird beschleunigt, verlangsamt, permutiert oder rein willkürlich verändert, indem man das Virusmaterial im Zyklotron einer hohen Energiestrahlung aussetzt. Kurz und gut, wir haben auf der Informationsebene eine unendliche Vielfalt erzeugt, die sogenannten Wissenschaftlern bei ihrer Erforschung des ›Reichtums der Natur‹ für ewige Zeiten zu tun geben wird.

»Bei alledem war stets darauf zu achten, daß sich beim Menschen nie die Vorstellung von einer körperlosen Existenz entwickeln darf. Denken Sie daran, daß die Vielfalt, die wir erzeugt haben, auf einer Permutation der elektromagnetischen Struktur von Materie-Energie-Interaktionen beruht, die keine Ausgangsbasis für körperlose Erfahrung schaffen.«

Anmerkung der Technischen Abteilung der Nova Polizei. Winkhorsts Informationen über die sogenannte »Apomorphin-Formel« waren unvollständig—Er erwähnte nichts von Alnorphin—Diese Substanz wird genau wie Apomorphin aus Morphium gewonnen—Ihre Wirkung besteht darin, daß sie die Zellen für Morphium blockiert—Eine Alnorphin-Injektion führt bei einem Süchtigen augenblicklich zu Entzugserscheinungen—Die Substanz ist ferner ein Mittel gegen akute Morphiumvergiftung—In einem Artikel, der kürzlich im *British Journal of Addiction* erschien, schreibt Dr. Isbell aus Lexington, daß Alnorphin zu keiner Sucht führe, obwohl seine schmerzstillende Wirkung noch stärker als die von Morphium sei; nur könne man es leider nicht anwenden, da es »geistige Störungen« hervorrufe—Was ist Schmerz?—Offensichtlich eine Schädigung des Gesamtbilds—Junk ist konzentriertes Bild, und daraus erklärt sich seine schmerzstillende Wirkung—Ohne Bild (als Angriffsfläche) könnte es auch keinen Schmerz geben—Dies könnte durchaus die schmerzstillende Wirkung von Alnorphin erklären, und ebenso die nicht näher erläuterten »geistigen Störungen«—Wir begannen also unsere Experimente damit, daß wir Alnorphin in Verbindung mit Apomorphin verabreichten.

Koordinatenpunkte

Der Fall, den ich gerade geschildert habe, gibt eine Vorstellung von unseren Methoden und von den Leuten, mit denen wir uns befassen müssen.

»Ich glaube nicht, daß einer von Ihnen auf dieser Kopie von einem Planeten schon einmal einen Nova-Verbrecher gesehen hat—(sie sind sehr darauf bedacht, ihre Operationen zu verschleiern)—und ich bin mir sicher, daß zuvor noch keiner von Ihnen einen Nova-Polizisten gesehen hat —Wenn das Durcheinander auf einem Planeten ein bestimmtes Ausmaß erreicht hat, verlangt das nach einer regulierenden Instanz: Polizei—Andernfalls: PFFT—

und wieder ein Planet verpufft zu kosmischem Staub—Ich werde Ihnen jetzt die Nova-Mechanismen und Techniken, die immer bewußt unauffällig eingesetzt werden, etwas näher erläutern—Ich bin mir durchaus bewußt, daß ein Polizist auf keinem Planeten gern gesehen ist, deshalb möchte ich an dieser Stelle betonen, daß die Nova Polizei nicht daran denkt, sich nach Beendigung ihrer Arbeit hier noch weiter aufzuhalten—d.h., wenn die Nova-Gefahr von diesem Planeten abgewendet ist, begeben wir uns an unseren nächsten Einsatzort—Wir tun unsere Arbeit und gehen—Der Unterschied zwischen uns und dem parasitären Auswuchs, der sonst häufig als ›Polizei‹ in Erscheinung tritt, läßt sich mit einem Beispiel aus dem Bereich des Stoffwechsels verdeutlichen: Er entspricht dem Unterschied zwischen Morphium und Apomorphin. Apomorphin wird gewonnen, indem man Morphium mit konzentriertem Chlorwasserstoff behandelt. Mit der Veränderung der chemischen Zusammensetzung ändert sich auch die physiologische Wirkung. Apomorphin besitzt keinerlei sedative, narkotische oder suchterzeugende Eigenschaften. Es reguliert den Stoffwechsel und braucht nicht länger angewandt zu werden, wenn es seine Arbeit getan hat. Ich zitiere aus *Anxiety And Its Treatment* von Dr. John Dent aus London: ›Apomorphin stimuliert die regulativen Zentren im Kleinhirn und bewirkt dadurch eine Normalisierung des Stoffwechsels.‹ Man hat es bei der Behandlung von Alkoholikern und Drogensüchtigen angewandt, und es normalisiert den Stoffwechsel so nachhaltig, daß jedes körperliche Verlangen nach einer narkotischen Substanz aufhört. Apomorphin schaltet die Drogenleitungen im Gehirn ab. Das Gift der toten Sonne löst sich in Rauch auf—«

Man kann die Nova Polizei mit Apomorphin vergleichen: eine regulierende Instanz, die nach Beendigung ihrer Arbeit nicht weiterzumachen braucht und auch nicht die Absicht dazu hat. Wer seinen Job ernst nimmt, der wird ihn so durchführen, daß er danach entbehrlich ist. Und für einen Polizisten hat das erst recht zu gelten.

Und nun sehen wir uns einmal die parasitäre Morphium-Polizei an. Zuerst *schaffen* sie ein Drogenproblem, und dann sagen sie, man brauche jetzt eine ständige Rauschgiftpolizei, um mit dem Suchtproblem fertigzuwerden. Sucht kann durch Apomorphin unter Kontrolle gebracht und zu einem Problem von geringer Bedeutung reduziert werden. Die Rauschgiftpolizei weiß das, und deshalb will sie nicht, daß Drogensüchtige mit Apomorphin kuriert werden:

Drogensucht nach Plan

Nun werden Sie mich fragen, ob ich hier ein Drogenproblem verewigen will, und darauf antworte ich: »Schützen wir die Krankheit. Wer die Gesellschaft vor der Krankheit schützen will, muß zum Verbrecher erklärt werden.«

Das Problem, wie wir es für die Vereinigten Staaten vorsehen: Zuchthausstrafen, Durchführung des ursprünglichen Drogenplans, Sucht und Verbrechen auf Jahre hinaus—›Betreuung‹ durch Einrichtungen der öffentlichen Fürsorge auf breiter Front—Suchtmittel, die den Griff zur Droge vorwegnehmen—Eine bemerkenswerte Sache—48 Stufen—Man ließ den Häftling zappeln—In Einzelhaft—Notwendige Maßnahme—

Sucht in irgendeiner Form ist die Basis—Süchtige müssen vollkommen ausgeliefert sein—Jeder Rest von freiem Willen unterminiert das Willenskapital der Notenbank—Infektion, die den Handel mit konvertierbaren Suchtmitteln begünstigt, erwies sich als geeignete Typhus-Mary, die das Drogenproblem nach England einschleppen wird—Schließlich, was die Kur angeht:—sie beseitigt das soziale Problem und ist damit eine Gefahr für die Gesellschaft—

Krebsartiges Wuchern der Sucht ist zu unserem Vorteil—Ansteckung schon bei bloßem Kontakt—Ausweitung des Marktes—Dem Staatsanwalt muß erlaubt sein, mit sämtlichen Tricks zu arbeiten.

(Cut-up eines Artikels von Malcolm Monroe, Staatsanwalt a.D.: »Der Kampf gegen die Drogensucht«, in: WESTERN WORLD, Oktober 1959)

Bild *ist* Junk, wie wir gesehen haben—Wenn ein Patient ein Bein verliert: was ist da beschädigt worden?—Offensichtlich das Bild, das er von sich hat—Also braucht er jetzt eine Ladung Bild in konzentrierter Form—Die Halluzinogendrogen verschieben das Raster der »Realität«, so daß wir eine andere »Realität« sehen—Es gibt keine einzig wahre oder richtige »Realität«—»Realität« ist nur ein mehr oder weniger gleichbleibendes Raster—Das Raster, das wir als »Realität« annehmen, ist uns von der Kontrollmacht dieses Planeten aufgezwungen worden—Und dieser Macht geht es vor allem anderen um totale Kontrolle—Um sich diese Kontrolle zu sichern, sind sie darangegangen, die Halluzinogendrogen zu monopolisieren und ihrer ursprünglichen Wirkung zu berauben, indem sie auf der molekularen Ebene toxisch wirkende Veränderungen vornahmen.

Das Grundschema des Nova-Mechanismus ist sehr einfach: Immer möglichst viele unlösbare Konflikte schaffen, und bereits existierende Konflikte verschärfen—Das wird dadurch erreicht, daß man Lebensformen mit unvereinbaren Existenzvoraussetzungen auf einem Planeten zusammensperrt—Natürlich ist keine Lebensform schon von sich aus »verkehrt«—Das wird sie erst im Konflikt mit anderen Lebensformen—Der springende Punkt ist, daß diese Formen nicht gleichzeitig auf einem Planeten sein sollten—In ihrer gegenwärtigen Form sind sie hinsichtlich der Bedingungen, die sie zum Leben brauchen, von Grund auf unvereinbar, und eben hier sieht der Nova Mob seine Aufgabe: dafür zu sorgen, daß sie ihre gegenwärtige Form behalten, so daß sich Konflikte auslösen und verschärfen lassen, die dazu führen, daß der Planet explodiert, d.h. zur Nova wird—Ständig sind Aufzeichnungsgeräte in Betrieb, die den Widerspruch der lebensnotwendigen Bedürfnisse festhalten und den Einsatz totaler Waffen diktieren—Etwa so: Man nimmt sich zwei feindliche Interessengruppen vor—Von Gruppe 1 zeichnet man die schlimmsten Gewaltandrohungen in bezug auf Gruppe 2 auf, und das spielt man dann der Gruppe 2 vor—Man nimmt deren

Antwort auf und spielt sie der Gruppe 1 vor—Ein ständiges Hin und Her zwischen feindlichen Interessengruppen—Der Vorgang ist bekannt als »Feedback«—Man kann ihn bei jedem Wirtshausstreit beobachten—Überhaupt bei jeder Auseinandersetzung—In weltweitem Maßstab praktiziert, führt das Feedback zu Atomkrieg und Nova—Diese Konflikte werden bewußt ausgelöst und geschürt von Nova-Verbrechern—Der Nova Mob: »Sammy der Metzger«, »Der Grüne Tony«, »Eisenklaue«, »Der Arschficker«, »Jacky Bluenote«, »Kalkstein-John«, »Izzy The Push«, »Hamburger Mary«, »Giftstachel-Paddy«, »Der Unterschwellige Kid«, »Der Blaue Dinosaurier«, und »Mr. & Mrs. D.« alias »Mr. Bradly Mr. Martin« alias »Der Häßliche Geist«, von dem man annimmt, daß er der Anführer des Mobs ist—Der Nova Mob—In meiner ganzen Dienstzeit als Polizeibeamter habe ich noch auf keinem Planeten eine so totale Angst und Entartung erlebt—Wir werden diese Verbrecher festnehmen und der Biologischen Abteilung übergeben, wo man die erforderlichen Mutationen einleiten wird—

Nun werden Sie sicher wissen wollen, ob wir diese verheerenden Zustände für die eine oder andere der beteiligten Lebensformen zufriedenstellend bereinigen können, und meine Antwort darauf lautet:—Der Fall Ihrer Erde muß von den Biologischen Gerichtshöfen entschieden werden—die freilich zur Zeit in einer beklagenswerten Verfassung sind—Kaum gebildet, sind sie auch schon korrumpiert und kommen wie illegale Zocker-Clubs jeden Tag an einem anderen Ort zusammen, wo sie regelmäßig überrollt werden von randalierenden Lebensformen, die mit idiotischer Hartnäckigkeit Reklame machen für ihren in der Regel völlig unpraktikablen Way-of-Life und mit allen Mitteln versuchen, die Richter zu venusischen Sexpraktiken zu verführen, die Gerichtsbeamten unter Drogen zu setzen und sämtliche Anwesenden mit Nova-Drohungen einzuschüchtern—In meiner ganzen Dienstzeit als Polizeibeamter habe ich noch auf keinem Planeten eine so totale Angst vor den erforderlichen Mutationen erlebt—Eine undankbare Aufgabe, wie Sie sehen, und wir erledigen sie nur, damit wir sie nicht woanders unter noch schwierigeren Bedingungen durchführen müssen—

Um erfolgreich zu sein, brauchte der Nova Mob eine Blockade des Planeten, so daß er ungestraft operieren konnte—Diese Blockade wurde durchbrochen von Partisanen, die vom Planeten Saturn aus gesteuert wurden und das Kontrollmuster von Wort und Bild zerstörten, das der Nova Mob installiert hatte—Also ließen wir unsere Agenten einsickern und machten uns an die Arbeit, immer in enger Verbindung mit den Partisanen—Bei der Auswahl von lokalen Mitarbeitern sahen wir uns vor eine außerordentlich schwierige Aufgabe gestellt—Offen gesagt, die meisten existierenden Polizeibehörden erwiesen sich als hoffnungslos korrupt—Dafür hatte der Nova Mob gesorgt—Paradoxerweise rekrutierten wir einige unserer besten Agenten aus den Reihen derer, die man auf diesem Planeten als Verbrecher bezeichnet—In vielen Fällen mußten wir Agenten einsetzen, die in polizeilicher Arbeit unerfahren waren—Dabei gab es natürlich Verluste und Pleiten—Sie müssen bedenken, daß ein Zivilfahnder die entsetzlichsten Grausamkeiten mit ansehen muß, ohne einschreiten zu können—Manchmal muß er jahrelang warten, ehe er eine einwandfreie Verhaftung vornehmen kann—Es ist daher kein Wunder, daß unerfahrene Beamte gelegentlich die Kontrolle verlieren, wenn es mit einer Verhaftung endlich soweit ist—Ein solches »Verhaftungsfieber«, wie wir es nennen, kann eine ganze Operation zum Scheitern bringen—In einem Fall, der sich erst vor kurzem ereignet hat, erlitt unser Mann in Tanger einen Anfall von »Verhaftungsfieber« und griff sich jeden, der ihm ins Visier kam, darunter auch einige unserer eigenen Fahnder—Er wurde in einen anderen Sektor versetzt und macht seither Innendienst—

Lassen Sie mich erläutern, *wie* wir eine Verhaftung vornehmen—Nova-Verbrecher sind keine dreidimensionalen

Organismen—Sie sind zwar durchaus Organismen, wie wir gleich sehen werden, aber sie brauchen dreidimensionale menschliche Agenten, durch die sie operieren können—Der Punkt, in dem sich ein krimineller Kontrolleur mit einem dreidimensionalen menschlichen Agenten schneidet, wird als »Koordinatenpunkt« bezeichnet—Und wenn es eines gibt, was sich von einem menschlichen Wirt auf den nächsten überträgt und in diesem die unverwechselbare Eigenart des Kontrolleurs sichtbar macht, dann ist es die Macht der *Gewohnheit:* Eigenheiten, Laster, Vorliebe für bestimmte Nahrung (—bei Hamburger Mary war es ihre Vorliebe für Erdnußbutter, die uns in die Lage versetzte, ihre Spur zu verfolgen—), eine Geste, ein gewisses Lächeln, ein besonderer Blick, d.h. der *Typ* eines Kontrolleurs—Ein Kettenraucher wird immer durch Kettenraucher operieren, ein Süchtiger durch andere Süchtige—Ein einzelner Kontrolleur kann zwar durch Tausende von menschlichen Agenten operieren, doch seine Koordinatenpunkte müssen alle auf einer bestimmten Linie liegen—Manche bewegen sich auf der Junk-Linie durch die Süchtigen der Erde, andere auf der Linie gewisser sexueller Praktiken, usw.—Die entscheidende Verhaftung können wir also nur dann vornehmen, wenn es uns gelingt, dem Kontrolleur seine gesamten verfügbaren Koordinatenpunkte zu blokkieren, so daß er sich nicht mehr mit Wirtsorganismen tarnen kann—Andernfalls verlegt er sich nur auf andere Koordinaten und entkommt uns—

Auf unsere ersten Koordinatenpunkte stießen wir in London.

Überblendung auf ein schäbiges Hotel in der Nähe von Earl's Court, London. Einer unserer Agenten gibt sich als Schriftsteller aus. Er hat einen sogenannten pornographischen Roman mit dem Titel NAKED LUNCH geschrieben, in dem die Masche mit dem Orgasmus-Tod geschildert wird. Das war unser Köder. Und sie bissen auch prompt an. Ein kurzes Klopfen an der Tür, und da stand ›es‹: ein grünes Zwitterwesen aus den Kloaken der Venus. Die farblose Vampir-Kreatur aus einem grünen Land ohne Spiegel. Den Agenten überkam ein leichtes Fieber. »Verhaftungsfieber«. Der Grüne Junge mißdeutete diese Gefühlsregung als Tribut an seine persönlichen Reize, er warf sich in Positur und stelzte im Zimmer herum. Dieser Organismus ist nur dann gefährlich, wenn er vom Insektengehirn von Minraud gesteuert wird. In jener Nacht gab der Agent seinen Bericht durch:

»Kontrolleur ist eine Frau—Wahrscheinlich Italienerin —Eine Villa außerhalb von Florenz geortet—Und einen Makler, der in dieser Gegend arbeitet—Wir ziehen Patrouillen zusammen—Nehmen Verbindung mit örtlichen Partisanen auf—Rechnen mit dem Einsatz venusischer Waffen—«

In den folgenden Monaten förderten wir immer mehr Koordinatenpunkte zutage. Wir ließen den Grünen Jungen rund um die Uhr beschatten und hörten sein Telefon ab. Wir kamen dahinter, daß die ›Andere Hälfte‹ des Maklers in Tanger arbeitete.

Ein Makler ist jemand, der kriminelle Jobs arrangiert:

»Greift euch diesen Schriftsteller—diesen Wissenschaftler—diesen Künstler—Er weiß zuviel—Besticht ihn—Wickelt ihn ein—Setzt ihn unter Druck—Übernehmt seine Koordinatenpunkte—«

Und der Makler sucht sich einen, der den Job ausführt: »Ein Fenstersturz. Das ist was für ›Izzy The Push‹—Der hier fällt auf die scheißfreundliche Tour rein. Das ist etwas für ›Green Tony‹—Das hier ist ein ganz hartnäckiger Fall. Da hilft nur noch eins: Holt ›Sammy den Metzger‹ und heizt die Öfen an—«

Alle Makler haben ihre dreidimensionalen Kontakte in der Unterwelt und arbeiten mit den Nova-Wächtern zusammen, die ihnen die Beschatter vom Hals schaffen und ihre Operationen abschirmen. Doch als wir die ›Andere Hälfte‹ in Tanger geortet hatten, konnten wir die Telefonate mithören, die zwischen den beiden hin und her gingen.

An diesem Punkt fiel uns ein wahres Geschenk vom Himmel. Vom Nova Mob hatte sich einer abgesetzt: Uranus-Willy, Der Schwermetall-Kid; bzw. »Willy der Verräter«, wie er inzwischen bei seinen einstigen Kumpanen heißt. Willy stand schon seit langem auf der Liste der »Unzuverlässigen« und war für »Totale Beseitigung in den Öfen« vorgesehen. Doch er hatte sich mit Apomorphin eingedeckt, war ihnen entkommen und hatte Verbindung mit unserem Agenten in Tanger aufgenommen. Blende.

Uranus-Willy

Uranus-Willy, der Schwermetall-Kid. Auch bekannt als ›Willy der Verräter‹. Er öffnete den Mackern die Augen. Sein metallenes Gesicht verzog sich langsam zu einem Grinsen, als er mit seinen Antennen, die ihm aus dem durchsichtigen Schädel ragten, das Zirpen der Überschalldrohungen aufnahm:

»Tod in den Öfen.«

»Tod im Tausendfüßler.«

Er saß in dieser toten Bruchbude in der Falle, umzingelt von den Nova-Wächtern; trotzdem sah er für sich noch mehr als eine 50:50 Chance für einen Ausbruch. Elektriker im Benzinknall der Geschichte. Sein Hirn versengt von Hitzestrahlen. Nur noch eine Hoffnung im ganzen Universum: Plan D.

Er war noch längst nicht aus der Sperrzone heraus, aber er hatte die Wortfesseln abgestreift und alarmierte jetzt das versprengte männliche Personal der Erde:

DAS IST DER TOTALE KRIEG. KÄMPFT EUCH ZELLE UM ZELLE DURCH DIE KÖRPER UND HIRNE DER ERDE. ALLE, DIE IHR SEELISCH VERKÜMMERT UNTER DER WIRKUNG IHRER ORGASMUS-DROGE UND ZITTERT UNTER DER DROHUNG IHRER NOVA-ÖFEN: GEFANGENE DER ERDE, KOMMT HERAUS. STÜRMT DAS STUDIO.

Plan D sah die restlose Entlarvung vor: Überall den Makkern die Augen öffnen; ihnen zeigen, daß das Glücksrad von LIFE-TIME-FORTUNE gezinkt ist; das Realitätsstudio stürmen; und das Universum zurückerobern. Der Plan wurde abgeändert und neuen Gegebenheiten angepaßt, entsprechend den Berichten seiner ferngesteuerten Patrouillen, die sich schnüffelnd und hechelnd durch Straßen und Hirne der Erde tasteten.

»Vermintes Gebiet—Überall Wachen—Wir kommen nicht durch—«

»Einsatz totaler Waffen befehlen—Virus der Stille freisetzen—«

»Geschäftsbücher in unserer Hand—Schwere Verluste—«

»Foto fällt—Wort fällt—Durchbruch in den Grauen Raum—Partisanen aller Länder einsetzen—Türme, Feuer frei—«

Der Realitätsfilm gab nach und beulte sich aus wie ein Schott kurz vor dem Bersten, und die Druckanzeige stieg höher und höher. Der Zeiger stand fast schon auf NOVA. Nur noch Minuten. In den Straßen, leergefegt von heulenden Glas-Blizzards der feindlichen Flak, hing in der Mittagshitze der brandige Metallgestank des interplanetarischen Kriegs. Seine Erscheinung löste sich auf zu einem trüben grauen Bild zwischen Licht und Schatten und glitt durch Spiegelstraßen und Schattentümpel. Ja, er öffnete den Mackern die Augen. ›Willy der Verräter‹, wie sie ihn unter anderem nannten, die Syndikate des Universums, die mit Killer-Händen aus der Ferne nach ihm tasteten. Ein Café. ›Wir servieren echten Englischen Tee‹. Er ging auf eine Tasse hinein, und ein hagerer grauer Mann, der eine unbeugsame Autorität ausstrahlte, setzte sich zu ihm an den Tisch.

»Nova Polizei. Ich denke, wir können dafür sorgen, daß die alten Nova-Haftbefehle gegen Sie aufgehoben werden. Arbeiten Sie mit uns zusammen. Wir wollen Namen und Koordinatenpunkte. Ihren Antrag auf Biologischen Transfer müssen Sie bei den zuständigen Stellen einreichen.

Wir haben damit nichts zu tun. So, und jetzt werden wir uns einmal in Ihrem Zimmer umsehen, wenn Sie nichts dagegen haben.« Seine Fotos und Papiere glitten durch ihre Finger, als bewege sie ein leichter kühler Frühjahrswind. Die Graue Polizei des Regulators, grau und gelassen in ihrer unerschütterlichen Autorität. Willy hatte schon früher mit ihnen zusammengearbeitet. Er wußte, daß sie als Zivilfahnder unter ebenso gefährlichen Bedingungen arbeiteten wie er selbst. Sie waren entschlossene Männer und würden ihn genau wie jeden anderen Agenten opfern, um den Nova Mob verhaften zu können:

»Sammy der Metzger«, »Der Grüne Tony«, »Eisenklaue«, »Der Arschficker«, »Jacky Bluenote«, »Kalkstein-John«, »Izzy The Push«, »Hamburger Mary«, »Der Unterschwellige Kid«, »Der Grüne Krake«, und »Willy der Verräter«, der den Mackern beim letzten Coup die Augen öffnete. Und in einem Ausbruch von metallischer Wut nahmen sie den Uranus auseinander.

Als er am Sargasso Café vorbeiging, nahm die schwarze Insekten-Flak von Minraud seine vitalen Zentren unter Beschuß. Zwei lesbische Agenten mit glasigen Gesichtern aus transplantiertem Penisfleisch saßen da und schlürften Rückenmarksflüssigkeit durch Alabasterröhrchen. Augenblicklich deckte er seine Umgebung mit dem Raster der Stille ab. Grauer Nebel driftete durch das Café. Der tödliche Virus der Stille lähmte die Wortmuster, verstopfte die abdominalen Atemöffnungen der Insektenmenschen von Minraud.

Schwaden von grauem Rauch Grau das alles verstopft VERSCHIEBEN SCHNITT VERFILZEN sie atmen Medium die Wort- SCHNITT VERSCHIEBEN -muster Wörter SCHNITT die Insekten- VERFILZEN SCHNITT VERSCHIEBEN lähmt Wort SCHNITT Atem Stille VERSCHIEBEN abdominal SCHNITT VERFILZEN verstopft Wort Öffnungen.

Er blieb nicht stehen und drehte sich auch nicht um. Niemals umdrehen. Er arbeitete schon so lange als professioneller Killer, daß er sich an nichts anderes mehr erinnerte. Unter Nova-Verhältnissen auf dem Uranus geboren. Erinnerungen hat nur einer, der frei ist. Und er war ein Todeskandidat in einem ausbruchsicheren Universum von Geburt und Tod. Also sprach er die Worte, die dem WORT ein Ende machen—: ›Ich nehme dem »Wort« seine Farbe.‹

Wortstaub überall, wie morscher Putz an den Gebäuden. Farbloser Wortstaub driftete durch die verräucherten Straßen. Explosiver Bio-Vorstoß aus dem All ins Neon.

Unten an der Treppe stieß Uranus-Willy auf einen Ofen-Wächter. Bei der Berührung mit den Insektenklauen schrumpfte sein Fleisch unter der entsetzlichen trockenen Hitze. In der Falle, abgeschnitten an diesem gnadenlosen Ort. Ein Gefangener, bei lebendigem Leib gefressen von glühenden Ameisen. Im allerletzten Augenblick schoß er seinen silbernen Strahl ab, und der ätzende Gestank von verbranntem Film stieg ihm in die Nase, als er durch die Tür ging, vor der eben noch der Wächter gestanden hatte.

»Laute verschieben—Eingänge freikämpfen—Wortverbindungen zerschneiden—Foto fällt—Wort fällt—Durchbruch in den Grauen Raum—Partisanen aller Länder einsetzen—*Türme, Feuer frei*—«

Wird es Hollywood nie lernen?

»Wort fällt—Foto fällt—Durchbruch in den Grauen Raum—«

Dic Zeitmaschine dreht durch und setzt wahnwitzige Befehle und Gegenbefehle ab—

»Hochfrequenz-Stimme von C—Wortverbindungen verschieben—›Touristen‹ vibrieren.«

»Ich sagte, den Polizeichef haben sie in Bagdad gehäutet, nicht in Washington D.C.«

»Britischer Premier von rechtsradikalen Putschisten ermordet.«

»Schweiz friert alle ausländischen Guthaben ein—«

»Hirnloser Idiot, du hast den Kommissar liquidiert—«

»Wortverbindungen zerschneiden—Laute verschieben—«

Elektrische Stürme der Gewalt fegen über den Planeten—Verzweifelter Abwehrkampf in unhaltbar gewordenen Positionen—Regierungen, herrschende Klassen, ganze Zivilisationen stürzen in Straßen der totalen Angst—Staatschefs drehen ihre Bildstrahlen auf und versuchen die Welt mit Ablegern zu überschwemmen—Die wiederum werden von Anti-Bildern hinweggefegt—

»Wort fällt—Foto fällt—Straßen aufrollen—«

Gongs der Gewalt, und wie—Zeig euch was—Maschine dreht durch—»Mr. Bradly Mr. Martin« rückt mit seiner Armee von Zeit-Betrügern ein und klemmt sich die Realitätskonzession für die Ernennung eines Ministers Für Verfahrene Auswärtige Toiletten-Angelegenheiten—Arbeiter werden in SOS entlohnt—Die Grauen brachte eine Londoner Spezialität auf die richtige Spur—SOS-Regierungen verschwinden in fremden Körpern und verpuffen in der ausgelaugten metallischen Dämmerung—Gegenbefehle im Dröhnen von Gongs—Polizeimaschinerie im Kampf mit Aufständischen in den Randzonen von D.C.—Todeszwerge zirpen sich Morsezeichen in Überschall zu, pumpen sich voll mit Ammoniak und zischen in eine Umlaufbahn um die Saturn-Galaxie—Der Film läuft mit erhöhter Geschwindigkeit—Ständiger Wechsel von Ort und Zeit—

»Angriff auf Position in Höhe Flipper-Automat—Türme, Feuer frei—«

Atmosphäre und Klima wechselten täglich—von Kohlendioxyd zu Ammoniak und reinem Sauerstoff—von trokkener Minraud-Hitze zu blauer Uranus-Kälte—An einem Tag sahen sich die Bewohner von unerträglicher Schwerkraft in bewegungsunfähige Reptilienformen gepreßt—Am nächsten Tag schwebten sie in der dünnen Luft kläglich verspielter Planeten—In der U-Bahn brach sich das Echo sämtlicher Sprachen—D fotografierte eine Million

Schlachtfelder—»Wird es Hollywood nie lernen?—Eine unvorstellbare und restlos stupide Katastrophe—«

Unglaubliche Formen, nur noch auf nacktes Überleben eingerichtet, tauchten auf, stießen zusammen und explodierten im veränderten Druck—Verzweifeltes Fleisch von Zeit-Betrügern—Gemurmel von Zivilisationen, die sich in Luft auflösen—

»Der Tod hat sich alles geklemmt, Johnny.«

Bradly und mich hielt nur noch ein merkwürdiger Schleim zusammen—Die ausgelaugten Straßen von gestern, kaum noch zu halten—Ausgetretene Pfade einer verzweifelten Lage—Ständig wechselnde Realität—Nacktes Überleben bei verändertem Druck—Fleisch in dünnen Schichten verpufft im gewaltigen Trümmerhaufen der wildgewordenen Maschine—

»Feind hustet SOS . . . — — — . . .«

»Orbit Sammy und die Boys im Stillen Raum—Die Maschine läuft mit Kohlendioxyd—Hochfrequenz-Stimme von C—Alle Ling-Eingänge frei von aufgewiegelten—«

Funksprüche einer Regierung, die sich mit letzter Verzweiflung hielt—Totale Angst in Hicksville—Außenminister Für Fernöstliche Hotel-Angelegenheiten in den Randzonen des Hotels ermordet—Morse-Diplomaten des Todes halten sich in einer Cocktail Bar—

»Blaue Kälte breitet sich aus. Sauerstoff-Gesetz schafft keine Abhilfe.« Die Sowjetunion ließ verlauten: »Gerade diejenigen, die gegen eine Veränderung der Druckverhältnisse sind, hüllen sich jetzt in Schweigen—«

Jeder will den anderen aus der Erdatmosphäre drängen—Das Kinderhilfswerk in dünner Luft bereits auf verlorenem Posten—Aktion ›Trautes Heim‹ versucht das ganze mit Ablegern zu überschwemmen—

Ich saß da, meinen Hut auf dem Kopf, und sagte: »So etwas mache ich nicht mit—«

Ekelhafter Tod durch merkwürdigen Schleim, den es in eine Umlaufbahn aus kosmischer Kotze schleudert—(Schwach glimmendes Kerzenlicht—Denkt daran, ich war

Kohlendioxyd)—Erhebende Vorstellung von ständig wechselnder Realität—John hat sich auf schätzungsweise 5000 Männer und Frauen verteilt—Alle anderen machen es mit dem Grauen Schleier—Fleisch, das zu Partikeln gefriert, die unter der Bezeichnung »Gutes Bewußtsein« laufen und unweigerlich in der Toilette landen—Oder als farblose Schichten in Mexikanern—Das ist die andere Code-Möglichkeit des Grauen Schleiers—Kann sozusagen nur in nacktem Zustand entziffert werden—Am besten anhand von pornographischen Fotos—Die Instruktionen für den Umkehrprozeß liegen auf dem Autositz—

»Hirnloser Idiot, du hast das Schattenkabinett liquidiert—«

Polizei auf Morsezeichen verkleinert und in Überschall hinausgeschleudert—Konferenz des Krisenstabs an der Einmündung zur Avenue—

»Partisanen aller Länder—Wortverbindungen zerschneiden—Laute verschieben—Touristen vibrieren—Eingänge freikämpfen—Wort fällt—Foto fällt—Durchbruch in den Grauen Raum — — — . — . — — — — — . — . — . . . . — . . — . — . . . — . . — . — — . . — — . . . . — — — — — — — — . . — . . — . — . . . — . . . . — . — — .«

Türme, Feuer frei

Partisanen zusammenziehen—Türme der Spanischen Villa einnehmen—Höhe 32—Eine Einheit der Grünen Luftlande-Division durchkämmte den Garten—Mit Antennenstrahlern und zuckenden Lichtstößen aus den Brenngläsern ihrer Brillen zerstrahlten sie die Vampir-Wächter—Sie stießen die verglimmenden Körper zur Seite und besetzten Die Türme—Der Techniker drehte an den Knöpfen seines Funkgeräts—Er trank ein Glas doppelkohlensaures Natrium und rülpste in die Hand—*urrp*.

»Der Kerl vom Uranus hatte recht—Der gottverdammte Käpt'n ist ein Arschficker—Was ist das bloß für ein Scheißapparat hier??—Keinen Furz wert—Wo schaltet man denn hier um?—Ah, da—Bitte kommen—*urrp urrp urrp.*«

»Ziel: Orgasmus-Strahl-Anlagen—Gothenberg, Freelandt—Koordinaten: 8 2 7 6—Studio besetzen—Geschäftsbücher sicherstellen—Todeszwerge ausschalten—«

Überschall-Sexbilder zuckten über den Bildschirm—Die Piloten in gespannter Erwartung, vor Erregung zitternd wie ferngesteuerte Spürhunde—Antennenstrahler drehten sich, suchten, tasteten nach den Nervenzentren des Feindes—

»Zielpunkt.«

»Liegt an.«

»Türme, Feuer frei—«

Zerbomben—Zermalmen—Zerschmettern—Kippen—Zerstrahlen—*Killen.* Ihre Steintafeln pulverisieren. Bliip Bliip Bliip—*Tod den Nova-Wächtern—Tod den Vampir-Wächtern—*

Pilot K9 zerstrahlte die Skorpion-Wächter und übernahm das Kommando beim Durchbruch in den Grauen Raum—Zu den Geschäftsbüchern und den Todeszwergen—Ein riesiges graues Lagerhaus, mit Maschendraht in Zellen unterteilt—Auf Flaschen gezogene, künstlich ernährte Larven von Todeszwergen, auf Regalen übereinander gestapelt—Die Todeszwerge von Minraud—Operation Endlösung—Zwerg-Embryos regten sich träge in grüner Flüssigkeit—Jeder mit einem Schlauch im Nabel, durch den die Nährlösung lief—Die Körper bestanden aus transparenten Schichten, imprägniert mit dem Code der Endlösung, der zu wirken beginnt, sobald im menschlichen Wirt das Ei platzt—Todeszwerge, die auf ihren Transfer in den Menschlichen Wirt warteten—Von der Weichen Schreibmaschine imprägniert mit dem Code der Steintafeln von Minraud—

»Durchbruch im Grauen Raum—Todeszwerge ausgeschaltet—Geschäftsbücher sichergestellt—«

»Vorrücken auf das Studio für Sex-Apparaturen und Blue Movies—Hinter der Buchhandlung—Kanal 5, Nähe Spiegel Bridge—«

»In der Nähe von Studio—Elektrische Stürme—Kommen nicht durch—«

»Pilot K9, Sie sind getroffen—zurück—landen!«

Die Sanitäter gaben ihm Trommelmusik mit voller Lautstärke auf die Kopfhörer—»Apomorphin! Schnell!«—Eine Ultrakurzwellen-Sonde verschloß seine Wunden mit Rasterpunkten von drahtlos übermittelten Fotos aus der Image Bank—Drei Minuten später war K9 wieder im Einsatz—Aus allen Rohren feuernd raste er in eine Wand aus schwarzer Insekten-Flak—Die Anlagen des Feindes detonierten in einer weißen Stichflamme—Das Kampfgebiet umfaßte die endlosen suburbanen Konzentrationslager von England und Amerika—Schreiende Vampir-Wächter im sengenden Stakkato der Lichtstöße—

»Partisanen aller Länder—Feuer eröffnen—Kippen—Zerschmettern—Zermalmen—Zerstrahlen—Zerbomben—Killen—«

»Pilot K9, Sie sind abgeschnitten—zurück—Zurück, eh das ganze gottverdammte Scheißhaus in die Luft fliegt—Sofort zurück zum Stützpunkt—Auf Musik-Leitstrahl zurück zum Stützpunkt—Halten Sie sich aus dieser Zeit-Flak heraus—Alle Piloten auf Leitstrahl von Panflöten zurück zum Stützpunkt—«

Der Techniker mixte sich ein doppelkohlensaures Natrium und besah sich die Verwüstungen auf seinem Bildschirm—Unmöglich, das Ausmaß des Schadens abzuschätzen—Alle bisherigen Angaben waren nicht mehr als eine aus der Luft gegriffene Zahl—Anlagen in Trümmern—Personal dezimiert—Geschäftsbücher vernichtet—Elektrische Wellen des Widerstands rauschen durch die Hirne der Erde—Auf Kurzwelle überall auf der Welt der Aufruf zum bedingungslosen Widerstand—*»Das ist der Totale Krieg—Laute verschieben—Wortverbindungen zerschneiden—Touristen vibrieren—Eingänge freikämpfen—Foto fällt—Wort fällt—Durchbruch in den Grauen Raum—Partisanen aller Länder—Türme, Feuer frei—«*

Im Spiralnebel des Krebses

Sie haben keinen »Emotions-Sauerstoff«, wie sie es nennen, in ihrer Atmosphäre. Das Medium, in dem tierisches Leben atmet, existiert nicht in dieser gnadenlosen Welt—Verdorrte Ebenen unter einem glühenden blauen Himmel—Metall-Städte, kontrolliert von den Ältesten, die Köpfe in Flaschen sind—Gehirne der schnellsten Denker, für alle Zeiten konserviert—Die einzige Form von Unsterblichkeit, die es für Die Insektenmenschen von Minraud gibt—An die Kontroll-Gehirne angeschlossen eine vielfach verschlungene Bürokratie, die jede Bewegung steuert—Dennoch gibt es eine raffinierte Untergrundbewegung, die mit telepathischen Falschmeldungen und Ablenkungsmanövern arbeitet—Die Partisanen lenken die Kontrollstationen mit vorproduzierten Bändern ab und gewinnen dadurch einige Sekunden Zeit, um eine Untergrund-Aktion durchzuführen—Größtenteils besteht der Untergrund aus Abenteurern, die die herrschenden Köpfe überlisten und stürzen wollen—Eine Revolution hat es in der Geschichte von Minraud bereits gegeben—Säuberungen sind an der Tagesordnung—Köpfe werden gestürzt, in den Öfen vernichtet und ersetzt durch andere, die noch leistungsfähiger sind und noch radikalere Waffen ersinnen—Die erste Waffe von Minraud ist natürlich Hitze—Im Zentrum jeder Stadt stehen Die Öfen, in denen all diejenigen enden, die den Kontroll-Gehirnen den Gehorsam verweigern—Eine kegelförmige Struktur aus schillerndem Metall, durchglüht von der Hitze aus dem glutflüssigen Kern eines Planeten, an dessen Oberfläche zur Mittagszeit das Blei schmilzt—Rund um die Öfen liegen Die Messing- und Kupferstraßen—Hier hämmern die Kesselflicker und Schmiede ihre metallenen Rhythmen, während Gefangene und Verbrecher der *Endlösung* zugeführt werden—Die Ofen-Wächter sind rote Krustazeen-Menschen mit Augen wie der glühende Himmel—Durch Kontakt mit gefangenen Feinden und den

Qualen der Öfen mutieren sie gelegentlich soweit, daß sie Gefühle empfinden—Oft verhelfen sie Gefangenen zur Flucht, und manche von ihnen sind auch schon zusammen mit Gefangenen geflohen—

(Als K9 in das Apartment kam, spürte er, wie ihm die würgende Atmosphäre von Minraud den Brustkorb zusammenpreßte und das Gehirn lähmte—Er schaltete auf Reserve, nahm ein Mittagessen zu sich und machte Konversation—Als er aufbrach, begleitete ihn sein Gastgeber durch die Straßen von Minraud, vorbei an den Öfen, die jetzt leer und kalt waren—Unter der ruhigen, sicheren Führung seines Begleiters erreichte er die Ecke 14. Straße und Third Avenue—

»Ich muß jetzt zurück«, sagte der andere—»Sonst wird es für mich zu weit.«

Er lächelte, streckte die Hand aus, und seine Konturen verschwammen in der fremden Luft—)

Rote Wächter in weißen golddurchwirkten Amtsroben führten K9 unter dem metallischen Dröhnen der Hämmer durch die Messing- und Kupferstraßen zu den Öfen—Weißglühende Metallgitter schlossen sich um seinen Körper, und die Ofenhitze trocknete seine Lebensenergie aus—

»Dosis zwo—Zeit: 3,5«, sagte der Wächter—

K9 ging hinaus in die Messing-und-Kupferstraßen—Eine Slumgegend mit Verkaufsbuden und schwelenden Schlackenhaufen, durchkreuzt von Pfaden, die tief in das phosphoreszierende Metall getrampelt waren—Auf einem Platz, der mit schwarzen Knochen übersät war, stieß er auf eine Gruppe von fünf Skorpion-Menschen—Rötliche Gesichter aus durchsichtigem Knorpel, die von innen heraus glühten—Jeder mit einem Stachel, von dem das Ofengift tropfte—Elektrischer Haß blitzte aus ihren Augen, sie glitten vorwärts und wollten ihn einkreisen, zogen sich aber beim Anblick des Wächters zurück—

Sie kamen jetzt in eine Gegend mit Tätowier-Buden und Massagesalons—Eine Musik, die sich anhörte wie Wind durch dünne Drähte, verschaffte ein wenig Erleichterung von der entsetzlichen trockenen Hitze—Diese Musik ging aus von schwarzen Käfern, die durch die Luft summten im stetigen heißen Wind aus den Ebenen rings um die Stadt—Auf den Ebenen vereinzelte Dörfer mit kegelförmigen Häusern aus papierdünnem Metall, in denen genügsame friedliche Krebsmenschen unbehelligt in der heißesten Region des Planeten leben—

Der Herrscher des Spiralnebels, auf einem Schlackenhaufen aus schwelendem Metall unter dem weißglühenden Himmel, setzt seinen ganzen Schmerz in geistige Energie um und hält sich so an der Macht—Er ist abgeschirmt durch Hitze und Krebs-Wächter und die Gehirne, die jetzt armiert sind mit dem Flammenden Foto von Hiroschima und Nagasaki—Die Gehirne unter seiner Kontrolle sind eingeschlossen in einem riesigen Gebäude aus Stahl und Kristall und planen mit Hilfe von Virus-Rastern und Kombinations-Formeln die Schachzüge, mit denen ganze Galaxien auf tausend Jahre hinaus vorprogrammiert werden—

Für die Besetzung des Planeten Erde haben sich die Insektenmenschen von Minraud mit der Virus-Macht der Pflanzenmenschen verbündet—Der Trick besteht in einer Umkehrung der Photosynthese—Die Pflanzenmenschen absorbieren den ganzen Sauerstoff und alles, was tierisches Leben sonst noch zu seiner Erhaltung benötigt—Immer der farblose Schleier zwischen dir und dem, was du siehst, schmeckst, berührst, riechst und ißt—Diese grünen Pflanzen-Junkies verbrauchen langsam deinen Sauerstoff, um sich ihren Kohlendioxyd-Tran zu erhalten—

Als K9 das Café betrat, spürte er sofort, wie ihn der farblose Dunst der Pflanzenmenschen einhüllte—Das Essen verlor Geschmack und Würze, die Konturen der Leute verschwammen wie in Zeitlupe—Und da vor ihm saß ein ganzer Klumpen von Pflanzen-Junkies, die es alles einatmeten—Er stellte sich an den Flipper-Automaten, gab mit dem Klicken der Kugel einige Umkehr-Kombinationen durch und verließ das Café—Auf der Straße quasselten die

Bürger wie übergeschnappte Bauchrednerpuppen drauflos —Die SOS-Junkies hatten in der ganzen Gegend die Stille aufgesogen und saßen jetzt in blauen Blöcken von Schwermetall herum—Die Erdkruste knirschte bedrohlich unter ihrem Gewicht—Er zuckte die Schultern—›Kann den Jungs keinen Vorwurf machen.‹

Er wußte, was einen erwartete, der seine SOS-Sucht loswerden wollte: Weißglühende Agonie von tauendem Metall—Und der verzweifelte Kampf gegen das Ersticken im Kohlendioxyd-Entzug—

Virus, definiert als dreidimensionaler Koordinatenpunkt eines Kontrolleurs—Transparente Schablonen mit Virus-Perforation werden wie Lochkarten von der Weichen Maschine durch das Opfer gejagt, um einen ›Schnittpunkt‹ zu ertasten—Der Virus-Angriff gilt in erster Linie dem ganzen Spektrum von Gefühlen und Empfindungen—Viren von Wut, Haß, Angst und Gemeinheit umwabern dich und warten auf einen Einstieg—Und kaum sind sie drin, stellen sie in deinem Namen auch schon etwas Gemeines, Gefährliches oder Widerwärtiges an, das in Bild und Ton exakt aufgezeichnet zu einer der Virus-Schablonen wird, wie sie deinem Hirn-Raster immer wieder präsentiert werden, so daß es zu immer mehr Virus-Kopien von Wort und Bild kommt, bis du schließlich restlos davon eingedeckt wirst—Ein unsichtbarer Hagel von negativen Worten und Bildern—

Was macht ein Virus, wenn er einen Einstieg findet und sich einnistet?—Er fängt an zu fressen—Und was macht er aus dem, was er frißt?—Er macht exakte Kopien seiner selbst, die ebenfalls anfangen zu fressen und weitere Kopien produzieren, die ebenfalls anfangen zu fressen und noch mehr Kopien produzieren, usw., bis schließlich der Virus an der Macht ist—Der Virus von Angst und Haß ersetzt nach und nach die Zellen des Opfers durch Virus-Kopien—Programmierte Aushöhlung des Körpers—Ein endloser Bandwurm von negativen Worten und Bildern schlängelt sich durch dein Hirn-Raster, immer mit gleichbleibender Geschwindigkeit, auf einer langsam rotierenden Wirbelsäulen-Achse wie bei dem Trick mit der Walze in der Rechenmaschine—

Wie bringt man einen dazu, daß er sich dumm vorkommt?—Man erinnert ihn an sämtliche Anlässe, bei denen er dumm dahergeredet und sich dumm aufgeführt und entsprechend gefühlt hat, indem man seine Weiche Rechenmaschine darauf programmiert, daß sie ihm das immer und immer wieder vorführt und gleichzeitig weitere Lochkarten ertastet, die ihn schließlich mit einem Schwall von Bildern eindecken: Dummheit, Ekel, Zerknirschung, Kummer, Apathie, Tod—Diese Bilder verdichten sich zu elektromagnetischen Schablonen—D. h. jede Situation, die Wut auslöst, wird weitere Schablonen der Wut magnetisieren und den bereits gespeicherten Aufzeichnungen von Worten und Bildern der Wut anlagern—Oder z. B. widerwärtige Sexpraktiken—Nehmen wir an, ein entsprechendes Kindheitserlebnis hat den Einstieg geschaffen: so oft diese Schablonen durch sexuelles Verlangen magnetisiert werden, lösen sie die Worte und Bilder von damals immer wieder aufs neue aus—Und so weiter—

Dagegen kann man sich nun sehr einfach zur Wehr setzen—Da es sich um programmierte Vorgänge handelt, lassen sich die auch umprogrammieren—Nehmen wir zehn Minuten etwas auf Tonband auf—Jetzt spielen wir das Band ab, aber bei abgestelltem Ton—In unregelmäßigen Abständen halten wir es an und nehmen neues Wortmaterial auf—Wo wir uns eingeblendet haben, wurde das ursprüngliche Material gelöscht und durch neues ersetzt—Wir haben die Zeit zehn Minuten zurückgedreht, elektromagnetische Wortmuster gelöscht und andere an ihre Stelle gesetzt—Nach einiger Übung mit dem Tonbandgerät kann man das auch im Kopf machen, mit dem ›Hirn-Band‹—(Dazu werden mehrere Versuche nötig sein)—Man kann die alten Hirn-Bänder löschen—Magnetischer Wortstaub, der aus alten Schablonen fällt—Wort fällt—Foto fällt—

»In der vergangenen Woche gab Robert Kraft von den

Mount Wilson und Palomar Observatorien einige Beobachtungen bekannt, die eine Reihe von Fragen im Zusammenhang mit der rätselhaften Erscheinung der ›explodierenden Sterne‹ beantworten—Er stellte fest, daß sich ein Stern vor der Explosion immer im Schwerefeld eines benachbarten Sterns befindet—Zwischen den beiden Sternen kommt es zu einer eigenartigen Symbiose—Der eine ist ein kleiner heißer blauer Stern—(Mr. Bradly)—Der andere ist ein größerer, roter Stern—(Mr. Martin)—Da die stellaren Zwillinge einander so nahe sind, erhält der blaue Stern immer neue Nahrung in Form von Wasserstoff, den er dem roten entzieht—Bei diesem Kreislauf bildet der Wasserstoff eine gleißende »8«—Die eine Hälfte der 8 umschließt den einen Stern, die andere Hälfte den anderen—Die ständige Zufuhr von Brennstoff hat zur Folge, daß der blaue Stern schließlich explodiert.«—NEWSWEEK, 12. Feb. 1962—

Der Spiralnebel des Krebses, 1054 v.Chr. erstmals von den Chinesen beobachtet, ist das Ergebnis einer Supernova, eines explodierenden Sterns—Seine Entfernung von der Erde beträgt annähernd dreitausend Lichtjahre—(Dreitausend Jahre in glühenden Klauen am Fenster—Merkt ihr was?)—Ehe sie einen Stern in die Luft jagen, suchen sie sich möglichst viele Lichtjahre entfernt einen Fluchtpunkt aus—Dorthin leiten sie dann den Brennstoff und die ganze Energie und schießen sich mit Gebrüll und Gejohle hinterher—Ist euch schon mal aufgefallen, wie wenig Zeit wir heute haben im Vergleich zu den Menschen vor hundert Jahren?—Man bringt seine Sachen in die Wäscherei, schreibt einen Brief, holt seine Post beim American Express ab, und schon ist wieder ein Tag um—Sie bescheißen uns um soviele Lichtjahre wie sie nur irgend können, und damit machen sie sich in aller Ruhe aus dem Staub—Als sie das Ding mit dem Krebs-Nebel drehten, muß es wohl Überlebende gegeben haben, die sich als ein bißchen störrisch erwiesen—Und prompt rückt die Nova-Polente an—Also reiten sie die gleiche alte Masche nochmal, schleusen die ganze Ladung mitsamt der Luft und der Farbe zu einem anderen Stern, und dann?—*Pfft*—Merkt ihr, wie irgendwas den ganzen Geschmack aus dem Essen saugt, das Vergnügen aus dem Sex, die Farbe aus allem was ihr seht?—Damit erzeugen sie genau den Unterdruck, der zu Nova führt—So ziehen sie also durch die kranken Galaxien, der Nova-Polente immer um ein paar Lichtjahre voraus—Das heißt, sie taten es—Die Erde war unser Set—Und sie liefen uns glatt in die antibiotischen Handschellen rein—

Es ist leicht zu sehen, daß sie es nicht bei einer Nova bewenden lassen können—Sie müssen sofort die nächste auslösen, andernfalls werden sie beim ersten Coup geschnappt—Ich meine, dreitausend Jahre in heißen Klauen am Fenster, wie ein Riesenkrebs in Schlackenhaufen von schwelendem Metall—Außerdem, je mehr Novae, desto weniger Zeit bleibt ihnen von einer zur nächsten—Es wird immer schwieriger, den nächsten Coup zu landen—Also bestechen sie die Einheimischen, indem sie ihnen freien Transport und Unsterblichkeit versprechen—

»Yeah, Mann, Fleisch und Junk und Saft, ganze Banktresore voll davon—Dreitausend Jahre Fleisch—Da setzen wir uns von den dämlichen Affen ab und machen unterwegs ein Faß auf, was?—Ist doch das einzig wahre Leben—«

Und die oberschlauen Macker fallen jedesmal darauf herein—Da wir gerade von Mackern reden: Einer unserer besten Geheimagenten ist ein Kerl mit dem Spitznamen ›Der Stiesel‹—Der hat den Bogen raus, wie man sie auf die umgekehrte Tour linkt—Gibt sich ehrlich und direkt, und die schlauen Macker denken alle, sie würden ihn aufs Kreuz legen—Können ja auch nicht anders—Bis er ihnen die antibiotischen Manschetten verpaßt—

»Die Besserwisser werden nicht alle«, sagt er. »Feierabend, Gentlemen—Der Stenograph wird Ihre Aussagen notieren—«

»Warum ich versucht habe, den Planeten hochzujagen?—Erbse unterm Deckel—Mal tippt man richtig und mal daneben—Tapetenwechsel, um den letzten Coup zu vertuschen—Wir sahnen ab und machen uns aus dem Staub—Ich bin aus Metall, und dieses Metall ist radioaktiv—Radioaktivität kann bis zu einem gewissen Grad absorbiert werden, aber die Radium-Zeiger der Uhr ticken weiter—Zeit zum Abhauen—Einfach durchs Drehkreuz—Schwerer Planet—Gehn auf Tour mit Technikern aus Minraud, die die Schalttafel bedienen—Und mit Venusiern, die Fleisch machen und die Show am Laufen halten—Dann das Flammende Foto, und wir ziehen weiter—Wort *ist* Fleisch, und Wort ist *zwei*—D.h., der menschliche Körper ist zusammengesetzt aus zwei Organismen, und wo man zwei hat, da hat man das Wort, und das Wort ist Fleisch, und als sie anfingen, am Wort zu drehen, da passierte es: die Blockade wurde durchbrochen, und die Nova-Polente rückte an—Die Venusier sangen natürlich als erste, für sie war die Gefahr am größten—Sie leben sozusagen unter Wasser, ihr Körper hängt an einem Luftschlauch—Und dieser Luftschlauch ist das Wort—Dann packten die Techniker aus, und wer könnte es ihnen verdenken angesichts der Repressalien, mit denen ich sie bei der Stange halten mußte—Genau wie dreitausend Jahre in heißen Klauen—So bin ich also allein, wie immer—Nova, versteht ihr, ist der Zustand in dem ich geboren werde—Unter Qualen, wie sie sonst keiner mit heiler Haut übersteht—Wieder und wieder geboren, quer durch die kranken Galaxien—Ich bin allein, aber ich bin nicht das, was ihr ›einsam‹ nennt—Einsamkeit ist eine Folge der dualistischen Säugetier-Struktur—›Einsamkeit‹, ›Liebe‹, ›Freundschaft‹ und der ganze Rest—Ich bin nicht zwei—Ich bin *eins*—Doch um mir diese Position zu erhalten, bin ich auf die Existenz von Lebensformen angewiesen, die *zwei* sind—Andere müssen reden, damit ich schweigen kann—Wenn ein anderer eins wird, dann bin ich zwei—Dann gibt es schon zwei von uns, und ich bin nicht länger *eins*—Im Raum sei jede Menge Platz, meint ihr?—Aber ich bin nicht eins im Raum, ich bin eins in der Zeit—Metall-Zeit—Radioaktive Zeit—Deshalb habe ich natürlich versucht, euch alle aus dem Raum draußen zu halten—Um euch damit die Zeit zu nehmen—Und diejenigen, die man gelegentlich rausließ für spezielle Dienstleistungen wie etwa das Propagieren eines nützlichen religiösen Konzepts—die gingen immer in Begleitung eines venusischen Bewachers—Die ganzen ›Mystiker‹ und ›Heiligen‹—Alle bis auf meinen alten Feind, Hassan i Sabbah, der den Mackern den Weltraum schmackhaft machte und ihnen sagte, sie könnten *eins* sein und brauchten keinen Bewacher, keine ›Andere Hälfte‹, kein Wort—

»Und jetzt will ich euch mal was sagen, ihr Schieber und Eckensteher des Kosmos—Ihr habt gedacht, ihr hättet beim Großen Boß einen Stein im Brett?—*Armleuchter! Fotzen! Macker!—Ich hasse euch alle—Und ich habe nie im Traum daran gedacht, euch zu beteiligen oder mit was anderem als Scheißdreck abzuspeisen—Und ihr könnt dem Stiesel dafür danken, daß es euch nicht genauso ergeht wie den Affen, von denen ihr abstammt—Habe ich mich deutlich genug ausgedrückt, oder soll ich noch deutlicher werden?—Euch Armleuchter, Fotzen und Macker habe ich nur erfunden, damit ich diese tote Bruchbude hier in die Luft jagen kann und mich selbst gleich hinterher!*—«

Ein Schritt in die falsche Richtung

Im Wind über eine Müllkippe gegangen, die bis zum Himmel reicht, mehr war nicht zu erfahren—Kompakter Schatten stellte den weißen Film der Mittagshitze ab—Weit hinten in einer Seitenstraße explodiert, das gequälte Metall von Oz—Sieh dich doch um—Tote Hand—Phosphoreszierende Knochen—Nachgeburt aus jenem Hospital in Coldspring—Nachwehen einer Amputation—Brotmesser durchs Herz war der Lohn für die Taxi Boys—Würde schon gerne nachsehen, wenn ich wüßte, wo—Bin selbst nicht mehr zu gebrauchen—Klom Fleitag—Ausgezehrte Identität, verweht wie ein Windhauch—Rauch, das ist alles—An der Tür prallen wir in der Dunkelheit zusammen—Kahler Schädel—Fleisch verschmiert—Fünfmal machten wir es und zerfielen zu Staub—verzehrt von langsamen metallischen Feuern—Benzingeruch umgibt den Letzten Elektriker—Mit dunklen Andeutungen erwachte ich von den Toten—Geschäftsberichte warten auf Madrid—Mitten in der Bewegung erstarrt con su medicina—»William«, sagte er leise bettelnd in der dunklen Straße—Da stand er in seinem Strohhut von 1910 und die Worte fielen an ihm herunter—Kein Strom und kein Wasser—Jeder Schritt ist ein Schritt in die falsche Richtung—Nichts besseres eingefallen?—Fortgegangen, ich sag dirs—Nix gut, no bueno—Silbrige Augen versengt von weißer Stichflamme—Fleisch in Flocken am Himmel—Explosive Nachwehen einer Amputation—Bettelnde Geste der windschiefen Kreuze, kahl und leer die dunkle Straße—Nichts mehr—No mas—Ihr letztes Ende—Aus kranken Galaxien klopft es an die Scheibe—Bin selber am Abschnappen—Klom Fleitag—Um es kurz zu machen:—Nix gut—No bueno—

Kopf hoch, Sir, unser Budenzauber rührt sogar den Himmel zu Tränen—Mr. Martin haben sie zu einem weißen Film zerschmolzen—Seine verwesenden phosphoreszierenden Knochen träumten schon vom Benzin—Hand fällt ab—Weiße Stichflamme versengte »Mr. Bradly Mr. Martin«—Dingpolizei, Todesgeruch aus dem Vorstandszimmer, Zeit für die dunkle Straße—Nichts mehr—No más kranke Galaxien—Ich sagte ihm, daß es dir schlecht geht—Verebbte in den öden Straßen, in den Hirnwindungen unseres unsterblichen Dichters—In diesem grünen Land rollt sich der Dollar zusammen und gibt dir Feuer für eine letzte Zigarette—Letzte Worte antworten dir—

Hinter uns das lange Warten, von einer Sonne zur nächsten—Leer und ausgehungert am kranken Himmel—Dein Hirn erkaltet und macht langsam dicht, sagte ich in Anspielung auf unseren unsterblichen toten Dichter—Letzte Worte beantworten deine Aufforderung—Kein Recht, das

Tagebuch vorzulegen und keinen *sehen* zu lassen—Mit Mr. Martin Mr. Corso Mr. Beiles Mr. Burroughs ist es jetzt vorbei—Das waren unsere Akteure, William—Das Rasiermesser im Leib, Sir—Ziehn Sie am Griff—Das Hospital löste sich in Luft auf—Weitergehen und das Erbe der schemenhaften Toten antreten—In Flocken fällt herab, was einmal sein Schatten war—

Metallene Schachzüge programmierten Benzinfeuer und Rauch in der windstillen Luft—Durch Verzerren von zwei Bandgeschwindigkeiten *—DSL geht »hier« neben mir, aus seinem kahlen Schädel führt ein Überspiel-Kabel zu mir herüber—Bandgerät mit Fleisch verschmiert, verzehrt von langsamen metallischen Feuern—Rundum abgedichteter Raum wichtig für unsere »Sauerstoff«-Leitungen—Bandgeräte entsprechend plazieren—»Kipp ihnen das Benzin übern Kopf« programmierte die Lebensform, die wir besetzten: Insektenschreie—Ich wachte auf und hörte vom Tonband: »Für Invasion vorgesehen«—Das würde so lange laufen wie das Gerät geisterhafte Folterschreie wiedergab, während ich auf das Eintreffen von Eduardos Meldungen in »entstellten« Bandgeschwindigkeiten und Tonschwankungen aus Madrid wartete—Tonbandgerät speichert erogenes Fleisch—Vor unseren Mikrofonen materialisierte sich der Redner und stand da im Wortstaub von 1910—Jeder Schritt in Richtung auf Die Biologische Wendeltreppe ist ein Schritt in die falsche Richtung—Ich sag dir, das ganze taugt nichts—No bueno, ganz oder teilweise—Die nächste Version geht über eine Müllkippe zur Form A—Form A steuert den Ton, kanalisiert die Hitze—Weiße Stichflamme komprimiert zu einer Art Musik—Daraus folgt: die Außerirdischen benutzten Lebensform A als Einstieg—Geborstene Rohre verweigern »Sauerstoff«—Parasitäre Identität der Form A verebbt wie ein Wind-

* Die folgenden Passagen ergaben sich aus Tonband-Experimenten, bei denen die Aufnahmen künstlich verzerrt wurden—was in der einfachsten Form so aussieht, daß das Magnetband von Hand über den Tonkopf gezogen wird. (C.W.)

hauch—»Wort fällt—Foto fällt«—Gegenbefehle mit Fleisch verschmiert—programmiert vom Letzten Elektriker—Sprache der Außerirdischen bestand aus verschleimten Hustengeräuschen, mit denen es gelang, sämtliche Geschäftsberichte im Zustand latenter Tonschwingungen zu halten—Verschleimtes Husten als erogener Code abgestrahlt auf Madrid—Umgewandelt in »pornographische Filmstreifen« in Form einer »8«—Einfach eine Endlosschleife—Das ganze ließe sich als Modell für einen hinterhältigen Schachzug verwenden—Besser als dieses Geschrei von wegen »Nix gut—No bueno—«

»Bandgeräte fixieren die Natur des süchtigen Verlangens: *besetzen*—›*Hier*‹—In jedem Folterschrei hört er die Antwort—Entweder unverändert oder rückwärts—Übersteuert—Sorry—Planet kommt hier irgendwo ins Schlingern—Reihenschaltung—Fleisch-Diagramme—con su medicina—Die nächste Version müßte—Halt mal—Sieh dir das an—Form A steuert die Toneingänge—Hm, was jetzt?—Umschalten, wenn du willst—Gerät abhängen und direkt auf Lebensform B, wenn du willst—Blutbild wird determiniert durch die Art der Schaltung—Dasselbe Verlangen—Ein Vorgang—Wird in keinem »Gefühl« überleben—Intervention?—Hat keinen Sinn, ich sag dirs—Ob uns das Endprodukt bekannt vorkommen wird?—Die ganzen Anschlüsse reziprok schalten? Scheiße, das geht doch nicht—Ob wir uns in die Versuchsanordnung integrieren können?—Auf dem Amerikanischen Friedhof kriegten wir schwer zu entziffernde Angaben auf der verbalen Ebene herein—Heißt das, er ging nach Madrid?—Und falls ja, was erfahren wir daraus?—Dem Angeklagten war mit einer geänderten Ankunftszeit nicht beizukommen—Also?—Also läuft die Schleim-Maschine, indem man es über den Amerikaner eingibt—Hörst du es?—Mit dem Glockenschlag—Stunden zu spät—Sie sind alle fortgegangen—Hast du dir das gut überlegt?—Einen anderen mit der kompletten Lebensgeschichte programmieren, weil auf den Bändern von der Beerdigung nichts drauf ist?—

Könnten die es lernen, dieses ›du‹, ›sie‹ oder was auch immer? Dem Angeklagten war mit geänderten Formationen nicht beizukommen—So gehts nicht—Maschine läuft, indem man ›Hat keinen Zweck‹ eingibt—Blut spritzte über den Grauen Schleier—Parallele Spritzer—Wieviele sehen sich pornographische Aufnahmen an?—Vielleicht ein spärliches Gesicht vor der Londoner Raumstation—Veränderung—Definitiv—Aus dieser Verhaltensstörung kannst du ein Modell entwickeln—Schreie?—Gelächter?« —Stimme geht über in die des Advokaten:

»Die ganze Verteidigung muß eindeutig aus Experimenten mit Mutationen auf zwei Tonbandgeräten bestehen.«

Wieder am Fenster, das mir nie gehörte—Spiegelung eines Worts, das irgendein Junge hingekritzelt hat—Längste Wartezeit bisher—Fünf Jahre—Das Ticket explodierte in der Luft—Denn ich habe keine, *ich kenne keine* menschlichen Träume—War mir nie gegeben—Warten wie die Zeit vergeht—In die Tür geklemmt—Explosiver Hauch —Liebe zwischen Licht und Schatten—Die wenigen Lebenden, die es durch die kranken Galaxien trieb—Liebe? —Fünf Jahre wuchs ich murmelnd im Eis—Den Traum der toten Sonne trieb es um, bis er auf Fleisch stieß—Verwehte Spuren, Mr. Bradly, so total war die Lüge—Natürlich—Völlig klar—Einiges deutet jetzt auf Spanien hin—Hermetisch, Sie verstehn schon—Eingeschlossen in ihr morastiges Herz—Eine große Katastrophe auf dem Meeresgrund—Atlantis in grünem Neon im Wind—Der Morast ist alles was von der farblosen Frage unten ankam—Und die war naheliegend—Wozu das führen soll?—Das läßt sich nicht so leicht mit Klopfzeichen an der Scheibe durchgeben—Ein Aspekt des Virus—Auch wieder naheliegend—Das murmelt in den Kanaken und nivelliert sie —Die Läuse, mit denen wir es zu tun bekommen—Sonst überall das Gift der toten Sonne—Was sagte doch der alte Krebsmensch von den Läusen?—Parasiten auf »Mr. Martin«—Mein Eis, mein vollkommenes Eis, das mir nie Umstände macht—Jetzt gewöhnten sich meine Augen zögernd an meine spanische Identität—Und ich nahm die Gestalt eines jungen Mannes an, der dastand—Mein Puls synchron mit seinem—Ich habe nie einen Ort gekannt, an dem es mich länger hielt—Geisterhand in die Tür geklemmt—klammert sich fest—Chocada—und will an die Scheibe klopfen—

Chocada—Erneut—Das murmelt in den Kanaken—Fünf Jahre lang—Gift der toten Sonne bei ihr—Bei wem? —Weiß nicht—Sieh nach im Bericht über die windschiefen Kreuze—Und Ihr Name?—Berg?—Berg?—Bradly?—»Mr. Martin, si«—Verheerende Schneestürme—Knacks—Sahhk—Taub—Ein einsamer Plattfisch wurde hereingeschwemmt von der Flut und dem Schwedischen Fluß von Gothenberg—

Der Todeszwerg auf der Straße

Der Biologische Agent K9 verlangte nach der Rechnung, und sofort hörte er, wie ihn Todeszwerge in Überschall imitierten:—»L'addition—Laddition—Laddition—Garçon —Garçon—Garçon«—Amerikanischer Touristenakzent in höchster Potenz—Er bestellte sich noch einen Kaffee und sah sich im Café um—Da saßen sie an einem Tisch, imitierten alles Gesprochene und spuckten es einem in Überschall wieder entgegen—Bei mehreren Gästen hatte der Rückkopplungs-Effekt bereits dazu geführt, daß sie sich in Krämpfen auf dem Boden wälzten—Diese Giftzwerge können in zehn Sekunden eine ganze Zeitung ausspucken, deine Worte imitieren und gleichzeitig noch beleidigende Anspielungen einblenden—Das ist die Masche, mit der sich die Todeszwerge ihren Einstieg verschaffen: Imitation und Playback in Überschall, so daß man glaubt, man höre seine eigene Stimme—(hat man überhaupt so etwas wie eine *eigene* Stimme?)—Sie dringen in die ›Recht‹-Zentren ein, und das sind die Sprachzentren, und schon sind sie im Recht—im Recht—und imprägnieren dich mit »RECHT«—»Ich bin im Recht/im Recht/du weißt, ich bin im Recht/solange du mich in deinen Recht-Zentren sagen hörst/›Ich Bin Im Recht‹/«—Sexzwerge fressen mittlerweile erogene Löcher in ihre Opfer—Und damit verbreitete sich Der Venusische Kanaken-Rotz blitzartig um die ganze Welt—

Agent K9 war bei der Biologischen Polizei, die den Auftrag hatte, die Zwergenplage unter Kontrolle zu bringen—Was dadurch geschehen sollte, daß man den Zwergen die Verbindung zur Zentralen Kontrollstation abschnitt: Dem Insekten-Gehirn von Minraud, eingeschlossen in einem Kristallzylinder, der durch tiefgekühlte Drähte verbunden ist mit einem Komplex von Rechenmaschinen, die Den Todeszwerg Auf Der Straße mit Instruktionen füttern—Das Gehirn wird abgeschirmt von Krebs-Wächtern, die aus der Thermodynamischen Schmerz-und-Energie-Bank aufgeladen werden—Krebs-Wächter kann man nicht direkt angreifen, da sie sich durch einen Angriff direkt aufladen—K9 hatte bereits mit Krebs-Wächtern zu tun gehabt, und er wußte, was passieren kann, wenn sie einem mit ihren Klauen ans Nervenzentrum gehen—

K9 verließ das Café, und als er sich die Situation auf der Straße ansah, kam ihm unwillkürlich der Verdacht, daß da jemand Mist gemacht hatte—Zwar hatte man die Todeszwerge in den meisten Fällen von ihren menschlichen Opfern abgehängt, doch sie wurden immer noch von der Kontrollzentrale gesteuert und imitierten jetzt die Worte und Gesten von jedem, der ihnen über den Weg lief, und die Straßen hallten wider von ihrem Geschnatter—Auch die Sexzwerge wanden sich überall aus ihren Opfern heraus, machten sich an jeden, der dafür still hielt, mit einem beiläufigen »He, du« heran und perforierten ihn mit erogenen Löchern, worauf sie prompt von den Sprechzwergen attackiert wurden, so daß der bedauernswerte Passant innerhalb weniger Sekunden in Stücke gerissen wurde, die sich die Zwerge mit schrillen silbernen Schreien gegenseitig aus dem Maul rissen—Das Verhalten dieser Giftzwerge stellte für die Bürger eine unerträgliche Belastung dar, und jeder trug eine komplizierte selbstgebastelte Vorrichtung zum Aufspüren von Sprechzwergen mit sich herum und steckte in einer Plastik-Hülle, die ihn vor den erogenen Säuren der Sexzwerge schützen sollte—

Kurz entschlossen gab K9 den Befehl: »Virus der Stille freisetzen—Sektor abdecken«—Und die Krankheit der Stille verbreitete sich mit Lichtgeschwindigkeit um die ganze Welt—Die Folge war, daß zahlreiche Bürger, die ausschließlich aus Sprache bestanden, zu Affen wurden und kreischend durch die Straßen rannten und Passanten attackierten, die in vielen Fällen, von der Krankheit der Stille erfaßt, ebenfalls zu Affen wurden—Als Abwehrmaßnahme gegen diese allgemein als »unerträglich« empfundenen Zustände projizierten führende Politiker von Kontrolltürmen ihr gestrenges vornehmes Image, und manchen von ihnen gelang es, die Affenwesen für einige Tage oder Wochen zu besetzen und aufzuhalten—Doch viele dieser Affen blieben resistent, und der Staatsmann wurde schließlich unweigerlich durch ihren Sog in die Knie gezwungen, von rückfällig gewordenen Staatsbürgern in Stücke gerissen, oder aber er verwandelte sich vor den Augen der Fernsehzuschauer ebenfalls in einen Affen—Die ›Überlebenden‹, wie sie sich nannten, lebten nun in der ständigen Angst vor resistenten Zwergen, die immer gieriger und verzweifelter nach einem Opfer Ausschau hielten—Und bei jedem Mitmenschen, dem man auf der Straße begegnete, mußte man darauf gefaßt sein, daß er sich plötzlich in einen Mandrill verwandelte und einem mit jungfräulichen Reißzähnen an die Gurgel sprang—K9 zuckte die Schultern und forderte Techniker an—

»Der Fehler in der Strategie des Feindes ist jetzt offenkundig—Die Strategie beruht auf maschinell programmierten Vorgängen, und das können wir umprogrammieren—Sie benutzen den Körper quasi als ›Weiche Schreibmaschine‹, auf der sie einen Code eintippen—Die Maschine kann die Instruktionen nur wiederholen und keine Eigeninitiative entwickeln—Der Vorgang ist technisch sehr kompliziert—Nehmen wir z.B. eine Fotomontage—Sie macht eine Aussage in flexibler Bildsprache—Die Aussage einer solchen Fotomontage wollen wir einmal »X« nennen —Zur Definition der verschiedenen Aspekte von »X« können wir X Worte, X Farben, X Gerüche, X Bilder usw. verwenden—Jetzt geben wir »X« in den Computer ein, und »X« gibt uns ein Raster von entsprechenden Farben, Kombinationen, affektgeladenen Bildern usw.—Wir können »X« abschwächen oder konzentrieren, indem wir Elemente herausnehmen oder hinzufügen und diejenigen Faktoren in die Maschine eingeben, die wir in konzentrierter Form haben wollen—Ein Techniker lernt dadurch, in Assoziationsblöcken zu denken und zu schreiben, die er nach den Gesetzen der Assoziation und Kombinatorik manipulieren kann—Das elementare Gesetz der Assoziation und Konditionierung ist sogar in Amerika jedem College-Studenten geläufig: Ein Gegenstand, Gefühl, Geruch, Wort oder Bild, in Verbindung gebracht mit einem anderen Gegenstand, Gefühl, Geruch, Wort oder Bild wird mit diesem assoziiert—Unsere Techniker lernen also, Zeitungen und Zeitschriften nicht nach deren angeblichem Inhalt zu lesen sondern nach dem Layout, nach der Anordnung benachbarter Aussagen—Diese Aussagen fassen wir in Kombinations-Formeln zusammen—

»Mit diesen Formeln kontrolliert man natürlich die Bevölkerung der ganzen Welt—Ja, es läßt sich ziemlich leicht vorhersagen, was die Menschen heute in tausend Jahren denken, sehen und fühlen werden—Man braucht nur die Kombinations-Formeln festzulegen, die zum betreffenden Zeitpunkt angewandt werden sollen—Aber die technischen Details, verstehen Sie, und die Maschinen—die alle mit Konstruktionsfehlern behaftet sind und ständig überholt, kontrolliert und umgebaut werden müssen—ganze Bauteile von datenverarbeitenden Maschinen müssen von einem Augenblick zum nächsten eliminiert und abgeschaltet werden—all das beeinträchtigt unsere gedanklichen Konstruktionen und die Exaktheit unserer langfristigen Vorhersagen—Und bei dieser Gelegenheit möchte ich einmal kurz auf die Vorhaltungen meiner kleinkarierten Gegner eingehen:—Es ist nicht wahr, daß ich Experimente zur Bestimmung der Grenzbereiche von Schmerz und Lust angeregt oder aktiv daran teilgenommen habe—Ich habe mich lediglich an abstrakte zusammenfassende Berichte von diesen Experimenten gehalten, und daraus die Formeln für die Assoziation von Schmerz und Lust entwickelt, mit denen dieser Planet kontrolliert wird—Ich übernehme nicht mehr Verantwortung als ein Physiker, der mit Material arbeitet, das man einem künstlich betäubten Gehirn präsentiert—Ich habe *eine* Physik des menschlichen Nervensystems konstruiert, oder genauer gesagt: das menschliche Nervensystem ist der alleinige Bezugsrahmen für die Physik, die ich konstruiert habe—Ich kann selbstverständlich auch ein anderes System entwickeln, das auf ganz anderen Prinzipien beruht—Schmerz ist ein quantitativer Faktor—Lust ebenfalls—Ich hatte Material von politischen Prozessen und Konzentrationslagern und Berichte aus Nagasaki und Hiroschima—Und daraus ergab sich, wo der Mut an seine Grenze stößt—Unsere genauesten Daten kamen aus Lexington, Kentucky, wo die amerikanischen Rauschgiftsüchtigen behandelt werden—Der Schmerz des Heroin-Entzugs bei einem Süchtigen bietet ideale Voraussetzungen für kontrollierte Tests—Der Schmerz ist quantitativ abhängig vom Grad der Sucht und vom jeweiligen Stadium des Entzugs, und er wird quantitativ abgebaut durch schmerzstillende Mittel—Hat man die Grenzen von Schmerz und Lust bestimmt und die Kombinations-Formeln entwickelt, so läßt sich ziemlich leicht vorhersagen, was die Menschen in tausend Jahren, oder solange die Formeln in Kraft sind, denken werden—Ich kann die Formeln auch durch andere ersetzen, wenn man mir die Genehmigung dazu gibt—Niemand hat sich bisher mit der

Entwicklung einer qualitativen Mathematik näher befaßt —Dafür habe ich mit meinen Formeln gesorgt—Nun, sehen wir uns doch einmal einen Computer an—Selbstverständlich kann er auch qualitative Daten verarbeiten—Farbe, zum Beispiel—Ich gebe ein blaues Foto in die Maschine ein, das wandert in den Blauen Sektor, und hundert oder tausend blaue Fotos rauschen heraus, während die Maschine einen blauen Ozongeruch verströmt und den Blues spielt und die Blues-Wörter sämtlicher Dichter auf Telex-Streifen heraustickert—Oder wir füttern die Maschine mit tausend Romanen und lassen sie das Muster der letzten Seiten bestimmen—Damit haben wir die qualitative Bestimmung von ›Ende‹, nicht wahr?«

»Der Grüne Tony hat gesungen, und ich setz mich ab in die Galaxie X—«

»Der ganze Mob hat gesungen—Jetzt können wir ein paar endgültige Verhaftungen vornehmen—Verhaftungsmaschinerie in Gang setzen—Sämtliche Agenten und Assoziationen mit Kombinations-Formeln erfassen—Durch Koordinatenpunkte überall auf der Erde das Identifikations-Raster für Mr. & Mrs. D aussenden—Anführer des Nova Mobs—Hirnwellen von Koordinatenpunkten überall auf der Erde erfassen und D aus der Tarnung drängen: aus einer Hand, einem Mund, einer entzündeten Stelle —Silberne antibiotische Handschellen, passend zu den Virus-Filtern von D—Einschnappen lassen—Klick—Und die Verhaftung ist erfolgt—Sie werden verstehen, daß ein Fahnder der Biologischen Polizei gegen jede Vorstellung von Rache oder moralischer Entrüstung immun sein muß —Wir sind nicht hier, um diese öde Unrechts-Tour am Laufen zu halten, sondern um sie zu stoppen, ehe sie zu einer Nova führt—«

»Nova—Nova—Nova«, kreischen die Todeszwerge—»Den lieben guten Mr. D verhaften?—Wo er mir doch meine Bruchoperation bezahlt hat?—«

»Das genügt—Virus der Stille freisetzen—Sektor abdecken—«

»Das Denken in Assoziations-Blöcken anstelle von Worten versetzt einen in die Lage, Daten auf der Assoziations-Linie mit Lichtgeschwindigkeit zu verarbeiten—Gewisse Umstellungen sind natürlich unerläßlich—«

Extrem kleine Partikel

17. Dez. 1961—Vergangenheit—Der Fehler in der Strategie des Feindes, wie jetzt zu sehen ist, bestand darin, daß man die Vorgänge umprogrammieren kann, doch soweit war ich noch lange nicht—Diese jugendlichen Demonstranten von Bild und Assoziation schwenken jetzt an der Einmündung zur Avenue ihre Transparente in Inter-Sprache—

Zeit: Die Nacht vor dem Versuch von Abenteurern, ein weiteres Flammendes Foto zu produzieren—Hauptquartier für Strahlenschäden durch Konzentrat aus Hiroschima-Berichten—Einige der neuen Halluzinogene und Nagasaki—Leichte Überdosis Dimethyl-tryptamin—Eure Städte sind Öfen, in denen narkotische Pflanzen aus Südamerika die Endlösung brachten—Hirnschreie von Millionen, die der Kontrolleur dieser Welt in seinen Klauen hat, wurden vom glühend blauen Himmel zurückgeworfen—Nachdem er jetzt über die geballte Energie von Hiroschima und Nagasaki verfügt, kann er jederzeit eine Nova durchziehen—Vor seinen unerträglichen Schmerzen bleibt ihm nur noch die Flucht nach vorn—

Bürokratie macht jeden zur Marionette—Aus unglaublich abartigen Zuständen ergeben sich Kosmologien von telepathischer Fehlsteuerung—Hirnwellen-Filme überlagern sich zu vorproduzierten Aufzeichnungen und verflüchtigen sich, ehe Gedankengänge fixiert werden—Unsere genauesten Daten kamen von der U.N. (United Narcotics)—Sein Plan sah vor, die Süchtigen von ganz Amerika durch die Absperrung zu schleusen—Der Schmerz des Heroin-Entzugs ist oft Anlaß zu Maßnahmen, bei denen schmerzstillende Mittel nur stören würden—Unsere genauesten Daten ergaben sich bei den Stummen—Der Plan verlangte fast Übermenschliches und brannte sich wie eine Droge durch seine Kombinationen—Hilflos mußte er zusehen, wie ihm Nagasaki zeigte, wo seine Grenzen lagen—Der Projektor kann seine Armee präzise Stellungswechsel durchführen lassen, ehe sich das Fleisch auflöst—

Integrität und Mut werden im Labor zum Problem—Experimente mit negativen Folgen übernahmen die Kontrolle über den Planeten—In den Straßen von Nagasaki zeigte sich, wo der Mut an seine Grenze stößt—Wir stellen fest: Nationalismus und Konflikte proportional zur Stärke der Sucht—Es läßt sich ziemlich leicht vorhersagen, daß Inter-Polizei zu den Waffen greifen wird, um ihre Strohmänner vor denen zu schützen, die sie okkupiert haben—Könnte sich auswachsen zu 500 Ideologie-Hauptquartieren, armiert mit synthetisch produzierten Vorstandsmitgliedern—Die Halluzinogendrogen konservieren dreidimensionale Koordinatenpunkte—Neue Halluzinogene als Angriff auf das ganze Spektrum der menschlichen Gefühle—Leichte Überdosis von Häßlichkeit, Angst und Haß—Die Öfen waren Bildstaub, der einen als Endlösung umwaberte—Exakte Aufzeichnung einer gemeinen, gefährlichen oder widerwärtigen Handlung wird jetzt Teil von »Foto fällt—Wort fällt«—und immer wieder von neuem präsentiert, ehe das Feuer eröffnet wird—Virus aus dem All kann Millionen auflösen—Fängt an zu fressen—Warf schreiende weißglühende Kopien seiner selbst zurück—Die Angst-Spezies, armiert mit einem Bandwurm von negativen Worten und Bildern plus Nagasaki, kann jetzt also den Wirtsorganismus restlos unterwandern—Hauptquartier für Strahlenschäden—Dualistische Säugetier-Struktur—Hiroschima-Menschen—Oder irgendwelche widerwärtigen Funktionäre produzieren den Rest—

Generalstaatsanwalt für Angst gab gestern bekannt, man sei zu der Erkenntnis gelangt, daß Vorwürfe von Vetternwirtschaft möglicherweise »ein neues Mineral bilden, das dem Präsidenten schadet«—Heimtückische Form von hoch verdichteten Silikonen, während extrem kleine Partikel ins politische Geschäft einstiegen mit Lyndon B. Johnson, Ehefrau von zwei schwarzen Secret Service Agenten—Und wieder einmal entstand ein Mineralischer Amerikaner durch den Aufprall eines Meteoriten—»Und das würde einen erstklassigen Volksredner abgeben«, sagte er—

An diesen Tischen werden Diplomaten buchstäblich gefilzt—Einige Verwerfungen eines beschaulichen und gefeierten Rosengartens, aber ideal für den Betrieb eines ruhigen Restaurants mit Blick auf den Fluß—Mit Polizei-Einsätzen und Verboten ist gegen das um sich greifende öffentliche Petting beim Schlangestehen vor den Geschäften nichts auszurichten, verlautete gestern aus der Sowjetunion—Prompt meldete sich der Anti-Amerikaner zu Wort und verurteilte Kennedy's sture unnachgiebige Haltung:

»Washington weiß genau, was zu tun wäre gegen die unverantwortliche Propaganda, wie wir sie heute in Venezuela erleben—Abgesehen von Caracas beunruhigt mich zutiefst, daß uns die Sowjetunion in etwas reinziehen will zu einem Zeitpunkt, wo man uns ohnehin schon mit Steinen bewirft, weil die Regierung ihr feierliches 20-Milliarden-Dollar-Versprechen nicht gehalten hat—«

Als persönlichen Gefallen erbat er sich den einen oder anderen Aufstand—

Fehler in der Strategie des Feindes beruhte auf umprogrammierter Schalttafel—Wort ist Zwei, d.h. der Schaden wird dadurch angerichtet, daß man die menschliche Inter-Sprache kodifiziert—Und wo man Zwei hat, da hat man eine Sprache, die nach Nationalismus riecht—Sie bastelten am Netz herum—Blockade des Hauptquartiers für Strahlenschäden wurde durchbrochen—»Partisanen aller Länder—Krebs-Wort fällt—Virus-Foto fällt—Durchbruch in den Grauen Raum—«

Aus einem grünen Land ohne Spiegel

Der Kadett trat aus einem Dschungel von ranzigen spinnweben-verhangenen Sumpftümpeln, zwängte sich durch einen Lattenzaun und kam auf einen Platz mit hölzernen Laufstegen und Absperrungen—Er ging durch eine verbotene Tür, und jemand sagte:

»Was willst du?«

Der Kadett sah zu Boden und sagte: »Entschuldigung, ich habe mir nichts weiter dabei gedacht.«

Er ging eine hölzerne Rampe hinunter und kam an ein Lehrerpult aus braun lackiertem Ahorn, hinter dem eine Frau saß.

»Wo warst du?«

»Ich war beim Far Assembly Meeting—Jetzt bin ich auf dem Rückweg zur Schule—«

»Was für ein Assembly Meeting? Wo?«

»Das Far Assembly Meeting—Da drüben—«

»Du lügst. Das Far Assembly Meeting ist in *der* Richtung.«

Er tat, was man ihm für einen solchen Fall beigebracht hatte: ein leidendes Gesicht aufsetzen und sich nichts anmerken lassen.

Und die Aufseher droschen ihm ihre Knüppel auf Rippen, Hals und Nieren und stießen sie ihm in die Weichteile und den Bauch, und es spielte überhaupt keine Rolle, ob er nun seine Arbeit richtig machte oder nicht. Und wer die Beherrschung verlor, mußte mit der Todesstrafe rechnen. Danach brachte man ihn zurück in die Welthandelsschule K9, und gleichgültig ob er langsam oder schnell ging, oder zwischen langsam und schnell: man knüppelte weiter auf ihn ein—So lernen die Kadetten die Elementaren Formeln von Schmerz und Angst—Lehrkörper und Verhaltensregeln wechseln in willkürlichen Abständen—Kadetten werden ermutigt oder gezwungen zu einem Verhalten, das schwerste Sanktionen nach sich zieht: Entbehrungen, anhaltende Belästigung, Lärm, Langeweile—Wer auffällt, dem wird jede Möglichkeit eines Ausgleichs genommen, und die Kadetten werden ständig von einer Schule zur anderen transferiert und wissen nie, ob sie hervorragende Leistungen bringen oder als Versager gelten und sich nächstens zur Liquidierung melden müssen.

Lee erwachte mit vibrierendem Rückgrat und dem Rauch von der Zigarette eines anderen im Zimmer—Er ging durch Straßen, durch die ein Schwall von Farben fegte, langsam wie in Zeitlupe, als bewege er sich durch Rückenmarksflüssigkeit, und kam in die Fisch-City mit ihren Marmorstraßen und kupfernen Kuppeln—An die offenen Kloaken grenzten Gärten, in denen grüne Zwitterwesen rosiges Fleisch züchteten—Amphibische Vampir-Kreaturen, die in fremdem Fleisch atmen—Der Anblick dieser doppelgeschlechtigen Wesen so deprimierend wie das überflutete Land, ein einziges Sumpfdelta bis zum Horizont, und darüber ein Himmel, der sich nie ändert—Durch schwammige Purpur-Kiemen zirkuliert das Fleisch, faulig und schal wie das grüne Wasser—Sie atmen das Fleisch, und es zersetzt sich langsam in kaustischen grünen Enzymen, und der Körper löst sich auf—Die kauende Bewegung der Kiemen paßt sich dem Atemrhythmus des Opfers an, das von Purpur-Kiemen gefressen und als molkiger Schmant ausgeschieden wird, der langsam auf den Grund sinkt—Sie haben etwas, was man Die Andere Hälfte nennt—In ihrem Körper regt sich ein unsichtbarer Siamesischer Zwilling, von dem bald die eine und bald die andere Hälfte dominiert—Sie verständigen sich durch träge Fleisch-Transplantationen und Virus-Raster und osmotischen Austausch von genitalen Ausscheidungen, und der langsame schläfrige Atemryhthmus ihrer Purpur-Kiemen pflanzt sich durch ihre Körper fort, so daß jeder zugleich in allen anderen atmet—Mit dem grausamen Lächeln von Idioten fressen sie die unheilbar süchtigen Opfer der Orgasmus-

Droge unter einer schwarzen Steintafel, auf der in eingemeißelten Schriftzeichen zu lesen ist:

Die Natur des Bettelns
Verlangen?—Mangel
Not?—Verlangen
Leben?—Tod

»Es ist eine Warnung«, sagte Der Prinz, und ein Lächeln glitt langsam über sein bronzenes Gesicht—»Mehr können wir nicht tun—Das Fleisch geht hier von Hand zu Hand wie die gestohlenen Keider bei den Strichjungen in Spanien oder auf der 42. Straße—ein Raster von Beinen und der Schweißgeruch der Vagabundierenden Ballspieler—«

Als Lee erwachte, hatte er den Atemrhythmus der Grünen—Träge Kiemen fächelten fremden Zigarettenrauch in andere Kiemen und paßten sich dem Opfer in einem Schwall von Farben an—Sie haben etwas, was man Die Andere Hälfte nennt—In einem süßlichen fauligen Dunst gleitet jeder durch den Körper des anderen, und sie verständigen sich in Rückenmarksflüssigkeit durch osmotischen Austausch genitaler Ausscheidungen mit trägen schläfrigen Bewegungen ihrer purpurnen Kiemen—Süchtige Opfer der Orgasmus-Droge—Fleischsaft rinnt aus vereitertem Rückenmark in die Kloaken—Flüchtiger Eindruck von Spanien und 42. Straße bis zur Fisch-City mit ihren marmornen Fleisch-Transplantationen—Aussätzige Bettler mit dem grausamen Lächeln von Idioten fressen sich erogene Löcher und spritzen Die Grüne Droge hinein —Das gestochene Opfer windet sich wie ein Insekt—Es ist eine Warnung—Wir können nicht—Ändert sich nie—Selbst der schale Himmel verfault und löst sich auf—

Lee erwachte in fremdem Fleisch und sah jetzt alles mit anderen Augen—Sein Körper war eingehüllt in transparente Schichten, die sich in grünen Dunst auflösten—

»Nicht bewegen—Abwarten—Fleisch steifgefroren—Wie aus der Tiefkühltruhe—Erst bewegen, wenn du wieder Gefühl in Armen und Beinen hast—Denk daran, wie du damals in dem Hospital aus der spinalen Anästhesie aufgewacht bist—Wolltest aus dem Bett und dein Heroin aus dem Versteck holen und bist dauernd ausgerutscht und hingefallen, deine Beine waren wie aus Holz.«

Er drehte den Kopf ein wenig zur Seite—Lange Reihen von Kojen, in mehreren Etagen übereinander—Ein dumpfiger Lagerhausgeruch—Ein Brennen und Stechen, als würden seine Genitalien mit Sex-Nesseln gepeitscht—Warme Scheiße lief ihm am Schenkel herunter bis zur Kniehöhle—

»Nicht bewegen—Abwarten—«

Der süßliche faulige Gestank von Durchfall schwappte in Wellen durch die Luft—Jetzt regten sich auch Die Anderen—Larvenfleisch hing in Fetzen herunter—Mit purpurrot geschwollenen Gesichtern, durchglüht von insektenhafter Gier, wälzten sie sich in Scheiße und Pisse und Sperma—

»Achte darauf, was die anderen tun, und tu es nicht—(Generelle Anweisung für das Verhalten in kritischen Situationen)—«

Er konnte jetzt seinen Arm bewegen—Er griff nach seinem Vorrat an Apomorphin und schob sich eine Handvoll Tabletten unter die Zunge—Sein Körper beulte sich aus und gab ihn frei, und er hob ab und driftete nach oben an die Decke—Sah herunter auf die zuckenden Körper—Krebs- und Tausendfüßler-Formen blitzten da und dort auf—Dann rote Konvulsionen der Gewalt—Der ätzende grüne Dunst legte sich—Nach ein paar Minuten regte sich nichts mehr—

Lee war nicht überrascht, als er Leute sah, die er kannte—»Die habe ich mitgebracht«, sagte er sich—»Wir werden Patrouillen losschicken—Es muß noch mehr Überlebende geben«—

Vorsichtig setzte er sich in Bewegung, und die anderen schwärmten zu beiden Seiten aus—Er stellte fest, daß er sich fortbewegen konnte, indem er sein Bild von einem

Punkt zum nächsten projizierte—Er hatte sich bereits an das Leben ohne Körper gewöhnt—

»Kein großer Unterschied—Wir sind nach wie vor ganz eindeutige und verwundbare Organismen«—Auf jeden Fall hatte ihn der Übergang in eine körperlose Existenz nicht von Angst befreit—Er sah hinunter auf den Boden des Gebäudes, das nach einem riesigen Lagerhaus aussah —Der grüne Dunst hatte sich wie ein Teppich aus Flechte über die Kojen gelegt—Er konnte Formen erkennen, die mit einem Körper überlebt hatten—Grüne Kreaturen mit schwammigen Purpur-Kiemen—»Die Atmosphäre muß zum größten Teil aus Kohlendioxyd bestehen«, sagte er sich—Er ließ ein Raster durchlaufen und löschte sämtliche Gedanken und Worte aus seiner Vergangenheit—Er verständigte sich mit den Überlebenden durch Farbblitze und Gedankenübertragung—Er witterte Gefahr —Von allen Seiten die vertraute Angst, drängend und zitternd—

Die beiden Agenten saßen im Keller einer spanischen Villa von 1920—Der faulige Insektengeruch der Grünen drang wie ein Hauch von ranzigem Sperma aus den kahlen Ecken und zuckte ihnen in Farbblitzen durch die knochenlose Substanz—Er tastete sich aus der offenen Tür und schwebte auf flachen Tonschwingungen durch dunkle Straßen, die unter dem lähmenden Beschuß der weißen Flak lagen und von feindlichen Patrouillen durchkämmt wurden—Wie ein ferngesteuerter Spürhund tastete er sich durch die Körper und Hirnwellen der schweigenden Fisch-City und machte Truppen und Anlagen des Feindes ausfindig—Unter Nova-Verhältnissen auf dem Uranus geboren—Seine metallischen Augen glühten—Sein Hirn versengt von den Lichtblitzen des Bildkriegs—

In dieser Endzone des Nova Express werden die Agenten schemenhafter Imperien von grauenhaften elektrischen Süchten umgetrieben—Metallgesichter, entstellt von Brandnarben aus den Öfen von Minraud—Süchtige Opfer der Orgasmus-Droge von der Venusischen Front—Und die eiskalten blauen Schwermetall-Süchtigen vom Uranus—

In dieser Zone gibt es für einen Kontakt zwischen zwei Agenten nur einen einzigen Grund: Mord—Sobald man einen ankommen sieht, kann man von vornherein davon ausgehen, daß er einem ans Leben will—Was auch sonst? Etwas anderes kennen wir hier nicht—Trotzdem, bis zu einem gewissen Grad halten wir Kontakt untereinander, denn nichts ist gefährlicher, als wenn man sich abkapselt und in eine tote Bruchbude verkriecht—Bei jeder Begegnung spürt man also das elektrische Knistern des Mißtrauens, und der Ozongeruch unsichtbarer Blitzlichter liegt in der Luft—

Die Agenten tauschen ständig ihre Identitäten untereinander aus, wie gestohlene Kleidungsstücke, die unter Dieben von Hand zu Hand gehen—Bei einem solchen Tausch wird jedesmal versucht, dem Partner im letzten Augenblick noch einen falschen Artikel anzudrehen, z.B. die Identität eines alten Goofball-Penners mit einem Panama-Hut von Anno 1910 auf dem Kopf—Lee hatte mit dem anderen Agenten einen solchen Deal vereinbart, und jeder versuchte natürlich, die Mängel an seiner Ware zu tarnen und vor dem anderen zu verheimlichen—Selbstverständlich wird ein Agent nie eine ›Probefahrt‹ zulassen, denn der andere würde sich den Artikel einfach klemmen und damit abhauen—Es kommt immer wieder vor, daß einer auf diese Tour hereingelegt wird—Man muß den Artikel also kaufen ›wie gesehen‹, und jeder der beiden Partner informiert sich vorher so gut er kann über die Identität des anderen—ob dieser z.B. ein falsches Alter angibt oder Konstruktionsfehler verschweigt—was dazu führen könnte, daß man sich aus einer brenzligen Situation nicht mehr befreien kann, weil die Ausrüstung versagt—Seine Kundschafter nahmen den anderen Agenten unter die Lupe—gaben Berichte durch—übermittelten Instruktionen—fingen Nachrichten ab—

»Wird zur Zeit von der Amerikanerin kontrolliert—Wir

überwachen ihre Verbindungen—Hören alle Gespräche ab—Santa Monica, Kalifornien—Wir kriegen sie jetzt laut und deutlich rein—«

Der junge Mann auf dem Bett ließ Zeit ab—Auf seinem Gesicht bildete sich eine schleimige Substanz, glatt und braun wie der Bauch eines Zitteraals—Seine linke Hand verformte sich zu einer kristallenen Glühbirne, in der spitz wie eine Injektionsnadel ein gelber Lichtstachel zitterte —Der Orgasmus-Strahlenstachel—Venusische Waffe—Eine volle Dosis kann den Körper in Fetzen reißen, die ein insektenhaftes Eigenleben führen—Eine geringere Dosis führt zu Lähmung, die Gliedmaßen sterben ab, das Fleisch schrumpft und wird faserig—Lee summte eine kleine Melodie und unterbrach die Bildverbindungen mit seinem grauen Raster—Der Orgasmus-Stachel verglühte und löste sich in Rauch auf—Lee packte den Jungen am Ellbogen und zog ihn hoch—Der Junge war jetzt schwerelos und so starr wie eine Schneiderpuppe—Lee führte ihn die Straße hinunter, indem er den Körper mit leichten Armbewegungen auf Kurs hielt—Der Bildschirm war leer —Der Junge setzte sich auf Lee's Bett—Sein Gesicht so nichtssagend und leer wie ein Teller—Die Nova Polizei griff zu, grau und gelassen in ihrer unerschütterlichen Autorität—

»›Giftstachel-Paddy‹ verhaftet—Wirt leer—Gewebe stark vernarbt—Chirurgischer Eingriff erforderlich—Transfer unpraktisch—«

Zu weit die Straße hinunter

Der Junge, von einer grauenhaften elektrischen Hand zu weit die Straße hinunter getrieben—Ich weiß nicht—Vielleicht hat der Junge nie existiert—Sämtliche Gedanken und Worte aus der Vergangenheit—Es war während des Krieges—Ich bin mir nicht sicher—Man macht sich keine Vorstellung von den entsetzlichen Zuständen an der

Venusischen Front—Unsichtbare Hand, die sämtliche Gespräche mitschneidet—Von den letzten menschlichen Kontakten—plötzlich abgeschnitten—Der Junge hatte nie existiert—Ein Mund, der sich gegen die Fensterscheibe drückt und etwas murmelt—Brüchige abgerissene Stimme aus weiter Ferne: »Weißt du, wer ich bin? Du hast den ›erforderlichen Unfall‹ schon längst erlebt... alter Junkie, der Weihnachtsmarken verkauft in der North Clark Street ... Sie nannten ihn den ›Priester‹ ... war mal ich, Mister« ... Armenviertel einer vergessenen Stadt... Brennende Mülltonnen... Geruch nach Asche... Wind kräuselt eine Haarlocke... »Weißt du, wer ich bin? ... Junge aus dem Pfandhaus, wie ihn Mutter mal gemacht hat... ›Wind und Staub‹ ist mein Name... ›Goodbye Mister‹ ist mein Name... ich sag nichts mehr... ich gehe...« (silbern flakkerndes Lächeln).

Nicht zu solchen Bedingungen

Rauch von der Zigarette eines anderen auf der Spur der Kindheit—Gleich raus damit—Nichts als Marmorstraßen und kupferne Kuppeln in einer Luftblase—Gezeichnet von Narben, das Gewebe faulig und abgestanden wie das grüne Wasser—Verschimmelter Pfandschein gleitet durch schwammige Purpur-Kiemen—Der unsichtbare Siamesische Zwilling regt sich in Fleisch-Transplantationen und Virus-Rastern—In trägen Bewegungen der purpurnen Kiemen verlagert sich der Druck—Süchtige, die nicht anders können—Vampire, die auf Fleischsaft aus sind—Das taugt nichts—Alles Schmant—Fressen sich mit dem Lächeln von Idioten durch den erogenen Deal—Süßlicher Geruch von angefaultem Eis—Insektengeruch des grünen Autowracks—Der junge Agent, der sich deinen Körper als spezielle Ergänzung ausleihen wollte, machte keinen Versuch, das mit dem Eis zu vertuschen—Er ist schon seit Jahren tot—»Und ob du willst«, sagte er—»*So* klein willst du wieder sein—Auf der Spur der Kindheit—Willst du mir den Deal durch dein Geschrei verpatzen?«

Sie kapierte es nicht—Restlos überwältigt vom Leben in der Luftblase—Jeder Schuhputzjunge konnte die zum Platzen bringen—Konnte überall Schicksal spielen mit seinem männlichen Image. das er wieder im Griff hatte—Der Schuhputzjunge verlor nie die Nerven—Warte, bis die Zeichen günstig stehen—Aber dann sei dir deiner Sache verdammt sicher—Warte ein bißchen—Nein, so nicht—Ihre Hirnwellen und Vorhersagen blockieren—Hat keinen Zweck—Weiß die Antwort nicht—Zwei Jahre Arsen—Mach mit der Behandlung weiter—Arsen im Blut und Zahnfleischbluten—Ich hatte jetzt meine leichte Kaliber-38 zu meinem Schutz—

Er ist schon seit Jahren tot—»Sunshine of your smile«, sagte er und trat euren Botschafter in den Dreck, wo sie alle in insektenhafter Agonie an ihrer Sucht starben—Sie waren süchtig geworden von irgendeiner speziellen Sorte, die in dieser Gegend grassiert—

»Wächst bis zu so einer Größe«, sagte Nimun—»Also, wo sind meine zehn Prozent von dem Deal?«

Der Schuhputzjunge erlitt einen Kollaps und sie brachten ihn mit geheimen Techniken wieder auf die Beine—Das Geld ist am besten, wenn man es einem alten Mann an die Unterhose pinnt—

Also sagte ich: »Wir können es gleich hier machen—Sie werden uns nicht sehen—Wenn ich mit dem Dib auf Tour bin, können sie mich nicht sehen—«

Sieh dich vor—Behalte die Ausgänge im Auge—Geh nicht nach Paris—Warte, bis die Zeichen günstig stehen—Schreibe an alle—Warte ein bißchen—Nicht zu solchen Bedingungen—Achte auf die Wellen und Vorhersagen—Hat keinen Zweck, jetzt rauszugehen—Versuchs mit einem, wenn du willst—Gleich wieder zurück auf die Spur, Jack—Mit Vampiren gehts nicht, die sind alle restlos überwältigt von diesem Minraud-Girl—Alles stirbt in Krämpfen—Geh nicht nach Paris—Venusische Front—

Auf der Spur der Kindheit schreit es ohne einen Körper—Nach wie vor ganz eindeutige und verwundbare Organismen—Vernarbtes Gewebe mit dem Brandzeichen von Nova—»Mord« mit dem einzigen Ziel, wieder *so* klein zu werden—Gleich mal davon ausgehen, daß sie dir ans Leben will—Ihnen die Hirnwellen blockieren und einen falschen Artikel andrehen—Weißt du die Antwort?—Zwei Jahre Arsen: Goofball-Penner mit Panama-Hut von Anno 1910—Sowas machen sie ständig—Der Junge Mann ließ Zeit auf uns ab mit sämtlichen Göttern des Lebens—Es gluckst aus dem Schmant der Kloaken, die Brühe umspült den Galgen und bildet kleine Strudel—Sie krochen einer speziellen Sorte in den Hintern—Weißt du die Antwort? —Zwei Jahre Arsen: Auftrag ausgeführt—Arsen im Blut und Zahnfleischbluten—Das sind WIR—

»Bist du dir sicher, daß die nicht zu unserem Schutz da sind oder vielleicht zu schnell?«

»Ganz sicher—Die wollen hier nur eins: deinen Körper ausleihen für einen ganz bestimmten Zweck«—(»Ausgezeichnet—Gleich auf Eis damit«)—

Er ist schon seit Jahren tot—Der Bildschirm wurde dunkel—Benzingeruch in Strohhut und Seidenschal—Da bleibt nicht mehr viel übrig—Muß schnell machen—Keine Ahnung, wie er heißt—Mehr läßt sich mit denen nicht anfangen, so wie die gebaut sind—Willst du?—Gleich wieder zurück auf die Spur, Jack—An jedem Ausgang steht Der Kontrolleur—

Alles wie von Geisterhand

White saß da und strahlte in aller Gemütsruhe die »Conditio Humana« ab—Als gewiefter Radiologe steckte er jeden Beamten von der Fürsorge in die Tasche—Die Jungs aus dem Trickstudio wollen sehen, ob sie bei den Chinesen irgendwelche Spezialgriffe anbringen können—Er forderte mich auf, Platz zu nehmen—Gab mir einen wohltuend sachlichen Überblick, und dann sagte er:

»Na? Irgendwelche Anhaltspunkte? Was wollen wir machen?«

Das Programm kam nicht recht voran—Ich blieb stur sitzen—

»Also, wie wollen Sie es machen? Vielleicht allein?«

»Sie würden mir wohl gern die Hälfte abnehmen, wie?«

Er warf mich raus, und Worth und Vicky machten eine sinnige Bemerkung von wegen ›Tja, das wars dann wohl‹—Vielleicht habe ich hier zwei von derselben Sorte getroffen—Jedenfalls übernahmen sie so einiges von diesen Leuten—Besonders Vicky hörte sich an wie er—Es war nicht so sehr das, was er hatte—Weißt du, warum?—Ob die einfach nur tun, was von ihnen erwartet wird?—Wie sie da wieder rauskommen?—Gewöhnlich ist da früher oder später ein Interview mit Modigliani fällig—Ich habe eine ganze Reihe von diesen alten Männern gesehen, die du mit einem P&O besuchst—Sechzig, siebzig Jahre unterwegs nach Osten, verstehst du—Meinst du, du kommst eines Tages nach Cathay?—Wenn du auf die Tour zu einem geklauten Koffer kommen willst, hast du am Ende die Deluxe-Version in der Hand—Der Job wird auf dich warten—Und keinen Deut sauberer—

Wärst du oder einer von deinen Kumpels gleich damit rausgerückt, daß ihr nichts als Gespenster seid, dann wäre für die Feierabend gewesen—Und für mich hätte es Trouble gegeben—Die Erde ist mein zweites Ich, verstehst du, solange ich lebe—Warum sie ihre Truppen aus »Mr. Martin« machen?—Alles wie von Geisterhand, so wie die Dinge stehn—Bei der Arbeit, die wir zu tun haben, muß man es nehmen, wie es kommt—Da muß ich jedesmal auf Trouble gefaßt sein—Für ihn gab es immer nur kranke Galaxien, und das wird auch so bleiben—Schon ein sehr merkwürdiger und verrückter Bio-Vorstoß, bei dem wir uns da treffen—Auf Nachtschicht mit den Blinden—Endstation—Jetzt werden wir sehen, wer seinen letzten Bericht abliefert—Hier, das ist unserer: Rückenschmerzen und verfaulte Innereien—

Noch eine Chance, sagte er, unter diesen Umständen—Hast du noch—Wenn er nochmal an den Spanischen Köder geht, ist für ihn Feierabend—Tatsache ist jedenfalls, daß viele schon Gespenster sind, und für die anderen ist Feierabend—Die Nase voll, verstehst du, für den Rest meines Lebens—Keinen Bedarf nach »Mr. Martin« als Innenminister—

Alles wie von Geisterhand—bei der Arbeit, die wir zu tun haben—und der Art, wie wir zu dem Job kamen—Akkordarbeiter wollen die Nachtschicht bestreiken, wo sie an der Abschaffung des Todes durch Erhängen arbeiten—Am Ende reicht es bestenfalls für eine Antwort auf den Prokuristen, der lauthals ein anständiges Preisangebot verlangt—Sozusagen ein Luftgeschäft, das en gros zu haben ist—*Gibs ihr*—Such dir einen, der noch ein Termingeschäft macht, ehe die Häfen endgültig zu sind—Die sind schon verfault, wenn sie zur Arbeit erscheinen—Wurden dabei nicht alt—Hast du noch—Am Tor konnte er einen stetigen Rückfluß von Arbeitswilligen abhaken—Den Rest vom Fenster abdecken—Ist der Mordparagraph, so wie er dasteht, der Stoff, aus dem sie ihre Truppen machen?—Die Katze im Sack kaufen, nur um »noch eine Chance« zu bekommen?—Großzügig?—Nichts—Soweit schon auf den Leim gekrochen, da ist Feierabend—Am Ende werden wir wissen, wer den Preis diktiert—Zuckerbrot und Peitsche, das ist der Köder—Keinen Bedarf nach der »Conditio Humana« des Innenministers—Gewiefter Radiologe—gewährte den Funktionären eine Gnadenfrist, indem er sie in die Tasche steckte, und bekam so den Job—Ehe sie den Chinesen mit irgendwelchen Spezialgriffen beikommen können, sollte man also daran erinnern, daß der Krieg um die Abschaffung der Sklaverei längst Geschichte ist—Akkordarbeiter wollen lieber einen Kuhhandel abschließen, als dich fair ins Gespräch zu bringen—Abschaffung des Todes durch Erhängen eine großzügige Geste?—Die Position bleibt unverändert—Ein paar Jahreszahlen vertauscht, aber unterm Strich kommt dasselbe heraus—Das sogenannte Programm war eine Weigerung, die en gros zu haben war—Was wirst du tun?—Vielleicht allein, wie?—Am Ende reicht es bestenfalls zu einem ›Tja, das wars dann wohl‹—Verlangten lauthals eine anständige Beteiligung an diesen Leuten—Vicky ganz besonders—*Gibs ihr*—Weißt du, was sie wollten, ehe sie mit der Arbeit anfangen? Ein Einstellungsgespräch, damit sie noch mehr rumschreien können—

White saß in aller Gemütsruhe da und strahlte »menschliche Wesen« aus dem Hospital, und die anderen schalteten auf lässig—Von da an war es sowieso ein Fall für die Jungs aus dem Trickstudio—Chinesen werfen uns einen Kuhhandel vor—Was wollen wir machen, so wie die Chancen stehn?—Ich war in der Klemme und mußte ›zwei von derselben Sorte‹ bringen—Sie gingen beide sofort ran—Keine Wahl—Hörte sich an wie er—Wir müssen es billig abstoßen und uns auf die Socken machen—Eine *Reise*, Mann—Der Job wird auf uns warten—Und nichts mit Zuckerbrot und Peitsche—

Ein frostiger Dank

»Ich lasse Bill&Iam kommen«, sagte sie—

»Aber die existieren überhaupt nicht—tout ça—meine Liebe, hast du denn eine Ahnung, was—gewisse elementare Schwächen im—«

»Du kannst es dir leisten—Du hast mir selbst gesagt, für die Fehler von gestern findet sich immer ein Loch—und was sonst noch—«

»Der Markt, verstehst du—Bill warf einen Köder aus, und ein sehr guter Freund von mir stieß mit seiner Idee von getrockneten Exkrementen auf Kalkstein—Und was sich sonst noch ergeben hat—völlig unerwartet—«

»Umso mehr Grund für uns, daß wir mit den Stummen Arbeitern renovieren—«

Sie hatten den Punkt erreicht, an dem Reden unmöglich wird—

»Man hat es sehr mit der Technik«, sagte Bill, während er im Zimmer auf und ab ging und es mit Rauchkringeln vollqualmte—»Ich beherrsche die Signalsprache der Stummen—Raus mit diesem ganzen Mist—Heute nacht, Madame—So alt wie der grimmige Gotische Aufseher—«

Das Studio hatte eine Wüste angelegt, und in der Luft lag der muffige Geruch aus Maya-Ruinen und Bauernhütten—Innerhalb weniger Minuten legten sie einen Berghang aus den Anden hin—Das Haus hatte in der Luft gestanden—

»Eine Kalkstein-Gegend«, sagte Bill—»Wir könnten damit anfangen, daß wir Das Haus als Fotocollage anlegen—ja?—natürlich, und hinter den Statuen sieht man in der klaren Luft einen Platz, wie ihn die Mayas für ihre Ballspiele hatten, und ewig kreisende Gondeln—Eine endzeitliche Lebensform von Buchmachern und Spielern, die sich kleine Jade-Pfeifen mit schwarzen Beeren stopfen—allmählich verläßt sie das Glück und die Kiemen versteinern—Kontrolleure des Häßlichen Geistes in Rückenmarksflüssigkeit—hydraulische Gezeiten von Jahrhunderten auf pflanzlicher Ebene—«

»Aber was ist mit dem Haus selbst?«

»Sie haben längst keine Feinde mehr—ah ja, Madame, Das Haus—Ich will doch hoffen, Lady—Können wir nicht Kontakt mit ihnen aufnehmen?—ich meine, daß man gut für Sie sorgt—«

»Bill, ich glaube, die existieren unter anderen Druckverhältnissen—«

»Ah ja, Das Haus—hmmm—Könnte sich wechselnden Druckverhältnissen anpassen, und hin und wieder geht vielleicht ein Zimmer verloren im—«

»Bill, sie existieren unter anderen Druckverhältnissen—«

»Im Durcheinander?—Die Bensons?—Aber die existieren überhaupt nicht—Tout ça c'est de l'invention—Die Hydraulik weist natürlich gewisse elementare Schwächen auf, aber für die äh Fehler findet sich immer ein Loch im Mergel—«

Auf dem Grund des Kraters war ein Loch—Bill warf einen Stein hinunter, der Stein prallte an Kalksteinvorsprüngen ab, das Echo wurde schwächer und schwächer —Stille—

»Bodenlos, wie Sie sehen, und damit sehr praktisch—Und was könnte praktischer sein als ein Müllschlucker??«

Langsam nahm das Haus Konturen an, in schweigender Konzentration erbaut von den Arbeitern aus dem Land der Stille, in dem Reden unmöglich ist—

»Habt ihrs vielleicht gut, ihr Kanaken«, pflegte Bill zu sagen, während er herumging, Havannas rauchte, Anweisungen gab in der Farbsignal-Sprache der Stummen—dem grimmigen Gotischen Aufseher seine Baupläne in Form von Fotocollagen zeigte—

Und langsam änderte das Haus sein Aussehen—von Inka zu Maya, und weiter zurück: zu einer Bauernhütte in verdorrten Maisfeldern oder an windgepeitschten Berghängen in den Anden—Gotische Kathedralen ragten empor und lösten sich in Luft auf—Die Mauern bestanden aus Blöcken, die ständig in Bewegung waren und permutierten—Höhlenmalereien—Maya-Relief—Attisches Fries—Paneele—auf Leinwand projizierte Fotocollage des Hauses in verschiedenen Bauabschnitten und sämtlichen Baustilen der Geschichte—Griechische Tempel ragten in die klare Luft und zerfielen zu Kalksteinhütten neben einer schwarzen Lagune mit Gondeln—eine endzeitliche Lebensform von trägen schönen Menschen, die schwarze Beeren in kleinen Jade-Pfeifen rauchen*—Und die Fisch-Menschen mit schwammigen Purpur-Kiemen—Und die Kontrolleure, die unter dem Druck ihrer Autorität mit langsamen hydraulischen Bewegungen in durchsichtigen Hüllen aus Rückenmarksflüssigkeit schweben—Diese

* Gemeint sind die Pakistan-Beeren, kleine schwarze Früchte mit narkotischen Eigenschaften, die gelegentlich mit Karawanen in den südlichen Teil von Marokko gelangen—wenn man sie raucht, beschwören sie die schwarzen Lagunen herauf, von denen auf diesen Seiten die Rede ist. (W.S.B.)

Menschen verfügen über keine Waffen—sie sind so alt, daß sie längst keine Feinde mehr haben—

»Sie sind richtig exquisit«, sagte Die Lady—»Können wir nicht Kontakt mit ihnen aufnehmen?—Ich meine, sie zum Dinner einladen, oder zu Cocktails?—«

»Das geht nicht, Madame—Die existieren unter anderen Druckverhältnissen—«

»Ich lasse Bill&Iam kommen«, sagte sie beim Frühstück—

Ihr Mann wurde blaß—»Meine Liebe, hast du denn eine Ahnung, was die kosten?—«

»Du kannst es dir leisten—Hast du mir gestern noch gesagt—«

»Das war gestern, und was ich vielleicht sonst noch gesagt habe, ist alles schon lange her—Der Markt, verstehst du—Irgend etwas stimmt nicht mehr mit dem Geld—Ein sehr guter Freund von mir mußte feststellen, daß sein *privates* Bankschließfach in der Schweiz öh vertrocknete Exkremente enthielt—Kurz und gut, eine Krise, eine schockierende Krise ist eingetreten—völlig unerwartet—«

»Umso mehr Grund für uns, daß wir renovieren—Ah, da sind sie ja—«

Sie waren angekommen—Bill in »Bankiers-Kluft«, wie er es nennt—ist doch neckisch, was?

»Iam hat es sehr mit der Technik«, sagte Bill—er paffte gemächlich seine Havanna und sah den Rauchkringeln zu—»Hier müssen ein paar Planierraupen her—den ganzen Mist wegräumen—Heute nacht, Madame, werden Sie in einem Zelt schlafen—wie die Bedouinen—«

Das Studio hatte auf dem Rasen eine Wüste angelegt, und Die Familie wurde ausquartiert—Nach einigen Stunden war nur noch eine gewaltige Baugrube zu sehen, wo einmal Das Haus gestanden hatte—

»Kalkstein-Gegend«, sagte Bill und befühlte einige Felsvorsprünge am Rand des Kraters—

»Wir könnten mit einem Maya-Tempel anfangen—oder etwas Griechisches—«

»Ja natürlich, und die Statuen—Stadt der Marmornen Fleisch-Transplantationen—Ich stelle mir einen Platz vor, wie ihn die Mayas für ihre Ballspiele hatten, mit ewigen Jünglingen—Und hier drüben die Kalkstein-Buchmacher und Spieler in wechselnden Körperhaltungen und auf wechselnden Sockeln—allmählich verläßt sie das Glück und versteinert—und genau hier die Schachspieler—der eine schön, der andere häßlich wie Der Häßliche Geist—sie spielen um Schönheit—langsames Spiel, jahrhundertelang auf pflanzlicher Ebene—«

»Aber was ist mit dem Haus selbst?«, sagte Die Lady—

»Ah ja, Madame, Das Haus—Ich will doch hoffen, daß Sie sich in Ihrem augenblicklichen Quartier wohlfühlen und daß man gut für Sie sorgt—Ihren Sohn halte ich übrigens für sehr talentiert—hmmm—vielleicht—ahja, Das Haus—Gotisch, Inka, Griechisch, Maya, Ägyptisch—und auch so etwas von der archaischen Kalkstein-Hütte, verstehen Sie, die Zimmer und Wände permutieren auf hydraulischen Scharnieren und Winden—und manchmal geht ein Zimmer verloren im—«

»Im Durcheinander—Die Bensons—beim Frühstück—«

Ihr Mann wurde blaß—»C'est l'invention—Was die kosten?«

»Die Kosten? Hydraulik verarbeitet die Fehler von gestern zu Mergel, habe ich dir schon vor längerer Zeit gesagt—Auf dem Grund des Kraters—da stimmte etwas mit dem Geld nicht mehr—privates Bankschließfach in der Schweiz, das Echo immer schwächer und schwächer—«

»Eine schockierende Krise—«

»Bodenlos, wie du siehst, und damit sehr praktisch zum Reinpissen—praktische Abfallbeseitigung—Ah, da sind sie ja—«

Langsam veränderte sich das Haus—›wechselte die Kluft‹, wie er es nannte—

»Ist doch neckisch, was?—Arbeiter aus dem Land der Stille, und er pafft gemächlich seine Havanna und sieht zu—«

»›Lucky Bill‹ sagte immer: ›Hier müssen ein paar Planierraupen her.‹«

Die Familie wurde ausquartiert, und das Haus geriet langsam in Bewegung—nur noch eine gewaltige Baugrube in verdorrten Maisfeldern und Wind—Gotische Kathedralen ragten an den Wänden des Kraters empor—Blöcke verschoben sich zu wechselnden Reliefs, Schiebewände aus marmornen Fleisch-Transplantationen—

»Ich stelle mir mehrere Stufen vor—Gotische Kathedrale, als Fehlkonstruktion aufgegeben—Und hier drüben an einer schwarzen Lagune auf Sockeln die Kalksteinhütten in der eingezeichneten Position—pfeifenrauchende Schachspieler—und Fisch-Menschen, die um Schönheit spielen—langsame Spiele in ihren durchsichtigen Hüllen—«

»Bewegungen unter dem Druck ihres Autors—«, sagte Die Lady—

»So alt, verstehen Sie, daß sie sich in ihrem augenblicklichen Quartier wohlfühlen—«

»Sie sind richtig exquisit«, sagte der Tower Sohn—(der übrigens ein ausgesprochenes Talent für Dinner und Cocktails hatte—Gotisch, Inka, Maya, Griechisch, Ägyptisch—und außerdem—)

»Verstehen Sie, die Zimmer und Wände—und manchmal geht ein Zimmer verloren—«

»Sie existieren unter anderen Druckverhältnissen und spielen ihre langsamen Spiele an der Schwarzen Lagune—Das Hirn, verstehen Sie, arbeitet mit une rapidité incroyable, aber die Bewegungen sind sehr langsam—Es kann also sein, daß ein Spieler auf seinem Brett eine glückliche Zukunft oder ein schreckliches Schicksal sieht—und ob er den nächsten Zug machen oder vermeiden soll—und ferner, daß er den Zug nicht mehr rechtzeitig machen kann—Das verursacht ihnen natürlich große Schmerzen, die sie hinter einem Reigen von exquisiten Festen verbergen müssen—« Laternen tauchten jetzt die Lagune in ein vielfarbiges flackerndes Licht—schwimmende Tempel, Pagoden, Pyramiden—

»Die Feste wechseln sich ab, von Menschenopfern bis zur ›Dämmerung der Unschuld‹, wenn sich die Hülle auflöst—Das geschieht sehr selten—Sie züchten sich die Fisch-Menschen wie Orchideen oder Perlen—die Spielarten immer exquisiter, in einer Mischung von Schönheit und Widerwärtigkeit—die grausamen Idioten-Formen werden besonders hoch geschätzt«—Er zeigte auf ein grünes Salamander-Wesen mit schwammigen Purpur-Kiemen, das sich unter Kalksteinvorsprüngen und Farnen in einem klaren Tümpel regte—

»Diese amphibische Hermaphroditen-Spielart wird durch Filmaufnahmen von Folterungen motiviert—Man kann ihren Reizen also nur schwer widerstehen—«

Das grüne Zwitterwesen kroch heraus auf eine Felsbank—Ein schwerer betäubender Duft wehte aus seinem halbgeöffneten Mund—Mit leisem Zirpen und Glucksen schlängelte es sich auf den Kontrolleur zu—Geistesabwesend betastete der Kontrolleur mit seiner transparenten Hand die knochenlose Gallerte, die Drüsen und Nervenzentren—Das grüne Zwitterwesen wand sich in unterwürfigen Zuckungen—

»Wenn man sie richtig anfaßt, können sie sehr folgsam sein, wie Sie sehen—Aber wir müssen unbedingt einen Ausflug ins Land der Lemuren-Menschen machen—sie sterben, wenn sie in Gefangenschaft geraten—Sie sind geschützt—Wir alle sind hier geschützt—Nichts geschieht wirklich, verstehen Sie, und das Menschenopfer macht seine Verbeugung auf den schwimmenden Blumengirlanden—Alles sehr exquisit, und trotzdem, Sie werden es nicht glauben: wir warten nur darauf, daß wir diesen ganzen Flitterkram einem ahnungslosen Blödmann andrehen können, der uns dafür sein Ausreisevisum gibt—Ah, da ist ja der Mann vom Reisebüro, den der Kontrolleur für mich engagiert hat—«

Sie spielen ihre langsamen Spiele neben dem Mann im schwarzen Anzug—sein gewiefter Verstand arbeitet mit une rapidité—

»Er betrügt mich schon seit Monaten—langsam, damit ein Spieler nach und nach zu der Überzeugung kommt, auf der lächerlichen Reise stehe ihm eine glückliche Zukunft bevor und der nächste Zug mache ihn zum schnellsten Denker überhaupt—«

»Ja, wir haben alle—Können den Zug nicht rechtzeitig machen—Dieser andere hier—Unsere Rollen müssen wir in allem verheimlichen, wenn wir hier raus wollen.«

»Wenn wir uns bloß nach dem Menschenopfer als körperlose Wesen auf der Spur der Kindheit runterspülen könnten, mitsamt unseren schwimmenden Blumengirlanden—«

»Reichlich geschmacklos, Altes-Stück-Dem-Die-Hülle-Abgegangen-Ist—Sowas macht nur noch der Mann mit der Schlangenhaut—«

»Sie kultivieren die Fisch-Menschen—«

»Ach ja? Wer denn?«

»Doch nicht etwa *noch* exquisitere Spielarten—??«

»Ich sage Ihnen, da kann niemand schreien—Da drüben ist Das Land der Lemuren-Menschen—«

»Er löste sich nach der letzten Vorstellung auf—Wunderschöne Spielart von einem grausamen Idioten—«

»Er hat also sein Ausreisevisum bekommen?—und ist jetzt ein grünes Zwitterwesen mit schwammigen Purpur-Kiemen?«

»Tümpel unter einem Kalksteinvorsprung—Er hat mit jemand Kontakt aufgenommen—Sie wissen, er wird durch Filmaufnahmen von Folterungen motiviert—«

»Willy der Stiesel?—Ich wußte, daß er resistent sein würde—der grüne Junge ging ihm an den Haken und löste sich in Duft auf—aus seinem halbgeöffneten Mund wehte unsere ganze exquisite Nahrung mitsamt den geräucherten Knochen—er gluckste was und löste sich auf—Dem Grünen Tony hat er die Knochenlose Traum-Konzession des Grünen Zwitters angehängt—Der Grüne Junge schlängelte sich durch Sammy den Metzger—«

»Trotzdem, vielleicht fällt er auf Den Helden rein—Die sind sehr folgsam—«

»Wir sind ein altes Geschlecht, wie Sie richtig vermuten —Machen wir einen Ausflug ins Land der Charaktere und Statuen—Sie sind natürlich geschützt—Ah, da ist er ja—Geschieht wirklich, wissen Sie—«

»Ich höre, ihr braucht hier die schwimmenden Blumengirlanden—Alles mongolische Bogenschützen—Sie sind—Wir alle suchen nach einer Möglichkeit, wie wir ein Ausreisevisum loswerden können—« (Der Kontrolleur ließ sich flüchtig auf eine kurze Unterhaltung ein—Mann in schwarzem Anzug, mit Goldzähnen und einem langen Fingernagel—)

»Er betrügt mich jetzt schon seit Monaten, aber das tun sie natürlich alle—Sie können sich nicht vorstellen, was für lächerliche Reise-Arrangements sie bei unseren schnellsten Denkern loswerden—Ja wir haben uns alle irgendwann einmal zu Narren gemacht—Hier wo Rollen und Fleisch von Hand zu Hand gehen—Da gibt es keinen Ausweg—«

»Wenn wir uns doch bloß im Klo runterspülen könnten«, sagte sie, als sie Glück und Reichtum ihres ganzen Lebens auf dem Unsichtbaren Schachbrett entschwinden sah—

»Reichlich geschmacklos, altes Stück—Laß dich einbalsamieren—Heute abend ist Das Fest des Mannes mit der Schlangenhaut—«

»Ach ja, und wer macht es?—Wieder Juanito?—«

»Der hat sich nach der letzten Vorstellung aufgelöst—«

»Ja richtig, den gibts ja nicht mehr—Und was verkauft dir der Mann vom Reisebüro jetzt?«

»Er hat mit einem Kontakt aufgenommen, den sie Willy den Stiesel nennen—vielleicht—«

»Willy der Stiesel??—Den kenne ich vom Uranus—Man denkt, man hat ihn am Haken, da löst er sich mit dem Pfiff einer Lokomotive auf—Den Grünen Tony hat er bei einer Partie Kalkstein-Poker drangekriegt und ihm die Traum-Konzession abgenommen—Hat Izzy the Push aus dem Fenster gestürzt und Sammy den Metzger eingemacht.«

»Trotzdem, vielleicht fällt er auf Den Helden rein: ›Beschütze uns—Wir sind ein altes Geschlecht—Beschütze unser exquisites ekelhaftes Leben und unsere *Statuen*‹—Na?«

»Da ist er schon.«

»Ich höre, ihr braucht hier Protektion—Ich schaffe euch ein Kontingent mongolische Bogenschützen ran—Die kosten zwar einiges, aber sie sind ihr Geld wert—«

Die mongolischen Bogenschützen mit ihren Körpern aus schwarzem Metall rochierten in einem rituellen Tanz in Position und spannten ihre Bögen—silberne Antennen-Pfeile schlugen wie Wünschelruten aus und nahmen zitternd die Witterung des Feindes auf—

»Die machen mich schrecklich nervös, mein Bester—Was ist, wenn es gar keinen Feind gibt??«

»Das wäre sehr peinlich, Madame—Meine Bogenschützen müssen sich nämlich abreagieren—Sie haben um Protektion gebeten, und jetzt—Wo sind die Lemuren-Menschen?«

Die Lemuren-Menschen leben auf Inseln von Sumpf-Zypressen und äugen von den Zweigen herab—Es dauerte viele Stunden, bis man sie endlich herunterlocken konnte—Schillernde kupferbraune Färbung—wäßrige schwarze Augen, in denen sich jungfräuliche Emotionen regen—

»Sie bestehen nur aus Affekt, müssen Sie wissen—Sie sterben, sobald sie in Gefangenschaft geraten«—Ein Lemur strich dem Stiesel mit zarten zaghaften Bewegungen über das Gesicht und entschwand wieder in die Zweige—

»Soweit ich mich erinnern kann, ist es bisher noch keinem gelungen, einen Lemur länger als ein paar Minuten zu halten—Und es ist schon tausend Jahre her, seit einer zum letztenmal Geschlechtsverkehr mit einem Lemur hatte—Die Sache ist in Vergessenheit geraten—Sie sind derart empfindlich, verstehen Sie, daß sie sofort wieder in die Zweige verschwinden, wenn man den geringsten Versuch macht oder auch nur daran *denkt,* sie halten und besitzen zu wollen—und dort warten sie darauf, daß der

Meister zurückkommt, der nie an so etwas wie Halten und Besitzen dachte—Sie warten schon sehr lange—Fünfhunderttausend Jahre, mehr oder weniger, glaube ich—Die Wissenschaftler können sich ja nie auf etwas einigen—«

Der Lemur sprang Lee auf die Schulter und nippte spielerisch an seinem Ohr—Andere Lemuren zogen auf einem zerbrechlichen Bambusboot ein Segel auf und segelten über die Lagune davon, unter dem roten Satelliten, der nie seine Position verändert—

»Da draußen gibt es Inseln, auf denen noch nie jemand gewesen ist—Die Lemuren sind derart empfindlich, daß sie sterben, sobald man einen Fuß auf die Insel setzt—Sie existieren in einem ganz anderen, pränatalen Fleisch in den schwarzen Lagunen—«

»Silberne Pfeile, verstehen Sie, die ausschlagen wie Wünschelruten, incroyable, doch in den Zügen auf dem Schachbrett deutet sich ein grauenvolles Schicksal an: (›Was ist, wenn es gar keinen Feind gibt?‹) Man kann sich zu einem Zug entschließen oder auch nicht, aber man muß sehen, daß es große Schmerzen verursacht—Deshalb also ihr Reigen von exquisiten Festen—«

»Läßt ihr mich eure Lemuren-Menschen mit flackernden Lichtern in den Sumpf-Zypressen sehen?«

»Stunden, bis man sie heruntergelockt hat—Am Ende hat die reine Unschuld der Morgenröte gesiegt und ihre fließenden flackernden Schleier darüber geworfen, die wie Perlen glänzen—Nichts als Affekt, verstehen Sie, in dem sich Schönheit und Fleisch vereinen—«

Ein Lemur strich Lee übers Gesicht mit zarten Wesen, die in Gefangenschaft sterben—entschwand wieder in die besonders hoch geschätzten—was unterstreicht, daß sie nur zu einem zurückkommen, der sie nicht halten und besitzen will—heraus auf eine Felsenbank—starkes Betäubungsmittel, in der Tat—tausend Jahre, mehr oder weniger—

Die mongolischen Bogenschützen ließen sich auf eine kurze schwarze Unterhaltung ein und wanden sich in rituellen Tänzen—nahmen zitternd die Witterung des Feindes auf, wie sie das natürlich alle so an sich haben—

»Sie können sich nicht—«

»Mein Bester, die machen mir schreckliche Arrangements, die schon längst verkauft sind an unsere—«

»Das wäre sehr peinlich, Madame—Irgendwann einmal zum Narren gemacht oder um Protektion gebeten—und jetzt—«

»Heute abend ist das Fest der Schönen Jungen Emotionen—Weshalb sie in Gefangenschaft sterben—Wieder Juanito?—Wo ist er jetzt?—«

»Zweige, die noch nie jemand gesehen hat—Er ist jetzt weit weg—«

»Sie sind derart—Verkauft Ihnen der Mann vom Reisebüro den Versuch oder auch nur den Gedanken daran, die Zweige festzuhalten, auf denen sie sitzen?«

»Vielleicht—Sie warten schon sehr lange—Fünf Uranus—«

»Die Pakistan-Beeren legen Lee unseren ganzen Staub als frostigen Dank auf die Schulter—«

Denk daran: ich war Kohlendioxyd

Hier haben wir jetzt nur noch die Aufzeichnungen—in einem anderen Land.

»Willst du mich mit Krawall-Aufnahmen von damals an ein paar alte Namen erinnern?«

»Mr. Martin, ich habe überlebt.« *(lächelt)*

»Na gut, junger Landsmann ... hat also ein bißchen gedauert... Stimmen von Menschen übernehmen jetzt meinen Job... Ich zeig dir die Dunkelkammer der Außerirdischen ... ihre Götter sterben ab... Liste von denen, die abgereist sind... Mrs. Murphy's Pension, keine Adresse hinterlassen... Erinnerst du dich an die ›dritte Treppe‹, wie sie genannt wurde? Letzte Treppe, hast du geschrieben... Marken in North Beach ... die grellen Lichter...

Clark Street... Der Priester vor einem schwarzen Himmel... Steine gesammelt, genau *hier* an diesem Strand... Ali *dort,* mit erhobener Hand ... die Straße, undeutlich und verwackelt in der Ferne... Asche auf dem Wasser ... letzte Hände ... letzte menschliche Stimmen ... letztes Geleit für den Piloten Hector Clark... Erinnerung an den Mann, den es nie gab... Sollen die Gebeine auf diesem Foto weiterleben?? Mein ›Wirt‹ hatte ein langes und strenges Verhör hinter sich...«

Durch sämtliche Straßen geirrt, und alles umsonst... Ich zeig dir die Angst an Mauern und Fenstern, Menschen und Himmel... Wo weilest du? *... Bitte beeil dich, gleich wird Kassensturz gemacht—Leer ist der dritte, der neben dir geht—Dünne Gebirgsluft hier und dort und vor dem Fenster—Ein frisches Hemd angezogen und in der Dämmerung durch die engen Straßen—Aus leeren Grundstücken ein Hauch von meinem Spanien—Brandy pur—Aprilwind weht mir den keuchenden Atem von den Lippen—Nach dem Essen ein wenig geschlafen und von Regen geträumt—Bei dem Soldaten kannst du nicht unterkriechen—Krieg der toten Sonne, ist eine Handvoll Staub—Mit schwacher Stimme sagte er im grauen kalten Dunst alter Western-Filme: »Zieh deine Knarre, Martin.«

»Kann ich nicht, mein Sohn—Schon viele Jahre alt, dieses Bild von mir—Denk daran: ich war Kohlendioxyd—Stimmen wecken uns auf und wir ertrinken—Luftlöcher im vergilbten Film—Ein Ende in verräucherten Zimmern mit geschlossenen Läden—Keine Wände—Sieh dich um—Geht nicht—Bringt die Lebenden und die Toten auf Null—Fünf für Regen—Junges Haar auch—Bitte beeil dich, es ist William—Auf dem Friedhof von Coldspring zeig ich dir, was Angst ist—Kind, wo weilest du?« *

»Hier«, sagte sie, »ist Ihre Karte: Brotmesser durchs Herz—«

»An was denkst du, William?—Waren seine Augen—

* Deutsch im Original. (C.W.)

Bitte beeil dich, die Hälfte deines Hirns macht langsam dicht—Bring deine Klamotten ein bißchen in Ordnung—Die kamen an das Fleisch nicht ran—Leere Wände—Gute Nacht, meine lieben Ladies—Bitte beeil dich, es ist Zeit—Sieh dich um—Gesichter im violetten Licht—Feuchte Böen, sieht nach Regen aus—«

Wachte suchtkrank auf und setzte mir im Staub einen Schuß—Wieder berührte er mich so—Ein Hauch von menschlicher Liebe—Die Tränen kamen—Unzucht getrieben in Mexiko, aber—Coldspring—außerdem kannst du sagen—es war nichts zu erfahren—endlose Dingpolizei—

»Was kann ich dir schon geben, mein Freund—Identität verblaßt—verebbt—weibliche Gerüche—Messer durchs Herz—bei dem Jungen kannst du nicht unterkriechen, der ist nur noch Staub—hat keine Adresse hinterlassen«

»Ich würde mich nach Mutationen erkundigen, aber im Grunde kenne ich sie schon alle—Wenn man einen Griechen wollte, war geschlossen—Den Gehenkten kann ich in den Zeitungen nirgends finden—blinde Augen—sieh nach—Wer geht da neben dir?«—»Vielleicht darf ich dir mal sagen, daß du dein Augenlicht schon vor langer Zeit verloren hast... Staub am Fenster, kannst ihn riechen, schmecken ... fühlen ... fühlen?? Wie denn, von diesem Treppenabsatz aus ... so weit weg, undeutlich und verwackelt.«

Am Morgen—Ein frisches Hemd angezogen, in einem anderen Land—Soll ich dir KiKi geben mit den Fußballergebnissen?—Alles leer bis zur Balustrade—Der Morgen ist mit Brettern vernagelt und weit weg—Der Junge hier mit seinen Fahrradrennen, es war alles umsonst—Langer leerer Mittag—Tote Aufnahmen—Augenblicke könnte ich beschreiben, die seine Augen waren in allen Ländern der Erde—Hat dir diese Körper hinterlassen am suchtkranken Morgen—Ihr Lächeln verebbt in fremdem Fleisch—weit weg jetzt—In so etwas kann man sich nicht verkriechen—Die Adresse hatte sich geändert, ein Besuch unmöglich—

Der Wind am Mittag—geht da neben dir?—Stück von einer Spielzeugpistole da in der Gasse zwischen den Brennesseln … über den leeren aufgebrochenen Straßen ein rot-weiß-blauer Kinderdrachen.

Gave proof through the night

Kapitän Bairns wurde heute wegen Mordes auf hoher See vor Chicago verhaftet—Er war der Letzte Große Amerikaner, der den Dingen ins Gesicht sah und auch im Unglück das Lachen nicht verlernte—Blende.

S.S. America—Die See grün und spiegelglatt—vor der Küste von Jersey—Durch das leise Surren der Ventilatoren dringt eine wohltemperierte Mikrophonstimme—:

»Bitte behalten Sie Platz—Kein Grund zur Beunruhigung—Wir hatten einen kleinen Unfall im Kesselraum, aber es ist alles schon wieder/«

Wummmmmm

Eine Detonation erschüttert das Schiff—Das Rasiermesser im Leib, Sir—Er zerrte am Griff—

Ein halbseitig gelähmter Passagier namens Perkins kreischt zwischen den Trümmern seines Rollstuhls:

»Du verpiffter Hurenfohn!«

Zweiter-Klasse-Passagier Barbara Cannon lag nackt in einer Kabine der 1. Klasse—Stewart Hudson trat ans Bullauge:

»Zieh dich an, Honey«, sagte er. »Es ist was passiert.«

Dem betrunkenen Schiffsarzt Dr. Benway rutschte das Skalpell aus, und ein auf zehn Zentimeter berechneter Einschnitt wurde fünf Zentimeter länger—

»Vielleicht ist der Blinddarm schon raus, Doktor«, sagte die Schwester, die ihm über die Schulter sah—»Ich habe da eine kleine Narbe gesehen—«

»Der Blinddarm RAUS?? ICH nehme den Blinddarm heraus!—Was glauben Sie denn, was ich hier mache?«

»Vielleicht sitzt der Blinddarm links, Doktor—Das kommt gelegentlich vor, wissen Sie—«

»Hören Sie auf, mich zu drängeln—Dazu komme ich noch—Meinen Sie, ich weiß nicht, wo ein Blinddarm sitzt? —Ich habe Appendektomie 1910 in *Harvard* studiert«—

Er hob die Bauchdecke an und tastete im Einschnitt herum, wobei ihm die Asche von der Zigarette fiel—

»Und holen Sie mir ein anderes Skalpell—Das hier ist ja ganz stumpf—«

Wummmmm

»Zunähen«, befahl er—»Man kann von mir nicht verlangen, daß ich unter solchen Bedingungen arbeite«—Er fegte Instrumente, Kokain und Morphium in seine Arzttasche und wankte aus dem Operationsraum—

Mrs. J. L. Bradshinkel, durch die Detonation aus dem Bett geschleudert, setzte sich auf und schrie: »Ich gehe sofort wieder zurück ins Sheraton Carlton Hotel und rufe die Milwaukee Braves an«—

Zwei philippinische Zofen hievten sie hoch—»Hol mir meine Perücke, Zalameda«, befahl sie. »Ich gehe augenblicklich zum Kapitän—«

Mike B. Dweyer, ein Politiker aus Clayton/Missouri, stürmte in den 1. Klasse-Salon, wo sich die Mitglieder der Schiffskapelle high von einer Dosis Muskat zwischen ihren Instrumenten wälzten—

»Spielt das Star Spangled Banner!«, röhrte er.

»Willst du uns verarschen, Jack?—Wir sind in der Gewerkschaft—«

Mike ging hinüber zur Musikbox, steckte eine Handvoll 25-Cent-Stücke in den Schlitz und drückte Das Star Spangled Banner Mit Fats Terminal An Der Hammondorgel—

Oh say can you seeeeeeeee

Der Käpt'n und Lucy Bradshinkel sitzen sich gegenüber—Er ist ein verschlagener Rothaariger mit einem Gesicht wie ein angefaulter Knochen—

»Mir gehört dieses Schiff«, sagte Die Lady—

Das Schiff bekam Schlagseite, und die Perücke rutschte ihr über das eine Ohr herunter—Der Kapitän stand auf und hatte einen Revolver in der linken Hand—Er schnappte sich die Perücke und setzte sie auf—

»Her mit diesem Kimono«, befahl er—

Sie rannte ans Bullauge und schrie wie alle an Bord um

Hilfe—Im Bullauge wirkte ihr Kopf wie das Schwarze in einer Zielscheibe—Er drückte ab—

»So, vielleicht rückst du jetzt diesen Kimono raus, du gottverdammte alte Zicke—«

I mean by the dawn's early light

Dr. Benway drängelte sich durch die Menge an der Reling und bestieg Das Erste Rettungsboot—

»Sind alle wohlauf?«, fragte er, während er sich zwischen die Frauen setzte—»Ich bin der Doktor.«

Der Kapitän stieg graziös über Treppen mit rotem Teppichbelag nach unten—Im Büro des Zahlmeisters schaufelte ein schmalbrüstiger Mensch mit energischen Bewegungen Bargeld und Juwelen in einen schwarzen Koffer—Der Kapitän zog seinen Revolver aus dem BH und feuerte zwei Schüsse ab—

By the rocket's red glare

Funker Finch mixte sich ein doppelkohlensaures Natrium und rülpste in die vorgehaltene Hand—»SOS—urrp—SOS—der gottverdammte Käpt'n ist ein Arschficker—SOS—vor der Küste von Jersey—SOS—vielleicht kann man uns schon riechen—Scheiß-Mannschaft—SOS—urrp—*Genosse* Finch—SOS—Genosse am Arsch des Propheten—SOS—SOS—SOS—urrp—urrp—urrp—«

Der Kapitän betrat leise den Funkraum—Zeugen beobachteten aus einiger Entfernung, daß die Verhaftung des Funkers von einem gewaltigen Knall und einem grellen Blitz begleitet wurde—Der Kapitän schob die Leiche zur Seite und zertrümmerte das Funkgerät mit einem Stuhl—

Our flag was still there

Der Kapitän rammte einer alten Dame den Ellbogen rein und ergatterte noch einen Platz im Ersten Rettungsboot—Das Boot wurde von männlichen Passagieren rukkend zu Wasser gelassen—Dr. Benway legte ab—Die Crew pullte an den Riemen—Der Kapitän tätschelte seinen prallen Koffer und blickte geistesabwesend zum Schiff zurück—

Oh say do that star spangled banner yet wave

Zeitsprung—Passagiere balgen sich um das Rettungsboot K9—Es ist das letzte Boot, das noch gefiert werden kann—Joe Sargant, Theologiestudent im sechsten Semester und aktiv in der Moralischen Aufrüstung, schummelt sich durch die Menge und bringt Perkins vorne am Bug unter—Perkins hockt da, zähnefletschend, ein irres Glitzern in den Augen, und umklammert mit der rechten Hand ein großes Schlachtermesser—

By the twilight's last gleamings

Hysterische Passagiere aus der 2. Klasse drängen sich auf dem Deck—»Ladies first!«, brüllt ein Schuhverkäufer mit großer Visage und Pferdezähnen—Er packt eine Matrone aus St. Louis und schiebt sie vor sich her—Hinter ihm formiert sich ein Keil von Schuhverkäufern—Ein Schuß knallt, und die Matrone sinkt zu Boden—Die Keilformation stiebt auseinander—Ein Mann in einer schief zugeknöpften Marineuniform steigt ins letzte Boot und hält die Männer an den Taljen mit einem 45er Revolver aus dem 1. Weltkrieg in Schach—

»Laßt das Ding runter!«, befiehlt er—Das Boot knallt aufs Wasser—Ein vielstimmiger Angstschrei ertönt auf dem Deck, das sich bedenklich neigt—Körper platschen rings um das Rettungsboot ins Wasser—Köpfe dümpeln auf den grünen Wogen—Eine Hand reckt sich aus dem Wasser und umklammert den Bootsrand—Blitzartig läßt Perkins sein Messer niedersausen—Die Hand rutscht weg—Abgehackte Finger fallen ins Boot—Perkins arbeitet fieberhaft, hackt rings um den Bootsrand herum:

»Miftkerle—Dreckfäcke—Miftkerle—Dreckfäcke—Methodith Epithcopal Gòd damn ith!—«

O'er the land of the freeeee

Barbara Cannon zeigte dem Chronisten ihre Souvenirs von der Katastrophe: einen Rettungsring mit den Autogrammen der Crew und einen abgehackten Finger—

And the home of the brave

»Ich weiß nicht«, sagte sie, »irgendwie hab ich 'n schlechtes Gewissen wegen diesem Finger da.«

Gave proof through the night that our flag was still there

SOS

In einem Bergdorf aus Schieferhütten, wo die Zeit stillsteht, konzentrierte sich die kalte schwere Flüssigkeit—Blaues Zwielicht—Hier hausen die Süchtigen der Stille—Sie tauchen irgendwo auf, klemmen sich die SOS (Solide Blaue Stille), nehmen sie in Bleiflaschen mit, und dann sitzen sie voll im Tran in den Schieferhütten—Voll vom Kalten Blau oder vom Kalten Grau—In ihrem Kielwasser bleiben japsende Bauchrednerpuppen zurück—Sie sitzen einfach da herum, in kalten Blöcken von blauer Stille, und die Erdkruste wellt sich unter dem Gewicht ihrer Schweren Zeit und ihres Schweren Geldes—Die Blauen Schwermetall-Menschen vom Uranus—Schwergewichtige Betrüger, die gefälschte Aktien des Universums verhökern—Das wird alles in SOS umgesetzt—

»Eine SOS-Sucht wird man nie mehr los, Kid—Von Anfang an, verstehst du, tief im gequälten Metall explodiert.«

Junk strömte durch mein schreiendes Fleisch—Ich stand auf und tanzte den Junky-Jig—Ich hatte meine Löffel—Das ist alles, was ich brauche—In letzter Zeit kriegt er einen wirklich erstklassigen Shit durchs Rückenmark (»Schieß dir 'n Weg zum Torfmoor«)—Die kalte schwere Flüssigkeit begann einzusinken—hydraulisch, verstehst du—Explodierte Zeit gerinnt im blauen Metall—Suburbane Galaxien im Tran—blaue Stille im Drehkreuz—Dorf aus Schieferhütten—Diese fremde Sonne in Flaschen—

Im schweren blauen Zwielicht, in dem die Zeit stillsteht, kam Martin nach Blue Junction—Mit langsamen hydraulischen Bewegungen stieg der Fahrer aus und ging weg—Hier lebten die Stillen Menschen—Der Vorarbeiter ging mit ihm zur Schlafbaracke—In Blöcken von kalter blauer Stille saßen die Männer an einem langen Tisch—legten Fotos aus, durch deren Kombination der Fortgang der Arbeit bestimmt wurde—pokerten um Positionen und Vorteile—

Die Arbeit war hart und vollzog sich geräuschlos—Es gab Bewässerungsgräben und Fischteiche mit komplizierten hydraulischen Schleusen und Motoren—Windmühlen und Wetterkarten—(Der Eigentümer machte jeden Morgen Fotos vom Himmel, den Wolken und Bergen und stellte seine Wetterkarten mit Hilfe eines großen Stroboskop-Zylinders zusammen, der auf dem Dach des Hauptgebäudes im Wind rotierte—Bildtafeln an den Wänden der Schlafbaracke und des Aufenthaltsraumes änderten sich mit dem Wetter, dem Himmel und den Schatten der Berge in der Stille des blauen Zwielichts—Die Männer fotografierten sich gegenseitig und arrangierten die Fotos in wechselnden Kombinationen, je nach dem Geräusch von Wind und Wasser und dem Quaken der Frösche in den Fischteichen—grüne Weiden, durchzogen von Gräben mit schwarzem Wasser—Quellen, halb überwuchert von Gras—dort fischte Martin jeden Abend mit Bradly, der in der Koje nebenan schlief, oder auch bei ihm in der Koje—ein ständiges Rochieren von Körpern in der blauen Stille—Die Arbeit wechselte je nachdem, in welchem Körper man gerade steckte oder wie man beim Poker abgeschnitten hatte—)

Blaue flackernde Bilder entlang der Fischteiche—Blaue Schatten im Zwielicht—Straße—Frösche und Grillen—(huschten über mein Gesicht)

Das Messer fiel zu Boden—Der Buchhalter in der Koje nebenan blutete blaue Stille—Er zog sich ein frisches Hemd und Martin's Hosen an—erzählte Geschichten, lächelte in die Runde—eingestaubte Motoren—Gemurmel von Unterhaltungen über Feldarbeit und Fischzucht, alles auf die gute amerikanische Art—Traurige Absteige—Bleiches Licht auf Teichen und braunem Haar in der Vorstadt—Tümpel und Quellen als graues Foto über dem Messingbett—Öde Straßen am Morgen—mit den Wolken huschten die Schatten der Häuser über mein Gesicht—

»Leeres Bild von einer verwunschenen Ruine?« Traurig hob er die Hände und kehrte die Handflächen nach außen... »Da hat irgendein Boy gerade das letzte Goodbye an den

Himmel geschrieben... Die Menschen aus allen Träumen der Vergangenheit sagen für immer goodbye, Mister.« — Hinter ihm die länger werdenden Schatten des Spätnachmittags, der magische Zauber aller Filme, die Erinnerung an den Jungen, der mit leuchtenden Augen am Fenster der Dachkammer stand, in einer verschollenen Straße mit Ziegelschornsteinen, und zwischen uns der explodierte Stern... Man kann die ganze Schieferküste entlangsehen, und ganz da hinten flattert ein weißes Hemd, aus dem der Pulverdampf quillt.

Betrug

Der Schwermetall-Kid kam von einem kurzen blauen Urlaub auf dem Uranus zurück und strengte bei den Biologischen Gerichten gegen so gut wie jeden einen Prozeß an—

»Die geben mir zu wenig«, sagte er in einem Interview mit Ihrem Reporter—»Und diesen Beschiß laß ich mir nicht gefallen«—Blende.

Korridore, Innenhöfe und Säulengänge der Biologischen Gerichte—Ein Gewimmel von endzeitlichen Lebensformen, die sich verzweifelt um eine Verlängerung ihrer abgelaufenen Permissos und Aufenthaltsgenehmigungen bemühen—Makler, Mittelsmänner, Schlepper, Anwälte ohne Zulassung, von denen sich jeder mit dem Hinweis empfiehlt, er habe einen Verwandten beim Gericht—Professionelle Halbbrüder und Vettern zweiten Grades—Bittsteller und Kläger rennen schreiend durch die Hallen, fuchteln mit Insektenklauen, Extremitäten von Säugetieren und Vögeln und verweisen auf allerhand sonstige Krankheiten und Deformitäten, die sie »im Dienst« von ungreifbaren Arbeitgebern davongetragen haben—Kreischend fordern sie Entschädigung, versuchen die Richter zu bestechen und herumzukriegen in tausend lebenden und toten Sprachen, in Farbsignal- und Nerven-Code, in katatonischen Tänzen und Pantomimen zur Verdeutlichung ihres grauenhaften Zustands, der ihnen oft bis auf die Knochen eingebrannt ist—Manche blockieren den Verhandlungssaal durch einen Sitzstreik—Andere tragen Transparente mit Fotocollagen; oder Fernsehmonitore, auf denen ihre Forderungen aufleuchten—Willy's Anwälte leiteten die nötigen Vorladungen in die Wege: ein Druckabfall, in dessen Sog die Kontrolleure zum Ersten Termin im Verhandlungssaal erschienen—Grüne Wesen mit der unerschütterlichen Ruhe von Kalkstein-Statuen—Grüne mit überlegener Verachtung für alle Gefühle und Neigungen des menschlichen Opfers, das sie sich mit dem unerbittlichen Zugriff von Zeit-Virus-Geburt-Tod gefügig gemacht hatten—Mit ihren Krankheiten und Orgasmus-Drogen und geschlechtslosen parasitären Lebensformen—Schwermetall-Kreaturen vom Uranu , umhüllt vom kalten blauen Dunst verdampfter Banknoten—Und die Insekten-Wesen von Minraud mit ihrer metallischen Musik—Kalte Insekten-Gehirne und ihre Agenten, die hin und her zischten wie weißglühende, in den Öfen gehärtete Motorsägen—Der Richter, Lichtjahre entfernt von jeder Anfälligkeit für Korruption, grau und gelassen in seiner unerschütterlichen Autorität, liest den Schriftsatz der Anwälte durch—Er erscheint bisweilen als schlanker junger Mann in Hemdsärmeln, dann wieder als rotgesichtiger Mann in mittleren Jahren, und manchmal als Greis mit einer Haut wie vergilbtes Elfenbein—»Mein Gott, ist das ein Durcheinander«, sagte er schließlich—»Ruhe jetzt—Sie wissen hoffentlich alle, was biologische Mediation bedeutet—Es bedeutet, daß die zur Mediation bereiten Lebensformen gleichzeitig ihre Waffen ablegen und auf jede Verteidigung verzichten müssen—was auf dasselbe hinausläuft—außerdem müssen sie sämtliche Verbindungen zu früheren Kontrolleuren abbrechen—und in schwerelosem Zustand zu einem einzigen Wesen verschmelzen—wobei dahingestellt bleibt, ob diese Verschmelzung erfolgreich verläuft oder nicht«—Er warf einen kurzen Blick auf den Schriftsatz—»Es scheint, als seien die beiden Parteien zur Mediation bereit—Die Uranier, vertreten durch den Kläger Uranus-Willy, und die Grünen, vertreten durch Ali Juan Chapultepec—Diese beiden öh Persönlichkeiten mögen bitte vortreten—Bueno —Ich nehme an, Sie würden zögern, wenn Sie sehen könnten—Glücklicherweise hat man Sie nur über das Nötigste informiert—Sie müssen selbstverständlich Ihre sämtlichen Waffen abgeben, und wir werden dann fortfahren mit dem, was übrig bleibt—Wache!—Bringen Sie sie in die Desinfektionskammern und dann in die Biologischen Labors«— Er wandte sich an die Kontrolleure—»Ich hoffe, daß sie ausreichend präpariert sind—Das brauche ich Ihnen wohl nicht ausdrücklich zu sagen—Natürlich ist dies hier nur der Erste Termin—Über das Ergebnis der Mediation wird die nächste Instanz befinden—«

Ihr grauenhafter Zustand war das Ergebnis eines kurzen blauen Urlaubs auf dem Uranus—Alle haben sich in den Biologischen Gerichten einzufinden: Willy's Anwalt besteht auf einer »Zählung«—Er werde das durchdrücken, sagte er in einem Interview, und die hätten dafür stillzuhalten—Blende—Verhandlungssaal—Grüne Wesen—Grüne mit überlegener Verachtung, Mittelsmänner und Schlepper, die alle einen Anspruch erheben auf die menschlichen Opfer, die sie einmal hatten—(Das Gericht der Professionellen Brüder und Schachzüge der Jahrhunderte auf Pflanzlicher Ebene)—Die Bittsteller und Kläger, die in ihrem grünen geschlechtslosen Leben schreiend durch die Hallen rennen, gelangen zu mineralischer Ruhe und Überlegenheit—in schieferblauen Hütten und katatonischen Tänzen, in denen sie die Rückkehr des Schwermetall-Kid darstellen—Manchen hatte sich die Krankheit derart eingebrannt, daß sie einen Prozeß gegen die Zuschauer anstrengten—

»Die fertigen mich kurz und bündig ab«—Schreiende Menschenmengen in den Korridoren, im Zuschauerraum, in den Innenhöfen—Gefühle und Neigungen von Verwandten beim Gericht gelähmt mit der Unerbittlichkeit eines Versteinerungsprozesses und Vettern zweiten Grades—Virus und Droge, Kläger und Beklagter—Schwermetall-Kreaturen vom Uranus in tausend Sprachen, die sich als lebendige Hülle an ihnen auswachsen zu blauen und gräßlichen Krankheiten—Der zarte High-Fidelity-Sound des Junk kippt um in die kreischende Forderung nach Entschädigung—Mit vereistem Rückenmark im Tran —Farbsignale im schweren blauen Dunst von Banknoten —Die Bittsteller und Kläger rennen schreiend durch die Hallen und halten sich bedeckt mit »Mein Gott, ist das ein Durcheinander«—Fuchteln mit Insektenklauen in der überheblichen Annahme, daß hoffentlich jeder weiß, wie sie dazu kamen—Er erschien bisweilen als das, was gerade übrig blieb—Es verstehen hoffentlich alle, was menschliche Neigungen bedeuten: daß jede Mediation beschlossen liegt in den unerbittlichen Schachzügen der Zeit—

*Im letzten Schimmer der Abendröte**

In einem schweren blauen Dämmerlicht, das durch die Schalterhallen der Banken wabert, versammeln sich die Götter von Zeit-Geld-Junk, um eine Verlängerung ihrer abgelaufenen Genehmigungen zu erkaufen, erschwindeln oder erzwingen—Sie stehen vor dem Mann an der Schreibmaschine—Grau und gelassen in seiner unerschütterlichen Autorität präsentiert er ihnen die Verfügung:

»Ich sage nur, was nach ihrer 4. Klasse in Junk schon hätte klar sein müssen—Ich verkünde nur die Botschaft des Großen Gebieters über Leben und Tod—Ich sage euch, ich habe eure Permissos fur Zeit-Geld-Junk der Erde annulliert—Auch ohne zu wissen, was ihr unter Wissen versteht, wußte ich eins: *nicht*. Euer Junk ist jetzt Apomorphin—Eure Zeit und euer Geld ist Wortstaub, der durch die rauchenden Straßen weht—Traumstraße des Körpers verglüht im Licht…«

* Zeile aus der am. Nationalhymne (›Star Spangled Banner‹). (C.W.)

Der Kranke Junk-Gott schnappt sich die Verfügung: »Steckt ihn in die Öfen—Verbrennt seine Schriftsätze«—Er rennt einen Krankenhauskorridor hinunter und sucht den Kontrollschalter—»Der kommt nicht weit«—Tausend Polizisten und Partisanen stehen mit schußbereiten Antennen-Strahlern da, vor Erregung zitternd wie ferngesteuerte Spürhunde—

»Du hast die Polente gerufen—Du mieser Verräter—«

»Es ist deine Polizei, und sie spricht deine Sprache—Wenn du reden mußt, dann mußt du in deiner Sprache antworten—«

»*Stop—Alto—Halt*—« Wie eine Million silberne Kugeln zuckte es durch alles, was ich sagte—Der Junk-Gott stürzt—Zerfällt zu grauem Staub, den ein alter Junkie in rückständigen Gegenden mit dem Besen hinausfegt—

Ein schweres blaues Dämmerlicht driftet heran und schnappt sich die Verfügung—Zeit-Geld-Junk versammeln sich und bekommen zu hören: »Steckt ihn in die Öfen—Verbrennt seine Schriftsätze—«

»Verkünde nur die Botschaft des Großen Gebieters über Leben und T—Rennt einen Krankenhauskorridor hinunter—Eure Körper sind nur etwas, was ich geschrieben habe—Euer Tod rief die Polizei—Der Junk-Gott krank von »*Stop—Alto—Halt*«—Der Junk-Gott stürzt in einem schweren blauen Dämmerlicht, in dem sie mit schußbereiten Strahlern warten—Zeit-Geld-Junk auf alle eure Sprachen—Erzwingt eine Antwort von euch—von euren Körpern—Ich habe euren Tod geschrieben in einem Hagel von silbernen Kugeln—Und damit sind wir jezt in der Lage zu sagen: *nicht*. Zu früh?? Auditor hat selbst einiges zu verbergen und hält deshalb den Mund, denke ich mir—Mit ihrem grau angelaufenen Silberblick und zurückgebliebenen Verständnis—Naja, ich würde mich nach Mutationen erkundigen, aber das Ticket, das explodierte, läßt dazu eigentlich keine Zeit mehr, nicht?—Jedenfalls, ich muß weiter—Wenig Zeit, also sage ich gute Nacht unter diesen äh *Umständen*—Jetzt würde die Spanische Grippe kein zweites Mal am Fenster auftauchen wie ein Hauch von grünem Neon—Verstehst du, das Zimmer, und sie sagte: »Meine Güte, ist das weit bis da runter«—Meet Café hat geschlossen—falls du eine Tasse Tee wolltest—im jugendlichen Überschwang, verstehst du—so viele und so—Es kommt immer darauf an, ob man den Mut hat, alles gehen zu lassen—im Dunkeln—Wieder streifte er das Fenster mit seinem kühlen silbernen Blick, sah hinaus auf Coldspring, eine farblose Frage driftete durch die Korridore des Hospitals—

»Dingpolizei hält alle Geschäftsberichte unter Verschluß«—Und wir dürfen den Katastrophenbericht nicht herausgeben—Eingeklemmte Geisterhand—Explosiver Bio-Vorstoß von Kundschaftern aus dem All, die einen Elektriker anheuern sollen—Im Benzinknall der Geschichte—Der letzte strahlende Held—»Unsere Spuren überlagern sich, Mr. Bradly Mr. Martin«—Kam an kein Fleisch heran, als er überwechselte—Und die Zeit ist abgelaufen für die kranken Spuren—Lange Zeit, von einer Sonne zur nächsten, hielt ich den alten Mantel—Trübes Bild zwischen Licht und Schatten—Murmelte in den Kanaken, von denen ich nicht mehr wußte, wann ich sie aufgetan hatte—Wir treffen uns überall in den kranken Galaxien—Gift der toten Sonne in deinem Hirn, das langsam dicht macht—Flüchtende Nachkommen von Affen im Benzinknall der Geschichte—Explosiver Bio-Vorstoß aus dem All ins Neon—»Geisterhand, eingeklemmt in der Tür, ich bin du«—Kam an Fleisch nie heran—Hielt den alten Mantel in die Sonne—Totenhand zerdehnt die Kehle—Überbringe als letzter den Katastrophenbericht auf deinen Spuren—Mr. Bradly Mr.—

Und wenn du auch blind bist, du kannst dich nicht weigern zu hören: »Mr. Bradly Mr. Martin, Katastrophe für mein Fleisch und Blut, das ich geschaffen habe«—(Das seichte Wasser kam herein mit der Flut und dem Schwedischen Fluß von Gothenberg.)

Dieser grauenhafte Fall

Aus Toiletten und Besenkammern der Biologischen Gerichtsgebäude gehen Gauner und Zinker des Kosmos auf Kundenfang, high von Ammoniak kommen sie herausgestürzt und bieten sich an, jeden erdenklichen Fall zu deichseln: von einer Vorladung wegen biologischer Fahrlässigkeit bis hin zu Verbrechen, auf die eine Strafe in den Öfen steht—Wenn die Anwälte, Anklagevertreter, Angeklagten und Mitschuldigen mit derart gezinkten Verfahren ein paarmal eingebrochen sind, lernen sie schließlich, sich eines Detektors zu bedienen, mit dem man das ganze Spektrum dieser üblen Bauernfängerei orten kann—Dieses Gerät wird in den Korridoren und Innenhöfen der Gerichtsgebäude verkauft und ermöglicht es jeder Lebensform, die juristischen Beistand braucht, einen zugelassenen biologischen Advokaten ausfindig zu machen, der sich mit den Feinheiten und scheinbaren Widersprüchen der biologischen Gesetze auskennt—Der klassische Fall, wie er Jurastudenten im ersten Semester vorgesetzt wird, ist ›Das Sauerstoff-Patt‹: Lebensform A macht mit ihrem Raumschiff eine Notlandung auf einem fremden Planeten —Lebensform A braucht »Sauerstoff« zum Atmen—Zwar gibt es keinen »Sauerstoff« in der Atmosphäre des fremden Planeten, doch die von der Lebensform A können die auf dem fremden Planeten beheimatete Lebensform B unterwandern und besetzen und den benötigten »Sauerstoff« aus deren Blutkreislauf beziehen—Die Besatzer von der Lebensform A steuern Verhalten und Tätigkeiten der als ›Wirt‹ fungierenden Lebensform B so, daß eine optimale Abgabe von Sauerstoff erfolgt—Ohne Rücksicht auf Gesundheit und sonstige Belange des Wirts—Die Entwicklung des Wirts wird gestoppt, damit er nicht bis ins Stadium der Raumfahrt gelangt, denn das würde die Besatzer zwangsläufig ihrer »Sauerstoff«-Versorgung berauben—

Viele Jahre bleibt Lebensform A für die Lebensform B unsichtbar: sie blockiert ihr einfach den sensorischen Bereich, in dem sonst die Präsenz einer fremden Lebensform registriert wird—Doch nun hat sich ganz unverhofft eine Krise ergeben, eine schockierende Krise—trotz aller Vorsichtsmaßnahmen—Lebensform B *sieht* Lebensform A—sie strengt vor den Biologischen Gerichten einen Prozeß an, macht unsägliche Demütigungen geltend, geistige und körperliche Grausamkeit, Verkrüppelung von Geist, Körper und Seele und verlangt die summarische Beseitigung des fremden Parasiten—Worauf Lebensform A beim Ersten Termin entgegnet: »Es war eine Frage der Nahrungsversorgung—lebensnotwendig—Daraus ergab sich alles weitere: Lust und Schmerz, die einen Planeten mit eisernen Klauen in die Zange nehmen und den Wirt in seinem Körper gefangen halten und zur »Sauerstoff«-Produktion antreiben—Wir wußten schließlich, was passieren würde, wenn er auch nur einen Augenblick lang sehen könnte, wer wir sind und was wir tun—(Wenn er dahinter kommt, ist es innerhalb von Sekunden mit uns aus)—Und nun sieht er, daß wir vorhaben, ihn als Taucheranzug für die Reise zurück in unser Medium zu benutzen, wo die Lebensform B natürlich an den ungewohnten Lebensbedingungen zugrunde gehen würde—Unsere einzige Alternative angesichts einer fieberhaften Aktivität von Partisanen, die sich immer näher an den Schalter herantasten, mit dem sie uns aus der Form B aussperren und die »Sauerstoff«-Versorgung abschneiden könnten—Was blieb uns denn anderes übrig, unter diesen Umständen?—Die Lebensform, die wir besetzten, war uns völlig fremd und zuwider—Wir haben nicht, was sie ›Emotionen‹ nennen—weiche Stellen im Wirt bedeuten für uns: eindringen und manipulieren—«

Das Sauerstoff-Patt ist ein fundamentales Statement in der Algebra der lebensnotwendigen Bedürfnisse—»Sauerstoff« ist dabei ein austauschbarer Begriff—er steht einfach für das primäre biologische Bedürfnis einer Lebensform—Ausgehend von diesem Statement erarbeiten die Studenten nun Schriftsätze—sie treffen eine Auswahl, zerschneiden das Material und setzen es neu zusammen, so daß sie einen Fall aus verschiedenen Blickwinkeln sehen und auf andere Bereiche übertragen können:

Der Prozeß gegen den Nova Mob löst eine völlig unerwartete Krise aus: Ein eiserner Besen fegt Lebensform B von der Bildfläche—betrügerische Absprachen in den Biologischen Gerichten werden durchschaut—Verkrüppelung von Geist, Körper und Seele, nachdem man ein paarmal mit gezinkten Verhandlungen eingebrochen ist—Man lernt im Laufe der Jahre, worauf es ankommt an solch einem Ort—man ortet das ganze Spektrum des fremden Parasiten—strengt aufgrund unsäglicher Demütigungen und Fahrlässigkeit einen Prozeß an und verlangt summarisch nach biologischen Advokaten, die sich nie bei einer Lebensform anbiedern—Der beste Strafverteidiger war Uranus-U—Klienten aus Schwermetall—Aus dem Schriftsatz über die eisernen Klauen ergab sich eine eindrucksvolle Sache—Aus einem Interview besorgte er sich Sammy, der beim ›Überwechseln‹ einen Planeten in die Zange nahm—Der Grüne Krake betrieb eine Verurteilung zur Pflanze—Und jetzt haben sie gemerkt, daß im Taucheranzug kein »Sauerstoff« ist—Alles Leben am Ort würde in dem »Sauerstoff«, den sie atmen, zugrunde gehen—

»Dieser Druck—Gesundheit hat uns die ›Sauerstoff‹-Versorgung abgeschnitten—ohne Rücksicht—«

»Also *das* sind die Umstände?«

»Leben des Wirts, soweit es über ›DAS‹ hinausgeht, ist uns zuwider—Würde die Besatzer infolge weicher Stellen im Wirt ausschließen—«

Mit diesem Material hat man nun das Wesen der lebensnotwendigen Bedürfnisse und den Ersten Termin vor dem Biologischen Gericht—

»Verstehen Sie, ich mache hier nur geltend, daß ich Demütigungen und Grausamkeiten bekämpfen muß und die Einheimischen mich mit Geist, Körper und Seele bestürmen, und deshalb kann man mich nicht verantwortlich machen für dieses Gift—(an das ich selbstverständlich noch nie einen Klienten verloren habe)—Spezifische Tatsachen und Fälle sind eine Frage von unzureichender Nahrungsversorgung—Daraus ergeben sich die beiden Klauen: einschüchtern und korrumpieren—«

»Ermöglicht es einem verhafteten Kriminellen, den in den Widersprüchen der biologischen Gesetze hinsichtlich Körper/Gefängnis bewanderten Advokaten mit Schmerz und Lust in die Zange zu nehmen—Statt den Spieß umzudrehen, per Taucheranzug in tausend Jahren zurück in unser Medium—Alternative Wort-Insel—«

Wie geht es nun weiter für den Studenten im ersten Semester, der mit den Eventualitäten des Biologischen Gesetzes vertraut werden will?—Lebensform A war ein völlig fremdes, notgelandetes Raumschiff—Haben keinen »Emotions-Sauerstoff«, wie sie es nennen, in ihrer Atmosphäre—

Ein Student, der den Fall der Lebensform A vertritt, muß auf die Fragen des Biologischen Anklagevertreters vorbereitet sein:

»Wie erklärt sich der ›Zufall‹, daß das Raumschiff ausgerechnet beim Anflug auf diesen Planeten defekt wurde? —War es nicht Ziel der Expedition, ›Sauerstoff‹ zu finden und um jeden Preis zu extrahieren?—Hat die Lebensform A während ihrer jahrelangen Besatzung irgendeine Anstrengung im Sinne einer biologischen Rekonversion unternommen, ehe die Biologische Polizei eingriff?—Hatte sich Lebensform A nicht dazu verschworen, der Lebensform B den ›Sauerstoff‹ abzuschalten, sobald ihre ›Reisevorbereitungen‹ abgeschlossen waren? Ist es nicht so, daß sie vorhatte, die Lebensform B zu liquidieren, indem sie ihr den ›Emotions-Sauerstoff‹ abschaltete—der für Menschen und andere Säugetiere lebensnotwendig ist?—(Dr. W. Reich hat die Ansicht vertreten, menschliches Leben werde aktiviert durch Korpuskeln, die er ›Orgone‹ nennt und die den Planeten wie ein Gürtel umgeben)—Lebensform A wollte offensichtlich in heimtückischer Absicht den Orgon-Gürtel blockieren und die Lebensform B in einem seelenlosen Vakuum ersticken lassen bei den hohen Oberflächentemperaturen, wie sie auf dem Ursprungsplaneten der Lebensform A herrschen: 600 Grad Fahrenheit—«

Das Argument, es handle sich um lebensnotwendige Bedürfnisse der Lebensform A, ist also nicht ausreichend—Für eine angemessene Verteidigung wäre es notwendig, die originalen Lebensbedingungen und die biologische Entwicklung der Lebensform A vor Ort zu untersuchen—Ein Biologischer Advokat muß seinen Klienten kennen und mit den ›Widersprüchen der biologischen Gesetze hinsichtlich körperlicher Zwänge‹ vertraut sein—Für die Lebensform A wird es nicht leicht sein, einen Advokaten zu finden, der bereit ist, »diesen grauenhaften Fall« zu übernehmen—

Schriftsatz für den Ersten Termin

Biologische Advokaten müssen Schriftsteller sein, und zwar kommen deshalb nur Schriftsteller in Frage, weil es die Aufgabe eines Advokaten ist, Tatsachen zu *schaffen*, die geeignet sind, seinem Klienten biologische Möglichkeiten zu erschließen—Einer der großen frühen Advokaten war Franz Kafka, und seine Schriftsätze sind bis heute mustergültiges Vorbild geblieben—Der Student fertigt zunächst seinen eigenen Schriftsatz an, dann faltet er seine Seiten der Länge nach und legt sie auf Seiten aus Kafkas Schriften, die für den anhängigen Fall relevant sind—(Es ist nicht immer leicht zu sagen, was relevant ist und was nicht)—Zur Veranschaulichung der Methode wollen wir hier einmal ansatzweise einen Schriftsatz für den Ersten Termin vor dem Biologischen Gericht anfertigen:—Eine Seite aus Kafka wird mit dem Schriftsatz des Studenten montiert, das Ergebnis wieder mit dem originalen Schriftsatz verschnitten, usw., bis sich ein Statement ergibt, das eine biologische Position enthält—Ausgehend von diesem Statement muß der Student dann seinen Fall entwickeln—

Zitat aus: *Der Prozeß*—Franz Kafka

»Ich glaube«, sagte der Mann, der übrigens elegant gekleidet war, »das Unwohlsein des Herrn geht auf die Atmosphäre hier zurück—Sehen Sie, dem Herrn ist nur hier nicht wohl, nicht im allgemeinen«—An die Kanzleiluft gewöhnt, ertrugen sie nur schlecht die verhältnismäßig frische Luft, die von der Treppe kam—Sie konnten kaum antworten, und das Mädchen wäre vielleicht abgestürzt, wenn nicht K. äußerst schnell die Tür geschlossen hätte—Er habe schon, erzählte er dann, viele ähnliche Prozesse ganz oder teilweise gewonnen—(Die erste Eingabe) sei sehr wichtig, weil der erste Eindruck, den die Verteidigung mache, oft die ganze Richtung des Verfahrens bestimme—Besonders dann, wenn ihnen ein Prozeß, den sie geführt haben, plötzlich aus der Hand genommen wird—Das ist wohl das Ärgste, das einem Advokaten geschehen kann—Nicht etwa durch den Angeklagten wird ihnen der Prozeß entzogen—Wie könnte er sich überhaupt, wenn er einmal Hilfe in Anspruch genommen hat, allein noch erhalten?—Wohl aber geschieht es manchmal, daß der Prozeß eine Richtung nimmt, wo der Advokat nicht mehr mitkommen darf—Der Prozeß und der Angeklagte und alles wird dem Advokaten einfach entzogen—Dann können auch die besten Beziehungen zu den Beamten nicht mehr helfen—denn sie selbst wissen nichts—Der Prozeß ist eben in ein Stadium getreten, wo keine Hilfe mehr geleistet werden darf—wo ihn unzugängliche Gerichtshöfe bearbeiten, wo auch der Angeklagte für den Advokaten nicht mehr erreichbar ist—Das Advokatenzimmer liegt auf dem zweiten Dachboden; sinkt also einer ein, so hängt das Bein in den ersten Dachboden hinunter, und zwar gerade in den Gang, wo die Parteien warten—

Schriftsatz für den Ersten Termin//
Fall der Lebensform A

Manchmal mutieren sie soweit, daß sie *»hier«* atmen—Der Herr *ist* im »Hier« des Biologischen Gerichtsgebäudes—Sehen Sie, nur *»hier«* läßt sich ein Fall aus den Öfen deichseln—Nicht im allgemeinen—nachdem man mit der verhältnismäßig frischen Luft eingebrochen ist—Lebensform A landet mit dem Ärgsten, das einem Raumschiff geschehen kann—Lebensform A atmet die Atmosphäre des fremden Planeten—Form A steuert das dem Advokaten entzogene Verhalten so, daß auf Gesundheit und sonstige Belange des Wirts keine Rücksicht mehr genommen wird—Der Prozeß ist eben ins Stadium der Raumfahrt getreten—wo keine Hilfe mehr geleistet werden darf—Auch der Angeklagte ist für Jahre nicht mehr erreichbar—Das Zimmer der Lebensform A liegt auf dem zweiten Dachboden—

»Ich glaube«, sagte der Mann, der auf dem fremden Planeten war, »das lähmende Unwohlsein geht auf den ›Sauerstoff‹ zurück—Zwar gibt es keinen ›Sauerstoff‹, den dieser Herr fühlen könnte, doch sie können die ›Kanzleiluft‹ unterwandern und besetzen und so den ›Sauerstoff‹ der Lebensform B von der Treppe beziehen—«

Der erste Eindruck bestimmt oft die ganze Richtung der »Sauerstoff«-Versorgung—Ein schockierender Krisenfall—Wie könnte er Form A überhaupt noch erhalten?—Nimmt Hilfe in Anspruch, die ihm ihrerseits jede Möglichkeit zum Handeln nimmt—Konnte den Menschen von Minraud kaum antworten—Hirn steuert jede Bewegung—Sich eines Detektors bedienen, der die Tür mit absichtlicher Hinterhältigkeit ortet—Viele ähnliche Prozesse durch telepathische Fehlsteuerung gewonnen—Einem Advokaten ist Minraud bereits entzogen worden—In Anspruch genommen und ersetzt—Das Ärgste, das den herrschenden Köpfen geschehen konnte—Manchmal geschieht es, daß der Prozeß totale Waffen erfordert—Die erste darf nicht mehr mitkommen—Der Prozeß hat eben den glutflüssigen Kern eines Planeten erreicht, wo keine Hilfe mehr geleistet werden darf—

»Ich glaube«, sagte der Mann, »dieser Herr fühlt den glühenden blauen Himmel—Hatte er es so eilig?«

Dennoch gibt es eine raffinierte Untergrundbewegung. Fehlsteuerung, ganz oder teilweise—Die Kanzleiluft—Köpfe in Flaschen—Wollen zweifellos den Advokaten überlisten und stürzen—Eine Revolte der Klienten—Wie könnte er sich die Hilfe gestürzter Köpfe erhalten?—Metallisch schimmernde Hitze in einem Stadium, wo jede weitere Hilfe zur Mittagszeit schmilzt und in unzugängliche Gerichtshöfe entschwindet—

»Wort fällt—Foto fällt, elegant gekleidet—›*Hier*‹ die wahnwitzigen Befehle und Gegenbefehle des Herrn—Sehen Sie, nur *hier*—D.C. war etwas anderes gewöhnt und ertrug nur schlecht die verhältnismäßig frische Luft, was?—Briten konnten ihm kaum antworten—Schlossen äußerst schnell die Tür—«

»Hirnloser Idiot, du hast schon viele ähnliche Prozesse gewonnen—«

Elektrische Verteidigung bestimmt oft die ganze Zivilisation und das weitere Verfahren—Besonders dann, wenn ihnen ein Prozeß, in dem ängstlich und verzweifelt um Positionen und Vorteile gekämpft wird, plötzlich aus der Hand genommen wird—Der Prozeß hat eben unglaubliche Lebensformen erreicht—wo auch dem Angeklagten mit veränderten Druckverhältnissen nicht mehr beizukommen ist—Die Operation auf dem zweiten Dachboden—Der Klient aus Schleim und Urin sagte, der Mann sei ein Außerirdischer—Merkwürdig verschleimtes Husten, durch das »Sauerstoff« von der Treppe herauf gelangt—Im beschleunigten Film entstanden solche Formen durch Versorgung mit unerträglicher Schwerkraft—Fleisch eingefroren als Nachschub für einen schockierenden Krisenfall—Aminosäure steuert jede Bewegung—Code des Grauen

Schleiers gewonnen—Als telepathische Fehlsteuerung zu entziffern—»Kanzleiluft« können sie in pornographische Aufnahmen der Lebensform B umwandeln—Den Feind in der Londoner Raumstation liquidieren—Dünne Luft verhinderte die Aktion von gestern—Hustender Feind in Anspruch genommen und ersetzt—

»Der Herr, gefangen gehalten in seinem Körper, betreibt unser *›Hier‹*—Sehen Sie, nur *hier* konnte er auch nur einen Augenblick lang sehen—Nicht im allgemeinen—Wenn er dahinter kommt, ist es in der verhältnismäßig frischen Luft mit uns aus—So sind wir eben—Vorgehabt, den Wirt zu benutzen, und ihm kaum antworten können—Selbstverständlich würde Lebensform B äußerst schnell die Tür schließen, die für unsere ›Sauerstoff‹-Versorgung sehr wichtig war—Also was sonst?—Verteidigung bestimmte oft die Lebensform, die wir unterwanderten—«

Besonders dann, wenn ihnen ein Prozeß, den sie unterwandern und manipulieren wollten, plötzlich aus der Hand genommen wurde—Man entließ einen Advokaten aus Biologischer Notwendigkeit, nachdem er einen für die Erarbeitung von Schriftsätzen in Anspruch genommen hatte—Der Prozeß gegen den Nova Mob wurde dem Advokaten entzogen—Der Prozeß hatte eben ein gezinktes Stadium erreicht—»Kanzleiluft« mit Schmerz und Lust in die Zange genommen, und spürbare Widersprüche der biologischen Treppe—Notgelandet in einem Advokaten, der derart gelegen kam—Wie könnte er sich viele Jahre lang die Mittel erhalten, um Hilfe in Anspruch zu nehmen?—

»Ich glaube, das Unwohlsein geht darauf zurück, daß die von Lebensform A angebotene Atmosphäre unzureichend ist—Daß es dieser Herr für notwendig erachtet, der ursprünglichen Geschichte von der ›Kanzleiluft‹ an Ort und Stelle nachzugehen—A kam von draußen, von der Treppe—Er hatte bereits einen Advokaten, der bereit war, ›diesen grauenhaften Fall‹ zu übernehmen, sei es ganz oder teilweise—Sehen Sie, nur *›hier‹* wird die Natur der lebensnotwendigen Bedürfnisse fixiert—Eine Frage der Nahrungsversorgung, nicht eines fremden Planeten —Form A steuert Klauen, die den Advokaten so einschüchtern und korrumpieren sollen, daß er den Wirt in die Zange nimmt—Hilft uns zurück in unser Medium—«

Das Zimmer der Lebensform A liegt auf Ward Island—Notgelandet auf Lebensform B, die derart gelegen kam—Minraud eine komplizierte Tür, die den »Sauerstoff« des Lebens aussperrt—Ähnlicher Prozeß mit Hilfe von Vorkehrungen, durch die man Lebensform B liquidieren könnte, indem man den Advokaten von Minraud abschneidet—

»Lebensform A war völlig fremd«, sagte der Mann aus dem All—

»Was sie ›Emotionen‹ nennen, verdanken sie dem ›Sauerstoff‹—«

»Verfolgte Lebensform A vor der Intervention nicht die Absicht, jede Bewegung zu steuern?«

»Mit dem Verteidiger als Taucheranzug können wir zurück in unser Medium—Ihm kaum antworten—Ginge an den ungewohnten Lebensbedingungen zugrunde—Als Verbündeter ist er uns zuwider—Wie könnte er sich Form A erhalten, nachdem er sie als Parasiten erkannt hat?«

Der beste Strafverteidiger arbeitete bei einem ähnlichen Prozeß mit Metall—Aus diesem Eindruck ergab sich das gegenwärtige Interview—Er besorgte Sammy einen Advokaten von Minraud—Entwicklung der Lebensform A vor Ort in Anspruch genommen und ersetzt—

Dies ist eindeutig ein schwieriger Fall für einen Verteidiger, besonders wenn man berücksichtigt, daß die Angeklagten eingestandenermaßen die Absicht haben, den Advokaten als Taucheranzug für die Rückreise in ihr Medium zu benutzen, wo dieser an den ungewohnten Lebensbedingungen zugrunde gehen würde—Der Schriftsatz enthält indessen eine Wendung, auf die sich eine Verteidigung aufbauen ließe: »Manchmal mutieren sie soweit, daß sie hier atmen können«—Vorausgesetzt, daß man eine erfolgreiche Mutation der Lebensform A als Zeugen vorladen kann—Die ganze Verteidigung muß eindeutig von der Möglichkeit einer solchen Mutation ausgehen, und je weniger von dem »lebensnotwendigen biologischen Bedürfnis« zur Erhaltung einer schädlichen parasitären Existenz auf Kosten der Form B gesagt wird, desto besser stehen die Chancen, daß sich das Gericht zu einem Kompromiß bereit findet und das Urteil solange aussetzt, bis das Ergebnis der Mutation vorliegt—

Mutationen auf zwei Tonbandgeräten

»Ich glaube«, sagte der Mann, »dieser Herr fühlt die restlos stupide und gierige Macht von der Venus—Fangarme von der schleimigen Treppe schreiben die Message—«

»Das sind wir—Unser Wahlspruch heißt: ›Sogginess is Good For You‹*—Wir geben ihm kein Skelett, nur ein Nervensystem, soweit nötig—Kriegt von uns kaum eine Antwort—«

»Der Prozeß hat eben ein restlos deprimierendes Stadium erreicht—Verzweifelte Kanzleigehilfen, die man ihnen plötzlich aus der Hand nahm—Wahnwitzige Erlasse und Gegen-Erlasse am Horizont—Und ich bestimme in psychischen Schachzügen eine ganze Zivilisation und persönliche Gewohnheiten—«

»Eiserne Klauen von Schmerz und Lust auf zwei Geschwindigkeiten—jeder von uns mit einem Bandgerät im Körper, in dem wir gefangen sind, und damit betreiben wir unser *›Hier‹* über Verbindungskabel—Wäre der Apparat auch nur einen Augenblick nicht in Betrieb, würde der ›Wirt‹ mit seinem Gerät die Lautsprecher orten—In einem verhältnismäßig schalldichten ›Raum‹ ist es damit aus—Die Tür würde frei, die zur Versuchsanordnung führt—Für unsere Sauerstoff-Versorgung ist es wichtig, daß viele Geräte in Betrieb sind—Anschluß des Wirts je nach An-

* ›soggy‹ = glitschig. (C.W.)

ordnung der Geräte—Mit neun Geräten z.B. können wir die von uns unterwanderte Lebensform mit der Wirkung 3 im Quadrat steuern—Jedes Gerät auf Aufnahme und Unterwanderung eingestellt—Sehen Sie, nur ›hier‹ läßt sich die Natur des Bedürfnisses fixieren und so lange wie nötig aufrecht erhalten—›Demütigungen‹ und ›Grausamkeiten‹ werden abgespielt, während andere Geräte aufzeichnen—›Einschüchtern‹ und ›Korrumpieren‹ durch Wechsel von Geschwindigkeit und Lautstärke—Den Wirt zurück ins System zwingen—Geräte in beliebiger Anzahl zusammengeschaltet und der Einfachheit halber durch Fernsteuerung bedient—Unsere Mikrophone vorzugsweise in ›frischer Luft‹ ausgelegt—So sind wir—Wirt nur per Lautsprecher und Mikrophon angeschlossen—Kriegt von uns kaum eine Antwort—Verschiebungen und Störgeräusche lassen sich natürlich jederzeit bewerkstelligen —Einfachste Anordnung würde aus drei Leitungen bestehen—Man kann gleichzeitig mit zwei Geschwindigkeiten operieren, besonders dann, wenn ein ›Fall‹ vier mögliche Stadien hat—Von langsamem Playback kann man abrupt auf schnell schalten—Der Advokat kann je nach biologischer Notwendigkeit auf verschiedenste Weise ins Spiel gebracht werden—

»a—Advokat wird von Hand an- und abgeschaltet—

»b—In festgelegten Intervallen wird auf der biologischen ›Treppe‹ wahllos hin- und hergeschaltet—Die Anlage wird dabei entweder ganz oder teilweise angeschaltet—Ständig sind Geräte in Betrieb, die die Natur der lebensnotwendigen Bedürfnisse fixieren—Wenn also ein Payback durch irgendwelche ›Grausamkeiten‹ abgerufen wird, hört es das Opfer entweder unverändert oder je nach den Bedingungen des fremden Planeten—

»c—Reihenschaltung. D.h. Fleisch gefroren zu Aminosäure determiniert das nächste Stadium entsprechend—Das nennen wir ein ›Buch‹—«

Form A steuert Toneingänge—Operation läuft ununterbrochen in Lebensform B, die derart gelegen kam—Wird am Ende das Band abgeschaltet, so wird Lebensform B damit vom »Sauerstoff« abgeschnitten, und das Abschalten der Maschine produziert ein Cut-up der menschlichen Form, je nach den vorher gewählten Umschaltvorgängen —Völlig fremde »Musik« braucht nicht in irgendwelchen »Emotionen« fortzuwirken, denn der »Sauerstoff« macht selbst eine Art Musik—Jede Bewegung per Intervention gesteuert: was wird am Ende dabei herauskommen?—Ein Austauschvorgang ist uns zuwider, denn wie könnten wir uns in die Versuchsanordnung einbauen?—Könnte dieses metallische Imprägnieren analog zu unserer gegenwärtigen Sprache erlernbar werden?—Maschine redet und hört zu, wird eingeführt und wieder ersetzt—

Lebensform A, so folgt aus alledem, war außerirdisch—Der Operator wählt das für »Sauerstoff« am besten geeignete Material als Taucheranzug für die Rückreise in unser Medium—Die verbündete Lebensform erhält ihre Informationen auf der verbalen Ebene—Könnte er sich Form A erhalten, nachdem er sie als parasitär erkannt hat?—Oder könnte durch das laufende Interview ein Ende erreicht werden?—Ließe sich die Versuchsanordnung als Ersatz für eine ganze Lebensgeschichte verwenden?—Wort fällt, Foto fällt, sämtliche Bänder gelöscht—Wahnwitzige Befehle und Gegen-Befehle in Form von »Maschinen-Musik«—Die Polizei-Maschine wird davon ein Cut-up produzieren, je nach den vorher gewählten Umschaltvorgängen—Ließe sich dieser verschleimte Husten aus dem All als Sprache erlernen?—Dem Angeklagten war durch veränderte Klangformationen nicht mehr beizukommen—Schleim-Maschine aus dem All läuft nur, wenn man unerträgliche Schwerkraft eingibt—Code des Grauen Schleiers parallel zum Ausstoß von »pornographischen Bildern«—Anleitung für den Umkehrprozeß wirft die Frage auf, wieviele sich in »pornographische Bilder« verwandeln werden, ehe London das Stadium der Raumfahrt erreicht —Einfache Wiederholung, etwas dünn, auf eine einzige Maschine reduziert—Der hustende Feind, einmal in Anspruch genommen, ließe sich als Verhaltensmuster verwenden—Schreien, Lachen, Rufen als Ausgangsmaterial —Stimme geht über in die des Advokaten:

»Die ganze Verteidigung muß eindeutig aus Experimenten mit Mutationen auf zwei Tonbandgeräten bestehen.«

Farbe bekennen

»Der Unterschwellige Kid« trat in Aktion, klemmte sich in den Städten der ganzen Welt die Bars und Cafes und Musikboxen, installierte Mikrophone und Sender in jeder Bar, so daß Musik und Unterhaltungen aus jeder Bar zugleich in allen übrigen Bars zu hören waren, und in jeder Bar hatte er Tonbandgeräte stehen, die in willkürlichen Abständen aufnahmen und abspielten, und seine Agenten waren ständig mit Kassettenrecordern unterwegs, brachten Verkehrslärm und Unterhaltungen und Musik von den Straßen mit und fütterten sie über seine Tonbandgeräte in den ganzen Mechanismus ein, und damit ließ er in euren Straßen und unten am Fluß lang einen Schwall von Stimmen in sämtlichen Sprachen und einen Tornado von Geräuschen los—Wortstaub wirbelte durch Musikfetzen Autohupen und Preßlufthämmer in den Straßen—Das Wort, zerfetzt, zerstampft und zermahlen, explodierte und löste sich in Rauch auf—

Wort fällt ///

In jeder Bar brachte er an gegenüberliegenden Wänden je eine Rückpro-Filmleinwand und einen Spiegel an; in willkürlichen Abständen wurden Filme projiziert, und ihr Spiegelbild wurde zusammen mit den Gästen des Lokals im Spiegel gefilmt und von Bar zu Bar mit eingeblendet, so daß sich seine Gäste in Wort und Bild einbezogen sahen in Western- und Gangsterfilme aller Zeiten und Orte; und auf den Straßen waren seine Agenten mit Filmkamera und Tele-Objektiv zugange und fütterten ihre Ergebnisse in den Komplex von Aufnahme und Wiedergabe ein, so daß am Ende niemand mehr wußte, ob er sich nun in einem Western befand, in Hongkong, im Reich der Azteken, im alten Rom oder in einer amerikanischen Vorstadt —ob als Gangster, als Pendler im Vorortzug oder als

Wagenlenker; ob er eine »wirkliche« Pistole abfeuerte oder nur einen Gangsterfilm sah; und die City geriet ins Schlingern und wirbelte in einem Tornado von Bildern zum explosiven Bio-Vorstoß aus dem All ins Neon—

Foto fällt ///

»Der Unterschwellige Kid« trat mit einem Schwall von geisterhaften Sounds in Aktion—Dann brachte er System in die Sache, installierte Kameras gegenüber von Spiegeln, machte Filmaufnahmen von jeder Bar, alternierte zwischen den einzelnen Bars, so daß Musik und Unterhaltungen in willkürlichen Intervallen abwechselten—Er mixte Filme und mehrspurige Tonaufnahmen in willkürlichen Abständen und dirigierte entsprechend die Aktionen seiner Agenten, die zusätzliche Tonaufnahmen machten—In einem Schwall von Bildern rauschten seine Agenten durch die gefilmten Straßen und brachten Musikaufnahmen aus sämtlichen Straßen der Stadt zurück, die Bildern aus dem Reich der Azteken und dem alten Rom unterlegt wurden—Ob Vorstadt-Pendler oder Wagenlenker, keiner kam gegen den Wortstaub an, der aus dem All hereinwehte—Wort und Bild wie von Preßlufthämmern pulverisiert im explosiven Bio-Vorstoß—Millionenfach auf die Häuserwände seiner Stadt projiziert, und das Stimmengewirr aus jeder Bar war zu hören in sämtlichen Western und sonstigen Filmen aus allen Zeiten, mit Handkamera und Tele-Objektiv wurden die Menschen aufgenommen und als Montagen wieder abgespielt in einem Tornado von Geräuschen und einem Gewirr von Kameras und Projektoren, und bald war die Stadt ein einziges Gewimmel, ein Western spielte in Hongkong, eine amerikanische Vorstadt hatte einen Azteken-Soundtrack, sämtliche Akzente und Sprachen gemischt und verschmolzen, die Menschen wechselten mitten im Satz ihren Akzent oder ihre Sprache, Azteken-Priester plapperten ihre Geheimnisse aus, als Mann oder Frau oder Tier, in sämtlichen Sprachen—Die People-City geriet ins Schlingern, aus dem All in die Neon-Straßen, und keiner wußte mehr, wo es lang ging—

»Nichts ist wahr—Alles ist erlaubt«—Letzte Worte von Hassan i Sabbah.

Der Kid blendete Sexfilme ein, und die People-City pulsierte in einem endlosen Orgasmus, und niemand wußte mehr, was nun Film war und was nicht, und an jeder Straßenecke praktizierten sie Geschlechtsverkehr in allen erdenklichen Varianten—

Er filmte Sonnenuntergänge, Wolken und Himmel, Wasser und Bäume, und diese Farbfilme projizierte er in riesige Reflektoren und bündelte sie zu einem Konzentrat von blauem Himmel, roter Sonne, grünem Gras, und die City löste sich in Licht auf, und jeder ging durch den Körper des anderen—Nur noch Farben und Musik und Stille, wo die Worte von Hassan i Sabbah erklungen waren—

»Aufsichtsräte, Syndikate, Regierungen der Erde: *bezahlt*—Gebt die *Farben* wieder her, die ihr gestohlen habt—

»*Her mit dem Rot*—Her mit dem Rot, das ihr gestohlen habt für eure verlogenen Fahnen und eure Coca-Cola-Reklamen—Gebt dieses Rot dem Penis zurück, dem Blut und der Sonne—

»*Her mit dem Blau*—Her mit dem Blau, das ihr gestohlen habt, in Flaschen abgefüllt und in Augentropfern als Junk verabreicht—Her mit dem Blau, das ihr gestohlen habt für eure Polizeiuniformen—Gebt dieses Blau wieder dem Meer und dem Himmel zurück und den Augen dieser Welt—

»*Her mit dem Grün*—Her mit dem Grün, das ihr gestohlen habt für eure Banknoten—Und du, Tote Hand in den Pflanzenmenschen, gib das Grün wieder her, das du gestohlen hast für deinen Grünen Deal, um die Völker der Erde ans Messer zu liefern und in Weiberkleidern das erste Rettungsboot besteigen zu können—Gebt dieses Grün den Blumen und dem Dschungel zurück, dem Fluß und dem Himmel—

»Aufsichtsräte, Syndikate, Regierungen der Erde: gebt die Farben zurück, die ihr gestohlen habt—Gebt Hassan i Sabbah die Farben zurück—«

Die Macker beteiligen?

Lunapark bis zum Himmel—Die Konzessionäre versammeln sich in einer Tiefdruckzone zu geheimer Sitzung—

»Ich sag dir, Doc, die Macker da draußen kommen langsam auf den Trichter—

›Was ist mit diesem Grünen Deal?‹

›Was ist mit diesem Tapetenwechsel?‹

›Was ist mit diesem Realitäts-Schwindel?‹

›Mann, haben die uns vielleicht um Zeit beschissen?‹

›Bist du ein Guter Kanake?‹

›Ein guter Nigger?‹

›Eine gute Promenadenmischung?‹

»Die schlagen uns alles kurz und klein—Ich hab das schon mal erlebt—wie ein silberner Blitz—Und die Polente rückt an—Keine hiesigen—Nova Polente—Ich sag dir, wir müssen was tun, und zwar schnell—Flicker, Die Filme, Biologische Verschmelzungs-Tanks, die ganze Kiste—Na was is, Doc?«

»Es geht mir gegen meine elementarsten Instinkte, diese Macker zu beteiligen—Aber unter diesen äh Umständen—Wir sind einfach in der Klemme—Auf der einen Seite eine randalierende und für Vernunft nicht mehr so recht zugängliche Bevölkerung, und auf der anderen die antibiotischen Handschellen—«

Die Lunaparks überziehen einen ganzen Kontinent—Gegenden mit Kanälen und Lagunen, wo sich riesige Goldfische und Salamander mit schwammigen Purpur-Kiemen im klaren schwarzen Wasser tummeln und durchsichtige grüne Fischjungen ihre Gondeln steuern—Unter riesigen Stroboskop-Lampen entlang der Kanäle brodeln die Biologischen Verschmelzungs-Tanks: sensorische Deprivation in dunklen schalldichten Kammern mit körperwarmem Wasser, in dem zwei Lebensformen pulsierend zu einem kompositären Wesen verschmelzen, oft mit beklagenswertem Resultat, so daß das Lebewesen in den Biologischen Elendsvierteln der Randzonen landet: Abwasser-Deltas und Müllkippen—unheilbare SOS-Süchtige, die murmelnd zwischen Wasserwürmern und fauligem Gemüse treiben—Gelähmte Orgasmus-Süchtige, bei lebendigem Leib von Krebsmenschen mit weißglühenden Augen gefressen oder von den Grünen Boys in kristallenen Scharaden jugendlicher Grausamkeit langsam zu Tode gequält.

Riesige kommunale Immersions-Tanks, in denen ganze Völker zu einem einzigen Konzentrat verschmolzen werden—Ist ja auch viel demokratischer so, nicht?—Biologische Repräsentation—Wirf dich selber als Stimmzettel in die Tanks—Hier wo Fleisch zirkuliert in einem Neon-Dunst und Erkennungsmarken bewacht werden von ferngesteuerten Spürhunden, die zitternd und hechelnd darauf warten, daß jemand einen Fluchtversuch unternimmt—Die Mörder warten als gebrochenes Raster von Beinen und Lächeln und Drinks—Ohne Notiz zu nehmen vom Schweißgeruch der Vagabundierenden Ballspieler, der durch die Wasser-Schreibmaschine läuft—

Spiegelstraßen aus Glas und Metall unterm vielfarbigen Neon-Geflacker von Stroboskop-Zylindern—Projektoren auf Türmen bestreichen die City mit der Farbhandschrift des Malers—Kalte blaue Straßen, die eisernen Häuserwände zu beiden Seiten bestückt mit Linsen, die Blaue Tätowierungen projizieren und in ein Meer von Blauem Konzentrat führen, das bestrahlt wird von pulsierenden blauen Stroboskop-Kugeln—Bergdörfer in einem blauen Dämmerlicht—Kühles blaues Gewaber von Musik aller Zeiten und Orte zum Rhythmus der ehernen Trommeln—

Straße der Licht-Tänzer, denen die Farbschrift von Scheinwerfern auf die Körper projiziert wird—in einem gleißenden Striptease winden sie sich aus den roten, gelben und blauen Schichten, durchsichtige Wesen leuchten flüchtig in Hoola-Hoop-Reifen aus Neon auf—nackt stehen sie da, verglühen in einer weißen Explosion, verschwimmen zu Grau, verdampfen im blauen Dämmerlicht—

Wer kannte nicht den Namen seines riesigen Kontinents?—Manche Gegenden blieben seinen ferngesteuerten Spürhunden überlassen—Wesen, in denen sich schwammige Purpur-Kiemen bildeten—Aus den Blättern seiner Notizbücher schälten sich flackernde Bildschirme entlang der Kanäle—

»Wer ist er?—Hör mal, laß den ja nicht hier raus.«

Zwei Lebensformen verkrochen sich in eine Erdspalte, um der entsetzlichen trockenen Hitze der Insektenmenschen zu entkommen—Die Mörder warten mit dem grausamen Lächeln von Idioten am Wasser und spielen eine Trauer-Symphonie—Der Ausreißer wurde im Zoo geschnappt—In den Käfigen knurrt es und kommt schon zum Durchbruch—Der Vagabund ging eine staubige Araberstraße entlang und murmelte: »Wo ist er jetzt?«—Von Türmen aus wurde die Stadt sondiert und abgehört—Worte der Amerikanischen Dämmerung fielen mir übers Gesicht—Das kühle Krankenzimmer mit roter Blumentapete—»Mr. Bradly Mr. Martin« zog sich ein frisches Hemd an und ging hinaus—Sterne und Billardsäle und muffige Absteige—diese fremde Sonne in deinem Hirn—Erinnerungen kommen zurück und trübes Licht—schweigende Pokerspiele in einer Vorstadt—durchgewetzte Hosen—braunes Haar—er kratzte sich unter der Dusche—graues Foto—auf einem Messingbett—verbrauchtes Fleisch, explodierter Film in Kellertoiletten—wo sich die Jungs einen runterholen—diese wabernden Spinnweben der Erinnerung—im Morgenwind—flüchtig das traurige Gefühl, als die Tür ins Schloß fiel—

Er ging durch Klassenzimmer in St. Louis und seine Schritte wirbelten den Staub eines Sommers auf—ein Messingbett—Zigarettenrauch—Urin verdunstete in der Sonnenhitze—Fußballergebnisse und Kiki, als ich aufwachte—Machte immer so sinnige Bemerkungen—leere

Räume—Fjords und Chimborazi—kurze Augenblicke, die ich beschreiben könnte, bis zur Barriere—Ereignisse eines späteren Lebens, in dem die Frage des Jungen am Morgen in weiter Ferne verhallt—Was ist schon St. Louis oder sonst eine Entfernung auf diesem Förderband? St. Louis auf dem Bettgestell aus Messing? Comte Wladimir Sollohub Raschid Ali Khan B Bremond d'Ars Marquis de Migre Principe di Castelcicale Gentilhomo di Palazzo, du bist weit von St. Louis weg... Laß dir erzählen vom Staub der Jahre auf dem Fenster an jenem Nachmittag, als ich zusah, wie der Wind den Himmel zerfetzte und verbog... *weiß weiß weiß, so weit das Auge reicht, eine gleißende weiße Stichflamme*... (Der beißende Geruch eines explodierten Sterns in der Kabine) ... senkte sich vom zertrümmerten Himmel und drang mir in die Nase—Tot, mit dem bloßen Knie im schmierigen Staub—Verschwommenes Foto senkt sich über Schamhaar, Schenkel, rote Blumentapete, weht hinaus in die Straßen von Pasto—Der Junge hier mit seinen Pissoirs und Fahrradrennen war fort, als ich aufwachte—Ein Hauch von meinem Spanien am langen leeren Mittag—Kurze Augenblicke, die ich beschreiben könnte—Der große Wind, der den keuchenden Atem von den Lippen wehte in den Ländern der Erde—Der letzte Krieger verglüht—Gewalt hat aufgehört, Mr. Bradly Mr. —Ich sterbe in einem Zimmer in weiter Ferne—ein letzter trauriger Blick—Notieren Sie das, Mr.—Ich sterbe—Im Körper eines anderen jetzt—so ein Tod—Erinnerst du dich, wie es sich andeutete, als wir überwechselten, die Fenster, durch die der Mond schien, die Luft, die dir wie der Tod in die Kehle fuhr?—Der große Wind, der den Rauch von den Lippen wehte, das Foto verschwimmt, und nur noch Weite—Geflüster von Junk, Flötenklänge unterwegs, flatterndes Hemd—Fahrradrennen hier am Mittag—Schenkel des Jungen—Traurig—Verlorener Hund —Hatte so lange auf etwas gewartet, und dann wurde es nicht eingelöst... trauriges schrumpfendes Gesicht... Er starb in der Nacht...

Smorbrot

Operation ›Sinnes-Entzug‹ wird durchgeführt in dunklen schalldichten Immersions-Tanks, gefüllt mit einer körperwarmen Salzbouillon, die dieselbe Konsistenz wie der menschliche Körper aufweist—Die Kadetten tauchen nackt in die Flüssigkeit, halten eine Handbreit Abstand und lassen sich schweben—Durch langsame Strömungen werden ihre Positionen laufend verändert—In wechselndem Kontakt mit geisterhaften Extremitäten verlieren sie alsbald jedes Gefühl für ihre Körperkonturen—Dieses Verschwimmen ruft angenehme Empfindungen hervor—Es kommt oft zu Orgasmen—

(Sinnes-Entzug läßt sich am erfolgreichsten durchführen in Immersions-Tanks, die gegen das Eindringen von Licht und Geräuschen isoliert sind und in denen die Versuchsperson in körperwarmem Wasser schwimmt—Die Körperkonturen verschwimmen, und das Gefühl für die Extremitäten und ihre Lage geht rasch verloren, was bei vielen amerikanischen Versuchspersonen eine Panik auslöst—Versuchspersonen berichten häufig von einem Gefühl, als verschmelze ihr Körper halb mit dem eines anderen—Experimente mit Sinnes-Entzug in Immersions-Tanks sind von Dr. Lilly in Florida durchgeführt worden —In Oklahoma befindet sich eine weitere Versuchsstation —Nach fünfzehn Minuten im Tank schreien da also diese Marinesoldaten, sie würden sich auflösen und müßten schleunigst raus—Ich sage, steckt zwei Marinesoldaten in den Tank und seht mal, was anschließend herauskommt—Wissenschaft—reine Wissenschaft—Also steckt einen Marinesoldaten und seine Freundin rein und stellt fest, wer oder was dabei herauskommt—)

K9 betrat zusammen mit einem Chinesenjungen eine mit Metall ausgeschlagene Kammer—Sie zogen sich aus—Als er nackt war, erfaßte ihn ein Schwindelgefühl, und seine Bauchmuskeln verkrampften sich, als sie beide in die

Flüssigkeit eintauchten und eine Handbreit voneinander entfernt darin schwammen—Die warme Flüssigkeit glitt ihnen zwischen den Beinen hindurch, und ihre Genitalien berührten sich—Seine Hände und Füße verschwammen —Plötzlich ein heftiger Krampf in der Kehle, und der Geschmack von Blut—Die Worte lösten sich auf—Sein Körper krümmte und wand sich wie ein Meerestier und entleerte sich durch seinen Penis—Er spürte die Zuckungen von anderen überall im Tank—Er stieg zusammen mit einem Jungen von der Alameda heraus, und sie zogen sich an—Wieder im Körper—Worte eines Strichjungen in seiner Kehle—Im Schein einer Kerosinlampe ein Mexikaner, etwa zwanzig Jahre alt—Er spürte, wie ihm jemand die Hose aufknöpfte, die Hose rutschte herunter, er stöhnte und half mit einer Bewegung seines Hinterns nach—Er stand jetzt nackt im Schein der Lampe—Der Mexikaner drehte eine Marihuana-Zigarette—

Neben ihm ein anderer, ebenfalls nackt—drehte ihn auf den Bauch—Gefühl, als knöpfe er ihm die Hosen auf, untermalt durch Geräusche von Wind und Wasser—stöhnte und bewegte seinen Hintern, der dunkle Schatten warf auf einer roten Blumentapete—spürte unter sich das Messingbett mit seinem muffigen Geruch—der nackte Körper des anderen explodierte in seinem Rückenmark—beim Überwechseln änderte sich zugleich auch das Zimmer—Spürte, wie seine Hosen herunter rutschten—Der Kadett jetzt mit nacktem Hintern—Eine Handbreit neben sich im Tank der Mexikaner—Seine Lippen registrierten einen Annäherungsversuch—Eine Handbreit neben ihm bewegte K9 seinen Hintern und kratze sich unter der Dusche—Spürte ein prickelndes Lustgefühl im Magen—Er schwamm in einem Brei von Essen—City aus Chili-Buden explodierte in seinen Muskeln und die Worte klickten in ihn hinein—Jetzt hatte er sie in der Kehle—Stand als Strichjunge im Schein einer Kerosinlampe—Außenbezirke der City—Die ersten Spritzer schossen ihm zwischen den Schenkeln heraus—

Die nackten Kadetten betraten ein Lagerhaus, das in metall-verkleidete Kammern unterteilt war—mehrere Lagen übereinander—Sie standen da, eine Handbreit voneinander entfernt, lachten, unterhielten sich—Blaues Licht strich über ihre Körper—

(Anspielung auf die Orgon-Akkumulatoren von Dr. Wilhelm Reich—Dr. Reich vertritt die Ansicht, diese blaue orgonähnliche elektrische Energie sei die Grundsubstanz allen Lebens—Orgone bilden eine Hülle um die Erde und laden die menschliche Maschine auf—Er entdeckte, daß Orgone ohne weiteres jedes Metall durchdringen, jedoch von organischen Stoffen aufgehalten und absorbiert werden—Deshalb baute er metall-verkleidete Kammern mit Schichten von organischem Material unter dem Metall—Versuchspersonen sitzen in diesen Kammern und akkumulieren Orgone nach dem Gesetz des verstärkten Rückflusses, auf dem alles Leben beruht—Die Orgone lösen ein prickelndes Gefühl aus, das häufig mit erotischer Stimulation assoziiert wird und zu spontanem Orgasmus führt—Reich besteht darauf, daß der Orgasmus eine elektrische Entladung sei—Er hat Elektroden an den Genitalien befestigt und den Orgasmus gemessen—Wegen dieser Experimente wurde er natürlich aus mehreren Ländern ausgewiesen, suchte schließlich Zuflucht in Amerika und starb dort in einem Bundesgefängnis, nachdem er vorgeschlagen hatte, den Orgon-Akkumulator bei der Behandlung von Krebs einzusetzen—Ich könnte mir vorstellen, daß sich durch konzentrierten Einsatz von Orgon-Energie das Miasma von idiotischer Schamhaftigkeit und Angst beseitigen ließe, das bisher jede wissenschaftliche Untersuchung sexueller Phänomene verhindert hat—Erste Experimente haben ergeben, daß sich mit gewissen Malereien—wie etwas denen von Brion Gysin—, wenn man sie auf Menschen projiziert, einige der Effekte erzielen lassen, die in Orgon-Akkumulatoren auftreten—)

Aus Projektoren zuckt die Farbschrift von Hassan i Sabbah über Körper und Metallwände—Die Szene weitet sich und gibt den Blick auf Lunaparks frei—Sex-Jongleure bringen ihre Nummern auf Drahtseilen und Stuhlpyramiden—Trapezkünstler ejakulieren im Flug—Die Sodomitischen Kaskadeure machen es wie die Hunde, wirbeln dabei im Kreis herum und schlagen Purzelbäume—Jungs onanieren aus Liliputbahnen heraus—Schwimmende Blumengirlanden auf den Lagunen und Kanälen—Geschlechtsakte zu den Klängen von Musik werden ans Zeltdach projiziert und verwandeln es in ein Firmament von zuckenden Kopulationsrhythmen—Riesige Stroboskop-Zylinder und Projektoren bestreichen die Parks und signalisieren den explosiven Bio-Vorstoß ins Neon—Sandwich-Buden, Pornofilm-Etablissements und Motels unter Riesenrädern und Hochbahnen—von den Kanälen dringt leises Plätschern von Wasser und das Quaken der Frösche herüber —K9 stand einem Jungen aus Norwegen gegenüber, spürte wie ihm unter dem prickelnden blauen Licht das Blut in die Genitalien schoß, und als er die Schwanzspitze des anderen berührte, lief es ihm heiß den Rücken herunter und er kam in Zuckungen von Licht—Silberne Schriftzeichen blitzten in seinem Hirn und erloschen mit einem Geruch nach versengtem Metall, und er sah einsame Straßenkreuzungen mit Jungs auf Rollschuhen, die langsame Kreise drehten, und aus den Rissen im Pflaster wuchs das Unkraut—

Der Mexikaner steckte sich die Selbstgedrehte an und sog das blaue Licht tief in seine Lungen—Er spürte die Hände des Mexikaners, die Hose rutschte ihm herunter, eine lautlose Explosion in seiner Kehle und der Geschmack von Blut—Sein Körper wand sich—Nackt schlief er ein—Geräusche von Wind und Wasser—Randzonen der City—düstere Gegend mit Sandwich-Buden und Motels unter Hochbahnen—

Wir tranken das Bier und aßen das Smorbrot—Der halbe Sandwich fiel mir auf den Schoß herunter, und sie wischte mir die Butter mit einer Serviette ab und lachte, als sich mein Hosenlatz unter ihren Fingern wölbte, dann stand ich mit dem Rücken an einem Baum, unter den prickelnden Strahlen der Sonne schoß mir das Blut in die Genitalien, sie machte mir den Gürtel auf und sagte: »Na komm hoch, Darling« und zog mir die Hose bis zu den Knien herunter—

Wir aßen das Smorbrot und tranken dazu heiße Schokolade aus der Thermosflasche, ich schüttete mir eine Tasse auf die Hose, sie wischte mir die Schokolade mit einer Papierserviette ab, und als sich mein Hosenlatz unter ihren Fingern wölbte, wandte ich mich lachend ab, aber sie wischte weiter mit ihrer Serviette an mir herum, und dann machte sie mir den Gürtel auf—Die Hose rutschte mir herunter und ich spürte wie mir unter den prickelnden Strahlen der Sonne das Blut in die Genitalien schoß—Halb ausgezogen machten wir es—Als es mir kam, knallte ein silberner Flash wie ein Blitzlicht in meinen Augen, und über ihre Schulter konnte ich in den Bäumen kleine grüne Männchen sehen, die sich von Ast zu Ast schwangen und dabei Purzelbäume schlugen—Und nackte kopulierende Akrobaten auf Drahtseilen und an der Spitze von langen schwankenden Balancierstangen—Samensaft schlingerte wie Spinnweben durch die klare grüne Luft—Ich wusch mich im Fluß und zog mir die Hose wieder hoch—Wir fuhren mit meinem Motorroller zurück nach Kopenhagen—Vor dem flachen Häuserblock, in dem sie wohnte, setzte ich sie ab und verabredete mich mit ihr für den Sonntag—Als sie sich umdrehte und weg ging, sah ich die Grasflecken in ihren Kniekehlen—Ich war blank, deshalb ging ich an diesem Abend nach Neuerhaven in die Bar, wo sich gewöhnlich ein Tourist auftreiben läßt, der mich zu einem Drink einlädt—Setzte mich zu einem Jungen an den Tisch —er war ungefähr in meinem Alter—Mir fiel auf, daß er einen sehr kleinen schmalen Kopf hatte, der auf einem dicken glatten Hals saß und sich nach oben verjüngte—Auch an seinen Augen war etwas ungewöhnlich—Iris schwarz und glänzend wie Steinkohle, und grüne Pupillen, so klein wie Stecknadelköpfe—Er wandte sich um und sah mir direkt in die Augen, und ich hatte ein Gefühl im Magen, als würde ich auf einer Liliputbahn durch eine enge Kurve fahren—Er bestellte für jeden von uns ein Bier—»Ich sehe, du bist blank«, sagte er—Das Bier wurde serviert—»Ich arbeite beim Zirkus«, sagte er—er balancierte auf seinem Stuhl—»Das mach ich auf einem Drahtseil—immer ohne Netz—In Südamerika habe ich es einmal über einer tausend Meter tiefen Schlucht gemacht.«

Auf seinem Stuhl balancierend trank er das Tuborg—»Es gibt nicht viele, die uns sehen können—Komm mit, dann zeig ich dir, wie unsere richtigen Nummern aussehen.«

Wir fuhren mit einem Taxi zum Stadtrand—Ein warmer elektrischer Fahrtwind, in dem der Wagen vom Boden abzuheben schien—Wir erreichten einen halb zerfallenen Rummelplatz an einem See—In einem Zelt, das von blauen Stroboskop-Kugeln erhellt wurde, traf ich weitere Jungs, alle mit den gleichen schmalen Köpfen und merkwürdigen Augen—Sie ließen eine kleine Pfeife herumgehen, und als ich daran einen Zug machte, spürte ich ein grünes Prickeln in Genitalien und Lippen—Ein Neger begann mit Stöcken seine Trommel zu schlagen—Die Jungs erhoben sich lachend, ließen die Pfeife herumgehen, redeten etwas in einer Sprache, die sich wie Vogelzwitschern anhörte, und zogen sich aus—Sie stiegen an einer Strickleiter hinauf zu einem Drahtseil und gingen darauf mit katzenartiger Geschmeidigkeit hin und her—Ihre Körper wurden von einer Laterna Magica mit farbigen Schriftzeichen bestrahlt, die wie japanische Tätowierungen wirkten—Alle bekamen Erektionen, und als sie sich auf dem Drahtseil aneinander vorbei drückten, berührten sich ihre Genitalien und es gab einen Funkenregen—Ein Junge balancierte mit einem Stahlrohrstuhl auf dem Seil und ejakulierte in einem Crescendo von Trommelschlägen und flackernden Regenbogenfarben—Die Saftschlieren überschlugen sich träge und verschwammen zu gelbem Licht—Ein anderer Junge hatte sich Kopfhörer aufgesetzt, in denen atmosphärische Störungen krachten—blaue Funken knisterten aus seinen blonden Haaren—er zeigte uns eine Messerschmidt-Nummer—der Pilotensitz rüttelte im leeren Raum—der Saft schoß ihm wie Leuchtspurkugeln heraus in die interstellare Leere—(Auf Straßenkreuzungen in zerfallenen Vorstädten drehten nackte Jungs auf Rollschuhen langsame Kreise—stürzen durch ein Gewirr von Flipperbuden—zerplatzen auf dem rissigen Beton zwischen Unkraut und Hundekot)—Die Jungs kamen vom Seil herunter, und einer von ihnen schnickte mit den Fingern gegen mein Jackett—Ich zog mich aus und übte nackt das Balancieren auf einem Stuhl—

Er balancierte in einem elektrischen Feld, das ihn von der Schwerkraft befreite—Die Spannung konzentrierte sich in seinen Genitalien, es kam ihm in einem nassen Traum, der Stuhl war weich und biegsam und zu einem Teil seines Körpers geworden—

Mit dem Jungen, den ich in Neuerhaven kennengelernt hatte, machte ich es in jener Nacht zum erstenmal im schwerelosen Zustand—Die gelassene Sicherheit von Akrobaten, die in Ozon balancieren—blaue elektrische Zukkungen—Geruch von versengtem Metall—Vor dem Guckkasten auf dem Rummelplatz bekam ich einen Steifen, und Hans zeigte lachend auf meinen Hosenlatz—»Komm wir machen es auf der Achterbahn«, sagte er—Der Kassierer nahm mit einem gelassenen neutralen Blick unser Geld—Ein junger Italiener ließ uns durch die Sperre—Wir waren die einzigen auf der Bahn, und sobald sie sich in Bewegung setzte, ließen wir unsere Shorts herunter—Bei der ersten Sturzfahrt kam es uns gleichzeitig, als der Wagen auf der anderen Seite wieder hinauf raste und das Blut in unsere Genitalien gedrückt wurde—es funktionierte mit der Präzision einer Maschine—unsere offenen Hemden flatterten über dem Rummelplatz—Ein silberner Flash knallte in meinem Kopf und erlosch in blauer Stille—Geruch von Ozon—Sex ist eine elektrische Spannung, die man an- und abstellen kann, wenn man sich mit der elektromagnetischen Schalttafel auskennt—Sex ist ein elektrischer Vorgang, der sich von Körper zu Körper überträgt—Als Auslöser fungiert gewöhnlich das Geräusch von Wasser—

Jetzt nimm mal z.B. deine Sex-Worte in einem Zimmer mit roter Blumentapete und Bettgestell aus Messing—Die explodieren auf der Assoziations-Linie von Rot zu Braun zu Grün, während des Geschlechtsakts—Die nackte Entladung kann Sex-Worte explodieren lassen zu einer Farbensprache bis hinunter zum rektalen Braun-Grün deines Arschs—Die Sex-Spannung wird gewöhnlich kontrolliert von Sex-Worten, die ein elektromagnetisches Muster bilden—Dieses Muster läßt sich abwandeln, indem man anstelle der Wörter andere Faktoren einsetzt—Nehmen wir einmal ein einfaches Sex-Wort wie »onanieren«—sich einen »runter-holen«—Ersetzen wir jetzt die beiden Worthälften durch Farben: »runter«—rot—»holen«—weiß—*rot—weiß*—Jetzt alternieren wir auf dem Bildschirm der Assoziationen von Worten zu Farben—Und von den Farben wieder zurück zum Akt—Jetzt können wir weitere Faktoren hinzunehmen—Arabische Trommelmusik—Muffiger Geruch von Erektionen auf Aborten—Das Gefühl beim Orgasmus—Farbe/Musik/Geruch/Gefühl als Konzentrat von Millionen Geschlechtsakten aller Zeiten und Orte—

Jungs machen *rot-weiß* auf Riesenrädern, Liliputbahnen, Brücken, Fahrrädern, Baumhäusern, schlingernden Güterzügen—Im Pfiff der Lokomotiven rotiert der Saft im Wind über den Panhandle *—ein Schauer durch junge Körper unter den Bettdecken einer Absteige in den zerfallenen Randzonen einer südamerikanischen Stadt—zerlumpte Hosen fallen auf rissige blutende Füße herunter, Staub weht zwischen Beinen und Genitalien hindurch—Erektionen umwabert von den Ausdünstungen nachdenklicher Lemuren—kühle Kellertoiletten in St. Louis—Auf Autositzen läuft es an Sommernachmittagen bis aufs magere braune Knie herunter—Das nackte Fleisch in öden Volksschulen, der epileptische Junge spürte Den Traum in sei-

* Nordwestliche Ecke von Texas, am Nordrand des Llano Estacado. (C.W.)

nem Kopf, versuchte gegen die Zuckungen anzukommen, in den Gerüchen der Umkleidekabinen zog sich sein Magen zusammen—Er war in dem Zimmer, umgeben von offenen Koffern und herausgezogenen Schubladen voll Sachen, die noch einzupacken waren, nur noch wenige Minuten bis zur Abfahrt des Schiffes, er hörte die Dampfpfeife vom Hafen herauf, und immer mehr Schubladen und die Koffer gingen nicht mehr zu, die Unordnung wurde immer größer, und der nasse Traum sammelte sich in seinen Genitalien—Die anderen Jungs lachten jetzt in der Ferne und zeigten auf ihn, als es ihn überkam, ein silberner Flash in seinen Augen, und er fiel mit einem spitzen metallischen Schrei zu Boden—zwischen Beinen und Genitalien spürte er wie ihm die Hose rutschte—fröstelnd am Stadtrand—Morgenwind in einem verstaubten Zimmer—Orgasmen im nackten Fleisch—Magenmuskel zogen sich zusammen—Liliputbahnen explodierten zwischen seinen Schenkeln—Umrisse von Beinen und Genitalien verschwammen und schlingerten durch einen Traum von Fleisch—

Geruch der schlammigen Deltas—warme Spritzer klatschten vom Baumhaus herunter auf den trägen Fluß—eine Handbreit entfernt, lachend in der Sonne, Samensaft überschlägt sich träge in der klaren Luft an Nachmittagen der Onanie—zog mir die Hose wieder hoch—Explosion in der Kehle, von den Farben zum Akt, lachend aus dem Bett gesprungen in den Motels—schlingernde Gegend mit Sandwich-Buden—Silberne Schriftzeichen knallten im Mondschein durch einen Mexikaner, etwa zwanzig Jahre alt, stöhnend half er mit einer Bewegung des Unterleibs nach, war jetzt nackt und hatte ein paar Zentimeter in der Hand—prickelndes Lustgefühl in rissigen blutenden Füßen—Geisterhaft verschwommene Extremitäten, sein Schwanz wurde hart, ein Gefühl wie auf Rollschuhen—langsam wächst das Unkraut aus dem Beton—Lichter aus Flipperbuden zuckten über einen Mexikaner von etwa zwanzig Jahren—Im Schein der Lampe das leise Stöhnen nasser Träume im Flug—Von Wort zu Farbe alterniert explodierten Geschlechtsakte aller Zeiten und Orte in maskulinen Muskeln und das Fleisch wellte sich in dünnen Schichten—Jungs im Morgenwind—knöpfte mir die Hose auf und die ersten Spritzer schossen heraus—In einer Gegend mit Sandwich-Buden und unerträglichen Liliputbahnen kam es ihm in einem nassen Traum—(Im Baumhaus krochen uns schwarze Ameisen in die Kleider, wir zerrten uns Hemden und Hosen herunter, wischten einander die Ameisen von der Haut, und er ließ seine Hand zwischen meinen Schenkeln und fummelte—»da ist eine Ameise«—wichste mir einen ab im endlosen Strom von Nachmittagen der Onanie)—Hans zeigte lachend auf meine Shorts—Hosen bis auf die Knöchel herunter, wir waren die einzigen auf der Achterbahn—›Uiiii!‹, gleichzeitig kam es uns bei der ersten Sturzfahrt, die offenen Hemden klatschten uns an die Genitalien—Morgenwind durchs Fleisch—am Stadtrand—

Kassensturz

Gefahr sinkt jetzt herab wie ein Schneefall—In einer riesigen Welle rollt die Radikalkur an: »her mit dem Rot, das ihr gestohlen habt«—Abschied für Alexander—Verglüht in Ewyork, Onolulu, Aris, Om, Oston—Stellvertreter des Chefredakteurs hat sich in Luft aufgelöst—Ich, Sekuin, atme in den letzten Zügen—Träume sind vielleicht genau aus dem, wonach ich gesucht habe: weibliche Tonbandstimme mit einer Warnung—Scio ist als würde man eine Zahl aus dem Logos greifen—Eine riesige Welle schwemmte ein Ehepaar herunter von etwas, was du hättest haben können—Würdest du so jemanden zulassen in Ewyork, Onolulu, Aris, Om, Oston?—Man nimmt ein »Sein« an, wo Verbrechen der Vergangenheit die Richtung eines »Habens« markierten *—In früheren Existenzen, behauptete

* Diese und ähnliche Stellen im nachfolgenden Text— besonders in dem Abschnitt »Noch eine Chance?«—enthalten verballhornte

er, habe er eine große Zahl von Identitäten durchlaufen—Sie ließ nicht erkennen, daß sie im Prinzip der gleichen Meinung sei—Von da an war wieder Krieg zwischen uns—Einen *pre-clear* in eine absurde Lage bringen, mit *conditions* belegen und durchlaufen lassen—Scio ist als würde man eine Ziffer aus dem Mordparagraphen herausgreifen—Logos bekam einen Anruf aus dem Sheraton und verbrachte das Wochenende mit einem Sonderangebot—Venus Vigar zu leidenschaftlicher Schwäche abgewürgt—Die großartige Identität war nichts als Wind—Genau wie die kunstsinnige Miss West—Jedes Stück von deinem verstaubten Gestern verweht in der High Street—Was einmal sein grausamster Anwalt war, fällt als Flocken herunter: zeigt dir die Radikalkur der Angst auf Mauern und Fenstern—Trouble beim Abschied von Alexander—Gebt das Rot wieder her, das ihr tot oder lebendig vom Himmel gestohlen habt—Wir machen Kassensturz, also beeilt euch gefälligst—Dingpolizei ausgehöhlt, löst sich auf—Dämmerung in den engen Straßen, Toilettenpapier, und kein Licht im Fenster—Im Aprilwind treibt die Krankheit der toten Sonne—Rothaarige Frau zu einer Handvoll Staub zerfallen—Fortgegangen und eine verbrauchte Avenue hinterlassen—Vor vielen Jahren dieser Junge—Das Atmen wurde schon beim zweiten Versuch zur Qual—Von den Toten geträumt—Warnung auf Tonband—Denk daran: ich war Kohlendioxyd—Unmöglich, die jahrelange Probezeit zu ermessen, die ein Anruf im Sheraton Carlton voraussetzt—Einen Pfeil abschießen—Fffft—Dingpolizei löst sich auf in Ewyork, Onolulu, Aris, Om, Oston—Sieh nach, was er getroffen hat—Oh, kein Rabatt und keine Entschädigung—Hör auf, an etwas zu drehen was du haben könntest—Hält sich sowieso nicht—Versuchs erst gar nicht mit Schadensersatz—In dunklen verräterischen Spiegeln der Welt wirst du sehen, wer ich bin—Gestern in der High Street die massive Radikalkur: »Her mit dem Rot, das ihr

Zitate aus den abstrusen theoretischen Schriften von L. Ron Hubbard, Gründer und Chef der Scientology-Sekte. (C.W.)

gestohlen habt«—Ein Jammer, so etwas aus der Hand zu geben?? Diverse Spielarten von Trouble beim Abschied durchmachen?? Für die ist jeden Augenblick Feierabend, und Trouble rieselt aus den Schablonen—In der High Street ging es mir bis an die Brust—Da passierte es: Her mit dem Rot, das ihr gestohlen habt—Die Jungs aus dem Trickstudio nahmen Abschied von ›Diskont-Alexander‹—»Was sollen wir machen? Dingpolizei verschwindet—Stellvertreter des Chefredakteurs hat sich in Luft aufgelöst—Mußte also ›zwei von derselben Sorte‹ bringen—auf Klopapier—Völlig klar, daß diese Rollbahn früher fällig ist.«

»Das Atmen wurde zur Qual—Die Sorgen fingen sozusagen schon beim zweiten Versuch an—Was Barry machen wird?—Partisanen aller Länder erfahren es in allen Einzelheiten—Rothaarige, die wir auf alle ansetzten—Auch die auf den billigen Plätzen—Ob man da wieder herauskommt?«

Eine farblose Frage wehte durch die Korridore des Hospitals—»Ich, Sekuin—Sag mir: was würdest du überleben lassen?«

So einfach wie ein Schluckauf

Mr. Martin, höre uns beim Frisieren der Katastrophenberichte—es hört sich so einfach wie ein Schluckauf an—Alle Geschäftsberichte als Rauschdrogen klassifiziert—»Mr. Martin« *ist* Morphium, und der Süchtige ist sein Luftschlauch—Ich habe das Grundschema genannt: wir haben allen Grund zu der Annahme, daß ihre Funktionäre durch präzise Wiederholung von Reizen den zeitlichen Ablauf bis ins letzte diktieren—Schema der Nova-Berichte: Feinde gegeneinander aufhetzen—Mit »unangenehmen Symptomen«, wie sie bei Dimethyl-tryptamin auftreten, eine Schmerz-Bank anle en—Überdosis als Folge präziser Wiederholung, und die Qualen noch verstärkt durch Eingabe des Nova-Gespenstes von Hiroschima und Nagasaki über Kopfhörer—kann eine alptraumhafte Erfahrung sein—»Mr. Martin«, höre uns durch die Pilzwolken—Fang schon mal damit an, die Hirne der Überlebenden zu vernebeln und die Geschäftsberichte zu frisieren—Zum Schmerz haben sie einen direkten Draht: den Süchtigen—Schmerz-Bank aus den Folterkammern—Grund zu der Annahme, daß die Funktionäre durch jahrelange präzise Wiederholung wie Insekten in Stücke gerissen werden—Das Gespenst des gefolterten Metalls, unter Nova-Verhältnissen auf dem Uranus geboren, löst diese Detonationen aus—In Bildflocken wirbelt das Nova-Gespenst in einem gewaltigen Windstoß herein—Dein transparentes glühendes Hirn, Mr. Bradly, ausgelöscht in den blauen Zeichen, die Hassan i Sabbah an den Himmel schreibt—Das Hospital verglühte im Grauen Raum—In den Zeichen von Hassan i Sabbah wird postuliert, daß du nichts als Schall und Rauch warst—nichts als ein Schluckauf, der ungehört verhallt—Ich habe das Grundschema der Welt genannt, und daß verstümmelte Funktionäre mit eisernen Zügen der Schachfiguren den zeitlichen Ablauf bis ins letzte diktieren—Hassan i Sabbah durch sämtliche Katastrophenberichte—Letzte Tür zu Nova und allen Drogen, mit denen sich die Folter potenzieren läßt—Druck von Interessengruppen zeigt, welche Mechanismen hier im Spiel sind—In der Nova-Katastrophe pulsierte die Sucht, die ihnen wie ein Knochen im Hals steckt—I Sabbah durch sämtliche Aufzeichnungen, die Stück für Stück gelöscht werden, fünf Entladungen pro Sekunde—Unter den rhythmischen Feuerstößen der Türme gehen die Anlagen des Feindes in Trümmer—Cortex-Winde erreichen aufständische Zonen, wo sie Farben hören und »Mr. Bradly Mr. Martin« *sehen*—Nichts als Zeit—Nichts als Zeit—Ich zitiere aus Anxiety And Its Treatment im Grauen Raum—Apomorphin wie ein Schluckauf—Hassan i Sabbah wirkt durch Apomorphin auf den Hypothalamus ein und reguliert die Zusammensetzung des Blutserums der Welt und ihrer verstümmelten Funktionäre—Verglüht zu einem kategorischen »Kein Pardon für diesen Feind«—Nur noch Staub und Rauch—

Nicht mehr viel übrig

New York, Samstag, 17. März, Gegenwart—Durch Zufall deckte er auf, was für ein Menü der derzeit geltende Mordparagraph bereithält, und öffnete damit vielen die Augen—Jedenfalls, danach verbringt die Creme Englands das Wochenende mit einem Sonderangebot—Auf einen Preis wird man sich schon einigen—Ich hatte noch Arbeit in Melbourne, ehe ich rangehen konnte—Mit Australien geht es bergab—Hunde müssen getragen werden—Keine große Lust, noch mehr Amplex zu veräußern—Go man go—Nicht mehr viel übrig—Die eingemottete Maharani erscheint kurz im Bild—Die saubere Queen geht in heiterer Gelassenheit über Dollars—Hört nicht auf Hassan i Sabbah—Wir wollen Watney's, Woodbines und den ganzen Spaß, den man mit einem Körper haben kann—Macht einen Bogen um den Garten der Lüste—Und das Gewäsch von Liebe ist ein Bristol—Macht euch ein Bild von der Lage—Und nehmt das Hospital unter die Lupe—Beim Großen Gold Cup der Öfen—macht sich Fortria wieder Hoffnungen auf einen Pokal im Safe—Zu früh gejubelt über Goldsand in Sheila's Cottage?—Ihr wollt den Namen von Hassan i Sabbah, damit ihr euch auch noch die Ungeborenen klemmen könnt?—Ein Loch in der dünnen Luft geortet, und in einem Hotelzimmer in London ging der Deal ganz lässig über die Bühne—Tod dezimiert das College—Ernsthaft in Betracht gezogen, deshalb blüht ihnen voraussichtlich eine Disziplinarstrafe in Form von Lungenkrebs—

Venus Vigar erstickte an einer halben Dosis Fernsehen—Der Junge aus dem Krankenrevier behielt seine Tagebuchnotizen für sich, und sie suchten den Korridor noch einmal

Zentimeter für Zentimeter ab—Er wies darauf hin, daß die ganze Welt schon das Suchbild gesehen hatte—»Naja, da sind wir ja alle zufrieden—Auf einem dressierten Gaul die Sugar Avenue entlang—Reizender Gedanke ... selten sowas erlebt—«

Die Kapsel war warm in Soho—Jeans, ›auf Amerikanisch gemacht‹, waren durch eine Operation nicht zu retten—Heute weitere Gespräche mit praktischer Zusammenarbeit—Es gibt zahlreiche Ähnlichkeiten—Anwalt hat einen Komplizen in der Portman Klinik—Der entscheidende Hinweis auf einen Zusammenhang zwischen diesen Mordfällen ist JRR 284—Nach einer Sonderbehandlung wollen sie nur noch sterben—Nachdem man seine Leiche gefunden hat, tanzen drei junge Männer im Schmant von The Swede's Dunedin immer noch den Twist und schlagen nach 48 Stunden in seinem 1-Zimmer-Apartment die *New Zealand* auf—Der Film von Stephen war im Hospital—Er stritt alles ab, gab aber zwischendurch eine Definition davon, was für ihn ein brauchbarer Knabenkörper war—Identität knallte beim Frühstück wie eine Blitzlichtbirne—Gedärme hingen meterweise um den Ehemann herum, und das war unweigerlich ein Fall für die Toilette—Der Beobachter ließ seinen Freund bei der Cocktailprobe allein—Verschwand mit einer, die sich als Folksängerin bezeichnete—Studio-Garderobier John Vigar wurde auf dem Evakuierungsplan tot aufgefunden—Der Körper, 1939—in Vigar's Geburtsjahr—schon einmal benutzt, war nackt—Beide Männer waren sauber zusammengelegt—Da wir mit der Serie bald am Ende sind: Müssen diese Experimente eigentlich sein?—Gerüchte platzten wie Blitzlichtbirnen und ließen sich nicht mehr eindämmen—Sagte einer: »Ein typischer Fall von Dolce kurz vor Christi Vita«—Der stille Mensch von 624A meinte, das winzige Schlafzimmer könne man dem Darsteller des Arztes auf keinen Fall zumuten—Polizei untersuchte die Leiche, was von kleinen Gruppen von Außenstehenden bestritten wird—Die Leute von Miss Taylor hingen um den Ehemann herum—Er spielt den

Macker *und* den Antonius bei seiner Liz—Im Suff raufte er sich gewaltig die roten Haare—In Berlin geboren, und mit 17 bedrohte er zum erstenmal den Weltfrieden—Hanratty wurden dann als Jude erzogen—Mehr als 100 Polizisten, als altmodische Weiber verkleidet, suchen nach dem Jungen, der gegen die Definition von »brauchbarer Freund« und »Indizien-Polizei« protestiert hatte—Jeder will der erste sein—Sir, es freut mich zu sehen, daß/ davon schreibt/ ich bin durchaus bereit/ Erst an letzter Stelle die normalen Belange der ›Spießer-Generation‹ Beachtung finden/ Das flatterhafte Frauenzimmer ist nicht mehr gefragt/ Wenn sie nur für den Augenblick leben wollen, ohne sich vor mir zu verantworten/ was sie natürlich nicht tun werden/

James stelzte herum mit der Idee einer Brandstiftung, die zu überlegen sei—Mord im Operationssaal von Nottingham—Stephen's Votum bestand angeblich darin, daß er meterweise Gedärme abspulte—Unweigerlich ein Fall für die Toilette—

Noch eine Chance?

Scientology heißt soviel wie das Studium der »conditio humana«—Gewiefter Radiologe—Logos-Offiziere in der Tasche—Den Jungs aus dem Trickstudio gibt ein »Scientology Release« die Möglichkeit, die Chinesen in den Schwitzkasten zu nehmen—Forderte mich auf, neben dem Hubbard-Führer Platz zu nehmen—

»Was werden Sie tun?—Wird diese Person aus dem Zustand des ›Habens‹ herauskommen?«

Mit dem Naheliegenden wird man sich in der Regel eher früher als später beschäftigen—Die Erde ist mein zweites Ich, versteht ihr, solange man nicht unwillkürlich davon ausgeht, daß »Realität« aus »Mr. Martin« besteht—Wer real sein will, der *ist* »real« und muß es nehmen, wie es kommt—Das läuft nach Spielregeln ab, und jedesmal heißt es: kein Treffer—Für ihn ist es seit jeher ein Spiel, bei dem es um »befreite Galaxien« geht—Mit dem Ziel, beim gegnerischen Team einen bestimmten Effekt auszulösen, doch damit ist es jetzt vorbei—Sieh dich hier doch um: für die ist Feierabend—In der Lage, seine früheren Verhältnisse *nicht* zur Kenntnis zu nehmen—Scio heißt *wissen,* und alles wie von Geisterhand—Wir arbeiten mit dem Logos, kapiert?—Dia, durch die Schlinge—Akkordarbeiter wollen streiken—Das Zertifikat für einen »Release« gibt es zu einem respektablen Preis—Sich mit einem Vorgang konfrontiert sehen, den sie »überwältigend« nennen, was?—An einem Come-back arbeiten, das hättest du haben können—Als was würdest du diese Person gelten lassen??—Als Menü im Mordparagraphen?—Dich umsehen und dir »noch eine Chance« geben lassen??—Zustand des »Habens« ist der Köder, und Feierabend—Schluß mit der Anatomie der Spiele—Fundamentale Geschichte mit der Belohnung ist der Köder—Der Zyklus der »conditio humana«—Erscheint uns so, weil wir daran glauben—Man nimmt ein »Sein« an, das einen über die Chinesen erhebt—Ein gutes Geschäft machen: andere Identitäten—Ist eine falsche Identität—Am Ende bleibt es sich gleich—Im Prinzip nimmt man es an—In allen Spielen geht es um eine respektable Beteiligung an diesen »Barrieren« und »Absichten«—Gewußt, was sie vorhaben, wenn sie mit dem »no-effect« anfangen??

Cool und lässig ging die Anatomie der Spiele in einem Hotelzimmer in London über die Bühne—

Der Bezirkskommissar schaute hoch und setzte ein dünnes Lächeln auf: »Nehmen Sie Platz, junger Mann, und stecken Sie sich eine an... Berufskrankheit, was? ... das einzige Laster, das uns bleibt... Sie haben natürlich Scientology studiert, ja?«

»Oh ja, Sir ... das gehörte zu unserer *Grundausbildung,* Sir ... ein unvergeßliches Erlebnis, wenn Sie mir den Ausdruck gestatten, Sir...«

»Wiederholen Sie mir, was Sie von Scientology wissen.«

»Die Scientologen glauben, Sir, daß Worte, die während

einer Bewußtlosigkeit registriert werden (Anästhesie, Trunkenheit, Schlaf, Amnesie eines traumatischen Erlebnisses aus der Kindheit) den Schmerz *speichern,* und daß man diesen Schmerz wieder bewußt machen kann durch Schlüsselwörter, die über Computer eingespeist werden als mathematische Formeln, mit denen die Häufigkeit des Auftretens dieser Schlüsselwörter und damit der Reaktions-Index bestimmt werden... Diese Wörter, die während einer Bewußtlosigkeit registriert werden, nennen sie *engrams,* Sir... Die Amnesie eines Kindheitstraumas ist, wenn ich so sagen darf, Sir, von besonderem Interesse, Sir... Das Kind *vergißt,* Sir, doch da die Kontrolleure die *engram*-Bänder haben, können sie ein Kindheitstrauma jederzeit wieder aktivieren... Den Schmerz, der die Person dabei *überwältigt,* Sir, nennen sie *basic basic,* Sir ... und wenn *basic basic* vom Band gelöscht wird ... oh Sir, *dann* wird diese Person ein *clear,* wie sie das nennen, Sir... Seit Lord Lister, Sir ... seit der Einführung der *Anästhesie,* Sir...« (Amnesie setzte ein Lächeln auf)»... Oh Sir, gestatten Sie mir, daß ich Ihnen erzähle von zwanzig Jahren Staub auf dem Ausdruck, Sir... Sie nennen es *engrams,* Sir, wenn Sie mir den Ausdruck nachsehen wollen.«

»Haben Sie Berufserfahrung?«

»Oh ja, Sir ... das gehörte zum Scientology-Grundkurs für angehende Polizisten, Sir.«

»Haben Sie sich auch mit den Risiken der ›Choreomanie‹ beschäftigt?«

»Sir, die Scientologen glauben, daß man diesen Schmerz wieder bewußt machen kann mit Fotokopien von Oaxaca und Leuten im reiferen Alter, denen einer abgeht, wenn sie in den Körper eines kastrierten Genossen einrasten.«

(Die lebenden Toten geben ein paar lässige Hinweise ... künstliche Arme und Beine ... gefühllose ausgelaugte Worte)

»Mit der Einführung der *Allgemeinen Anästhesie,* Sir, wurden Worte, die ein Patient während einer *Operation* registrierte... (Die Operationsschwester sieht dem Arzt über die Schulter, und die Asche von ihrer Zigarette fällt in den Einschnitt... ›Nach was suchen Sie denn?‹, blafft der Arzt... ›Ich weiß schon, was ich hier mache ... mit Appendektomie jedenfalls kenne ich mich aus ... doch warum nicht auch den nächsten Schritt tun??... Feind anästhetisiert, wir rücken vor... Bringen Sie mir ein anderes Skalpell... Das hier ist ja ganz verdreckt‹... Von draußen ein Chor von Strichjungen: ›Fingaro?? Eine Zigarette?? bittschön, dankeschön ... scharf auf'n *Großen?* ... blöder Arschficker!‹... ›Verschwindet, ihr liederlichen jungen Kröten!‹, blafft der Arzt und bombardiert sie mit frisch herausgeschnittenen Mandeln... ›Wenn mir doch nur mal ein Gebärmuttertumor unters Messer käme ... wie ein Beutel Zement ... mit einigem Glück erwische ich noch einen... Schwester!... machen Sie diese Zigarette aus!... *Wollen Sie meinem Patienten vielleicht die Lungen ausräuchern??!*‹... Schrille Schreie aus dem Kreißsaal gellen aus den Deckenlautsprechern... Der Techniker mixt sich ein doppelkohlensaures Natrium und rülpst in die vorgehaltene Hand... ›Urrp ... urrp ... urrp... Scheiß-Apparat nimmt jeden Furz auf und gibt ihn durch‹... Ein gräßliches vielstimmiges Todesröcheln legt sich wie ein grauer Schleier über die Kontrollanzeigen und Regler... Aus einer Zelle voll kranker Junkies in der geschlossenen Abteilung wabert der weiße Nicht-Geruch des Todes durch den Operationssaal... Der Arzt bekommt weiche Knie und schneidet dem Patienten die Oberschenkelschlagader durch... ›Ich sterbe ... ich werde ohnmächtig ... ich kann nicht mehr... Diese gottverfluchten suchtkranken Kulis saugen einem glatt den ganzen Junk aus dem Leib‹... Er wankt zum Medizinschrank... Das Blut des Patienten bildet hinter ihm eine breite Spur... ›Gottes eigene Medizin! ... bloß her damit, um gotteswillen!‹...)

»Ein kleiner Sketch, den ich für die *Post Gazette* geschrieben habe, Sir... Anästhesie auf der Bühne, Sir... Aus Worten, die während einer Operation registriert wurden, ergaben sich die besten *engrams*... *Operation Schmerz,* so nannten sie es, Sir... Ich spüre es in diesem Augenblick, Sir ... in meinen Mandeln, Sir ... unter Äther-Narkose, Sir... *(Der Patient verblutet!... Schwester!... die Klammern!... schnell, ehe ich meinen Patienten verliere!)*... Ein weiteres Instrument dieser Schmerz-Touristen ist der *Signalschalter,* Sir... oder das ›Ja/Nein‹, wie sie es nennen, Sir... ›Ich liebe dich/Ich hasse dich‹, mit Überschallgeschwindigkeit alterniert... Oder man nimmt Reaktionen beim Orgasmus auf und verschneidet sie mit dem Stöhnen und Schreien von Unfallopfern und Gefolterten, Sir, und mit Medizinerwitzen, Sir, und dazu projiziert man Filme von Geschlechtsakten und Folterungen, Sir...«

»Und wie sichert man sich bei so etwas ab?«

»Überhaupt nicht, Sir ... man macht es einfach ... vor aller Augen ... wirkt ganz witzig, Sir... Wir machen eine Sex-Aufnahme mit Folter im Hintergrund, Sir, und dann knallen wir Ihnen diese Folter-Aufnahme direkt in die Visage, Sir ... wenn Sie mir diesen Ausdruck nachsehen wollen, Sir ... mit dem Soundtrack machen wirs genauso, Sir... aus *verschiedenen Entfernungen* aufgenommen, Sir... Es hat noch einen dritten Effekt, Sir ... geht einem glatt an der alten Trennlinie runter, Sir ... wenn Sie mir diesen Ausdruck nachsehen wollen, Sir ... das Rasiermesser im Leib, Sir ... ziehn Sie einfach am Griff... Hört sich so an, Sir: ›Oh mein Gott, ich halts nicht mehr aus... Das tut weh das tut weh das tut weh das tut so schööööön weh... Oooooohhhhh fick mich zu Tod... Reiß ihm die Kuddeln raus ... du gehst in Flammen auf, Baby ... der ganze Himmel steht in Flammen... Ich werde reden... Machs nochmal ... rein und raus ... laß deine Hosen runter... Was ist??!... *Schwester!*... die Klammern!... Schneiden Sie das ab!... Alles mit Bildern, Sir ... knallt wie ein Feuerwerk, Sir... Sex- und Schmerz-Wörter, Sir ... die Bänder alternieren, Sir ... zwischen den Bändern hin- und herschalten, Sir... Jetzt alle gemeinsam: *lachen lachen lachen*... Oh Sir, wir *lachen* es einfach vom Band runter... Wir *vergessen* es glatt vom Band runter... Sehen Sie, Sir, wir können diese

Ereignisse *löschen,* wenn wir die *engram*-Bänder haben, Sir ... so einfach wie ein Schluckauf, Sir ... verglüht zu einem kategorischen »Kein Pardon für diesen Feind«, und nur noch Staub und Rauch, Sir... Der Mann, der nie existierte, meldete sich zu keinem Dienstantritt, Sir... Ein junger Polizist zog den Vorhang vor, Sir... Noch Platz für einen Medizinerwitz da drin, Sir...«

Den alten Operationssaal kann man heute noch besichtigen; er ist inzwischen ein bißchen verlottert... Seht ihr jetzt allmählich, daß da überhaupt kein Patient auf dem Tisch liegt?

Müssen diese Experimente eigentlich sein?

Samstag, 17. März 1962, nach heutigem Wissen—Scio heißt *wissen* und deckt das Menü im Mordparagraphen auf—Logos, kapiert?—Dia, durch die Schlinge—England verbringt das Wochenende mit einem Sonderangebot, ehe das ›Release‹-Zertifikat ausgestellt wird—Hunde müssen widerstrebend bis ins Zentrum getragen werden—Ein erhebendes Gefühl—Nicht mehr viel übrig—Dieser Zustand läßt sich am besten so ausdrücken: Queen geht in heiterer Gelassenheit über einen Dollar-Vorgang, den sie ›überwältigend‹ nennen—Was wir wollen? Watney's, Woodbines und den Garten der Lüste—Und was könntest du haben?—Was *möchtest* du denn haben? Ein Bild von der Lage?—Auskunft über das Hospital?—Was?—Würdest du es zulassen, daß sich Fortria wegen dieser Person wieder Hoffnungen auf einen Pokal im Safe macht? Daß sich der *preclear* umsieht und Sheila's Cottage entdeckt?—Tod schränkt den Handlungsspielraum ein—Venus Vigar erstickte in Richtung auf ein »Haben«—Seine Tagebuchnotizen gingen auf andere Identitäten zurück—Die Valenz der ganzen Welt erweist sich als falsche Identität—Heute weitere Gespräche mit »Barrieren« und »Absichten«—Entscheidender Hinweis auf einen Zusammenhang zwischen diesen Mordfällen: Spiel läuft so, daß sie nur noch sterben wollen—Nach dem Film im Hospital schlugen sie die *New Zealand* auf—Gedärme hingen meterweise in der Toilette herum—Der Beobachter verließ seinen Scio und verschwand mit dem Logos einer Folksängerin—Dia, durch die Schlinge, tot aufgefunden auf der alten Evakuierung—»Release«-Zertifikat von Vigar's Geburt wird nackt erteilt—Dieser Zustand läßt sich am besten so ausdrücken: Blitzlichter knallten unkontrolliert in einem Vorgang, den sie »überwältigend« nennen—

»Sir, ich bin gern bereit—andere Identitäten—Frauenzimmer ist nicht mehr gefragt, wenn grundsätzliche Übereinstimmung herrscht—«

»Sieh dich hier um und sage mir, ob diese Experimente wirklich sein müssen«—Das ganze nur, um zu »überwältigen«?—Allem Anschein nach raufte er sich die roten Haare—Ich habe gesagt, daß Scio-Funktionäre immer die zeitliche Abfolge diktieren—Zustand der absolut totalen Abhängigkeit drückt sich aus in einem Vorgang, den sie »überwältigend« nennen—Stille—Gib keine Antwort—Was könnte diese Person »überwältigen«—Luft?—In einem gewaltigen Wind verpufft, was du haben könntest—Was möchtest du haben?—Ton und Bild sinken in Flocken herab—Es wird sich zeigen, daß mit »Haben« nichts mehr ist—

Im Land der Grünen hat sich der »Aktions-Zyklus« festgefahren—Die letzte Tür fällt ins Schloß—»Mr. Bradly Mr. Scheint-So-Weil-Wir-Es-Glauben« abgestellt, in Luft aufgelöst—Du bist selbst »Mr. Bradly Mr. Andere-Identitäten«—Handeln ist reine Einbildung—Konflikte werden verschärft und neue geschaffen—Totaler Krieg der Vergangenheit—Verpufft das Gespenst der »Realitäts-Sucht«, die ihnen wie ein Knochen im Hals steckt—»Real ist real«, sie haben deine unerbittliche Aufforderung gehört und sich in Luft aufgelöst—In allen Straßen ist für ihn der Zeitpunkt gekommen, wo er die Mauern und Fenster, Menschen und Himmel aus seiner Vergangenheit löschen kann—

Sämtliche Intentionen brechen zusammen—Sieh dich hier um—Es werden keine Fleisch-Rezepte mehr ausgestellt, Mister—Deine Aufforderung gehört—Verglüht »Mr. Bradley Mr. Martin«—

In Luft aufgelöst

Verebbendes Gemurmel: »An jeder Ecke ein Lover, quer durch die kranken Galaxien«—

In weiter Ferne tasten sie herum und greifen ins Leere—»Ach was machen wir jetzt bloß—«

Langsam verebbt es—Ich sagte ihm, daß es dich nur noch auf Magnetspur gibt—Endgültig vorbei—Ich existiere eindeutig in einem prophetischen Traum, in dem ich Yuri am Hemd packe und sein jugoslawisches Messer pariere, indem ich mit letzten Worten um mich werfe—Ich bekomme Kontakt mit Shannon Yves Martin—Darf keinen am Sehen hindern—Alle sehen zu—Trotzdem führe ich das Tagebuch weiter—»Mr. Bradly Mr. Martin?«—Ihr seid seine Augen—Ich sehe mit einem Mal, daß die Anwesenheit von Mr. Beiles Mr. Corso Mr. Burroughs auf der Erde ein Witz ist—Und ich denke mir: »Komisch—In Luft aufgelöst«—Was einmal sein Schatten war, fällt in Flocken herab: Dieses Buch—Unbrauchbare Junkie-Identität verebbt—

»Ist alles Rauch, Junge—Halte dich raus—Ich denke, ich geh jetzt nach Hause—fünfmal ist genug—Hab genug von langsamen metallischen Feuern—Form hat sich nie gehalten—Letzter Elektriker, der an den blutigen Traum klopft—«

»Ich sehe dunkle Andeutungen, die er auf dem Fußboden liegen ließ—Er hat sich abgesetzt—Hält alle Geschäftsberichte unter Verschluß—Stuhl in der Hand und wartet darauf, daß er einem den Schädel damit einschlagen kann—Kam an den schwellenden Tagtraum von Madrid nicht heran—Klick—Witzfigur von einem Schnorrer, der dastand mit einem Strohhut von Anno 1910 und etwas murmelte—Merke, daß auch das ein Schritt in die falsche Richtung ist—Nix gut—No bueno—Der Junge hatte Beziehungen und galt was bei den Typen von der Unterwelt—Ja, er hörte deine Aufforderung—Nickte geistesabwesend—«

»Ich habe verloren und gehe nach Hause—Ja, auch wenn ich blind bin—ich kann keinen daran hindern, dieses Buch zu sehen—«

Klom Fleitag

Ich habe gesagt, daß das Grundschema des Nova-Mechanismus sehr einfach ist: Konflikte verschärfen und neue schaffen—»Gibt keinen schöneren Stunk, als wenn man feindliche Parteien gegeneinander aufhetzt«—Ständig sind Aufzeichnungsgeräte in Betrieb, die den Widerspruch der lebensnotwendigen Bedürfnisse festhalten und den Einsatz totaler Waffen diktieren—Etwa so: Wir nehmen eine Sammlung von hetzerischen antisemitischen Äußerungen auf—Das spielen wir Juden vor, die Bergen-Belsen überlebt haben—Wir nehmen denen ihre Antwort auf und spielen sie den Antisemiten vor—Klipp-klapp—Kapiert?—Lust auf mehr?—Nimm Äußerungen von weißen Rassenhetzern auf—Spiel sie Negern vor—Spiel denen ihre Antwort ab—Jetzt Die Frauen und Die Männer—Gibt keinen schöneren Stunk, als wenn man »feindliche Parteien« gegeneinander aufhetzt—Anordnung der Geräte fixiert jederzeit die Natur der absolut unvereinbaren Bedürfnisse—Und diktiert den Einsatz totaler Waffen—Also laß einfach die Geräte laufen und schaff deinen Schwermetall-Arsch per Raumschiff hier raus—So—Jetzt laufen hier nur noch die Bänder—Stell das ganze Ding ab—*Stille*—Wenn du der Maschine antwortest, gibst du ihr nur weiteres Material, das sie deinen »Feinden« vorspielen kann, und das hält die ganze Nova-Maschinerie in Gang—Das chinesische Schriftzeichen für »Feind« bedeutet ›ähnlich sein‹ oder ›antworten‹—Gib der Maschine keine Antwort mehr—Stell sie ab—

»Der Unterschwellige Kid« klemmte sich die Straßen der Welt—Streifenwagen mit schwenkbaren Kameras und Projektoren, Lautsprechern und Tonbandgeräten ließen Ton und Bild der City rotieren, schneller und schneller, die Wagen rasten durch sämtliche Straßen, nahmen auf, spielten ab, projizierten es auf Mauern und Fenster, Menschen und Himmel—Und langsame Wagen, auf denen sich die Geräte langsam drehten, langsamer und immer langsamer, Aufnahme und Wiedergabe, Zeitlupen-Projektion von Straßenszenen—Jetzt schnell—Jetzt langsam—langsamer —*Stop*—Abgestellt—Aus—Krampf im Arm—kann nicht mehr schreiben—Keine Junk-Rezepte mehr, keine Wort-Rezepte mehr, keine Fleisch-Rezepte mehr—Er hat sich restlos verzogen—Nix gut—No bueno—Kam nie an Fleisch heran—Hab nix—Klom Fleitag—Durch eine unsichtbare Tür—Adios, Meester William, Mr. Bradly, Mr. Martin—

Ich habe das Grundschema genannt: Konflikt-Funktionäre aufhetzen und neue schaffen—Diktiert jederzeit den totalen Krieg, der jetzt Vergangenheit ist—Ein paar Jahreszahlen geändert, aber am Ende bleibt es sich gleich—Ich habe gesagt: mit dem Grundschema der Nova-Berichte ist es jetzt vorbei—Gespenst der Konflikte zwischen »feindlichen Parteien« verpufft im Wind—Unerbittliche Sucht, die ihnen wie ein Knochen im Hals steckt—Im Land der Grünen registrieren die Geräte deine unerbittliche Aufforderung und lösen sich auf—Jetzt laufen hier nur noch die Bänder, und die können keinen daran hindern, alles offenzulegen—*Stille*—Gib keine Antwort mehr —Das Hospital löste sich in Luft auf—In einem gewaltigen Wind verpuffen Drehkräne, Türme, Paläste—Imaginäre Töne und Bilder fallen als Flocken herab—In allen Straßen ist für ihn der Zeitpunkt zur Aufgabe gekommen —Meinen Segen hat er, auf Mauern und Fenstern, Menschen und Himmel—Überall fällt er als Staub von dir ab—fällt im dunklen verräterischen »Aus«—Krampf im Arm, kann nicht mehr schreiben im Land der Grünen—Tote Hand—Keine Fleisch-Rezepte mehr—Letzte Tür—Abgestellt, Mr. Bradly Mr.—Er hat deine Aufforderung gehört—Sich in Luft aufgelöst—Du selbst bist »Mr. Bradly Mr. Martin«—und alle Lebenden und Toten—Du bist du selbst—Laß es dabei—

Tja, viel besser kann ichs euch nicht erklären... Die Manuskriptseiten weht es über die Schreibtische der Lokalredaktion... auffrischende Winde aus südlichen Richtungen... ist schon lange her.

17. September 1899 über New York.

21. Juli 1964
Tanger, Marokko

Inhalt

Junkie

7

Auf der Suche nach Yage

207

Naked Lunch

289

Nova Express

573